НИКИТА ХРУЩЕВ
РЕФОРМАТОР

政治顶峰
(1953-1964)

赫鲁晓夫

上卷

[俄]谢尔盖·赫鲁晓夫◎著
述弢　范国恩　王尊贤　郭家申◎译

人民日报出版社

图书在版编目（CIP）数据

政治顶峰：赫鲁晓夫：1953～1964 /（俄罗斯）赫鲁晓夫著；述弢等译．—北京：人民日报出版社，2015.1

ISBN 978-7-5115-2883-4

Ⅰ.①政… Ⅱ.①赫… ②述… Ⅲ.①赫鲁晓夫，H.C.（1894～1971）—生平事迹 Ⅳ.① K835.127=5

中国版本图书馆 CIP 数据核字（2014）第 278753 号

书　　名：政治顶峰：赫鲁晓夫（1953～1964）
著　　者：〔俄〕谢尔盖·赫鲁晓夫
译　　者：述　弢　范国恩　王尊贤　郭家申

出 版 人：董　伟
责任编辑：宋　娜
封面设计：金刚文化

出版发行：人民日报出版社
社　　址：北京金台西路 2 号
邮政编码：100733
发行热线：(010) 65369527　65369846　65359509　65369510
邮购热线：(010) 65369530　65363527
网　　址：www.peopledailypress.com
经　　销：新华书店
印　　刷：北京鑫瑞兴印刷有限公司

开　　本：710mm×1000mm　1/16
字　　数：1296 千字
插　　页：24
印　　张：98.25
版　　次：2015 年 1 月第 1 版　　2015 年 1 月第 1 次印刷

书　　号：ISBN 978-7-5115-2883-4
著作权登记号：图字 01-2012-2830
定　　价：198.00 元（上中下卷）

► 赫鲁晓夫在鲁特琴科沃镇工厂当钳工。顿巴斯，1916 年。

◄ 中将尼·谢·赫鲁晓夫。1943 年在库尔斯克弧形地区。

▲ 赫鲁晓夫和妻子尼娜·彼得罗夫娜同子女尤丽娅、拉达和列昂尼德在一起，1929 年。

▲ 在群众大会上。自左至右：格·米·季米特洛夫，亨·格·亚戈达，格·叶·季诺维也夫，尼·谢·赫鲁晓夫，约·维·斯大林，安·安·安德烈耶夫。1936 年。

▲ 斯大林格勒大会战。第 2 近卫军司令员诺·雅·马利诺夫斯基和斯大林格勒方面军军事委员会第一委员尼·谢·赫鲁晓夫。马利诺夫斯基身着新式制服，佩带肩章。赫鲁晓夫则身着旧式制服。1942—1943 年冬天。

▲ 库尔斯克弧形地区进攻之前。尼·谢·赫鲁晓夫，沃罗涅日方面军司令员尼·费·瓦图京大将、方面军参谋长 С.П. 伊万诺夫中将。1943 年 6 月。

▶马·马·李维诺夫、亚·费·戈尔金、尼·谢·赫鲁晓夫、瓦·帕·契卡洛夫在庆祝苏联飞行员在飞越北极前往美国的历史性飞行后返回的群众大会上。1937年在莫斯科白俄罗斯车站广场。1937年。

◀在花园里阅读《真理报》。1951年。

▶ 在莫斯科郊区扎维多沃狩猎官邸。赫鲁晓夫和波德戈尔内将格列奇科元帅弄到雪地上打滚。“观众”中有（自左至右）：卡斯特罗、柯西金、马利诺夫斯基。1954 年 1 月。

▶ 赫鲁晓夫和苏联国防部长朱可夫在大克里姆林宫。1955 年。

◀ 同访苏的罗斯威尔·加斯特在一起。1955 年。

► 在苏联共产党第二十次代表大会主席台上。1956 年。

▲ 赫鲁晓夫同德意志民主共和国领导人瓦尔特·乌布利希在一起。1957 年。

▲ 赫鲁晓夫在高尔基汽车厂。准备交付新车，1957 年。

▲ 赫鲁晓夫、卡冈诺维奇、布尔加宁在谢苗诺夫斯科耶原斯大林官邸同创作界知识分子见面会上。1957 年 5 月 19 日。

◀《新德国报》都说些什么？ 1957 年于柏林。

目　录

关于“父亲三部曲”的写作过程

《改革家》[①] 是“父亲三部曲”中的最后一部。逻辑上它是第一部，但就写作的年代而言便是最后一部了。其中有着自己的逻辑。

第一本书《国家级养老金领取者》[②] 由苏联新闻社出版社于 1991 年出版。这是名副其实的回忆录，讲述了我父亲尼基塔·谢尔盖耶维奇·赫鲁晓夫一生中的最后七年，他所经历的政治监禁、回忆录写作、去世和葬礼。当时我很想一吐为快，讲一讲不久前还是禁止提及的话题。

我突然发现，我居然成功了。原先我除了学术报告和公务汇报外，什么也没有写过，可这次一下子就出一本书，一下子就成功了。此书已译成英文、中文、德文、日文、朝鲜文、挪威文、荷兰文、捷克文和匈牙利文。在有些国家成为畅销书。

《国家级养老金领取者》的增补第二版于 2001 年由瓦格里乌斯出版社出版，改用了一个与内容不大相称的书名——《赫鲁晓夫》。

在此书成功的鼓舞下，我又着手写一本新书，不仅讲父亲和他的事业，也讲我自己，讲我的那些搞导弹的同事。回忆录逐渐扩展成为详细的叙述，讲到苏联超级大国地位的形成，父亲在这个过程中的作用，他的国家安全构想，他同设计师和科学家、同将军和海军将领、同西方国家和东方国家之间的相互关系。新书卷帙浩繁，七百多页，回忆录和历史研究各占一半。在写作过程中，我自己对于我国历史上的许多问题都豁然开朗，事件具有了相互依存关系，摆出了逻辑链条。我愈来愈觉得自己已经不只是一个历史爱好者，而是成了历史学者，研究超级大国的历史学者。

这里可以提出一个问题：什么是苏联的超级大国地位呢？

有些人认为苏联的超级大国地位不过是宣传上的神话而已。有些人则认

---

① 即本书，中译名《政治顶峰：赫鲁晓夫（1953－1964）》。——译者注（本书注释除注明出处者外，均系作者所加）

② 中译本更名为《赫鲁晓夫下台内幕》。——译者注

为超级大国地位形成于第二次世界大战末的斯大林①执政时期。对第一种看法无需争论：既然苏联不是一个超级大国，那么冷战的历史就失去内容了。我对第二种看法则无法苟同。

1945 年战胜希特勒，迫使我们的盟国、首先是美国正视苏联，正视斯大林，然而是在战争所划定的、于雅尔塔商定的苏军占领的地理空间之内。在这个地理空间之外，苏联的影响就等于零。斯大林试图改变让他感到恼火的力量配置，却徒劳无益，屡屡受挫。比方说，战争刚刚结束，斯大林就打算将苏军已经占领数年的伊朗、阿塞拜疆并入苏联版图，却事与愿违，美国施加压力，他只得撤出本国的军队。

斯大林也未能控制边境附近历史上属于亚美尼亚和格鲁吉亚、第一次世界大战后法律上却属于土耳其的领土。土耳其曾经同情和帮助希特勒，实际上对必遭损失已是忍气吞声，甚至将本国部队撤离边境。然而美国介入了，斯大林只好后退。

斯大林在西边也不走运。战争刚刚结束，在莫斯科和华盛顿之间摇摆不定的西欧倾向莫斯科。共产党人在法国，特别是意大利，几乎已经掌权，他们进入政府，很少有人对他们在即将举行的选举中稳操胜券表示怀疑。美国费了九牛二虎之力，才让他们的追随者保住权力。斯大林却不敢从中阻挠。

当年斯大林在巴尔干半岛未下决心援助希腊的起义者。他怕美国。起义被镇压下去。

斯大林试图冲出盟国划出的圆圈，借助武力冲出去。看来，他始终未能意识到，在新的核世界试图以这样的方式来提高自己的地位，同以骑兵攻击对付坦克楔形部队一样毫无意义。

1948 年，斯大林宣布对盟国占领的西柏林实行封锁。他觉得一个城市如果没有粮食、燃料和其他物资的补给，就无法坚持，就会投降，正如当初希特勒手下的保卢斯元帅在苏军围困下，在斯大林格勒举手投降一样。斯大林失算了，美国建立了空中桥梁，用飞机向柏林空投供应品，西柏林屹立不倒。斯大林只得认输，取消封锁。

最后，在斯大林赞同下发动的朝鲜战争以失败告终。

无论如何，斯大林治下的俄国是个强国，不过是地区强国，而不是超级

---

① 约瑟夫·维萨里翁诺维奇·斯大林（朱加施维利）（1879—1953），曾参加十月革命和1918—1921 年的国内战争。1917 年起为苏联党中央政治局（主席团）委员。1917 年任民族事务人民委员，1919—1923 年任工农监察人民委员；1922 年 4 月起任共产党中央总书记，1941 年起任苏联政府首脑，1941—1947 年兼任国防人民委员。

大国。

父亲改弦更张。他一上来就摒弃了将战争作为加强苏联在世界的地位的做法，着手架设被斯大林烧毁的联结西方的桥梁，但与此同时，又不允许任何人损害本国的利益。美国国务卿约翰·福斯特·杜勒斯①将这种做法称之为实力地位政策、战争边缘政策。父亲和杜勒斯都清楚地意识到何处是这个边界，自己不越界，也不让对方越界。这里，一切都取决于反应适度、谈判中坚定不移和决策时具有清醒的实用主义。只要美国企图在苏联利益范围内将自己的意志强加于人，父亲就分秒必争地作出回应。其结果是屡屡爆发危机：苏伊士运河危机，柏林危机，中东危机，远东危机和加勒比海危机。这是危险的战略，然而又是在同追求超级大国地位的对手相互对峙中唯一可能采取的战略。稍一放过，就会置身于不受重视的地位。危机有引发战争的危险，但也教会双方领导人协同动作，相互忍让，让他们懂得在新世界中共处的规则。苏美两国领导人以及西方和东方其他国家领导人逐渐相互磨合。世界不是马上、而是逐渐习惯于苏美两国的平等伙伴关系。

能否确定苏联成为超级大国的具体时间呢？我认为可以。苏联是在1962年10月加勒比海危机化解时成为超级大国的。这场危机是历史上第一次向美国人表明，不仅其他国家易受伤害，而且美国也易受伤害，只要他们发动战争，就必定遭到报复。20世纪前半叶，美国在两大洋——太平洋和大西洋的盾牌掩护下平安度过，他们像罗马人一样，置身于大斗兽场的看台上坐山观虎斗，注视着欧洲战场上的战斗，选择时机，狠狠地给其中的一方以致命的一击。甚至在1961年柏林危机期间，也毫无变化。1962年10月，美国突然意识到他们再也不是看客，而是同危险游戏的其他参与国平起平坐，成了潜在的牺牲品。这条新闻使普通美国人大惊失色，1962年之后，尽管中央情报局报告说美国在核潜力方面遥遥领先，他们已经不敢认为苏联同美国相差悬殊了。正好在那个时候，美国的社会舆论才承认苏联是个超级大国。三十年之后，也就是1992年，他们又取消了俄罗斯的超级大国称号。

新书第一版于1994年由苏联新闻社出版社出版，正值父亲百年诞辰，书名起得不是很好：《尼基塔·赫鲁晓夫：导弹与危机》。有人联想到导弹工艺的极化，有人则联想到唯一记住的危机即加勒比海危机。再版时我进行了修订，更名为《超级大国的崛起》。由时代出版社于2000年出版，并于2003

① 约翰·福斯特·杜勒斯（1888—1959），美国国务卿（1953—1959），实力地位和政策和战争边缘政策的鼓吹者和执行者。

年出了增补第三版。除俄罗斯外，该书还在美国、中国和德国出版。

不能不指出，2002 年档案学家兼历史学家亚历山大·佩日科夫和亚历山大·达尼洛夫借用了“导弹与危机”作为他们关于战后斯大林时期的一本书的书名。这不仅不道德，而且实际上也不准确，我上面已经提到。

2000 年我着手写关于父亲的第三本书《改革家》。其实我早已在构思，却总是顾不上。始于 1990 年代的俄罗斯变革当时在我的脑子里甚至也遮盖了赫鲁晓夫时代。雾气渐渐消散，盖达尔①改革的“建设性”愈来愈暴露无遗。我失去了对盖达尔改革的兴趣，又返回“自己”那个俄罗斯历史时期。

在我之前，没有人认真研究过赫鲁晓夫的国内政策。在出版关于父亲的大部分书籍的西方国家，如美国，对他的改革感兴趣的人为数不多。那是在人家的国家进行的人家的改革。在美国人看来，赫鲁晓夫始终是个国际舞台上的危险对手，至于他是如何努力提高苏联经济的效率，改造农业，给人们提供食物、衣服和住宅，始终不在美国人的兴趣范围之内。而在苏联，起初勃列日涅夫禁止谈论赫鲁晓夫，甚至禁止提他的名字。在苏维埃政权之后，俄罗斯人，包括历史学家，起初是无暇顾及历史，后来他们则热衷于所谓的“斯大林时代”。

关于父亲的俄国书籍屈指可数，顶多是像讲笑话一般地浅薄，往往是耸人听闻，胡编乱造。书的作者“吮吸着”现成的子虚乌有的“事实”。这样的“历史学家”没有查档案的习惯。结果，关于赫鲁晓夫时代的知识并没有超出笑话的范围。

这本新书和前几本一样，包括一定比例的个人回忆，然而我最初的构思是在书中复原 1953—1964 年这个时期，与其说是根据个人的记忆，不如说是根据档案材料，根据已经公布的文献、回忆录，而且往往是对父亲不怀好意的人的回忆录（这种人活到当代的比怀有善意者多）。本书是按时间先后顺序来写的。逐年叙述改革经济和政权本身的尝试，父亲和装配式建筑的发明人、农业改革、玉米史诗，原原本本地叙述实际发生的事情，父亲和他的学者朋友，拉夫连季耶夫②、谢苗诺夫③等人，夺权斗争和围绕政权的阴谋。

---

① 叶·铁·盖达尔（1956—2009），俄罗斯政治与国务活动家。1990 年代初俄罗斯经济改革的思想家和领导者之一，1991—1994 年在俄罗斯政府中身居要职（其中包括任代总理六个月），第一届国家杜马（1991—1995）和第三届国家杜马（1999—2003）代表。

② 米·亚·拉夫连季耶夫（1900—1980），数学家和力学家，苏联科学院西伯利亚分院和西伯利亚科学城创始人。苏联科学院院士（1946），苏联科学院副院长（1957—1975）。

③ 尼·尼·谢苗诺夫（1896—1986），苏联科学家，化学物理学奠基人之一，学派创始人，苏联科学院院士（1932）。创立链反应的数量通论（1934）。研究了混合气体的热爆炸理论。获诺贝尔奖（1956，与英国科学家西·欣谢尔伍德共获）。

马林科夫①，布尔加宁②，苏斯洛夫③和其他许多人对我说来并不是象征和肖像，而是活生生的人。

那么，什么是赫鲁晓夫时代呢？很难回答。由于进行了1953—1958年的第一波改革，实现了经济的局部分权，划分成若干个国民经济委员会，发展中出现了某种顶峰，1959年国家开始停滞不前。父亲用了三年（1959—1961年）的时间来寻求出路，从1962年开始，他设想了新的更加激进的改革。改革建立在三个擎天柱上：将生产者、工业和农业企业从自上而下的琐碎呵护下解放出来；将三者同国家之间的相互关系归结为国家部分利润提成，换言之就是纳税；在国家改组方面，归结为社会民主化，支配权由党流动到各级苏维埃。父亲实现意图的时间不够了，然而，在他1964年10月去职后所谓的1965年柯西金④改革中哪怕些微意图的实现，也足以证明父亲选择的道路之正确无误。

如果将赫鲁晓夫时代的优点和缺点汇总到一起，那么无论变革期间有多少代价和纠纷，父亲的改革还是效果显著。无论苏联的统计还是反苏的统计

---

① 格·马·马林科夫（1902—1988），1920年入党。1939—1946年和1948—1953年任联共（布）、苏共中央书记。1953—1955年任苏联部长会议主席。1955—1957年历任苏联部长会议副主席，苏联电站部部长。1957年起任乌斯季－卡缅诺戈尔电站站长。1941—1946年为中央政治局候补委员，1946—1952年为中央政治局委员。1952—1957年为苏共中央主席团委员。1957年因从事反党活动开除出苏共中央委员会。1961年开除出党。

② 尼·阿·布尔加宁（1895—1975），1917年入党，苏联元帅（1947—1958），1958年起为上将。1922年起担任经济工作。1931—1937年任莫斯科市苏维埃主席。1937年起任苏联人民委员会主席。1944年起为苏联国防委员会委员和副国防人民委员。1947年起任苏联部长会议副主席，在此期间，1947—1949年任苏联武装力量部部长。1934—1961年为苏共中央委员。1948—1958年为中央政治局（主席团）委员。

③ 米·安·苏斯洛夫（1902—1982），并未参加倒赫阴谋。当他大约在距关键性会议一周前得知要免除父亲的职务时，惊慌地高声说道：“要打内战的！”平静下来并评估了力量配置之后，投奔了阴谋分子。1939年起任斯塔夫罗波尔边疆区党委第一书记。1944年起任党中央立陶宛局主席。1947年任苏共中央书记。1952—1953年及1955—1966年任苏共中央主席团委员，1966年起任苏共中央政治局委员。1956年起任联盟院外交委员会主席。负责意识形态、国际共产主义运动和工人运动方面的工作。1953—1964年公认为党的主要思想家。支持父亲，但他们之间的关系是有所克制的。

④ 阿·尼·柯西金（1904—1980），并未参加倒赫阴谋。当有人同时向他和苏斯洛夫通报准备中的变化时，他认真地打听了军队和克格勃的立场。在得到令他满意的答复后，投奔了阴谋分子。1938年，当斯大林的清洗“除去上层”时，他在仕途上飞黄腾达，1937年从工厂厂长一举登上（斯大林的）政府副首脑的职位。1949年奇迹般地逃脱了因所谓“列宁格勒案件”而引发的逮捕。1958年被父亲视为政府首脑的人选，但中央主席团委员们在会上强迫父亲改变初衷，自任苏联部长会议主席。柯西金自1957年起就是政府副主席，后来是父亲政府方面的第一副手。1960年起任苏共中央主席团委员，1964年10月成为部长会议主席。同父亲保持友好的关系，不搞歌功颂德。

都表明：在20世纪，俄国人从未有过比“赫鲁晓夫十年”更好的生活。我不能断言当时人人都过得好，然而他们从未有过更好的日子。人的寿命也足以证明：1964—1965年人的寿命达到峰值，超过美国人的寿命，然后就开始下降。事实就是如此。然而，尽管事实俱在，父亲的改革即便在学术界，也不知为什么认为是不成功的。

父亲辞世二十年之后的1980年代初期，邓小平在中国付诸实施的实际上就是父亲在苏联的未竟事业。而我国在经历了短暂的1964—1968年过渡时期之后，一切都急转直下。原因何在？我在本书中也试图找到这个问题的答案。

在我看来，苏联的经济和政治在1954—1965年达到高潮之后的衰落，并非历史上计划好的，并非不可避免。国家还可以继续往上发展，假如……假如取代父亲的领导人不终止改革，而是继续改革，继续朝着分权经济（也可以说是市场经济）、尊重规律的经济，朝着民主前进的话。然而他们宁愿选择“稳定”，陷入由来已久的俄国式消沉，陷入停滞，将上一代人的积蓄挥霍一空。清醒之后的酒醉状态是很可怕的，社会要求瞬间的变化，立即毁掉原先建成的一切。当然，人人都希望更好一些，然而……俄罗斯不知多少次碰到不幸的“然而”了……

数百年来，改革—反改革（或者停滞）的周期如同厄运一样同俄罗斯相伴相随。我们见证了最后一个周期，它出现在20世纪下半叶，同19世纪后半叶至20世纪初的那个周期相比，只有细节上、主要是意识形态性质方面的差异。亚历山大二世①的改革被亚历山大三世②和尼古拉二世③的“稳定”、停滞所代替，随之而来的是觉醒、不满情绪的涟漪和作为后果的革命和破坏。

① 亚历山大二世（1818—1881），1855年起为俄国皇帝。尼古拉一世的长子。实行了1861年农民改革，废除了农奴制。他还实行了1860—1870年的其他改革，镇压了1863—1864年波兰起义。亚历山大二世在位期间，实现了高加索（1864）、哈萨克（1865）和中亚西亚大部（1865—1881）并入俄国。多次被谋杀未遂（1866、1867、1879、1880）。后被民意党人杀害。史称“解放者”。

② 亚历山大三世（1845—1894），1881年起为俄国皇帝。亚历山大二世的次子。80年代前半期废除了人头税，降低了赎金。进行了反改革。加强了警察和国家机关的作用。亚历山大三世在位期间，使中亚细亚并入俄国（1885），订立了俄法同盟（1891—1893）。史称“和平缔造者”。

③ 尼古拉二世（1868—1918），俄国末代皇帝。亚历山大三世的长子。尼古拉二世在位期间，正好是俄国的社会经济蓬勃发展时期。在位期间，俄国在1904—1905年俄日战争中落败，这是1905—1907年革命的原因之一，革命中通过了1905年10月17日宣言，开始实施斯托雷平的土地改革。1907年俄国加入协约国，并以这样的身份参与第一次世界大战。1915年8月尼古拉二世出任最高统帅。1917年二月革命期间的3月2（15）日逊位。十月革命后在叶卡捷琳堡同家人一起被处决。

20世纪末新一轮“改革—反改革”周期给国家带来如此灾难性的后果：1991—1993年的反革命，衰退，崩溃。

近年来，为了意识形态的需要，通常将1917年事件、十月革命称之为反革命，而把1991年反革命称之为革命。这样掌权者听起来舒服一些。然而，如果不感情用事的话，革命在制度上是除旧布新，1917年就废除了私有制，而反革命则恢复了已被革命废除的社会中相互关系原则。

21世纪初，俄罗斯进入了又一个周期，她从反革命动荡的废墟中走出来，试着启动新的改革，将寡头奸商经济改造成高效经济，在社会的相互关系中采取民主原则。这里最要紧的是切勿重蹈覆辙。

弄清1953—1964这十年的种种波折，对我说来颇非易事。

我这个业余历史学者闯入了持有毕业证的历史学家警惕地守卫着的领地。他们对于外来者是毫不留情的。我也未能幸免，我碰到的不仅是不友善态度，而且还暗示我为自己父亲立传不够客观，且未经授权。有一本书甚至把我封为自我辩解史学的创始人①。话说得尖刻，却不很客观。国务活动家子女和其他亲属的回忆录②同其他任何史料一样地宝贵，而且其中的细节是独一无二的。

即便是通篇胡编乱造的谢尔戈·贝利亚的回忆录（《我的父亲拉夫连季·贝利亚③》）或者安德烈·马林科夫那本十分官样文章的《回忆我的父亲格奥尔基·马林科夫》，如果认真阅读，其中也有不少有用的信息。任何历史都是由事实以及对事实的解读构成的。亲情改变不了事实。解读就另当别论了，其中表现出每个作家和读者的个人主义。我常常反躬自问：我有多

---

① 列·姆列钦：《克格勃·历届国家安全机关首脑》，中央印刷出版社2002年莫斯科版，第414页。

② 斯·阿利卢耶娃《致友人的二十一封信》和《仅仅一年》。斯捷潘·米高扬《一个试飞员的回忆》，谢尔戈·阿·米高扬《加勒比危机剖析》，纳米·米高扬《怀着爱和悲伤》，阿列克谢·阿朱别依《那十年》，阿纳托利·葛罗米柯《克里姆林迷宫中的安德烈·葛罗米柯》，安德烈·马林科夫《关于我的父亲格奥尔基·马林科夫》，谢尔戈·贝利亚《我的父亲拉夫连季·贝利亚》，尤里·日丹诺夫《往事一瞥》，这个单子大概可以开下去。

③ 拉·帕·贝利亚（1899—1953），1941—1953年任苏联人民委员会（部长会议）副主席，1953年任部长会议第一副主席、政治局（主席团）委员。1921年起在外高加索肃反委员会—国家政治保卫局担任领导职务。1931—1938年任格鲁吉亚共产党（布）中央委员会、联共（布）外高加索边疆区委员会第一书记。1938—1945年任苏联内务人民委员，1953年任苏联内务部长。1944年起任苏联国防委员会副主席。成为斯大林政治上的亲信；1930年代至1950年代初大清洗最积极的参加者之一。1953年6月，因阴谋夺取政权罪被捕，1953年12月被处决。

么客观？我想我并不客观，而且哪怕是最超脱的历史学家也有自己的癖好。谁的逻辑体系更有说服力，只有读者才能作出判断。

至于说到如何使用事实，那么这里一切都取决于人的个性。有人毫无顾忌地把手伸向别人的口袋，另外一个人根本就不会有这样的想法。对待历史也是如此：有的人毫不犹豫地悄悄把事实塞进去，有的人则对事实持崇敬的态度。我属于后者。

总的说来，历史科学能够在多大的程度上保持公正呢？很难回答。历史自古以来就与神话共存，过去和现在都往往以虚假叙述来偷换实际发生的事情，以取悦于当政者。请看两例。公元 7 世纪登上英国王位的都铎王朝①，立刻改写英国历史，将他们之前的约克王朝②说成恶魔，将最后一位国王理查三世③（1453—1485）说成嗜杀成性的败类。此后数百年来都是如此。直到前不久，英国人才艰难地开始弄清真相。

在俄国，历史不止一次地修改和改写。1560 年代伊凡雷帝④在根据他的命令编撰的《皇室系谱》中，完全随心所欲、按照莫斯科维亚的意图来重新剪裁从基辅罗斯至弗拉基米尔罗斯的历史。

罗曼诺夫王朝⑤和留里克王朝⑥的表现也好不到哪里去。1613 年米哈伊尔⑦登上俄国王位后，他们不仅重新倒腾了历史，而且严令禁止“外人”染指。历史不再是知识的源泉，而是成了政治工具。因此俄罗斯真正的历史学家

---

① 都铎王朝，1485—1603 年的英国王朝。代表人物有：亨利七世，亨利八世，爱德华六世，玛丽亚一世，伊丽莎白一世。

② 约克王朝，1461—1485 年的英国王朝。金雀花王朝的旁系。代表人物有：爱德华四世、爱德华五世、理查三世。

③ 理查三世（1452—1485），英国约克王朝末代国王（1843 年起）爱德华四世之弟。推翻年幼的爱德华五世，夺得王位。1485 年在包斯华兹一战中落败并被击毙。

④ 伊凡四世（1530—1584），“全罗斯”大公（1533 年起），俄国第一个沙皇（1547 年起），号称雷帝；瓦西里三世之子。多疑，喜伪装，暴虐狂。在残酷的宫廷争斗中长大。

⑤ 罗曼诺夫王朝，14—16 世纪俄国的一个贵族家族，安德烈·科贝拉的后裔，16 世纪前称科什金家族，16 世纪末称扎哈林家族。1613 年起为沙皇王朝，1721 年起为皇帝的皇朝。罗曼诺夫王朝的第一个沙皇是米哈伊尔·费多罗维奇。末代皇帝是尼古拉二世，被二月革命所推翻。

⑥ 留里克王朝罗斯公的王朝。基辅公、莫斯科公和俄国沙皇（9 世纪末—16 世纪，最末一代为沙皇费多尔·伊凡诺维奇）都公认为留里克的后裔。20 世纪以前的一些贵族家族以及一些封侯的后裔也属于留里克王朝的家族。

⑦ 米哈伊尔·费多罗维奇（1596—1645），1613 年起为俄国沙皇，罗曼诺夫王朝的第一代沙皇。由国民代表会议选出。病弱无能，将治理国家的权力交给其父菲拉列特牧首（1633 年前），后又交给大贵族。

屈指可数，他们是卡拉姆津[①]、索洛维约夫[②]、克柳切夫斯基[③]。19 世纪后半叶之前，严令禁止在通俗易懂的刊物上登载历史文章，以免蛊惑人心。

斯大林同志以其《联共（布）党史简明教程》（我这一代人的必读书）超过了都铎王朝和罗曼诺夫王朝，他完全抹杀了 20 世纪前半叶的历史现实和事实，使整整一代人失去历史。

当代也有按照自己的看法创造新神话的爱好者。然而随着信息技术的普及，有目的的神话制造没有赶上最好的时代，我希望，历史终将在俄罗斯获得真正科学地位的时间已经为期不远了。

通晓真正的历史十分重要，因为我们的未来将由往昔产生。我国未来的“质量”完全取决于我国历史的“质量”，取决于我国历史的完全相符性。历史人物，我们的父辈和祖辈已经逝去，父辈和祖辈对于如何书写他们、如何评判他们，已经无动于衷。我们作为他们最亲近的后人，不久也将跟随父母双亲而去。未来的一代，他们才真正关心不受歪曲的历史。他们要生活，而他们生活得如何，在很大的程度上取决于对往昔的理解。不断地改写历史，俄罗斯人的每个新一代在自己并不希望的情况下一次又一次地挖掉自己生活的历史根系，一切从头再来。然而没有根系，那是怎样的生活啊？

我希望我的书会对人们有所帮助，希望可以让他们避免犯错误，哪怕起一点作用也好。

在准备出版三部曲时，我尽量删去重复的部分，但并未全部删掉，因为三本书中的每一本书不仅是整体的一部分，它也自成一体。从前写的《超级大国的崛起》和《国家级退休金领取者》，我又加上了当初成书时无法接触的材料。随着档案的不断开放，书中加上了新的内容，把那些从前仅凭记忆的事实弄得更加准确。可以对事件的先后顺序进行检查了。记忆中的日期全部乱套，只有查阅文献方可把年月日捋出个头绪。对某些事件的描述也可以

---

① 尼·米·卡拉姆津（1766—1826），俄罗斯作家、历史学家。俄罗斯感伤主义文学的奠基人（著有《一个俄国旅行家的书信》、《苦命的丽莎》等）。《莫斯科杂志》（1791—1792）和《欧罗巴导报》（1802—1803）的主编。主要著作为《俄罗斯国家史》（1—12 卷）。

② 谢·米·索洛维约夫（1820—1879），俄国国家学派历史学家，彼得堡科学院院士（1872）。1871—1877 年任莫斯科大学校长。有关于诺夫哥罗德历史、彼得一世时代和亚历山大一世的历史、俄国对外政策史和历史编纂学方面的著作。主要著作为《远古以来的俄国史（1851—1879）》1—29 卷。

③ 瓦·奥·克柳切夫斯基（1841—1911），俄国历史学家。有《俄国历史教程》、《古罗斯贵族杜马》以及关于农奴制、社会等级、财政等的历史和历史编纂学方面的著作。

搞得更加准确了。《退休金领取者》一书中勃列日涅夫时期发生的一些事情，例如堪称丑闻的谢米恰斯内①去职，我原来是根据莫斯科纷纷扬扬的传闻写的。如今我们已经知道事情的经过，于是我就将据实记述同“原来的版本”放到一起。耐人寻味的是，两者的差别主要在细节方面。凡有更改和补充，我都突出前几版缺少的段落。以便读者更好地弄清我写作中的复杂情况。

我想对所有帮助我写作本书的人表示感谢。首先是我的妻子瓦莲京娜·戈连科，她一遍又一遍地用打字机打出没完没了的书稿，挑出差错，为本书的顺利出版尽心尽力。尤其要指出我的儿子（小）尼基塔·谢尔盖耶维奇·赫鲁晓夫无可估量的支持，他给我提供材料，自告奋勇与莫斯科的出版人安排出版事宜。特别要感谢亚历山大·亚历山德罗维奇·富尔先科院士，遗憾的是他已过世，感谢他在搜集材料和写作过程方面宝贵的建议和帮助。十分感谢我的朋友尤拉·潘诺夫，他随时随地提供帮助，尤其是在电脑操作和在浩如烟海的网站上寻找信息方面。如果没有时代出版社全体同人、尤其是阿拉·米哈伊洛夫娜·格拉特科娃和拉里莎·弗拉基米罗夫娜·斯皮里多诺娃始终如一的善意，我将一事无成。拉里莎·弗拉基米罗夫娜仔细校订原文，消灭差错，精益求精。我很感谢托马斯·沃特逊大学的艾米莉娅·约特卡和我的儿媳列诺奇卡，她们将书中照片一一编号，并将照片整旧如新。我要感谢这里提到的我的友人，感谢他们的支持、坚韧精神以及对作者及其劳动的赏识。

谢谢。

① 米哈伊尔·叶菲莫维奇·谢米恰斯内（1924—2001），系谢列平的得力助手，倒赫阴谋的积极参加者。1944 年 1 月，父亲将时任顿涅茨克市区委书记的谢米恰斯内调任乌克兰共青团中央部长。从此官运亨通：1947 年任乌克兰共青团中央书记，1958 年任全苏共青团中央第一书记，1959 年 3 月任苏共中央党的机关部部长，1959 年 8 月任苏联部长会议国家安全委员会主任。据米高扬证实，父亲原打算于 1964 年 11 月提拔谢米恰斯内为苏共中央主席团委员。父亲下台后，谢米恰斯内获上将军衔。同父亲之间仅限于工作关系。

一国的文化是由该国对自己历史的了解程度所决定的。

——卡皮察①

保证人们过上好生活的制度终将取胜。

——尼·谢·赫鲁晓夫

引　子

1964年10月13日下午，一架伊尔－18涡轮螺旋桨飞机降落在莫斯科伏努科沃2号机场政府候机楼旁边。初秋时节这暖融融的阳光与季节不相协调，微风温柔地抚弄着紧临机场的桦树和杨树那日渐稀疏的叶片。

舷梯推到飞机旁边，时任苏共中央第一书记、苏联部长会议主席的父亲尼基塔·谢尔盖耶维奇·赫鲁晓夫出现在机舱门口，身后是父亲的朋友和战友、苏联最高苏维埃主席阿纳斯塔斯·伊万诺维奇·米高扬②，随后是助手和顾问，其中也有笔者。

舷梯旁前来迎接的只有两个人：苏联国家安全委员会主任弗拉基米尔·叶菲莫维奇·谢米恰斯内（反赫鲁晓夫阴谋的积极参与者）和苏联最高苏维

① 彼·列·卡皮察（1894—1984），低温物理学和强磁场物理学奠基人之一，苏联科学院院士（1939）。1921年赴英进行科学研究。1935年在莫斯科成立物理问题研究所（现以卡皮察命名）。发现液体氦的超流动性（1938）。研制出利用涡轮冷气发动机使气体液化的方法和新型大功率超高频电磁振荡器。发现在高频放电时密集气体中形成稳定的高温等离子柱。获苏联国家奖（1941，1943）、诺贝尔奖（1978）。

② 阿·伊·米高扬（1895—1978），1915年入党。1920—1926年历任下诺夫哥罗德省委书记、俄共（布）中央东南局书记，北高加索边疆区委书记。1926—1946年历任对外贸易和国内贸易人民委员及其他人员委员。1937年起兼任苏联人民委员会副主席。1941—1946年为苏联人民委员会常务委员。1942—1945年为国家国防委员会委员。1946—1964年历任苏联部长会议副主席、第一副主席。1964—1965年任苏联最高苏维埃主席团主席。1965—1974年为苏联最高苏维埃主席团委员。1923—1976年为党中央委员。1926年起为中央政治局候补委员，1935—1966年为党中央政治局（主席团）委员。

埃主席团秘书米哈伊尔·波尔菲列维奇·格奥尔加泽。

谢米恰斯内的职责是将赫鲁晓夫和米高扬安全送到克里姆林宫，其余主席团委员正在那里等着呢。今天，他们没有像往常那样挤在飞机舷梯旁边，争先恐后地同父亲握手，报告最近的成绩，得到对于某件十分重要的事情的许可……此刻他们终于决意摆脱父亲，神经紧张地在克里姆林宫内等待他的到来。虽然昨天的中央主席团会议上似乎一切都经过仔细的研究，分配了角色，谁讲什么都说好了，但他们心里仍然很不踏实，浑身起鸡皮疙瘩：这一切将如何收场，赫鲁晓夫又会有什么举动呢？胆小怕事的勃列日涅夫①派谢米恰斯内去机场时，建议他把子弹上膛的手枪带在身上。然而手枪没有派上用场，父亲同谢米恰斯内握手，只是问了一下："大家都在哪儿呢？"得到的回答是："都在克里姆林宫等着您呢。"父亲面带微笑，若无其事地冲米高扬说道："阿纳斯塔斯，咱们走吧！"

长长的黑色吉尔－111车门砰地关上，轿车启动了。其次是卫队的吉尔车，谢米恰斯内的海鸥牌车紧随其后。他用无线电话向勃列日涅夫报告说："接着了，一切都按照原定计划，正朝克里姆林宫走呢。"

谢米恰斯内这番安抚性的通报不知为何更加令人不安。勃列日涅夫比别人都更加紧张，他仿佛看见了不光彩的撤职，也许还更糟糕的下场。他一支接一支地把烟点燃，深深地吸上一口，在烟灰缸里捻灭，再点燃一支。

"共青团员领袖"亚历山大·谢列平②比其他人都显得泰然自若，他已经感觉到自己当上国家元首：把赫鲁晓夫整倒，窝囊废勃列日涅夫不在话

① 列·伊·勃列日涅夫（1906—1982），在策划倒赫阴谋中，同波德戈尔内一起领导"老人党团"。同1938年冬天成为乌克兰中央第一书记的父亲相识于同年5月。当时，在1937年年底的又一轮逮捕风潮之后，他被任命为乌克兰共产党第聂伯罗彼得罗夫斯克州委部长，后任州委书记。战争期间从事军队党的工作。战后历任扎波罗日州州委书记、第聂伯罗彼得罗夫斯克州州委书记、摩尔达维亚中央书记，1957年起任苏共中央书记、苏共中央主席团委员。1963年任苏共中央第二书记。换言之，勃列日涅夫最有可能成为父亲的继承人。赫鲁晓夫下台后成为苏共中央第一书记。具有毫无节制地对父亲歌功颂德的特点。

② 亚·尼·谢列平（1918—1994），倒赫阴谋中"青年联队"的领导人。就所受教育而言，是个历史学家、语言学家、文学家，追名逐利的党务工作者。1958年在父亲提议下，从共青团中央调任党机关的部长。1958年12月起任苏联国家安全委员会主任，1961年10月起任苏共中央书记，1962年10月起，兼任苏共中央和苏联部长会议党和国家监督委员会主席。国家最强势的人物之一。父亲建议在计划于1964年11月召开的苏共中央全会上让谢列平成为苏共中央主席团委员。父亲将谢列平当作自己又一位可能的接班人，某些方面认为他比勃列日涅夫强。父亲打算1965年举行苏联共产党第二十八次代表大会。1964年父亲退休后，谢列平成为苏共中央主席团正式委员。谢列平对父亲极尽阿谀奉承之能事。

下，国内的一切都抓到手了（谢列平是国内最强势的人之一，在计划于1964年11月召开的苏共中央全会上，父亲打算让谢列平进苏共中央主席团。父亲认为谢列平是自己的又一个接班人，认为他在某些方面比勃列日涅夫强。父亲打算在1965年的苏共第二十三次代表大会上进行权力交接）。

米哈伊尔·苏斯洛夫和阿列克谢·柯西金并不急于去仔细盘算成功的机会，他们都心平气和地坐在中央主席团开会时自己通常的座位上，解除父亲职务已是板上钉钉的事情，他们只会从中得利。

列昂尼德·伊利乔夫①、弗拉基米尔·波利亚科夫②、亚历山大·鲁达可夫③、弗拉基米尔·季托夫④都是父亲不久前新提拔的中央书记，但还不是主席团委员。他们都抱着无法实现的希望，希望父亲这次也能逢凶化吉，因为父亲曾经在比这还严重的困境中化险为夷，他们同时也在盘算一旦赫鲁晓夫落败，把赌注压到谁的身上合适：是压到勃列日涅夫身上呢，还是压到谢列平身上？

父亲的另外两个得到提拔的“年轻人”尤里·安德罗波夫⑤和彼得·杰米切夫⑥并不紧张，他们已作出选择，把赌注压在胜利者身上，已经事先得

① 列·费·伊利乔夫（1906—1990），未参与倒赫阴谋。党的思想家。1944—1948年任“消息报”主编，后来是《真理报》主编，后任苏共中央宣传鼓动部部长。1961年起任苏共中央书记，是苏斯洛夫之外另一个可能的选择。在预定于1964年11月举行的中央全会上很有可能当选中央主席团委员。1965年从中央委员会光荣地“流放”至外交部。对父亲百依百顺。

② 瓦·伊·波利亚科夫（1913—2003），未参加针对父亲的阴谋。1946年起在《真理报》阐述农业问题。1960—1962年任《农村生活报》主编，并自1953年起在赫鲁晓夫执政期间任编委会委员。1962年起任中央书记和苏共中央农业局局长。1964年11月任《经济报》责任秘书。与父亲关系有所克制，纯属工作关系。

③ 亚·彼·鲁达科夫（1910—1966），未参与倒赫阴谋。1949—1954年在乌克兰共产党中央委员会先后任煤炭部、重工业部和党机关部部长。1954年起任苏共中央重工业部部长，1962年起任中央书记和苏共中央工业与建设部部长。1965年撤销一切职务。

④ 弗·尼·季托夫（1907—），未参与倒赫阴谋。1947年起在乌克兰哈尔科夫州委工作。1961年自哈尔科夫调往莫斯科，任苏共中央党机关部副部长，1962年当选为主管人事的中央书记。1965年派往哈萨克斯坦共产党中央委员会工作。同父亲之间纯属工作关系。

⑤ 尤·弗·安德罗波夫（1914—1984），在倒赫阴谋中倾向于勃列日涅夫—波德戈尔内派。1936年起从事共青团工作和党的工作，起初在雷宾斯克，后来在卡累利阿。1951年起在苏共中央机关工作。1954—1957年任苏联驻匈牙利大使。1957年起任中央社会主义国家工作部部长。1962年当选为苏共中央书记。父亲下台后成为苏共中央主席团候补委员。1967年接替谢米恰斯内任苏联国家安全委员会主任。同父亲之间纯属工作关系。

⑥ 彼·尼·杰米切夫（1917—1988），在倒赫阴谋中附和谢列平一派。1945—1958年在莫斯科市和莫斯科州做党的工作。这样就同父亲认识了。1961年起任中央书记，1962年起任苏共中央化学工业局局长。1964年父亲下台后，当选为苏共中央主席团候补委员。同父亲之间纯属工作关系。

到勃列日涅夫和谢列平的支持。

其余主席团委员对于阴谋的结果毫不怀疑，他们已经做好了诅咒昨天那位“我们亲爱的尼基塔·谢尔盖耶维奇”[①] 的准备。他们坚信，无论是谁（勃列日涅夫或者谢列平）登上权力金字塔的顶峰，都不会忘记他们如此卖力。半个小时的等待时间就在紧张的气氛中慢慢过去了。会议厅的大门终于打开，走在头里的是愁眉不展的父亲，身后是神情沮丧的米高扬。他没有参与针对父亲的阴谋。他同父亲之间是友好的关系，他们经常就各种问题争论，却始终站在一起。

父亲走进来，扫视了一下会场，与会者都端坐在会议桌旁，只有主席的座位空着。他的座位。父亲最后一次坐到上面，略一沉吟，问道，因为什么紧急的事情让他中断休假，从皮聪达回来的？

一时气氛紧张，无人出声，虽说事前已经分配好角色，排好了发言顺序。公推勃列日涅夫来打头炮，可他一时语塞。最后他才硬起头皮，却吞吞吐吐，前言不搭后语，眼睛老盯着面前的几页纸，那是从厚厚的所谓中央委员会笔记本上撕下来的。

永远改变了伟大国家命运的审判就此开始了。苏共中央政治局委员和候补委员、中央书记处书记悉数出席，只有脑出血后尚未清醒过来的弗洛尔·罗曼诺维奇·科兹洛夫[②]一人缺席。

父亲通常都是对发言作出积极的反应，这次却一言不发，只盯着面前那张空荡荡的桌子，那上面已经没有习以为常地堆满一桌的资料、决定草稿和其他为会议准备的文件。

勃列日涅夫胆子逐渐大了起来，开始抛出事先准备好的罪名：为什么将州委分成工业州委和农业州委？从五年规划过渡到八年规划有何意义？为什么父亲给主席团诸委员分别发去如此之多的报告？末了他指责父亲对一起共事的同志放肆无礼[③]。

---

① 指赫鲁晓夫。

② 弗·罗·科兹洛夫（1908—1965），未参与倒赫阴谋。1949 年起任联共（布）列宁格勒市委书记，1953 年起任州委第一书记。1957 年起任苏共中央主席团委员。1957—1958 年任俄罗斯联邦政府主席，后在父亲任主席的部长会议中任第一副主席。1960 年 5 月起任苏共中央第二书记，是呼声最高的赫鲁晓夫继任者。1963 年因严重中风再未出来工作。1965 年初从主席团中除名，同年去世。同父亲保持友好关系，平等相待，经常争辩，但他们照例会找到共同语言。

③ 此处和以下均见《苏联共产党中央委员会主席团 1954—1964》第 1 卷会议记录草稿速记稿，俄罗斯政治百科全书出版社 2003 年莫斯科版，第 862—872 页。

父亲精神为之一振，他抬起头来，扫视了一下在座的人，仿佛是很费力地说道："我始终把大家当成朋友和志同道合者，很遗憾，有时候发个脾气。"父亲不打算抗争。他事先就作出了这个决定。9月中旬，俄罗斯联邦最高苏维埃主席团主席尼古拉·伊格纳托夫①原来的卫队长瓦西里·伊万诺维奇·加柳科夫就向我通报了针对父亲的阴谋，我当即全都告诉了父亲（在针对父亲的阴谋中，伊格纳托夫承担了最危险的苦差事，他劝说各州委书记站到阴谋分子这边来，同勃列日涅夫—波德戈尔内以及谢列平—谢米恰斯内合作，指望在关键时刻将主动权掌握在自己手中，一举夺权）。我同加柳科夫见面（不可能不被发现）之后，勃列日涅夫惊恐万状，他觉得阴谋必败无疑。然而命运却做出了另外的安排。

从进入权力机构之日起，伊格纳托夫就开始对父亲搞阴谋诡计。起初父亲没有在意，认为一切都会逐渐处理好的，可是当伊格纳托夫开始几乎是公开地觊觎国家的最高权力时，父亲就"采取措施"了。在1961年例行的苏共第二十二次代表大会上，伊格纳托夫未进入主席团和书记处。"调往"俄罗斯联邦。

如今伊格纳托夫打算报一箭之仇。他整个夏天都在全国各地活动，向州委书记和军区司令员进行游说，让他们相信赫鲁晓夫时代已经结束。伊格纳托夫是在冒险，甚至是孤注一掷。一旦失败，勃列日涅夫和谢列平会把他当作替罪羊。伊格纳托夫此人狡猾而机灵，对此洞若观火，然而返回权力顶峰的欲望胜过了小心谨慎。

米高扬应父亲的要求，同加柳科夫谈了谈。父亲还有时间，然而他决定对事情的发展听之任之，这已经不是1957年。那次是斯大林主义者对他群起而攻之，而所有进入新中央主席团的人选是他亲自确定的。父亲毫不怀疑他们也同他一样地忠于事业，而且只忠于事业。这些人会把他所开始的改革进行到底，他的理想必将实现——苏联人将过得比美国人好，比美国人富裕。这一切都将在没有他参与的情况下发生，当然是很遗憾了，可是他已经是七十开外的人，该给年轻人让路了。因此，尽管获知关于阴谋的消息，父亲决定不改变自己的计划，于9月的最后一天离开莫斯科，前往皮聪达

① 尼·格·伊格纳托夫（1901—1966），在倒赫阴谋中最为卖力，承担了最危险的辅助性工作，劝说各州委书记占到阴谋分子这边来。既同勃列日涅夫—波德戈尔内合作，又同谢列平—谢米恰斯内合作，指望在关键时刻抢得先机，夺取权力。1937—1957年历任古比雪夫、奥尔洛夫、列宁格勒、沃罗涅日等州州委书记。

休假。

尽管有着他一生的经验，父亲在内心深处仍然希望加柳科夫的通报不过是虚惊一场。此刻他只能是打起精神，绝不示弱，别陷入争辩（最后这一条需要父亲特别努力），由他去吧！

父亲毕竟还是按捺不住，开始对责难作出反应：“将州委一分为二是大家一致投票通过的，只有这样才能保证有效地领导日益复杂的经济。我在报告中向同志们介绍了我关于国家改革的想法，因为情况不是太好，应当采取一些措施。”

这时父亲突然中断，换了一种语气，承认同主席团成员的交往中态度粗暴，并保证尽量……却没有说完，就不做声了。

根据脚本，下一个发言的是乌克兰共产党中央第一书记彼得·叶菲莫维奇·谢列斯特①，他极其卖力地参加了阴谋，却只让他充当二流角色。

后来谢列斯特在自己的回忆录中充满同情地写到父亲，然而在那个十月的日子里他是一头“鹰”，对父亲的指责可说是源源不断：“1957 年保证在肉类、奶类和黄油人均产量方面赶上，没有赶上。谈到解决住宅问题，没有解决。保证 1962 年增加低收入者的工资，没有增加。共和国的权利和责任中只给他们留下了责任。”

这篇发言足以致人于死地。父亲仔细地听着谢列斯特的发言，同时想道：“说的都对，只是共和国的那段除外，如今共和国的权力比原来多了，谢列斯特这是故意歪曲。只是我们这里为什么全都是一个人的错呢？不错，所有的胜利也都归于他一个人。自古以来就是如此。什么都是皇帝爷一个人负责，1917 年之后沙皇没有了，思维却没有变。而且后来的数十年也不会变。”

尤其让谢列斯特（以及其他发言者）感到不满的是，将州委分成工业州委和农业州委，以及 1964 年 7 月散发的报告中计划进行的改组——农业生产管理的职业化和“非党化”。这个话题在发言中屡屡提及。苏联部长会议

---

① 谢·彼·谢列斯特（1908—1996），十分起劲地参与倒赫阴谋，却让他屈居二流角色。1954 年起历任基辅市市委书记和基辅州州委书记，1963 年 7 月起任乌克兰共产党中央第一书记、苏共中央主席团候补委员（1963 年 12 月）。1964 年 11 月 16 日当选为中央主席团正式委员。1972 年开始不受勃列日涅夫的欢迎，勃列日涅夫让他退休。同父亲交情不深，纯属工作关系。

副主席德米特里·斯捷潘诺维奇·波利扬斯基[①]陈述了大家的意见。此次阴谋中，波利扬斯基在勃列日涅夫—波德戈尔内和谢米恰斯内—谢列平之间搞平衡，与此同时，他希望在未来的后赫鲁晓夫领导层中充当特殊角色。他把自己摆在比勃列日涅夫和谢列平还高的位置。我们确切地知道他的立场。波利扬斯基同其他十月会议的与会者不同，他打算不仅在主席团会议上发言，而且在中央全会上发言，全都是按规矩来的：打印出发言稿，送交勃列日涅夫审定。然而中央全会上没有让他发言，勃列日涅夫秘书处将波利扬斯基的报告退还给本人，他又交到档案馆。

波利扬斯基写道："此次改组的主要目的是使党委的（农业）生产管理作用化为乌有，将党委变成经济机关的附庸。对他[②]不久前在中央主席团所说的那番话，怎么能有另外的理解呢？他说：'现在党委处于次要的地位，这是好事。我这次下来（1964 年 8 月对我国农业区的视察）都向我推荐生产管理机关的领导人。这很好。就是说，从我的（1964 年 7 月 18 日）报告中得出了结论。'他在这次视察中没有找出时间哪怕同一个集体农庄、国营农场和集体农庄—国营农场生产管理局的党组书记谈话。同志们，难道可以因为党委处于次要地位感到高兴吗？他（赫鲁晓夫）甚至建议撤销生产性党委，而用级别相当于集体农庄—国营农场管理局副局长的政治处主任来代替。可不久前他还说过也许应当完全取消生产管理局呢。可这就意味着应当连农村里的党组织也取消。话都说到这个份儿上了！"[③]

怎么回事呢？下面我将在有关章节描述同改革农业管理有关的种种冲突。这里先简要地解释一下：1962 年生产管理机关取代了农业区党委。按照父亲的意图，生产管理机关同按照生产特征划分的农业州委和工业州委一样，应当由生产管理机关来取代对于集体农庄、国营农场和工厂的"一般性领导"。它们的责任与其说是匆匆制定五年计划，倒不如说是提出建议，对

---

① 德·斯·波利扬斯基（1917—2001），十分起劲地参与了倒赫阴谋，在勃列日涅夫—波德戈尔内和谢米恰斯内—谢列平之间搞平衡，与此同时，希望在未来赫鲁晓夫之后的领导层中占据特殊的地位。自认为比勃列日涅夫和谢列平都高明。1949—1954 年任苏共克里木州州委书记。1955 年起任契卡洛夫州州委书记、克拉斯诺达尔州州委书记、俄罗斯联邦政府主席。1960 年 5 月起为苏共中央主席团委员。1962 年起，他是父亲在苏联政府和农业领域的得力助手。1965 年任苏联部长会议第一副主席，1973 年被勃列日涅夫赶下去当农业部长。同父亲平等相待，不低三下四，有不同意见时毫无拘束地发表自己的意见，有时以热烈的争论结束。

② 指赫鲁晓夫——作者注。

③ 《史料》杂志，俄罗斯联邦总统档案馆通报 1998 年第 2 期，第 108 页。

生产中推广最新技术和农业方法的情况进行跟踪。换言之，父亲打算将党负责人的作用降低到提供咨询的水平。改组开始了，但关系没有改变，尤其在农村。这时父亲准备走下一步：将全部权力交给经理。他打算赋予更大的、1953年改革所无法相比的独立性：种多少、怎么种，职工中什么人应得什么报酬，统统由经理自己决定。为了检验这一意图，他早在两年前就开始在垦荒地上做试验。垦荒地的经济师兼会计师伊万·胡坚科手下有了三个国营农场，他还享有充分的自由。胡坚科善于应用这种自由：他的国营农场收成增加，工资提高，人员减少。参加试验的不仅是胡坚科的三个国营农场，而且还有从布尔什维克针织厂到大型化工企业的四十余个工矿企业。同样十分顺利。

1963年年末，父亲已毫不怀疑，生产者和国家之间的新型相互关系从试验转向全面推广的时机已到。他明白，将在区一级、州一级和莫斯科遭到非同小可的抵制。人人都有个适应的过程，他本人也不例外。前不久，他视察垦荒地归来，为一件小事——应当给牧羊人付多少工资同波利扬斯基发生了冲突。而在新的情况下，他、波利扬斯基、州委书记和生产管理机构都不得干预此类事情，由国营农场的人员自己来决定给谁付多少工资，由他们自己来付。那还用说，突然改变起来比国民经济委员会还困难。然而非如此共产主义就无法建成。过去的年代表明，照老一套工作已经不行了，列宁也有过临终嘱咐，应当信赖人，不要纠缠不休，不要催促，要好言相劝。

在这样的安排下，生产管理机构和区党委一样都已成为多余，只能是碍手碍脚。父亲建议考虑是否将其扩大，如较小的州则可以干脆取消。他于9月份就此问题和同僚商议过，暂时没有谈及其他问题。他的战友们和他不同，他们对经济中现存的相互关系系统十分满意，只需加强垂直权力系统，恢复各部，提高州委的威望即可。至于说到父亲，那么他们认为他已经完全丧失“现实感”。应当同他了断了。

还是回过头来说说中央主席团会议上发生的事情吧。谢列斯特之后发言的是俄罗斯联邦部长会议主席根纳季·伊万诺维奇·沃罗诺夫①。父亲是

① 根·伊·沃罗诺夫（1910—1994），附和倒赫阴谋，却并不特别热心。1955年任苏联农业部副部长，当年这是个棘手的岗位。1957年起任奥连堡州州委书记，1961年起为苏共中央主席团委员，中央俄罗斯联邦局副主席（主席为赫鲁晓夫）。1962年接替波利扬斯基所任的俄罗斯联邦政府主席。1971年因固执己见，被勃列日涅夫免去职务。同父亲平等相待，对自己的意见坚持到底，不溜须拍马，不奉承捧场。

1954 年秋天北京之行回国途中，在赤塔同沃罗诺夫相识的，沿途他在此前尚不熟悉的西伯利亚所有大城市都作了停留。父亲喜欢沃罗诺夫的值得信赖和办事能力。同父亲相处平和，自己的意见坚持到底，不巴结讨好，不吹捧赞扬。

1964 年 8 月，当赫鲁晓夫在垦荒地巡视粮食收割时，勃列日涅夫在扎维多沃打猎中整整一夜都在劝说沃罗诺夫，向他出示了中央委员名单，凡是姓名旁边打了勾的人都已经和勃列日涅夫站到了一起。沃罗诺夫最终同意了。

沃罗诺夫和所有前面发言的人一样，抱怨缺乏集体领导，因最近三年半来没有向父亲讲出自己的意见而感到委屈（工作日的情况我不知道，不过每到周末，如果赶上夏季和冬季打猎季节，沃罗诺夫总是前往扎维多沃，同父亲促膝长谈）。沃罗诺夫还指责父亲搞个人崇拜。父亲的讲话、照片充斥在报纸杂志的头版头条，甚至不只是头版头条。另一方面，父亲经常巡视全国各地，在集体农庄庄员、化学工作者等等的会议上发表讲话。他的讲话照例都上了报纸的头版头条。很难理解，他哪儿来的精力，1964 年父亲毕竟是七十岁的人了。最近这一两年，情况不是太好，父亲的整个思绪都是围绕着如何改变现状，他提出了一个接一个的新设想。他每提出一条建议，无不受到喝彩，首先是中央主席团那些“战友们”喝彩。父亲把同僚的这些高谈阔论都当成是对他的想法和建议的赞同。此时此刻，“志同道合者”都敢于说出他们的真实想法。接下来，沃罗诺夫不忘未到会的科兹洛夫①，科兹洛夫曾经告诫他说：“赫鲁晓夫管的事情别去掺和。”然后沃罗诺夫抱怨说，父亲有一次把他称之为“工程师和农艺师的杂交种”，依我之见，这一点也不带侮辱性：一个国有中央集权经济的国家的政治领导人，实质上与其说是个政治家，倒不如说是个经理，而任何一个经理就应当通晓他所接触到的一切，应当是个地地道道的杂交体。

接下来是千篇一律的对改组的抱怨，说改组让大家都感到厌烦，抱怨父亲“蓄意”搞掉农业生产管理机构。沃罗诺夫甚至怒气冲冲地喊道：“难道可以贬低区委吗？”沃罗诺夫也不喜欢父亲最近致主席团同僚的报告。“不知道您的建议中有什么正确的东西！”沃罗诺夫大声说道，显然是有点过火了。

---

① 有些作者没有弄清中央总务部长马林笔记中沃罗诺夫所说的“科兹洛夫说：这些问题别去掺和，那是赫鲁晓夫同志管的”，接下来在行文中说成是仿佛出席会议的科兹洛夫本人说的话，这样就有点把这个问题搞乱了。可参见皮霍亚《苏联：政权史 1945—1991》，俄罗斯国家公务学院 1998 年莫斯科版，第 264 页（作者注）。

我看父亲把自己的想法表达得很清楚，自然是对于那些想听他说话的人而言。这里引用一小段父亲讲话速记稿来作为证明。那是在讨论1966—1970年五年计划的会议上的讲话。父亲说："要更大胆地发展消费品的生产。要对国外和我国的生产进行分析。世界上没有哪个国家具有我们这样的技术水平。我国的科学家还得花七年时间才能赶上今天西方的水平，可这段时间里人家又走得更远了！要购买许可证，这是唯一的出路，在学术领域不可生活在闭关自守的条件下，对国外的成就视而不见。要以购买工艺、可交付使用的工厂为目标，这样两年之后就可以获得新的品质，提高到新的水平……你看，日本人从废墟中、从原始状态中崛起，如今则与美国抗衡、与全世界抗衡，仅仅通过最初购买专利许可证，然后就同世界水平拉开距离，发展自己的生产。"①

沃罗诺夫没有出席这次会议，不过父亲多半在9月26日中央主席团和苏联部长会议会议上重复了自己的论据（会议的速记记录尚未找到）。

当时父亲还谈到许多问题，其中也建议大家考虑一下，改成七年计划或者八年计划是否更好，这样更加符合新工厂投入使用、从开始打地基到出产第一批成品的周期。不知道这里有什么不对沃罗诺夫的心思？他搞不清楚的是什么？

"让他退休，"沃罗诺夫最后说道。

下一个发言的是亚历山大·尼古拉耶维奇·谢列平，父亲一手提拔的人，年轻，自尊心过强，人称"钢铁般的舒里克"。

科兹洛夫生病时，父亲认真地考虑过提拔谢列平充当配角，因谢列平不肯将中央书记职位换成列宁格勒州委领导而作罢。父亲感到怀疑：谢列平没有实际经验能否胜任治理国家的重任。他的怀疑没有错。日后"钢铁般的舒里克"不仅成了顽固的官僚，让勃列日涅夫不费吹灰之力就将他这块绊脚石搬掉，而且还是个正统斯大林主义者呢。

眼下，谢列平正在抛出一条接一条的指责，不过与沃罗诺夫不同，没有具体内容。他蛊惑人心地全都放到一起：又是领导层中"无法容忍的情况"，又是父亲周围那些"形迹可疑的人"，又是个人崇拜，又是国民收入年增长率下降，还有父亲对以机械挤奶取代人工挤奶的偏好，科学与生产的"脱

① 1964年9月22日尼·谢·赫鲁晓夫对关于1966—1979年苏联经济发展主要方向的草案报告的意见。俄罗斯联邦总统档案馆第52全宗第1目录第342卷宗，第170—184页。

节”。尤其让谢列平感到愤怒的，是父亲打算弄清集体化期间国内发生了什么事情。父亲打算在中央十一月全会上就集体化发表同当时的意识形态方针完全相左的意见。

“收集了集体化时期的材料！”谢列平几乎是喊叫道。“他说十月革命是一帮娘们儿搞的！”

谢列平认为，将州党委分成工业州党委和农业州党委岂止是错误，而且是理论上的错误。

谢列平也不喜欢父亲的外交政策：“我们对帝国主义者应当厉害点，”他告诫道，“‘只要苏美两国达成共识，就万事大吉了’的口号是不对的。对中国的态度是正确的，不过在执行路线时应当更加灵活一些，”谢列平向父亲提出了许许多多意见。他那写得密密麻麻的发言提纲几乎占了整整两页纸。末了他停下来，默默地坐下，关于父亲未来的命运未置一词。谢列平干脆把它置诸脑后。

接下来依次发言的有安德烈·帕夫洛维奇·基里连科①，事实上的苏共中央俄罗斯联邦局领导人；基里尔·特罗菲莫维奇·马祖罗夫②，白俄罗斯共产党中央书记；列昂尼德·尼古拉耶维奇·叶弗列莫夫③，苏共中央俄罗

① 安·帕·基里连科（1906—1990），在倒赫阴谋中完全偏向勃列日涅夫—波德戈尔内，但由于自己的性格和习惯不出头露面。1944 年起历任扎波罗热州、尼古拉耶夫州和第聂伯罗彼得罗夫斯克州州委书记。1955—1962 年任斯维尔德洛夫斯克州州委书记。1962 年起，在苏共中央俄罗斯联邦局任父亲的第一副手。在 1961 年 10 月的苏共第二十二次代表大会上，父亲预定让基里连科代表乌拉尔，同其他地区代表一起选作中央主席团候补委员，其中有弗拉基米尔谢尔比茨基（乌克兰），基里尔·马祖罗夫（白俄罗斯），沙拉夫·拉希多夫（中亚），瓦西里·姆扎瓦纳泽（外高加索），可是在代表大会前的中央全会上宣读名单时，把基里连科的名字漏掉了。名单一致通过，没有人问过为什么基里连科的名字不见了。直到过了数月之后，米高扬才问父亲：基里连科出了什么事？“忘掉了，”父亲没有昧着良心，“忙得筋疲力尽，忘记了。”1962 年 4 月 25 日的中央全会上，基里连科终于当选，但已经不是候补委员，而是一下成了中央政治局委员，并调往莫斯科进入俄罗斯联邦局。同年 11 月，他取代沃罗诺夫成为中央俄罗斯联邦局局长。同父亲之间纯属工作关系。

② 基·特·马祖罗夫（1914—1989），在倒赫阴谋中站在勃列日涅夫—波德戈尔内一边。任务是保证后方。1965 年起任白俄罗斯共产党第一书记，1957 年起为中央主席团候补委员。1965 年，勃列日涅夫作为对忠诚的嘉奖，让他当选政治局委员，并任命为苏联部长会议副主席。1978 年因桀骜不驯，令其退休。同父亲之间，既有工作关系，又有友好关系。意见不合时坚定地捍卫自己的观点。父亲有时在火头上，威胁要撤他的职，但冷静下来后，并未将威胁付诸实施。

③ 列·尼·叶夫列莫夫（1912—2007），未积极参加倒赫阴谋，未加入任何一派。1946 年起历任古比雪夫州、库尔斯克州和高尔基州州委书记。1962 年当选为苏共中央主席团候补委员和中央俄罗斯联邦局第一副局长，负责俄罗斯的农业。1965 年因受到新政权的冷落，被发配至斯塔夫罗波尔州当州委书记。同父亲之间纯属工作关系。

斯局副主席，主管农业；瓦西里·帕夫洛维奇·姆扎瓦纳泽①，格鲁吉亚共产党中央书记。他们的指责性发言像孪生子一样非常相像：取消区党委，贬低党的作用，而主要的是别再改革了。

此后发言的是党的主要理论家、苏共中央书记米哈伊尔·安德烈耶维奇·苏斯洛夫。他没有提到改组，甚至也没有提到取消农村区党委，他感到不安的是另外的问题，虽然“总路线是对的……人们更多地是高谈阔论，而这是很危险的，应当纳入党的轨道”，然后苏斯洛夫重复了那些千篇一律的指责，他最后说道：“才华横溢，却太性急，报刊上太张扬，外交政策方面过于自信，在同日本专家的谈话中讲了不少多余的话（1964年9月15日父亲会见日本代表团，讲到贸易的前景，讲到只要日本同美国结成军事同盟，将色丹岛和齿舞岛交给日本就没有希望。不知道这里有什么多余的东西）。要提高主席团和中央全会的作用。”关于父亲的命运，苏斯洛夫没有直截了当地表态，留了个心眼。

全苏工会中央理事会主席维克多·瓦西里耶维奇·格里申②尽量把药丸弄得甜一点。他从1949年返回莫斯科后，就同父亲在一起共事。格里申良心受到谴责，却又不敢同其他人作对。在针对父亲的阴谋中，他站到勃列日涅夫—波德戈尔内派别一边，他认为这个集团比谢列平那个集团更有希望。

“在座者当中，有您真正的朋友，”格里申开言道。勃列日涅夫猛地一抖，格里申当即改口道：“我们应当直截了当地说，这样下去是不行的。”（勃列日涅夫轻松地缓了一口气）“他想尽量把事情做好，也做了不少工作，但是同志们说得对，似乎一切成绩都是赫鲁晓夫的功劳。”

起初格里申没有想好如何称呼父亲：是直呼其姓呢，还是称呼他的名字

---

① 瓦·帕·姆纳瓦纳泽（1902—1988），积极参与倒赫阴谋，系勃列日涅夫—波德戈尔内派别成员。1953年父亲提议将他这位并无格鲁吉亚血统的格鲁吉亚人选为格鲁吉亚共产党首脑。1957年起任苏共中央主席团候补委员。姆纳瓦纳泽在工作中并无特别的成就，却在另外的方面大出风头，他成了战后头号身居高位的腐败分子。父亲在回答来自格鲁吉亚的抱怨时不止一次地公开表示要撤销姆扎瓦纳泽的一切职务，却并未将自己的威胁付诸实施。于是姆扎瓦纳泽就投靠勃列日涅夫。1964年之后，又在自己的职位上赖了8年。1972年令其退休。对父亲阿谀奉承。

② 维·瓦·格里申（1914—1992），在倒赫阴谋中站在勃列日涅夫—波德戈尔内派别一边，根据他的考虑，这个派别比谢列平那派更有希望。并未表现出积极性。1952—1956年任莫斯科市委第二书记。1956年任苏联工会领导人。1961年当选为中央主席团委员。1986年退休。对父亲平等相待，视为同志，但保持距离。不巴结讨好。

和父名[①]。

在马林的笔记中，格里申下面的话是："个人品质上有一些缺点，不愿意尊重集体的意见，独断专行。没有集体领导……对工会没有兴趣……"

格里申发言后，决定休会，次日再继续，时间已经很晚，这样的问题应当人人表态。

父亲回家后，独自一人在狭窄的柏油路上久久地散步，路旁是沃罗比约夫公路40号政府官邸高高的院墙。这次"散步"有点让人联想到在动物园笼子里转圈儿的狼。父亲终于回到家中，拿起克里姆林宫专用电话，拨通了米高扬官邸的电话。他们两家离得很近，中间隔着两栋楼。

"阿纳斯塔斯，告诉他们，我不打算较劲了，让他们看着办吧，作出什么决定我都服从，"父亲一口气说下来，然而略一沉吟，就结束了。"同那些人、同斯大林主义者（父亲指的是莫洛托夫、马林科夫、卡冈诺维奇和追随他们的谢皮洛夫），我们在原则立场上有分歧，可这些人……"父亲找不到恰当的字眼。

"尼基塔，你做得对，"米高扬小心翼翼，迟疑不决，字斟句酌地开始说道。他们二人都毫不怀疑，谢米恰斯内此刻正聚精会神地窃听他们的谈话。"不过我想，你还可以干，找一个妥协办法。毕竟这么多年在一起……"

父亲没有继续听下去，把电话挂了。几分钟之后，谢米恰斯内给勃列日涅夫去电话，通报了父亲不战而降的决定。

第二天，10月14日，第一个发言的是苏联部长会议副主席德米特里·斯捷潘诺维奇·波利扬斯基。上面已经提到他了。父亲早在1940年代末就发现了这个机灵的32岁克里木农艺师组织家，克里木州委书记，从那时起就安排着他的升迁。如今波利扬斯基对父亲一点不客气，同格里申不同，不去想从前的老交情。

在马林的笔记本里可以看到波利扬斯基的发言，他说："代表大会的路线是正确的，赫鲁晓夫如何贯彻路线，那就是另外一回事了。我们这次会议是历史性的大会……赫鲁晓夫变了，最近他想凌驾于党之上。把斯大林诋毁得不成样子。头几年农业的情况还好，后来就是停滞和失望……缺少780亿卢布（波利扬斯基在部长会议作为父亲的副手，负责农业，寻

① 俄国人在称呼对方时，如直呼其姓（如"赫鲁晓夫"），显得不太尊重；而称呼名字加父名（如"尼基塔·谢尔盖耶维奇"），则表示尊重。——译者注

找这不足的780亿卢布属于他的职责范围），通过写报告来领导。学术上是李森科—阿拉克切耶夫。关于价格，说了一些蠢话。您两年不接见季米里亚捷夫农学院的10名院士，资本家却马上接见……”

不久前从西方传来的完全无辜的水栽法吃尽了这位克里木农学家的苦头，父亲积极宣传这种培育温室蔬菜的方法，不是用盛满土壤的用生锈钉子钉成的木箱，而是用塑料薄膜水槽，槽内放满浸透富含肥料溶液的石子儿。核算表明，这种新工艺更为经济，借助这种工艺，可望最终保证向城市居民全年供应新鲜蔬菜。

波利扬斯基义愤填膺地说：“他就是打算逼着我们干这个！”

当然，波利扬斯基对水栽法本身不大感兴趣，可是从现在起，只要是父亲倡议的一切都受到诅咒。

“您这个人难以相处，您应当辞去一切职务，您是不会轻易投降的。”波利扬斯基对谢米恰斯内窃听父亲同米高扬谈话毫不知情。

波利扬斯基还未说完，谢列平又掺和进来：“米高扬同志做得不对，你们听听他都说些什么！”

米高扬不愧为极其机智的政治家，而且他总能设法做到保持自己的见解，无论在斯大林当政还是赫鲁晓夫当政时都是如此。眼下他认为“对赫鲁晓夫的批评是有好处的，应当把党的首脑和政府首脑分开，政府首脑可由柯西金担任，减轻赫鲁晓夫的负担，他应当留任党内职务。”米高扬不会不明白，他不仅是少数，而且是孤军作战，就为这篇发言也饶不过他，然而他都一把年纪了决定别再昧着良心。确实没有饶恕米高扬，来年年满七十即免去他的职务。

在米高扬之后发言的是乌兹别克共产党中央书记沙拉夫·拉希多夫①。

拉希多夫几乎是逐字逐句地重复前几位发言者的话。他对父亲并无不满，习惯性地遵照早已有之、也不是他立的规矩。然后是苏联部长会议第一副主席阿列克谢·尼古拉耶维奇·柯西金。他表示“对讨论的情况很满意。

① 沙·拉·拉希多夫（1917—1883），在倒赫阴谋中将赌注压在勃列日涅夫—波德戈尔内身上，并未表现出积极性。作家，诗人。1949年起任乌兹别克共和国最高苏维埃主席团主席。1959年取代萨比尔·卡马洛夫出任乌兹别克共产党第一书记。1959—1963年因开垦和灌溉乌兹别克斯坦主要产棉区之一饥饿草原而名声大振。保住自己的职位直至1983年去世。1986—1990年受到惊人腐败的指控。在独立的乌兹别克斯坦誉为民族英雄。与父亲之间纯属工作关系。父亲重视他那组织家的天赋和聚精会神抓大事的本领。

讨论遵循着正确的路线。中央委员会及其主席团内的形势是团结一致。全会毫无疑问会在一切方面对中央委员会及其主席团表示支持”。

“分送给大家的都是阿谀奉承的信，带批评的信件就不送了。”柯西金这样埋怨父亲。

他这番话同谢米恰斯内的证言大相径庭：据谢米恰斯内说，父亲要求把最恶毒的匿名信、包括冲“尼基塔①”谩骂的信拿去读给他听②。

不要对柯西金太苛刻了，阴谋一事他是到最后一分钟才得知的，他，这个父亲值得信赖的得力助手匆匆忙忙地改变自己的观点。

“干部，您不喜欢人们的成长，”柯西金接着说道，他不是很明白自己在说什么（要么是很明白？柯西金不可能不知道父亲在下次全会上更新“干部”、提拔年轻人的计划）。“苏斯洛夫的报告（关于意识形态）起初很赞赏，后来又说坏话，”柯西金继续捞分，勃列日涅夫表示赞同地直点头。“中央全会都是你自己在搞。垄断军事问题。对社会主义兄弟国家的态度可以用一句话来形容：‘只要有粮食，口袋会找到的！’”

柯西金又讲了很长时间。勃列日涅夫都忍不住意味深长地敲了敲自己手表的表盘。

“召开全会，”柯西金着急起来。“把党的首脑和政府首脑分开（他已经知道预先指定由他担任后面这个职务），正式设立苏共中央第二书记的职位（预先制定由波德戈尔内担任）。免去您（也就是父亲）一切职务。”

柯西金之后，该轮到中央书记尼古拉·维克多罗维奇·波德戈尔内③发言了。他是针对父亲的阴谋的始作俑者之一。在与勃列日涅夫的二人合作中以他为主，让勃列日涅夫打头阵，仅仅是因为勃氏在党和国家等级制度中职位较高。他在父亲面前卑躬屈节，可以说是极尽阿谀奉承之能事。最近几个月波德戈尔内“危在旦夕”，父亲认为把他请到莫斯科来并加以提拔是一大

---

① 指赫鲁晓夫。

② 见维·谢米恰斯内《不平静的心》，瓦格里乌斯出版社2002年莫斯科版，第208页。

③ 尼·维·波德戈尔内（1903—1983），系倒赫阴谋发起者之一。在同勃列日涅夫的两人合作中起主导作用，让勃列日涅夫牵头，是因为勃列日涅夫在现有党和国家官员中地位较高。1957年起任乌克兰共产党第一书记。1960年起为苏共中央主席团委员。1963年在莫斯科任负责食品工业和居民供应的中央书记。父亲退休后以及1965年米高扬退休后，成为苏联最高苏维埃主席团主席，但没有公开表露出有更大的野心。逐渐被苏斯洛夫和基里连科排除在实际权力之外。1977年起退休，由勃列日涅夫接替他的形式上的国家元首职务。对父亲阿谀奉承，甚至是拍马屁。父亲对他则是友好相待。

错误，波德戈尔内简直是个不中用的行政官员、愚钝之人，且过分自负。父亲已对波德戈尔内感到失望，有时想设法不事声张地摆脱这个人。即将举行的十一月全会肯定会终结他的升官梦。波德戈尔内是个搞阴谋的行家，他有所察觉，于是便采取反制措施。他对自己在莫斯科的机会没有什么把握，于是就把勃列日涅夫拉了进来。波德戈尔内言语尖刻，不容反驳，毫不客气。以下只是他发言的几个片断："同意大家的发言，米高扬的发言除外。改组中犯了极大的错误。拿斯大林作托词没用，自己干的更糟，将州党委一分为二十分荒唐。同社会主义国家的关系搞得一塌糊涂，都是你的过错。同赫鲁晓夫没法说话。把职务分开。在全会上决定。赫鲁晓夫下台会对国际国内形势产生什么影响？会有影响，但是不会出什么事。"

这时，中央主席团会议室的门徐徐开启，勃列日涅夫的秘书把头伸进来，然后他不知为何踮起脚尖，跑到勃列日涅夫跟前，在勃列日涅夫旁边一阵耳语。勃列日涅夫冲着波德戈尔内打了个手势：可以了，坐下吧。波德戈尔内很不满意地坐了下来：一位还没有摆脱呢，另外一位又挥起手来了。

勃列日涅夫的秘书如此毫无礼貌地违犯规则（中央主席团开会时，除非召唤不得入内），因为谢米恰斯内不知给勃列日涅夫秘书来了多少次电话，央告他、要求他让勃列日涅夫接电话。勃列日涅夫宣布休息几分钟，走出会场。

"出什么事儿了？"勃列日涅夫神经紧张地拿起听筒问道。

谢米恰斯内的回答如下：他的任务是把中央主席团委员召集起来，不是全部，只限于曾经参与商定克里姆林宫权力更替一事的人，或者是阴谋分子认为信得过的人。从昨天开始，这些人全都在克里姆林宫的过道里走来走去，彼此交换见闻，猜测中央主席团那边的情况如何，没完没了地问谢米恰斯内，什么时候才能把他们召集到斯维尔德洛夫大厅，向他们通报一切。10月14日中午，许多人已是牢骚满腹，特别任性的人则威胁说要撇开主席团自行召开中央全会。归根结底，根据党章，恰恰是全会选举主席团，而非主席团选举全会。这些话说出来仿佛是开玩笑，带着讥笑，却把谢米恰斯内吓得不轻。在变动时期任何玩笑都是危险的，何况这样的玩笑。今天高层的阴谋分子对赫鲁晓夫要阴谋，那为什么中央委员不群起效尤，把政权夺到手中，不仅罢免父亲，而是对整个主席团来个改选呢？因此谢米恰斯内就决定去催促勃列日涅夫。他不知是请求还是要求匆匆结束发言，事不宜迟，转战中央全会，今天就开，傍晚前结束"战斗"。

“再熬一夜我可受不了了。”谢米恰斯内对勃列日涅夫说。

“还没有做到人人发言呢，要让每一个人都当众把自己捆住。”勃列日涅夫坚持说。

勃列日涅夫未置可否。他对全会心存恐惧，不过当谢米恰斯内威胁说如果拖延下去他就要推掉责任，再也不担保了，勃列日涅夫只好认输。他请求再给他一点时间，他得同“自己人”商量商量。

“30分钟后他给我来电话，”1988年谢米恰斯内对《论据与事实》周刊主编斯塔尔科夫说道，“让我安抚大家，一切都在按计划进行。中央主席团委员都讲完了，还剩下一些候补委员和中央书记，他们一个人给三四分钟，让他们别啰里啰唆，表明自己的态度，下午六点开全会。”

“我感到很满意，”谢米恰斯内答道。“我可以宣布吗?”

“你就宣布吧！我们已经给下面发布了命令，你也安排一下吧。”勃列日涅夫结束谈话，把电话挂上①。

谢米恰斯内在书中对这个细节的描述惜墨如金，他尽量同此事保持距离，把自己的作用归结为纯公务性质的。1990年代初期，他同谢列平一起选择了这个方针，且坚持至终老。他们早期接受采访时的自白较为详尽。

勃列日涅夫回到会议室，主动发言，匆匆对讨论进行总结：“同意大家的意见。从1938年起同大家一路走来，1957年一起同反党集团作斗争，但是无法拿自己的良心做交易。撤销赫鲁晓夫现任职务（苏共中央第一书记和政府主席)，取消兼职。”

凡尚未发言者，不是限三分钟，而是只能说半句话：

安德罗波夫：“支持建议。”

波诺马廖夫：“支持。”

伊利乔夫：“同意。”

杰米切夫：“同意。”

鲁达可夫：“同意。”

勃列日涅夫还让米高扬再次发言，但米高扬这次发言也是与众不同，他说：“我已经讲了自己的想法，同意大多数人的意见。赫鲁晓夫对我说，他不打算为职务问题去争斗了。”

---

① 维·谢米恰斯内：《不平静的心》，瓦格里乌斯出版社2002年莫斯科版，第366页（1988年9月维·伊·谢米恰斯内对《论据与事实》主编弗·安·斯塔尔科夫发表的谈话，14个打字页的复印件现存于本书作者的档案中)。

接下来米高扬简单扼要地讲了父亲昨晚的电话。勃列日涅夫对他的发言未作反应，其他的人则松了一口气。他们原来担心父亲可别试图扭转全会上的形势。以他的精力，什么事情都可能发生……

什维尔尼克[①]最后一个发言，他说：

“尼基塔·谢尔盖耶维奇做得不对。撤去他的职务。”

“我不能同你们斗争，”父亲开始说道，他的声音听起来有些低沉。“我们一起战胜了反党集团，我们都是志同道合的人。”父亲停住不说了，他在字斟句酌。“我尊重大家的诚实，”他又开始说道。“我在不同的时期对在座的各位态度都不同，然而始终重视你们。请波利扬斯基和沃罗诺夫同志原谅我态度粗暴。我并无恶意。我的主要错误，是1958年听你们的话，同意身兼苏共中央第一书记和苏联部长会议主席两个职务，我表现软弱，没有抵制。我承认对萨哈罗夫态度粗暴，对克尔德什也是如此。谷物和玉米，生产管理机构，州党委是否一分为二。如今所有这一切都仰仗在座的各位了。”

然后父亲谈到自己在国际问题上的立场：关于古巴危机，关于柏林，关于社会主义阵营，最后说道：“这些事都得做，以免我们几个国家之间产生裂痕。我不要求大家原谅，问题解决了。我昨天就（打电话给米高扬）说了，我不会争斗的，因为我们都是志同道合的人。我为什么要找出黑色颜料来抹黑你们呢？”父亲又停住不说了，他感到委屈，后来又继续说道：“不错，大家都聚到一起来，朝我身上抹臭狗屎，我无法反驳，”不过他马上醒悟过来，用另外一种、我要说是昂扬的口气说道：“虽说发生了眼前的这一切，我还是感到高兴：党终于成长了，可以开始监督任何一个党员了，哪怕他身居高位（这番话父亲也对我说过，那是中央主席团会议和正式撤去他的职务的中央全会之间回家时的事情）。这几年我感到无法胜任日理万机的工作，”父亲最后说，“可生活是很缠人的东西，总觉得再有一年，再有一年，我自高自大了，我承认。请你们解除我的所有职务，你们自己写个东西，我来签字。我往后的命运由你们来决定，你们怎么说我就怎么做，让我去哪儿居住，我就去哪儿。”父亲用目光扫视了全场，沉重地叹了一口气道：“感谢同我一起共事，也感谢对我的批评，虽说是太晚了点儿。”

---

① 尼·米·什维尔尼克（1988—1970），未参与倒赫阴谋，并未让他参加，也并未向他通报，知道斯大林的生存学校已教会他偏爱胜利者。1944—1953年，初任苏联最高苏维埃副主席，后任苏联最高苏维埃主席，1952年起为苏共中央主席团委员。1953—1956年任工会领导人，1956年退休。与父亲之间是彼此尊重的工作关系。

他坐了下来，这时像变戏法一样，一份打印好的辞职申请就摆到了他的面前，上面写道："因年事已高、健康欠佳……"父亲仔细地读了这篇短短的、只有几行字的申请，苦笑一下，从衣兜里掏出派克钢笔。他不知签发了多少改变国家面貌的文件和国际协议，这是最后一次签字。父亲拧开笔帽，不知为什么仔细看了看稍许露出的金笔笔尖，把名字签上。到最后一刻手不听使唤，抖了一下。签名的字迹有点歪歪扭扭，显出了老态。

眼下还有最后一个考验：中央全会。全会之前，胜利者决定像往常一样在克里姆林宫就餐。父亲兴起了大家一起在克里姆林宫用午餐的习惯，这样既节省时间，又增加了非正式地交换意见的机会。这一次父亲没有去餐厅，现在已经没有什么好说的了。他回到位于列宁山（现为沃罗比约夫山）的家中。

我在列宁山官邸中等待着，因预感到必将发生的事情而忧心忡忡。下午两点左右，克里姆林宫父亲接待室的值班人员来电话说，父亲已经出来了。我在大门口接到汽车。父亲将他黑色的公文包递到我手上，没有说话，而是叹了一口气："完了……下来了……"沉默一会儿，又补充说："没有和他们一起用餐。"

开始了新的生活阶段。往后会怎么样，无人知道。只有一点很清楚：我们什么也做不了主，只有等待。

"我自己写了一份因健康原因请求解除我的职务的申请书。

如今只得执行全会的决定。我说，服从纪律，履行中央委员会作出的一切决定。我还说让我去哪儿居住就去哪儿居住，在莫斯科或者其他地方。"父亲抢先回答了我的问题。

饭后父亲出去散步。今天的一切都颇不寻常，也不习惯：工作时间的散步和散步的目的，不如说是漫无目的。原先父亲都是下班后晚上散步一个小时，以便消除一天来的疲劳，稍事休息之后，要去看今天的最后一批邮件。当天的文件——关于下一次主席团会议的材料，国防部长罗伯特·麦克纳马拉主张的译文，塔斯社的简报，全都放在公文包里。它们注定原封不动地放着、被人遗忘直至父亲去世。此后他从未翻看过自己的公文包。

我们默默无言地走着。阿尔巴特懒洋洋地跟在一旁缓步慢跑，这是一只德国牧羊犬，是我姐姐列娜的狗。从前它对父亲无动于衷，从未表现出对他的特别关心。往往走过来摇摇尾巴，就去忙自己的事情了。今天则寸步不离。从这一天起，阿尔巴特便一直跟随在父亲身旁。

“都任命哪些人了？”我终于打破沉默。

“勃列日涅夫任第一书记，柯西金任部长会议主席。柯西金是个称职的人选（父亲评价一个人的习惯，拿他们去比量某个职务，和过去一样如愿以偿），早在解除布尔加宁职务的时候，我就建议由他担任这一职务。他对国民经济了如指掌，可以胜任这项工作。至于勃列日涅夫嘛，那就难说了：他是那种橡皮泥似的性格，太容易受别人的影响……我不知道他是否具有执行正确路线的意志。咳，这已经与我无关了，我现在是个退休之人，已经置身事外了。”

此后，无论是那一天还是此后的那些年，我们再也没有重提有关政府的话题。

当天在克里姆林宫就餐时，勃列日涅夫尚未最终确定如何开全会。两名报告人都做好了准备：波利扬斯基和苏斯洛夫。波利扬斯基渴望战斗，嗜血成癖。但勃列日涅夫担心波氏报告中的指责不仅会归咎于赫鲁晓夫一个人，可能把波利扬斯基本人也一起“捎上”，往后的全会就谁也无法控制了。何况谢米恰斯内午饭前又来了个火上浇油。

“您这个会再开下去，不是把您关进去，就是把赫鲁晓夫关进去了，”谢米恰斯内恐吓道。“这一天，我两方面的话都听够了。有的人很难受，要把赫鲁晓夫救出来，有的人呼吁把您救出来。还有人问我，您怎么能稳坐钓鱼台，也不想想办法呢？”①

勃列日涅夫决定：全会上的报告由苏斯洛夫来做，他干这样的事情已经是老手了：关于莫洛托夫、马林科夫、卡冈诺维奇以及追随他们的谢皮洛夫反党集团报告，揭发朱可夫的报告，都是他做的。一本正经、寡言少语的苏斯洛夫能够控制目前的局势，绝不会放任自流。主席团委员都不反对。当时认为最好是不展开讨论。这大大出乎中央委员们的意料，尚无这样的先例，会议议程要求一致谴责实际上已被判有罪之人。

“我也不知道不再讨论了……”1988年谢米恰斯内回忆道。“我认为他们这样做，并不是没有头脑。他们不知道事情会如何发展，可别把他们也牵扯进去。当时可能商量过……我认为是老人们经过深思熟虑，担心自己的安危，便想方设法不让全会展开讨论。斯维尔德洛夫厅内开始乱成一锅粥。我

① 此处和以下均见1988年9月维·伊·谢米恰斯内对《论据与事实》主编弗·安·斯塔尔科夫发表的谈话，第1—3页（见本书作者档案中打字稿，共为14页）。

坐在那儿仔细观察。最起劲的马屁精喊道：‘开除党籍！送交法院审判！’那些老实点儿的一言不发。因此，没有那种认真的、批评性的、分析性的、让人感到中央委员会的权力的谈话。主席团越俎代庖地替中央委员会作出决定，抛出了定好的、现成的、研究过多次的东西：‘表决吧！’”

关于全会上取消讨论，另一位会议参加者、时任莫斯科市委书记的“谢列平分子”尼古拉·格里戈里耶维奇·叶戈雷切夫这样说道：“如今这么多年过去了，有一点很清楚，勃列日涅夫当初反对全会上展开讨论不是无缘无故的。讨论当中火气一上来可能说出许多日后捆住他手脚的话。当时他脑子里显然已经有了另外的计划。”①

父亲听取了苏斯洛夫的报告，没有抬头。表决时也没有抬起头来。宣布中途休息时，他走出大厅，再也没有回去，坐上汽车就回家了。在他缺席的情况下，就任命了勃列日涅夫和柯西金。其实，宣布休息只有一个目的，就是让父亲退出全会的会场。

还想说说这样一个插曲。据乌克兰共产党中央书记、父亲的支持者奥莉加·伊利因尼奇娜·伊瓦先科说，她在10月初就得知了酝酿中的事件，试图通过政府专线电话给父亲打电话。没有打通。把赫鲁晓夫封锁得严严实实。不让她参加全会，另外一位亲赫鲁晓夫的中央委员、苏共中央监察委员会副主任季诺维·季莫费耶维奇·谢尔久克也是一样。时隔不久，两人双双免去现任职务，取消中央委员资格，提前退休。

父亲下台，民间的反应是松了一口气，多数人在大街上公开地表达喜悦之情，希望随着爱折腾的赫鲁晓夫的离去一切都消停下去，生活会好起来。各级工作人员都在庆祝胜利：革新就此结束，不再打扰他们、调来调去，不再要求开垦荒地、修建装配式五层楼、发展化学工业、种植玉米，稳定终将到来。

他们的想法没有错，随着父亲的下台，改革阶段宣告结束，国家进入休眠和停滞的时代。同时工农业增长速度也逐年放缓，明白无误地发出信号：需要变革，否则就是崩溃。然而在俄国，类似的信号很少受到注意，抱着侥幸心理。这次也是如此。不过这一切都是后话了。

就在一些人欢庆胜利的时候，父亲必须接受失败的事实。那个难忘日

① 见尼·格·叶戈雷切夫1994年12月3日在美国罗得岛州普罗维登斯市布朗大学纪念尼·谢·赫鲁晓夫100周年诞辰会议上的发言。

子——10 月 14 日的傍晚，米高扬到父亲这里来了。全会之后举行了中央主席团会议，派米高扬前来向父亲通报所作出的决定。

在餐厅落座后，父亲吩咐上茶。他喜欢茶，用薄薄的透明杯子喝，杯上带有一个类似茶杯上的那种把手。这个带把的玻璃杯是他从德意志民主共和国带回来的。他很喜欢这个非同寻常的玻璃杯，经常在客人面前夸耀，展示用它来喝热茶不会烫着手。

茶上来了。

“让我来向你转达，”米高扬迟疑不决地说道。“目前的别墅和城里的住宅（列宁山上的官邸）由您终生使用。”

“好吧。”父亲含糊其辞地答道。

很难理解，这是表示感谢呢，还是证实他所听到的话。略加思索之后，他又把已经对我说过的话重复了一遍：“吩咐我住哪儿我就住哪儿。”

“卫队和服务人员也都保留下来，不过人员要有所变动。”

父亲表示理解地嗯了一声。

“退休金为每月 500 卢布，汽车长期使用，”米高扬突然打住。“想保留你的最高苏维埃主席团委员职务，不错，没有作出最终决定。我还提议给你设立一个中央主席团顾问的职务，可是我的建议给否决了。”

“你说这个没用，他们绝不会同意的。这一切都发生以后，他们要我干吗？我的建议和不可避免的干预只会束缚他们的手脚。再说他们见到我也会觉得不舒服……”父亲一次再次地使用模糊不清的“他们”。“有个事儿干干当然好啊。不知道我怎么能过退休者的生活，无所事事。不过你提这个建议没有用的。不过还是得谢谢你，觉得身边有个朋友是很愉快的事情。”

父亲心里跟明镜似的，刚刚过了一周，勃列日涅夫就觉得原来的许诺太过分了，便让父亲迁出列宁山上的官邸和戈尔基 9 号别墅，至于什么顾问之类，更属无稽之谈，仅仅提到父亲的名字就是大逆不道，直至他的生命终了，自愿地同他见面的政治家一个也没有。

谈话结束了。父亲出来将米高扬送到楼前的门廊。十月的这些日子，天气几乎和夏天一样。眼下也是阳光明媚，暖意融融。米高扬同父亲拥抱亲吻。当时领导层中没有亲吻的习惯，这次告别让大家都很感动。

米高扬快步向大门走去。他那不高的身影隐没在拐弯处。父亲目送着他。

此后他们再未见面。

政治顶峰：赫鲁晓夫
（1953—1964）

第一编
开　端

开端之开端

1894 年 4 月 17 日，实际上是 4 月 15 日（他的档案在旧历与新历转换中搞混了），父亲生于库尔斯克省卡利诺夫卡村。尼基塔这个名字是根据教堂日记来起的，4 月 3 日（旧历）是使徒忏悔者尼基塔的纪念日。卡利诺夫卡和大多数俄国乡村一样，没有像样的学校。父亲在当地教堂附设的两年制学校里学会了念书识字，还上了宗教课。

1908 年，我的爷爷谢尔盖・尼卡诺罗维奇[①]把 15 岁的父亲带到顿巴斯的尤佐夫卡[②]，父亲冬天在这里打工，在矿上干木匠活。靠干农活供养全家绝无可能。起初把尼基塔安排到法国人的矿上，干点零活。据奶奶克谢尼娅・伊万诺夫娜说，父亲满 15 岁的时候，爷爷把他领到矿山机械制造厂经理瓦格涅尔那里，这个厂的厂主是比利时人博谢。尼基塔适应了之后，很快就开始挣得比自己的父亲还多。父亲的新朋友、工人伊万・安德烈耶维奇・比萨列夫把他带入了矿工的圈子，也让他熟悉社会生活，介绍他参加那些经常主要是讨论当地迫切问题的小组。父亲当时并未参加布尔什维克党或者其他的什么党派，看来，当时党派在工人生活中尚未起到显著的作用。他当上共产党（当时还叫做社会民主工党）的党员，已经是 1918 年国内战争时期的事情。我认为，即使没有比萨列夫，就凭父亲精力充沛的性格和对一切新

---

① 谢尔盖・尼卡诺罗维奇 1938 年因患肺结核于莫斯科病故，我对他一点没有印象。祖母克谢尼娅・伊万诺夫娜活到了战后，她于 1946 年安葬于基辅卢基扬诺夫公墓。

② 1869 年 4 月 30 日，沙皇亚历山大二世订立了俄国政府与英国企业家约翰・休斯（他的名字在顿巴斯念成“尤兹”）的协定，根据协定，休斯应成立开发煤矿和生产铁路物资的股份公司。休斯的厂矿周围出现了人们称之为尤佐夫卡的小镇。革命后更名为托洛茨克，1924 年成为斯大林诺市，1961 年又更名为顿涅茨克。

事物的向往，他也免不了要参加工人运动的。不过，总得有人帮助他迈出第一步。

比萨列夫一家在父亲的生活中所起的作用十分重要。父亲于独立工人生活的早期租了他们家的房子。在他们家吃饭，几乎成了家庭的一分子。父亲照规矩求爱之后，于1914年迎娶了比萨列夫家中五个女儿的一位，就是叶芙罗西娅。1916年，他们有了女儿尤丽娅，一年之后又有了男孩列昂尼德。由于革命，内战，家庭生活至此中止。1918年，叶芙罗西娅死于伤寒。

多年之后的1990年，我走访了父亲当年的去处，同他的同龄人交谈。在他们的记忆里，父亲始终是个瘦小、麻利、胳膊长的小伙子，能迅速抓住一切新东西，特好交际，同时又力求向年长者看齐，珍惜他们的相知和好感。

父亲开始挣到钱后，就给自己买了自行车和手风琴，骑着车四处转悠，傍晚拉起手风琴，年轻人闻声而来，开始跳舞。因他是乐手，他自己不是每次都能跳。时隔不久，父亲对蹬脚踏板感到厌倦了，又给自行车装上小马达，成了摩托脚踏车。这要放在当今，算不上什么了不起的事情，可在20世纪初，那简直就像航天成就了。钱攒多之后，他又买了个新奇玩意儿——相机，后来又购置了怀表（当时顿巴斯还见不着手表）。当初，怀表与其说是用来看时间，倒不如说是工厂职位等级制度中上了一个台阶的标志。揣着怀表的都是工匠、铁道工程师之类的人。父亲的理想是学有所成，同他们并驾齐驱。但已无法从头学起了，他得帮助父母，挣钱吃饭，后来又有了自己的家。哪儿谈得上学习？再说附近也没有学校。

关于父亲，还有什么可说的呢？他对晚会倒不发憷，却不抽烟不喝酒。滴酒不沾。当年，20世纪的第一次反酗酒运动正在俄罗斯帝国如火如荼地进行。1919年圣彼得堡举行了第一次反酗酒斗争全国代表大会。这一倡议很合父亲的心意，他率先加入戒酒协会，不久即当选为地方分会的主席。即使在国内战争期间，他也并未染上恶习。

父亲担任党和国家的高级职务后，开始有人给他馈赠礼品。经常收到酒类，全都积存在家中，妈妈将这些酒堆放在我们所居住的列宁山官邸的地窖里。渐渐地越积越多。父亲退休后，这些尚未启封的酒便分别到了亲友的手中。

按规定，每瓶馈赠的酒在进入我家之前，都要送到专门的实验室取样分析，弄清其中是否含有违禁成分。父亲开玩笑说，实验室的人个个都是行家，从实验室出来的普通酒几乎完好无损，而值得收藏的酒则去掉半瓶儿，全都受到了“更为仔细的调查”。父亲抱怨归抱怨，却并未采取任何措施。

虽说酗酒协会时代早已成为历史的陈迹，父亲还是认为席间交谈比开怀畅饮强，如果心情甚佳，他往往会鼓动客人引吭高歌。他自己不好意思充当领唱，却乐于在一旁伴唱。唱什么歌，随心情而定，诸如俄罗斯歌曲《荚蒾果》、苏联歌曲《啊，第聂伯河，第聂伯河》、乌克兰歌曲《宽阔的第聂伯河在咆哮呻吟》。

父亲终其一生，始终喜欢乌克兰歌曲，也始终喜欢乌克兰的自然风光，始终喜欢不带勒脖子紧领口的乌克兰刺绣衬衫。他的藏品里有几瓶特别珍贵的陈酒，他说那是四十年的陈酿，只是在特殊情况下才为贵客打开过。诚然，这些人也并非全都识货，父亲生气的是：他们怎么能把四十年的陈年老酒当成伏特加可劲儿地喝啊，还拿白菜下酒。往后遇到这样的客人，父亲不拿“真东西”出来，就用普通的齐纳达利酒和赫万奇卡拉酒对付了。父亲不喜欢伏特加，对于陈酿白兰地则有公正的评价，他认为格鲁吉亚的陈白兰地优于亚美尼亚。他备了一个狭长的七毫升装高脚杯来饮用白兰地（此杯现藏于现代历史博物馆），一杯分三口喝完。1960 年春天访问法国期间，父亲见识了用专门的使酒味更浓郁的大容量酒杯饮用白兰地的风习，其时他正下榻于戴高乐位于朗布依埃的官邸。他是个用功的学生，将球状的容器放在手掌中久久地暖着，以圆周运动将杯中物在杯壁上搅匀，把酒杯凑到鼻子边去享受吸入的香味。

父亲也会喝醉，但这种情况很少。对于他在庆祝人类首次进入太空的克里姆林宫宴会上的微醺状态，我至今记忆犹新。他为加加林、设计师、试飞员一再干杯，要求给他斟上地地道道的白兰地，而不再像大多数酒会上那样拿白兰地酒杯喝茶水，那是他惯用的手法。还可以想起几次他参加其他酒会的类似做法，那是他认为无法搞伪装的时候，例如 1955 年访问南斯拉夫期间，或者碰上周围全是他颇有好感的人。在家里没人陪着喝，他实际上滴酒不沾，医生有禁令。何况父亲还患有肾结石，喝到第二杯或者第三杯，结石就开始来劲儿，这种剧痛让谁也不想再喝了。

父亲岂止是不抽烟，甚至连烟味儿都受不了。1924 年决定同我母亲尼娜·彼得德罗夫娜·库哈尔丘克结婚时，父亲就提出一个条件“戒烟”。妈妈说戒就戒了，虽说已经抽了好几年。当初抽烟是妇女解放的一种标志。为了爱情只得牺牲解放。

革命和内战之后，1922 年初，父亲从部队回到家乡的煤矿，一有机会就去上为成年人举办的工人预科。当时上学的人有老有少，国家正在努力扫除文盲。父亲已年满 28 岁，早已不是上中学的年龄。这类学校都是采取速成的办法。三年之后的 1925 年，父亲工人预科毕业，他的生活理想——哈尔科夫工学院机械制造专业眼看就要实现了。往后则是梦寐以求的工程师、发明家的生涯……

然而遗憾的是，理想很少有实现的时候。生活作出了另外的安排。党更需要他留在顿巴斯，新经济政策开始了，需要恢复矿山，搞好战时共产主义时期彻底破产的农业，父亲就服从了。他没有当上工学院的学生，却成了彼得罗沃—马林斯克县的党委书记。他沿着党的官员等级阶梯升迁，1928 年调往当时乌克兰首府哈尔科夫，又从哈尔科夫升任至基辅，当年基辅与无产阶级的哈尔科夫不同，是公认的乌克兰知识界和乌克兰民族主义的堡垒。

前往莫斯科

时光荏苒，父亲当工程师的梦想却丝毫未减，只是梦想成真的时间却一拖再拖。1929 年父亲到了关键时刻，他年满 35 岁，按照当时的法律，超过这个年龄，高等学校即不予录取。父亲决定采取行动。他前往哈尔科夫，设法求见乌克兰共产党中央第一书记斯坦尼斯拉夫·柯秀尔，恳求让他去莫斯科上学，而且是推荐他去工业学院。

尽管有中央政治局委员的推荐，父亲在莫斯科工业学院还是遭到了冷遇，理由是他“担任经济领导工作的资历”不足，建议他去上党中央马列主义进修班。父亲在回忆录中说道：“您上那儿去吧，这个学院是给管理人员和厂长办的。”学院招收的是管理部门负责人、革命后当上厂长的工人。要求他们务必突击掌握知识，成为职业经理人。父亲从事的是党的工作，可以暂缓一步。可是他已经作出决定，他当时的个性也很强。“我只得去麻烦拉扎尔·莫伊谢耶维奇·卡冈诺维奇①，请中央帮帮我。卡冈诺维奇当时任中

① 拉·莫·卡冈诺维奇（1893—1991），出生于乌克兰基辅省切尔诺贝利县卡巴内村，以制鞋为业；乡村中学念完四年级即辍学，后来坚持自学。他同父亲于 1915 年初次相遇，当时卡冈诺维奇名叫鲍里斯·科舍罗维奇，绍利亚伊市人，在尤佐夫卡的矿工集会上发表演说。1911 年入党。1924 年起为中央委员，1925 年起任联（布）中央书记，1930 年起任政治局委员。1957 年因反党活动被开除出苏共中央委员会。1962 年被开除出党。

央书记。我如愿以偿，卡冈诺维奇帮了忙，于是我就成了工业学院的学员。”[①] 父亲感到很自豪。

父亲进了工业学院，但要说胜利还言之过早，又是他的天性害了他：积极，有一种什么事情都爱掺和、想当头头的癖好。父亲成了学院党委书记，一头扎进了同斯大林的反对派的斗争中，哪儿还顾得上学业？不过他倒是竭尽全力，可因为不可能面面俱到，就把次要的扔掉了。什么是次要的，由父亲自己决定，毫不犹豫地把外语也算作生活中没有实际意义的科目。外语这玩意儿谁用得着，什么时候用得着？

1989 年 4 月，正值父亲 90 周年诞辰（正好在戈尔巴乔夫改革时期，在被遗忘了四分之一世纪之后，可以安全地提说赫鲁晓夫了），在电影宫举办了纪念赫鲁晓夫晚会。主办者找来了仍然健在的见证人，其中也有阿达·亚历山德罗夫娜·费多罗丽。她曾在工业学院教授英语，说得委婉一点，她并没有因父亲的“成绩”感到异常高兴。她很幽默地讲到自己的学生。父亲好不容易抽出时间把字母表背了下来，可她又下不了狠心给父亲打两分[②]，毕竟是学院党委书记嘛。校长办公室来了个独辟蹊径：干脆把英语从毕业证的附页中划掉。

凡是父亲认为重要的科目，如数学、物理、制图，他的成绩都不错，甚至优秀。然而没有让他完成学业，中途就抽调出来同斯大林的反对派作斗争。当时党员掌握不了自己的命运。父亲先后担任莫斯科鲍曼区和红普列斯尼亚区的党委书记。

于是他只得告别拿到工程师证书的梦想，去上另外的大学。他在莫斯科党的仕途上步步高升，从区党委书记做到莫斯科市委书记，在此期间，他不断地向生活中相遇的人学习知识。在鲍曼区，父亲结识了当时还很年轻的飞机设计师安德烈·尼古拉耶维奇·图波列夫。同这位生性固执的学者打交道，别提有多难了！当时要求父亲保证在区内工厂生产轰炸机。他前往无线电街的中央空气流体动力学研究所，同人们见面认识。图波列夫一上来就给他来了个下马威：“我只管设计飞行器，至于您往上面挂什么，挂女人的裙子、机枪还是炸弹，与我无关。”图波列夫这是在耍滑头，想考验考验父亲。父亲经受了这个考验，同图波列夫找到了共同语言。好像是 ТБ－3 型轰炸机

---

① 《赫鲁晓夫回忆录（全译本）》，社会科学文献出版社 2006 年北京版第 1 卷，第 37 页。

② 苏俄实行五级记分制，五分、四分、三分、两分分别表示优、良、及格、不及格。——译者注

如期交货。两人从此友好相处直至终老。

然后是修建莫斯科地下铁道。斯大林让当时已是卡冈诺维奇副手、担任莫斯科市委第二书记的父亲负责修建工作，大概是因为他原来当过矿工吧。虽说在煤矿上当钳工和在莫斯科的流沙上修建隧道根本就不是一回事。父亲喜欢讲述他当初如何在工地上度过日日夜夜，每天早上步行经过地铁隧道去莫斯科市委上班，晚上又原路返回家中。当时人人都为自动扶梯的问题殚精竭虑。如今自动扶梯已成为日常生活的一部分，然而1930年代初期，可是为自动扶梯打了一场硬仗。包括工程负责人帕维尔·帕夫洛维奇·罗捷尔特在内的许多资深工程师，都主张用电梯将乘客从地面运送至站台，如同伦敦地铁一样。名不见经传的年轻工程师马科夫斯基认为使用电梯的主意是不明智的，建议订购德国的自动扶梯。这种自动扶梯刚刚开始出现，在罗捷尔特眼里，那简直就是怪物。

马科夫斯基绕开罗捷尔特，寻求父亲的支持。父亲接见了他，经过详细询问，对此深信不疑，站到了马科夫斯基一边。罗捷尔特大发雷霆：毛头小伙子和这个“大老粗”管不着他。便找卡冈诺维奇告状。卡冈诺维奇一时不知所措：“应当找政治局，找斯大林（斯大林曾断言莫斯科地铁应当如何修建），而罗捷尔特表示反对，斯大林也可能不支持我们（赫鲁晓夫和马科夫斯基）。”①

父亲坚持己见。斯大林站在他和马科夫斯基一边。如若不是父亲的直觉，那就谁也不会知道马科夫斯基的建议，地铁就会多年都没有自动扶梯。当然，自动扶梯早晚会有的，可是常言说得好，贵在雪中送炭。

父亲还设法采纳了马科夫斯基的另一条建议：不再采用露天掘壕的德国方式建造地铁，而是像伦敦那样借助所谓掩护支架、大口径隧洞全断面掘进机来铺设隧道。采取这样的施工方式，开掘后留下的几乎就是现成的隧道了，然后再用铸铁弧形拼板加固墙面。如今到处都使用这样的建造方式，可当初很少有人支持马科夫斯基的新办法。父亲只得为此而战斗。

父亲并非只管地铁，城市还面临许多其他的大事小情。1932年，据父亲说：“……莫斯科闹饥荒，我作为党委第二书记，花了很大力气去探讨让工人阶级吃饱的办法。”②

---

① 《赫鲁晓夫回忆录（全译本）》，社会科学文献出版社2006年北京版第1卷，第83页。

② 《赫鲁晓夫回忆录（全译本）》，社会科学文献出版社2006年北京版第1卷，第65页。

实在走投无路，便在工厂里养起了兔子，种开了蘑菇。在工厂的地下室搞起了培育蘑菇的温室。父亲回忆说，工人们将这些温室戏称为“陵墓”①。但不管怎么说，战胜了饥荒。今天看来都是微不足道的小事，然而当时……

还有市内的公共厕所呢?！莫斯科的排水系统刚刚开始铺设，甚至都没有人想到过公共厕所。是不足挂齿的小事吗？父亲却认为公共厕所进入莫斯科人的日常生活是他的一大成绩。原先市民全都是在门洞和大门口解决内急问题，如今却请你到专门为此辟出的地方去。许多人至今还在讥笑父亲，说他连这个也拿来吹嘘。

我却回忆起自己 1991 年在美国拥有数百万人口的西雅图的一次公开讲话。其时莫斯科由民主派加夫里尔·波波夫当政。一场为街道改名的运动风头正旺，其他民主革新也纷纷跟进。我在讲话中对此抱有期许。旧金山市长也出席了我的讲座。他仔细地听了我的讲话，我刚说完，他就站起来加以反驳：“大城市市长的当务之急不是喊口号，而是排水系统，只要排水系统出事儿，下次就不选他了！”当时我颇为不满地耸了耸肩膀，如今则明白了他和父亲说得太对了。

1930 年代的莫斯科还有一个问题：桥梁和堤岸。当时父亲也参与学习最新的建筑工艺。他学习得很刻苦。他的老师则是这方面的优秀专家，自然是莫斯科的专家。他同他们长时间地交谈，详加询问，如饥似渴地吸取新的知识。直到觉得弄清实质，虽不能与专家们并驾齐驱，却对他们的想法有了正确的理解，才善罢甘休。

“我缺少有关的知识和经验，这就要求投入巨大的精力。只好花大力气，尽心尽意、千方百计地去干。”② 日后父亲在回忆录中这样写道。

尽管在仕途上飞黄腾达，直至 1930 年代后半期，父亲都把自己新的、愈来愈高的党内职务当成临时职务，从顿巴斯带来的一口装有钳工工具的小铁箱始终放在身边。好像用不了多久，他就要回到真正的事业。何况革命前当钳工挣的钱比莫斯科市委书记还多。直到 1938 年，斯大林决定派赫鲁晓夫去基辅，他被任命为乌克兰共产党中央第一书记，并同时当选苏共中央政治局候补委员，父亲这才彻底打消了回去当钳工的想法。

父亲没有成为工程师。他成了管理者，用现代的行话说就是经理。在一

---

① 俄语中“培育蘑菇的温室（грибница）”与“陵墓（гробница）”发音相近。——译者注

② 《赫鲁晓夫回忆录（全译本）》，社会科学文献出版社 2006 年北京版第 1 卷，第 77 页。

个中央集权的国营经济中，任何级别的政治领导人与其说在搞政治，莫如说是在致力于经济发展。这里才华同文化程度一样地重要。一个经理，如果缺乏直觉力，缺乏对新事物的感觉，缺乏把人组织起来的能力，那将一事无成。这方面父亲有很好的天赋。所以他就成功了。

多年之后的1959年9月，父亲作为公认的世界领袖，在访问美国时参观了加利福尼亚州圣阿塞市IBM（国际商用机器公司）计算机公司的工厂。公司总裁（即公司创始人之子）小托马斯·沃森接待了他。又过了25年，我于1990年代初有幸同小托马斯·沃森见面，沃森先生讲述了关于那次会晤的印象。1959年苏美关系刚刚开始解冻，还谈不上合作。才刚刚提及相互容忍，也就是父亲所说的和平共处。国务院给托马斯·沃森的指示为：“彬彬有礼，不得突破礼仪的框框，不得有任何笑容，更遑论其他。”最后一点纯属多余，一个是美国最大的亿万富翁，一个是以没收这些亿万财富并分给大家为目标的国家领导人，他们之间怎么可能产生好感呢？

沃森先生说：“我们见面之后，也就是头几分钟拿腔拿调的。然后您父亲说了句玩笑话，大家都开怀大笑，于是就有了默契。我们参观各个车间。您父亲同工程师和工人交谈，总是能找到恰当的话语和恰当的语气，尽管他对计算机一窍不通。在我原先认识的人中间，只有一个人具有如此可以从容应对、保证事业和生意的成功的独一无二的品质，那就是我的父亲。他也可以游刃有余地应对任何的听众。”

托姆·沃森的这番话绝非无谓的夸奖。他的父亲老托姆·沃森收购了一家生产缝纫机和简易挂钟的破落工厂，仅仅凭着自己组织家的天才，就将其变成全世界计算机行业的龙头老大。他和父亲一样，对计算技术只懂得一点皮毛。因此，教育程度仅仅是国务活动家或者大经理获得成功的一个组成部分。在这方面，他们的命运类同于真正的作家和演员的命运，作家和演员的成功靠的也不是文学院或者戏剧学院的红色毕业证书。

父亲在小学和工业学院未能完成学业，他在同那些从事创造性工作的非同一般的人打交道中吸取自己的知识，自然是吸取他特别感兴趣的那些领域的知识。他高兴地同飞机和拖拉机、导弹和播种机、机床和电视机的总设计师长时间地交谈，不过这里也有一个条件：对方必须通晓和热爱自己的业务。至于那些尸位素餐者，父亲一眼就能识破，在客客气气地聆听、亲切告别之后，此后就再不邀请了。父亲为能结识那些精通业务、热爱自己工作的人感到由衷的自豪，时常到研究所和设计局去拜访他们。

容我稍稍离开本题。1990年代末，我收到邮局送来的厚厚的一册基辅人彼得·帕利回忆录。帕利写的不是父亲，他讲述了自己的一生、战争、为德寇所俘、弗拉索夫大将和他在弗拉索夫部队中服役。作者仅仅在书的开头，三言两语地对战前基辅作了回顾。当时他这个已不年轻、因“破坏活动”服满刑期的技术人员在热电厂工程中当总工程师。修建中采用新的快速大型砌块法，父亲对此颇感兴趣。他来到建筑工地，然后把工程负责人特罗菲姆·米罗诺夫请到中央委员会来，问起技术细节。帕利写道：“这样汇报了两次之后，赫鲁晓夫对米罗诺夫说：‘特罗菲姆，你不得要领，就派你的总工程师来汇报吧’。”[①] 指的就是帕利。此后米罗诺夫再未来过。这是一个完全偶然出现的、同父亲相去甚远、甚至对他怀有某种敌意的人的叙述。

还有一个知识来源，就是当时尚属罕见的我国专家因公出国的报告、报章杂志上关于新技术的文章、科普影片。只要他感兴趣，就把作者找来，促膝长谈，并牢记心中。父亲记忆力超群。他好像是过目不忘，记住了挤奶量和大豆产量、飞机和导弹的飞行距离、涡轮的功率，还记住了对他可能有用或者无用的许多其他信息。结果，不仅满足了自己的好奇心，而且保持与最新科学成就同步。但凡是耳闻目睹的新东西，无论大小，父亲都竭力给它派上用场。

人不管有无文凭，终生都在学习，并且在生活中吸取对他的职业很重要的东西，去其糟粕。成功的秘密在于人将子粒与黑麦草区分开来的能力。至于正式的教育呢？对普通人说来是必不可少的，对杰出者说来不过是个减轻生活道路上的困难的一种辅助物而已。为了取得更大的成就，需要才气。如果没有才气，什么教育也帮不了忙。一种人是书呆子，他们修完全部课程，通过全部考试，拿到莫斯科大学、伊顿学院或者哈佛大学毕业文凭。一种人才华横溢，年轻时就立定志向，独立地或者在他人帮助下掌握了物理、音乐、写作、建筑或者经营管理方面的深奥知识。如何来区分这两种人呢？答案一目了然，不说自明。

对于一个真正才华横溢、目标明确的人说来，学校里教授的科目都用不着，考试只能是妨碍他深入研究对自己说来真正重要的课题。对他来说，在掌握了必要的起码知识之后，继续完成十年制中学或者大学的学业，是在很

① 彼得·帕利：《从镰刀斧头到安德烈耶夫旗》，俄罗斯解放军档案馆1998年莫斯科版，第59页。

大程度上白白浪费时间，影响了从书本中吸取真正的知识，影响了同智者的交流，影响了思考。

至于平庸的书呆子，对他来说，文凭和分数就是他能够达到的顶点：我们全都多多少少、马马虎虎学到了一些东西。

正式教育让庸人获取可使未来有保障的知识，它就是为庸人而设计的，因为我们中间的大多数人都是庸人。在庸人看来，证书就是学问的标志，同没有文凭的不学无术者的区别，而没有文凭的不学无术者中间就有才华出众者甚至天才。因为判断谁是天才谁不是天才的，也是那帮庸人。在他们看来，“不能”或者不愿获取一本文凭的人，哪怕他绝顶聪明，也不值得关注。

最杰出的苏联军事将领之一康斯坦丁·康斯坦丁诺维奇·罗科索夫斯基，他受到的正式教育是革命前农村学校四年级和此后的指挥员速成班。杰出的苏联物理学家、院士尼古拉·尼古拉耶维奇·博戈柳博夫，相对论奠基人阿尔贝特·爱因斯坦都没有大学文凭，而天才的美国发明家托马斯·阿尔瓦·爱迪生就是个自学成才者。爱因斯坦、博戈柳博夫或者爱迪生的遭遇就是成功的历史。至于许许多多带着“不学无术者”印记在默默无闻中自生自灭、无法突破庸人设置的形式上的障碍的其他才华横溢者，我们就一无所知。因为庸人是一支很大的力量。因为受过教育的庸人同所有的庸人一样，不可动摇地相信自己的正确性，一旦有机会主宰人们的命运，就会干出许多蠢事。1990 年代俄罗斯人通过亲身经历对此坚信不疑，当时国内掌权的是“书呆子”——盖达尔和他的伙伴们。他们在短短几年之内，就将老百姓至少四五代人挣下的财产挥霍一空。

促使我写出这番题外话的，是不计其数的作品对一个话题进行渲染，那就是：赫鲁晓夫的拼写错误有待改进。尤其让我受到刺激的，是一位前苏联将军的书，他撰写了苏联诸领袖的传记，其中也包括父亲的传记。将军的名字就不提了，不久前大家都能听到这个名字，如今渐渐淡忘了。他这个人倒是不坏，不过如同许多来自政工机关的人一样，认死理，不大聪明。他得到了绝无仅有的见识克里姆林宫档案馆中任何文献的机会，却对其历史实质不感兴趣，而是按照根深蒂固的政治部副主任的习惯，挑刺儿，那刺儿似乎足以证明“时机的正确”。时机是上面布置下来的，他也再次完全相信。十几年前，他以这样的方式揭露过艾森豪威尔、肯尼迪、里根或者丘吉尔和戴高乐的帝国主义。如今他同样热心地在共产主义往昔及其领袖（其中也有赫鲁晓夫）的身上去寻找“胎记”。作者在关于父亲的特写中，不去认真讨论父亲的内外政策、军队改革、国民经济委员会、农业，对父亲的成绩甚至失败未置一词，却把主要的注意力集中在（数百则中的）几则批示的拼写问题上面。仿佛他并不是主管政工的将军，而是五年级的教师。不错，父亲的文字中有错误，如同诺贝尔奖金获得者尼古拉·尼古拉耶维奇·谢苗诺夫院士或者米哈伊尔·拉夫连季耶夫院士一样①，拉夫连季耶夫曾经因为拼写错误进不了中学……②这一切都是关于父亲的实情，但不是唯一的实情。

重返乌克兰

1938 年 2 月起，父亲迁往基辅，接替失宠的斯坦尼斯拉夫·柯秀尔的乌克兰共产党中央第一书记职务。父亲试图推辞，说乌克兰应该由乌克兰人来治理，他是个俄罗斯人，乌克兰话讲得很蹩脚。但斯大林冲他呵斥道，俄罗斯人赫鲁晓夫治理起乌克兰来不会比波兰人柯秀尔差。如今父亲不仅要学乌克兰语，还得从头开始适应这个苏联粮仓的环境，学习农业。父亲从 15 岁起就再也没有摸过犁把，对于农业一知半解。父亲学得很快。时隔不久，他已经开始弄清普里亚尼什尼科夫同斯大林的宠儿瓦西里·威廉斯院士两人立场的差别了。前者赞成发展工业化学肥料，后者则鼓吹草田轮作制，并且保证实际上无须花钱，只要变更田地里种植的植物，即可做到丰衣足食（几乎和后来的另一位院士李森科如出一辙）。

父亲是倾向于普里亚尼什尼科夫的，但他推广的是斯大林赞同的威廉斯草田轮作制。诚然，草田轮作制在乌克兰并未收到预期的效果，而“在乌克兰南部，简直就一无所获”③。

当年把深耕当作又一个救星，也是通过指令、政治局的决定来推广。“当时动用了诉讼程序来反对使用耕播覆土联合机这种浅耕工具。赞成用这种机器来进行耕作的人，都会落到判刑和枪毙的下场。”④ 父亲回忆道。

---

① 诺贝尔奖金获得者尼古拉·尼古拉耶维奇·谢苗诺夫自己说，他在正字法方面完全依靠女秘书（《拉夫连季耶夫世纪》，俄罗斯科学院西伯利亚分院出版社，2000 年，新西伯利亚版，第 221 页）。

② 见他本人在苏共中央主席团会议上的发言。《苏共中央主席团 1954—1964 会议记录草稿速记记录》，俄罗斯政治百科全书出版社 2003 年莫斯科版，第 811 页。

③ 《赫鲁晓夫回忆录（全译本）》，社会科学文献出版社 2006 年北京版第 2 卷，第 1316 页。

④ 《赫鲁晓夫回忆录（全译本）》，社会科学文献出版社 2006 年北京版第 2 卷，第 942 页。

当时要求父亲把这些农业技术细节背得滚瓜烂熟。在干旱的南方，苜蓿草和其他草类长势不好，而按照威廉斯的想法，就是这些草类应当在三年之内恢复土壤的肥力，为新的大面积开播做好准备。应当如此，却并非随时随地都能奏效。其实，这也是任何一种学说的命运：有些地方适用，有些地方不适用。

深耕就简单一些。深耕在中部地区很好，用犁翻耕土地，顺便“遮住”杂草，使之同因多雨而湿润的土壤掺和到一起。南方就那么两三场雨。将下面那层多少还有点湿润的土翻上来，风吹日晒，很快就干巴，这年的收成就泡汤了。要是春天再刮点儿风，沙尘暴绝对没跑。所以那里的土地就稍微耕松一下，像父亲所说的“抓挠抓挠”，不是用犁，而是用耙，浅浅地划破，不要用旋转犁去翻腾去年庄稼的残留物。这种工艺来自美国，他们的中西部也是同样的问题。斯大林认为农民就是懒得正儿八经地深耕土地，于是下令“机关”严密监视。我在本书中还会不止一次谈到耕播覆土联合机这个话题。耕播覆土联合机同父亲的一生结下了不解之缘。

当年令父亲头痛的另一个问题是甜菜，这是国内唯一的食糖来源。一小垄一小垄地播种，用拖拉机上装有的特制犁铧定期顺着小垄稍微耕松一下，割除垄间的杂草，而割甜菜和除掉垄间杂草就得用人手了。需要人手很多，整个夏天，大中学生甚至红军战士都在甜菜地里劳动。农学家突发奇想：如何学会不是一小垄一小垄地播种甜菜，而是棋盘式地点播。到那时候，机器耕种庄稼不仅可以纵向操作，也可以横向操作，就无需兴师动众了。据说，美国人已经想到了这一点。父亲听说美国人的经验，就要求搜寻可以搞到的一切情报，然而这些情报已经来不及使用，战争爆发了。

战争第一天他就到了前线，从捷尔诺波利撤退到斯大林格勒，既尝到了1941年基辅和1942年哈尔科夫的失败苦果，也尝到了1943年斯大林格勒和库尔斯克胜利的甜头。他徒步走到基辅，在第聂伯河畔的公园里安葬了他的朋友、第一乌克兰方面军司令员尼古拉·费多罗维奇·瓦图京将军（瓦图京在与乌克兰民族主义分子作战时中弹身亡），回来担任自己的乌克兰共产党中央书记和共和国政府主席的职务。恢复战争创伤的时期来临了。撤退的军队都是来一个炸光烧光：1941年的我军、1943年的德军都是如此。

我是1941年6月22日同父亲分别的，当时他同乘飞机前来莫斯科的总参谋长格奥尔基·康斯坦丁诺维奇·朱可夫一起，驱车上了前线。当时怕坐飞机，德寇在空中耀武扬威，铁路已被炸毁。我们则留在基辅。起初对于所发生的悲剧毫无感觉，依然住在梅日戈里耶的别墅里。郊外官邸的白色楼房胡乱涂上了绿色油漆，拉起了绿色的绳子，上面挂有作伪装用的穗子。我们头上的天空中，敌人的轰炸机大摇大摆地呼啸而过，朝东飞去。不炸我们，去炸达尔尼察——第聂伯河对岸的铁路枢纽。这样的安宁日子持续了一个星期左右。我们和其他所有人一样，都不清楚前线的情况，认为离敌人还远着呢，马上就要让他们止步不前了。7 月下旬，收到了父亲从前线发来的命令："赶快撤离。"我们是 7 月 3 日疏散的，这天我记得很牢，因为头天是我的生日。那一年没有人想起我的生日，我伤心透了。第二天就开始了忙乱，逃亡。没带东西，只带了最必需的物品，全都塞进了不知上面什么人准许携带的两个皮箱。我们离开后不久，捕鼠器啪的一声关上，德寇包围了基辅，但是我们已经远离，火车把我们拉到古比雪夫（今萨马拉）。我们在那里度过了最艰苦的战争年代，直至斯大林格勒大捷后才返回莫斯科。

战后乌克兰

战后头两年，我只见过父亲一面。当时我们已经从古比雪夫迁回莫斯科，父亲是因他的军事工作到了首都。这很难说是见面，我们住在莫斯科郊区诺沃戈尔斯克的别墅里，父亲匆匆而来，没呆多会儿就急着往回赶。

然后是胜利的 1944 年来临。照当时的说法是斯大林十次打击之年。德寇已被彻底击溃，1944 年 4 月我们举家到基辅去看望父亲，祝贺他的 50 寿辰。在我的记忆里，这是父亲头一次同意给他过生日。

基辅让我感到惊异的，是耀眼的、不像莫斯科那样温煦的四月阳光，绿油油的草地，刚刚露芽的蒲公英。父亲住在市郊的库列尼奥夫卡。位于基辅市中心卡尔·李卜克内西大街（仍然叫做列瓦绍夫大街）的战前官邸，德寇败退后已不宜居住，一部分毁于兵燹。

那条街叫作奥希耶夫大街（后来更名为赫尔岑大街，如今大概又更名了），两座平房，14 号和 16 号，父亲占了一处，另一处住着卫队。据基辅的老人讲，革命前这座庄园归一个富裕的药店老板所有。列瓦绍夫大街那处官邸为一个窄窄的小院所包围，多层楼房环伺四周，新的官邸则淹没在一个丁香大花园之中。丁香花有白色、粉红色、深红色、紫色、多瓣，以及最普通的丁香色。临街则是一道当时尚未上漆的木板墙。

如此壮丽景色于五月初突然呈现，复苏的生活开始了春日的喧嚣。丁香花引来了无数蝴蝶，其中有带有荨麻花纹的普通紫色蝴蝶，几近黑色、翅膀边缘带有黄白相间的志哀花边的荨麻蛱蝶，冒充熊蜂、状似熊蜂的天蛾，货真价实的熊蜂，蜜蜂，苍蝇，花期末尾则引来黄凤蝶，体形硕大，拖着缀有黑色条纹的黄色大尾巴翅膀。春天节日里繁花似锦，一片嗡嗡声，丁香树丛俨然成为活生生的万花筒。当时我就对于收藏蝴蝶十分入迷，可以一连几个小时手持纱布纱网，在丁香树丛周围跑来跑去。房屋周围和院墙边上，盛开着金字塔状粉白色花朵的栗子树高耸入云。栗子树对昆虫的吸引力不如丁香，在我看来是在同丁香的竞争中落败。

如今，无论在基辅、莫斯科还是美国，这样的生命节日已经无从得见，蝴蝶几尽绝种，熊蜂也成了稀有之物，苍蝇开始一统天下。

4 月 16 日，父亲生日前夕，德寇对聚集在达尔尼察的专用列车进行了一次密集袭击。如今与战争初期不同，德机仅在夜间出动，且遭遇到猛烈的高射炮火还击。清早我收集了一大堆弹片，长长的锯齿状金属片。这次空袭对我来说就是战争的结束。时隔不久，德寇就到不了基辅了。

父亲过完生日，妈妈便决定前往别墅，前往位于梅日戈里耶的乌克兰政府官邸，1941 年我家匆匆离开了那里。我们这些孩子，拉达、列娜和我都尾随着母亲去了。父亲留在基辅。那天像四月一样地阳光和煦。我们走的是公路，当时石砌的狭窄道路就有这么响亮的名字，以有别于当年普通的乡间土路，天热时尘土飞扬，雨后则一片泥泞，无法通行。

别墅一片荒芜，墙上弹痕累累，有的地方由于直接命中，留下了空洞。我这个 9 岁男孩，还特别记住了些什么呢？武器，大量无主的武器！地上堆满了子弹、弹壳、地雷，到处扔着步枪。池塘旁边，高射炮停住不动，炮管直指蓝天。我们战前住所旁边，东一处西一处杂乱无章地竖起阵亡士兵的小坟堆，上面嵌有胶合板。上书“苏联英雄……”，接下来是从上尉至普通一兵的军衔……强渡第聂伯河的先遣营全体人员均获英雄称号，他们全都长眠于此，长眠在梅日戈里耶。时隔不久，又全部迁葬至第聂伯河畔基辅光荣公园。

我们在园子里兜了一圈，便原路返回基辅。我们太走运了：那天公路上一辆拖拉机因触及反坦克雷而炸毁，工兵清理别墅时，又在小道上找到许多反坦克雷。我们则逃过一劫。不久我们就回到莫斯科，1944 年又迁往父亲就职的基辅。这次就住下不走了。

简单地说说梅日戈里耶。它位于第聂伯河沿岸，较基辅稍高，在沃季察密林后面。如今这里几乎已成市郊，而当时好像是很遥远的地方。“梅日戈里耶”这个名称本身就并非得益于山脉①。毗连第聂伯河陡峭右岸的这一小块肥沃土地，反倒低于周围的田地，从而成了避风之处，出现了一片绿洲，抵挡住那砭人肌骨的来自三个方向的草原之风。从邻近的瓦尔基村开始往下走，有一条狭窄的峡谷，不如说是古老的水冲坑，其中有一条道，当年就已铺上鹅卵石。如果从上往下看，这里像是一个大坑，坑底是个天府之国，长满了柞树林和松树的山坡环绕四周，这就是梅日戈里耶。

我们的远祖早已看中了梅日戈里耶有益健康的气候，他们在当地盖起了修道院，免去军事职务的扎波罗热哥萨克在院中度过余年。他们建起了修道院，种植了梨树、苹果、杏树、欧洲甜樱桃和樱桃，在自上而下流经此处的小溪途中修起堤坝。于是形成一个长达二百米的池塘。在修道院周围的山中挖出洞穴。僧侣在洞穴中躲过敌人的袭扰，将自己的金银珠宝保存下来。据说，梅日戈里耶洞穴与名闻遐迩的基辅洞窟修道院之间有地道相连，长三十余公里。不知祖先能否胜任这样的工程结构。许多人都曾寻找通往基辅的地道，但我尚未听说已经找到。至于前往梅日戈里耶洞穴，战前倒并非难事：一个入口位于第聂伯河畔的陡岸之上，另外一个入口则隐藏在森林之中。因为年岁小，不让我去洞穴。大人，包括别墅的卫兵，则去过不止一次。有关于保存于洞穴中的修道院宝物的传说，有人一口咬定说甚至在那里看到了堆积如山的种种瑰宝。不过按照此类故事的惯例，没有人到达宝库，据说后来通往宝库的道路已经埋掉。何为真相，何为杜撰，至今也弄不清楚。

叶卡捷琳娜二世在位期间，扎波罗热营地被取缔，一部分哥萨克逃至多瑙河对岸，投靠土耳其人，余部分散在乌克兰各地。修道院逐渐荒芜。哥萨克修士也悄无声息地一一逝去。据知情人讲，梅日戈里耶（当时这个地方开始叫做梅日戈尔卡）归入叶卡捷琳娜之女和公爵格里戈里·亚历山德罗维奇·波将金—塔夫里切斯基名下。她同丈夫、退休赫尔松省长 И. Х. 拉格尔基亚在此居住。他们去世后，是谁拥有这些美好的地方，我就不清楚了。

20 年代初，随着新经济计划的开始，革命者开始安排自己的生活。当时在莫斯科市郊为苏联政府首脑阿历克赛·伊万诺维奇·李可夫修建了哥尔克九号官邸，乌克兰领导人则看中了梅日戈里耶。将旧房拆除，在原址上盖起

---

① 俄语中“梅日戈里耶”（Межгорье）意为“山间”。——译者注

了三座二层楼房。两座建于第聂伯河畔的悬崖之上，一座则靠里，建于园中。我还记得高达四米的天花板，也许这不过是个子不高的五岁孩子的感觉吧。起初，梅日戈里耶一座楼里住上几家，同膳宿公寓一样。后来就只剩下党、政府和乌克兰最高苏维埃的三位高级领导人了。几座楼之间的空地上铺设了整整齐齐的柏油小道，这在战前要算是空前的奢侈了。草地上的草长得很高，每年都要割上两三次，这里还有树龄很长的苹果树和梨树。印象尤深的是名叫“乌克兰卡”品种的梨树，有三层楼高，果实满枝，却高不可攀。熟透的梨子时而啪嗒一声掉到柏油路上，半拉砸扁了，冒出甜美的、神话般甜美的果汁。要干净利落地把梨子拾起来，最先赶到的是忙忙碌碌的黄蜂，让我们这些孩子特别担心的，是块头大、声音低沉的深黄色胡蜂，浑身上下缀满了像老虎一样的黑色花纹。这些家伙飞快地从下面吃进去，把梨子全部咬空。如果不小心捡起带这种“馅儿”的梨子，那就免不了一下子挨几次蜇。胡蜂的刺比黄蜂或者蜜蜂都更有威力，毒性更大。所以我们先用一根长竿捅一捅看中的梨子，直到弄清没有危险了，才放到手上。

至于梨子的滋味，我就不必描绘了，对我们说来那简直是妙不可言。多年之后，我在基辅的集市上买到了一模一样的梨子。很一般，既不甜也不香。成年之后就绝对不要再沉湎于儿时的回忆。

在第聂伯河里游泳对小男孩颇具诱惑力，它往往成了真正的探险。只有从百米高度的悬崖，沿着刷上公家绿色油漆、设有带长凳的拐弯平台的多跨木质阶梯逶迤而下，才能到达水面。因此，我们很少去第聂伯河玩耍，即使去也得有大人陪着。这种种不便因上面提到的那个长长的池塘而得到补偿。池塘屈居园子的一隅，散发着水草以及栖息其中的大量青蛙和鲫鱼的气息。我们可以随时在池塘里相互泼水。水草挂住我们的腿部，小鲫鱼大着胆子不时轻轻地揪掐腿部，正在进行只有它们自己才知道的收割工作。让我们的嬉戏吓坏了的大个儿青蛙，时而扑通一声从岸上跃入水中。

1943 年秋天进攻基辅时，一座楼遭到炮火的重创。没有重建。第聂伯河陡岸的那一处有塌方的危险。其余两座楼受损较轻，炮弹在墙上炸出的洞很快就堵住了，大火留下的烟子也经过涂盖。战后父亲曾在此居住，1947 年斯大林派到乌克兰进行整顿的拉扎尔·莫伊谢耶维奇·卡冈诺维奇也曾短期居住。他接替了父亲所担任的乌克兰共产党第一书记职务。父亲则留任共和国政府主席。

如今已真相大白，“主子”的这一决定很可能成为对父亲的死刑判决。

正是如此，初看起来并无恶意的从党内职务调任稍稍逊色的国事职务，他的前任、斯大林在乌克兰的“全权代理人”斯坦尼斯拉夫·柯秀尔以及许许多多其他政治局委员和非政治局委员，却自此开始跌落到内务人民委员部的地狱。当时我却毫无觉察。

星期天，父亲和卡冈诺维奇，以及母亲和拉扎尔·莫伊谢耶维奇的妻子玛丽亚·马尔科夫娜，成双结对地在梅日戈里耶的小道上散步，彼此到家中做客，一起用餐，谈笑风生。我的大姐尤丽娅同卡冈诺维奇的女儿很要好。他的养子尤拉和我们这些小孩子交往较少，尤拉已经中学毕业，准备入伍。

时隔不久，卡冈诺维奇一家就消失不见了，看来，斯大林改了主意，卡冈诺维奇前往莫斯科。别墅的主人换成列昂尼德·罗曼诺维奇·科尔尼伊察，他是父亲在部长会议的第一副手。都是些老实人，喜好交际，和蔼可亲，同卡冈诺维奇不同，一点也不危险。拉达如今同他们的女儿涅利亚很要好。她们至今还在互通电话。

姐姐拉达已长大成人，在基辅十三中毕业后，到莫斯科投考大学学新闻专业。然后我听到来自莫斯科的传闻，说拉达准备嫁人，未婚夫叫阿廖沙，他的妈妈同贝利亚本人是朋友，夏天他们要到基辅来过暑假，同大家见面。

我迫不及待地期待着这次见面：拉达怎么忽然就有了未婚夫呢？阿廖沙我是一见面就对他有好感，他讨人喜欢，和蔼可亲。在梅日戈里耶，安排他在“我的房间”里过夜，这里有一张空床。

需要说明，我在战争临爆发前就患上了髋关节囊结核病。我至今还不太明白这是怎么回事儿，可我打石膏一直打到腰部，不用褥垫，而是铺了一张厚胶合板，为了舒适起见，加盖了一床薄薄的绒毯，我在上面躺了整整一年。

1943 年初结核病减轻了，把打的石膏缩减到膝部，允许我站起来。斯大林格勒战役期间，我都在练习走路。当时的时间都是按照前线的战报来计算的。一直到 40 年代末，我都戴着弹性束腰腰带，腰带绗上带钢，可限制右侧患肢的活动。

未婚夫和未婚妻抵达之前，制度松懈了，每天晚上妈妈已经不再督促我去睡觉，我也老是不睡自己的胶合板，而享用旁边那张客床，上面铺有十分软和的弹簧褥垫。阿廖沙的到来打断了这样的安逸生活。客床理所当然地归他享用了。吃过晚饭后，我和拉达的未婚夫一起去铺床，没有大人陪同。我心生一计：客人不知道我的床上有“意外礼物”，于是我就采取主动，“殷勤地”把自己的卧榻让给他了。我自己睡到客床上。

阿廖沙当天晚上都想了些什么呢？也许他以为我们家就是这样来考验未婚夫的吧？第二天早上他什么也没说，我则不知为什么毫不怀疑，他并未识破我的奸计。

是谁解放了基辅？又是如何解放的？
（插叙一）

1943 年秋天，恰好是梅日戈里耶充当了攻打基辅的咽喉要地。1943 年 7 月在库尔斯克弧形地区取胜之后，第聂伯河成了德寇的下一道防线，而处于攻势的苏军下一个梦寐以求的目标，则是位于第聂伯尔河南面高岸的基辅。我强调指出右岸的高度。向南流动的河水在科里奥利力的影响下，冲刷和毁坏着第聂伯河沿岸丘陵的山坡。这是大自然的规律。自第聂伯河的悬崖、弗拉季米尔山以及自此向南延伸的园林带开始，展现出一连串沙滩、低洼的扎德涅普罗夫耶、奥博隆直至天边的壮丽图景。战争期间，第聂伯河的悬崖将基辅变成无法攻克的要塞，像一道墙一样横亘在进攻者面前。休想爬上悬崖，只有春潮形成的沟壑通往上面，那是进攻者真正的陷阱。而且，德寇可以像在模型上一样，从高高的右岸上观察苏军进攻中的移动情况。

当时父亲任第一乌克兰方面军军事委员会委员、政治局委员、莫斯科最高当局驻方面军司令部代表，他不直接干预军务，由专业军人指挥。并非所有斯大林派驻方面军的代表都坚持这样的立场。有人企图把权力抓到自己手中。当然，条件是指挥员容许这样的擅自行动，不向克里姆林宫告状，不请求或者不要求召回过分热心的政治委员。干预军务往往结局都很悲惨，有时甚至造成灾祸，1942 年春天克里木就出过这种事。当时军事委员会成员列夫·扎哈罗维奇·梅赫利斯，这是一个同斯大林很亲近、心理上又不够稳健的人，他把意志薄弱的部队指挥员季米特里·季莫费耶维奇·科兹洛夫搞得情绪极其低落，将军权控制到自己手中。结果是部队陷入重围，塞沃斯托波尔陷落，德寇占领了克里木。

父亲的做法与此不同。他从头一天起就同将军们建立起友好关系。他们没有把他当作监督，而是当作同盟者，如果需要的话，还是个避免斯大林发怒的庇护人。父亲很积极，不甘于袖手旁观。从 1941 年起，他同部队一起撤退和进攻，学到了很多东西，觉得自己可以偶尔向指挥员提出忠告，然而照例是没有固执己见。父亲同第一乌克兰方面军军长瓦图京将军之间的关系特别融洽。1943 年 7 月，他们在库尔斯克弧形地区一起坚守，如今把德寇一直追到基辅。这里一切都取决于强渡第聂伯河。德寇认为这是他们在苏联境内最后一道重要的屏障。一旦渡过第聂伯河，苏军进入德国之路就打开了。

早在 9 月底，23 日，就曾首次试图强渡第聂伯河并夺取基辅。两个集团军——基里尔·谢苗诺维奇·莫斯卡连科将军的多兵种合成军和帕维尔·谢苗诺维奇·雷巴尔科将军的坦克军，在基辅南面约八十公里的布克林区占领了几个桥头堡。然而问题出现了，德寇将其全部后备力量集中起来进行反扑，这时需要更多地考虑的，不是进攻，而是防卫。两周之后弄明白了：这里无法向基辅突破。于是决定在基辅北面 60 公里的科泽利察进行突击。为了这次战役，从后备队里拨出两个集团军，集团军的军长分别是尼古拉·帕夫罗维奇·普霍夫和伊万·达尼罗维奇·切尔尼亚霍夫斯基。这次突围也功亏一篑。大本营下令停止，并责成方面军司令部提出新的强渡第聂伯河计划。

瓦图京总是在父亲的身边，他们大概是第一百次查看地图了。地图上表示海拔高度的细线在第聂伯河岸边合在一起，成了一条粗线，那是已成无法逾越的城堡墙的几乎垂直的许多米高的斜坡，悬崖。大自然中尚无可在许多米的厚度的城堡墙中凿出通往上面的通道。这时父亲恍然大悟，他用手指戳了戳一个不起眼的、表示岸边新彼得罗夫齐村的点：

“就是这儿，尼古拉·彼得罗维奇（父亲从来不直呼本名，甚至对于亲密的同志，也只称呼本名和父名，或者是姓），战前我在这儿的别墅里住过。这不仅是个休养胜地，而且还是个进攻胜地哩。您看，这是个盆地，像一口锅，一端同第聂伯河的河滩浴场相连，另一端则通过唯一的一条小河道同高原相连。多年来，这条小河、不如说是小溪冲掉了那片通往第聂伯河的平缓斜坡，在该处形成了沙嘴，可以作为先头部队登陆的地方。这里长满了柳树丛，不仅可以用于步兵隐蔽，也可以用于坦克隐蔽。从沙嘴出发，沿着西边的卵石路，可轻易地登上盆地。我们就在这里设防固守。德寇要把我们赶走，谈何容易。我们趁这段时间修建渡口，囤积兵力，待一切准备停当，就从盆地冲往高原，仿佛煮熟的稀粥从锅里倾泻而出。该处距基辅 27 公里，我亲自用速度表测过。我们在平原上沿着公路直接向波多尔进发。”

父亲不做声了，用疑问的目光看了看瓦图京。瓦图京从来不会马上同意或者马上反驳。作为当时一位最优秀的司令部军官，他总是仔细地权衡利弊，然后再作出决定，作出最后的决定。

“我想，我们应当认真地考虑这个方案，尼基塔·谢尔盖耶维奇，”这次他也没有改变自己的习惯。“乍一看，这个计划有成功的希望，不过得仔细琢磨。”

谈话至此结束，司令部受命对这次战役详加探讨。在梅日戈里耶强渡第聂伯河的任务由奇比索夫的38集团军执行。

我并未将描写战争当作自己的目的。我开始写梅日戈里耶，就在奇比索夫这个姓上顿住了。战争和战役的历史也如同家庭生活中一样，有关各方对同一件事情的描写各不相同，有时到了无法辨认的地步。将军和头牌女主角一样，最不喜欢竞争对手，尤其是成功的竞争对手，往往是相互诽谤，无所不用其极。在第二次世界大战的历史上，这样的相互不愿承认，在关于1945年攻克柏林中谁最正确的辩论中表现得淋漓尽致：究竟是朱可夫呢，还是科涅夫或者朱可夫手下的第八近卫军军长瓦西里·伊万诺维奇·崔可夫？读到几位令人尊敬的统帅的辩论，让人感到吃惊的是他们总想把竞争对手从宝座上拉下来，甚至扔进臭水沟。

围绕着攻占基辅而产生的此类冲突，正是写作本章的原因。

我很喜欢作家格奥尔基·弗拉基莫夫，很喜欢他的写作方式，哪怕他所写的东西有时候让我感到厌烦，关于攻克基辅的长篇小说《将军和他的军队》就是如此，书中用“梅里亚京”作为基辅的代号①。

所有人物的名字也都各有代号，唯独赫鲁晓夫还是赫鲁晓夫。作者公开表示不喜欢赫鲁晓夫，并且在他杜撰出来的生活细节中露骨地嘲笑赫鲁晓夫。这也让你无话可说，总不能强迫人家喜欢吧。辩论和证明都无济于事，这是作者的自由。

小说的构想是弗拉基莫夫借用来的，他没有参加过战争，作家自己承认道，有一天他遇见奇比索夫将军，将军向他吐露心迹。向他讲了瓦图京和赫鲁晓夫老“欺负”他，莫斯卡连科将军和雷巴尔科将军都是坏蛋。结果就写出了一本关于英雄奇比索夫—科布里索夫的书，阴谋分子不公正地狭隘地从

---

① 格奥尔基·弗拉基莫夫：《将军和他的军队》四卷本文集第3卷，NFQ/2Print出版社1998年莫斯科版。格·尼·弗拉基莫夫（真名沃罗谢维奇）（1931—2002），作家，著有中篇小说《大矿》（1961）、《忠实的鲁斯兰（1975）》，长篇小说《三分钟沉默》（1969）、《将军和他的军队》（1994），喜剧《第六个士兵》（1981），短篇小说多种；1983年起移居德国。

他的眼皮底下夺走了胜利，不让他去解放基辅—梅里亚京。奇比索夫—科布里索夫这位当之无愧的将军干了最困难的活儿，在难以攻取的德寇防线上打开缺口，当敌军已经逃跑，只需再作最后一次冲刺的时候，没有任命他做38集团军军长，却任命了好出风头的莫斯卡连科—捷列先科，他唯一的优点就是身为乌克兰人。按照奇比索夫和该书作者的说法，"在赫鲁晓夫的倡议下"，上面作出决定：由乌克兰人来收获俄罗斯的胜利果实。顺便说说，在多民族的国家，是谁解放了乌克兰首都，是俄罗斯人还是乌克兰人，那是个非同小可的问题。

不过我们还是回过头来说奇比索夫—科布里索夫吧，将他对弗拉基莫夫的抱怨同客观的历史和父亲的回忆录作个对比吧。

提请大家注意，赫鲁晓夫曾建议在梅日戈里耶强渡第聂伯河。在司令部作了分析之后，瓦图京同意了父亲的意见。梅日戈里耶是最方便的进攻点。两天之后，向斯大林报告经过缜密研究的计划，获得了对改变主要打击方向的认可，将兵力集中起来。

进攻是1943年10月下旬开始的。奇比索夫—科布里索夫的部队强渡第聂伯河成功，占领了沙嘴，然后又占领了梅日戈里耶这个小空场。奇比索夫向父亲汇报说："已经占领了您的别墅。"日后父亲在他的回忆录中写道："可实际上我们谁都没有私人别墅。全是政府别墅。我和瓦图京决定去38集团军司令部找奇比索夫。司令部在第聂伯河对岸，也就是左岸，距屯兵场很远。我们命令他：'您把司令部挪到老彼得罗夫齐或者新彼得罗夫齐去，进攻的时候同部队靠近一些。'（第聂伯河右边"德军的"高岸上村庄一个挨一个，与梅日戈里耶端头对接）奇比索夫回答说：'是。'

瓦图京放下电话，我感到怀疑：'你问问他，他的新住所在什么地方？'

又打了电话。弄清楚了。原来，他把自己的司令部设在第聂伯河左岸，没有设在右岸的屯兵场上。瓦图京气得脸都紫了，破口大骂。

为什么我不相信奇比索夫的话呢？我们同他打这样的交道不是第一次了。1943年我们在库尔斯克弧形地区准备进攻，轮到38集团军采取行动的时候了，我和瓦图京也是决定到奇比索夫那儿去。我们指给奇比索夫看他应当设立集团军指挥部的准确地点——距前沿阵地很近的一个村子。

奇比索夫在前线老是妻子女儿跟着。他的辎重队里带了一只母山羊，就差点没带奶牛了。他的副官就是自家女婿。由于家庭的拖累，他不便靠近前沿。临到去38集团军之前，我让瓦图京弄清奇比索夫是否在他的新宅，奇

比索夫报告说：‘在新宅，服从命令。’

我们驱车来到‘新宅’。村子里空空荡荡。坐了一会儿。看见一名将军乘车前来。待他走近了一看，正是奇比索夫。瓦图京冲他大发雷霆：‘您不是说您在新宅吗?’他眼也不眨地回答道：‘根本没有说过。’

后来我向斯大林汇报了此事，可斯大林不知为何对奇比索夫比对其他人宽宏大量得多，那些人犯的事还不及奇比索夫的百分之一。他在保卫察里津的时候就认识奇比索夫。”

还是回过头来说基辅进攻战吧。

我继续引用父亲的回忆录：“我们到了奇比索夫的那个村子，命令他在第聂伯河右岸安排新宅。开始进攻时，他应当在部队里，隔着第聂伯河是无法顺利地指挥部队的。”

父亲心乱如麻：万一奇比索夫把事情搞砸了，拿不下基辅呢？他建议瓦图京把40集团军的司令员莫斯卡连科将军调来当38集团军司令员。向斯大林报告，斯大林同意方面军司令员的决定：

“方面军继续准备从柳杰日（如今已正式命名为梅日戈里耶）屯兵场向基辅进发。将布克林屯兵场的雷巴尔科第三近卫坦克集团军也调来了。这个地段已经有安德烈·格里戈里耶维奇·克拉夫琴科将军的第五近卫坦克军。当时我们已经从梅日戈里耶盆地来到邻近的平原，在四公里的主攻地段集中了1200多门大炮，其中包括火箭炮。我们无论在斯大林格勒还是库尔斯克弧形地区，都从未拥有如此高度密集的火力。大概安排了两个小时的炮火准备，中部火力相当猛烈。我们想打开一个‘口子’，让雷巴尔科的坦克兵团长驱直入。克拉夫琴科的坦克军则应从屯兵场靠右地段向伊尔片河出击。

总之，一切都准备停当。第38集团军指挥所迁至第聂伯河右岸。我们知道，即使由莫斯卡连科来设置，他也定会将指挥所放到敌人的眼皮底下。

早在斯大林格勒近郊作战时，有一次朱可夫对我说：“夜里我沿着交通壕来到指挥所，等待黎明时分发起进攻。天亮了，我一瞧：望远镜里看见人了，这是怎么回事？莫斯卡连科告诉我：‘那是德国人。’我就对他说：‘你这个坏东西，想把我送去给德国人当俘虏啊？真够呛！’”

朱可夫惊恐不已，把莫斯卡连科痛骂了一顿。怎么可以把集团军司令部放到敌人的眼皮底下呢。是啊，从某种角度看，这样做不好。然而从另一方面来看，这样的距离却使战士们产生了信心。部队感到他们的司令员就近在他们身后。而最主要的还是，司令员不但是靠报告和电话来指挥炮火准备和整个进攻过程，而是亲眼目睹了战场上所发生的一切。

一个寒冷的冬天早晨，我和瓦图京来到莫斯卡连科所在的第 38 集团军指挥所。值班军官迎了出来，说车无法开到前线附近，只能弯着腰顺着掩体通道步行。我们来到指挥所。瓦图京看看表，吩咐副官发出炮兵开火的信号。大地一片轰鸣，一切都在颤抖。您知道吗，这是战地交响曲。我们听起来十分悦耳。步兵出动了。步兵背后是坦克。敌军的还击不太有力。他们的工事均被摧毁。在主攻方向上我们势如破竹。到第三天，将德寇的进攻局限在森林深处，战斗已经在基辅的近郊进行。与此同时，雷巴尔科将军的坦克对斯维阿托申诺这个基辅西部小城发起攻击，不让敌人出城。

记得当时夕阳西沉，秋日的黄昏温暖宜人。我同莫斯卡连科披上毡斗篷，走出土窖。远处突然传来爆炸声。城内升起一团烟雾。我了解基辅的布局，便说：‘这是德国人在炸掉城市西部的“布尔什维克工厂”，就在斯维阿托申诺的前面。既然搞爆炸，就说明要逃跑了。’

我对方面军炮兵司令说道：‘瓦连佐夫同志，请命令炮兵给基辅来个急促射。’他困惑不解地看着我。他知道我对这座城市有多么热爱。我解释说：‘您要是现在进行炮击，那会加速德寇的逃跑。炮弹不会造成太大的损害。可要是德寇滞留下来，那他们就会埋上地雷，给基辅带来的损害就会大得多。’

红军 11 月 5 日夜间开进基辅。莫斯卡连科对我讲过他率领部队开进基辅的情形：‘夜里我走在坦克的前面，用一盏灯给他们照亮公路，就这样领着他们进入基辅的。’当然，莫斯卡连科这样做并无多大必要，那是近乎不理智的英雄行为。然而这就是莫斯卡连科！

攻占基辅成了特别隆重的事情，正好赶在十月革命纪念日的前夕。如今有人说我们是有意将解放基辅安排在国家节日的前夕，我要是为了夸口，也可以同意这个说法。可是讲老实话，完全不是这么回事。不过是情况使然而已。

11 月 6 日清晨，我派自己的司机亚历山大·格里戈里耶维奇·茹拉夫廖夫前往基辅。我的孩子们都管他叫萨沙叔叔。多年来他一直替我开车，直至我退休，总共有 32 年或者 33 年了。我军是沿着熟悉的道路、沿着战前我们去别墅的道路开进基辅的。他就仿佛从别墅到基辅那样跑了一趟，很快就回来了，说基辅的敌军已彻底肃清，而且那里阒无人迹，空空荡荡。街上几乎不见人影。

我同乌克兰知识界代表人物——诗人尼古拉·普拉东诺维奇·巴让、电影导演亚历山大·彼德罗维奇·多夫任科一起驱车进城。我的喜悦和激动心情，非言语所能形容。经过波多尔、基辅市郊，我们已经来到十字大街。十字大街一片废墟。我们来到波格丹·赫梅利尼茨基广场，那里的许多楼房仍在熊熊燃烧。我尤其感到惋惜的，是化为灰烬的大学大楼，大学那藏书最为丰富的图书馆也已付之一炬。伟大诗人塔拉斯·舍甫琴科的纪念碑则完好无损。

整座城市让人感到毛骨悚然。昔日热闹、喧嚣、欢快的南方城市，突然之间变得阒无一人！我们走在十字大街上，自己的脚步声都清晰可闻。空荡荡的城市里，说出的每个词都可引起回声。也许因为我们极度紧张才会有这种感觉吧。我们从十字大街拐到列宁大街（原来叫作丰杜克列耶夫大街），开始朝上面的歌剧院方向走去。逐渐开始有了一些行人，仿佛是从地里冒出来的一样。忽然传来一声歇斯底里的叫喊，一个年轻人朝我们跑过来。他没完没了地重复着："我是基辅唯一还活着的犹太人。"然后出现一个胡子花白的人，年纪已经不轻。他提着一个工人用的小篮子。我在工厂工作的时候，就是用这种篮子提着早饭和午饭去上班。他朝我扑过来，搂住我的脖子，又是拥抱又是亲吻。我们走到歌剧院门前了。歌剧院也完好无损。我走了进去，尽管事先就警告过我，歌剧院可能埋了地雷（敌军常常给我们设下此类圈套）。原来歌剧院并未布雷。

回到方面军司令部，我拟了一份给斯大林的报告。特别表扬了炮兵。当时的炮火准备给我留下了极其深刻的印象，这是战争开始以来我所亲历的最强有力的炮火准备。次日我收到中央报纸，发现我的报告已全文刊登在《真理报》上。"

现在回过头来说奇比索夫—科布里索夫、莫斯卡连科—捷列先科的冲突。受委屈的、包括受到不公正待遇的指挥员不胜枚举。就拿叶列缅科来说吧。父亲回忆说，1942 年夏天，我军在巴尔文科沃、哈尔科夫市郊打了败仗之后，斯大林紧紧地盯着他问道：谁能抵挡住德寇？让谁来统帅保卫斯大林格勒的方面军呢？父亲推托说不了解高级指挥干部，他才刚刚进入这个圈子。斯大林自己开始逐一提到几个人的名字：谢苗·康斯坦丁诺维奇·铁木辛哥及其副手瓦西里·尼古拉耶维奇·戈尔多夫，他们那个方面军刚刚让德寇打得落花流水，不合适。莫斯科保卫战的英雄安德烈·安德烈耶维奇·弗拉索夫倒合适，可已经把他派去打破敌人对列宁格勒的围困……如此等等。

末了斯大林作出了自己的选择：把正在医院养伤的安德烈·伊万诺维奇·叶列缅科提溜出来，把他派到战斗最激烈的地方去。叶列缅科在斯大林格勒扶杖而行，腿痛得难以忍受。叶列缅科坚持下来了。当然，不止是叶列缅科一个人，然而在德寇进攻那最可怕的日子里，正是他在指挥方面军，斯大林格勒方面军。当时莫斯科没有人相信他能挺过来。1942 年 10 月，斯大林给他去电话，问他们能不能哪怕再挺两天？叶列缅科同莫斯科人不一样，他毫不怀疑可以挺过来。也的确挺过来了。

当斯大林格勒的德寇落入重围、已经胜利在望时，叶列缅科没有迎合莫斯科的某某人。彻底歼灭斯大林格勒被围困的保卢斯元帅军队的任务没有交给叶列缅科，而是交给了“邻居”——顿河方面军司令员康斯坦丁·康斯坦丁诺维奇·罗科索夫斯基。把叶列缅科派去打退新的进攻，堵住驰援保卢斯的德国将军曼施泰因的去路。当他完成此项任务后，就完全将他弃之不用了，打发他去继续治疗尚在斯大林格勒大会战之前即留下的旧伤。这样的嘲弄，父亲看在眼里，骁勇善战的将军差点哭出声来。然而，命令就是命令！

再举一例。在父亲已经过世的 1972 年，我迁至位于萨维洛夫铁路线上的“劳动北方”将军镇。

我的邻居是享有盛誉的坦克兵米哈伊尔·叶菲莫维奇·卡图科夫元帅。那是勃列日涅夫时代，左邻右舍的将军们都尽量不和我交往，甚至住对门的“斯大林格勒人”瓦西里·伊万诺维奇·崔可夫，我父亲的“教子”，见面时冷冰冰地打个招呼，便匆匆躲进自家别墅的金属围墙。

米哈伊尔·叶菲莫维奇有一次让我去他家，当时我真是惊呆了。我们照例是在厨房里坐下来。从冰箱里取出一瓶伏特加酒，开始讲生活情况，自然就会谈到昔日的战争，然后是昔日的怨气。

在卡图科夫元帅讲述中，我记住了这样一个小插曲。1945 年春天进攻柏林时，他的第一近卫坦克集团军（几乎是苏军中最优秀的坦克集团军）编入第一白俄罗斯方面军。方面军司令员为朱可夫，他们穿越泽耶洛夫高地直捣柏林。与负隅顽抗的德寇浴血奋战，我们的战士伤亡惨重，却推进缓慢。

伊万·斯捷潘诺维奇·科涅夫元帅的第一乌克兰方面军从左翼进攻，绕开柏林。斯大林知道，两位军事将领彼此嫉妒，视若仇雠。于是斯大林搞开了竞赛：责成朱可夫攻占柏林，但如若科涅夫绕到朱可夫的前面，即可获得胜利者的殊荣。

希特勒尽遣后备队迎战朱可夫，已无余力对付科涅夫。结果是第一乌克兰方面军开始超过第一白俄罗斯方面军。

“这时朱可夫给我来电话，”卡图科夫说道。“他问我是否知道科涅夫正在抄近道直奔柏林。”

“知道，”卡图科夫答道，“他那边的抵抗不值一提，可我们这边……”

“我们的情况我比你清楚，”朱可夫打断了他的话。“设法拽住点儿他，否则柏林就没我们的份儿了。”

“我吓得魂儿都掉了，”卡图科夫又斟了一杯，继续说道。“他这是想干什么？我的坦克拐到科涅夫的侧翼去？我怎么能阻止他？我们的所有谈话锄奸部①都听着呢，可出这种事儿……我鼓起勇气回答说：‘元帅同志，这是方面军司令部层次的事情，我通共就一个集团军，不该由我来解决。’朱可夫鼻子呼哧了一阵，只说了一句‘卡图科夫，我忘不了你说的这话’，就把电话挂了。

大家都知道，我们攻下了柏林，为了庆贺，所有的方面军司令员都提了军衔，我却原地踏步。后来，所有的方面军司令员都当选为苏联最高苏维埃代表，我们集团军的代表是我那分工管后方的副手。所以，我肩章上那颗因柏林而得到的主要五角星，直到你父亲当政时才得到。愿他在九泉之下安息！”卡图科夫一饮而尽，看了看空酒瓶，我明白应该告辞了。

遗憾的是，战争中这样的事情也发生在备受尊敬的人身上。因此，同弗拉基莫夫不同，我既不责备，也不宽恕。也许沉稳谨慎的奇比索夫—科布里索夫得奖是当之无愧，可能他比脾气古怪、好冒险、不联系自己和他人的莫斯卡连科更加珍视自己的生命和下属的生命。奇比索夫也能拿下基辅，可能晚上一个星期，但是能拿下。

书中科布里索夫将军没有经历过退休，他擅自回到前线并且愚蠢地牺牲。生活中的奇比索夫，没有人让他退休，他“调任”第三突击集团军司令员，后来是第一突击集团军司令员。1944 年起任伏龙芝军事学院院长，当时相当于元帅级。因此他对命运没什么可抱怨的。

再说了，基辅不是梅里亚京，奇比索夫将军不是科布里索夫，莫斯科连科不是捷列先科，弗拉季米罗夫不是编年史编纂者，不过是个好杜撰的作家

① 这是斯大林给国家安全机关在部队驻地活动的分队起的名字。

而已。有什么可抱怨的呢？弗拉基米罗夫的书有意思，通俗易懂。作者更喜欢什么样的“历史”，谁更讨他喜欢，由他自己来选择。不过无论怎样虚构杜撰，历史终归是历史，应当对历史存有一份敬畏之心。另一方面，其中并无唯一的真理和最终的裁决。不要责备，也不要受责备……

战后的忙碌

自 1944 年年初开始，父亲仍然是乌克兰第一方面军军事委员，自从瓦图京受到乌克兰民族主义者的致命伤害之后，方面军司令员起初由朱可夫担任，后来由科涅夫担任，方面军着手瓦砾遍地的乌克兰的恢复工作。战争仍在进行，我国未受破坏地区都在为乌克兰和其他已解放地区服务，尽量帮助他们摆脱困境，按照“穷极智生”的原则，一切都得重新来过。父亲在全共和国搜寻可以想出办法靠脚下资源对付过去的能人，无论在高炉和矿山的建设和重建还是农业中都是如此。这一招果然奏效。当然不是处处顺利，但是奏效了。

然后是胜利日来临。我还记得那个阳光明媚的五月天，丁香盛开，父亲身着白色便服，头戴白色制帽，前往十字大街参加游行。

1946 年夏天，父亲化名“彼得连科将军”前往战败国德国和奥地利。不知为什么斯大林不许他在出访中用自己的名字，尽管现役部队的大部分将军都认识父亲，他曾经和一些人一起撤退，又曾经和一些人一起进攻。父亲此行怀着一个唯利是图的目的，就是趁其他共和国立足未稳之际，为乌克兰在未来的赔款中捞上几块肥肉。还真捞到了。第聂伯彼得罗夫斯克开始修建大型汽车制造厂，就把生产豪华霍赫汽车的德国厂搬了过去（建设过程中将生产汽车改为生产拖拉机和导弹）。基辅的无线电厂安排生产录音机。录音机对我们来说是从天而降。父亲回忆起战前德国大使舒伦堡伯爵在同莫洛托夫一起经过外交人民委员部（今外交部）的走廊，往开着的门里瞥了一眼，看见几个戴着耳机的女操作员正在就无线电通信作记录。

“难道你们……”大使刚开始说就打住了。

莫洛托夫向斯大林报告了此事。舒伦堡指的是什么呢？百思不得其解。战后才弄明白，德国人当时已经用上了录音机。所谓录音机，准确地说就是将声音记录到涂有磁粉的纸带上的方法，一战之后很快就发明了，发明人是侨居德国的奥地利工程师弗里茨·迈耶尔。1920年代，他把这个构想卖给了制造各种电气仪器的AEG公司，该公司与化学康采恩IG法尔本公司合作，造出第一部录音机，已是录制到塑料薄膜上，而不是录到纸上。因此它就与当时名噪一时的使用不很适用的钢丝的设备迥然不同。1930年初，这一技术奇迹在柏林无线电展览会上展出，1935年即开始批量生产磁带录音机。诚然，声音效果仅仅适用于嗓音的录制。它就用来口授命令和吩咐，口授对象不是速记员，而是磁带录音机，用来记录无线电通信和事务上的谈判。不久，磁带录音机即成为官僚机器不可替代的帮手。希特勒也将他的命令录制到专为他制作的磁带录音机上。1939年，磁带录音机已经十分完善，已经可以录制音乐作品。二战后磁带录音连同许多其他的战利品，都落到了战胜国的手中。1946年5月16日，德国磁带录音机在美国展出，以其声音之纯正征服了美国人，美国人立即在本国进行批量生产。如今决定在基辅生产这一技术奇迹。

录音机的事情我不是很清楚。谢尔盖·亚历山德罗维奇·康德拉绍夫将军是个老侦察员，1944年起就在克格勃供职，我对他讲起录音机一事，他回答说，他们机关从1939年起就用录音机来记录间谍的无线电通信了。诚然，国产录音机还没有，是向德国买的。也许内务人民委员部当时就有录音机，但是不与邻近的外交官分享。

1946年或者1947年，出现了第一台乌克兰生产的第聂伯牌录音机，那是个体积甚大、勉强可以挤进门的箱子，裱上深棕色充皮布。向父亲展示录音机时，不知为什么不是在工厂或者中央委员会，而是在奥希耶夫大街的官邸。那是个阳光灿烂的春日，丁香丛中，麻雀唧唧喳喳叫个不停。把录音机打开，大约有儿童自行车车轮那么大的卷带盘转了起来，真是奇迹，把音录下来了！打开“复现”，录音机里麻雀的啁啾给父亲留下了特别的印象。他渴望将夜莺的啼啭录下来，幸好夜莺的季节到来了。头一个星期天，父亲就带上录音机前往梅日戈里耶，在那灌木丛生的第聂伯河畔悬崖上和低处砂质河岸的柳树丛中栖息着成百上千只夜莺，它们正在互不相让，一展歌喉。夜莺的啼啭声、吧嗒声打破了春日夜晚的宁静。时而音乐会中也天衣无缝地录下了挖掘机那吧唧吧唧的响声，还有第聂伯河上触礁轮船发出的痛苦求救的汽笛声。当年基辅水电站尚未建成，在梅日戈里耶对面，甚至我们这些娃娃都能连玩带闹地从第聂伯河这边的浅滩涉水横渡，几乎可到对岸。那儿每年的春汛都冲刷着小小的沙岛——海鸥营巢孵卵之地。母亲不许我们到小岛那边去，我们要是到了将小岛和对岸隔开的狭窄河汊子，就得淹过头顶了。河汊子里，拉着驳船的拖轮轮叶吧唧作响，美丽客轮则每日早晚各一次由此通过。由于第聂伯河水流湍急，用浮标作出标记的曲折而水浅的航道经常改变。只要浮标工稍有疏忽，那路过的轮船就会撞到不知从哪儿钻出来的礁石上面，然后一连几个小时、不分白天黑夜地鸣笛求救。

第一个休息日（当时只休星期天）父亲用来做准备工作。他同斯大林格勒大会战以来一直跟着他的卫队军官瓦西里·米特罗法诺维奇·博日科（此人样样在行）一起，把电线拉到悬崖，检查话筒的录音距离，仔细测量和安放。地点选在离家 50 米陡坡上刚刚开始泛绿的灌木丛中。下个星期就开始运作：用了很长时间将录音机放到悬崖上方那事先发现的铺有漆布的平坦小平台上，然后再接上话筒，把话筒尽量拉到树丛深处，再用铁丝牢牢地捆在树枝上。

天色刚刚开始变暗，父亲和博日科就去埋伏，这是酷爱打猎的父亲有生以来第一次不带猎枪的埋伏。灌木丛中，蚊子和灰色的春天小蚊子一齐向他们袭来。春天里有两三个星期，小蚊子像乌云一样在第聂伯河的斜坡上成群地飞，我们只有到别墅的屋顶上去躲避。小蚊子与蚊子不同，它们不往高处飞。它们立即在悬崖上的灌木丛中称王称霸，往袖口和领口里钻，塞满你的耳朵鼻子，使劲儿地叮咬，叮咬过的地方马上发肿，痒得钻心。录音之前，还可以用从树上摘下的枝子驱赶一下，用叶子啪啪地拍打手、背和肩部。可这时附近第一只杜鹃啼啭起来，对手也跟了上来，这样就开始了，只听得周围全是鸟儿的鸣叫声。父亲按了录音按钮，用手指头吓唬博日科：别动。小蚊子全都向他袭来，把双手和脸部全都叮满了。此刻父亲和他的搭档只能把小蚊子从身体裸露的部位抹掉，一直忍耐着。这样的折磨持续了将近一个小时。录音带完了，父亲打开机器，拔掉录音线，博日科抱起箱子，两人连走带跑地回到家中。

早上听了录音：夜莺像歌剧的歌手一样唱着高音，跳音婉转动听。其中特别好听的唱段由挖掘机的隆隆响声来伴奏，有时还可听到轮船的鸣笛声，不过没有人去在意这些。父亲开心之极，容光焕发。他一遍又一遍地倒带，一直听着听着。在他心爱的歌剧和民歌录音中，夜莺音乐会占有荣誉的地位。父亲制作了几个“夜莺拷贝”；其中的一个连同新的基辅录音机样品寄往莫斯科给斯大林。录有夜莺啼啭的录音带父亲一直保存到去世，他特别高兴地拿来“款待”客人。他去世后下葬那天，以中央总务部副部长阿维季相为首的中央工作组，据说是“为了更加完好和为了历史”，任意没收了文件和录音带，其中也包括夜莺音乐会。

父亲还从德国带回一个技术奇迹——布劳恩公司出品的电动剃须刀。试用过一次之后，他就此彻底告别了肥皂、小毛刷子和剃须刀。父亲坚持自己刮脸，压根儿没有想过求谁帮他完成早上的剃须任务。他受不了剃须的程序，浪费时间让他感到恼火，稍一着急就会把脸刮破。如今只需蜂鸣器在脸上抚摸上三分钟，就全妥了。父亲决定与全苏联的男人分享新剃须刀给他带来的喜悦：他把一个用于仿制的剃须刀送到哈尔科夫的一家工厂。这家工厂就生产出了我国的哈尔科夫牌剃须刀。

我还记得父亲把第一台康泰克斯相机带回家来的情形，那是用德国零件在基辅“军械库”工厂组装而成的，相机内嵌有曝光计。原先，苏联也造过费特照相机，那是30年代中期哈尔科夫流浪儿劳改营以德国老式莱卡照相机为蓝本仿制出来的。康太克斯与费特的区别，就相当于最新式歼击机与老式У－2飞机[①]之间的区别。况且曝光表本身还决定了所需要的曝光时间和光圈。我们当时没有这样的服务和概念，完全靠肉眼去决定曝光时间和光圈。时隔不久，康泰克斯即更名为基辅牌。

父亲年轻时对摄影很着迷，他革命前就有了自己的照相机，后来在30年代又购置了德国的莱卡相机。因此，他就怀着特殊的兴趣去研究崭新的基辅牌相机。只是如今父亲已经无暇顾及。基辅牌相机被我占为己有，一直用到1950年代末期。

还有一则童年的记忆。那是个星期天，好像是1946年的初夏吧，早饭后父亲提议去波多尔[②]兜兜风，去一个工地，那边在山脚下，在所谓的克里木斜坡后面修建试验性住宅。父亲讲好了会见那里的建设者们，他们答应介绍如何更快更省地盖房子。战后的乌克兰瓦砾遍地，甚至城里的人还住在地窖里。

父亲经常星期天出门：去田野，去工厂，去工地。每逢周日，他可以无须顾及日程安排，无须顾及秘书关于某个来访者正在接待室等待的提醒，去

---

① 指苏联1922年在尼·尼·波利卡尔波夫领导下研制成功的У－2（По－2）飞机。波罗卡尔波夫（1892—1944）系苏联飞机设计师，技术科学博士（1940）。在他的领导下制造了“И－1”“И－15”“И－16”“И－153”（海鸥式）歼击机、轰炸机以及“Р－5”侦察机等。1937年起为苏联最高苏维埃代表。获苏联国家奖（1941—1943）。

② 波多尔系基辅位于第聂伯河沿岸的一个区，地势低洼，有时在汛期淹没。

向各路专家请教，打破砂锅问到底。他喜欢弄清实质，从不盲目作出决定。父亲那天早上关于去波多尔“兜风”的建议无人响应。造访工地对母亲和姐姐都没有吸引力，只有我愿意陪父亲去。当时我才 11 岁，自然同新工艺毫无关系，不过是很不愿意离开父亲。工作日父亲回家时母亲已经打发我去睡觉，母亲严格遵守作息制度。就只剩下星期天了，我珍惜交往的每一分钟。父亲坐到前面，紧挨着司机萨沙·茹拉夫廖夫，他从战前莫斯科时期就给父亲开车。父亲迁往基辅后，亚历山大·格里戈里耶维奇，也就是萨沙（孩子和大人都这么叫他）跟着父亲过来了。在上述我引用的关于解放基辅的回忆录中，父亲提到萨沙叔叔，我也忍不住要提到他。萨沙叔叔真是个讨人喜欢的热心人。大人小孩全都喜欢他。要是问为什么，我难以回答，我不去具体说“因为什么”。最恰当的说法是“因为一切”。果戈理说过，有些人“在各个方面都讨人喜欢”。这是对萨沙叔叔最好的鉴定。

战前他就同父亲一起跑遍了乌克兰的田野。父亲在出差中的首选是坐汽车，这样可以更好地看清春种秋收的全过程，更好地看清地里还有什么东西留下来任其腐烂，成为老鼠和鸟类的美食。战争期间，他们乘坐 M－1 牌小汽车[①]同后撤部队一起从西部边境撤到伏尔加河、斯大林格勒，后来又一起从斯大林格勒进攻到基辅，这回已经是开着美国的吉普车。如今，胜利之后，又到了在乌克兰的大道上奔驰的时间，晴天在车后卷起一圈尘土，雨后则用带鬼字的话骂街，将敞篷帕卡德汽车拖出又黑又粘的泥泞。

今天我们不再受到这样的威胁。别墅通往基辅的道路已经是我上面提到的卵石路了。汽车在卵石路上无情地颠簸，呻吟，咔嚓作响，却没有打滑。除了萨沙叔叔、父亲和我之外，车上还有两名乘客。坐在折叠椅上的，是父亲建筑事务方面的一名顾问，叫安德烈·叶夫根尼耶维奇·斯特拉缅托夫[②]，旁边那位是父亲的卫队长伊万·米哈伊洛维奇·斯托利亚罗夫。

他们都坐在折叠椅上，因为斯托利亚罗夫打算在途中向父亲汇报出国访问的情况，斯托利亚罗夫的职责则是时刻警惕着。结果，在后排体面位子上落座的我，就显得形单影只了。

---

① M－1 轿车系高尔基（下诺夫哥罗德）市汽车厂出品，1930 年代初美国福特牌汽车经许可的仿制品。

② 安德烈·叶夫根尼耶维奇·斯特拉缅托夫 1924—1941 年从事莫斯科街道和桥梁建设工作，战争期间参军，系爆破专业人员。1943 年起主持基辅十字大街修复工作，修建道路。1948 年起直至去世，任莫斯科建筑工程学院教授。

父亲早在30年代的莫斯科就与斯特拉缅托夫相识。当时斯特拉缅托夫负责莫斯科河滨河街的建设工作。父亲喜欢他的敏锐和洞察力。战后，他把斯特拉缅托夫吸引到基辅来，让他负责道路建设。在秋日道路泥泞季节，道路，或者说道路的缺乏，使得粮食入库成了其复杂程度可与整个夏季农活大忙相提并论的问题。战后初期，不敢对柏油马路抱有丝毫幻想。数百公里道路的修建，需要拥有当时根本没有的专门技术设备。斯特拉缅托夫出访西欧刚刚回来，父亲迫不及待地要向他提出许多问题。谈话早在别墅就开始了，只是并非从道路，而是从……向日葵讲起的。

过厅角落里一张桌子上，放了一个乌克兰彩绘陶土花瓶。斯特拉缅托夫进来往花瓶瞥了一眼，就对母亲说道，花瓶里放上一株向日葵是很得体的。母亲大吃一惊：乌克兰都不把向日葵当成花看待，向日葵的位置在花园而不在屋里，就更别说插花瓶了。斯特拉缅托夫显得很难堪，便解释说这样的摆设他是在瑞典看到的，而且很喜欢：孤零零的向日葵放到花瓶里显得很雅致。母亲不满地哼了一声，事后还多次不以为然地提到向日葵、斯特拉缅托夫和他那颓废派的“瑞士品味”。

我和母亲意见一致：向日葵算个什么装饰，至于像树丛一样硕大的花束，丁香花和郁金香交错在一起，那就大不一样了。当年在乌克兰，花束的大小和豪华程度决定着对客人的尊重程度。多年之后，全世界都已经跑遍了，母亲回忆起1945年5月，她在车站向南斯拉夫铁托总统夫人约万卡·布罗兹献上了奇大无比的花束，当时铁托伉俪从莫斯科回国途中在基辅作短暂停留。花束中的丁香花系采自奥希波夫官邸的花园。那束花几乎完全遮住了总统夫人的面庞，一时不知如何是好，多亏匆匆赶来的铁托副官将花束拿走放入车厢，才使气氛缓和下来。

“国际上通常都是送上两三朵花，不是送一大束，”母亲伤感地说，“我们则慷慨大方，以为越多越好。”

父亲对向日葵的问题不感兴趣，对斯特拉缅托夫的话根本没有在意，同他握了握手，就说该上车了。因此，上了车之后才谈到正事，斯特拉缅托夫对父亲说，他在国外看到了成套的美国筑路机械，有的车从专门的转运工厂运送滚烫的沥青，有的车把路面整平，有的车将沥青碾平，一条路就修好了。父亲坐不住了：咱们也来这样的！他让斯特拉缅托夫下周把联合国善后救济总署驻乌克兰代表马歇尔·麦克达菲请过来。我来解释一下麦克达菲是何许人也，他在基辅都干些什么。

战争刚刚结束，联合国善后救济总署[1]代表即来到乌克兰和邻近的白俄罗斯。驻乌克兰和白俄罗斯（基辅设有代表处）使团的负责人是马歇尔·麦克达菲。起初把他的“马歇尔”当成了军衔[2]，不过很快就弄清楚了，初次相识时，父亲甚至还就此同麦克达菲开了一个玩笑。马歇尔·麦克达菲不止一次地正式拜访赫鲁晓夫，也曾与父亲在非正式的气氛中见面。他解释说，联合国的拨款可用来定购粮食或者建筑机械农用机械。由父亲决定。

父亲宁可要机械。他的想法很简单：粮食吃完了就什么也留不下，美国不会永远养着我们。美国的拖拉机和联合收割机也不足以满足全乌克兰的需要，我们自己也学会制造了。应当要我们没有的。首先，他希望给乌克兰提供输气管。喀尔巴阡和达沙瓦已经在开采煤气，并且用于家庭煤气灶。父亲希望基辅居民也能同西乌克兰一样，在家里用上煤气[3]。

麦克达菲说他们会提供管道，并且言而有信：乌克兰不仅收到直径半米的输气管道，而且还收到挖沟机、管道敷设机，甚至还有敷设之前用专用油浸纸带将管道包裹起来的机械。这样的工艺在苏联闻所未闻。1946 年 6 月 11 日投入使用的、根据斯大林特别命令建造的萨拉托夫至莫斯科输气管道[4]，是用手工往管道上涂抹滚烫的沥青。送往乌克兰的美国机械的图纸经过复印，苏联工厂若干年内都生产美国机械的仿制品。

斯特拉缅托夫的讲述给父亲留下深刻的印象，他请麦克达菲提供筑路机械。美国机械不仅保证乌克兰修建了真正的道路而不是乡间土路，而且还为乌克兰设计自己的型号提供了帮助。

我已经提到父亲早在 30 年代就对美国奇迹般的播种机兼种植机很感兴趣，它将土豆或者玉米、甜菜、棉花的种子，严格按照正方形的四个角播种，这样就可以用带拖车的拖拉机来松土或者除草，不仅可以纵向作业，还可以横向作业。

---

① 马歇尔·麦克达菲 1946 年任该组织驻乌克兰和白俄罗斯办事处主任。对这两个共和国的援助拨款为1 亿8 千万美元。马歇尔·麦克达菲曾多次正式拜访赫鲁晓夫，两人在非官方的环境中会见。他本人系美国公民，大概因此父亲的记忆中联合国善后救济总署是个美国的组织。参见马歇尔·麦克达菲《红地毯》，诺顿公司 1955 年莫斯科版第 4—5 页。

② 俄语中 маршалл（马歇尔）与 маршал（元帅）读音相近。——译者注

③ 关于达沙瓦至基辅的输气管道，可参见阿·米高扬《往事》，瓦格里乌斯出版社 1999 年莫斯科版，第 525 页。

④ 萨拉托夫至莫斯科输气管道根据国家国防委员会的决定于 1944 年 9 月 2 日开始铺设。1946 年投入使用。

当初让战争给搅了，如今则出现了将海外奇物搞来、在地里试验、进行仿制和投入生产的现实可能性。

正方形穴播栽植机预示着农业中的一场革命。在缺乏除莠剂和杀虫剂的情况下，杂草和害虫仍在乌克兰的田野中肆虐。

按照正方形的四个角移栽植物无法根治象虫，不过这样一来同杂草的斗争变得容易多了。乌克兰有一次曾经试图靠自己的力量推广正方形穴播法。从甜菜开始，以手工方式用绳子在地里做出标志，造出了专门的带响栽植机，通过啪地一响测出所需的那一点种子。然而当总数达到数百万公顷的时候，以这样的方式能栽种多少呢？如今父亲指望得到美国的援助，功夫也没有白费。麦克达菲并未食言，他搞来了大洋彼岸的正方形穴播机，我们着手使之适合我们苏联的农业实际情况。这一切来之不易，我还要讲讲当时的具体情况。

别的不说，麦克达菲算是父亲不光见面认识和有过交往、而且还干过实事的第一个美国人。父亲喜欢这位海外来客，但交往的时间不是很长，冷战开始了，联合国善后救济总署驻基辅代表处关门大吉，麦克达菲也回到了大洋彼岸。

不过还是回过头来讲讲父亲在去往波多尔的路上，同斯特拉缅托夫都谈了些什么吧。斯特拉缅托夫讲完了道路，此刻正眉飞色舞地讲述西方、主要是美国正在用混凝土整体构件建造房屋：装有专门旋转容器的汽车分秒不差地运来砂浆，倒入料罐，吊车将料罐送至高层，用混凝土浇灌已经做好的模板。这样一层又一层，精确无误，如同工厂的传送带一样。父亲聚精会神地听着，不打断对方，也不提问，却未表现出特殊的兴趣。

“很有意思，”斯特拉缅托夫讲完后，父亲拖长声调地说道，“只是对我们绝对不适用：没有混凝土，连修复高炉和第聂伯河水电站都不够用，混凝土运输车也没有，只得在建筑工地现场搅拌。我们只有一两台吊车，建筑工人像蚂蚁一样，照老办法靠人背和背砖箕斗把砖头运上去。反正这个公式测定对我们不适合，有时一个数据晚到了，有时另一个数据丢失了。”

斯特拉缅托夫表示同意：眼下美国奇迹听起来像个神话，不过总有那么一天……

“那一天没有到来之前，”父亲打断他的话说，“眼下我们得靠现有的东西来搞建设。”

说着说着就过了普夏－沃季察。攻打基辅期间，炮兵从梅日戈里耶的方向几乎将一个松树林全部夷为平地。只是靠近韦什戈罗德的松树幸存下来。我们进入市郊，穿过巴比亚尔，过了克里木斜坡之后马上右拐，这里的山脚下正在修建试验性的四层住宅楼，照当时的标准就算是高楼了。工地上，搞发明的工程师在等待着父亲的到来，市领导也马上忙碌起来。在楼房墙边一块扫去垃圾的平地上，搞了个临时安排的展览。我当然没有全都记下来。儿时的记忆是带选择性的。一位发明者建议将墙壁在地面上用砖砌好，再将墙壁砌块整体搬上去。父亲对墙壁砌块无动于衷，照他的说法，这个建议对劳力和时间的节省微乎其微，眼下也没有把砌块搬上楼层所需的吊车。不过，弃用砖头采用某种大构件的想法肯定已经印入他的脑海。

另外一种新发明是石膏板，平整，白色，俨如高级绘图纸。简直是个奇迹，可以免去建筑工人极为繁重的劳动：眼下是将灰浆撒到墙壁上，再没完没了地去抹平没完没了的小坑和鼓包。父亲很喜欢石膏板，他不厌其烦地问发明人，石膏板在运输过程中会不会弄碎，主要是石膏会不会受潮，“会不会化掉”？发明人作了详尽的回答，且言简意赅，一点不啰唆。父亲满意地发出“嗯”声，最后表示同意：“试验一结束，就着手生产石膏板来代替灰泥。”

旁边还有一个砖墙模型，但不是通常那种完整的墙，全都是空档，里面塞满了炉灰渣。乌克兰砖头奇缺，尽量节省，同时又在探索如何利用许许多多城市锅炉房的炉灰渣。砌墙新工艺只在两三层楼房的施工中冒险应用，砌好的墙相当不稳固。

然后又把父亲领到陶瓷厂的展台前。这里摆满了浅黄色、粉红色、褐色的镶面板，包括光滑的和带有突起花纹的。报告人是个年轻的楼房镶面新方法发明人，姓阿布拉莫维奇，本名和父名现在想不起来了。他眉飞色舞、信心十足地绘图说明，他的镶面板将为建设者省去建筑物正面的粉刷工序，节省劳动力和时间，又可使建筑物漂亮百倍。当时决定在十字大街在建楼房的粉刷中试用阿布拉莫维奇的镶面板。

我们从建筑展览会返回别墅时，天色已经向晚。车上，父亲还在同斯特拉缅托夫讨论什么问题，我已经没有去听，打瞌睡了。

过了一段时间，夏天或者初秋，父亲打算再去看看十字大街的恢复工作进展情况，把我叫上。这次是个工作日，父亲派车到奥希波夫大街的家里来接我，他自己像往常一样，在突出于第聂伯河悬崖上方的半圆形部长会议大楼里上班。

我来到他的办公室，大概是在六层。我过去没有来过。凭窗而立，第聂伯河的景色尽收眼底，可以看到长满柳树的特鲁汉诺夫岛，左岸平原的田野一望无涯，直达天际。我怀着好奇心环顾四周：一张放满文件的大写字台，墙上挂着镶嵌在公家褐色木框里的斯大林肖像，旁边无门窗的那面墙下，是一张铺上通用绿色呢子的长形会议桌。旁边的角落里，是整整一个展览会：这里有我已经见过的陶瓷铺面板、干灰泥块、地板砖和许多别的东西。父亲喜欢在来访的客人面前夸耀乌克兰能工巧匠的技术成就，并且经常更换展品。父亲没有让我多待，他把手里的文件看完后就站起身来，我们驱车前往十字大街。

十字大街的命名是对洗礼的纪念，当年弗拉基米尔公爵及其亲兵沿着流经盆地的小溪，把信奉多神教的基辅人朝第聂伯河里赶，促使他们信奉新的基督教。

战前十字大街同其他俄国省城的中央大街毫无区别：铺上石子的狭窄车行道，街道两边都是紧挨在一起的两层楼房和小房子，仅仅有些地方是“摩天大楼”——五六层楼房。1930 年代中期，曾决定重建十字大街，拓宽街道，并仿照莫斯科高尔基（特维尔）大街的样式盖上楼房。只来得及根据设想盖起大理石镶面的美丽百货商店。那是战争前夕，1941 年 6 月开始营业的。

如今的十字大街满目疮痍。百货商店则奇迹般地幸存下来，还有一些楼房保存下来了，然而作为一条大街已经名存实亡。甚至车行道也因垃圾成堆无法通行。当时勉强把垃圾扒开，可以单向行驶，眼下正在考虑如何恢复，确切地说是重建一条新的十字大街。

是谁炸掉或者以其他方式毁掉了十字大街上的建筑物呢？这始终是一个谜。连父亲也捉摸不透，尽管他身居高位，战后可以接触任何档案，尽管他在保卫基辅的方面军指挥系统中位居第二，仅次于方面军司令员，尽管乌克兰游击队运动的所有线索都集中在他的手中。

“我始终无法弄清，是谁炸掉了十字大街的房屋。早在 1941 年，德军刚刚到来之后就破坏掉了。他们对居民说，这是游击队干的勾当。我不知道——我们没有给游击队布置过这样的任务。我认为，这是盖世太保的阴谋，他们并不关心城市，并不关心人们的遭遇，他们挑起居民对游击队的愤怒，从而说服老百姓同德军合作。可谁知道呢？很难说。”①

① 《赫鲁晓夫回忆录（全译本）》第 2 卷，社会科学文献出版社 2006 年北京版，第 1190 页。

于是至今谁也不知道。将沿街的房屋炸掉是游击队力所不及的，为此需要悄悄地运来大量的、好多吨的炸药。无论哪个德寇占领的城市都没有发生过这样的事情。炸掉一个司令部、弹药仓库、铁路的事情是有的，可整整一条街？再说又为了什么？这样的事情撤退的苏军也来不及做。无论西南方面军司令和总参谋部怎样央求放弃基辅从而避免围困，斯大林却下令誓死坚守。

斯大林严令不许拱手让出城市，这就意味着他也不许消灭它的目标。就连布尔什维克工厂都来不及炸掉，更何况十字大街。

我记得，报纸和广播（当然是有线广播）所有新闻的最后都有“基辅过去、现在和将来都是苏联的!”这样的叠句，直至9月德寇从侧翼突破，占领基辅并俘获六十多万我国士兵为止。至于有多少保卫者丧生，就只有天晓得了。当时成千上万阵亡者中，有方面军司令员米哈伊尔·彼得罗维奇·基尔波诺斯，父亲在乌克兰中央委员会的副手米哈伊尔·阿列克谢耶维奇·布尔米斯特连科，而幸免一死的将军，例如未来攻克基辅的英雄和未来的元帅莫斯卡连科或者未来的叛徒、当年保卫基辅的英雄弗拉索夫将军，他们经过长途跋涉来到前线，有的带着战士，有的孤身一人，穿着农民的衣服。

我曾经想过，十字大街会不会是毁于传奇式的伊利亚·斯塔里诺夫的无线电引爆地雷呢？众所周知，德寇占领的哈尔科夫几个重要的目标就是借助遥控地雷摧毁的。不过这都是许久之后、1941年10月的事情，当时德寇几乎占领了整个乌克兰。预计用30枚遥控地雷“装备”哈尔科夫军区司令部、重要的工厂和其他重要的目标。普通地雷则打算布满通往哈尔科夫的各条道路和城市郊区，从而实施苏联方面的第一次战役，即在德国师团的进攻道路上密集布雷。哈尔科夫中央大街上的住宅没有布雷，住宅没有军事意义，况且楼内居民也无处可逃。

中将斯塔里诺夫按照惯例向西南方面军军事委员会第一成员赫鲁晓夫作了自我介绍，报告了遥控地雷以及确定布雷的目标。父亲对新式武器颇感兴趣。下面我就援引斯塔里诺夫的讲述。

“‘在我住的房子［捷尔任斯基大街17号，当初是给乌克兰共产党（布）中央委员会书记柯秀尔盖的］也安上遥控地雷吧，’他建议道。‘这房子很有名，德方肯定会有大人物喜欢上的，万一是军队集群司令员呢？咱们就把他给干掉。’

‘尼基塔·谢尔盖耶维奇，遥控地雷我本人才刚刚开始搞，还不够成熟，也可能在没有任何无线电信号的情况下突然爆炸，把您本人给炸飞。’斯塔里诺夫劝赫鲁晓夫收回成命。

‘战争中我们都不知道会发生什么事情，中将同志，我和您都一样，咱们就来冒一次险吧。’赫鲁晓夫寸步不让。”

命令就是命令。斯塔里诺夫只好服从。10月12日，他手下的工兵小组着手布雷。将应用地雷深埋在锅炉房地下，仔仔细细地伪装起来，为了转移视线，上面的煤堆中安放了十分现代化的定时地雷。后来发生的一切均不出所料：10月24日德寇开进哈尔科夫，11月8日他们的工兵发现捷尔任斯基大街17号地下室埋有地雷，那不过是个诱饵，很遗憾，两天之后入住的人，不是德国军队集群的司令员，而“不过是”哈尔科夫卫戍区司令员格奥尔格·冯·布劳恩。

11月14日凌晨3点15分，斯塔里诺夫从与哈尔科夫相邻的沃罗涅日发出引爆他的应用地雷的信号。地雷爆炸，威力很大，其中包括捷尔任斯基大街17号住宅，冯·布劳恩将军当场毙命。赫鲁晓夫接到行动结果的报告，十分满意，他感到特别满意的是除掉了冯·布劳恩。

斯塔里诺夫当时在基辅吗？他说在基辅。1941年8月1日起，在德寇占领基辅的一个月之前，斯塔里诺夫和四名爆破教练在普谢－沃季察向未来的乌克兰游击队员们传授诀窍，后来在8月中旬，在捕鼠器啪的一声关上之前，他们前往白俄罗斯，又从白俄罗斯到了奥廖尔①。

然而，8月份斯塔里诺夫手里已经没有遥控地雷了。理论上即使他不在，也可以将遥控地雷运到基辅。理论上是如此……实际上却没有这样的消息，我再重复一遍，使用宝贵的遥控地雷，仅仅是为了破坏至关重要的目标，可这些目标全都连同基辅一起，完好无损地让给了德寇。

乌克兰获得独立之后，把一切“罪过”都推到“莫斯科佬”身上成了时髦。将毁坏十字大街也归咎于他们。当然，“莫斯科佬”在撤退时乐得把它毁掉，交战双方，苏方和德方，都在鼓吹焦土策略，其中也包括毁掉自己的领土。可能毁掉，然而我所接触到的资料表明，他们做不到。将十字大街

① 波波夫、茨维特科夫：《俄罗斯破坏专家伊利亚·斯塔里诺夫》，涅瓦出版社2003年版，第138—149页。

炸掉多半是德国人的过错。

然而，无论是谁毁掉了十字大街，恢复工作却落到父亲的头上。父亲提出的目标并不是重建旧的，而是不管破坏，将基辅的中央大道建设成为一条不会在后代面前感到脸红的街道。由亚历山大·瓦西里耶维奇·弗拉索夫[①]和父亲的老熟人、杰出的建设者尼古拉·康斯坦丁诺维奇·普罗斯库里亚科夫[②]来统领恢复十字大街的全部工作。

1936年，父亲久闻普罗斯库里亚科夫的大名，知道他是在第聂伯罗水电站建设中崭露头角的桥梁专家，遂邀请他到莫斯科来修桥。在莫斯科待了两年，修建了两座石桥，大石桥和小石桥，两座克拉斯诺霍尔姆大桥（横跨莫斯科河以及横跨排水渠的），克里木桥，莫斯科沃列茨基桥，铁桥，乌斯金桥，改建了新斯帕斯克桥，修建了里加车站的两座天桥。1938年完工，那已经是父亲调往基辅之后的事情了，不过他有充分的时间来评价普罗斯库里亚科夫的敏锐和组织才能。

因此基辅刚刚解放，父亲就要求莫斯科将普罗斯库里亚科夫从军队召回，并派到基辅恢复被德寇炸掉的横跨第聂伯河的桥梁。一年之后，父亲又将重建十字大街的组织工作压到他的肩上。

大街展宽了，铺上沥青，如今汽车不仅可以彼此超越，而且可以在每个方向排成两行。在每辆行驶的汽车都吸引人们注意力的年代，这似乎属于多余的奢侈。在人行横道、隔离带上设立了花岗岩的墩子，墩子上方有花岗岩球，这是苏联安全岛实践中为行人设置的头一批墩子。当时也曾受到不少取笑。有人给墩子起名叫司机杀手。斯特拉缅托夫建议沿着整个十字大街铺设用砖头镶面的地下隧道——城市管道的地沟。那样一来就无需破街挖沟了。在砖头缺乏的情况下将其埋入地下，许多人都觉得是浪费，况且苏联从未修建过此类地沟。基辅成了第一个、也是数年之内合理解决市政问题的唯一范例。十字大街的一侧，战前狭窄的人行道展宽了，另一侧则变成了排成数行的步行区，均有林荫道，在父亲的坚持下，道旁栽种了乌克兰的栗子树和莫

---

① 亚·瓦·弗拉索夫（1900—1962），基辅（1944—1950）和莫斯科（1950—1955）的总建筑师，基辅十字大街（1945—1947）和莫斯科卢日尼基体育场（1955—1956）的建造者。获国家奖金（1950）和列宁奖金（1959）。

② 尼·康·普罗斯库里亚科夫（1900—2001），1936—1941年主持莫斯科第二批克拉斯诺霍尔姆桥梁的建设，并参与莫斯科其余桥梁的建设工作。1941年参加红军，基辅解放后，建设横跨第聂伯河的多座桥梁，1944年起组织恢复十字大街的工作。1955年起任苏联国家建委委员。

斯科的花楸树。这一侧的八九层高楼移至稍稍远离大街的地方，将小丘搬到花木环绕的十字大街上，楼房的正面慷慨地贴上阿布拉莫维奇那带有乌克兰马赛克镶砌图案的陶瓷。建筑师弗拉索夫的这个方案引发了激烈的批评，尤其是楼房那带装饰图案的装修。有人将它比作毫无品位的婚礼奶油蛋糕，对建筑师、顺便也对父亲进行了嘲弄。当时“先进的”的聪明人离开了战前风行一时的结构主义、由水泥和玻璃构成的方形楼房，遵循斯大林新古典主义的高大厚实准则。眼下却是花里胡哨。对十字大街建房的批评让父亲感到伤心，他自己很喜欢，可是……父亲带着疑问去找建筑界泰斗阿列克谢·维克托罗维奇·休谢夫①院士。休谢夫说，对新建筑的这种态度一向如此：“建筑师总是无法让同时代人感到满意，都是死后才得到承认。”他自己很喜欢十字大街。“建筑界对于新建筑，头十五年都说得一无是处，五十年后习以为常，一百年后则奉为经典。”休谢夫补充道。

他的话让父亲得到安慰，但并未完全释怀。对弗拉索夫的选择以及他的选择的怀疑仍然长期存在。唯一可以聊以自慰的是：十字大街不再是个无足轻重的省城街道了。

现代化的十字大街有点让我联想到巴黎的林荫道：栗子树枝繁叶茂，遮盖了布满网兜陷阱的楼房底层。阿布拉莫维奇的镶面板随着年代久远，渐渐显露出其日甚一日的危险，在严寒和雨水的作用下不时脱落下来，砸到行人的头上。镶面板成了名副其实的祸害，后来只好弃之不用。

还有一次随父亲一起出行。这回是1947年春天去伊尔片河滩地。伊尔片乃基辅上游一条多沼泽的小河。我在关于攻打基辅的故事中曾顺便提及。父亲打算在河滩地为基辅人种植蔬菜。他后来在基辅期间以及在莫斯科，都力图让临近村庄从种植粮食作物转为种植蔬菜，要求创建实力雄厚的专业化城郊蔬菜农场。侧重蔬菜种植在经济上是十分有利可图的，而且黄瓜、西红柿比大麦、燕麦更加费工。父亲美好的倡议遇到了对自己劳动成果不感兴趣的生产者那温和然而顽强的抵抗。这是蔬菜栽培在农民宅旁园地上十分兴旺的情况下出现的。

此刻，我们在一个阳光明媚、却依然凉风习习的四月一个星期日的上午，来到了伊尔片。积雪才刚刚融化。父亲身着他所喜爱的棕色皮夹克，在

---

① 阿·维·休谢夫（1873—1949），苏联科学院院士，莫斯科喀山车站、列宁墓的作者，莫斯科饭店设计师，曾参与莫斯科重建计划（1918—1925）。国家奖金（1941、1946、1948、1952）获得者。

一群农学家、土壤改良技师和当地官员的簇拥下，踏着长满褐色杂草的含泥炭河滩地，他用步子量着什么，询问灌溉渠从哪儿经过，当即用心算得出未来的收成，并同基辅的需求作了对比。结果是，假如明智地着手此事，那么市民的蔬菜问题很快即可解决。

我习惯性地紧跟在父亲后面，眼下却垂头丧气。如果说工地上我还能找到一点乐趣的话，那么这个灰蒙蒙的平原上就没有什么可以让我着迷的了。除了冒烟的土壤。每到春季，变干的泥炭田经常着火，没有人去扑灭，等雨一下自然就熄灭了。警告我不要靠近，燃烧的土壤可能坍塌，到那时就……我吓坏了，紧紧靠住父亲周围的那群人。

终于一切都谈妥了，在春天的过堂风里冻得发抖的父亲朝汽车走去。

伊尔片的事情进行得不大顺当。父亲还在基辅的时候，他起着推动作用，一切都在悄悄地进行着。两年之后的 1949 年，他去了莫斯科。伊尔片不但日益衰败，而且也没有成为父亲想象中的基辅蔬菜仓库。这样的事情发生了不止一次，一个似乎人人都需要的主张，只要停止推动，那它就会在官僚主义的密林中停滞不前，一如在无人侍弄的田地杂草丛中死去的玉米。

我们的生活中就这样表现出宇宙的基本规律，即热力学第二定律，它解释了大自然的一个本质：只要有人往物理系统或者其他系统注入能量，系统的结构就会调整好，建立起秩序。只要停止注入能量，熵就积攒起来，通俗地说，就会出现杂乱无章，一片混乱。分子和原子世界里就是如此：只要减轻使它们保持在一起的力量，它们就会四散飘开。没有开垦的荒地就会杂草丛生。在人群中，只要放任自流，就会众说纷纭，莫衷一是，直至在绝无首创精神的混乱中平静下来。

春天的穿堂风没有饶过父亲，他患了感冒。感冒转为肺炎，父亲病倒了。医生们已竭尽全力，他却每况愈下。父亲呼吸困难，用上了氧气袋。家里一片肃静，充满警觉。医生同母亲一起在床前值班，寸步不离。当地教授和专程从莫斯科赶来的巨擘（我记住了古别尔格利茨、沃夫西、泽列宁）从父亲卧室出来时，伤心地摇摇头。母亲面色苍白，惘然若失。我一有机会就往父亲床边靠，有时却未能得逞，母亲不让我进门，担心我再带去什么病菌。她当然知道肺炎是不会传染的，不过上帝保佑小心翼翼的人。我记住了父亲那一动不动的苍白面孔、呼哧呼哧的嘶哑呼吸和惘然若失的眼神。

真是祸不单行。那年春天，斯大林责怪父亲对农民太软弱（我还会回到这个话题上来），并于 1947 年 3 月派卡冈诺维奇到基辅来“加强领导”。吩咐他对共和国进行整顿。免去父亲乌克兰共产党中央委员会第一书记的职务，由卡冈诺维奇取而代之。父亲暂时留任乌克兰政府首脑。暂时……卡冈诺维奇下车伊始，即开始建立自己的秩序，开展同浅耕、冬小麦、乌克兰民族主义分子的斗争。他经常公开露面，四处巡视，发表演说。父亲则消失得无影无踪。据传，他已经被捕或者即将被捕。

至6月中旬，父亲已经恢复知觉，但未上班，医生坚持让他去休假。他最后一次休养是战前的事情，年代久远，连他自己几乎都记不清具体时间了。他断然拒绝休假，诸事缠身，加之卡冈诺维奇的过分积极也让他颇感不安。斯大林亲自出面，打电话到基辅来，坚持建议父亲养好身体。斯大林的关切并未使父亲感到高兴，他记得斯大林1930年代曾经当着他的面，给同样失宠的政治局委员帕维尔·彼得罗维奇·波斯特舍夫①去电话，问寒问暖，建议保重身体。放下电话，就马上下令逮捕波斯特舍夫。然而，同斯大林是不能争辩的，父亲只得服从。我们全家都前往里加海滨的马约里。父亲很快就健壮起来。8月份开始打野鸭子，他开始经常去邻近的沼泽地。他待不住，便决定乘飞机去加里宁格勒。前线的将军老友一再邀请他去。他把我和大姐拉达带上。母亲和年幼的女儿留在海滨，她晕飞机。柯尼斯堡（当时还不习惯加里宁格勒这个新名称）迎接我们的是冰冷的蒙蒙细雨和在乌克兰已司空见惯的战后崩溃：被炮火洗劫的砖楼呈火柴盒状，街道没有起点也没有终点。只是破坏的范围看起来比基辅更大，苏军对德国要塞的攻击持续了一周以上。

我们在机场受到将军们的欢迎（他们的名字我都记不住了），他们领着我们去市中心，确切地说是市中心幸存下来的部分，那里已无一幢尚未化为灰烬的楼房，又去了国王的城堡、康德的陵墓和露天琥珀矿。我记住了这个露天矿。如此巨大的矿坑我是首次目睹。在凹地深处，水炮用水流冲刷浅蓝色泥土，用专门的筛子进行筛选，捞出浮在水面上的金黄色块状凝固树脂，也就是含有凝固其中的苍蝇、蚊子、植物枝条。参观了露天矿之后，我们来到当地地质博物馆，馆内收藏了不计其数的此类奇物。博物馆专门为父亲举办了德国化学家成果展，他们在战争期间，学会了在自己实验室内仿造已成为无法得到的自然产品的代用品：橡胶、机器用油、布匹和人们所需要的其

① 帕·彼·波斯特舍夫（1887—1939），曾任苏共中央政治局候补委员、乌克兰共产党中央第二书记兼基辅州委第一书记。1937年斯大林将其贬为古比雪夫州委书记，1938年被捕，后被处决。

他许多东西。父亲对琥珀兴趣不大，而化学家的产品则令他感到异常高兴。

战争期间，苏联对德国代用品嗤之以鼻，他们没有一样真东西，全都是代替物：代用汽油，代用毡靴。代用毡靴特别得漫画家的喜欢。报纸上满是流着鼻涕、脚登草编笨重毡靴的德国佬。可这里向我们展示的，不是代用品，而是名牌奇物。褐煤在我国连煤都算不上，却从中提炼出某种透明液体，液体又已经变成很细的线，细线又变成一块布匹，真正的布匹，丝毫不比棉布甚至丝绸逊色。

父亲获赠一口大木箱。箱中特制的槽内放着煤块、盛满液体的试管、线和布的样品，反映了不起眼的褐煤块如何变成女式服装的各个阶段。1947 年父亲正是在柯尼斯堡，初次通过亲眼所见确信了化学的神奇的本事。他过目不忘，吸取一切新知识，然后保存起来，有时一存若干年，“存局待取”。我也得到了化学家们的一份礼物：两大轴特别结实而且透明、鱼儿看不见的钓丝，那在当时可是无价之宝。我用得很省，至今还有。

抵达里加后，父亲就准备回家了，他该上班，我们也该上学了。我们是 8 月底回到基辅的。

回来后，父亲向当地学者展示了德国人的成果，但没有特别的后果，大化学的时代尚未来临。

重返莫斯科

1949 年底，我们的生活发生了急剧的变化，父亲说，我们要迁往莫斯科。父亲得知斯大林的这个决定时，比我们还感到意外，虽说 1947 年的一切均已顺利结束，这个决定却使父亲再次提心吊胆。当时人们的命运，尤其是高官命运中的任何变化，都会让人提心吊胆。斯大林在利沃夫找到父亲，父亲正在当地工学院学生大会上发表演说，有人让他去接电话，交给他一张要求给“头儿”去电话的字条。斯大林不作任何解释，劈头就问父亲什么时候可以乘飞机去莫斯科。

“要是紧急，明天就行。”父亲回答说。

“那好，你来吧。”斯大林把电话挂了。

斯大林在处置一个受害者之前，往往就是这么办的：突然召至莫斯科，到了那儿就……同马林科夫的谈话使父亲的心情稍微平静下来，父亲同斯大林通话后，马林科夫立即给父亲去电话。他保证说，不必紧张。

不知道马林科夫的话是让父亲感到放心了呢，还是让他更加紧张，一个无法预测的时代又降临了。8 月 13 日，逮捕了阿列克谢·亚历山德罗维奇·库兹涅佐夫，前不久斯大林刚刚指定他为自己的共产党首脑接班人。10 月 27 日，逮捕了国家计委主任尼古拉·阿列克谢耶维奇·沃兹涅先斯基，他是斯大林的另一位宠臣。因此，担心是有理由的。

因西乌克兰政论家和作家雅罗斯拉夫·加兰不幸遇害，父亲来到利沃夫。加兰鼓吹全体乌克兰人统一在苏维埃乌克兰，他是民族主义地下组织班杰拉分子不共戴天的敌人。斯捷潘·班杰拉系神甫之子，原为利沃夫工学院学生，他为乌克兰的独立同所有人斗争。西乌克兰纳入波兰版图时，他同波兰人斗，因此被波兰人关进监狱。1939 年进入利沃夫的苏军将他释放。他当即开始针对自己解放者的战斗，为此与希特勒结盟。战争初期班杰拉成为党卫军“夜鹰”乌克兰师的组织者之一。因未得到德方所许诺的独立，班杰拉便掉转枪口对付德军。1944 年西乌克兰从德军手中解放后，班杰拉又重新开始同苏军作战，同乌克兰新政权作战，同忠于乌克兰新政权的乌克兰人以及一切不同他在一起的人作战。还有许多人和他在一起，如果不提大部分西乌克兰的城乡居民的话。起初，在邻近喀尔巴阡的森林里隐藏着整支整支的武装队伍。当他们被击溃后，斗争策略又改变了，班杰拉分子分散到各村。他们白天在田野里和平地劳动，夜间则从秘密处取出武器，杀害“卖身投靠莫斯科佬”的邻居、苏军士兵、行政官员、不小心的过路人。双方损失巨大：有将近两万苏联战俘和五万平民以及大致同样数量的班杰拉分子丧生。一场地地道道的战争。

这时，加兰在位于利沃夫市中心的家中遇害，一名地下恐怖组织成员自称是林学院的学生，他用斧头将遇害者劈死。1940 年，拉蒙·迈尔卡多也是这样劈死托洛茨基的[①]。我记住了这首歌中的两个分节段：

同迈尔卡多一样，他赢得了加兰的信任，成了家中常客，抓住时机就砍破了加兰的头盖骨。

这次谋杀引起很大的反响，尽管报刊上自然没有出现任何细节。父亲前往利沃夫处理此事。在这种情况下，斯大林的命令不会让人感到乐观。

① 托洛茨基流亡墨西哥期间，于 1940 年 8 月 20 日被苏联特工机关西班牙籍间谍拉蒙·迈尔卡多用冰镐劈死。——译者注

幸而一切都顺利结束了。斯大林宽厚地接见了他，建议他到莫斯科来，重新接掌莫斯科党组织。“列宁格勒案件”把年老力衰的领袖吓得不轻。他几乎相信了库兹涅佐夫、沃兹涅先斯基等人都企图窃取他的权力甚至加害于他本人。如今，在接到针对莫斯科市委书记格·米·波波夫的匿名告密信[①]后，斯大林害怕在莫斯科也出现新的敌人。他希望有个信得过的人来掌管莫斯科。父亲被选中了，斯大林信得过他，至少比其他人更信得过。在这种情况下，懂得提示，执行未直接说出的命令，像父亲之前其他几位那样行事，就是最容易的和最“自然”的选择。然而莫斯科人可谓不幸中之大幸，父亲抓住时机，向“头儿”禀报说告密信乃不实之词。斯大林不再坚持，于是根据不足的“莫斯科案件”就此胎死腹中。

父亲抵达莫斯科的次日，1949 年 12 月 21 日，斯大林即在庆祝他本人七十寿辰晚会上表现出对父亲的特别好感，他让父亲坐到大剧院主席台上，就在他的右手边，斯大林左手边坐的是毛泽东。

我们也该到告别梅日戈里耶和奥希波夫大街的时候了。母亲定于 1950 年 1 月的第一个星期迁往莫斯科，正赶上学校放假，这样孩子们就一天的功课也不拉下。

我再次来到梅日戈里耶，那已经是斯大林去世之后，1950 年代。父亲因公前往基辅，就把我带上了。当时乌克兰由尼古拉·维克多罗维奇·波德戈尔内掌管，自然他也占用了父亲原来的官邸。我们经过如此习惯却又变得有些异样的道路。从卢基扬诺夫卡顺着克里木小山下来前往波多尔，却并未沿着原先的卵石铺就的狭窄蜿蜒山路，而是沿着笔直的铺上柏油的宽阔大道。到波多尔往左拐，悄无声息地沿着同样铺上柏油的街道行驶。只有中间的电车道和右手边的由灰黄色砖头砌成的学校让我想起童年。战前我因为学校同姐姐拉达吵得流下眼泪。我当时还不识字，就骄傲地“读出”学校三角墙上面的“什阔拉”[②]，拉达已经是三年级学生，却纠正我，说该念“什克拉”。她把字母 O 念丢了，就成了“什克拉”。我哭喊着冲她发火，要求恢复公正：学校就是学校，不是什么什克拉。

梅日戈里耶辜负了我的希望，那里的一切似乎都变得黯然失色。不过又

---

① 致斯大林的对时任联共（布）莫斯科市委书记格·米·波波夫的匿名控告信（俄罗斯国立政治历史档案馆第 558 全宗第 11 目录第 762 案卷，第 36—40 页），见《联共（布）中央政治局和苏联部长会议 1949—1953》，俄罗斯政治百科全书出版社 2002 年莫斯科版，第 319—321 页。

② 俄语 школа（学校）读作“什阔拉”，不读作“什克拉”。——译者注

渐渐地恢复了它的魅力，依旧是花卉小畦，我曾经在上面捕捉黄凤蝶，依旧是一条条小道，小道上依旧是一片片砸扁的梨，依旧是黄蜂和胡蜂在上面嗡嗡作响，依旧是华丽蛱蝶和天蚕蛾在飞来飞去。

我最后一次去梅日戈里耶，是1991年的事情。正当改革时期，“同特权作斗争”正如火如荼，新任乌克兰领导人克拉夫丘克离开了官邸，眼下里面没有人住。这一年我陪美国教授威廉·陶布曼（他正撰写父亲的传记）到父亲待过的地方旅行，访问了卡利诺夫卡、顿巴斯，最终来到基辅。

我们最先去了奥希耶夫大街。如今的官邸是共和国儿童医院所在地，清一色的未上漆木墙取代了金属栅栏，墙内依旧是我们居住过的那幢小平房，父亲曾经试种过桃树、使之逐渐习惯于基辅气候的那片园地上，高耸着医院楼的塔楼。

那仿佛深不见底的池塘，奶奶在里面饲养过鹅和鸭，已经变浅了，成了一片水洼。看来，它原先就是如此，是我变了。甚至池塘边上那株大白柳，曾被闪电击中，在树皮上划出一条从树梢直达根下端的槽，也不再觉得是参天大树了。我们请新的医生主人准许参观一下父亲居住的房屋。房屋左侧原先的饭厅里，学术委员会正在开会。右边父亲的卧室成了院长办公室。

我们离开奥希波夫大街前往梅日戈里耶。然而，因有违改革和取消特权的希望，不让我们通行。年轻的卫兵透过微微启开的小门缝隙，瞥了一眼证件，把门锁上，前去找上司商量。最后让我们吃了闭门羹。于是，我在戈尔巴乔夫自然逃民时期没有去成梅日戈里耶，而且看来再也去不成了。

去基辅之前，我家住在莫斯科绥拉菲莫维奇大街3号12门，我认为是6层206号。我完全记不得了，我的记忆中只有窗户和窗外的景色。妈妈把我放在窗台上。莫斯科河对岸正在加紧修建苏维埃宫，挖了很大的基坑，基坑内是电焊火花四溅和纵横交错的巨型钢梁，那是未来建筑的框架。父亲前往基辅时，腾出了住宅，因它归苏联人民委员会办公厅所有，不过缺房没有持续多长时间。1939年当选为中央政治局委员后，当即给他提供了新的、甚至比政府大厦的住宅还大得多的住宅，那是位于格拉诺夫斯基大街（现已更名为罗曼诺夫胡同）3号5层的七居室第95号革命前商人住宅，紧靠克里姆林宫，在莫斯科大学旧址的后面。每逢应斯大林之召或因其他事务在莫斯科作短期逗留时，父亲便下榻于此。

我们重返莫斯科之后，就居住在这里。尼古拉·亚历山德罗维奇·布尔加宁住在我们家对门，1930年代他担任莫斯科苏维埃主席，眼下则是武装力量部部长。我们的楼下是格奥尔基·马克西米利安诺维奇·马林科夫。父亲早在战前时期，就同他建立了友好关系。当时马林科夫主管人事，起初是在莫斯科党委，后来则在中央委员会，无论哪项微不足道的任命都离不开他。如今他飞黄腾达，成了斯大林的左右手，又是斯大林的得力高级“秘书”。类似于希特勒手下的博尔曼。布尔加宁楼下住着国内战争英雄、神奇的第一骑兵军军长谢苗·米哈伊洛维奇·布琼尼。三楼是谢苗·康斯坦丁诺维奇·铁木辛哥的住宅，战前他担任国防人民委员，此前担任基辅军区司令员，也是父亲的老熟人。我们这个中央的、面向破落的莫斯科小院的单元里还住有哪些人，我不记得了。

莫斯科的生活开始了。我上了新学校——110 中学。与我在基辅上的 24 中学不同的是，这里要求掌握拉丁语。斯大林晚年不知为什么决定回到古典教育，拿我们做试验。我必须在学年中间补上这一课，背拉丁词，记动词变位，掌握这门早已死亡的语言，以及其他许多深奥道理。经常站在黑板旁边回答问题，从来没有顺过。如果我没有记错的话，我们的拉丁老师伊万·安东诺维奇具有革命前的资历，照例给我一个两分，还用跑得很快的阿喀琉斯①怎么也赶不上乌龟的老生常谈来教训我。我也的确没有追上过乌龟。

可是我的英语全班第一。在基辅，战争刚刚结束，母亲决定亲自学会英语，培养我们这几个孩子对英语的兴趣。女老师叫米拉·阿布拉莫夫娜。经过两年的强化学习，米拉·阿布拉莫夫娜对我们也严格要求，我的英语知识够用一辈子了。

给父亲提供了位于奥加廖沃的别墅，如今称之为原谢尔盖·亚历山德罗维奇大公庄园，大公乃莫斯科省的一位省长兼将军。这是一座豪华的二层砖房，带有状如十字架的窗扇，很大的冬日花园，园内种有棕榈甚至香蕉（诚然是不结果的），大门口有石狮子。

米高扬一家居住在附近的祖巴洛沃。我同他们家的小儿子谢尔戈很要好，他大我六岁，国际关系学院毕业，拥有一辆缴获的豪华奔驰车，还是战前的产品，当然，在他叔叔、飞机设计师阿尔杰姆·伊万诺维奇的车库里放了八年没有开过。1945 年阿尔杰姆·伊万诺维奇把车从德国运回，当时凡是能拿的全都拿走了。然而阿尔杰姆·伊万诺维奇没有开过奔驰兜风，冷战开

---

① 阿喀琉斯系希腊神话中的英雄。他的母亲忒提斯女神为使自己的儿子长生不老，把他浸在冥河中，只有她抓着的脚踵没有浸到水，因而该处是致命的弱点。后来被帕里斯射中脚踵而死。——译者注

始了，喷气式飞机的时代也随之而来。他日日夜夜都在设计局，起初是造米格－9，然后是米格－15。公家的胜利牌汽车拉他上下班，难得的休息日就用来好好睡一觉。这时可顾不上开车兜风。

1948年，阿尔杰姆·伊万诺维奇因研制米格－15获得斯大林奖金，外加50万卢布的“普通奖金”（当年这是个不可思议的数目）和斯大林赠送的吉姆牌汽车。

别墅的车库内急需吉姆车的车位，再说两辆汽车对阿尔杰姆·伊万诺维奇说来也是不必要的奢侈，即便是一辆他也不知道如何处置。于是谢尔戈就拥有了叔叔的奔驰车，诚然，这辆车几乎已经开不动了。由于多年停放于不供暖的车库，蓄电器彻底报废，所有的橡皮管均已开裂，发动机积满尘土和垃圾。阿尔杰姆·伊万诺维奇请来工厂的技师，他们使汽车起死回生，可以勉强使用，亲手交到谢尔戈手里。可是手跟手不一样。到了我们手里汽车怎么也不肯发动，即使发动了，也是在最不合适的时刻突然熄火。

奔驰车虽说不是特别情愿，却只服从谢尔戈之兄万尼亚，万尼亚在叔叔的设计局工作，主要是他什么都会：不光会设计飞机，还会缝窗帘，盖房铺路，当然也会开汽车。汽车不敢太违抗他，忍气吞声畅快地打个喷嚏，就开始不满地咕噜咕噜响。谢尔戈自豪地坐进驾驶室，我坐旁边，我们就开始了从米高扬别墅到我家别墅的一公里半旅行。走出三百米远，奔驰车确信万尼亚留在家中了，发动机两次突突地冒烟，从排气管放出一团臭烟，便停下不走了。它对我和谢尔戈毫无反应，尽管我们照万尼亚的教导竭尽全力：用泵吹净汽化器，将输油管断开又接上，小心翼翼地赤着脚去踢轮胎。统统无济于事。我们感到绝望，又回去找万尼亚。他从不拒绝，和我们一起缓步来到奔驰车不听驾驭的地方，两分钟后，汽车明白反抗毫无意义，在他的手中发动了。万尼亚走着回去，我们则继续旅行。两座别墅之间的距离，我们通常都要跑上三四趟，比步行花的时间还多，就别提骑自行车了。不过，这可是开着自己的车！

在斯大林的餐桌旁

父亲逐渐适应了莫斯科的秩序。在乌克兰他享有无限权力，一切都按照他的作息时间、他的习惯来安排，如今父亲得适应斯大林的生活方式。夜半三更观看美国的老西部片，然后是餐桌旁边的不眠之夜，凌晨回家，上午去上班。天天如此。那几年我头一次看见父亲不是太清醒。他从斯大林别墅回来的时间不是通常的凌晨，而是天亮的时候，我正要去上学。

“我重新调到莫斯科工作时，在斯大林直接领导下并且直接同他交往，对我说来当然是很大的荣誉。我要说，这也对工作有利。因为斯大林让我们受益匪浅，因为他是个有声望的政治活动家。当他思维正常、处于清醒状态时，更是如此。可是比我孤零零一个人在乌克兰更痛苦。几乎每天晚上都要来电话：‘来一起吃个饭吧。’那都是可怕的饭局。我们都是凌晨回家，我还得去上班嘛。我尽量赶十点钟去，午休时间设法睡上一会儿，因为时时刻刻都面临着威胁：你要是不睡，他一叫去，过后就会在他那儿打盹儿。谁要是在斯大林那儿打盹儿，下场都好不了。

有人会问我：‘怎么，斯大林是个酒鬼？’可以回答‘是’，也可以回答‘不是’。他到了晚年，每次去都免不了一杯接一杯地喝酒。另一方面，有时他只把客人灌醉，却不把自己灌醉，用一个小酒杯斟酒，甚至还掺上水。不过其他人可千万不能如法炮制，马上就会因为‘违规’、‘欺骗社会’挨罚。这是玩笑话，可是喝酒就得认认真真……

……战后我患了肾病，医生严禁我喝酒，我给斯大林讲了，他有段时间甚至还保护我。但是好景不长。这里贝利亚起了作用，他说他也有肾病，可他喝酒，也没什么。我失去了挡箭牌（不能喝酒，有肾病）：还得喝，只要你还能走路，只要你还活着！”①

既然谈到斯大林的家宴，就不能不提饭后的跳舞。近年来这方面的叙述可谓连篇累牍。无聊的“历史学家”几乎要把这个变成非斯大林化的原因了。据说斯大林经常侮辱他的酒友，特别是赫鲁晓夫，这就是赴晚宴的下场。实际上，我没有发现这些彼此相知已久、相互十分讨厌、渐入老境的男人在宴饮消遣中有什么悲剧性的东西。同样的一些人，每一天，确切地说是每一夜，每个月，每一年聚集在同一张餐桌旁，吃着同样的菜，说着同样的话。有时候他们和所有普通人一样，想要消消遣，唱唱歌，跳跳舞。父亲说，往往都是日丹诺夫发起的。照父亲的说法，日丹诺夫“胡乱地”弹钢琴，钢琴就放在饭厅里，还唱讽刺歌，还是引用父亲的话吧：“那些歌别说

---

① 《赫鲁晓夫回忆录（全译本）》，社会科学文献出版社2006年北京版，第1卷第341页，第2卷第972页。

是在上流社会，并不是每个小酒馆都能听到。”斯大林的其他客人都洗耳恭听，有的人还跟着唱。有一次我无意中见证了这样的“音乐会”，诚然，不是在斯大林位于沃伦斯克耶的别墅。1956年4月，以政府主席布尔加宁为首的苏联代表团乘坐奥尔忠尼启则号巡洋舰前往英国访问。父亲也是代表团成员。4月17日是父亲的生日，那是抵达朴次茅斯港的前一天，好酒的布尔加宁喝得过量了。我陪同他到船舱里好好睡一觉。我拉着他的手，他时走时停，一遍又一遍地开始唱关于库纳维诺农夫的讽刺歌。库纳维诺是下诺夫哥罗德的一个区，是布尔加宁出生和成长的地方。讽刺歌一支接一支地很流畅，却不完全合乎标准。最无恶意的那支是这样开头的：“姑娘们本想坐到奶牛下面，结果到了公牛下面……”

大概在斯大林别墅也唱了类似的歌儿，大家唱够了就开始跳舞。关于跳舞，父亲是这样回忆的：

这大概已经是他生命中的最后一年了。我们在斯大林的近郊别墅聚在一起迎接新年。同我们在他这里度过的其他夜晚一样，没有发生什么特殊的事情。还是那些人，当然心情都很激动，过年嘛！一起用餐，连吃带喝。斯大林心情甚好，自己喝得多，还逼着别人喝。都喝得不少。然后他走到收音电唱两用机旁边，开始放上唱片。听着乐队音乐，俄罗斯歌曲，格鲁吉亚歌曲。我们唱着，轻轻地随着斯大林放的唱片唱。

然后他放上舞曲，大家开始跳舞。我们有“公认的舞星”米高扬，他跳的所有舞蹈都大同小异，无论是俄罗斯舞蹈还是高加索舞蹈，统统是从列兹金民间舞开始。然后伏罗希洛夫跟着跳，其他人也跟着跳。我自己从来就不会挪步子：我跳起舞来，跟牛在冰上走差不多。可是我也在“跳”。卡冈诺维奇和马林科夫跳起舞来并不比我高明。布尔加宁年轻时候跳舞跳得好。他跳出了俄罗斯的舞步。我要说大家心情都不错。只有莫洛托夫无人能比。莫洛托夫以都市舞者著称。他在一个知识分子家庭里受的教育，后来上了大学，在大学生舞会上跳过舞，此外他还爱好古典音乐，自己会拉小提琴，总之是个有音乐才能的人。在我这个蹩脚鉴赏家的眼中，他是一流的舞者。斯大林也挪着步子，挥舞着手。①

可见，并无任何侮辱，不过是平平淡淡的“光棍娱乐”而已。

---

① 《赫鲁晓夫回忆录（全译本）》，社会科学文献出版社2006年北京版第2卷，第998—999页。

将近十年之后，印度尼西亚总统苏加诺也曾试图让父亲参加跳舞。也是情况使然：1960 年 2 月对印度尼西亚的国事访问进行得一帆风顺，据父亲在回忆录中所说，总统又“酷爱跳舞。喜欢让所有在场的人都跳起来。他在茂物是如此，在巴厘苏联代表团下榻的总统宅邸也是如此①。我是个绝不跳舞的人，甚至年轻时候也从不迷恋跳舞，那会儿很害羞，虽说我喜欢看别人跳。原则上我并不反对参加苏加诺无害的消遣，然而除了集体舞而外，别的我什么也不会，至于集体舞，过去顿巴斯的矿工和工匠全都会。那里是站成一个圆圈，牵着手，像保加利亚科洛舞那样踏步。这个谁都会。苏加诺大体也是这样跳得很单调，可他是要跳到筋疲力尽才肯罢休。通常都是晚饭之后。起初是举行音乐会，表演民族音乐作品，独唱、独奏或者独舞。然后大家一起跳舞。头一天晚上是这样度过的，到很晚了才散。

可第二天晚上，晚饭后总统又如法炮制。开始跳舞了，我便告辞，说累的不行。苏加诺很惊奇：‘什么？这可不行，姑娘们会不高兴的，劳驾了。’他像喜欢女人一样喜欢跳舞。有时候简直控制不住自己。我还是走了，我们有些人留了下来。葛罗米柯成了头号舞星。早上我听说舞会持续到了几点几点。那时候我已经睡足了！”②

我想，在这种情况下父亲和年轻时一样，感到很不好意思，据他证实，苏加诺的舞会不要求任何特别的艺术。

我很能理解父亲。我和他一样，也是感到不好意思，也是几乎从不跳舞。说几乎不跳，因为有时候在自己的圈子里，特别是在野外，朋友们会调动起我的情绪，拉进共同的圆圈里。是否可以将我的动作称作舞蹈我不敢说，反正我是围着篝火又跑又跳，情不自禁。

父亲有时也经不住劝，这方面有确凿的证据。电影摄影机记录了克里姆林宫一次节日活动上，年轻的布琼尼蹲下身子豪放地跳得起劲，还十分清醒的伏罗希洛夫稍微蹲下身子，父亲则站在一旁合着跳舞者的节拍踏脚。1963 年的一部电影短片反映他在阿布哈兹一个村镇节日和着舞曲“踏脚”，那是他陪同菲德尔·卡斯特罗访问全国各地时顺道来到阿布哈兹。和父亲结对“跳舞”的是当地的长老，论年纪可以给赫鲁晓夫当父亲了。他们在一起很受看。

---

① 茂物和巴厘岛均有总统官邸，苏联代表团即下榻于此。

② 《赫鲁晓夫回忆录（全译本）》，社会科学文献出版社 2006 年北京版第 3 卷，第 2648—2649 页。

当年曾多次在位于谢苗诺夫斯基的郊外官邸与作家会见，在一次会见中也可以看到父亲跳舞的镜头，准确地说他是拍着手掌走圆圈，伏罗希洛夫在他旁边蹦蹦跳跳。伏罗希洛夫喜欢跳舞。他的妻子叶卡捷琳娜·达维多夫娜回忆起迥然不同的赫鲁晓夫前时期的节日酒宴：

……他们曾不拘礼节地在斯大林同志莫斯科郊外别墅作客。

还记得斯大林的好客，唱歌，跳舞。没错，跳舞。人人都跳，各显神通。基洛夫和莫洛托夫手持头巾，同自己的太太跳俄罗斯舞。米高扬久久地在娜杰日达·谢尔盖耶夫娜（阿利卢耶娃）面前用鞋后跟相碰作响，请她跳列兹金卡舞。他以一种特殊的节拍跳着，仿佛人变高了，身材也更瘦削了。娜杰日达·谢尔盖耶夫娜则羞怯而腼腆地好不容易避开米高扬积极的进攻。伏罗希洛夫跳着戈帕克舞，要么邀请舞伴参加他的王牌节目——波尔卡舞，跳得充满感情，有板有眼。日丹诺夫坐在钢琴边自弹自唱。

斯大林也在唱。他有喜爱的唱片，其中灌有所喜爱歌剧中的咏叹调和歌曲。他自己换唱片，让客人开心。他最喜欢滑稽的东西……

那是多么美好的时代啊！那是多么单纯、真正良好的同志关系。①

这里也没有关于不满的暗示，就更不用说“伤害”舞者、歌者和喝酒者的“自尊心”了。我也从未听到父亲对斯大林别墅舞会的指责。他也从未提到斯大林侮辱酒友的怪癖。

不过，父亲在回忆起斯大林别墅的一些宴饮时，也并未对那些给他留下不快感觉的事情置之不理。

斯大林有时的胡闹简直令人不可思议。当我们因为军务来到他这里时，我们汇报之后他肯定要请到他的避难所去。午宴开始了，往往结束时都把水果蔬菜乱扔一气，有时往天花板和墙上扔，有时用手，有时用勺子和叉子。我亲眼看见他往人身上扔西红柿。我感到气愤：“一个国家领袖和聪明人，怎么会酩酊大醉到了如此地步，如此放肆？”

方面军司令员，如今的苏联元帅，几乎全都经历过这样的考验，目睹了

---

① 《叶·达·伏罗希洛娃日记》。摘自列昂尼德·姆列钦《约瑟夫·斯大林，他的元帅和将军》，中央印刷出版社 2004 年莫斯科版，第 358 页。

这一可耻场面。这样的表现始于 1943 年，当时斯大林已经回过神来，相信我们必胜。可原先他却垂头丧气。那段时间我不记得曾经办过酒宴。他精神极度压抑，叫人都不忍心看他。

父亲讲到莫洛托夫失宠时所受到的侮辱。在饮酒后转入音乐部分时，斯大林责怪莫洛托夫年轻时为了挣钱到小酒馆去拉小提琴，取悦喝得醉醺醺的商人，那些人往他嘴唇上涂芥末，强迫他在外貌如此丑陋的情况下演奏。

不过关于舞会就到此为止了。

如何解决莫斯科人的吃饭问题

在莫斯科，父亲从前任那里接手的是彻底破产的农业。都是同基辅一样的问题，却又不完全是：集体农庄规模都小，土地不肥沃，住房没有，不是因为战争，本来就没有。在父亲看来，振兴莫斯科郊区应当从专业化入手，甩掉诸如小麦、燕麦、黑麦等需要广阔田野的农作物，发展蔬菜种植业，栽种马铃薯、胡萝卜、白菜、莴苣、葱，修建温室，在温室里全年种植黄瓜、西红柿、蔬菜，适应莫斯科的需要。他在基辅和伊尔片水泛地就是因此一举成名，并决定也从此开始改造莫斯科的农业部门。当年这些美味食品无法从南方运来，冷藏车只是个梦想，可没有冷藏车，任何蔬菜都会在一周之内变成烂泥。

莫斯科人缺的岂止是新鲜蔬菜和水果。牛奶、酸奶皮、奶渣、奶酪、食用油，当然还有肉类，这些食品只要一出现在商店的柜台上，立马就排起长队。为了生产出这一切，要把牲畜喂饱，哪怕不是特别饱，那也得喂喂，这样骨头上才能长出点儿肉，饿瘪的乳头才能挤出奶来。然而如何才能做到呢？莫斯科郊区营养不良的集体农庄里，全是一帮老太婆。她们可不太指望得上。甚至根本就没有什么可以指望的。

农村让沉重的税负压得喘不过气来，每株苹果树、每头奶牛、每只鸡都得上税。国家对农民劳动的估价是象征性的，农庄庄员每个劳动日的正式报酬是不到一个卢布，可往往是一天活干完了，仅仅在统计表上给你划上一个勾就算完事。也定出相应的征购价，例如 1950 年初每公斤马铃薯付三个戈比。从地里运到收购站的费用也不止这个数。财政部收起税来毫不含糊，要是不交税，谁也不会对你讲客气，将此事交给机关，机关再交到检察院法院，你就去蹲监狱吧。于是自己把自己宅旁园地上种植的东西拉到莫斯科的集市上，挣到的钱又以纳税的方式还给莫斯科。

斯大林是有意识地提出这样的政策。他仇视农民，他设想通过剥夺农村来积累国家的财富，从似乎无底的桶内获取资源，用以建设新的工厂、电站，武装新组建的师团。总是推出五花八门的新税种。每户农民的总税额从1940年的112卢布增至1949年的419卢布，这是父亲调往莫斯科的那一年，连年递增，1952年增至528卢布①。

无论到什么地方，谁也不愿意干无偿劳动，可是在穷乡僻壤又无处可逃，这里离莫斯科很近，莫斯科的活儿多得不得了，只要你愿意，可以去扫街道，也可以学一门建筑的手艺或者去工厂当雇工。农民没有身份证，外出打零工必须经当地政府批准，这些都难不住谁，人手奇缺的城市总可以同州里谈妥的。往往一切都解决得更简单，只需一瓶自制烧酒，村苏维埃书记就把所需的公文办好，发放证明，你就去莫斯科胡同里寻找昔日的农庄庄员吧。

父亲就是做梦也不敢根本改变这种情况，他只要在斯大林面前一提到税负过重，就……1946年他亲自体验到了“就……”的滋味。当年乌克兰大旱，收上来的粮食几乎比播下去的还少，平均每公顷4.6公担，然而国家征购人员连这么一点点收成也搜刮殆尽，黑麦、小麦、玉米、豌豆，甚至种子，通通颗粒无存，不给农民留下一点口粮②。乌克兰面临饥荒威胁，这次饥荒也许不比30年代初的大饥荒轻。需要采取措施，而且得立刻采取。父亲明白，在这种情况下，交上去的粮食莫斯科是不会返还的，这些粮食已经安排好了，不仅要养活本国的城里人，相当一部分乌克兰收成，将近250万吨粮食要运往波兰、捷克斯洛伐克和德国。父亲后来常常回忆起饥饿的1946—1947年冬天，乌克兰人吃着青草、耗子，甚至到了人相食的地步，波

---

① 鲁·格·皮霍亚：《苏联：政权史1945—1991年》，俄罗斯国家公务学院出版社1998年莫斯科版，第25页。

② 除乌克兰外，遭遇旱灾的有克里木、摩尔达维亚、顿河北部、斯塔夫罗波尔、斯大林格勒州，库尔斯克州，沃罗涅日州、坦博夫州、奥尔洛夫州、梁赞州、萨拉托夫州、古比雪夫州、奔萨州、图拉州和布良斯克州，后贝加尔和远东。哈萨克斯坦和西伯利亚收获期间大雨倾盆，庄稼全都烂在地里（1946年9月23日苏联采购部部长鲍·德文斯基致斯大林信。俄罗斯国立社会政治档案馆第558全宗第11目录第765案卷第116—118页。载于《联共（布）中央政治局和苏联部长会议1945—1953》，俄罗斯政治百科全书出版社2002年莫斯科版，第221—223页）。

兰人以鄙视的态度不吃“苏联黑麦面包”，要小麦面包。父亲为此事不会原谅他们的。

父亲决定采用计谋，试图绕开斯大林，同莫斯科谈妥让乌克兰农民获得数百万张配粮卡，凭卡可以获得国家统一提供的粮食。从战争初期即已开始使用配粮卡，但只发给城里人。斯大林认为农民守着土地，自己可以养活自己。1946 年秋天，斯大林在高加索休假，马林科夫和贝利亚替他照管。他俩都答应帮忙。在莫斯科，由阿列克谢·尼古拉耶维奇·柯西金负责分配配粮卡，他也答应拨出配粮卡，只是要求从基辅给他发来一个正式要求，好走个手续。却不知道什么地方出了问题。要么是“莫斯科朋友们”玩起了自己的游戏。不管怎么说，反正贝利亚（唯独他有资格盖上斯大林的签名章）将附有父亲签名的信件没有发给柯西金去执行，却发给了在索契休养的斯大林。

饥饿的 1946 年秋天，斯大林却酝酿着与此大相径庭的计划。他决定 1947 年完全取消配粮卡，现在就进行储备。可眼下国内空空如也，怎么储备呢？斯大林自有办法，1946 年 9 月 26 日他签署了秘密的《关于节约和消耗面包的决定》，规定自 10 月 1 日起将每月用于烤制面包的“谷物消耗”从 16767000 吨减至 11908000 吨，减少了将近 500 万吨。并将凭卡供应的面包也相应减少了 30%，将凭卡供应面包的人数从 8700 万人减至 6000 万人。失去有保障的口粮的 2700 万人中，2300 万人居住在农村。余下的 400 万是靠没收 70%“受赡养者”的配粮卡攒出来的。在受赡养者中，有全部不工作或者在斯大林眼里不大重要的部门工作的人，包括在机器拖拉机站、国营农场、地方工业中工作的人。其余的 30%“受赡养者”口粮削减至每天 250—300 克，儿童则为 400—300 克①，当初被围困的列宁格勒就是这样发放粮食的。

父亲给斯大林写信时，他还不知道这个决定，这叫“自投罗网”。

乌克兰自然是什么卡也没有得到。斯大林先是以书面的方式把父亲申斥一通，而从南方回来后，1947 年 2 月 27 日又把父亲召至首都，来了个公开责骂，给他加上软弱、纵容小资产阶级农民自发势力等等罪名。父亲做好了最坏的准备，准备坐牢，却受到从轻发落。斯大林只是撤掉他的乌克兰中央书记职务，由卡冈诺维奇临时接任。失宠持续了一年左右，1947 年 12 月 15

① 俄罗斯国立社会政治档案馆第 558 全宗第 11 目录第 765 案卷，第 116—118 页。载于《祖国档案》1992 年第 6 期，第 46—47 页。

日，将卡冈诺维奇从乌克兰召回[①]。此后父亲又多活了好多年。我已经提到过父亲生活中的这段“插曲”。

父亲自然无法再向斯大林建议降低税负了。需要摆脱困境。父亲认为出路在于合并莫斯科郊区财力不足的集体农庄，这样即可将劳力集合到一起，形成“临界质量”，将仅仅在统计报告中算作集体农庄的农庄变成具有劳动能力的单位。况且又将风险减到最低限度，父亲追随着斯大林缩减国内集体农庄数目的政策。仅仅 1950 年一年就从 252000 个减至 121000 个，1952 年更减至 94000 个[②]。

父亲开始根据莫斯科的需要来改造农业，修改计划任务、种植和收购结构。他必须同国家计委、部长会议作战，准确地说是劝说他们，说服他们，而且要做到不激怒斯大林。不能说全都做到了，而要说有所收获。然而立刻出现新的问题，种植蔬菜需要加大劳动投入。马铃薯、胡萝卜、甜菜不能像大麦那样，光栽植或者播种就行，整个夏天都得好好侍弄，要间苗、除草、松土。这一切都得用手工。农庄庄员在宅旁园地上松土和除草倒挺乐意，可在集体农庄土地上替人家拼着命干活就不愿意了，再说农庄里也没有这么多人手。甚至合并之后的农庄依然人数不多，势单力薄。父亲只靠技术进步。早在乌克兰，父亲就为需在夏天经常耕作的所谓中耕作物（草莓、马铃薯、棉花、甜菜）问题吃尽了苦头。当时也找到了解决办法：正方形穴播，棋盘式播种。父亲请农业方面的助手安德烈·斯捷潘诺维奇·舍甫琴科[③]寻找战后美国人、联合国善后救济总署的正方形穴播栽植机，如果乌克兰新领导人允许的话，把栽植机送到莫斯科来。新领导人没有表示异议。父亲一走，试验即陷于停顿。从前是他去农业部，看实验，要报告，换言之，就是给打打气。事情就推动了，系统也调整好了。他一不在，大家都放任自流，精力就像轮胎跑气一样消失了……

乌克兰人顺顺当当地把栽植机交给舍甫琴科。还交出了父亲当政时造出的美国播种机仿制品。这些东西全都运到莫斯科近郊柳别尔齐的农机试验厂

① 俄罗斯国立社会政治档案馆第 17 全宗第 3 目录第 1064 案卷第 11 页、第 57 号记录和第 17 全宗第 3 目录第 1068 案第 4 页。载于《联共（布）中央政治局和苏联部长会议 1945—1953》，俄罗斯政治百科全书出版社 2002 年莫斯科版，第 47、55 页。

② 鲁·格·皮霍亚：《苏联：政权史 1945—1991 年》，俄罗斯国家公务学院出版社 1998 年莫斯科版，第 25 页。

③ 安·斯·舍甫琴科（1911—1993），农学家，全苏农业科学院通讯院士，撰有关于玉米、豌豆及其他作物种植的著作。1950—1964 年任赫鲁晓夫农业方面的助手。

和试验站。父亲已经同当地工程师搞得很熟。如今他们要一起把美国机械改得适应俄国的现实。

乍一看，这一切都显得很可笑：拖拉机和播种机紧跟着顺垄沟绷紧的铁丝绳，绳上每隔相同的长度打着记号结，播种机通过在铁丝绳上滑动的最简单传感器与铁丝绳相连。播种机碰上记号结，“小旗”偏移，料斗挡板开启，土豆、玉米粒或者甜菜籽就落入小坑，而且只有一颗，这样就无需间苗。

试验在拉缅区的一个农庄进行。是父亲亲自选定的，他觉得这个农庄主席是个富有首创精神的人。去拉缅区的田地得花不少时间，父亲就将试验移至乌索沃村集体农庄进行。乌索沃村旁边，隔着一道砖墙，就是他的“奥加廖沃”郊外官邸。历届莫斯科市委第一书记均曾在此居住：最初是亚历山大·谢尔盖耶维奇·谢尔巴科夫，然后是格奥尔基·米哈伊洛维奇·波波夫，父亲之后是尼古拉·亚历山德罗维奇·米哈伊洛夫，等等。眼下父亲是每星期天去拜访参加试验的人。自然我们这些孩子也跟在后面。每次出行都是千篇一律，父亲和试验者一起穿着橡皮靴奔波在春天的烂泥路上，察看如何费时费力地顺着垄沟拉上钢丝，上面每隔相同的长度打着结。然后发动拖拉机，挂上马铃薯栽植机，开始工作。拖拉机沿着钢丝爬行，下一个信号结打开栽植机装料杆，马铃薯一个接一个地滚入垄沟。一条垄沟走完了，将钢丝从栽植机上摘下，再用手工安到下一条垄沟上，千篇一律。父亲迈着大步跟在拖拉机后面，察看每个小坑里有几个马铃薯，并测量小坑之间的距离，长时间地同工程师说着什么。这一来就是几个小时。我们这些孩子只消三刻钟就感到很无聊，不过我们都忍着。

下个星期日一切照旧。事情不是很顺利。

米数多的钢丝在拖拉机的压力下拉松了，正方形变成了形状各异的菱形，出芽的时候尤其明显。横向的小垄尚清晰可辨，纵向的作物就显得杂乱无章了，眼下根本别想搞什么播种机械化。父亲沮丧地直嘻嘻。农机研究所的工程师进一步完善播种机。来年春天一切又再次重演。不会抻长的钢丝始终没有发明出来，正方形穴播栽植机没有寄来，工厂在生产，但数量极其有限。

1960 年初，美国又出现了同杂草作斗争的化学制剂，除草剂。除草剂起初在美国、后来又在我国宣布了正方形穴播法的寿终正寝。

玉米，开端

那几年父亲开始了自己的玉米史诗，暂且只局限于莫斯科州。

许多人不知为何以为玉米是1959年父亲赴美进行国事访问时从美国艾奥瓦州带来的。玉米同烟草、番茄和马铃薯一样，的确是从美国传来的，不过那是在赫鲁晓夫之前很久的事情。根据历史记载，开始种植玉米可以追溯到17世纪的摩尔达维亚西部和格鲁吉亚东部。只不过在那久远的年代，格鲁吉亚和摩尔达维亚均未纳入俄罗斯帝国的版图。东格鲁吉亚于1801年并入俄罗斯，而西格鲁吉亚则是1804—1864年分阶段并入的。德涅斯特尔河左岸地区于18世纪末占领，而整个摩尔达维亚—比萨拉比亚则是1812年占领的。俄国人除得到新的领土而外，还得到了玉米和会种植玉米的农民。美国艾奥瓦州也并未袖手旁观，20世纪初，当地就搞出了在玉米下种前检查种子发芽率的工艺。1907或者1908年，艾奥瓦人路易斯·迈克尔应基什尼奥夫地方自治机关的要求，在新罗西亚，具体是在比萨拉比亚推广美国的生产技术，为了更具说服力，他别了个徽章，上面镌有俄文口号“给比萨拉比亚多种玉米”和玉米棒的图案①。玉米逐渐在整个南俄地区安家落户，1930年代中期父亲因工作需要开始学习农业基本知识，其时玉米播种面积已达数百万公顷，这些耕地原来种的是燕麦、小麦或者黑麦等产量较低的作物。

玉米在当地早已司空见惯，以致乌克兰人以为自他们记事以来“一直就种着”。遗憾的是，玉米比土豆需要更多的呵护，土豆只需培上一两次土，哪怕杂草丛生也照长不误。可玉米呢，如若在生长季节不除草或者除草除得不勤，必将枯死无疑。

父亲调到莫斯科后，起初根本没有想到过玉米，那是南方作物，不习惯这里的气候。莫斯科商店柜台上见不到肉类、牛奶、黄油，这才让他想起了玉米。迫切需要增加奶牛和生猪的总头数。一切都取决于饲料。牧场草场不够用，母牛只能从5月至9月在上面放牧，其余时间拿什么喂它们？俄国传统的奶牛饲料干草倒是绰绰有余，靠州内已有的农业用地储存干草又做不

① 帕特里齐·赫尔里希：《敖德萨·历史·1794—1914》，Optimum出版社2007年敖德萨版，第271页。

到，哪怕到草地、林中空地、路边沟渠去不停地割草也不行。在国内粮食常年匮乏的情况下，从未动过像欧洲那样用粮食喂牲畜的念头。

为了喂牲畜，主要是喂马，农民种了燕麦，但每公顷收上五六公担，那还得是运气好。一家一户也就凑合了，上百万人的城市可不能靠燕麦来养活。真叫人伤透脑筋：迫切需要肉和奶，可上哪儿弄去？为了养活自己，要学会把牲畜喂得饱饱的。

父亲跑遍了莫斯科的各个农业研究所，问那些教授：其他国家都是如何解决饲料问题的？答案无法令人乐观。阿根廷，新西兰，澳大利亚，爱尔兰，英国，大部分畜牧业国家都是气候温和湿润，牲畜靠脚下的饲料养活，它们实际上一年四季都在绿色牧场上溜达。美国的情况不同，那里到了冬天，一年有两三个月牲畜都得喂点料。为此美国人将玉米、豌豆、大豆的青饲料碾碎，掺和，再放入专门的坑内或者塔内发酵，做成青贮料。整个冬天都给牲畜喂青贮料，而在那些无处放牧或者不便放牧的地方，夏天也是照此办理。

学者们给父亲展示了各种植物营养对照表。每种作物的效果是以饲料单位来评价的。饲用玉米、粉碎过的秸秆、叶子和未长熟的玉米棒子高居榜首，且遥遥领先。玉米在莫斯科当然是长不熟的，不过也没有这个必要，可以每年从南方将种子运来，而在湿润的中部地带，作物可以比干燥的南方更好地增加青饲料，当然，如果参与其事的话。排在玉米之后的是豌豆和大豆，最次的是燕麦、干草和低热值的麦秸。当然，麦秸也可以填饱肚子，却不能靠它来提高肉和奶的产量。

父亲仔细听取了行家的意见，凡是他感兴趣的事情，他都记得很牢。后来他自己以行家的水平运用了饲料单位。半夜里把他叫醒，问他一公担玉米、豌豆或者燕麦里有多少个饲料单位，立刻得到答案。

结果，玉米（在气候有利于豌豆和大豆生长的地方，还搭配上豌豆大豆）居然成了那根可以给每一个人提供神奇桌布①的救命棒。

说到做到，父亲觉得只要给农民讲清他们自己可得到的好处，事情就办妥了。真是太天真了！父亲忘记了 18 世纪叶卡捷琳娜二世②为了在俄罗斯推广土豆费了多大的劲。不仅需要劝说和解释，而且要动用权力，以武力镇压

① 指民间故事中会自行出现食物的桌布。——译者注

② 叶卡捷琳娜二世（1729—1796），俄国女皇（1762 年起）。通常认为她执政时期是俄罗斯帝国的黄金时代。原为德国公主索菲娅·弗列杰夫卡·奥古斯塔。

马铃薯暴动。给女皇加上的罪名无奇不有，甚至说她企图毒死俄罗斯人，将地球上的俄罗斯人斩尽杀绝。“固执的农夫”说什么也不肯吃“老爷的野果”。他们不知道马铃薯的块茎埋在土里，却在受到惩罚的威胁下极其厌恶地吃下了红色的小球——有毒的马铃薯种子。自然就中毒了……这自然不会提高土豆的知名度。甚至在叶卡捷琳娜之后开明的19世纪，地主和农民很长时间都对马铃薯嗤之以鼻。直到150年之后才承认土豆是本国作物，土豆成了穷人、而且不仅是穷人的主要食品。

玉米的命运也轻松不到哪里去。大多数农庄庄员和地方领导人都对玉米采取排斥态度。大体类似于人的机体排斥为挽救他所必需的经移植的异己机体。这两种情况下，人的机体和社会机体都下意识地对未曾体验过的事情持抵抗态度。诚然，还不敢公开鼓动闹事反对玉米，但是不好好侍弄玉米。我们这里已经习惯于春天种上燕麦，耙上一遍，到秋天再想起它来。秋天收割，磨成面，老天愿给多少是多少，就只等来年春天了。对玉米也照此办理，可如果这样来对付的话，自然那收成连最次的燕麦都不如。

说到这里，我想起了这样一个故事。2000年6月，我前往芬兰参加芬兰总统乌尔霍·卡列瓦·吉科宁[①]同尼基塔·谢尔盖耶维奇·赫鲁晓夫之间友好合作展览会的开幕式。前来迎接我们——我，姐姐拉达和我儿子尼基塔的，是父亲那个时代的芬兰外交部长维罗莱宁[②]。他向我们讲述了关于玉米在芬兰出现的趣闻。

父亲在一次访问中打听到维罗莱宁不仅是个外交部长，而且还是个农场主，拥有一群奶牛，便马上开始说服他相信玉米，答应寄来种子，帮助他开始新的事业。时隔不久，父亲的助手舍甫琴科就带着精选的杂交玉米种子和手动栽植机来到维罗莱宁的农场。奶牛很喜欢新的作物，这就意味着维罗莱宁也很喜欢。

维罗莱宁笑呵呵地对我们说，父亲下台后他有一次同柯西金会晤，当讲到他的农场、玉米和父亲时，柯西金一本正经地对他说，他可以不搞玉米了，因为赫鲁晓夫现在已经下台。

维罗莱宁末了说道：“我只是笑了笑，我对柯西金先生说，这是我的农

---

① 乌·卡·吉科宁（1900—1986），芬兰国务活动家，1936—1937年和1944—1947年任司法部长，1937—1939年任内务部长，1940—1945年任议会副议长和议长，1950—1956年任总理，1956—1982年任芬兰总统，农业联盟（中派党）领导人。

② 约·维罗莱宁（1914—），1954—1958年任芬兰外交部长。

场，他和赫鲁晓夫都管不着。我种玉米不是因为谁给我下了命令，而是因为玉米在我们芬兰带来好处。”

维罗莱宁早已退出政坛，他至今还种植玉米，用以饲养自家的奶牛。

乌索沃集体农庄是莫斯科近郊最先开始试种玉米的农庄之一。1951 年春天，道路两旁的土地在父亲的密切注视下搞了正方形穴播。夏天玉米地成了青纱帐。秋天盖起青贮塔。乌索沃的奶牛全都乐颠儿了，一年增加的体重比过去五年还多，挤奶量增加了，不仅产仔量几乎翻了一番，而且小牛犊个个膘肥体壮。父亲得意洋洋，他眼看着玉米和集体农庄的牲畜创造了奇迹。但这样的事例不过是凤毛麟角。玉米倒成了人们喜爱的笑料。

青贮料和榴莲什么味儿

于是，1951 年秋天，乌索沃的农庄庄员第一次将玉米作为青贮料储备起来准备过冬。根据工艺，青贮料到 11 月份就很好地发酵了。父亲求知欲强，有时到了不可想象的地步，青贮料凭什么对牲畜有那么大的诱惑力呢？他决定亲自尝一尝其中的味道。这大概是我们的天性吧。我也按捺不住，什么都要尝尝味道。我的胃不止一次因为过分好奇而付出代价。

父亲让卫士在青贮料中挖出几个玉米棒子给他尝尝。命令就是命令，保卫局的人员在工作中这样的怪癖见得多了。他们在取回青贮料时，双手尽量前伸，远离鼻子，因玉米棒子酸味儿特冲。父亲一阵犹豫，但是挺住了，只说了两个字：“煮吧。”半个小时后，屋里弥漫着无法引起食欲的气味儿，但家里人对此不作任何评论。午餐时大家围桌而坐。服务员端来一个盖得严严实实的瓷汤盆，放到父亲面前。他稍稍揭开盖子，不由得皱起眉头，说得委婉点是因为那独特的气味儿。父亲冲着汤盆里那看起来好吃的玉米端详了一会儿。就是那气味……他把汤盆盖上，吩咐道：“拿走吧。”这才开始去对付自己那份规定的烧鱼和炖菜。

这个场面让我想起另外一段同十年后尝试别人的美味食品有关的插曲。1960 年 2 月，父亲对印度尼西亚进行正式访问。我有幸在此次访问中陪同父亲。

为了使故事显得完整一些，这里稍微扯远一点儿。从小时候父亲就让我养成了热爱大自然的习惯。在乌克兰梅日戈里耶，我曾屏住呼吸，仔细观察鹿角甲虫之间的搏斗，抓过蝴蝶，梦想抓住它们的首领——大天蚕蛾。晚间，我为正捕捉螟蛾的蝙蝠的空翻转体而惊羡不已。我渐渐收藏了相当可观的蝴蝶标本，主要是莫斯科近郊的蝴蝶。

斯大林去世以来，国内许多方面都起了变化。已经没有人断言凡是稍微像样的东西都有俄罗斯的渊源，或者只有俄罗斯的渊源，一切发明都来自俄罗斯，甚至大象的原籍也在西伯利亚，因为与大象同一属的猛犸群曾在西伯利亚出没。书店柜台上出现愈来愈多的翻译书籍。我从不错过任何一本关于大自然、特别是热带自然的书籍。其中一本描述了19世纪英国自然科学家阿尔弗雷德·华莱士游历印度尼西亚热带森林的过程。华莱士已经具有了物种变异、一切生物逐渐进化的观点，只是发表稍稍晚了一步，将首先发现者的权利让给了查尔斯·达尔文。我所读到的关于华莱士的书中离奇的细节层出不穷。尤其让我感到惊讶的是关于一种具有奇特名称的神话般水果“榴莲”的描述。榴莲大小与甜瓜相当，表皮为类似栗子那样的刺所覆盖，长在树上，这种水果味道极好，既像草莓又像香蕉，虽说气味不大讨人喜欢，用作者的话来说，榴莲令所有丛林栖息者神魂颠倒。老虎一旦发现榴莲树，只等熟透的榴莲掉落摔裂，它们就投入一场争夺享用上天所赐美食的权利的殊死搏斗。

父亲前往印度尼西亚访问之前，我建议他读一读华莱士的书。

从访问的第一天起，我就透过沿着城乡街道行驶的车队汽车窗户，贪婪地注视着那堆积如山的奇异水果，它们都在道路两旁临时搭建的小集市上出售。我梦想看见榴莲。也许我是相见不相识，我从关于华莱士的书中所得到的印象是极其模糊不清的。在父亲下榻的官邸，用来款待我们的是五花八门见所未见闻所未闻的水果，却不是榴莲。我有两次提到了榴莲，东道主却摇了摇头。我已经开始怀疑榴莲是华莱士杜撰出来的热带童话了。可有一天，我从车窗内看见在人行道上堆成小山一样的大个黄色球果，每个都像小孩脑袋那么大，有点让我想起我那本书上的插图。我兴奋地用手指往车窗上戳。旁边坐着的印度尼西亚人漫不经心地说道：“榴莲。”原来它的确存在，榴莲不是神话，不是华莱士的臆想，而是实实在在的东西。大概这会儿正是它成熟的季节，某处丛林里，老虎正聚在一起决斗，争夺享用榴莲果肉的权利。这时汽车已经驶过路边的小集市，车队沿着礼仪规定的路线行驶着。不过主要是我确认了榴莲真的存在，它可以品尝，只需克服如此好客的东道主在其他方面莫名其妙的冷漠态度就行。晚上我对父亲讲了自己的发现。第二天，父亲就问苏哈诺，书上所说的丛林里长着榴莲的果实、甚至老虎都为争夺享用榴莲的权利而互相厮打，是否确有其事？

“我国的确有榴莲树，印度尼西亚人都很喜欢，虽说以欧洲人的口味……”说到这儿苏哈诺迟疑起来，他是在寻找所需要的字眼，没找着，便笑着说：“至于您提到的那本书的作者，看起来他的想象力很丰富。如果想品尝榴莲的话，巴厘那边可以安排，不过得由您来负责。”

苏加诺位于巴厘小岛的官邸坐落在山中，小岛南面紧挨着首都所在的爪哇岛。该地的热带太阳烤得不那么厉害。几幢轻型平房隐没在巨大的孟加拉无花果树树荫里。房屋之间，修剪整齐的荷兰草地一片葱绿，这是殖民地时代的遗产。

在巴厘逗留的第二天，一大早代表团成员就开始警觉地用鼻子闻，房屋内所有的缝隙都散发出淡淡的臭气、十分熟悉的硫化氢、腐烂的肉类以及臭鸡蛋的气味。随着每一分钟过去，臭气愈来愈执着地钻进鼻孔，却只好忍着。谁知道东道主出了什么事情？只有我一个人知道是怎么回事。关于华莱士的那本书中讲道，榴莲的气味有点像腐肉味儿。这时气味愈来愈浓，整个屋子都臭遍了，甚至官邸前面的那道水洼也冒着愈来愈浓的臭气。我的热情大为减退。

终于到了用餐时间。代表团成员与主人分别穿插着在露天凉台的长桌旁就座。苏加诺照例坐在父亲的旁边。我的旁边坐着亚当·马立克，时任印度尼西亚驻苏大使。他的俄语讲得不错。头道菜是甲鱼汤，但我们吃得很费劲。那股几乎变得无法忍受的臭味直往嗓子里灌。然后是辣味甚浓的、却味道鲜美的烧鸡。臭味儿更浓了。终于到了上甜点的时候。苏加诺郑重宣布，根据客人的要求，我们要上印度尼西亚的民族菜式榴莲，这是一种水果，眼下也正好到了它的收获季节。

服务员端来了碟子，每个碟子里盛了四分之一个榴莲，榴莲那奶油般的果肉按黏稠度让人联想到正迅速融化的冰激凌。可气味呢？我已经全都讲过了。我勇敢地将汤勺插进果肉，屏住呼吸，把它往嘴里送，预感到那极精致的味道：草莓、香蕉以及某种绝妙的味道。满不是那么回事！我就没有尝出味道，全是臭鸡蛋味儿，榴莲的果肉就黏稠度而言让我联想到煮成稀粥样的烂葱头。我努了一把力，把第一勺吞了下去。黏滑的东西下到肚里，可嘴里还留着臭鸡蛋的味道。这就是上天所赐的水果！坐在我右手边的马立克吃得津津有味。其他的东道主莫不如此。客人们却感到莫名其妙。有的人将盛甜点的碟子挪到一边去，有的人则没有把握地在榴莲里掏着。只有父亲连眉头也不皱一下，一勺一勺地往嘴里送。他在异国他乡恪守礼节，礼节规定不得轻视当地的习俗，以免无意中得罪东道主。我决定以父亲为榜样，控制住自己，准备接受下一份。因为这个榴莲的篓子恰恰是我捅下的。不过看来我只是自己在充好汉。我第二次把榴莲吃光的时候，马立克瞥了我一眼，关切地凑到我的耳朵边悄悄地说道，他觉得我的甜点吃得够份儿了。我没有表示反对：的确是够了。

很快餐桌全空了。服务员将客人几乎没有动过的碟子和东道主那空空如也的碟子全都收走了。整个晚上我们都没有摆脱榴莲的气味和嘴里的味道。然而榴莲的故事尚未结束。

每天来自莫斯科的飞机都运来邮件，返程实际上是空驶。父亲吩咐给莫斯科的每位中央主席团委员运去一筐异国的水果，包括榴莲在内，让他们也饱饱口福。当时我们还没有品尝过榴莲呢。父亲顺便也给自己的每个老相识送去一件礼物，其中有印度总理尼赫鲁（我国飞往印尼的飞机在印度停留）和阿富汗国王穆罕默德·查希尔（父亲打算返程中到喀布尔拜访他）。

返程中我们在印度停留了一天。很有礼貌的尼赫鲁在会见父亲时感谢他送的水果，甚至都没有提到“榴莲”这两个字。我们抵达喀布尔时，国王抱怨说水果经不起颠簸，其中有一个居然完全烂掉了。父亲没有去说服他。

返回莫斯科后，大家在一起为榴莲的史诗把肚子都笑疼了，勃列日涅夫再次讲了老掉牙的关于瓦西里·伊万诺维奇的笑话，他像他们一样稀里糊涂把红色的鱼子当成腐烂的酸果蔓。

我讲的故事听起来像笑话。我曾经怀疑值不值得一写。不过我还是写了。

城乡差别

所谓的农业城成了父亲重返莫斯科之后的倡议之一。这个观点，他早已酝酿成熟，可以毫不夸大地说，贯穿他的整个有理智的生活期间。父亲自己出身农家，对于乡村生活艰苦备尝，梦想让他们脱离“二等公民”的身份，让他们过上人的生活。

父亲目睹了真正的公用事业革命。20 世纪初，甚至在莫斯科，实际上就没有排水系统（市中心除外），省城小城市更不在话下。屋内没有水管，街上才有给水柱，就那也并非处处皆有。街道未铺路面，人行道系木板铺就，至于电力，伊里奇或者爱迪生的电灯泡，那都是异国情调。一切变化都是在半个世纪内发生的。城里人的住宅，哪怕是几家合住，过道尽头有了厕所，但已经不在院子里了。乡下则变化不大，只是在近郊地区，电灯渐渐取代了煤油灯。其余方面始终毫无进展。父亲很想农民也感受一下城里的方便设施，不必再冒着冬日的严寒往外跑，室内也通上暖气，用上自来水。父亲的理想都属于当年诸如“消灭城乡差别”之类大吹大擂的号召之列。其实“农业城”的名称即由此而来。实际上农业城无非是为农民提供最起码的生活条件，也就是欧美农场主多年来所享用的两层四居室单幢小楼①，铺上路面的马路，有照明设备的街道，自来水管，下水道，集中供暖，如果可能的话，再通上煤气。为了不致破坏房屋的紧凑性，不必铺设几公里的管道，计划在房屋旁边留上10—15公亩的菜园，宅旁园地本身则移至村子外面。这样就可以用机器耕种，用拖拉机翻地，而不必用铁锹挖地了。大体就是父亲1946年化名“比特连科”，在德国、奥地利和捷克斯洛伐克旅行中所见到的情况。

看似合乎逻辑，农民却对四居室的单幢小楼很冷淡，他们更喜欢简陋矮小的农舍，然而没有邻居，再说宅旁园地之所以叫“宅旁”，就是因为它位于宅旁，而不是在移民新村。农民的房屋自古以来就为院子里的建筑所包围，其中有马厩、牛棚、猪圈、鸡舍、干草棚等等。房间多或者房间少的楼房是无法把这些建筑一起带走的。这里既有农民自古以来的保守主义，也有今天对现实的清醒认识：没有私人的家产是无法维持温饱的。

“他②在霍穆托夫卡村有个孤苦伶仃的堂妹，”父亲的助手舍甫琴科回忆道。“有一次给他来信说：帮帮我吧，老哥，我的房子快塌了。赫鲁晓夫把我叫去，让我看这封信。他的工资全都交给了尼娜·彼得罗夫娜③，代表津贴100卢布放在办公室的保险柜里。他把保险柜打开，对我说：我给您500卢布，帮我妹妹把房子盖起来。我说：尼基塔·谢尔盖耶维奇，500卢布是盖不起房子的，您也知道得花多少钱。等我去一趟，打听清楚，再作决

① 不知道什么时期提到了乡下的五层楼，甚至还在莫斯科近郊的农村建了那么一两座。大家都确信这样的做法不合理，便中止试验，集中精力搞单幢小楼。

② 指赫鲁晓夫。——译者注

③ 赫鲁晓夫之妻。——译者注

定吧。

我来到霍穆托夫卡，照地址找去了。房子的确破旧不堪，天花板都掉落到柜子上了。卡利诺夫卡正好在为专家修建多居室的楼房。我对她说：怎么样，我们在这座楼里给您来上个一两间？您就别盖房子了。她说：我不去。为什么？那我上哪儿去种红甜菜和黄瓜呢？我说农庄里您可以分到红甜菜和黄瓜的。她说，他们连红甜菜和黄瓜都没有下种呢，我菜园里已经都长上了。她还说我上哪儿养猪崽呢？那边您会有个牲口棚嘛。她不同意：不行，他们会说我的牲口棚臭气熏天，把我轰走，可我没有小猪崽和母鸡就活不了。

我回来对赫鲁晓夫说：我建议她搬到城里那样的楼房，可她不愿意。他说：'那她要什么呢？'我说：'她要的是菜园，牲口棚，一句话，产业。这就是悲剧之所在。'他把我骂了一通，把她也骂了一通。他热爱农业，可怜自己的同村人。"

有时这种热爱发展成了暴力。他努力克服他所认为的农民的落后性，试图为他们的利益施加压力，有一次甚至建议"停止向个人建房提供国家贷款"①。

对于乡村公用事业中的新事物，如同对于任何新事物一样，人们的态度各不相同。老年人习惯了老一套的生活，竭力进行抵制，年轻人则向往城市生活，向往乡村里无法企及的娱乐和种种便利，只要翅膀稍稍长硬点儿，就干脆往城里跑。农村里渐渐无人居住。

农村生活的井然有序必将引起许多变化，促使有些人进行思考。

不过我稍稍有些冒进了，从1950年代初期一下就跳到1960年代初。我还是回到出发阵地吧。

父亲早在40年代即在乌克兰着手建设农业城。他曾带上我去查看其中的一处新建筑。父亲带我去的那个村庄，盖的都是平房，个人自建的。那里的一切看起来都不是我们的：盖农舍不是用土坯，而是用白色硅酸盐砖头，房顶不是铺的麦秸，而是刷了防锈漆的铁皮。整个一个外国货。

1949年12月斯大林七十寿辰，父亲向他报告了重大成果：切尔卡斯州第一个农业城已顺利竣工，位于乌克兰各个角落的另外几个试验性项目也正

① 引自安纳托利·斯特列良内《最后一个浪漫主义者》，见《赫鲁晓夫回忆录》俄文版第4卷附录，1999年莫斯科新闻出版社莫斯科版，第521页。

在实施。当时父亲的想法得到赞许，新闻纪录片也展示了“未来的乡村”。

父亲又在莫斯科近郊继续建设农业城。斯大林设想、1950 年 5 月 30 日中央委员会决定[1]所确定的合并集体农庄有利于农业城的建设。迁至新址的农民需要有新的住房。

父亲在莫斯科近郊继续进行农业城的建设。“咱们就别盖乡巴佬的房子了，要设施齐全，要有对未来的展望。”父亲号召说。

打下石砌楼房的基础，运来紧缺的屋面铁皮和烧暖气的锅炉，设计出的并非干线排水系统，而是局部性的只管几座楼的排水系统，埋上电线杆子。毫无倒霉的先兆。于是，1951 年 1 月 18 日在父亲举行的莫斯科州集体农庄建设和公用事业会议上，出现了《真理报》的记者。他仔细听取父亲描绘不久将来的农民日常生活，并且一切都仔细拟出提纲，两周之后，他给父亲寄来一封便笺，建议将父亲发言稿作为《真理报》底栏文章，内容详尽、照例是放在第三版的指示性文章。1951 年 3 月 4 日作为底栏文章见报，标题和会议本身一样并无恶意：《关于集体农庄的建设和公用事业》[2]。父亲在文章中预言，很快“小村庄将不复存在，代之而起的是文明的、设施完善的集体农庄新村，有学校、澡堂、文化宫、托儿所……”丝毫没有大逆不道的想法。

斯大林当天就读了这篇文章。是他自己在翻阅报纸中偶然发现的呢，还是有人“悄悄提示”？如同饥饿的 1946—1947 年给乌克兰农民弄配粮卡的事情一样，我们对此事的详情无从得知。然而也同 1947 年一样晴天霹雳。指出《真理报》编辑部政治上缺乏远见，下令在第一版、而不是像往常那样在最后一版刊登“解释”：赫鲁晓夫的文章实际上并不是指令，而是仅供讨论的材料。编辑部据说是由于疏忽大意，发稿前漏掉了这个附注。斯大林式的“解释”就预示着失宠。父亲只好急急忙忙在 1951 年 3 月 6 日致斯大林的信件中“承认”他所犯下的严重错误，又像 1947 年那样，表示愿意立即公开悔罪[3]。

然而斯大林不接受悔罪，他决定按照自从 1937 年以来人们熟知的一切规矩来处理父亲的“案件”。1951 年 3 月 6 日政治局批准并向全国散发了斯大林亲自撰写的题为《关于同合并小集体农庄有关的建设任务》的秘密信

---

① 《苏共中央和苏联政府关于农业问题的指示》，载于《苏联共产党决议集》，1968 年莫斯科第 8 版第 6 卷，第 306 页。

② 除《真理报》而外，《莫斯科真理报》和《社会主义农业》也刊登了父亲的发言。

③ 俄罗斯联邦总统档案馆第 3 全宗第 30 目录第 159 案卷第 76 页。

件。信中不指名地谴责了“某些党的工作人员”（也是斯大林的惯用手法）的“狭隘实用主义态度、对党的路线的歪曲以及集体农庄建设中的严重错误”。这都是些什么错误呢？原来，所谓“某些党的工作人员”干的是以立即重新安排集体农庄庄员的生活的任务来偷换主要的也就是农业中的生产任务，这就使得集体农庄不再将主要精力用于完成至关重要的生产任务，必将导致集体农庄经济的瓦解，并从而危害整个社会主义建设事业。……这些同志的错误在于他们忘记了集体农庄的主要生产任务，而将由此派生出来的消费任务，集体农庄生活设施、乡村住宅建设的任务放在首位……应当指出，赫鲁晓夫的著名文章《关于集体农庄的建设和公用事业》一文也犯了类似的错误……”接下来，斯大林要求“终止对集体农庄建设问题的不正确的、消费主义的态度”，为“‘继续提高农作物的产量、全力发展集体畜牧业并提高其产品率’而斗争……集体农庄庄员的资金和劳动的投入必须首先用于发展集体经济：修建牲口棚、拔除灌木丛、修筑沟渠、种植防护林……”只是不得用于人们生活的公用设施①。

这封信写得很长，其中斯大林正确地指出，“将大部分宅旁园地移出村外的做法可能吓坏宅旁园地的所有者：会不会一下子没收呢？”

农民对于将宅旁园地移出村外的做法持怀疑态度。只要宅旁园地还在房屋旁边，仿佛隐藏在房屋中间，就很难在这上面做手脚，可一旦到了空旷的原野……毫无疑问，这样的担心不无根据，而且根据还很充分。许多人对集体化仍然记忆犹新。父亲并未企图侵夺宅旁园地。斯大林对父亲大动干戈，并非因为宅旁园地，而是同1947年一样指责他对农民太过软弱：不应当去改善他们的生活，而应当强迫他们干活。

1951年4月18日，斯大林和政治局“应地方机关的要求”决定向全体共产党员宣读关于父亲错误的秘密信件，“禁止记笔记”。如果按照1937年的脚本，离逮捕不过一步之遥。所幸父亲并未失去自由，但他的神经严重受损，至于农业城的想法本身、关于农民应当过上更好生活的主意，统统受到斥责。

一年之后的1952年10月5日，马林科夫在第十九次党代表大会的总结报告中再次踹了父亲一脚，他在谈到农业政策错误时，提到“集体农庄和国

---

① 俄罗斯国立社会政治历史档案馆第17全宗第3目录第1088案卷第81页，载于《祖国档案》1994年第1期，第44—48页。

营农场成立生产砖瓦等工业制品的附属企业……使之无法集中精力解决农产品生产从而阻碍农业发展的做法”。对此进行评论纯属多余①。

斯大林为何要如此抨击父亲、一个他似乎还赞许的人呢？问题在于对农民的态度各不相同。斯大林把农民看作从中可以长出俄国现代工业的肥料。为此就要对农民掠夺，掠夺，再掠夺。这就是斯大林的基本方针。而农业城，在全国范围内建设农业城，就需要大量的投入。斯大林斥责父亲：“陷入小资产阶级自发势力的农民”不配过上体面的生活，父亲和他的空想“太冒进”了。仅仅限于“斥责”。看来，他对父亲没有其他的打算。不光是父亲，连我们全家都走运了，我们保住了性命。

一年之后，斯大林完全恢复了对父亲的全部好感，责成他和马林科夫一起向第十九次党代表大会作报告。马林科夫做总结报告，赫鲁晓夫做关于修改党章的报告。1952 年 10 月 27 日，斯大林在父亲所担任的全部职务之外，又增补他为苏联部长会议主席团常务委员会委员②，1952 年 11 月 10 日，委托他与马林科夫和布尔加宁轮流主持苏共中央主席团及其常务委员会的会议③。

以工厂流水线的方式建造住宅

父亲在莫斯科还有一件操心的事，就是住宅建设。莫斯科闹房荒，那是可怕的无法满足的房荒，比让战争搞得疮痍满目的乌克兰还要严重。自 1917 年开始，住房建设就屡屡受阻，起初是国内战争，然后是恢复工业，再往后是工业化，接下来是德寇入侵和经济恢复。对住宅无暇顾及。

当然，那时也在建房，新建工厂内把工人“临时安顿”在一两层的工棚里；在各共和国首都，首先是莫斯科，建的房屋稍微多一些。莫斯科战前一

---

① 格·马·马林科夫：《向党的第十九次代表大会关于联共（布）中央工作的总结报告》，莫斯科政治书籍出版社莫斯科版 1952 年 10 月 5 日，第 44 页。

② 《苏共中央主席团关于苏联部长会议主席团常务委员会组成人员的决定》记录 1，问题 8。载于《联共（布）中央政治局和苏联部长会议 · 1945—1953》，俄罗斯政治百科全书出版社 2002 年莫斯科版，第 97 页。

③ 《苏共中央主席团常务委员会关于苏共中央主席团常务委员会和苏联部长会议主席团常务委员会的工作的决定》第 99 号，记录 2，问题 4。载于《联共（布）中央政治局和苏联部长会议 1945—1953》，俄罗斯政治百科全书出版社 2002 年莫斯科版，第 99—100 页。

年建成住宅10万多平方米。如果以至少30—35平方米（不是居住面积，而是包括厨房、卫生间和过道在内的总面积）来计算，那就是一年三千套住宅，九千至一万莫斯科人可以迁入新居。但是排队等房的人，仅莫斯科一地就将近百万，何况全国……当时父亲没有对全国负责。1949年父亲返回莫斯科时，住宅竣工面积翻了三番，就是说有机会迁入新居的莫斯科人不是1万，而是4万。不过这只是理论上的，因为当时新建住宅要先紧着领导——将军、部长、著名的演员和作家，普通百姓只要能住上工棚和几家合住的住宅，也就心满意足了。

过去几十年形成了住宅建设的两个种类、两个工艺：一种为领导所用，另一种为大众所用。

在莫斯科市中心，多层精英住宅均用砖砌成。高尔基大街上为了给这些住宅砌墙面，使用了从柏林运来的抛光大理石。希特勒准备好了用来建造富丽堂皇的大厦，以庆祝自己的胜利，然而大理石作为赔款运到了莫斯科。用德国大理石镶面的住宅里居住着胜利者，但不是德国的胜利者，而是苏联的胜利者。

库图佐夫大街是斯大林往返别墅的必经之道，大街两旁矗立着高档住宅。当时叫作莫扎伊斯克大街。花园环城路上，在斯摩棱斯克广场和现今的美国大使馆之间，我记得有一座多层楼房，角上有个小塔，那是伊万·弗拉基米尔罗维奇·若尔托夫斯基院士楼。是以建筑师的名字命名的。

当然，多层住宅是莫斯科30层高的“摩天大厦”。二战后开始按照斯大林的亲自吩咐建造。他认为外国人经常到我国来，莫斯科没有一幢“摩天大厦”太没面子。外国人并没有经常来，然而科捷利尼切斯卡亚滨河路和起义广场上盖起了高楼，作为住宅，其余的高楼由部委和饭店占用，为的是接待虚构的外国旅行者。列宁山上盖起了莫斯科大学摩天大厦。它归莫斯科大学所有纯属偶然。

建筑师们出于美学上的考虑，计划在莫斯科河上方的悬崖上建一座高楼。这座楼从克里姆林宫看过去很美，而从楼上俯瞰莫斯科全景更是美不胜收。

决定盖大楼了，可是让谁来住呢？当初列宁山连莫斯科都不太算得上，那是郊区，交通极不方便，要转个大圆圈在基辅车站过桥，或者更不济的是在高尔基公园过桥。单程去一趟就得两个多小时。当时地铁、电车、无轨电车都不通。将部委或者宾馆强制迁往该处都行不通，除非搞一个疗养院。

就在 1948 年打算建造高楼的时候，亚历山大·尼古拉耶维奇·涅斯梅扬诺夫院士当上了莫斯科大学校长。他同日丹诺夫儿子、时任中央科学部部长的尤里很要好。在一次谈话中，涅斯梅扬诺夫向尤里抱怨道，莫霍瓦亚街的旧校舍早已捉襟见肘，光是理科各系就需要再盖 150 万平方米的实验室、教室和小工厂，还不算宿舍。学生们住哪儿的都有，幸运儿住在斯特罗门卡的宿舍里，其他人就“分散”在地下室和简易住房。尤里·日丹诺夫决定帮这个忙。于是大学就得到了当时穷嫌富不爱的列宁山上的高楼。

所有的高楼设计方案均由斯大林亲自审定。在往返于克里姆林宫至别墅的路上，他从车窗里注视着工程的进展。有时还提出改进意见。据说他很关心何时在即将竣工的斯摩棱斯克广场外交部大楼上开始修建尖顶。设计方案中没有任何尖顶。我记得很清楚，高层建筑模型的大幅照片都摆放在高尔基大街许多商店的橱窗里。时隔不久，外交部大楼上修起了尖顶。为防万一，其他高层建筑也加了尖顶。

在花园环城路之外、也就是当年的郊区盖房，同市中心完全不一样，“修建”的是一两层的简易房，用的是原木，以砖头砌成、但不抹灰泥的简易房尚不多见。莫斯科像一个怪物般的“吸尘器”，把离开贫穷乡村的农民吸进来，再把他们疏散到各个工厂和新建筑工地。新来者只求有个栖身之地，因此就建起了简易房：吃喝拉撒都在院子里或者过道尽头，房间里能挤多少人挤多少人。简易房周围都是四层楼房（鲜见五层），也是用砖头砌成，不抹灰泥，看上去像一栋栋大木房。这是专供“地方贵族”——厂长和车间主任居住的，平均工期为两到三年。用砖头把墙垒起来时，夏天过去了，冬天气候寒冷，宣布停工，楼房“搁浅”了。到下一个季节，再安上门窗，修起内部隔墙，抹上灰泥，铺设取暖设备。到住上人之后才能全部干透，于是房门和地板翘起，灰泥脱落。住户绝望地开玩笑说，住房头一年就需要大修。然而即便是这样的住房，也只有为数很少的幸运儿可以摊到。

于是父亲面临着同在乌克兰一样的两难选择，如果照老办法用砖头盖房，需要数百年的时间，才能满足莫斯科人的最低要求。他继续开始早在基辅即已开始的、按照 20 世纪而不是 19 世纪的工艺进行住房工业化生产的探索。为了哪怕稍稍改善一下莫斯科人的处境，莫斯科每年需要建造的住房是两三百万平方米，而不是四十万平方米。

父亲开始组建一个创造型的班子，入围者不是只会说“有何吩咐”，而是独立地、主要是以自己的方式思考、能够从事如此规模的工作的人。

班子的核心仍然是那些既新又老的莫斯科人——萨多夫斯基和斯特拉缅托夫。1938 年他们跟随父亲去了基辅，如今又回到莫斯科。斯特拉缅托夫前面已经提到。至于费多尔·季托维奇·萨多夫斯基，照父亲的说法是个“技能高超的工程师，精通自己的业务，喜爱新材料，随时跟踪国外文献，同研究钢筋混凝土问题的专家保持着密切的联系。他唯一的缺点是：作为一个行政领导干部，显得有些笨拙。然而由于他精通本身的业务，深谙其任务之所在，他的这个缺点就得到了弥补。萨多夫斯基是使用装配式钢筋混凝土构件的倡导者。他建议像装配汽车一样来装配房屋。”①

父亲将莫斯科建设的组织工作交给了他另一位基辅的战友——尼古拉·康斯坦丁诺维奇·普罗斯库里亚科夫。此人在恢复遭到德寇破坏的基辅的工作中崭露头角，虽说只干了两年。1947 年秋天，斯大林在雅尔塔利瓦季亚的沙皇宫殿里休养。不知为什么他不喜欢这座宫殿，便决定搬到高加索去，顺便也乘坐不久前作为赔款得来的德国海军元帅邓尼茨的快艇在黑海上兜风。我们给这艘快艇起了个名字，叫“安卡拉”。

“安卡拉”停泊在塞瓦斯托波尔。斯大林乘汽车前往塞瓦斯托波尔，特地把父亲从基辅叫来陪他。先前斯大林就让父亲兼管协调恢复克里木半岛的各项工作。1944 年 5 月将鞑靼人驱逐出克里木之后，半岛不仅需要重新建设，而且需要由主要来自邻近几个乌克兰州的乌克兰人入住。尽管克里木形式上仍然在俄罗斯管辖之下，实质上已经由乌克兰承包了。这也是理所当然的，就地理、经济，眼下在很大程度上就种族而言，克里木更倾向于同基辅而不是同莫斯科发生联系。父亲向斯大林本人报告半岛上已经完成和有待完成的工作。

塞瓦斯托波尔 1941—1942 年曾经受到长达数月的围困，已是满目疮痍，让斯大林的情绪大受影响，恢复工作也进展缓慢：海军只顾自己建设，陆军只顾自己建设，市政当局凭着微不足道的资源只能勉强理顺供水和排水工作，开行电车，如此而已。父亲向斯大林提出建议：把资源集中起来，将塞瓦斯托波尔的所有恢复工作都集中到一个地方，让海军、陆军和非军事的建设者都归一个人管辖，只有这样才能避免各自为政，才能推动工作。斯大林表示同意。至于由谁来领头，父亲毫不犹豫地提出普罗斯库里亚科夫。很不情愿让他离开基辅。成立了统一的管理委员会，却交给联盟政府领导。尽管

① 《赫鲁晓夫回忆录（全译本）》第 2 卷，社会科学文献出版社 2006 年北京版，第 1200 页。

如此，斯大林还是委托父亲照看建设工作。因此他同普罗斯库里亚科夫的关系始终没有断。1948—1949 年，来自乌克兰各州、且不仅来自乌克兰的一大批共青团员志愿者涌入塞瓦斯托波尔。没有他们，未必能干成什么事情，鞑靼人被驱逐后，仅仅做到了克里木有人居住，人手不够。父亲调到莫斯科后，每隔三五个月都要前往塞瓦斯托波尔看望普罗斯库里亚科夫。

普罗斯库里亚科夫在塞瓦斯托波尔不仅将建筑者拧成一股绳，而且还使用了基辅的先驱：用大型装配式钢筋混凝土或者从附近矿井中当地介壳灰岩切下的石料来组装房屋，用石料楼板、墙壁、隔墙做实验。正是在塞瓦斯托波尔，普罗斯库里亚科夫积累了宝贵的经验，那正是父亲所极其需要的。普罗斯库里亚科夫完成了任务，重建了塞瓦斯托波尔，他于 1952 年前往莫斯科。

这里父亲以塞瓦斯托波尔为榜样，决定将分散在首都各地、隶属各部委和大型企业的许多建筑单位都联合起来。同塞瓦斯托波尔一样，这些建筑单位都是只顾自己，为了自己，按照自己的设计、计划和工艺，这些都取决于本身的智力和资金的多少。然而，要让他们摆脱中央部委、颇有影响的机关的控制，殊非易事。

父亲建议普里斯库里亚科夫组建统一的首都建筑中心。后来中心叫作莫斯科建设总局。

萨多夫斯基—普里斯库里亚科夫组合，或者普里斯库里亚科夫—萨多夫斯基组合，它将新的学术和工程决定同新的建筑组织结合在一起，已证明是行之有效的。

现在就让我回到十年前，深入研究这个问题的历史。赫鲁晓夫和布尔加宁早在 30 年代，即试图用大型装配式钢筋混凝土，把在大波利亚纳、莫斯科河南岸地区在建的一所中学装配出来。这是苏联的第一次工业化建筑试验①。“我们还无法胜任此事，”父亲回忆道，“学校装配出来后，发现墙与墙之间有缝隙。缝隙里可以钻进去一条狗。只得把缝隙堵上。像机器制造厂或者钟表厂那样的装配没有成功。”② 凡事开头难。为了把新的工艺做好，需要知识和执着，信心和运气，精力和时间，需要许多时间。1938 年父亲调到乌克兰，然后战争开始了。父亲心中始终有这样的想法：水泥、装配式钢筋

---

① 《工程学在莫斯科的发展·历史概要》，俄罗斯科学院出版社 1995 年莫斯科版，第 93 页。

② 《赫鲁晓夫回忆录（全译本）》第 2 卷，社会科学文献出版社 2006 年北京版，第 1200 页。

混凝土、房梁、预制板，如果对它们下一番功夫，就可以摆脱砖头的束缚，终结手工业建筑方式并过渡到工业化、流水作业式盖房。在乌克兰从敌人魔掌解放出来之后，父亲又回到这个想法上来。

最初不是从建造房屋入手的，战后的当务之急是恢复顿巴斯的煤矿开采。一切都取决于矿井中平巷通道的加固，需要设法支撑顶板、顶棚，以免矿层掉落将矿工埋在里面。通常都是采用木头或者金属的支柱。在没有森林的顿巴斯，木料都从远处运来，而且潮湿，尚未风干。支柱几个月就沤烂了。莫斯科没有拨给加固所需的金属。于是就只好别出心裁，在钢材紧缺的情况下设法造出坚固耐用的支柱。这时父亲便回想起自己多年前的莫斯科好友康斯坦丁·瓦西里耶维奇·米哈伊洛夫①，好友早在战前即致力于解决借助绷紧金属丝的内部构架或者心轴加固水泥柱的问题。结果令人放心，米哈伊洛夫的柱子承重比钢柱毫不逊色，同时又大大降低了金属的消耗量。这正是乌克兰矿工的要求。后来这样的结构便称之为“预应力钢筋混凝土”。父亲找到米哈伊洛夫，请他做一下矿井支柱的试验，这里需要的不是笨重的圆柱，而是结实轻便的两米小桩子，这样两个人即可操作。米哈伊洛夫把问题解决了。时隔不久，矿井里就出现了钢筋混凝土的支柱。煤炭部的莫斯科“专家”强烈抨击米哈伊洛夫的发明，他们宁可采用金属支柱。国家计委有关部门甚至拒绝将钢筋混凝土支柱列入生产计划，而且照样不给煤矿拨给金属。父亲只得再次向斯大林上诉。在斯大林的压力下新的技术才得以推广，尽管也步履艰难（说句公道话，钢制矿井支柱比木质支柱和钢筋混凝土支柱都要好，更轻便也更结实，父亲是知道的。因此，当钢铁不再紧缺时，金属支柱就把木头和混凝土都挤出了矿井平巷）。

钢筋混凝土矿山支柱问题解决之后，又出现了铁路枕木问题。枕木的需求量数以百万计。德寇在撤退时，往最后一列开往西方的蒸汽火车上挂了一个特大的铁钩，铁钩在两条铁轨之间拖着，将木制枕木全部变成碎片。

从老远的地方运来的木制枕木需要烘干，并涂上沥青。这一切需费时若干个月。这时，又是米哈伊洛夫教授和他的钢筋混凝土帮助解了这个燃眉之急。又得克服“专家们”的阻力，他们论证说钢筋混凝土枕木太坚硬，火车加速时容易出事故。米哈伊洛夫提出针锋相对的论证。事情毫无进展，铁路

---

① 康·瓦·米哈伊洛夫（1913—），曾参加第二次世界大战，1965年起任莫斯科水泥与钢筋混凝土研究所所长。国际钢筋混凝土联合会副会长。

路基上铺的仍然是木质枕木。父亲已经到了莫斯科，争论仍在继续。如今他操心的是其他问题，然而父亲并未忘记米哈伊洛夫的发明。有一次访问捷克斯洛伐克（父亲是乘火车去的），他惊奇地发现捷克人“用的是钢筋混凝土钢轨，而且做得比我们好得多”①。

捷克人的钢筋混凝土钢轨是接受了奥匈帝国的遗产，奥匈帝国从1896年即开始使用钢筋混凝土钢轨。二战之前，钢筋混凝土钢轨已在全欧洲普遍使用。所以父亲，准确地说是米哈伊洛夫，发明了“自行车”，部里的官员同这个“自行车”作斗争晚了半个世纪。正如他们的前辈在一个世纪前反对俄罗斯土地上的第一辆蒸汽机车一样，他们恐吓说，奶牛见了这样的怪物都会发疯的。

苏联住宅建设中的第一批钢筋混凝土预制板也是来自西方。第二次世界大战之后，最薄弱的地方就是层间楼板。这里的绊脚石也是未风干的木头。木板和房梁需晒上两年的太阳，然后才能使用。要么是修建带火炉和通风机的烘干室。

战后烘干室根本别想，至于建议为了木头晾干把工期拖上两年的人，就会当成疯子，甚至当成破坏分子。木头楼板可以说是刚卸车就铺上去的：把树砍倒，裁成木板，就立马派上用场。赶工（既然战争将城市乡村几乎破坏殆尽，能不赶工吗）的结果，很快就表现出来了。潮湿的木料上长起了蘑菇，两三年就把楼板变成了碎末，只好更换。楼板问题很快成了全国性问题。城市重建变得毫无意义：房子尚未盖好，就需要搞大修了。而且是没完没了。

有一次在利沃夫，父亲是1944年去的，城市刚刚解放，他在路过一座快要倒塌的楼房时，透过墙洞看见了不同寻常的楼板，不是木制的房梁，而是全部用加了钢筋的陶瓷板。父亲让司机停车，不顾随行军人关于地雷的警告，踏着瓦砾进入废墟，登上二楼，久久地打量这个波兰的怪物。回到基辅后，父亲派建筑专家去利沃夫，任务是借鉴新的楼板生产工艺。开始将木头换成陶瓷，还不是混凝土，但已经进了一步。

两年之后，1946年父亲在德国旅行时，碰到了更加令人吃惊的结构。德国人用较为轻便的、长长的钢筋混凝土板覆盖楼房的跨间，整块板上都打上圆圆的小洞。他不相信自己的眼睛。如今任何一个建筑物上都可见到这样的

---

① 《赫鲁晓夫回忆录（全译本）》第2卷，社会科学文献出版社2006年北京版，第1195页。

混凝土板，可当时父亲就像哥伦布发现美洲大陆一样。

他让我国的军界弄清这种奇物在何处生产。次日即找到生产钢筋混凝土板的工厂。厂里放着准备工作的机床，还有已经绷上钢筋、准备浇注混凝土的骨架。找到了善于操作机床的工人和工程师。他们当着父亲的面造出几张板材，将粗铁丝绷在专门的架子上，将涂上厚厚一层润滑油的管子摆成一行，全部浇上混凝土，打开振捣器，过上几个小时，待混凝土“熟透”之后，只消从空洞里取出管子，即可将预制板送往工地。父亲兴奋异常：混凝土不是陶瓷，敲不碎，可以承受任何负荷。这样的楼板既可用于住宅，又可用于厂房。

将生产预制板的机床拆卸开来并运往基辅。这里量好尺寸，画出图纸，便投入生产，先是在乌克兰，随后又在全国推广。木头上长蘑菇的问题自此不复存在。

二战后基辅的恢复工作中还出现了一种新发明：房屋骨架由钢筋混凝土柱子和房梁组成，但内部的墙洞仍然用砖头填满。这样一来负载全都在房梁上，把砖头都做成大号的，带有圆洞，因而也较轻巧。

于是，住房渐渐具有了新的身份：靠圆柱作支撑，楼层之间用水泥板隔开，然而还有一个问题悬而未决：内墙，房间和每套住房之间通常的隔墙，整栋楼都被隔墙打上方格。隔墙用砖砌成或者用板子钉成，然后抹上灰泥，弄平，吹干，抹腻子，刷白。费时费工，然而无论你怎样努力，墙壁都是凹凸不平，渐渐就起裂缝。上面提到的干灰泥也解决不了全部问题，它是挂在隔墙上而不是代替隔墙的。

父亲从基辅来到莫斯科，建筑展览馆是必定要去的。早在40年代末期，临离开乌克兰之前，他在一个展厅内就碰到了一面理想的房间之间的隔墙：面积有整面墙那么大，十分光滑，没有一个裂缝。上面挂着牌子：“石膏内墙。作者：工程师尼古拉·雅可夫列维奇·科兹洛夫。”

父亲不光是称赞。隔墙预制板当然很好，然而……能否把木质骨架换成钢筋混凝土，可以不用木材，不会长蘑菇，也不会腐烂，更重要的是可以免去容易吸潮、必须保持常温（哪个工地上能见到！）的石膏，用简单的水泥即可做隔墙。科兹洛夫同意一试，时隔不久，一种新的水泥隔墙便问世了。

因此，父亲调到莫斯科后，大体明白需要做些什么，莫斯科如何从单栋的建筑过渡到工业化工厂化生产房屋。父亲在莫斯科遇到了志同道合者。这里，一群满腔热情的人进行了用预制件盖房的试验。早在1947—1948年，索科尔山上就建起了这样的一座楼房。然后，1948 年，霍罗舍夫斯基公路上开始兴建整个一条“预制板街”。这条街道的设计者为 38 岁的建筑师米哈伊尔·瓦西里耶维奇·波索欣。钢筋混凝土预制板由更加年轻的建筑工程师维塔利·帕夫洛维奇·拉古坚科设计①。

时隔不久，他们都进入了父亲的班子。父亲把基辅人和莫斯科人、志同道合的专业人员（那都是怎样的专业人员啊）全都集中到一起，这样一来成功就是毫无异议的了。然而新事物之新，就在于它是在苦难中诞生的。父亲刚开始起步就遇到了第一个障碍。为了开展以新的流水工艺为基础的大规模住宅建设，需要得到苏联国家建委的赞同，由国家建委来核准规范，离开规范，建设工作者就寸步难行。建筑材料的生产，包括钢筋混凝土板的生产在内，也是由国家建委来调度的。父亲对取得成功毫不怀疑，因为国家计委主任康斯坦丁·米哈伊洛维奇·索科洛夫是个有专业知识有理智的工程师，而且从 30 年代起就同父亲很熟。当年索科洛夫及其搭档索科洛夫斯基发明了一种不间断地向工地供给黏性混凝土砂浆的泵，到了推广应用时，都来找赫鲁晓夫帮忙。父亲十分欣赏这两个年轻人，始终关注着他们。第一轮地铁建设结束后，父亲建议大力提拔索科洛夫，让他参加莫斯科的重建工作。1938 年他们分手了。父亲前往乌克兰，索科洛夫起初任苏联人民委员会建筑事务委员会委员，后升为主任。

如今是父亲找老朋友索科洛夫求助，请他批准在莫斯科建两个试验性工厂、以便生产用于装配式住宅的预制板和其他钢筋混凝土零件的计划。索科洛夫强烈反对父亲的建议。早在地铁建设中他就站在巨型整体构件派的一边。建筑学家分成不同的氏族，这是技术中常见的现象。钢筋混凝土派与砖头派势不两立，他们一起同小段木头—木筋混凝土派作战，各自捍卫自己建房方法的“无可辩驳的优越性”，对于论战对手从来没有一句好话。钢筋混凝土派内部也彼此不和。巨型整体构件派鼓吹在施工现场浇筑墙壁，而装配派则认为，在工厂里用同样的钢筋混凝土制成预制板、用现成的零件建房更加简单易行，也更加合算。双方都振振有词，不肯听对方的观点。

的确，美国至今不用装配式钢筋混凝土建房，他们用钢筋混凝土修建摩天大厦和军队的地下掩体，而这些工程无论就建筑学或者坚固程度而言都是独一无二的建筑物。这里用不着装配式结构。美国大规模建设大众可以享用

① 《工程学在莫斯科的发展·历史概要》，俄罗斯科学院出版社 1995 年莫斯科版，第 93 页。

的住宅，用的都是预制板，但那边都是一两层楼房，三层并不多见，所用的均系轻型预制板，不是钢筋混凝土预制板，而是用两张胶合板中间夹上保温玻璃板的“三明治板”。

这里讲一则趣闻。1995 年一家美国建筑公司来找我。他们开发出了据他们的说法是前所未有的工艺：在工厂里制造钢筋混凝土的盒子式房间，如今用这样的立方体拼装出住宅。美国按照他们的工艺修建了几所监狱，然而没有得到大量推广，胶合板更轻便、更价廉、更习惯。公司指望以他们的产品引起俄国人的兴趣，俄国和美国不一样，盖的都是多层多单元的住宅，可以对这种新技术作出正确的评价。我对他们说，他们晚了半个世纪，苏联从 1950 年代初期就以这样的方式盖房了。他们都不相信，甚至还感到委屈。美国人怎么会落到俄国人的后面呢？

装配式钢筋混凝土在英国则风行一时。预制板建筑工艺帮助英国人在战后恢复了被德国轰炸搞得遍体鳞伤的伦敦。他们同俄国人一样，也必须克服极其尖锐的住房危机。问题一样，工艺也一样。

总之，索科洛夫拒绝了父亲的要求，甚至同为政治局委员也不行。1950 年代，国家计委是贝利亚主管的，有贝利亚作后盾，索科洛夫觉得自己高不可攀。父亲另辟蹊径，去寻求另外一个老熟人——伏谢沃洛德·米哈伊洛维奇·克尔德什的支持。克尔德什是著名的钢筋混凝土头牌专家，曾经参与莫斯科—伏尔加运河和莫斯科地下铁道的建设工作，从理论上说，他的意见就可以对国家建委的意见产生影响。然而克尔德什也是个巨型整体构件派，专门从事矿井支柱的建设。父亲此行一无所获。

只剩下最后一个机会：寻求斯大林的支持。当时同世界主义、崇拜西方的斗争正开展得如火如荼。“只要反对者以某种新玩意儿目前国外还没有为由加以反对，斯大林一听就冒火。我了解斯大林的这个特点，便决定加以利用，我着重指出国家建委主任主要反对的是什么。我请萨多夫斯基以我的名义写一份报告，列出对老掉牙的方法进行驳斥的工程数据。报告写得很有说服力。用计算论证了建设两个年产量为 8 万至 12 万立方米的装配式钢筋混凝土工厂的必要性①。一个准备建在离莫斯科河不远的红普列斯尼亚，另一个建在柳别尔齐。

我又亲自加上一封便函，一并呈送斯大林。我写道，国家建委的人说国

---

① 这样的规模在当时简直是神话。

外都没有装配式钢筋混凝土工艺，所以我们也没有必要出这个风头。

过了一段时间，我提醒他：‘斯大林同志，我给您发了一份报告。’

他回答说：‘您的报告我看了。’

我又问道：‘上面附的萨多夫斯基的报告，您看了吗?’

斯大林的声音里带着鼓励：‘我也全都看了。’

我紧追不舍：‘那您是什么意见呢?’

斯大林最后说：‘报告很有意思，我认为数据也是对头的，我支持您。’

斯大林把我的报告转发给国家计委，我们便开始兴建全世界最大的装配式钢筋混凝土工厂。”①

眼下成功与否，全看父亲本人、他的战友、工程师解决一大堆技术问题的能力。任何一件新的事情，每走一步都会有杂乱现象。首先要解决的，是圆柱、墙壁、隔墙等新建住宅主要构件流水线生产的设备和工艺。世界上还没有人生产，一切都得自己去发明。建筑工人会砌砖，会做屋顶，可在工厂里制造预制板……

父亲没有忘记自己的初次失利，当时用预制板装配起来的房屋露出缝隙。新的房屋配件要求不能像盖房那样，不能毛毛糙糙，要像制造机床那样按照工程技术的精确度来制造。父亲向莫斯科红色无产者金属切削机床厂的设计师求助，这家工厂离列宁大街不远。

起初不是很顺，车床或者齿轮加工机床是一回事，可这时请他们设计的是自动机床，它可以用钢筋和铁丝焊接出许多米长圆柱或者预制墙板的钢骨架。父亲的所有休假日都是在红色无产者工厂度过的，他倾听研制人员的报告，或者不如说是倾听他们的疑虑，他亲眼目睹工人如何用手工将铁丝缠绕成骨架，然后再用手工焊接起来。“我很喜欢红色无产者工厂。明亮整洁的车间，从未见过的车床，以及同工厂工人无止无休的讨论：如何绷直铁丝，如何焊接，使之不致因为温度变化、因为钢和混凝土的膨胀系数不同而出现裂纹。”

新机器的结构逐渐开始呈现出来，自动机床已经可以自行装配圆柱的骨架，自行焊接钢筋的接头，在每次新的工序前使之绕轴旋转，并最终做出成品。事情做了一半，骨架有了，圆柱本身还没有。在圆柱和预制板的骨架填

---

① 《赫鲁晓夫回忆录（全译本）》第2卷，社会科学文献出版社2006年北京版，第1202—1203页。

满混凝土之后，为了不留空洞，为了加固浇注物，需要对稀砂浆进行振捣。下一道工序为对稀混凝土预制板进行蒸汽养护，蒸汽养护之后，为了使之成熟，必须放进专门的汽养室，保持恒定的温度和湿度。振捣室、汽养室和其他的一切都尚待发明，然后再变成金属，把事情干完。

而工人们一路走来，该碰到多少“琐事”啊，不处理好这些琐事，任何大事都寸步难行。为了制造专门的辊子传送带，以解决液态和半液态混凝土半制料的运输问题，可谓绞尽脑汁。这种传送带要做到不怕沙子和泥浆。另外一件“琐事”是模板。先前是用木板来做模板，可是在使用中木板就散架了。传送带生产可接受不了这样的浪费。后改用可拆装的金属模子，但混凝土牢牢地粘在钢模子上。只得研制出专用的润滑油。问题无法在此一一列举，不过逐渐都得到了解决，如果可以把许多米的圆柱和预制板称作琐事的话，那么制造房屋零件的工艺就愈来愈像工厂生产了。

刚刚学会“装配”圆柱，拉古坚科便建议不用圆柱，他论证说，可以不用骨架，只用预制墙板来装配房屋。那样又省钱又省事。父亲一直怀疑这样的房屋可别像纸牌搭起的小屋轰然倒塌，然而拉古坚科始终固执已见。

与此同时，上面提到的科兹洛夫工程师发明了十分轻便的肋形墙板的制造工艺，墙板靠炉渣来保温。正是他建议搞带振动压实装置的钢筋混凝土轧制流水作业线：从这一端送进红色无产者厂工人机床上焊接好的骨架，然后浇注混凝土砂浆，经过捣实和加固，制成成品的预制板照例从作业线的另一端有节奏地缓缓而出。吊车随即将其送入仓库，以便成熟。

“科兹洛夫只能同米哈伊洛夫相比，”1962年10月4日父亲同乌兹别克建筑工作者谈话时回忆道。“但是科兹洛夫超过了米哈伊洛夫，米哈伊洛夫止步于振动冲压，科兹洛夫则发明了振动轧制。米哈伊洛夫像所有混凝土工一样，将砾石作为填料，科兹洛夫则不用砾石用砂子，使得混凝土更加坚固。我同米哈伊洛夫相识已经三十来年，我很尊重他。但他未能做到科兹洛夫所做的事情。

米哈伊洛夫建议制作肋形墙板（筋条朝上），并用冲模捣固。但是混凝土流动性差，很难作出整齐的筋条。科兹洛夫另辟蹊径，他把预制板翻转过来，在上面开洞。效果很不错。我看见过他如何操作。”①

---

① 尼·谢·赫鲁晓夫：《1962年10月4日在乌兹别克苏维埃社会主义共和国扬格—埃尔市会见饥饿草原建设总局工人时的讲话》，国家政治书籍出版社1963年莫斯科版8卷集，第7卷第239页。

于是，拉古坚科、科兹洛夫和米哈伊洛夫这“三巨头”之间展开了一场残酷的竞赛。每逢星期天，父亲时而去柳别尔茨，时而去红色普列斯尼亚。无论去哪儿我都跟着。我更喜欢去红色无产者工厂，而不是去房屋建筑联合工厂。老实说，我一点儿也不喜欢去房屋建筑联合工厂。我一连好几个小时都苦闷不堪，漫不经心地听着父亲同发明者的谈话，就在一张奇大无比的、用混凝土砂浆浇铸而成的造型台旁边。仿佛用儿童积木搭起来的装配式房屋的墙洞在造型台上振动着。旁边的车间里，正在按照父亲从德国带回的工艺生产楼层板。我在这里参与创造过程，同新工艺的发明人一起呼吸着水泥灰，和父亲一起在工厂的院子里走烂泥路。为了安装粗大笨重的预制板，将它抬升到哪怕五层楼的高度，就需要吊车。需要比砌砖房多得多的吊车，那时一两次提升即可提供整个施工队和整个工作班所需的砖头。必须安排塔吊的批量生产。批量生产也做到了。

没有搭板也不行。装配的准确性仍然是主要的祸患。无论建设者怎样努力，还没有哪一年能够做到高度准确。由于生产水平欠缺，预制板之间，尤其是房屋的角落处，经常出现缝隙。这些缝隙都是用水泥抹上，用专用的胶粘剂粘补，可是水泥脱落，胶粘剂夏季遇热熔化。住户有意见：他们的住宅有缝隙，漏风漏水，冬天简直把人冻死。建设者克服了缺点，却马上出现了新的缺点，而且是在最意想不到的地方。这样的“吹毛求疵”在任何一件新的事情上都是自然而然的，莱特兄弟①的飞机也决非转瞬之间就变成舒适的班机嘛。情况就是如此，只是这个逻辑无法使那些分到有缺陷楼宇住房的新住户释怀罢了。

房屋渐渐修得愈来愈好，再也不漏风了，如今的毛病是隔音差。邻近的住宅、邻近的楼层甚至邻近的单元内发生的事情，都成了整栋楼共享的“财富”。同这场灾难的斗争可说是挖空心思：用消声的玻璃棉将预制板内的空处塞住，在预制板之间放置消音垫片，统统无济于事。

大概隔音问题没有一个工程解决办法。美国人以自己的方式根本解决了这个问题。美国每户家庭都居住在位于独立小区的单独预制板别墅，小区内从晚八点至早八点不得喧哗，不得打破居民的宁静。楼内各家和和气气地解决隔音问题，可以用耳机来听电视，人人都来参加共同的节日酒宴。

---

① 意指飞机的发明者、美国的威尔伯·莱特（1867—1912）和奥维尔·莱特（1871—1948）兄弟。1903 年 12 月 17 日，他们发明的世界上第一架载人动力飞机在美国北卡罗来纳州的基蒂霍克飞上了蓝天。——译者注

随着柳别尔茨和联合工厂红色普列斯尼亚联合工厂的投入生产，国内开始了一场房屋建设技术革命，诞生了生产普及型、价格适中的住宅的工艺，出现了新的工业部门：装配式房屋建筑。请看几个数字：1945—1948 年莫斯科兴建住宅 522000 平方米，1949 年一年兴建住宅 405000 平方米，1950 年为 535000 平方米，1951 年为 735000 平方米，1952 年为 782000 平方米。

行文至此，我不禁想到同汽车制造业作个比较。在亨利·福特之前，带汽油发动机的四轮轿式马车（初期的汽车就是这副模样）与其说是为人们服务，倒不如说是为一小部分生活富裕且沉迷于一切新东西的人服务。发明家和巧匠用手工方式装配起新的交通工具来可谓各显神通。亨利·福特并没有发明汽车，汽车是在他之前发明出来的，他发明了汽车的装配传送带，并且在 20 世纪 20 年代让美国人、后来又让地球上的其他居民坐上了他的福特 T 型车。福特使汽车成为人人皆可享用的代步工具，从而改变了世界的面貌。

预制板房屋建筑，苏联的混凝土预制板房屋建筑或者美国的胶合板房屋建筑，实现了普通人关于体面住宅的理想。同样永远地改变了世界。

当然，至今也无人禁止以特殊的价格购置单独特制、手工装配的罗尔斯—罗伊斯轿车，无人禁止把自己那辆批量生产的汽车画满花纹或者装饰得五彩缤纷，以至汽车制造厂都辨认不出来。无人禁止自己掏钱（当然如果真的有钱的话）修建宫殿，或者如果没有钱，用自己的双手按自己的设计盖个“窝棚”。然而这些例外只能证明我们生活在一个大规模标准化生产的时代。

谁可以称之为建筑工业的创始人呢？米哈伊洛夫教授，科兹洛夫工程师，建筑专家拉古坚科，设计师波索欣、普罗斯库利亚科夫和萨多夫斯基，当然还有赫鲁晓夫。创始人是他们全体，连同其他许多未点名的人，而不是单独的某个人。创造新的改变世界面貌的工艺，这是个人无法胜任的。只有发明家、经理人—组织者、工艺师集体方可取得成功，如果再加上有利条件的话。

一切都在流动，一切都在变化。那个第一批装配式五层楼房的时代已经成为久远的历史，楼内没有电梯，没有垃圾道，每套房没有门厅，面积为 25 平方米，卫生间兼具沐浴、如厕两个功能，天花板高度仅为 2 米 7，然而没有几家合住的邻居，这样的楼房在乔迁新居者眼中就是天堂了，即使算不上天堂，那也是无可争辩的成就。

如今很少有人记得，当初为何选择了五层，而不是七层，或者比方说三层。在此之前进行了十分仔细的计算，目的是为了节约一个卢布、一千卢布、一百万卢布，以便用这笔钱多盖一套住房，多盖一层楼、一座楼，甚至一个街区。在决定天花板的高度、厨房面积和“方便设施”兼备两种功能之前，是争吵，甚至赫鲁晓夫本人也曾参与其中的争吵。五层是无需泵送即可供水（水管和水暖所需之水）的最大高度，也就是无需在地下室再安水泵。即使上了岁数的人，爬五层楼也还可以承受，这就省去了电梯的费用。可以从五层楼用桶把垃圾提到垃圾站去，这就省去了建垃圾道的费用。况且，按照当时的标准，五层楼就相当高了（不妨回忆一下过去的简易住房都是一两层），也比较舒适，花钱最少。规定的使用期限为 25 年。在此期间计划富富有余地再盖上更加舒适的住宅，超过服役期的五层楼房一律拆除。实际上早在 1960 年代初五层楼房就给自己判了死刑。大规模地建房推翻了效率标准，如今标准中占更重要地位的，不是盖房本身的费用，而是基础设施的成本，其中包括铺设道路、水管、热力管道干线、下水道、电力。五层楼房占用的空间愈来愈大，靠五层楼房再也无法省钱了，于是从 1962 年（父亲当时还在位）开始修建九层和更高的楼房。不过这已经是另外的故事了，我到时候再讲。

五层楼房服务了四分之一世纪，早已过了使用期，留存下来。人们以鄙夷的口气将这种楼叫作“赫鲁晓夫贫民窟”，或者让我听起来稍微舒服点儿，叫做“赫鲁晓夫楼”。我觉得它们配不上这个称号。因为世界上第一辆老百姓的汽车福特 T 型车也可以叫做四轮轿式马车。按照现代的标准，它也就是四轮轿式马车。除了收藏家而外，未必还有人愿意开着它兜风。

然而事实就是事实：正如福特 T 型车在实际博物馆展览中获得自己的位置一样，改变了千百万人生活方式的装配式五层楼房，作为新的百姓房屋修建的象征，同样理应拥有自己的博物馆。

政治顶峰：赫鲁晓夫
（1953–1964）

第二编
起 步（1953—1956）

1953 年

斯大林去世

1953 年 3 月 5 日 21 时 50 分，斯大林去世，国内开始了一个新时代。其实，新时代来得还要稍微早一点儿，从 2 月 29 日他生病的第一天起，无论医生和战友都明白：斯大林将不久于人世，他们都在开始适应没有斯大林的生活。据父亲回忆说，苏共中央主席团委员[①]两人一组在沃伦斯克耶的近郊别墅值班：贝利亚和马林科夫值白班，值夜班的是卡冈诺维奇和别尔乌辛[②]、伏罗希洛夫[③]和萨布罗夫[④]、父亲和布尔加宁。后面这六位时而提出一些让医生们感到难堪的问题，在濒死领袖的床前尽着自己的职责，而贝利亚则不会白白浪费时间。他时而将马林科夫领到那个空着的、一度为斯大林出嫁的女儿修建的二楼。就在这个霉味扑鼻、久未通风的房间里决定着国家的命

---

① 1952 年 10 月 16 日，党的第十九次代表大会刚刚闭幕，中央全会根据斯大林的提议，选出了由 25 名委员和 11 名候补委员组成的主席团，比过去的人数多了两倍。入选者主要是原先同斯大林并无亲密交往、暂且不过是领袖候选人的那些人。斯大林打算更换“卫兵”，决定赶走“老家伙”，就是那些曾经见证了他的个人耻辱、战争初期失败的人，上一批新人。因为他 30 年代消灭了老近卫军，然后便宣布自己是革命主要缔造者之一，国内战争中的英雄。不过相当见老的斯大林在别墅晚间宴饮时处理国事，不知为何不愿扩大应邀赴宴者的圈子，并且成立了党章上并未规定的中央主席团常务委员会，其成员有：他本人、贝利亚、莫洛托夫、布尔加宁、卡冈诺维奇、萨布罗夫、赫鲁晓夫、伏罗希洛夫和别尔乌辛。1953 年，正是苏共中央主席团常务委员会掌握了国内的最高权力。

② 米·格·别尔乌辛（1904—1978），1940—1946 年为苏联人民委员会副主席，1942—1950 年兼任化学工业部人民委员（部长）。1950 年起任苏联部长会议副主席，1955 年起任第一副主席。1957—1959 年任中型机械工业部部长，苏联部长会议对外经济联络委员会主任。1958—1962 年任苏联驻民主德国大使，后在苏联国家计划委员会工作。

③ 克·叶·伏罗希洛夫（1891—1969），1903 年入党。1925 年起任苏联陆海军人民委员和革命军事委员会主席。1934 年起任苏联国防人民委员。1940 年起任苏联人民委员会副主席。伟大卫国战争期间任国防委员会委员。1946 年起任苏联部长会议副主席。1953—1960 年任苏联最高苏维埃主席团主席。1921—1961 年及 1966—1969 年为党中央委员，1926—1960 年为中央政治局（主席团）委员。

④ 马·扎·萨布罗夫（1900—1977），1941—1942 年、1949—1955 年任苏联国家计划委员会主任。1941—1942 年及 1947 年起任人民委员会（部长会议）副主席。1955—1957 年任第一副主席。1952—1957 年为苏共中央主席团委员。

运。他们是主要的决定性人物（这是父亲对于贝利亚和马林科夫的鉴定）。

3月3日，有一点已经毫无疑义：斯大林实际上已经死亡，即便肉体尚未死亡，但政治上已经死亡，贝利亚和马林科夫终于召开了中央主席团常务委员会会议，建议发表斯大林的病情公报，以便让百姓对于必将发生的事情有所准备。与此同时，商定于次日举行中央全会，并在全会上确定新的分工，分工一事尚在拟议之中。

至3月3日前，最高领导层内已确定了两个中心人物：公开的是贝利亚，潜在的是赫鲁晓夫。他们之间是意志薄弱的马林科夫，马林科夫近来较为偏向贝利亚这边。可以把消极的布尔加宁说成父亲的主要盟友，尽管是相对意义上的盟友。他们早在1930年代就曾一起共事，当时布尔加宁是莫斯科市苏维埃领导人，父亲则是州党委和市党委领导人。其余的中央主席团常务委员会委员，包括已遭到斯大林贬黜、但尚未失去领袖光环的伏罗希洛夫、莫洛托夫①和米高扬，则满足于跑龙套的角色。斯大林把莫洛托夫列入美国间谍，伏罗希洛夫列入英国间谍，至于米高扬是哪国的间谍，领袖尚未决定。

阿纳斯塔斯·米高扬、拉扎尔·卡冈诺维奇、马克西姆·萨布罗夫和米哈伊尔·别尔乌辛都会支持胜利者，贝利亚对此毫不怀疑。前两位是性格使然，后两位则是由于地位不稳，他们不过是在国家高级贵族会议中住惯了而已。至于伏罗希洛夫，贝利亚早就不把他放在眼里。

于是，贝利亚和马林科夫在得到同志们正式“同意”之后，3月3日整个晚上和4日上午，都在斯大林别墅二楼反复推敲国家新领导、新中央主席团、新政府的组成人员。他们未能在自己原定期限内搞出来，便以并不是全体中央委员都能及时抵达莫斯科、斯大林还活着为借口，将中央全会从3月4日改期至3月5日。没有人提出异议。

3月4日下午，马林科夫在值班时间将自己的秘书处主任彼特拉科夫斯

---

① 维·米·莫洛托夫（斯克里亚宾，1890—1986），1906年入党。1920年任乌克兰共产党（布）中央书记。1921—1930年任党中央书记。1930—1941年任苏联人民委员会主席。1941—1957年任苏联人民委员会（部长会议）第一副主席，与此同时，1941—1945年任国家国防委员会副主席。1939—1949年和1953—1956年任苏联外交人民委员、后为外交部长，国家监察部部长。1957年起任苏联驻蒙古人民共和国大使。1960年起任苏联常驻国际原子能机构（奥地利）代表。1921年起任党的中央委员。1921—1926年为苏共中央政治局（主席团）候补委员，1926—1957年为中央政治局（主席团）委员。1957年因反党活动被开除出苏共中央委员会。1962年开除出党。1984年恢复党籍（从1906年算起）。

基召至斯大林别墅，向他口授了中央主席团和部长会议的组成人员名单。贝利亚审阅了克里姆林宫打印好的文件，又向马林科夫口授了最后的修改意见。马林科夫工工整整地记录下来，当初他已习惯于为斯大林作记录①。

我想，贝利亚选定斯大林向马林科夫口授的方式，这绝非偶然。他是以此来强调并确定各自的身份。他已经感觉到自己是国家的主宰，同时也明白，他来自机关，又是高加索人，立马觊觎国家和党的最高职位虽说不上危险，不过有点为时过早。万物皆有其时。暂且让马林科夫当政府首脑吧。斯大林委托马林科夫替他在第十九次党代表大会上作总结报告之后，马林科夫就获得了继承人的地位。那就让他去继承吧，在主席团或者中央全会上不会有人去违背斯大林的意志的。格奥尔基·马克西米利安诺维奇，"叶戈尔"②将像线跟着针一样地跟着他，贝利亚对此毫不怀疑。比这更好使的政府首脑上哪儿找去？

于是，马林科夫从父亲和贝利亚这两股势力、两个政治人物当中，选中了他觉得更强势的，尽管他明白：稍有一步不慎，贝利亚就会把他扫进"劳改营的灰烬"。

贝利亚把什么都算计好了。他们会让布尔加宁当国防部长，这个人不会使坏的，况且元帅们也并不尊重他。莫洛托夫、米高扬、卡冈诺维奇留任马林科夫的副手，充当荣誉性的二流角色。贝利亚没有把萨布罗夫和别尔乌辛放在眼里，他们在民间不大知名。总之，看起来无懈可击，要不是赫鲁晓夫的话。应当让他保持中立。父亲同贝利亚的关系表面上很友好，但只是表面上的。斯大林去世后他们必将成为对手。两人对此心知肚明。

贝利亚对公开反对父亲暂时还有所顾忌，决定给他一个次要的、暂时空缺的苏共中央书记高级职位。诚然，贝利亚编造了一个带有阴谋的说法，父亲就此算作中央书记。在第十九次代表大会上，斯大林取消了总书记或者第一书记的职位，"作风民主"地指出书记处内人人平等。但父亲不是斯大林，为获得领袖地位，他还得斗争一番。他至今仅仅算作中央书记，在莫斯科市

① 内务部长杜多罗夫在苏共中央七月全会（1957 年）上通报说，他们在搜查原马林科夫助手苏哈诺夫（因侵吞中奖债券的刑事案被捕）的保险柜时，发现马林科夫助手彼特拉科夫斯基亲手书写的未来国家领导人名单，上面有马林科夫亲笔作出的修改（见国际"民主"基金会 1998 年版，第 42—43 页、第 45 页）。

② 马林科夫的全名为：格奥尔基·马克西米利安诺维奇·马林科夫，"叶戈尔"系"格奥尔基"的昵称。——译者注

委工作。眼下根据贝利亚的提议，他应“聚精会神”地做好中央的工作，同时离开莫斯科市委和莫斯科州委，从而“丢掉”莫斯科。而在国家最高领导层不稳定的情况下，对首都的控制至关重要。谁控制了莫斯科，谁就能最终让俄罗斯服从他。况且，父亲在中央书记中暂时还没有自己的人。贝利亚和马林科夫保留了书记处的原班人马。此外，根据斯大林的建议，不久前即开始由政府首脑来主持中央主席团的会议。在这种情况下，父亲的影响至少最初不但没有增强，反倒减弱了。当他在新的位子上坐稳、开始把人掌握到自己手中时，宝贵的时间消逝了，实际的权力也随之消逝。

我觉得，在当时那种没有把握和匆匆忙忙的情况下，不可能发生根本的变化，贝利亚把一切都预计得很完美。

贝利亚的积极劲儿让父亲感到很不安，可他又能怎么样呢？贝利亚抢到他的前面了，而且并不是今天才抢先的。近几年他一直在经营同马林科夫的关系。贝利亚和马林科夫的两人合作局面早在15年前即已形成，那还是战前的事情。

弗拉基米尔·米哈伊洛维奇·尚贝格系马林科夫的女婿，也是马林科夫的好友、他在联共（布）中央的副手米哈伊尔·阿布拉莫维奇·尚贝格的儿子，所罗门·阿布拉莫维奇·洛佐夫斯基①的孙子，小尚贝格于2004年对我说，马林科夫在贝利亚1938年8月调往莫斯科任内务部副部长时即和他一见如故。他们是在1939年4月10日那天最终“成为朋友”的，当时两人一起奉斯大林之命，将召至中央委员会“谈话”的中央书记和内务人民委员部部长尼古拉·伊万诺维奇·叶若夫“捉拿归案”，叶若夫不久前还是贝利亚和马林科夫的顶头上司呢。1939年3月10日之前，叶若夫就坐在中央委员会的这间办公室里。马林科夫则刚刚开始习惯在这里办公。他是3月22日叶若夫被解除这一职务后入选中央书记处的。斯大林感到紧张。每当把谁抓起来的时候他都感到紧张，谁又能把他抓起来呢（哪怕只是理论上的）？

当天父亲在斯大林的别墅用晚餐。他发现主人时而转身去看看电话机。终于来电话了，斯大林离开餐桌拿起话筒，一言不发地听着，明显感到轻松地说了几个字，好像是：“对，很好。”他回到餐桌旁，若无其事地对客人说：“贝利亚打来的。一切顺利。叶若夫抓起来了，马上开始审讯。”

---

① 所·阿·洛佐夫斯基（所·阿·德里佐）（1878—1952），中央委员，苏联情报局局长，外交部副部长。妻子姓“尚贝格”。儿子随母姓。

从那天起，斯大林就将贝利亚和马林科夫视为心腹。依尚贝格之见，战前他俩连政治局委员都不是，现在实际上成了斯大林亲信中最有权势的人物。然而，据米高扬证实："马林科夫很害怕斯大林，可说是宁愿肝脑涂地，也要不折不扣地贯彻他的任何指示……斯大林无论说什么，马林科夫当即从弗伦奇式军上衣口袋里掏出笔记本，匆匆记下斯大林同志的指示。"①

战争初期，斯大林就让他们进入国家国防委员会，这是个违宪的政权机构，它凌驾于政府以至中央政治局之上。马林科夫紧紧依靠贝利亚，贝利亚也处处支持马林科夫，战前、战争期间和战后都是如此。

这里简单介绍一下尚贝格一家。

老尚贝格 1917 年入党，时年 15 岁。国内战争之后同马林科夫一起在莫斯科鲍曼高等工学院学习，他们不仅成了朋友，而且曾在学院党委会一起共事。1925 年，尚贝格刚刚念完一年级，就回到了党的工作岗位，起初在图拉，后来在敖德萨。马林科夫留在莫斯科。1930 年，卡冈诺维奇让他到莫斯科市委去当组织部长，1934 年马林科夫即成为党中央"叶若夫的"党的领导机关部部长。1936 年初，他请米哈伊尔·阿波拉莫维奇·尚贝格来当第一副手。

1945 年夏天，弗拉基米尔·米哈伊洛维奇·尚贝格与马林科夫的女儿沃利娅结婚。沃利娅·马林科娃和沃洛佳·尚贝格自小、从 16 岁开始就彼此相知，结婚成了他们彼此交往的自然结局。小尚贝格迁至马林科夫家，同沃利娅的父母一起住在格拉诺夫斯基大街的官邸，星期天去马林科夫的别墅。

1946 年初，马林科夫头上阴云密布。1946 年 4 月，斯大林逮捕了空军总司令员亚历山大·亚历山德罗维奇·诺维科夫、航空工业部部长阿列克谢·伊万诺维奇·沙胡林和他们的副手以及其他罪犯，苏联最高法院军事审判庭给他们都判处刑期较长的徒刑，据斯大林在中央政治局的决定中说，这些人"公开密谋蒙混地将大批明明有毛病的飞机和发动机用于武装军队，从而引发大量事故惨祸以及飞行员死亡。"

"航空工业部案"使马林科夫受到牵连。战争期间，他在国防委员会负责监督航空工业。就在一个月前的 3 月 18 日，他在中央全会上同时当选为中央政治局委员、组织局委员和书记处书记（苏联领导人中获此殊荣者，只有两个人——斯大林本人和他的"左右手"安德烈·亚历山德罗维奇·日丹

---

① 阿·伊·米高扬：《往事》，瓦格里乌斯出版社 1999 年莫斯科版，第 320、586 页。

诺夫）。1964年4月，撤销了他的中央书记职务，让他从此赋闲。1946年5月4—6日，斯大林通过正式询问中央委员重申了他的决定。自然是全都投了赞成票。

5月初，心事重重的洛佐夫斯基把孙子叫来，悄悄地让他看了刚刚送来的中央关于因纵容制造废品的航空工业部撤销马林科夫的中央书记职务的决定。决定系斯大林亲自起草，那语气对马林科夫十分不利："现已查明，马林科夫同志作为航空工业指导者和空军验收飞机的指导者，对于这些机构工作中揭露出来的不成体统的事情（生产和验收质量不好的飞机）负有道义上的责任，他明明知道这些不成体统的事情，却没有向联共（布）中央提说。"①

"你应当有个思想准备。"洛佐夫斯基向尚贝格提出忠告。

应当做好什么思想准备，洛佐夫斯基心知肚明，尚贝格虽说年轻，也猜到了几分。

尚贝格对我说："最近马林科夫一直在别墅待着。我每天都在别墅看见他。政府邮件不给他送了，他也不去上班。看来是等着坐牢吧。"

当时莫斯科谣言满天飞，说什么马林科夫流放到中亚去了。在乌克兰工作的父亲也听说了。他相信了这个说法，甚至在回忆录中又提到了，不错，是有所保留。怎么能不相信呢：马林科夫没有去中央委员会，斯大林的家宴也不见他的身影，大家都尽量不提他的名字。

然而，马林科夫既未被捕，也未被流放，贝利亚来搭救他了。斯大林责成贝利亚领导研制核武器的专门委员会。对斯大林来说，国内再没有比这更重要的事情了。贝利亚一步一步地让斯大林相信，虽说马林科夫犯了错误，但那是过去的事情了，现在他和他的经验都会大有益处，可以让他去相近的雷达特别委员会和火箭特别委员会工作。斯大林同意了。

马林科夫失业了一个多月。1946年5月13日他被任命为喷气技术特别委员会主任，7月10日又被任命为雷达特别委员会主任。不过马林科夫并未回到书记处。1946年8月2日，斯大林任命他为政府副主席，自己的副手。失宠的日子结束了，马林科夫知道多亏了谁。

1949年1月，考验的时刻来临了，这次是所罗门·阿布拉莫维奇·洛佐夫斯基。斯大林指责他同美国人和犹太复国主义者有染。斯大林让马林科夫

① 俄罗斯国立现代史档案馆第2全宗第1目录第10案卷第190页。

来处理洛佐夫斯基的问题。

弗拉基米尔·尚贝格接着说："当时我已经不是大学生，而是苏联科学院经济学研究所的研究生，一月初我回到格拉诺夫斯基大街的家中，女仆给了我一个封好的信封。"

这是他妻子沃利娅的一封信。她写道，他们永远不会再见面，应当分手了。他在房里没有见到沃利娅，也没有见到马林科夫家的其他人①。尚贝格不明白出了什么事，他们过得和和美美，从不吵架。尚贝格逆来顺受，将护照和党证放进口袋，就去了父母家。在那儿试图同沃利娅通话，但话不投机。他记得沃利娅几乎是歇斯底里地高声说了一通令人难堪的话语，没等他回答，就把电话给挂了。

尚贝格向父母述说了他所遭到的不幸。父亲并不感到奇怪，马林科夫已经给他打电话，没有举出什么合乎情理的原因，恳求他帮助孩子们把婚离了。这样对大家都好。

"不知因为什么他需要这样做，至于因为什么，我们很快就会知道的。"老尚贝格若有所思地说，他让小尚贝格别对着干，让做什么就做什么。否则情况会更加糟糕。

恰在此时，门铃响了，这是马林科夫的卫兵将小尚贝尔的东西拿来了。旧马厩胡同19号中央委员会宿舍尚贝格家的过厅里堆满了书，旁边放了两个装衣服的手提箱。

第二天，也就是1949年1月21日，马林科夫的卫队长弗拉基米尔·格奥尔基耶维奇·扎哈罗夫上校来到尚贝格家，将小尚贝格带到莫斯科市法院，置一切法定程序于不顾，在沃利娅缺席的情况下，未经开庭审理就办了离婚手续，并当场没收了小尚贝格的身份证。时隔不久，给他发了一个"干干净净的"身份证，不仅没有同沃利娅离婚的记录，而且没有任何同她结婚的痕迹。

扎哈罗夫上校试图安慰沮丧之至、不知所措的小尚贝格，劝他想开点儿，说他人还年轻，又有学问，天涯何处无芳草。一切都会安排好的。小尚贝格点头称是，却始终没有弄明白他为什么这么倒霉。

第二天，真相大白。1949年1月13日，马林科夫将中央委员洛佐夫斯基叫到他的办公室来，指控他阴谋在克里木建立犹太人自治共和国并且充当

① 据尚贝格说，沃利娅当时就躲在楼上赫鲁晓夫家她的女友、我姐姐拉达的房间里。

美国人的间谍。1月18日，洛佐夫斯基被开除党籍。1月26日被捕。可如今女儿女婿离婚之后，再也没有人胆敢责怪马林科夫同“人民公敌”有姻亲关系了。奇异的巧合。与此同时，1949年1月，所谓的“列宁格勒案件”也开始启动：要么是贝利亚和马林科夫假手斯大林，要么是斯大林借助他们来摆脱中央书记阿列克谢·亚历山德罗维奇·库兹涅佐夫和斯大林在政府的副手尼古拉·阿列克谢耶维奇·沃兹涅先斯基。究竟谁是始作俑者，历史学家至今争论不休。文献几乎都没有保留下来，在这样的事情上，无论斯大林还是贝利亚、马林科夫都信不过纸上的东西。所有重要的命令都是口头发出的，执行情况也是口头向斯大林汇报。偏偏就发生了这样的事情！阿纳斯塔斯·伊万诺维奇·米高扬之子谢尔戈和库兹涅佐夫之女阿拉定于1949年2月15日结婚。他俩和小尚贝尔与沃利娅一样，从小就在同一所学校同一个年级上学，如今决定结婚。同“卷入反党行动的前中央委员”联姻有怎样的危险，米高扬和马林科夫一样心知肚明，他却没有去阻拦自己儿子同潜在的“人民公敌”之女结婚。更有甚者，他给库兹涅佐夫打电话，力邀对方到他的别墅参加结婚仪式。库兹涅佐夫礼貌地谢绝了。他也知道，这一切会对米高扬造成怎样的影响。

1949年8月13日，库兹涅佐夫与罗季扬诺夫和波普科夫在联共（布）中央书记格·马·马林科夫的办公室里被捕。

我只谈了两件事。贝利亚和马林科夫合作了12年，在此期间曾有过许多“协同行动”。因此，他们在1953年3月的两人合作有着很深的渊源。他们协同作战，坚定不移，毫不怀疑国内的权力已经属于他们。

3月4日，紧张状态已达到顶点，已经彻底清楚：贝利亚和马林科夫马上就要给其他领导成员提供一个现成的决定。决定他们的命运。直到这时，父亲才小心翼翼地向布尔加宁表示了自己的担心：万一斯大林死后贝利亚控制了国家安全机关，那我们全都得玩儿完。布尔加宁绝望地表示同意。赫鲁晓夫试图同马林科夫谈谈。自然，对贝利亚保密。3月4日整整一个上午都在努力抓住机会，却无法做到两人单独在一起。贝利亚一直盯着马林科夫。父亲一无所获，夜间值班之后感到很累，他回家服过安眠药便睡着了。直到午后才把马林科夫逮住，当时父亲返回沃伦斯科耶去值班。

父亲建议讨论斯大林死后如何生活，马林科夫表现出以他的性格说来显得不同寻常的果敢劲儿：“这会儿有什么可讨论的？等大家到齐了再说。”

父亲问要来的都是哪些人，“大家”指的是谁。马林科夫解释说，父亲不在的时候，他和贝利亚商定再开一次中央主席团会议。事不宜迟，斯大林越来越不行了，要商定下一步怎么办。

会议未在沃伦斯科耶举行，是在克里姆林宫斯大林的办公室举行的。马林科夫邀请来开会的，不是十九大选出的“大主席团”，甚至不是斯大林发明的“常委”，而是“一群同志”。国家的未来将由贝利亚和马林科夫、赫鲁晓夫、布尔加宁、莫洛托夫、卡冈诺维奇、伏罗希洛夫和米高扬来决定。我不能说是否邀请了萨布罗夫和别尔乌辛，如果没有邀请，那是为什么？为什么没有邀请最高领导层的“年轻成员”，是可以理解的：这次会议上，贝利亚想确定未来的政府，25 人，而且没有彼此磨合过，对这件事来说人是多了点儿。

在医生们简单通报了斯大林实际上已经没有转机的情况后，贝利亚将主动权抓到自己手中。他建议由马林科夫来履行政府首脑的职责，没等出席者作出反应，就付诸表决。大家都顺从地举手表示赞成。在这种事情上，突然性是极其重要的：建议提出来了，反对总是比建议复杂得多。更何况除了贝利亚和马林科夫而外，谁也没有业已商定的候选人和行动脚本。

表决后，马林科夫当即提议贝利亚当他的第一副手，同时兼任由内务部和国家安全部合并而成的内务部部长。出席者一致赞成：贝利亚多年担任该机关的首脑。

建议赫鲁晓夫“集中力量做好中央的工作”，承担起中央书记处的工作，同时“丢开莫斯科的工作”。父亲没有表示反对。还谈到其他任命事项，每个出席者都得到自己的那一份权力大馅饼。中央主席团的组成人员减少了，人数和组成恢复到第十九次代表大会以前的状况。

在这种情况下，3 月 5 日晚上 8 点 40 分召开了苏共中央主席团、苏联部长会议和苏联最高苏维埃主席团联席会议。斯大林还活着。父亲唯一的“潜在盟友”布尔加宁未参加会议，贝利亚让他守候在生命垂危的斯大林床边。不过这起不了多大作用，父亲知道：布尔加宁并非斗士，他会毫不犹豫地站在胜利者一边，而今天的胜利者是贝利亚。

会议由父亲主持，但他的职责就是给发言者提供讲台。贝利亚就是希望父亲以后也起这个作用。父亲认为，主席的小铃铛还不是权力，但那是权力的象征，对会场里所有在座的人而言。暂时还不能抱更多的奢望。

最先是苏联卫生部长安德烈·费多罗维奇·特列季亚科夫通报斯大林的健康状况，确切地说是斯大林即将去世的情况。他是前不久、1953 年 1 月

27 日刚任命的。原来是中央疗养学院院长。特列季亚科夫换下了叶菲姆·伊万诺维奇·斯米尔诺夫，斯米尔诺夫系将军级医生，在部队里干了 20 年，官至红军卫生部部长。当时斯米尔诺夫做了将近六年苏联卫生部部长，堪称优秀的组织者，但斯大林再也不信任他了。“医生案件”正搞得如火如荼，斯大林在物色他所中意的班子。

“医生案件”并非始于 1953 年 1 月，而是始于距此三年之前的 1950 年 11 月 18 日，克里姆林宫医疗卫生局局长、全莫斯科闻名遐迩的雅科夫·埃廷格尔教授的被捕。然而，尽管严加审讯，却无法从这位 63 岁的心脏病专家身上取得所需的供词，他于 1951 年病死狱中，这使斯大林恼羞成怒。他亲自对“医生案件”严加督办。1951 年 10 月，在国家安全部部长伊格纳季耶夫例行汇报之后，斯大林责骂侦查人员都是些“懒汉”，威胁说“要是医生里挖不出恐怖分子—美国间谍，那就让伊格纳季耶夫也到阿巴库莫夫待的地方去吧……”伊格纳托夫的前任、斯大林一手提拔的维克多·谢苗诺维奇·阿巴库莫夫，从 1951 年 7 月 12 日起就关在监狱里了。

斯大林越说越来气：“我可不是在国家安全部递呈子的人，你们要是不满足我的要求的话，我就可以要求，也可以掌嘴巴。我们就把你们这群羊统统赶走……”①

1952 年 8 月的一个星期天，斯大林又想起“破坏分子医生”来了，传伊格纳季耶夫立即赶到他的沃伦斯科耶别墅，又对“案件”毫无进展感到不满，对伊格纳季耶夫破口大骂，说他的部下都是些“大笨蛋”，他说：“国安部的老人儿我都信不过，他们一个个都脑满肠肥，不会干活了。”②

1952 年 11 月 13 日，斯大林免去米哈伊尔·留明的国家安全部副部长职务，他认为留明无法胜任“医生案件”，“他们还没有彻底揭露”。为什么“医生案件”长期“得不到彻底揭露”，很难说清，比这困难的案件，留明破起来都是易如反掌。

不管怎么说，反正案件终于有了“进展”。1952 年 11 月 15 日，伊格纳季耶夫向斯大林报告说，“对克里姆林宫医疗卫生局长叶戈罗夫、斯大林的私人内科医师瓦西里·尼基季奇·维诺格拉多夫院士、同为克里姆林宫内科医师的瓦西里·瓦西连科教授都采用了体罚手段。”③

---

① 联邦安全局中央档案馆第 40－OC 全宗第 10 目录第 5 档案№2216/и 斯大林信件。

② 联邦安全局中央档案馆第 5－OC 全宗第 2 目录第 31 档案，第 445—454 页。

③ 联邦安全局中央档案馆第 3 全宗第 58 目录第 10 档案，第 159—161 页。

当时还关押了中将、苏军总内科医师、卫生部长斯米尔诺夫的私人朋友莫伊谢伊·所罗门诺维奇·沃夫西。就是1947年治好父亲肺炎的那个沃夫西。父亲因他的被捕感到很难受，却爱莫能助。

然而教授们都坚贞不屈。1952年11月29日伊格纳季耶夫的副手谢尔盖·戈格利泽向斯大林报告说，“至今用情报和侦查手段均未能揭示，是哪个坏蛋之手在操纵叶戈罗夫、维诺格拉多夫等人的恐怖主义活动。”①

1952年12月1日，斯大林又大发雷霆，他召开中央主席团会议，此案在当时属于非常事件，至于日常事务，他都是在餐桌上决定，或者是交给贝利亚和马林科夫去办。他说，每个犹太民族主义分子都是美国情报机关的密探。医生中间有很多犹太民族主义分子。机关里不太平。警惕性不高了②。

中央主席团会议后过了一个星期，斯米尔诺夫将军被免去卫生部长职务。他终日提心吊胆，生怕被捕③。

从1953年年初起，斯大林已经不单单是对“侦查”进行监督，而是直接插手了。1953年1月13日，《真理报》在头版刊出塔斯社的消息：“医生破坏分子集团被捕”，“揭露出医生恐怖主义集团，他们旨在通过破坏性治疗缩短苏联积极活动家的生命”。这是一天前斯大林在沃伦斯克耶晚餐前向马林科夫口授的内容。

国内掀起了一阵歇斯底里的做法，堪比臭名昭著的1937年。警惕性特别高的公民们在致中央委员会和内务部的信中控诉错误治疗，告发所在医疗区的医生、顾问、甚至普通药剂师。在这件事情上，也有深谙当局阴谋诡计的著名人物大出风头。享有盛誉的科涅夫元帅在致斯大林的信中，绘声绘色地讲述了克里姆林宫和军队的医生，其中包括已被揭发的犹太复国主义者（科涅夫的用词比这还粗鲁）沃夫西教授是如何残害他，把他往死里整的。我自然没有亲自看到这封信，但父亲不止一次地讲到这起卑鄙行为。斯大林让马林科夫在例行的宴饮时读这封信，他听得很仔细，听到最“厉害”的地方时，还用手掌轻轻地拍打白色的桌布。听到沃夫西的名字，他就以掌击

① 联邦安全局中央档案馆第40-0C全宗第10目录第68档案，第131页。

② 马雷舍夫：《人民委员日记》，载于《俄罗斯联邦总统档案馆通报》1997年第3期140—141页。维·亚·马雷舍夫（1902—1957），苏联国务活动家。卫国战争期间任坦克工业人民委员。第十九次党代表大会刚刚闭幕的1952年10月10日，入选中央主席团委员。马雷舍夫怀着耿耿忠心详尽地记述了同斯大林的历次会见。

③ 斯米尔诺夫一直赋闲，1953年4月“医生案件”了结之后，他出任列宁格勒军事医学科学院院长。

桌，弄得餐具也蹦跳起来。

后来父亲在见到科涅夫元帅时，每每想起那摆满餐具的桌子，毫无表情地读信的马林科夫，还有以掌击桌的斯大林。

在斯大林表演的脚本中，疗养学家特列季亚科夫扮演了揭发者的重要角色，他揭发了“身穿白大褂的犹太复国主义者杀手阴险的方法”，这些杀手蓄意谋害他斯大林的战友。眼下，特列季亚科夫老是丢不开一个念头：该不会把斯大林之死算到他的头上吧？斯大林病榻前的那些医生也有这样的担心，据父亲证实，他们甚至连轻轻地碰到病人都害怕。

在向中央全会通报时，特列季亚科夫几乎是逐字逐句地把《真理报》所登载的病情公报重复了一遍：体温，血压，切恩－斯托克斯二氏呼吸。

往后，一切都按贝利亚设计的脚本进行了。父亲让马林科夫讲话。马林科夫讲了几句关于当前形势下对国家的责任、必须巩固政权的笼统话。

马林科夫走下主席台，父亲请贝利亚讲话，贝利亚建议临时任命马林科夫为苏联政府首脑，以接替尚未咽气的斯大林。

“说得对！批准。”出席者习以为常地对贝利亚表示支持[①]。

对他们这些经验丰富的人来说，一切都清楚了：贝利亚—马林科夫或者马林科夫—贝利亚，多半还有赫鲁晓夫，这就是今天国家新领导人的核心。否则，讲话就会是别的人，在主席座位上就座的就会是别的人了。

1953 年 3 月 5 日晚上 8 时 40 分，值班员走进会场，冲着父亲旁边坐着的贝利亚的耳朵悄声说了句什么。贝利亚点点头，冲着父亲的耳朵悄声说：“斯大林情况不妙，得赶快去沃伦斯科耶，再过一个小时或者一个半小时就来不及了。”

赫鲁晓夫宣布休会两小时，夜间十一点再复会，没有说明原因。

新的、暂时尚未经过全会选举的中央主席团的委员都前往斯大林的别墅。他们总算赶到了，莫斯科时间晚上 9 时 50 分，斯大林停止了呼吸。

父亲回忆说，当时他落泪了：无论斯大林这个人怎么样，可他们毕竟并肩工作了这么多年。莫洛托夫那夹鼻眼镜后面的双眼也闪着泪花。其他人的情况我不能说，我不了解。贝利亚的表现完全不同，同那个悲痛的时刻显得格格不入。

---

① 1953 年 3 月 5 日苏共中央全会、苏联部长会议和苏联最高苏维埃主席团联席会议记录。载于《史料》杂志 1994 年第 1 期，第 107—108 页。

“完了吗?”他迫不及待地向医生们追问道。听到“完了”的回答后，他掉头冲马林科夫说:“走嘞。”贝利亚没有回头看看死者，便径直往门口走去。“赫鲁斯塔廖夫[①]，来车。”他兴高采烈地高声喊道。

吉斯-110防弹车的车门“嘭”的一声关上了[②]。

有些在场的人还以为贝利亚是夺权去了，他们不知道，贝利亚早在个把小时之前就把权夺到手了[③]。

大家于11时许返回克里姆林宫，会议继续举行。在赫鲁晓夫通报了斯大林实际死亡之后，再次核准马林科夫为固定政府首脑。

以后发生的事情均不出所料：马林科夫向与会者通报了、恰恰是通报了日前在斯大林别墅二楼所作出、午后又在克里姆林宫斯大林办公室会议上得到确认的那些决定。

他谈到有的部必须合并，并由党内和民间都有威信的人来担任部长。当即宣布他的第一副主席——拉夫连季·帕夫洛维奇·贝利亚担任由内务部和国家安全部合并而成的内务部部长。然后又任命了三名政府第一副主席：米高扬，萨布罗夫和别尔乌辛。外交部长为莫洛托夫，武装力量部部长为布尔加宁。解散中央主席团常务委员会，主席团本身也缩减为习以为常的11人，都是大家耳熟能详的名字：斯大林，马林科夫，贝利亚，莫洛托夫，伏罗希洛夫，赫鲁晓夫，布尔加宁，卡冈诺维奇，米高扬，萨布罗夫，别尔乌辛。正好是这样的顺序，而不是按字母表顺序列举了当时10名国家主宰。名列第一的斯大林，马林科夫顿了顿，自然没有念出来。父亲在中间第五名，不仅排在马林科夫和贝利亚之后，而且也在不久前排名靠后的莫洛托夫和伏罗希洛夫之后。新的权力分配就是如此，名单是贝利亚拟定的。主席团候补委员为：米尔-扎法尔·巴吉罗夫（阿塞拜疆共产党中央第一书记，贝利亚的人），尼古拉·什维尔尼克（全苏工会中央理事会主席），列昂尼德·梅利尼科夫（乌克兰共产党中央第一书记），尼古拉·波诺马连科（白俄罗斯共产党中央第一书记）。其中没有一个人算得上父亲的支持者，连梅利尼科夫也算不上。

1949年父亲建议由梅利尼科夫来接他的班，但是后来因为犹太人问题同

---

① 赫鲁斯塔廖夫上校系斯大林的卫队长。

② 此处引用了当时在场的斯大林女儿斯韦特兰娜·约瑟福芙娜的回忆录。

③ 斯韦特兰娜·阿利卢耶娃：《致友人的二十封信》，扎哈罗夫出版社2000年莫斯科版，书中补充了她在约·维·斯大林去世一周后对弗拉基米尔·尚贝格讲述的内容。

梅利尼科夫闹翻了。党的第十九次代表大会之后，梅利尼科夫成了扩大了的中央主席团的委员，便在乌克兰搞起了排犹运动。他免除了许多同父亲亲近的犹太人的职务，其中包括战争初期治好我的髋关节囊结核病的弗鲁明娜教授。弗鲁明娜给父亲写信。父亲给梅利尼科夫去电话，但对方十分粗暴地作了回答，粗暴到了父亲此后再也不想听到他声音的地步。

中央书记处也改组了。除了原有的书记斯大林、赫鲁晓夫、马林科夫、阿韦尔基·阿里斯托夫、尼古拉·米哈伊洛夫和苏斯洛夫而外，增选了谢苗·伊格纳季耶夫——原国家安全部长（不久前他们和马林科夫一起奉斯大林之命搞出了专门的“党的监狱”）、尼古拉·沙塔林——原马林科夫在中央人事局的副手和彼得·波斯佩洛夫，他是斯大林传略的编写者之一。无论“新书记”“老书记”，此前都同父亲没有密切的联系，且就思维方式而言，也未必适合做他的战友。

与此同时，撤销了原任州委书记实干家的中央书记职务，他们是：列昂尼德·勃列日涅夫，尼古拉·伊格纳托夫，尼古拉·别戈夫和潘捷列伊蒙·波诺马连科，这些都是父亲理论上可以依靠的人。

斯大林之后国家新领导层的组建花了将近一个小时的时间，午夜后中央全会即告闭幕。

十天之后的 3 月 14 日，新的中央全会再次调整了中央书记处，调整后的书记处，除父亲而外，全是马林科夫派的机关工作人员：伊格纳季耶夫、波斯佩洛夫、苏斯洛夫和沙塔林。

表面上看，贝利亚把什么都估计到了。他却没有估计到，随着斯大林的离去，发生变化的岂止是克里姆林宫办公室门口的牌子。中央委员似乎都恭顺地赞成贝利亚的一切“倡议”，然而在内心里，他们不希望再按照“主子”确定的规则去生活了，当初州委书记、部长、元帅（他们在中央占大多数）都在任何一个安全机关的少校面前战战兢兢，而少校军衔则相当于将军。贝利亚一个手势就可以使你在劳改营变为灰烬的前景也不会使他们感到满意。如今国家走什么道路，都取决于他们，也就是中央委员。他们暗地里感觉到自己的力量，同时却又有一种挥之不去的恐惧感。他们自己未必敢于反抗，但是如果谁要试试起来反抗机关的无限权势和侦缉人员的恣意妄为，他们倒是乐于表示支持。

他们加在一起是一支很可观的力量。然而在一个浸透了机关的神经纤维，每个人、包括中央主席团委员在内都受到那些机关的控制的社会中，对他们的力量不可估计过高。1953年春天，只要贝利亚下个命令，他们全都会自愿地、顺从地前往卢比扬卡的“急诊室”，换上囚服，供出口供，去劳改营变成灰烬。

一切都将会如此，很少有人表示怀疑。仅仅是个时间问题。还抱着一线希望，也可能有罪的我会躲过这场劫难？他们在斯大林当政时就是这样生活的，以为在贝利亚当政时也会是这样。然而，贝利亚暂且还不是斯大林。

斯大林葬礼

晚上很晚了，准确地说甚至已是3月5日夜间了。疲惫不堪的父亲回到格拉诺夫斯基大街95号五层的家中。父亲在那儿脱衣服，洗脸，母亲、几个姐姐、拉达的丈夫阿廖沙和我在饭厅里等着，一言不发。父亲终于进来了，坐到罩有灰色亚麻布套的沙发上，疲倦地把腿伸直。

“斯大林去世了。今天。明天公布。”在漫长得让人受不了的停顿后，父亲说道。

父亲微微闭上眼睛。我觉得喉咙哽咽，便去了隔壁房间。

“现在可怎么办？”我的头脑里闪过一个念头。

我由衷地感到难受；可我的第二个“我”仿佛在从旁评估我的真实状态。我认真审视自己，大吃一惊：痛苦的深度同当前的悲惨气氛一点也不协调。我不再抽泣了，返回饭厅。

父亲坐在沙发上，半闭着眼睛。妈妈和姐姐们都端坐在餐桌四周的椅子上。

“告别仪式在哪儿举行？”我问道。

“圆柱大厅，”我觉得父亲是漫不经心和有些疏远地回答道，顿了一下之后又补了一句：“这几天真是累坏了。我去睡一会儿。”

父亲沉重地站起身来，缓步向卧室走去。我至今清楚地记得他的每一个动作和语调。父亲的行为让我感到很吃惊：这个时候怎么能去睡觉呢？而且压根儿没有提到他。仿佛什么也没有发生。

第二天，我照常去上学。我在“莫动”——莫斯科莫洛托夫动力学院上一年级。8点开始上课。我们乘地铁到鲍曼站，然后再乘38路有轨电车到学校。我出地铁的时候，房屋都挂着志哀的旗子。20分钟之后，像往常一样拥挤不堪的电车就将我们拉到学校。“莫动”的主教学楼正面圆柱已经挂上了志哀的旗子。

我的一年级同学埃季克·索洛夫金住在学校宿舍，他记得这一天是从全年级上大课开始的，地点在可容纳150人的Γ－21教室。主教学楼由分别冠以字母А，Б，В，Γ的四栋楼组成。当天我们在Γ楼上课。通常授课老师都很准时，分秒不差，结果一分钟过去了，五分钟过去了，十分钟过去了，没有人来。同学们都很安静，等待以其十分确定的不确定性让人心焦。我们都很清楚为什么没有开始上课，为什么授课老师没有来，也知道系党委书记或者团委书记马上会来，讲一通这种场合该讲的话。不管怎样，我们都害怕听这番话。可是没有人来，最后是请我们到学校礼堂去开追悼会。礼堂也在同一栋楼，可以容纳第一批人。

我们这批人到得比较早，等礼堂全部坐满，起码用了40分钟。总算全都各就各位了。台上一张长桌后面，坐着学校领导。他们背后是一幅高大的、直到后台的斯大林肖像。据我这个一年级学生的记忆所及，肖像一直在那儿。眼下肖像的边框缠上了红黑相间的带子。

一段对我说来并非十分愉快的经历把我同肖像联系起来。1952年9月，让新生担任社会工作时，我成了系里墙报的摄影师。我拍得不错，但主要是因为我有一台基辅－康太克斯相机，这台相机有曝光表和两个替换镜头——广角镜头和长镜头。这在当时算是空前的奢侈。我对交给的任务极端负责，况且我也喜欢照相。但我的摄影家生涯新年之后即告中断。报上登了一篇关于在会议厅举行的业余演出的综合报道和我拍的一张女大学生身穿民族服装跳乌克兰舞的照片，背景仍然是那幅斯大林肖像。由于肖像十分笨重，从来不搬下舞台。

不过就是张照片嘛，很一般。没有人去注意它，可那张报纸没贴上一个星期就不见了，有人把我叫到团委去。一位警惕性很高的仁兄说，我拍的舞者都是全身像，斯大林的肖像却只拍到肩膀，头部不见了，要求我做出解释。我天真地回答说，我拍的是女大学生，没有怎么注意斯大林，他的头部没有进入镜头。他们未对我做任何处理，但从此不让我搞摄影了。我正注视着肖像，追悼大会开始了。

发言者一个接一个，老生常谈，毫无新意。谁讲话不记得了，说了些什么也不记得了，在他去世的那天，物理定律也好，数学公式也好，全都进不了脑子。终于到了最后的两堂课，两个小时的钳工实践，我忽然想到：全班应立即前往圆柱大厅与斯大林告别。

我的那些同学无需长时间的劝告。起初我们决定逃课，后来是理智占了上风，像我们这样没有组织，圆柱大厅是不会放行的。我到团委去商量，确切地说是讲讲我们的意图。系团委书记格纳·利西岑对我所说的话没有把握，他还没有得到任何命令，不过拒绝这样的倡议他也不敢，何况又是赫鲁晓夫。他给校党委去电话，那边已经接到告别的调度表，并且同意我们的倡议。格纳高兴了，不过觉得一个班去不合适，决定全系出发。过了一段时间，大学生的纵队就按照节日游行的习惯路线，从当时算是远郊的列福尔托沃向市中心进发。起初我们是沿着 37 路电车路线：顺着克拉斯诺卡扎尔缅纳亚大街，经过装甲坦克学院黄色石结构楼房，沿着横跨亚乌扎河的大桥，经过左边的图波列夫设计局，从右边沿着无线电大街（今戈罗霍沃耶波列）来到中央空气流体动力学研究所的旧楼。37 路电车在此拐至鲍曼大街，我们则直走，经过建筑学院、交通剧场（今果戈理剧场）往右拐，到花园环形路、契卡洛夫大街（泽姆良诺伊大街）。

湿润的寒风刺骨，砭人肌肤。市内的生活陷于停顿。岂止是莫斯科，全国都取消了音乐会、戏剧演出和会议。昨日贴满五彩缤纷的海报的广告柱和阅报栏一片雪白：夜间全都糊上了大张的白纸。全国举哀，并不是装出来的，不是因为下了命令，而是真正的。似乎全国上下就这么永远地陷入悲痛而不能自拔。

稍感疲乏的学生纵队杂乱无章地行进在人行道上，希望一有机会就往左走，赶往市中心。我们从两个被军用卡车封锁的胡同旁边经过，发现通往圆柱大厅的车尔尼雪夫斯基大街（波克罗夫卡大街）空闲着，岂止是空闲，几乎空无一人。花园环形路上车辆行驶正常，而在通往市中心的各条街道上，电车汽车均已停驶。波克罗夫卡大街上行人少得出奇。我们算是最早动身去参加斯大林葬礼的一批人。电台宣布可以去圆柱大厅瞻仰斯大林遗容，是下午三点左右的事情，可中午刚过我们就上路了。况且我们离目的地还远着呢。

我们属于第一批，但绝不是最靠前的，据第二天莫斯科市委书记伊万·瓦西里耶维奇·卡皮托诺夫向治丧委员会主任赫鲁晓夫报告，最麻利的一批人是早上八点不到就抵达圆柱大厅，当时我们学院的追悼会还没有开始，这些希望第一批瞻仰遗体、同亲爱的斯大林同志告别的人，汇成了一股人流。

于是，我们往左拐，队伍在波克罗夫卡大街上走得很快，时而跑步前进，可是到了林荫道环路，一排士兵挡住了我们的去路。站在前面的指挥员让所有的人都往右拐，拐向奇斯托普鲁德内林荫道，不停地重复："快走，快走。"我们往右拐了。在林荫道上，排成横队的士兵把人群一分为二，将他们往人行道上挤。紧紧挨着、首尾相连的军用卡车让我们离开车行道。市政府意在使林荫道两旁的绿色植物不受伤害，却没有想到眼下我们这些瞻仰斯大林的人简直无路可走。成百上千自由自在地在波克罗夫卡大街上行走的人变成了两条长长的人流。我们还没有挤到头碰头的地步，但已经冲着对方的后脑勺呼吸了。

这时人群开始骚动了。我们已经无法通过奇斯托普鲁德内林荫道前往圆柱大厅，人人都恨不得找一道小缝儿往左挤过去，钻进市中心。但事与愿违：我们右边的街道用卡车隔绝得严严实实，往左的胡同则由士兵组成的散兵线拦住，士兵们不断地说着："快走，快走……"林荫道上的人愈聚愈多。我们已经没有跑步前进了，渐渐地被挤压成一股沿着林荫道缓缓移动的人流。我们经过基洛夫（米亚斯尼茨卡亚）大街，穿过斯列坚卡大街，来到罗日杰斯特文斯基林荫道，我们指望通过林荫道到达高尔基大街，我们从那里就可以直接抵达工会大厦，来到斯大林遗体所在的圆柱大厅。

当时的形势非常紧张。根据上述卡皮托诺夫的报告，至午后两点，普希金大街（大德米特罗夫卡大街）、斯特拉斯特诺伊林荫道和彼得罗夫斯基林荫道已经挤满了人。人群正从高尔基大街（特维尔大街）和契诃夫大街（小德米特罗夫大街）、花园林荫道和罗日杰斯特文斯基林荫道涌向市中心。罗日杰斯特文斯基林荫道上散乱的队伍，包括"莫动"的队伍在内，汇成一长串队伍，下坡涌向特鲁布纳亚广场。在特鲁布纳亚广场上，我们面前是往左拐的、无人封锁的涅格林林荫道。人群全都往那儿涌去。恰似大雨倾盆时柏油路上四处流淌的水流起着漩涡，哗哗地钻进井口，灌满之后，在水面上形成旋涡，使得留在水面的木屑、树叶和其他垃圾旋转着相互撞击。原来，涅格林林荫道比罗日杰斯特文斯基林荫道还要拥挤，人愈来愈多，停在人行道旁边的一排排军用卡车仍然把我们往楼房的墙壁那边挤压。这里还有新的倒霉事儿等着呢：在涅格林林荫道的尽头转向涅格林大街的地方，人群碰到了又一个卡车屏障的车厢挡板。为了往前走，又建议人们往右拐，拐向彼得罗夫卡大街。据我现在的理解，当时按照民警局的部署，所有的人流均去往普希金大街（大德米罗夫卡大街），在这里汇在一起向圆柱大厅进发。只是民警局没有估计到，全莫斯科的人都出动了，而且不仅仅限于莫斯科，市郊电气火车和开往莫斯科火车站的火车也全部超载。出现了乱作一团的情况。让人们按照早上确定的路线挤过去已办不到。莫斯科淹没在人的海洋之中。

为了不让外地人进入莫斯科，哪怕稍微缓和一下局势，父亲请交通部长鲍里斯·帕夫洛维奇·别谢夫采取措施。3 月 5 日下午，各地去莫斯科的车票全部停售，然后又取消了所有的市郊火车。但是已经无法阻止急于瞻仰斯大林的人了。在奥廖尔，图拉，梁赞，更不用说莫斯科市郊，人群开始拦截公共汽车、载重汽车、拖拉机的拖车，挤上当时尚不多见的小汽车，这么一大堆人全都涌向莫斯科。在狭窄的单向行驶公路上，汽车排起了前所未有的一字长蛇阵。3 月 5 日凌晨 5 时，堵车已经堵到了谢尔普霍夫，傍晚时分，长蛇阵的尾巴一直伸到图拉。其他道路上的情况也并不乐观。民警奉命封锁莫斯科的入口。

这时，特鲁布纳亚广场上人的漩涡让我们的队伍也旋转起来，时而把两个人挤到一起，时而又把他们拆开。当人群中还留有缝隙时，盖纳·利西岑把我们班剩下的人，就是那些保持在一起的人集合起来，命令大家都紧紧地手挽着手，围成一圈，两圈，三圈。他把女孩全都赶到圈里去。我们顽强地竭力挤到涅格林大街的出口。人群时而帮助我们，可当我们似乎到达目的地时，又把我们往回抛向花园林荫道。愈来愈显而易见，我们是无法挤到圆柱大厅前面去了。可惜意识到这点为时已晚，当时特鲁布纳亚广场上的人群已经变成统一的万头攒动的机体。它有时收缩到了呼吸都感到困难的地步。特鲁布纳亚广场上杂乱无章的布朗运动仍在继续。最终我们被拖到涅格林林荫道，甚至被吸了进去。但是谁也不会再因此感到高兴。我们的圈子早已撕裂，但我们试图待在一起，大家都在以自己的方式保护身边的女孩。

天黑了。在路灯的灯光下，密密麻麻的人的头部以及千万张嘴巴吐出的一团浅白色水汽发出反光。人群把士兵挤到他们军用卡车那边，士兵们纷纷退至罩着帆布的车厢里。从这里监视着人群。站在下面的士兵把站不住的老头、上年岁的妇人抱起来往上递，遇到可爱的姑娘则倍感愉快。卡车很快就装得满满当当。

人群时而一动不动，时而又重新开始移动。时间渐渐地过去。黑夜降临。关于圆柱大厅的念头已经打消，操心的是如何从这里脱身。可是找不到出路，人群太过密集，试图钻到街边上去无异于白白浪费大量的精力。寒气逼人，腿部冻得尤其厉害，可是寸步难行。我们已落入陷阱。特别想上厕所，或者哪怕到附近的哪个正门里去，里面会暖和点儿，不说自明……可眼下，正门同圆柱大厅一样地可望而不可即。人群汇成了许多米长、蜿蜒蠕动的蠕虫的统一躯体。正如蠕虫只要稍稍受到触摸就会开始蠕动一样，我们紧紧地彼此靠在一起，时而沿着涅格林林荫道小步前进，时而又退回特鲁布纳亚广场。人群周期性地紧紧地挤在一起，然而，到仿佛已经实在受不了时，压力突然减弱，"蠕虫"又解体为单个的个体，人人都试图离开原地。这时某种力量突然发挥作用，人群开始变得密实了，相互拖拉着，前后摇晃，往前动了几米，然后又稍稍后退。摆幅加大了，然后人群的精力耗尽，一切又停顿下来。移动的根源何在，我看不见。我没有觉得害怕，没有想到会出现不幸事件，就是想回家，去暖和的地方，父母也在担心。就这样一直到了早上。

关于这天夜间特鲁布纳亚广场上的情况，不知写了多少：什么新霍登惨剧①啦，什么有数百具甚至数千具死尸啦，什么有人掉落到打开的下水道口啦，有人"穿过"商店橱窗、打破正门啦②，不一而足。

在我同年级的同学埃里克·索洛夫金记忆中，最可怕的是路灯柱子。只要一挤到灯柱上，必定压成肉饼，断掉肋骨。索洛夫金是个训练有素的运动员。当时索洛夫金千方百计地避免同灯柱接触。另一方面，他回忆道："谢尔盖·赫鲁晓夫是一年级学生，被挤到该死的灯柱上。他试图一推离开，却毫无结果。幸而人群突然往旁边摆动了一下，他这才脱离灯柱，又被挤到别处了。"③

我不记得这根灯柱，而且什么灯柱都不记得。我没有被它压成肉饼，也没有看见其他人压成肉饼。我们每个人都有各自的记忆和可怕的事情。

诗人叶夫根尼·叶夫图申科和我一样，当天夜里也在特卢布纳亚广场。他在《黑籍证》一书中也怀着恐惧的心情回忆起柱子，但不是路灯柱，而是红绿灯柱，回忆起在上面压死的女孩，以及他脚下的死尸④。社会学家兼未来学家伊戈尔·瓦西里耶维奇·贝斯图热夫－拉达当天也到了特鲁布纳亚广场，同行的还有他的妻子，不错，待的时间不长。他们是让"一名中士救

① 1896年5月18日，在霍登广场（莫斯科西北部，今列宁格勒大街的起端）因尼古拉二世举行加冕礼，发放沙皇礼物时发生的惨剧。由于当时疏忽大意，秩序很乱，十分拥挤。据官方统计，有1389人挤死，1300人受重伤。

② 尤里·阿克休京：《赫鲁晓夫的"解冻"和1953—1964年苏联的舆论倾向》，俄罗斯政治百科全书出版社2004年莫斯科版，第24页。

③ 爱德华·索洛夫金：《回忆录手稿》。

④ 叶夫根尼·叶夫图申科：《黑籍证》，瓦格里乌斯出版社1988年莫斯科版，第80—82页。

了，中士叫喊着，让他们从军用大卡车下面爬着出去。到了外面，他们听到数百人在死尸重压下临死前的狂叫声……"① 给人的印象是，我们是在不同的地方"送别"斯大林。实际上，这不过是潜意识的作用，潜意识将公认的刻板公式变成虚构，然后就变成"现实"。许多人都有这种情况，尤其是那些敏感的人。

3 月 5 日夜间，我在特鲁布纳亚广场上没有看见挤死的人。然而这说明不了什么。

毫无疑问，那天夜里死人了。问题是死了多少？我的妻子瓦莲京娜·尼古拉耶夫娜·戈连科，1953 年 3 月 5 日还是个六岁的小姑娘，她和父母居住在距罗日杰斯特文斯基林荫道附近的航空工艺学院宿舍。她还记得莫斯科航空工艺学院学生从特鲁布纳亚抬回来的伤员。伤员都躺在前厅里，后来不知把他们送到什么地方去了。区内务局代表寸步不离地坐在窗户旁边，观察林荫道上发生的事情。人们害怕当着他的面讨论所发生的事情。妻子是第二天才听到议论的，她同奶奶一起去斯列坚卡面包房。排队的都是平常来买东西的退休老人，他们逐一说出没有归家的亲友，还说太平间内尸体太多，很难找到自己的人。

年复一年，数十年来，那个悲惨夜晚发生的事情，由于增加了许多令人心情木然的详情细节而显得充实起来。例如，克格勃的退休军官 A. 萨尔基索夫 1993 年在《莫斯科新闻》上撰文，说那天夜里他在斯科利福索夫斯基研究所值班，看见了将近 400 具尸首。他一口咬定说，所有的死者都是按照莫斯科市委书记叶卡捷琳娜·阿列克谢耶夫娜·福尔采娃的指示送到他们研究所的②。

也是在上世纪 90 年代，叶夫根尼·叶夫图申科拍摄了一部关于特鲁布纳亚广场事件的电影，片中有几千人、好几千人遇难；次日清晨管院子的人把掉落的纽扣扫到一起，足有好几大堆。

我们能够相信根据 40 年前的记忆引用的数字和事实吗？这里，一切都取决于我们是否愿意相信。

现在我们来看看官方的报告。莫斯科市党委致赫鲁晓夫的呈文保留下来

---

① 伊戈尔·瓦西里耶维奇·贝斯图热夫－拉达：《报复生活》，阿尔戈里特姆出版社 2004 年莫斯科版，第 479 页。

② A. 萨尔基索夫：《发生在特卢布纳亚广场的重大事故》，载于《莫斯科新闻》1993 年第 9 期第 B8 版。

了，其中说道，3月6日晚8点往位于彼得门的第二科研实习医院运送了29名伤员，其中20人伤势较重：胸廓压坏，腿部骨折。另外一封呈文说，至晚10时，往分布在涅格林大街地区的6家卫生站运送了30名伤员，其中将近一半陪送至医院①。关于死者只字未提，想必这些人均已送往斯科利福索夫斯基研究所或者太平间。

1956年3月，父亲在波兰统一工人党第四次全会上讲话时说，莫斯科同斯大林告别的第一天夜间，有109人因各种原因死亡。1957年5月13日，他在苏共中央举行的一次会议上当着作家又重复了一遍："斯大林葬礼期间，有100多人窒息而死，"② 1962年5月16日，他在保加利亚的瓦尔纳又说道："斯大林去世的时候，挤死了109人。"③

像莫斯科这样的大城市，又是在那种情况下，死亡的人数还可能多得多。当然，马上就会有人说，这不是真情！那么真情是什么？我相信父亲。死亡的数字他肯定知道，而且记得很牢。在上面这三个场合没有人强迫他说话。而且他不是照着事先写好的稿子念的，因此根本谈不上从中作弊。况且，他说出这个数字（109人死亡）并不是想证明损失不大，而是在为老百姓因瞻仰斯大林遗容遭到飞来横祸感到惋惜。

我在特卢布纳亚广场上一直站到3月6日凌晨。天渐渐地亮了，路灯纷纷熄灭。广场上的人愈来愈少，夜间许多人都通过院子或者大门钻了出去。一个个冻得够呛、疲惫不堪，纷纷返回自己家中。我们也解散了。我艰难地走过普希金大街、特维尔大街和莫霍瓦亚大街。几条大街都由军队巡逻队拦住，军人后面是民警，再往后是内务部队的蓝色制帽。幸好我随身带着盖有格拉诺夫斯基大街户籍章的身份证。巡逻队长仔细研究了身份证的册页，习惯性地举手行了个军礼。

我终于到家了。仿佛是长时间远行之后归来。父母亲都彻夜未眠，一听到开门的声音，就来到门厅。他们脸色都不大好，特别是母亲。我没听到一

---

① 1953年3月6日苏共莫斯科市委党团工会机关局局长佩戈夫呈送尼·谢·赫鲁晓夫之标有"呈报"字样的情况报告。1953年3月6日苏共莫斯科市委情报处处长阿帕切夫呈送莫斯科市委书记卡皮托诺夫之报告（标有"呈报"）。俄罗斯国立社会政治历史档案馆第4全宗（苏共莫斯科市委）第88目录（特别处）第26案卷，第26、64、65页。

② 《1957年5月13日尼·谢·赫鲁晓夫在莫斯科苏共中央作家会议上的讲话》，载于《俄罗斯联邦总统档案馆通报》2003年第6期，第82页。

③ 《1962年5月16日尼·谢·赫鲁晓夫在叶古西诺格拉德（瓦尔纳）晚餐会上的讲话》，载于《俄罗斯联邦总统档案馆画报》2003年第6期，第130页。

句责怪的话，母亲只是问我跑哪儿去了。我没有精力详述夜间的种种曲折。我说我们全系都去同斯大林同志告别了，可是挤不过去，在大街上过了一夜。直到回家我才感觉到冻得够呛。我们来到餐厅。父亲坐到餐桌旁，我和母亲坐在对面。母亲把茶水摆上。

“你怎么会想起干这事儿的？”父亲面无表情地说道。“我们都不知道该怎么想了，打电话问警方，问医院，问太平间。你根本想象不到城里出什么事儿了。说实话，都没有指望你还活着。”

后来父亲讲述了那个可怕的夜间，他和卡冈诺维奇好不容易来到特卢布纳亚大街这一片，苦口婆心地劝那些人各自回家。可全是白费口舌。人群从来是不听劝的。

我们喝完茶。天大亮了。父亲开始准备去上班，新的一天肯定有新的麻烦，不过像5号夜间那样的事情再未出现，市内增加了兵力，往市中心放多少人，完全根据一天之内能够进入圆柱大厅的人数来确定。一字长蛇阵长达数十公里，每隔两米站立的军人不准他们变成人群。多余的人在通往市中心的远处要冲就淘汰掉了。

“想去瞻仰斯大林的遗容，明天，确切地说是今天，你先睡上一会儿，我再把你带到圆柱大厅去。”父亲临走时说。

父亲这番话同我那崇高的痛苦心情很不协调。

就这样平平淡淡地告别……我找不出合适的字眼，任何字眼都配不上悲痛时刻的伟大意义。所有这些在严寒街道上的行走、在广场上的站立都不需要，只要走进圆柱大厅看看死者，就像在博物馆看看木乃伊或者在动物园看看河马即可。这样的念头突然冒出又随之消失了。没有精力去反驳。

中午12点，我坐上父亲派来的车前往圆柱大厅。卫兵领着我通过专门的入口，就听我自便了。于是我就可以瞻仰领袖的遗容，想待多久都行。岂止是瞻仰！房间不大，灵柩安放在底座上，志愿者站在后面守灵。昨天守灵的是父亲和其他主席团委员、政府成员、各部部长等要人。今天，凡是获准进入并经卫兵认出者，均可在灵柩旁边守上两三分钟。卫兵认出我来，便挺痛快地放行了。室内像食品店那样排起了长队。我站在队尾。队伍移动缓慢，陆续抵达的外国代表团团员都不排队。不过队伍还是在往前移动。在出口处，服务员给每个人右手衣袖套上带黑边儿的红色志哀黑纱，将他们分成四组，每组三人，并吩咐谁站在什么位置，再放进去。旁边是另外一批服务员，职责是摘掉完成守灵任务者的黑纱。就这样每过两三分钟来上一次。

终于轮到我们了。我戴上志哀黑纱，按照吩咐，同另外两位素不相识的大叔并排站到斯大林灵柩的旁边。在守灵的那几分钟，我没有任何特殊的感觉。生怕迈步不稳，摔倒在地，把队列给搞乱了。昨天的心力交瘁逐渐挺了过来。

数日之后，在红场上为斯大林举行葬礼。我站在陵墓左侧（面向“古姆”百货商场）的观礼台上。天气比特卢布纳亚广场那天夜里还要寒冷，不过按队列送到的热甜红葡萄酒驱走了些许寒气。来宾在等待出殡行列时相互交谈，分享新闻，但没有人开玩笑讲笑话。

追悼大会由父亲主持，马林科夫、贝利亚和莫洛托夫分别讲话。然后将斯大林遗体送进陵墓，在最近严寒的日子里，陵墓上“列宁”的字样已经去掉，出现了一上一下的两个名字：“列宁　斯大林。”

朋友和邻居

生活逐渐进入新的轨道。我这个不满18岁的一年级学生，远远不是什么都能觉察出来，许多东西都被当时令我激动、如今早已忘却的事情遮盖起来了。不过多少还记得一些。

我们仍然同马林科夫一家要好。晚上两家大人在小孩的陪同下沿着附近的街道散步，逛逛亚历山大花园，通常都是在克里姆林宫的周围绕上一圈，不过偶尔也进宫里去，库塔菲亚塔楼旁的哨兵行举手礼，不看证件就放行了。我们在克里姆林宫穿越伊万诺夫广场，路过“钟王”、“炮王”。它们如今人人皆可观赏，当时在我眼里就像是见所未见的怪物。它们的照片不公开发行，如同克里姆林宫内的所有景观一样，均视为绝对保密的目标。

后来，我们来到下面的泰尼茨基花园，漫步于鲜花盛开的苹果树中，正好春天来临，我们又原路返回，仍然从那儿名哨兵旁边走过。

马林科夫之妻瓦列里娅·阿列克谢耶夫娜·戈卢布佐娃1947—1951年任莫斯科动力学院院长，算是我的庇护人，她仔细地问及我的学习情况。她离开莫动已经两年了，对新任校领导却仍然不无嫉妒。听到我对她的赞誉颇感惬意。学院师生都记着她，喜欢她，所以我一点儿也没有说假话。实际上，是瓦列里娅·阿列克谢耶夫娜一手创建了我们的动力学院，在克拉斯诺卡扎尔缅纳亚大街盖起三幢教学实验大楼，又在后面盖起砖砌的平行六边体宿舍楼。唯有动力学院给所有外地学生提供宿舍，并不是莫斯科大学那种非常遥远偏僻的宿舍，步行只需五分钟即可到达教学楼。有一座教学楼是很秘密的、无线电技术领域未来院士弗拉基米尔·亚历山德罗维奇·科切利尼科夫的研究所。我们这些低年级学生均不得与闻。

1951 年，瓦列里娅·阿列克谢耶夫娜在一场大病之后辞去工作，离开了学院，却始终把学院挂在心上。其实，就是她动员我上的动力学院，中学毕业的前一年她就领着我去参观实验室，并且亲自讲解。1952 年夏天，我考入电真空技术和专门仪器制造系自动控制系统专业。拉达同马林科夫家大女儿沃利娅要好，我同小儿子安德烈和叶戈尔要好。不知他们现在何处？周日我们常常去马林科夫家的别墅，我们要是不去，他们就到我们家来。

虽说布尔加宁家和我们都住在同一楼层，门对门，两家却少有聚会。妈妈、特别是我姐姐尤丽娅，早在战前就同布尔加宁妻子叶莲娜·米哈伊洛夫娜很要好，她是个英语老师，没有架子，容易打交道，招人喜欢。目前布尔加宁非公开地同另外一个女人住在一起，还在追求第三个和第四个。母亲是个循规蹈矩的人，除了叶莲娜·米哈伊洛夫娜而外，其他一律不认。何谈两家的友情！只是布尔加宁偶尔晚上穿着拖鞋就来敲我家的门，和父亲坐在餐厅里，一边交谈一边喝上两口白兰地。布尔加宁很喜欢白兰地。他的儿子廖瓦是个飞行员，也有这个喜好。有时廖瓦悄悄把一瓶格鲁吉亚陈白兰地喝了个精光，他往酒瓶里灌满茶水，就放到餐柜里，这让他父亲大为恼火。布尔加宁找到了摆脱困境的办法：把酒放到我家的厨房里。

只记得一次共同的家庭聚会。布尔加宁的女儿薇拉，我年长的女友，嫁给了海军上将尼古拉·格拉西莫耶维奇·库兹涅佐夫的儿子。为此在对面的房子里大宴宾客，碰杯敬酒之声不绝于耳，大家尽情玩乐。害得住在楼下的布琼尼元帅拉了一晚上手风琴。

1953 年春天，一位新住户迁入我们这幢楼，他就是格奥尔基·康斯坦丁诺维奇·朱可夫。他和父亲战前就很要好，朱可夫时任基辅军区司令员。后来命运之神不止一次地让他俩在战争的道路上聚到一起。1953 年 3 月，在父亲的一再坚持下，朱可夫从乌拉尔军区调回莫斯科，并任命为国防部副部长，成为布尔加宁的副手。由于朱可夫在军中的威望，加之布尔加宁生性消极，朱可夫很快成为执掌全权的主人。

朱可夫偶尔也到父亲的别墅里来，他们在一起用餐交谈，然后各走各的。朱可夫也有了新的妻子，但正式夫人还是亚历山德拉·季耶夫娜，所以两家的友情也不大顺当。

国家安全将军伊万·亚历山德罗维奇·谢罗夫就大不一样了。他们是战前认识的，1935 年 9 月谢罗夫这位伏龙芝军事学院毕业生、炮兵军官，被“招募”到“机关”，1939 年取代被斯大林逮捕的乌斯片斯基，成为乌克兰内务人民委员。

父亲喜欢谢罗夫。他同前任不一样，不会仅仅因为某个人、特别是诗人和作曲家用本民族语言写诗或者在乐曲中运用了乌克兰的旋律，就怀疑人家有民族主义倾向。在当时的情况下尽量做到对父亲彬彬有礼，并不是成天往莫斯科打父亲的小报告，这可是非同小可。当时父亲这位乌克兰中央第一书记受内务人民委员支配，而不是与此相反。稍有不慎，即……①

当然，谢罗夫在乌克兰干的是“自己的事情”，并且是以“自己的方式”来处理，但是他不会让父亲感到厌烦。

后来，战争又使他们长期不在一起。父亲在南方作战，谢罗夫则得到提拔去了莫斯科。战后他没有回乌克兰，而是当上了朱可夫在德国的第一副手。直到 1950 年才同父亲见面，也就是点头之交。谢罗夫身为内务部第一副部长，工作上和父亲没有什么交叉。直到贝利亚被捕之后才恢复关系，确切地说是重新建立关系。父亲认为谢罗夫值得信赖，他没有看错人。

在日常生活中，谢罗夫富有魅力，彬彬有礼，他的妻子维拉·伊万诺夫娜和女儿斯韦特兰娜更是如此。斯韦特兰娜很快就和我的妹妹列娜成了好朋友，白天黑夜都在我们家，列娜也成了谢罗夫家别墅的自己人。他们住得不远，在阿尔汉格利斯科耶的别墅内，那是根据斯大林命令专为驻德苏军集群指挥人员兴建的。谢罗夫本人不大热衷于交朋友，少有光顾我家别墅，只是在受到邀请或者有事儿的时候才来。他主要是在老广场中央委员会办公室同父亲见面。

同阿纳斯塔斯·伊万诺维奇·米高扬家的友谊进一步加深了。他的小儿子曾经和拉达在同一个班，如今则和我很要好。米高扬一家住得离我们很近，就在奥加廖沃旁边原来巴库石油企业主祖巴洛夫的庄园内。同大多数国

① 自然，这一切都是相对而言，谢罗夫 1939 年 9 月 27 日向贝利亚告发因他使用在利沃夫征收的汽车一事同赫鲁晓夫之间的一场冲突。谢罗夫喜欢驾车风驰电掣般地飞奔，对外国车也很懂行，赫鲁晓夫却下令交出原波兰宪兵局的大功率车，换成国产 M 牌轿车。谢罗夫怒气冲冲地向贝利亚抱怨，但在信的末尾语气又缓和了，他保证“采取一切措施建立起工作中的事务联系。”这份文件的摘录见《赫鲁晓夫回忆录》，莫斯科新闻出版社 1999 年莫斯科版第一卷，第 764—766 页。

家别墅不同，他们家的别墅周围不是标准的树木绿篱，而是红砖砌成的许多米高的围墙，几与城堡无异。

斯大林去世后，我们两家的父亲来往更密切了。每逢假日，父亲就出去溜达，我们这些孩子都跟在他后面。来到米高扬别墅那很高的铁门，用拳头敲击便门。几分钟之后，得到卫兵通报的米高扬就急匆匆地迎面走来。开始例行的对周围地区的巡视。先是穿过小树林，来到当地农庄的田地，父亲在这里进行马铃薯栽种试验。然后再穿过一片林子前往莫斯科河边。游览长达两三个小时，足以用来讨论上次中央主席团会议上言犹未尽的问题。按照惯例，主席团会议都在周四举行。大人们谈的什么问题，当时没有细听，现在感到后悔莫及，不过他们一直说个不停。

对第一次与莫洛托夫相识至今记忆犹新。他在我的想象中是个神话般的领袖，几乎与斯大林平起平坐。有一天父亲说，打算去拜访莫洛托夫，照例是谁想去都可以。结果是人人都想去，把汽车挤满了。从奥加廖沃去戈尔基-9号的莫洛托夫别墅，不能步行，坐汽车只需五至七分钟。

莫洛托夫家里一切都让我感到吃惊：比我先前见到的别墅都宽阔得多、位于一大片松树林中的别墅用地，长长的石头砌成的两层楼房，门口奇大无比的花坛，尤其是别墅主人本身。他看上去一点不像领袖，而是个身材矮小的秃顶老头。莫洛托夫热情地接待了我们，领着我们在楼里参观，展示了每个角落，特别夸耀他的藏书。可印在我脑海中的不是藏书，我家书架上的书也不比他少，而是餐厅奇大无比，有一排半窗户，用“斯大林式深色木护墙板”覆面，马恩列斯的肖像分别悬挂在显然是事先量身定做的四个窗间壁上。我们亲切地告别，然而相识并未表露为友情，仍然仅止于相识。

贝利亚我几乎不记得了。虽说他和父亲“要好”，却只到门口，并未相互作客。同坐一辆汽车来到我们位于格拉诺夫斯基大街的大楼跟前，站在大门口谈着什么，贝利亚回到自己的独院，父亲则走向电梯。有一次4月的傍晚，我从学校回家，他们站在大门口正要分手，我是第一次在近处看见贝利亚。贝利亚、父亲和马林科夫正在交谈，一看见我，全都不说话了。我问了一声好。贝利亚戴着夹鼻眼镜瞪了我一眼。尽管已是春天，我却记住了裹在脖子上直到耳朵根儿的大围巾，几乎遮着前额的灰色呢帽，以及不愉快的、叫你发冷的目光。我问了个好就往前走去，他们则继续谈话。

不错，当时他们都很“要好”。只是他们没有一个人知道这场友谊将如何收场。父亲很怕贝利亚，知道迟延就无异于死亡。的确如此。贝利亚也怕父亲，不过看来不是很怕。马林科夫则愈来愈犹豫不定：他的赌注下对了吗？贝利亚比父亲更强大更强势，可他也危险得多。

拉夫连季·贝利亚的114天

与此同时，贝利亚着手清除斯大林的障碍物，以便建设他自己的新权力的基础。贝利亚仇恨斯大林，这是梅格列尔人对奥塞梯人的仇恨，潜在猎物对刽子手的仇恨，无所不知的警察头子对宗主的仇恨。他对斯大林的仇恨至深，甚至在奄奄一息的领袖床前也无法掩饰。那几天贝利亚是集仇恨、恐惧和卑躬屈膝于一身。“斯大林刚刚病倒，贝利亚就毫不掩饰地对他大发怨气，又是谩骂，又是取笑。简直叫人听不下去！不过只要斯大林刚刚恢复点儿知觉，有了能够康复的迹象，贝利亚就扑过去，抓住斯大林的手不住地亲吻。只要斯大林再次失去知觉，闭上眼睛，贝利亚就直起身子，往地上啐唾沫。”①

斯维特兰娜·阿利卢耶娃也附和父亲的意见：“只有一个人的举止简直有些不成体统，这就是贝利亚。他极度兴奋，那张本来就招人讨厌的脸不时因使他膨胀的私欲而变得不堪入目。他的私欲是图虚荣、残暴、狡猾、对权力的渴求……在此重要的时刻他竭力做到既不要狡猾过度，又不要狡猾不足！他走到床前，久久凝视着病人的脸，父亲偶尔睁开眼睛但看来并无知觉或者是意识模糊。于是贝利亚便紧紧盯住意识模糊的眼睛，他希望在这里也是‘最忠实、最忠诚的’……”②

斯大林葬礼上就开始发生变化。3月9日在陵墓主席台上，贝利亚把莫洛托夫之妻波林娜·谢苗诺夫娜·热姆丘任娜送给了他，权当生日礼物。她早已判刑，发配至劳改营，却在1952年押回莫斯科，再次审讯，为重审做准备。斯大林显然已决定对医生投毒犯、并随之对全体犹太人来个公开审讯，通过莫洛托夫的犹太妻子——“美国间谍”把两者套到一起。

米高扬回忆道：“卡冈诺维奇③对我说，他感到特别不舒服，斯大林提出

① 《赫鲁晓夫回忆录（全译本）》，社会科学文献出版社2006年北京版，第2卷第1086页。

② 斯韦特兰娜·阿利卢耶娃：《致友人的二十封信》，扎哈罗夫出版社2000年莫斯科版，第13页。

③ 卡冈诺维奇系犹太人。——译者注

让他和犹太族的知识分子和专家一起写一则谴责犹太复国主义的集体声明在报上发表。这是斯大林去世前一个月或者一个半月的事情，正在准备将犹太人‘自愿—强迫’迁离莫斯科。”①

这则声明写好后，几乎全部多少知名的犹太活动家都签名了。斯大林去世对声明的发表起了妨碍作用，也对审讯起了妨碍作用。

当然，也许将妻子还给莫洛托夫并非计划好的行动，不过是贝利亚高加索式的宽宏大量姿态：“给你，亲爱的！”谁知道呢？多半是二者兼而有之。

葬礼后的次日，马林科夫显然是按照贝利亚的“忠告”，在主席团会议上向思想家苏斯洛夫和波罗马廖夫提了意见，又给《真理报》主编谢皮洛夫警告处分，事由为“在报纸版面上过分突出他马林科夫个人”，甚至还有一个直接的口实：《真理报》登载了一张1949年的照片，斯大林和毛泽东以及镶嵌在两人之间的马林科夫②。

“这有点个人崇拜的味道嘛，”好像是马林科夫说道，“这样的政策应当停止！”

贝利亚没有必要“突出”马林科夫个人。而那段岁月的另一则回忆，好像是彩色志哀的《苏联画报》四月号，从头到尾全是斯大林的照片。中央主席团特别决定该期杂志不准发行。《文学报》主编、诗人康斯坦丁·西蒙诺夫也是过分卖力，他是斯大林奖金获得者和斯大林的宠儿。向他“指出”在哀悼领袖方面过分热心。

此外，莫斯科传言满天飞，说马林科夫是不折不扣的列宁侄子。因为他母亲姓乌里扬诺夫。她同那个乌里扬诺夫家族之间连间接的关系都没有。俄罗斯姓乌里扬诺夫的人多了去了，然而关于“同领袖有亲戚关系”的议论到处传开，明显地绝非偶然。

不知贝利亚对个人崇拜持何种态度，然而显然在对马林科夫的个人崇拜问题上持否定态度：这是个过渡性人物，他的照片在报纸上出现的愈少，到他得意日子结束时搞得他默默无闻就更容易了。但眼下还不到时候。

另一方面，贝利亚对马林科夫不是特别信任，老得把他拽着点儿。莫斯科的官员都知道：离开贝利亚，马林科夫连稍微重要一点的决定都做不出来。他俩在马林科夫的办公室里一待就是好几个小时，一起接待来访者，一

---

① 阿·米高扬：《往事》，瓦格里乌斯出版社1999年莫斯科版，第536页。

② 俄罗斯国立社会政治历史档案馆第629号全宗（苏共中央书记彼得·尼古拉耶维奇·波斯佩洛夫）第1目录第54案卷第68页。

起解决问题。全都在一起，却又不完全在一起。马林科夫离开贝利亚寸步难行，反过来，贝利亚却认为对自己既方便又有利的，不仅是独自做出决定，而且是以他的内务部或者他本人的名义、不以政府或者中央委员会的名义散发。

到处都尽量强调：贝利亚的倡议，贝利亚的建议，贝利亚的报告。贝利亚知道他在做什么，而且全都做得合乎逻辑。他的141天是从“人事问题”开始的。早在1953年3月11日，贝利亚就向马林科夫和赫鲁晓夫发出关于受到清洗的肃反工作者的报告，建议对斯大林逮捕的国安人员的案件进行复查并“做出关于在内务部工作中使用他们的决定”①。尚在正式同意之前，他就释放了肃反工作者，但仅限于他“自己的人员”。

贝利亚亲自同每个人谈话，讲清他们获释应该感谢谁，并动用“秘密基金”给他们发放“物质补助”，让他们到他的内务部担任要职②。

早在3月10日（往中央主席团寄送报告的前一天），第一个获释的是原斯大林首席保镖谢尔盖·费奥多罗维奇·库兹米切夫，当即官复原职——警卫局局长，当初是奉斯大林的命令将他送进监狱的。贝利亚在同他作了一次长谈之后，把警卫工作，也就是国家最高领导人的命运交给了他。

继库兹米切夫之后，数十名贝利亚分子从监狱的木板通铺迁至卢比扬卡的办公室，这是一些贝利亚各个方面都可以信任的人。非贝利亚圈子内的肃反工作者则仍然留在监狱里。贝利亚认为他们的问题最好是以后再作“处理”。

“干部问题”解决之后，贝利亚就开始处理自己的那个“梅格列尔案件”。该案件发生于1951年，在列宁格勒案件和未成事实的莫斯科案件之后。当时，以建立“梅格列尔民族主义集团”的罪名，开始逮捕与贝利亚关系密切的格鲁吉亚领导人。贝利亚本系梅格列尔人。斯大林亲自督促调查。当向他汇报案件进展时，他不止一次明确地“建议”侦查员“找出大梅格列尔”。谁是“大梅格列尔”，明眼人一看便知，却始终没有找到。对“大梅格列尔”③，侦查员比对“大老板”还畏惧三分。虽说战后贝利亚表面上不再直接领导惩戒机关。许多历史学家认为，他已失去对惩戒机关的控制。

---

① 联邦安全局中央档案馆第4—OC全宗第11目录第1案卷第394页。

② 俄罗斯联邦总统档案馆第3全宗第24目录第470案卷第94页和第474案卷第37、38页。

③ 梅格列利亚（亦作明格列利亚）系格鲁吉亚西部梅格列利亚人（明格列利亚人）聚居的历史地区之一。

根据文献，1946年5月任命为国家安全机关新领导人的维克多·谢苗诺维奇·阿巴库莫夫向斯大林本人汇报工作，甚至敢于对贝利亚搞阴谋诡计。表面上就是这样，斯大林总是把“机关”揽到自己身上，不让“外人”插手。然而1940年代末期，此斯大林已非彼斯大林，贝利亚也决非终日烂醉如泥的叶若夫。况且斯大林也不可能永生不死，斯大林之后会出什么事情呢？……机关里的人都毫不怀疑：斯大林之后就是贝利亚当权了。阿巴库莫夫及其继任者都善于巧妙应付，尽量做到既讨好斯大林，又别惹贝利亚生气。“斯大林也可能不知道，不过我相信，阿巴库莫夫在没有问贝利亚该如何向斯大林报告之前，一个问题也不会向斯大林提的。贝利亚作出指示，然后阿巴库莫夫去报告，绝口不提贝利亚的指示，并得到斯大林的认可。”①

“上层”父亲的叙述也得到了“下层”的确认。

“阿巴库莫夫在斯大林面前阿谀奉承，对苏斯洛夫和波罗马连科（均系中央书记）则颐指气使。”国家安全机关上校、阿巴库莫夫手下的秘书长亚历山大·彼得罗维奇·沃尔科夫回忆道②。

1951年7月，斯大林撤了阿巴库莫夫的职。马林科夫和贝利亚主持了对他的活动的调查。对阿巴库莫夫的审讯是在马林科夫亲自管辖的苏哈诺夫监狱进行的。斯大林让亲马林科夫的党官僚谢苗·杰尼索维奇·伊格纳托夫接替阿巴库莫夫的职位，并同时在中央委员会主管干部工作。贝利亚当即在他身边安插了两个自己的“行家”，谢尔盖·阿尔先基耶维奇·戈格利泽成了国家安全部第一副部长，瓦西里·斯捷潘诺维奇·里亚斯诺伊则任副部长。结果是：按照中央委员会的系统，伊格纳季耶夫在马林科夫之下，而戈格利泽和里亚斯诺伊则听命于贝利亚。

自然，一切都不是那么绝对的。斯大林命令伊格纳季耶夫和格鲁吉亚国家安全部长尼古拉·米哈伊洛维奇·鲁哈泽在格鲁吉亚搜寻叛徒、甚至说“这些梅格列尔人不可信任”的时候，再说一遍，他指的就是贝利亚。1951年11月9日，中央政治局通过了《关于格鲁吉亚的受贿和巴拉米亚同志反党集团的决定》（巴拉米亚系格鲁吉亚共产党第二书记）。决定说：“巴拉米亚同志梅格列尔民族主义集团不仅仅是包庇受贿者。他们还有另外一个目的，那就是将格鲁吉亚党和国家机关的重要职位全都囊括一空，并且安插上

① 《赫鲁晓夫回忆录（全译本）》，社会科学文献出版社2006年北京版，第2卷第962页。

② 俄罗斯联邦总统档案馆第3全宗第24目录第467案卷第15页。

梅格列尔分子……格鲁吉亚有一个为格格奇科里①间谍侦探组织服务的梅格列尔集团②……"

看来，贝利亚已经好运不长。鲁哈泽急于执行斯大林的命令，大肆搜捕，1952年初将贝利亚原助手、格鲁吉亚历史学院士彼得·阿法纳西耶维奇·沙里亚、共和国总检察长绍尼亚、鲁哈泽本人的前任共和国内务部长阿夫克先季·拉帕夫投入监狱，他们都是梅格列尔分子。

与此同时，马林科夫和贝利亚也"采取措施"。

1952年初，贝利亚骗过了斯大林本人，居然是他亲自"根据他的指示"前往格鲁吉亚搜捕"大梅格列尔"。

父亲写道："就说梅格列尔人一案吧。我绝对坚信不疑，它是斯大林在与贝利亚争斗中臆造出来的。不过由于他已身患疾病，未能将预定的计划贯彻始终，这样贝利亚才得以摆脱困境，以亲赴格鲁吉亚的那趟血腥之行将功赎罪。"

贝利亚在格鲁吉亚进行铁腕"整顿"。1952年4月，他在格鲁吉亚中央全会上，以斯大林的名义撤销梅格列尔人恰尔克维阿尼的第一书记职务，由"纯种"格鲁吉亚人穆格拉泽取而代之，甚至将自己的侄子、也是梅格列尔人的特伊穆拉兹·沙夫基亚关进监狱。战争初期，沙夫基亚成为德军俘虏，报名参加了格鲁吉亚党卫军，后来开小差，加入法国游击队。当时逮捕的人不计其数。

贝利亚看来是把除掉自己最危险的仇敌鲁哈泽一事托付给了国家安全系统的帕维尔·阿纳托利耶维奇·苏多普拉托夫将军。1952年，贝利亚将他带到格鲁吉亚。众所周知，贝利亚的特殊任务都是委托苏多普拉托夫去完成的。

苏多普拉托夫将军作为情报人员，在提及这一使命时十分小心，不过仔细阅读，还是可以抓住要领。照他的说法，他不是随同贝利亚去的第比利斯，而是应中央书记穆格拉泽的请求，并且得到斯大林的首肯，去巴黎安排绑架叶·彼·格格齐科里和其他格鲁吉亚孟什维克事宜。苏多普拉托夫向伊格纳托夫本人汇报，通过他再向斯大林汇报，但不是子虚乌有的"孟什维克"，而是实实在在的反贝利亚分子鲁哈泽。苏哈普拉托夫向中央汇报说：

① 叶·彼·格格奇科里（1881—1954），孟什维克，贝利亚妻子尼娜·格格奇科里之舅，当年住在巴黎。1907年12月为库塔西斯省第三届国家杜马议员，社会民主党人领导人之一。1921年格鲁吉亚建立苏维埃政权后，侨居巴黎。

② 《赫鲁晓夫回忆录（全译本）》，社会科学文献出版社2006年北京版，第2卷第994页。

鲁哈泽的间谍不可信，他们甚至不肯同他讲俄语。

他在回忆录中解释说："鲁哈泽成了阿巴库莫夫的同盟者。阿巴库莫夫早在1946年就试图先诋毁贝利亚在侦查部门的老部下，后来连贝利亚本人也不放过。我匆匆回到莫斯科，全都向阿巴库莫夫作了汇报，但阿巴库莫夫并未采取任何措施，鲁哈泽亲自用格鲁吉亚文同斯大林通信，这样的事情只有'机关'，也就是中央，或者说马林科夫和贝利亚才能去管。

马林科夫也接到了关于'鲁哈泽对党和政府高层中间的阴谋颇感兴趣'的密报。"①

马林科夫和贝利亚是如何具体处理伊格纳季耶夫—苏多普拉托夫的报告，我们永远无法得知，不过报告给贝利亚帮了大忙。"大梅格列尔"始终没有找到。1952年年中，热心过度的鲁哈泽却进了列福尔托沃的监狱。

1953年3月斯大林刚刚去世，贝利亚亲自释放了被关押的梅格列尔人，据沙里亚说，贝利亚甚至打趣地说，院士就是被他自己终生当作"各族人民世世代代最伟大的天才"来颂扬的那个人关进监狱的。

然而鲁哈泽直至斯大林去世之后，仍然身陷囹圄。

贝利亚实在是太走运了，斯大林只要再活上个一年半载，那贝利亚就在劫难逃了。既然斯大林盯上了他，无论他如何支吾搪塞，只能拖住斯大林，却无法让斯大林善罢甘休。因此有些"作家"以推想当历史，发表自己对于1953年2月28日夜间发生在斯大林别墅的事情之可供选择的说法。仿佛当时贝利亚觉察到大事不好，便弄死了斯大林。幸好忠于斯大林的卫队长弗拉西克已经逮捕起来，这也可以解释为贝利亚的阴谋，意在降低他除掉"主子"的难度。

不错，还是那些"作家"自相矛盾，宣称早在1945年贝利亚就已丧失对国家安全机关的影响，他本人从猎手变成了猎物。至于在这种情况下，贝利亚如何能够在疑心最重的斯大林那神秘的个人卫队中作重新配置，却始终没有答案。"作家们"无法自圆其说。

甚至开除弗拉西克（对他的逮捕是斯大林亲自策动的）也于事无补。因为还有不计其数的卫士均系斯大林主义者，死心塌地地为他服务。通过他们本人的回忆录，我们可以了解他们的心情。谁要是说了一句不该说的话，哪

① 帕维尔·苏多普拉托夫：《侦查机关与克里姆林宫》，盖亚有限责任公司1996年莫斯科版，第378—379页。

怕是贝利亚本人，他们就会立刻一字不漏地向斯大林告发。

如果把情感部分抛在一边，那么斯大林的贴身卫士个个都很老练，他们心知肚明：杀掉斯大林，他们就是给自己判了死刑。贝利亚绝对不会留下一个活口。只要向斯大林举报他亲密战友的背叛行为，他们立刻就可成为英雄，中尉上尉变成上校将军。这个道理，贝利亚比谁都明白。

较少提出纯属侦探片的说法：该不是贝利亚偷偷往酒瓶里或者羊肉汤里放毒药了？绝无此事。斯大林早在历史学家之前，就已估计到这样的可能性，并采取了措施。

“在别墅宴饮时，他从来不率先去夹他所中意的菜肴，而是先让客人品尝，待弄清客人安然无恙后，才往自己的碟子里放。”父亲说道。米高扬也这么说，斯大林把他和贝利亚这两位高加索专家都当成品酒师。在没有听到他们的结论之前，谁也没有资格喝上一口。米高扬说，这里问题并不在于他们有什么才能，他们不过是可以拥有接触斯大林酒杯的理论上的许可而已，他本人是食品工业负责人，贝利亚则是国家安全机关负责人。斯大林就是在让他们明白，若是有个三长两短，他们就会最先中毒而亡。

并不是贝利亚要把斯大林干掉。他和伏罗希洛夫、米高扬或者马林科夫一样，全都绝望地等待着自己的命运。他们交上了好运，斯大林已死，他们却活了下来。

贝利亚将自己的人予以释放，并将他们安插到“自己的”内务部之后，提出实行大赦。其中并无任何特别之处，每个新的政权都要以赦免作为自己登基的标志。实际上贝利亚是重复了斯大林的那套把戏，当时在1939年罢免叶若夫、贝利亚在国家安全机关掌权之后，劳动营和教养院释放了327400人。当时全国上下都舒了一口气，贝利亚则紧随斯大林之后，获得了在叶若夫暴政下救民于水火的名声。甚至在最高领导层也很少有人知道，在释放囚徒的同时，又有20万人身陷囹圄，这还不算从西乌克兰和白俄罗斯驱逐出去的波兰人和民族主义者。

当初，凭1939年1月10日的一封电报，斯大林重申“1937年中央默许的在内务人民委员部实际工作中可以使用体罚的规定”谁也没有取消，“联共（布）中央认为，体罚的方式作为完全正确而合理的方式，今后也必须运用。”①

① 列昂尼德·姆列钦：《斯大林之死》，中央印刷出版社2003年莫斯科版，第215—217页。

眼下贝利亚也有了类似的意图，搞得有声有色。1953 年 3 月 26 日，贝利亚向中央主席团递交了报告，并附有最高苏维埃主席团《关于大赦》的命令草案。马林科夫收到后，未经讨论即将贝利亚的建议付诸表决，3 月 28 日，所有报纸均在头版登载了伏罗希洛夫签署的命令。乍一看，似乎贝利亚太冒失了。民间将大赦同伏罗希洛夫联系起来，没有同贝利亚联系起来，称之为“伏罗希洛夫命令”。然而大赦并未给伏罗希洛夫带来红利。2526402 囚犯中，只有 1181264 人获释，以刑事犯为主①。劳改营中仍在服刑者为 1345138 人，以政治犯——人民公敌为主。并非所有被释放者均可称之为真正的罪犯，赦免了因“非法”将农庄地里的麦穗儿装进自己口袋的老人、怀孕妇女、农民。不过释放出来的真正刑事犯实在太多。一股犯罪浪潮席卷全国。在这种情况下，任何“整顿措施”都受到凡夫俗子的拥护。至于抓谁不抓谁，合适的时机何时到来，全都由贝利亚来定。因此，贝利亚把一切都算好了。

大赦的结果，劳改营明显地变空了，人手不够，某些斯大林的“工程”，诸如铺设撒列哈尔德—伊加尔卡铁路、克拉斯诺亚尔斯克—叶尼赛斯克铁路、拜卡罗沃—阿穆尔干线、在塔塔尔斯克海峡下面铺设连接萨哈林斯克岛与大陆的隧道、伏尔加—波罗的海运河等等工程只得暂停。

贝利亚在大赦的同时，又下令开始准备建造新的劳改营。换言之，他认为新囚犯不仅会占满空出的位置，而且还需要更多的“栽种面积”。接下来，便一切都恢复原状。人的生命又磨成“劳改营的灰烬”。

当囚犯离开劳改营时，劳改营内部出现了紧张局势，政治犯骚动起来：怎么能这样？暴君去世了，强盗和杀人犯释放了，我们却依然过着铁窗生活？至 5 月份，骚乱已经发展成为公开的不服从。1953 年 5 月 26 日，苏联内务人民委员部诺里利斯克特别矿山劳改营的政治犯举行暴动，夺取政权。贝利亚以贝利亚的方式处理，毫不动摇毫不怜悯地下令动用坦克镇压。

大赦挑起的北方劳改营暴动持续了将近三个月，无疑对后贝利亚的“政治犯”平反起了促进作用。

父亲说，大赦之后，作为试探，贝利亚提出又一个“放宽”建议：取消斯大林赋予内务人民委员部特别会议的判处枪决、二十年苦役以及随意延长刑满释放政治犯的刑期的权利，只是贝利亚又同时保留了他那不受任何人监

---

① 皮霍亚：《苏联：政权史》，俄罗斯国家公务学院 1998 年莫斯科版，第 105 页。

督的“采取不高于10年监禁、劳动改造营和流放的措施”的机会[①]。然而没有人赞成贝利亚的建议。父亲建议完全取消内务人民委员部审讯和赦免的权利。结果，并未通过任何决定，从而保留了内务人民委员部特别会议原有的权利。“贝利亚之后”，中央主席团立即取消了“特别委员会”及其一切权利。

贝利亚在斯大林去世后前几个月的积极劲儿令人印象深刻。“大权独揽之后，他将内务部的部分劳改营及其住户转交给了其他机构：司法部的‘共用劳改营’，冶金部的科雷马专业建筑公司、叶尼塞建筑公司、矿山冶金工业总局，电站部的水电设计研究所。石油工业部、交通部和建材工业部、森林和造纸工业部和海运河运部等，均得到劳动改造营管理总局给的份额。”[②]

贝利亚只“给自己”留下了特别劳改营和特别监狱，专门关押“国家级罪犯”（托洛茨基分子、社会革命党人和民族主义分子）。顺便说说，斯大林时代任何不受欢迎的人均可归入这个范畴。关押间谍、破坏分子、恐怖分子（同样是很宽泛的概念）以及德国战俘和日本战俘等军事罪犯。内务部共有犯人22万[③]，将近25万。

解散劳动改造营管理总局是绝对合乎逻辑的。如今全国都在他的脚下，他已无需同各生产部竞争，无需向领袖展示他的“劳动集体”和他的“秘密设计局”，无需展示他的部门生产的东西比所有这些监狱外的“懒汉”又多又好。战前和战后这样的“竞赛”成了真正的灾难。当时抓人并不是“因为什么”，甚至并非“无缘无故”，而是出于生产上的需要。州内务局下达逮捕若干健壮男子的指标，以接替北方伐木或者马加丹钼矿的“离职者”。专门成立了“囚犯封闭劳动场所”，那是用铁丝网包围起来的设计和研究单位，根据人员名单“招募”专家。

安德烈·尼古拉耶维奇·图波列夫向我讲述说，1938年他被捕后，让他开始设计新型轰炸机，并向他打听原来同事中哪些人可能在这件事情上派上用场。图波列夫没有马上回答，他挖空心思，冥思苦想：同事中谁已经被捕，他可以把他们从“一般性工作”、伐木场解救出来，同时可别无意中点

① 拉·帕·贝利亚致苏共中央主席团《关于限制苏联内部人民委员部特别会议权利的呈文》，1953年7月15日，俄罗斯联邦国家档案馆第9401全宗第2目录第416案卷第123—125页。载于《历史档案》1996年第4期。

② 皮霍亚：《苏联：政权史》，俄罗斯国家公务学院1998年莫斯科版，第107页。

③ 列昂尼德·姆列钦：《斯大林之死》，中央印刷出版社2003年莫斯科版，第327页。

到尚未被捕的哪位同事。稍微一说漏嘴，马上就可能把同事弄到他这里监禁起来。

当时贝利亚为了刁难航空工业部，命令图波列夫设计出四发动机远程俯冲轰炸机，这样就可以在英国人本国的水域里攻击他们的战列舰。图波列夫需要利用他的全部随机应变能力、全部智慧和不少时间，来证明贝利亚的"发明"站不住脚。直至二战之初，他才获准将实现贝利亚想法之事搁置起来，并且在机关的保护下，在秘密设计局里着手创建自己的前线用的图－2双发动机轰炸机。如今许多人都忘记了图－2，那可是二战期间的最佳飞机之一。

战后，数百名囚犯，从工程师到院士，都在莫斯科列宁格勒公路"工作"。有些人在贝利亚儿子谢尔戈所在的第一设计局造导弹，另一些人与此相反，在水利设计院的大楼里编制"征服西伯利亚河流"的计划。

当时贝利亚本人正在从事建造原子弹的组织工作。斯大林委托他牵头解决对斯大林说来至关重要的问题，知道贝利亚无所不能，他的电话铃声可以迫使最强势最刚愎自用的部长们索索发抖，而对工厂厂长和设计局局长来说，任何一次贝利亚"让你在劳改营里灰飞烟灭"的口头禅，比任何承诺和许诺都更灵验。此外，贝利亚还拥有取之不尽的人力资源。所有的核产业、实验室和试验场，都是囚徒和军队建筑工人用不自由的双手建成的。他们彼此之间大同小异，全都是在棍棒下干活。只是核科学家还有自由。不错，贝利亚也向他们保证说，一旦第一批核弹试验失败，他可以找到替补，他已准备好了新的班子，去它的吧……紧接着就是他老挂在嘴边、十分喜欢的关于"劳改营灰烬"格言。

大家认为，所谓平行的理论物理学家和实践家队伍的说法，不过是虚张声势而已。既然所有现有多少有用的物理学家都已经在伊戈尔·瓦西里耶维奇·库尔恰托夫为首的研究机构里，哪儿来的这支队伍呢？

然而，这样的一支物理学家队伍还是找着了，而且不在别处，就在莫斯科大学里面。由物理系系主任阿·亚·索科洛夫教授领衔。其中有当初名噪一时的A. 马克西莫夫、Э. 克里曼、B. 米特科维奇、H. 科斯杰林、A. 季米里亚泽夫等多名学者。他们都庄重地否定相对论，无法想象扭曲的空间和时间流动的减慢。至于电子既不是粒子，又不是波，却可以在同一个时刻时而在这儿，时而在那儿，就更是无法纳入任何范围。他们都是牛顿经典决定论、因果逻辑熏陶出来的，无法接受爱因斯坦的相对论，认为那是唯心主义的故弄玄虚。

他们是可以理解的，任何人都无法从自己的头顶上跳过去，超出自己理智的道理是无法理解的。

科学史上，此类建立在“优质逻辑”基础上的谬误比比皆是。当初，法国科学院院士用法令来证实天空中的陨星不可能掉落下来。1930 年代，两名墨守成规的德国物理学家、诺贝尔奖金获得者约翰内斯·施塔尔克和菲利普·列纳尔特请求当局立法禁止相对论和量子力学。当局听取了他们的意见，这使我们感到庆幸。否则，同为诺贝尔奖金获得者的韦尔纳·格津堡在他的实验室造出原子弹，希特勒再扔到我们的头上，那可就糟透了！整个 20 世纪上半叶，地球物理学家都在嘲笑阿尔弗雷德·韦格纳，他推测大陆并非一动不动，而是在漂浮，很缓慢，但是在飘浮，顺着地球表面漂浮。这些人的头脑结构如此，他不接受“疯狂的思想”。索科洛夫和索科洛夫分子也不接受，他们不接受，而且千方百计地清算爱因斯坦的异端邪说。1945—1946 年，他们没完没了地致信中央，援引列宁对马赫等“唯心主义者”的批判。中央听取了他的意见。1949 年根据他们的控告，确定举行科学院专门会议，旨在谴责并“根除祖国物理学中的扭曲变形”。

库尔恰托夫艰难地保住了自己的团队。他向斯大林说明，美国依靠爱因斯坦理论、量子力学制造并爆炸了自己的原子弹，而索科洛夫却一无所有。库尔恰托夫的论据、而主要是广岛上空进行的“试验”对斯大林起了作用。他禁止在核计划上从事任何业余活动，下令按照侦察机关所窃取之美国图纸仿制原子弹，并且从完全按照美国超级空中堡垒 B－29 仿制的飞机上投掷。1949 年 1 月 31 日，中央书记处决定以准备不够充分为由“推迟全苏物理学家大会的举行”。

然而，斯大林如果不彻底相信库尔恰托夫，那他就不成其为斯大林了。为防万一，他把索科洛夫的信转发给贝利亚。贝利亚仔细研读之后，把索科洛夫叫去，然而恪守自己的原则，暂且不向他作出任何承诺。他相信库尔恰托夫，但是不信任，对索科洛夫则既不信任，又不相信，不过毕竟……因此，贝利亚在谈到后备班底时，他知道自己究何所指，说的不是由一位院士去代替另一位院士，而是将唯心主义的相对论者换成索科洛夫学派的唯物主义者。

取消反爱因斯坦会议并未使索科洛夫及其追随者感到沮丧。他们不肯善罢甘休，再次致信中央，如今已是谴责不再站到他们一边的科学院领导人的唯心主义和其他“罪过”了。仍然在寻求某些机构的理解。

1949 年 7 月，中央宣传鼓动部领导人谢皮洛夫对他们的申诉表示支持。至今保存有谢皮洛夫致中央书记苏斯洛夫的报告，他在报告中向苏斯洛夫通报说，光学物理学家兼科学院院长瓦维洛夫“要求他的部下研究国外物理文献，他摒弃经典物理学，谈及无法将日常生活概念应用于核物理。结果是，新的物理学中应当摒弃诸如时间和空间之类物质固有属性。”①

然而，时间对索科洛夫不利。1949 年秋天，库尔恰托夫爆炸了自己的原子弹，贝利亚便失去了对于索科洛夫的任何兴趣。索科洛夫依然是物理系主任，当时决定彻底取消科学院的会议，尽管已经举行了 42 次预备会议。

可是索科洛夫同物理学界非传统型学者的斗争又持续了不止一年。库尔恰托夫决定不再同索科洛夫和莫斯科大学发生关系。他决定自己成立莫斯科工程物理学院，将索科洛夫置诸脑后。

然而索科洛夫没有忘记库尔恰托夫。他仍然同爱因斯坦、库尔恰托夫、自己的教授和学生做斗争，最后同所有的人都闹翻了。1953 年 12 月，一封由中型机械制造工业部部长维亚切斯拉夫·亚历山德罗维奇·马雷舍夫、文化部长潘捷列翁·康德拉季耶维奇·波诺马连科、科学院院长亚历山大·康德拉季耶维奇·涅斯米扬诺夫和物理数学分院姆季斯拉夫·弗谢沃罗多维奇·克尔德什院士等人签名的信寄给赫鲁晓夫和马林科夫，信中要求帮助他们降服索科洛夫。

信件上留有标记：“赫鲁晓夫同志已阅。1953 年 12 月 12 日。”也是在当年的 12 月，成立了以索科洛夫死敌马雷舍夫为首的委员会，然而索科洛夫一直对抗到 1954 年 8 月。在进行新的氢弹试验的前几天，免除了他的职务。被索科洛夫赶走的“唯心主义物理学家”列夫·安德烈耶维奇·阿尔齐莫维奇、米哈伊尔·亚历山德罗维奇·列昂托维奇、伊萨克·库舍罗维奇·基科因、列夫·达维多维奇·兰道、卢基扬诺夫（可惜不知其本名和父名）、亚历山大·约瑟福维奇·沙利尼科夫。如今但凡识字的人都知道他们，索科洛夫则已忘得一干二净。

他直至 1954 年之后仍不服输。我看过 1960 年代以至 1970 年代莫斯科大学印刷厂印制的索科洛夫教授理论文章。后来他就从我的视野中消失了。

---

① 列昂尼德·姆列钦：《阿道夫·希特勒及其俄国友人》，中央印刷出版社 2006 年莫斯科版，第 51 页。

不过我们还是回过头来说1953年春天的事情吧。大赦的一周之后，中央主席团决定“为在所谓‘37人医生杀手案件’中被捕的医生及其家庭成员平反并且予以释放，核准所提出的报道本文。”① 所提出的报道本文是由贝利亚起草的，既是以中央主席团的名义，也是以自己的名义。以内务部消息见报。

同斯大林其他破坏社会秩序的反犹行为一样，医生案件本身并无任何根据，新领导中无人对此持有异议。只是贝利亚抢在了其他人的前面。他愈来愈自信地感到自己是个“主人”，向全国展示他贝利亚和他的内务部正在恢复公正。这一点是不会忘记的。

贝利亚愈来愈觉得自己是新的“主人”，他频频向中央主席团提出建议、报告、方案，着手对各加盟共和国进行“清洗”，将斯大林安插的领导人换成自己人，也就是贝利亚的人。我们就来看看这一切是如何进行的吧。

先来看看努里金·毛希丁诺夫②的回忆录，1953年初他任乌兹别克政府首脑。

“1953年4月初，乌兹别克斯坦共产党中央第一书记阿明·伊尔马托维奇·尼亚佐夫将中央书记和中央委员召集到一起，对我们说，收到贝利亚的报告。耐人寻味的是，报告是越过中央委员会、直接由贝利亚的秘书处发至各共和国的内务部。”毛希丁诺夫这样写道。报告中建议、确切地说是规定实现共和国领导干部的乌兹别克化以及几乎是全部撤换，而且这一切都在内务部的庇护下进行。

“报告”不合毛希丁诺夫的心意，“报告”让人担心此类行动将导致“人们在民族归属和领土归属上的冲突”。

“既然报告是莫斯科下达给我们的，我们就应当特别认真地对待。”出席会议的中央委员和中央常委说道。最热心者希望马上起草名单，起草关于撤换直至国营农场的领导人，将俄罗斯人、乌克兰人等换成乌兹别克人的建议。

“那些在乌兹别克斯坦出生、却不是乌兹别克人的同志怎么办呢？”毛希丁诺夫不依不饶。“还有那些居住和工作在塔吉克斯坦、吉尔吉斯斯坦、土库曼和哈萨克斯坦的乌兹别克人呢？他们在当地也会成为无权的二等公民。”

---

① 俄罗斯联邦国家档案馆第3全宗第58目录第423案卷第1—2页。

② 努·阿·毛希丁诺夫（1917—2008），苏联党务和国务活动家。曾先后担任乌兹别克共和国政府主席、乌兹别克共产党中央委员会第一书记等职。

始终没有作出决议。次日毛希丁诺夫接到来自莫斯科的电话，说拉夫连季·帕夫洛维奇·贝利亚要和他通话。

“你为什么反对我的‘报告’?”贝利亚连问好的话都免了，粗暴地问道。

毛希丁诺夫陈述了自己的观点。贝利亚不等他把话说完，对他连侮辱带责骂，还威胁说要撤他的职，叫他粉身碎骨，就把话筒撂下了。5月3日，五一假期刚刚过完，贝利亚当即兑现他的威胁，给尼亚佐夫去电话，要求把毛希丁诺夫赶出部长会议。尼亚佐夫开始“拖延”，他往莫斯科给中央去电话。赫鲁晓夫建议他不要操之过急，并把毛希丁诺夫的问题提交中央主席团会议讨论。会上出现意见分歧：赫鲁晓夫、伏罗希洛夫、莫洛托夫和布尔加宁对罢免毛希丁诺夫是否适宜表示怀疑。马林科夫、卡冈诺维奇和米高扬赞成贝利亚的意见。

问题悬而未决。政府主席职务在苏共中央主席团管辖的范围之内，未经主席团同意，就无法罢免毛希丁诺夫。但贝利亚无法习惯别人同他唱对台戏，不能容许别人修正他的决定。否则，这叫什么权力？他决定一意孤行。

“事情仍在发展，”毛希丁诺夫写道。“5月7日晚，赫鲁晓夫给尼亚佐夫去电话。‘我们考虑了一下，’他的声音显得有点尴尬，‘为了不把事情搞僵，同意贝利亚的建议。毛希丁诺夫还年轻，还有机会担任高级职务。’

关于我解职的命令是5月8日早上公布的……贝利亚被捕后，我恢复了原来的职务——再次被任命为共和国部长会议主席。”①

5月8日，贝利亚致函谈及立陶宛国家安全机关工作中的缺点，5月18日，又致函谈及乌克兰。5月20日，中央主席团讨论了贝利亚的建议，并“责成”他起草决定草案。

5月26日，中央主席团实际上未经讨论，在贝利亚的口授下通过了关于立陶宛和乌克兰的决定。这里来说说其主要内容。这就是任命担任领导职务者全都来自用于国号的本地民族，成立民族武装部队，设立“共和国勋章”，更不必说全部公文均需译成民族语言了。这一决定必须立即无条件地付诸实施。

6月2—4日，在乌克兰中央全会上更换了共和国领导人。列昂尼德·格

---

① 努·阿·毛希丁诺夫：《时间之河》，鲁斯基-罗斯基出版社1995年莫斯科版，第109—113页。

里戈里耶维奇·梅利尼科夫因不是乌克兰人，免去其中央第一书记职务，贝利亚有意让剧作家亚历山大·叶夫多基莫维奇·考涅楚克担任该职，考涅楚克非但不是政治家，而且是个胆小如鼠的人，他的信条永远是听从上司的意志，管他是斯大林、赫鲁晓夫还是贝利亚。

毕竟还是没有让他当共和国首脑。1953 年 5 月 26 日中央主席团在讨论关于乌克兰的决定草案时，父亲推荐了较有经验和较为内行的阿列克谢·伊拉里翁诺维奇·基里钦科[①]作候选人。贝利亚决定不同赫鲁晓夫发生公开冲突，采取了妥协的立场。

考涅楚克留下来干点零星活儿。上述苏共中央主席团《关于乌克兰西部各州政治经济状况》的"绝密决定"中，在"建议"由基里钦科取代梅利尼科夫之后，写有"亚·叶·考涅楚克同志担任乌克兰苏维埃社会主义联邦共和国部长会议副主席"的字样[②]。

考涅楚克同时当选为乌克兰共产党中央主席团委员。全会上，考涅楚克对他所认为的"新主子"贝利亚极尽歌功颂德之能事。不过说句公道话，当天岂止是考涅楚克，就连新当选的第一书记基里钦科也大肆吹捧党英明的民族政策和"我们亲爱的拉夫连季·帕夫洛维奇[③]"。这些发言的速记稿保存至今。

当时父亲和考涅楚克，我不能说是很要好，然而对他不错。也只能如此，斯大林公开袒护在剧作中反映党的路线的青年剧作家。在基辅，考涅楚克经常到我们的别墅来，诚然，他来的次数并不比其他乌克兰作家和诗人多。其中，就我记忆所及，有帕夫洛·特齐纳、马克西姆·雷利斯基。考涅楚克，周围人都叫他萨什卡[④]，转瞬之间就成了中心人物，喜笑颜开，适度地装相逗乐。

战争期间，父亲同考涅楚克及其妻子万达·利沃夫娜·华西列夫斯卡娅的关系特别密切。夫妇二人当时按照斯大林的委托，到各个方面军采访，创作反映当时热点话题的剧本。全国的剧院都在上演《前线》和《虹》这两

---

① 阿·伊·基里琴科（1908—1975），苏联党务和国务活动家。1941 年任主管农业的乌克兰共产党中央书记。1949 年起任乌克兰中央第二书记。1953 年起任乌克兰共产党中央第一书记。1957 年起任苏共中央书记。

② 俄罗斯联邦国家档案馆第 3 全宗第 61 目录第 848 案卷第 135—140 页，复印件。

③ 拉夫连季·帕夫洛维奇即贝利亚。——译者注。

④ "萨什卡"系"亚历山大"的爱称。考涅楚克的全名为亚历山大·叶夫多基莫维奇·考涅楚克。——译者注

部宣传鼓动戏，不过当时十分需要。战后，朋友关系发展成为真正的友谊，至少父亲相信他俩是朋友。1949 年，他俩最先知道斯大林决定把父亲从基辅调到莫斯科。父亲是这样描绘他们的反应的："我从斯大林那里回来后，正在莫斯科的华西列夫斯卡娅和考涅楚克过来看我。我向他们讲了刚才进行的谈话。华西列夫斯卡娅放声大哭。我从未见过她这样。"①

对于考涅楚克在乌克兰共产党中央全会上的讲话，父亲的反应是心平气和的："考涅楚克对于为何推举他作候选人没有一个正确的理解，开始百般赞扬贝利亚。他不明白贝利亚如此卖力为的是什么。"② 父亲表面上对他没有什么改变，可实际上已经不邀请他到家中做客了。

6 月 8 日，贝利亚又给中央发了一封报告，这次是《关于白俄罗斯的困境》，毫不迟延，1953 年 6 月 12 日中央主席团就作出了由贝利亚提出的关于共和国白俄罗斯化的决定，"建议"由白俄罗斯人米哈伊尔·瓦西里耶维奇·季米亚宁接替俄罗斯人尼古拉·谢苗诺维奇·帕利托切夫③。

与此同时，贝利亚违背当时的规则，他的一纸命令（他是"头儿"）就罢免了白俄罗斯内务部长和所有副部长。在法律形式上，部长的任免均属苏共中央主席团的管辖范围，然后再由共和国中央作出同样的决定。也许，根本就没有什么由头，只不过是认为时候已到。

白俄罗斯内务部长米哈伊尔·伊万诺维奇·巴斯卡科夫从卢比扬卡的非正式交谈中得知贝利亚准备罢免他，便赶快跑去找上司，但不是找贝利亚，而是找白俄罗斯共产党中央第一书记帕里托切夫。帕里托切夫对此一无所知，赶快去莫斯科探听消息。他马上受到赫鲁晓夫和马林科夫的接见，却没有把底细摸清。帕里托切夫给贝利亚打电话，贝利亚不予理会。帕里托切夫两手空空地回到明斯克。6 月 20 日后赫鲁晓夫给他去电话，吩咐召开白俄罗斯共产党中央全会，会上罢免了帕里托切夫的职务。违背传统，当天没有一名莫斯科高官到明斯克来，帕里托切夫得自己罢免自己。25 日，帕里托切夫被批得体无完肤。表决移至次日举行。然而，26 日贝利亚在莫斯科被捕，"健全"明斯克国家权力机构的必要性就不复存在。

继白俄罗斯之后，贝利亚起草了关于拉脱维亚的报告。结果是最后一封

---

① 《赫鲁晓夫回忆录（全译本）》，社会科学文献出版社 2006 年北京版，第 2 卷第 948 页。

② 《赫鲁晓夫回忆录（全译本）》，社会科学文献出版社 2006 年北京版，第 2 卷第 1128 页。

③ 俄罗斯联邦国家档案馆第 3 全宗第 61 目录第 51 案卷第 124 页。载于《拉夫连季·贝利亚 1953 文件集》，民主国际经济会莫斯科 1999 年版，第 61—62 页。

报告。除贝利亚而外，赫鲁晓夫也签署了。出于什么考虑，很难说，不过从日期看，多半是出于策略上的考虑。6月初，反贝利亚的阴谋已经开始初具轮廓，也许父亲跟他一起签署，是为了使他放松警惕。要么是贝利亚也出于策略上的考虑请父亲签字。不管怎么说，向里加发出指示，要求一切公文都改用拉脱维亚语，并罢免非拉脱维亚族、首先是未掌握拉脱维亚语人士的职务。被免职的初步名单上有107人的姓名①。

然而里加也同明斯克一样，尚未落实莫斯科的指示，贝利亚即束手就擒，他的所有命令也自动失效。

贝利亚在东欧各国也是同样的雷厉风行。他在这些国家也开始了干部清洗。6月12日，贝利亚对匈牙利领导人马季阿斯·拉科西大声呵斥，他还没有威胁说要让拉科西在劳改营里灰飞烟灭，不过也离此不远了。贝利亚打算让伊姆雷·纳吉接替拉科西的职务，下令让纳吉当匈牙利政府首脑，并将权柄交到他的手中。拉科西问他这个执政党首脑还有什么可干的，贝利亚答道："人事和宣传。"拉科西不敢违抗。纳吉刚愎自用，甚至还自任反对派首领，那是后来的事情。当时他这位1930年代即被机关招募的苏联内务人民委员部间谍"沃洛佳"系共产国际工作人员，算是贝利亚的自己人。

贝利亚关于执政党、党的领导的作用的话语，父亲不怎么喜欢。他自己就是执政党、也是唯一的党的领导人，党的主席团握有国内的最高权力，赫鲁晓夫并不打算允许任何人、甚至是贝利亚改变既有的权力结构。

围绕着东德、德意志民主共和国，发生了更具戏剧性的事情。1952年，斯大林命令该国加速社会主义建设。是以斯大林的方式加速：动用武力将德国佬赶进集体农庄，捣毁教堂。德国人对这一切不成体统的事情的反应同1930年代的俄国农民没有多少区别。只不过他们并没有公开暴动，而是和平地往西边流动，到西德去，好在两个占领区——苏联占领区和美国占领区之间并不存在设防的边界。

贝利亚以为，将德意志民主共和国"卖给"西方，就可以赢得他们的心。但认为不宜亲自提出这个建议，他于4月底"建议"外交部长莫洛托夫表现出主动性。莫洛托夫欣然从命，遂于5月3日致信政府主席马林科夫，内容为"放弃在民主德国搞社会主义建设……并且根据波茨坦协定，将苏联的德国政策集中到让整个德国在和平民主基础上重新统一上面"，换言之，

① 列昂尼德·姆列钦：《斯大林之死》，中央印刷出版社2003年莫斯科版，第335—336页。

就是按照美国的条件和美国的利益。马林科夫将贝利亚的信件分别寄给赫鲁晓夫、布尔加宁、卡冈诺维奇和米高扬。当时，贝利亚不仅以“老大”自居，而且其他最高领导成员都纷纷承认他的领导地位。5月5日，中央主席团会议上交换了意见，贝利亚的观点似乎占了上风。然而仅仅是似乎。父亲认为，平白无故地将德国拱手相让送给美国不对头，却又有些回避公开对贝利亚表示异议。他决定会后与莫洛托夫单独地交谈。他解释了为什么认为这个政策是错误的，并表示感到困惑：为什么莫洛托夫要提出这个倡议。莫洛托夫同贝利亚也是面和心不和，却又不敢违抗他。同父亲谈话之后他精神为之一振。5月10日，莫洛托夫给马林科夫寄去内容截然相反的报告，要求“加强作为社会主义阵营的一个部分和苏联可靠盟国的德意志民主共和国”。

5月27日，中央主席团再次讨论了德意志民主共和国的局势，后来又在7月2日讨论了一次。贝利亚和马林科夫继续落实不在德意志民主共和国搞社会主义以及加速两德统一的问题。莫洛托夫胆子大了起来，予以反驳，他得到父亲的支持。双方互不相让。结果是通过了一个折中的《关于德意志民主共和国政治形势健康化的决定》，但未提有争议的“关于社会主义”的问题。决定建议德方不必急于搞集体农庄，计划不要定得过高过急，苏联方面则保证向民主德国提供粮食援助。同僚的反抗并未使贝利亚感到沮丧，他毫不怀疑他们终将服从。他未经主席团准许，就派上“自己的人”去德国为东部改弦易辙打好基础，并同西部搞好关系。惊慌失措的民主德国领导人急赴莫斯科要求作出解释。乌布利希生性固执，坚持原则，当面顶撞贝利亚。贝利亚按捺不住，“冲着乌布利希同志和其他德国同志大声嚷嚷，让人听了都觉得害羞”①。贝利亚威胁乌布利希说，如不改变立场，那就滚蛋。传言跑得很快。待乌布利希返回柏林，那边全都知道了，人们毫不怀疑：乌布利希的日子已是屈指可数。

当时，柏林的建筑工人骚动起来，他们在被盟军轰炸机夷为平地的温登·登·林登大街旧址修建华丽壮观的斯大林林荫道。动荡早在乌布利希前往莫斯科之前即已开始，6月11日，民主德国政府决定将生产定额提高10%。此举令人不快，但还不是悲剧性的。可往往就有这样的事情：左手不知道右手在干什么，柏林市政府又把指标提高了25%。不仅如此，地方当局希望尽

---

① 引自尼·谢·赫鲁晓夫1953年7月2日在中央全会上的讲话，见《拉夫连季·贝利亚1953年文件集》，国际民主基金会1999年莫斯科版，第238页。

快建成，又恐吓说，如完不成新的定额，那就再扣掉工资的35%。如此专横霸道，将工人激怒了。6月11日，斯大林林荫道上医院的楼前，静坐示威开始了。

6月15日傍晚，斯大林林荫道的建设者已经要求取消一切不公正的决定，并威胁说否则就要搞总罢工。固执的乌布利希坚持己见：决不让步。应当对此有个公正的评价，乌布利希从莫斯科回来后，他本人并不是很清楚明天自己会出什么事，却一味坚持，至于他的那些亲信，就不是这么回事了。危机期间的情况不明，特别是最高权力机关的情况不明十分危险，有时甚至是致命的。

6月17日上午7时，斯大林林荫路的建设者号召柏林人罢工。大街上，示威者浩浩荡荡，拥塞于途，当局惊恐万状，德意志民主共和国副总理、东德基督教民主联盟主席奥托·努什科不知是自己逃跑了，还是把他带到西柏林时他没有特别反抗。新任驻德苏军总司令安德烈·安东诺维奇·格列奇科上将10天前才接替斯大林格勒英雄瓦西里·伊万诺维奇·崔可夫大将担任此职，他起初也是惊慌失措，不过在接到莫斯科显示武力、但不开枪的命令之后，于12时30分让去掉炮衣的坦克开到柏林的各交叉路口和通往市区的公路上。占领军，这可不是闹着玩儿的。战争结束后没有过多长时间，我们并没有把德国人当成朋友和同盟者。人们的记忆中他们依然是打了败仗的敌人。在拒不服从的情况下对他们使用武力是理所当然的。德国人对自己的地位也有个正确的估价，不会以卵击石，他们尊重实力和秩序①。尽管如此，仍然有伤亡，德国示威者和德国警察之间的冲突中，双方均有伤亡。一说20—30人丧生，近300人受伤；一说8人丧生，100人受伤，1300名德国人被捕②。数字上的差别同作者的好恶有关。

父亲对于“柏林麻烦事”（这是他对该市发生的事件的称呼）感到很痛心：为什么工人会起来反对自己的工人政权呢？他认为，与其归因于无谓提高工作定额的当地执政者的愚蠢，倒不如归因于我们自己在对德政策、特别是经济政策方面的模棱两可。

我们过去的盟国不仅谢绝了德国投降书中规定的应得赔款，而且还在马歇尔计划的框架内援助他们新的西德盟友。西部占领区的经济迅速恢复，我

① 当年事件详情可参阅大卫·苗尔菲、谢尔盖·孔德拉绍夫和乔治·贝利《柏林战场·冷战中的中央情报局和国家安全委员会》，美国耶鲁大学出版社1997年美国版，第163—183页。

② 《俄罗斯在局部战争中》，2000年莫斯科版，第137页。

们却把民主德国凡是可以拉走的东西统统运回国内，管它有用无用。东德人的生活不如西德人，也就不足为奇了。父亲认为，主要是我们应当坚定地宣称支持民主德国，绝不容许她被西德吞并。模棱两可引起迟疑不决，迟疑不决变成不满情绪，再加上供应短缺，最终是柏林当局独出心裁地提高工作定额。当然，西方特工机关也起了自己的作用。

立即着手改进。1954 年 8 月即已同德意志民主共和国签署了关于自 1954 年 1 月 1 日起不再向东德抽取赔款的备忘录。似乎危机解除了，一切都走上正轨。美方也不再提起向德意志民主共和国作出让步的事情。

如今有人认为这样的立场是错误的。他们觉得，只要苏联赞成德国统一，那么同美国的一切问题均可迎刃而解，我们两国的关系中就会平安无事。我对他们的意见不能苟同。当时苏联希望扮演世界强国的角色，争取国际社会承认自己同美国平起平坐的地位。失去在欧洲中部就地缘政治的角度而言无法估量的桥头堡，必将破坏欧洲和世界的力量对比，把苏联降低到岂止是地区大国、简直就是幅员广大却分量不重的国家。德国是欧洲大陆上系统形成的国家，她起初不能处于中立地位。当时的美国国务卿约翰·福斯特·杜勒斯深知这个道理。

正是因此，对于斯大林 1952 年 3 月 10 日关于建立全德政府、举行全德选举并赋予新德国以中立地位的建议，华盛顿干脆回答说"不"。美国仿佛是为了重申自己对于德国中立思想的否定态度，于 1952 年 5 月 26 日签署了波恩协定，于同年 5 月 27 日签署了巴黎协定，这样一来，在联邦德国成立职业的、与北大西洋公约结盟的武装力量也就合法化了。

于是，实用主义和现实主义的政治家杜勒斯就在两个集团之间划出清晰的边界，只要越雷池一步，就会碰上很大的麻烦。杜勒斯将他的政策称之为"战争边缘政策"，然而他很清楚这个边缘在何处，他不让自己越过边缘，也不建议别人越过边缘。父亲尊重他的清晰明确，认为一个双方都明确自己阵地的世界，比起让混乱中的对手作出不可预知的让步、并最终引发军事冲突或者投降来，要更加安全。

让步只会使胃口越来越大，对方开始提出一个又一个要求。我很难设想贝利亚会和后来的戈尔巴乔夫一样，故意把事情办到举手投降、交出自己在世界上的一切阵地的地步，当时事情是按照我们现在已经知晓的脚本进行的：重新统一，统一的德国加入北大西洋公约组织，然而世界舞台上相互关系的逻辑是确定不移的。只是那并非发生在 20 世纪 90 年代，而是发生在 50

年代，不是冷战之后，而是冷战期间。

杜勒斯对于“礼物”自然决不推辞，他会在战争边缘上踩钢丝，同时宣称从苏联身上“咬掉”一个又一个盟国的政策，直至美国的地缘政治敌人——苏联自动离开世界舞台为止。

设若当时苏联不投降，那么同西方的对抗就会恢复，但条件是北约的前沿阵地再往苏联边界靠近数百公里。

半个世纪过去，1953 年的“麻烦事”在统一的德国更名为几乎民主德国全民参加的起义。“1953 年 6 月 17 日起义”成了诸如苏联 1917 年 10 月“阿芙乐尔炮声”或者 1945 年 6 月胜利阅兵、陵墓前垂下的已缴获德军旗帜之类的象征。每个民族和每个时代，都有自己的象征。在制造神话的热潮中，甚至说苏联占领军的战俘就大多数而言，全都同情德国人，而 25 名苏联士兵甚至拒绝朝示威者开枪，因此被指挥员当场枪毙，并埋葬在路旁。甚至找到了合适的骨头架子，不错，弄不清楚那是 1953 年还是 1945 年下葬的。

一派胡言！且不说并未向苏军下令开枪，然而和平时期把四分之一排的人统统打死，不通过审讯和侦查，不通过特别处人员，不通过军事检察官，不通过法庭？无论是营长、团长还是师长，谁也不敢这么做。否则他自己就得交法庭审判了。至于拓宽公路时挖出的骨头架子，那多半是 1945 年战斗的牺牲品、德国的长柄火箭射手，要么就是胜利在望时阵亡的我国士兵。

但这仅仅是外表，就实质而言，1953 年 6 月在德国服役的 18—20 岁苏联小伙子，战争之子，已经亲身领略了德军占领时期的全部“乐趣”，他们却突然跑到德国人那边去！简直无法想象。当时在我们的心目中，德国人统统是恶魔、罪犯，尽管政治正确的宣传讲的完全是另外一套。我本人也是这个年龄段的，1953 年 7 月 2 日我满 18 周岁，对于德国人没有丝毫同情之心。直到 1960 年代才把他们当人看待。设若没有下令让占领军士兵开枪，而仅仅是允许他们开枪，那么他们的心中复仇的火焰尚未熄灭，就会毫不犹豫地干掉民主德国的半数居民，根本不会去想东部德国人如今是我们的盟国国民。

假如是德国人诌出这样的故事，那我多半不去理会它。统一的德国在制造关于自己往昔的神话，在这种情况下，就利用手边的材料来塑造英雄，哪怕是利用偶然发现的路旁沟中的骨头。然而这样的臆造甚至在俄罗斯也受到认真对待，全国都在大量推广。不明白为何德国神话竟成了俄国历史的一部分。

现在让我们回到两个月前，看看贝利亚和其他最高领导成员之间的关系如何。至4月份，贝利亚已经完全以“头儿”的身份自居了，有时丧失警惕，或者说在与暂且平起平坐的中央主席团同僚的关系中丧失分寸感。

“1953年4月，我开始发现贝利亚的言谈举止中有了变化，”安全机关将军苏达普拉托夫写道，“贝利亚当着我、有时当着其他将军，同马林科夫、布尔加宁、赫鲁晓夫谈话，他公开批评中央主席团委员，说话过于随便……

有一次我去贝利亚办公室，听到他正在同赫鲁晓夫争论。贝利亚在同赫鲁晓夫谈话中的放肆腔调使我感到困惑：从前如果旁边有下级，他断不会有类似的放肆举动。”①

6月初，贝利亚便公开不把中央主席团、甚至自己的“顶头上司”——部长会议主席放在眼里。例如，他独自签署了政府关于1953年8月进行氢弹试验的命令。这个决定不仅没有经过讨论，而且贝利亚认为此事高度机密，甚至都没有向马林科夫通报。

某些历史学家坚持认为贝利亚有权签署关于核试验的决定，他从1954年起就主管核事业，他就是权威。这个逻辑很可疑。宣布战争的声明也可以算作纯技术性文件。任何一个国家都规定了作出决定的等级程序。根据当时确立的规则，是否允许试验，是否将新型坦克或者飞机投入生产，都是中央主席团的特有权力。讨论这是否正确毫无意义。如果不正确，那就应当变更法律，但绝不是违犯法律。贝利亚签上自己的名字，就是再次故意向同僚表明谁是这个国家的“老大”，他和先前的斯大林都以此指明，哪些方面他们可以插手，哪些方面不得染指。因此，这个决定并不是技术性的，而是颇带政治性的呢。

头几个星期甚至头几个月，贝利亚的倡议巨浪压得新领导班子中的“同志们”喘不过气来，他们尚未感觉到自己是有全权的新领导班子成员，习惯性地未经讨论就投了赞成票。何况主持中央主席团会议的马林科夫并未请大家参加辩论。贝利亚刚刚讲完，他就匆匆忙忙地高声说道：“问题提交表决。我建议大家赞成。赞成的举手！”全都赞成。

不仅苏多普拉托夫、而且中央政治局委员都觉出了贝利亚行为中有了变

---

① 帕维尔·苏多普拉托夫：《特别行动·卢比扬卡和克里姆林宫1930—1950年代》，奥尔马－普列斯出版社2003年莫斯科版，第548—549页。

化。到5月底，这种变化已很明显，人们自觉不自觉地开始为自己的前程担心。就连马林科夫也在其内，这个人不笨，主要是他比其他人都更加了解贝利亚，他又性格懦弱，便愈来愈多地陷入沉思。但谁也下不了决心迈出第一步。假如……那么……

父亲表现出主动精神。5月，他迈出了十分小心的第一小步，同马林科夫谈了谈。若不让马林科夫同贝利亚脱离开来，成功无望。父亲对马林科夫和贝利亚两个人都了如指掌，天天同他们打交道，父亲发现马林科夫同3月份不一样了，既因处处受制于贝利亚而感到难受，又明显地怕贝利亚。马林科夫感到害怕，却什么也没有做，什么也不会做。要把他推一推。可怎么推呢？直截了当地提出问题吧，他会因为胆怯，跑去向“老大”报告，要那样可就完了。

父亲把话题扯得很远，似乎提出了一个抽象的程序问题：如何开好中央主席团会议。他向马林科夫进言不要马上就建议进行表决，让集体领导成员一吐为快，也许批评批评发言者。父亲没有点出名字，至于说的是贝利亚，则不难猜出。马林科夫没有表示反对。于是父亲就直截了当地谈起贝利亚，并建议道：“‘我们不是在拟定议程吗？我们就提出尖锐的问题，这些问题我们认为贝利亚提得不对，就开始反驳他。我坚信这样我们就可以把其他主席团委员动员起来’……马林科夫表示同意，我真是感到又惊又喜……在一次会议上，我们有理有据地表示反对……其他人也支持我们，贝利亚的主张就没有通过。一连几次都是如此。从此以后马林科夫感到有了希望，原来是可以同贝利亚斗的……我们发现贝利亚正在加速事件的进程。”①

如何理解所谓贝利亚加速事件的进程呢？贝利亚准备搞国家政变吗？就这个词的直义而言，未必。他似乎没有打算1953年6月27日在大剧院尤·沙波林②的歌剧《十二月党人》演出现场逮捕全体中央主席团委员。有些历史学家写到这种可能性，他们忘了斯大林也好，贝利亚也好，他们抓人都是一个一个地抓，夜间动手，而不是在人多的地方一群一群地抓。再说贝利亚没有必要搞经典的政变，因为国家的大权本来就在他的手里。他自然是计划更换中央主席团的班子，但那是过后换，而且是逐步地换。

---

① 《赫鲁晓夫回忆录（全译本）》，社会科学文献出版社2006年北京版，第2卷第1128—1129页。

② 尤·亚·沙波林（1887—1966），苏联作曲家和音乐教员。苏联人民演员（1954），曾三次获得斯大林奖金（1941，1942，1950）。1940年起任莫斯科国立柴可夫斯基音乐学院教授。

贝利亚也没有调内务人民委员部的师团去莫斯科。在我看来，这也是历史学家的杜撰。既然莫斯科已经驻扎着最忠实的捷尔任斯基师，还要什么师团呢？

贝利亚是一步一步地夺取政权。1953年5月30日，他瞒着中央主席团，在本机关内部成立了特殊的、直接隶属于他本人的第九侦查破坏局，所谓的特种任务局，并任命帕维尔·苏多普拉托夫为局长，这是一名侦察员兼恐怖分子，他因1930年代在德国刺杀乌克兰民族主义分子领导人之一科诺瓦尔茨发迹，后来又除掉列夫·达维多维奇·托洛茨基。

“当时我手下应当有特殊用途的特种兵……就可以动员一切力量和手段去应对非常情况。”① 苏多普拉托夫将军在21世纪初回忆道。

甚至透过半个世纪的时间帐幕也可以理解，贝利亚对苏多普拉托夫的信任超过其他任何人。苏多普拉托夫对他忠心耿耿，最后一次证明自己对于“主子”的忠诚，是不久前在1952年梅格列尔案件当中。如上所述。“遇到特殊情况”贝利亚找不出比他更好的人选了。苏多普拉托夫将熟悉本行的专业人员、“侦察和游击队战役的专家”紧急调往莫斯科，这些人在不止一次“除掉行动”中表现出色，其中包括纳乌姆·艾廷根，参与刺杀托洛茨基的战友之一。

苏多普拉托夫在回忆录中担保说，特种局与贝利亚的计划没有任何关系，再说贝利亚也没有提出任何计划，他将特别局的任务定为在北大西洋公约各国搞破坏，而且仅仅限于在开战的情况下②。

我没有理由不相信苏多普拉托夫将军，也没有理由相信他。

贝利亚没有把自己的政治计划告诉他，然而苏多普拉托夫谈到1953年6月袭击北约国家在欧洲的基地，竟洋洋洒洒，如此详细，不由得让人生疑。近期与北约开战并未纳入贝利亚的计划，否则他就不会为了安抚西方而牺牲东德了。当时让贝利亚感到不安的并非北约，而是最亲密的战友……

贝利亚在创建杀手特别部队的同时，还恢复了“X实验室”。原先创建这个实验室，是根据政府（也就是斯大林）的直接指示，其任务是研制毒药以除掉不合心意的人。实验室主任为医疗勤务部门的上校迈拉诺夫斯基。

---

① 帕维尔·苏多普拉托夫：《特别行动·卢比扬卡和克里姆林宫1930—1950年代》，奥尔马－普列斯出版社2003年莫斯科版，第550—551页。

② 帕维尔·苏多普拉托夫：《特别行动·卢比扬卡和克里姆林宫1930—1950年代》，奥尔马－普列斯出版社2003年莫斯科版，第551、556—560页。

1937—1947年和1950年，斯大林时而将迈拉诺夫斯基实验室的制成品投入使用[①]。1951年，疑心特重的斯大林将迈拉诺夫斯基逮捕归案。苏多普拉托夫写道，领袖去世后贝利亚决定释放迈拉诺夫斯基[②]，但未及执行。他还断言，“X实验室”已超出他苏多普拉托夫的权限范围。有道理，贝利亚可以管到迈拉诺夫斯基，迈拉诺夫斯基可以管到毒药，苏多普拉托夫可以管到肃清者。后来，已是贝利亚被捕之后，父亲讲道，他们这些主席团委员全都危在旦夕，而贝利亚亲手捏着“苏多普拉托夫剪刀”。当政治局获悉特别局、“X实验室”及其犯下的罪行时，就把以苏多普拉托夫为首的“肃清者”隔离起来了。

1953年6月，父亲和其他中央主席团委员对于成立内务部“新部门”均一无所知，但父亲直觉地感到延误时间等于自杀，决定孤注一掷，直接找马林科夫谈谈。已经到了摆脱贝利亚的时候。关于这一点，他和布尔加宁先前已讨论过，并达成了共识。只是没有马林科夫，他们的共识意义不大。开始同马林科夫谈话，父亲感到紧张，但对方却显然是感到轻松，很快就同意了：“贝利亚的事应当处理处理了。”这样就出现了“倡议三人”：赫鲁晓夫、布尔加宁、马林科夫。马林科夫一同意，父亲对于成功几乎已经毫不怀疑了，其他中央主席团委员对贝利亚是既恨又怕，只有米高扬让人捉摸不透，永远不知道他在想什么。

父亲和马林科夫、布尔加宁分别单独去摸一摸主席团委员的底。怎么处置贝利亚，逮捕不逮捕，他们没有决定，心里都明白，不把他关起来实在太危险，然而暂时尚未提到“逮捕”二字。

要闻日志

不能说我猜到了所发生的事情，一切均在高度机密的情况下进行。况且我在18岁的年龄，更感兴趣的是朋友和即将到来的假期。克里姆林宫宫墙内都发生了什么事呢？需要发生就发生吧。发生了许多事情。

---

① 帕维尔·苏多普拉托夫：《特别行动·卢比扬卡和克里姆林宫1930—1950年代》，奥尔马－普列斯出版社2003年莫斯科版，第441页。

② 帕维尔·苏多普拉托夫：《特别行动·卢比扬卡和克里姆林宫1930—1950年代》，奥尔马－普列斯出版社2003年莫斯科版，第453页。

斯大林去世后，国家开始起变化，起初是隐约可见，后来则愈来愈快。斯大林的名字经常提到，但没有原先的喜形于色了。报纸上刊载的文章，是一年前不可思议的。不再刊登几个月前满满当当地占了好几版的东西。实际上已经停止抨击犹太复国主义者和无爱国心的世界主义者，而1953年1月，内务部部属印刷厂还在印刷和发行题为《为什么应当把犹太人从城市迁往乡村?》的小册子呢。

近几个月始终徘徊不前的朝鲜停战谈判已进入最后阶段。开始交换俘虏、平民和军人。

4月1日，宣布例行的、后斯大林时代第一次降低物价。人们对此已习以为常，并一直期待着。

4月25日，《真理报》刊登了不久前美国总统艾森豪威尔在新闻俱乐部的讲话全文。

5月11日，全文刊登了温斯顿·丘吉尔在英国下议院的讲话。苏联新领导展现出明显的同西方国家开始对话的意图。

6月上旬，斯维尔德洛夫巡洋舰抵达英国，参加伊丽莎白女王二世加冕礼阅兵式。这是冷战开始之后第一次这样的访问。

6月25日开始认购总额为150亿卢布的发展国民经济公债。半自愿半强迫地全都认购，我们大学生也拿出一个月甚至两个月的工资，否则，以当时四五百旧卢布的微薄工资，任务无法完成。公债是按照1940年7月1日人民委员部决定发行的。当时认为，这些钱有助于加快经济发展，国家将变得更富裕，不费吹灰之力即可偿还。还款期限定为20年。卫国战争把计划打乱了，钱不是用来发展经济，而是用来击溃敌人，后来则用于战后重建。公债数额年年增加。与此同时，用于一年几次开奖的支出数额也在增加。到1953年，偿付总额已经接近每年借用的数额。公债愈来愈像个财政金字塔。

莫斯科建成的高楼鳞次栉比，而且不只是高楼。报纸报道说：1952年交付使用的住宅比1949年翻了将近一番。

拉夫连季·贝利亚的114天（结尾）

（结　尾）

在“柏林麻烦事”期间，反贝利亚的阴谋进入最后阶段。赫鲁晓夫、马林科夫、布尔加宁分别单独同全体主席团委员、同“一潭死水”谈话。这些昨日甚至今日还在毫无保留地拥护贝利亚的委员，全都愿意加入到父亲及其盟友中间来。莫洛托夫走得比谁都远，他坚持对贝利亚不仅要撤职，而且要逮捕。其实，逮捕是顺理成章的事情，让贝利亚逍遥法外非常危险。他们都感觉到自己成了贝利亚的人质：只消贝利亚眨眨眼睛，归他直接管辖的卫士就会直接服从贝利亚的命令，当下把这些被保护对象抓起来。除此而外，贝利亚手下还有克里姆林宫警卫团、捷尔任斯基师，还有……，还有……，还有……

贝利亚绝不容许任何侵犯他的权力的图谋出现，他不知是看走了眼，还是没有注意到父亲等人可疑的活跃。6 月，他不仅对莫斯科和各共和国的内务部系统继续进行清洗，而且也对常驻国外的谍报机构开刀。凡涉嫌对“新主子”不忠者，一律辞退。仅德意志民主共和国的 2800 名苏联侦察和反侦察人员中，就撤换了 1700 人①。

地区内务局接到指示：搜集关于地方行政机关活动的情报，并通过内务部秘密通信信道寄给贝利亚。内务部第一特别局局长亚历山大·谢苗诺维奇·库兹涅佐夫在审判贝利亚期间报告说，“贝利亚命令我同所有的内务部各局局长联系，传达他关于将所搜集的关于党机关和苏维埃的领导成员的情报、包括党和国家领导人的情报交中央保存的指示。我们收到这样的材料，编制清单，5 月 25 日，同致贝利亚的报告一起交给副部长波格丹·卡布洛夫。”②

然而，并非所有的局长都“忠实地”执行了贝利亚的命令。

那些还没有来得及受到清洗的局长从地方上往中央打电话，又是抱怨，又是警告：有不好的苗头。父亲在回忆录中提到其中的一位，就是未被贝利亚清洗掉的利沃夫州内务局长季莫菲·阿姆夫罗希耶维奇·斯特罗卡奇。他通过自己的渠道接到命令：搜集给当地苏维埃和党的干部抹黑的材料。但未经州委书记批准，他就拒绝执行。“于是贝利亚给斯特罗卡奇去电话说，要是他自作聪明，就会落得在劳改营里灰飞烟灭的下场。”③ 斯特罗卡奇不怕威胁，全都向州委书记季诺维·季莫费耶维奇·谢尔久克作了汇报。谢尔久克立即给赫鲁晓夫去电话。

---

① 《柏林战场》英文版第 161 页。

② 列昂尼德·姆列钦：《斯大林之死》，中央印刷出版社 2003 年莫斯科版，第 346—347 页。

③ 《赫鲁晓夫回忆录（全译本）》，社会科学文献出版社 2006 年北京版，第 2 卷第 1127 页。

父亲从1938年起就了解谢尔久克。当时，在1937年大逮捕之后，基辅阒无人迹，父亲只得同时兼任共和国中央委员会、政府和基辅州党委的领导工作。在州委他看上了时年35岁、机智麻利的谢尔久克。谢尔久克成了父亲的左右手，次年即当选为基辅州委书记。从那时起他们关系一直很好。前面提到的巴斯卡科夫，时任白俄罗斯内务部部长，他也往莫斯科发出信号。

有些历史学家没有发现贝利亚命令中特别谋反的字眼，国家安全机关之为国家安全机关，就是要收集各种资料并储存在自己的档案中。这里，人们忘记了或者避而不谈贝利亚，这样做就是继承了斯大林不是依照业已形成的权力等级、而是通过"机关"来领导国家，这样一来，地方国家安全机关首脑实际上就凌驾于党和苏维埃政权之上。这就是贝利亚与赫鲁晓夫原则性分歧之所在，赫鲁晓夫想打破这种权力模式，根据党章和国家宪法将失去的权力归还州委，再通过州委归还苏维埃。

如果地区、共和国、国家的首脑是个警察，这就是警察专政。如果首脑是个军事首长，那就是军人专政。即便是形式上权力转移到选举产生的、非党的或者甚至党的机关，即便是当时的等额选举，那也是迈向民主的第一步。还不是民主，仅仅是迈向民主的一步，但没有这一步，就休想将专政改造成为某种文明的东西。

父亲打定主意要迈出这一步，在这点上，他同贝利亚有着根本的区别，在贝利亚眼中，无论昔日斯大林旧体制还是如今的贝利亚体制都合他的心意。

汇集到父亲这里来的情报令人日益不安，他确信必须采取行动，而且越快越好。他在中央主席团与大家达成共识，米高扬除外，但还需要两天来做最后的准备。而且需要特别小心谨慎，参加进来的人愈来愈多，父亲担心贝利亚会起疑心。还是"德国麻烦事"帮了大忙，贝利亚忙于在柏林整顿秩序。我记得他甚至是乘飞机赶去的。我当时不可能知道1953年贝利亚的计划，父亲对于他的"柏林出差"也只字未提。然而有这样的传闻，是当时还是后来，如今已分不清。斯大林主义者诗人菲利克斯·丘耶夫在其与莫洛托夫"桌边谈话笔记"中引用了莫洛托夫的话："好像此前贝利亚在柏林镇压暴动，他在这种情况下是好样的……好像他是乘飞机去的，我不知道，不记得了……"①

---

① 菲利克斯·丘耶夫：《同莫洛托夫的100次谈话》，杰拉出版社1991年莫斯科版，第345页。此书另一版本：《莫洛托夫·半个强国的主宰》，奥尔马－普列斯出版社1999年莫斯科版，第415页。

连莫洛托夫也说“好像”，连他也记不准了。我不会排除贝利亚去柏林的可能性，但解密的档案证实：贝利亚没有在柏林出现，他是派了以他的副手、军事反侦探局局长谢尔盖·戈格利泽为首的专门小组去的。可以推测，贝利亚的名字禁止提及。所以就没有写进文件。我不知道。一切都可以推测……

不管怎么说，6月26日，准备工作已接近尾声。决定在克里姆林宫墨守成规的部长会议主席团会议上逮捕贝利亚。部长会议主席团会议通常都在星期五召开。这次商定会议一开始，立即宣布这是中央主席团会议，中央主席团是国家的最高权力机构。为此，以讨论同中央主席团委员有关的问题为由，邀请通常不参加部长会议的中央主席团委员出席。当天上午，为了不引起门卫的疑心，布尔加宁用他的专车秘密地载上以莫斯科防空军司令员基里尔·谢苗诺维奇·莫斯科连科①和国防部副部长格奥尔基·康斯坦丁诺维奇·朱可夫②为首的忠于布尔加宁和父亲的数位将军进入克里姆林宫。

莫斯科连科和所有的将军一样，不喜欢“机关”，况且整个战争期间都和父亲一起并肩战斗。父亲认为这样的事情可以托付给他。朱可夫恨死了贝利亚，认为他不仅是自己战后失宠的倡议者之一，而且是个刽子手，由于他的原因，战前、战争期间及现在的和平时期，将军们死在监狱里，而且不仅是将军。朱可夫和莫斯科连科还带来了几位忠诚的将军和上校。全都带着武器。似乎一切都预计到了，但父亲仍然感到紧张。在阳光明媚的那个暖融融的六月早晨前去参加中央主席团会议时，他往口袋里放了一把手枪。以防万一。他还一改自己的习惯，将平日的吉斯牌高级轿车换成防弹车。也是以防万一。父亲当天取消了平日的晨间散步，让我们别去打扰他。

清晨，米高扬过来了。他们在花园里一张偏僻的椅子上坐了两个多小时，兴奋地讨论问题。我从别墅的凉台上注视着他们。

父亲故意把同米高扬的谈话放到最后一刻进行，以免过后在会议前失去对他的控制。父亲对米高扬进行了仔细的研究，很看重他那同非凡的机智奇怪地结合在一起的智慧和原则性。米高扬把赌注压在谁的身上呢？除了他本人而外，没有人知道。父亲担心的是米高扬不同意逮捕贝利亚。万一他投到

① 基·谢·莫斯科连科（1902—1985），苏联军事将领，两次获得苏联英雄称号，苏联元帅（1955）。

② 格·康·朱可夫（1896—1974），苏联军事将领，苏联英雄，苏联元帅（1943）。苏联国防部长（1955—1957）。

贝利亚那边去，那可就一切都完了。事情这样发展的概率不大，可毕竟……甚至最小的失败可能性也绝不容许。父亲做得对，米高扬没有反对，但也没有同意，一方面，“贝利亚确实品质恶劣”，另一方面，他“并非不可救药，可以在集体里工作。这是一种完全特殊的立场，我们没有一个人持这样的立场。”这让父亲很不放心，但“谈话该结束了，只剩下赶去参加会议的时间。我们同乘一辆汽车，驶往克里姆林宫。会议前米高扬去了自己的办公室……”①

米高扬关于乌索沃别墅花园那次谈话的回忆略有不同。

他回忆道：“我全神贯注地听着，对事情的这个转折感到吃惊，便问道：‘马林科夫怎么样？’

赫鲁晓夫回答说，马林科夫站在他那一边。

米高扬继续说：‘我很难相信他。马林科夫是贝利亚手中的一个玩具，实际上大权不在马林科夫手里，是在贝利亚手里。’赫鲁晓夫是如何把他说动的呢？

米高扬同意解除贝利亚的国家安全部部长和政府副主席的职务，又问道：‘你往后怎么处理他呢？’

‘让他当石油工业部部长。’赫鲁晓夫回答道。

‘我赞成这个建议。’米高扬继续发挥他的那个谈话脚本，他补充道：‘不错，他不大懂石油，不过战争和战后时期表明，是个好组织家。在集体领导中他是有用武之地的。’

至于说到把贝利亚调去管石油工业，那多半是赫鲁晓夫故意对我这么说的。”② 米高扬这样推测。

他推测得对。米高扬关于贝利亚在未来的集体领导中有用武之地的话，可把父亲吓得不轻。但事已至此，就等着开中央主席团会议了。

到了克里姆林宫，米高扬与赫鲁晓夫分别，到自己的办公室去了。父亲感到紧张，万一米高扬现在拿起听筒，给贝利亚打电话呢？他没有打。

至于逮捕贝利亚的经过，以及父亲在行动准备过程中同主席团委员谈话时的种种波折，我就不多说了。当时我不在现场，至于那些紧张的日子和时刻，全都有人写过了，作者中既有事件的参与者，也有根本不沾边儿的人。我没有什么可补充的。我以为父亲的讲述最真实可信，他已经重复多次，且

---

① 《赫鲁晓夫回忆录（全译本）》第2卷，社会科学文献出版社2006年北京版，第1133页。

② 阿·伊·米高扬：《往事》，瓦格里乌斯出版社1999年莫斯科版，第587—588页。

千篇一律，尤其珍贵的是趁记忆中的一切都很鲜活时马上跟踪。其余的目击者和非目击者是在将近半个世纪之后才来描写当时所发生的事情。几十年的时间里，记忆中的许多东西已经被扭曲，同时又要适应于当代对于历史的“正确阐述”。

我只想说，一切都发生得令人吃惊地平和而平常。没有人替贝利亚辩护。先是将他送到莫斯科卫戍部队禁闭室，后又移至莫斯卡连科司令部的地下掩体，这里修建了某种类似临时监狱的东西。莫斯科人对于尚未正式宣布的贝利亚被捕作出了独特的反应，他们认为像 1947 年那样的掠夺式币制改革来临了，十个卢布换一个卢布，甚至更糟。恐慌开始了。

“哪个储蓄所也进不去，”作家科尔涅·楚科夫斯基在日记中写道，“想去领工资，办不到，电报局储蓄所有5000人排队。地毯，夹板套包，瓦罐，什么都买。银器绝迹了。钢琴店里人们抱怨说：‘活见鬼，三架音乐会大三角钢琴不卖给一个人。’地铁和电车不给找钱。首都像面临世界末日一样地癫狂。”①

6 月 28 日，财政部长兹维列夫在《真理报》上开导读者说，没有人打算改换钱币。自然都不相信他的话，不过钱币还是原来的钱币，恐慌渐渐消退。

“1953 年 7 月召开了中央全会。与会者尽情发挥。军方人士对贝利亚骂得尤其厉害，朱可夫率先发言。半年之后，即同年 12 月，贝利亚及其最亲密的帮手按照 1934 年命令受到审判，基洛夫遇刺后通过的这个命令，确立了从速和极端简化的诉讼程序。根据斯大林—贝利亚的旧框框，也提出了正式起诉。贝利亚的罪名是可以想见的和难以想象的罪过，直至给英国当间谍。

贝利亚承认自己是英国间谍，其中隐含着痛苦的讽刺。

贝利亚心情好的时候，喜欢讲故事，说的是 1941 年 8 月斯大林忽然问道：‘基里尔·阿法纳西耶维奇·梅列茨科夫大将在哪儿？’②

‘蹲监狱呢，’贝利亚笑着说。‘他供认给英国当间谍。’

‘他算个什么间谍？’斯大林故做愤怒状。‘正打仗呢，他还一边待着。可以指挥一个方面军的。把梅列茨科夫叫来，跟他谈谈。’

---

① 科尔涅·楚科夫斯基：《1901—1969 年日记》第 2 卷（1930—1969），奥尔马－普列斯出版社 2003 年莫斯科版，第 237—238 页。

② 斯大林于 1941 年 6 月批准逮捕梅列茨科夫，逮捕则是德国进犯苏联之后的事情。

受尽虐待和凌辱的梅列茨科夫带到卢比扬卡贝利亚的办公室。贝利亚殷勤地让将军在皮质安乐椅上落座，没让他坐审问用的凳子。将军恭顺地坐下，眼睛盯着地板。

‘梅列茨科夫，瞧你写的那些蠢话，’贝利亚以暴虐狂的快乐口吻说道。‘你算个什么间谍？你是个老实人。’

‘我全都说过了，’将军眼皮也不抬地答道。‘我亲笔写了我是英国间谍，你干吗还审问我?’

梅列茨科夫没盼着这次谈话会有什么好结果，他们许是有点什么改变了，就等着再挨拳头受酷刑吧。他决定不为所动。

‘这又不是审问，’贝利亚安慰说。‘你不是间谍。回监室去待会儿，考虑考虑，睡睡觉。我回头再叫你。’

‘第二天我又把梅列茨科夫叫来了，’贝利亚讲述道。‘我问他：“怎么样，考虑好了吗?”他哭起来，终于承认他不是英国间谍。把他放出去，穿上将军服，就到列宁格勒去当方面军司令员了。’

可眼下又把贝利亚自己当成英国间谍来审讯。判处他死刑，当然不是因间谍罪，而是因在那个1953年甚至不敢提起的事由。判决书中只字未提逮捕和拷打，只字未提涉嫌阴谋反对现政权。

在谴责那个贝利亚用以亲自把成千上万人打入死亡和苦难深渊的法令时，我看见了某种历史规律和公正。贝利亚之后，已经再也不凭1934年命令来审讯人了。

处决贝利亚，这也是对斯大林时代的最后一次祭祀，用的也是斯大林的方式，只不过是为了清除斯大林主义罢了。血腥的时代是以对血腥刽子手的审判而结束的，依据的是血腥刽子手制定的规则。

据父亲当时的讲述，宣判之后，几位将军甚至还就判决立即执行的权利争论过一阵呢。

帕维尔·巴季茨基将军受权处决贝利亚，他身材魁梧，那双大手可以毫不客气地扼死不久前决定人们命运、又时来运转地落到他的手中的人，并且撕成碎片。‘当时在场的有法庭成员：莫斯科州委第一书记尼古拉·亚历山德罗维奇·米哈伊洛夫、全苏工会中央理事会尼古拉·米哈伊洛维奇·什维尔尼克，苏联总检察长罗曼·安德烈耶维奇·鲁登科、莫斯卡连科将军及副官、巴季茨基本人以及其他人，’将近半个世纪后，莫斯科防空军区警备长希日尼亚克少校回忆道，‘没有医生。他们都站在6－7米开外。巴季茨基拔出巴拉贝伦枪，直接朝贝利亚的鼻梁开了一枪。’”①

贝利亚时代就此结束。

六十年后

某些当代历史学家把贝利亚的倡议想象为改革的开端，从血腥专政向适度民主管理的转折。他们的根据是什么呢？问题就在于他们不需要根据。未实现的将来就是天生富有想象力的历史学家手中绝好的材料，想怎么塑造就怎么塑造。证明什么是没有意义的。想象之为想象，就是无需证明。这些人在创造自己的、可供选择的历史。

我无法把贝利亚想象成民主主义者。是反斯大林主义者吗？绝对是。他恨斯大林。是改革家吗？也许是，但是个很独特的改革家。至于民主主义者嘛，从来不是。自然，这只是我的意见，然而是那一代人的意见，他们见过世面，颇有阅历，他们是从内部去领悟当年的事件，把那当成自己命运的一部分。

贝利亚这个人聪明而且狡猾，贝利亚明白，如不来点儿暂时性的宽容，他就无法巩固权力。而且贝利亚已经积累了这方面的经验。叶若夫倒台和1938年贝利亚在卢比扬卡当政之后，斯大林就曾暂时降低清洗的强度，让全国吸上一口空气，然后再以新的力量来重操旧业。

不错，贝利亚会把斯大林搞得声名狼藉，会试图与西方谈判，但是他不会去盖五层小楼，不会去盖住宅，不会去垦荒，人们的命运与生活对他有多大的好处，他就有多大的兴趣。贝利亚同斯大林一样，把人当作建筑材料。或早或晚，说得准确点是在精确计算好的时间，他就会开始把畜群赶进新的集中营，“把人的材料变成集中营的灰烬”。

有一种说法最近颇为时髦，说他们上层那些人全都是空口许愿，全都沾满了人民的鲜血。这个说法也对也不对。斯大林竭力用鲜血把他的战友全都捆绑起来，强迫他们轮流着在枪决名单上签字。斯大林在政治局会议上头一个签字，然后把这个名单挨个儿往下传。谁敢不签！只有那些幸运地偶然当天缺席的人才没有签字。在这个意义上，父亲走运了，他在莫斯科工作期间

① 1994年7月28日《莫斯科晚报》。

还不是政治局委员，调到乌克兰之后呢，又没有参加大多数会议。结果，枪决决定上就没有他的签名。

然而判决书上的签字还不是主要的，人的内心世界并非在集体中表现出来，而是表现在其单独的行动中。有些斯大林的战友尽可能地不卖力气，尽量地降低清洗的烈度，父亲就是其中之一。有些人，特别是卡冈诺维奇、莫洛托夫，一听到“扑上去！”的命令，就迎合斯大林，大开杀戒，远远超过原定的指标。然而只有贝利亚以此为乐，对被捕者，尤其是不久前的盟友和熟人，他都是亲自审问、拷打。这就是他的生活方式，他治理国家的方式，通过恐怖和拷问，拷问和恐怖。他就是靠这个成长起来的，也不可能不重操旧业。我认为，这里问题不在政治合理性，而在于弗洛伊德所谓的病理心理学。

尼基塔·谢尔盖耶维奇与格奥尔基·马克西米利安诺维奇

于是，在贝利亚被捕之日开始了赫鲁晓夫时代。父亲的领导地位立即显示出来。如今在各种活动结束后，最先把吉斯车给父亲开过来，其余中央主席团委员齐集车旁，同他握手告别。轿车门砰的一声关上，其他人这才纷纷离去。而报纸发消息，当时尚未过渡到按字母顺序提到中央主席团委员，父亲仍然排在第三位，名列政府首脑马林科夫和党内德高望重的莫洛托夫之后。实际上这说明不了什么，只会让国外苏联问题专家产生错觉，他们计算苏联职位等级的顺序，都是依据节日游行时在陵墓主席台上同谁站在一起、报纸上以怎样的顺序列举苏联领导人的姓名。

贝利亚消失以后，马林科夫简直就和父亲形影不离。我们共同的家庭散步仍在继续，诚然，如今不再是沿着莫斯科的街道。开始有人认出他俩了。成群结队地跑过来，握手，递信，大声喊叫，提出请求。在城外散步，原来是我们到马林科夫家去，如今则是他自己到奥加廖沃来得愈来愈勤，同父亲一起考察乌索沃农庄贮存过冬青饲料的情况，蹲下来眯起眼睛，校准马铃薯和玉米正方形穴播中垄沟的对称。然后，他们沿着别墅周围长满小白桦树的小丘散步，顺便讨论一天来发生的事情，就有些问题达成共识，掂量一下在每星期四中央主席团的周会议上都讨论些什么问题。马林科夫仍是会议主席，不过如今议程是由父亲来定。当然不是全部议程。议程共有近 70 项，大多是琐碎的不很重要的职务的任命，到国外出差之类。这些议题由机关汇总，向赫鲁晓夫汇报，经他核准后即分发给与会者。如今散步时父亲讲得多一些。马林科夫洗耳恭听，时而点点头。父亲愈来愈带教训人的口吻，马林科夫则愈来愈明显地从对谈者变成一个听众。这种根本变化似乎丝毫没有让他感到苦恼，反倒是很合他的心意。大概就是如此，马林科夫在整个从政生涯中，从未领导过什么，都是在人家的手下干：在斯大林手下主管干部，他很乐意拿个笔记本记下领袖的话。起初他同莫洛托夫竞争，但马林科夫逐渐把长老挤走。第十九次代表大会以后，他成了斯大林晚间聚会中唯一的“纪事者”。

我根本不想把马林科夫说成技术书记。他聪明而机智，施展着阴谋诡计，屡屡在机关斗争中拔得头筹。只需回忆一下所谓的“列宁格勒案件”就够了。当时他和贝利亚，确切地说是贝利亚和他，巧妙地“除掉”斯大林亲信中迅速崛起的库兹涅佐夫和沃兹涅先斯基。然而，到了采取独立的、特别冒险的决定时，马林科夫就胆怯了，下意识地在协商一致中寻找出路，算出大多数，并且加入其中。对他说来，大多数就代替了“老板”的脊背。协商一致很好，国内一切都无需改变。在变革的条件下寻求协商一致就等于死亡。领头人不再领头，充当大多数反复无常情绪的尾巴，就必败无疑。

斯大林之后的苏联需要的不仅是变革，更需要国家经济、国家制度和整个社会的改革。在这种情况下，要求领导人不仅明白该做什么和怎么做，而且坚信所选择战略的正确性，具有实施战略的坚强意志以及在不断变化的形势下迅速辨别方向的能力。一个真正的领导人不指靠协商一致，而是说服大多数相信他正确无误，并且带领人们前进。这里需要的是另外一种性格，另外一个人。这正是马林科夫同父亲的主要区别所在。马林科夫可以成为一个稳定而平安的国家的好总统，那里对他的要求只有一条：别使坏。在波涛汹涌的改革海面上，这样的舵手必将自我毁灭并且把托付给他的国家拖入深渊。俄国人在戈尔巴乔夫时期亲自体验了这一切：没完没了的东奔西突，作出决定时怕负责任，失去对国家的控制，以及合乎逻辑的悲惨结局。

如果仔细观察，那么改革就是 1917 年二月革命的镜像，也就是失真的镜像，这里左成了右，右成了左。克伦斯基和戈尔巴乔夫的相似之处在于他们追求的是美容式的改革，而他们指挥下的人民渴望的不是修理，而是彻底的变革。当局和社会的相互不理解注定了当局和社会都必将失败。1917 年如此，1991 年也是如此。戈尔巴乔夫输给叶利钦，就如同克伦斯基输给列宁一样，仅仅是因为没法不输。当然，克伦斯基可以不在1917年10月输给列宁，而是在同年8月输给科尔尼洛夫。那样一来，俄国的历史就会沿着另外的轨道前进，然而克伦斯基本人的命运却不会改变。总司令当不了总指挥，对国家来说还有比这更可悲的吗？

1953年我们免受了这种痛苦，在很大程度上多亏马林科夫。他同戈尔巴乔夫、克伦斯基不一样，本能地感到自己当不了领袖，对实际的权力避之犹恐不及。所以他起先靠近贝利亚，而在感觉到危险时又投奔赫鲁晓夫。眼下他情愿在所有方面都同父亲保持一致。在我们散步或者晚间聚会时，他的妻子瓦列丽亚·阿列克谢夫娜，这位果断、好发号施令又聪明的女人有时挑起对某个问题的讨论，马林科夫也总是赞同她。

谈论另一种可能的未来已成为时髦。那些历史学家兼想象家、作家兼想象家都在编造我们在"改革家"贝利亚治下的生活，或者是在改革家马林科夫治下、朱可夫治下的生活。自然是希望生活得比实际更好，希望出现奇迹、童话。可只要稍微仔细看看实际情况，那么在贝利亚治下我们将生活在古拉格群岛，在朱可夫治下我们将生活在军营里，或者（千万可别）生活在战壕里。朱可夫喜欢自比美国的将军总统艾森豪威尔，但艾森豪威尔温厚和善，举止得体。如果要在美国给朱可夫找一个相同的人，那么道格拉斯·麦克阿瑟还差不多。但美国人对于麦克阿瑟入主白宫，像害怕瘟疫一样，绝不会让他上台执政的。至于马林科夫治下的生活，全国上下看戈尔巴乔夫改革就已经了解。赫鲁晓夫治下的生活，我们已经经历过了。

马林科夫渴望与赫鲁晓夫经常交往，甚至表现在鸡毛蒜皮的小事上。我们两家的别墅相距不远，坐汽车也就是五至十分钟，可马林科夫总想再靠近点儿。贝利亚被捕后不久，他在一次散步中谈起，如果两家别墅能做到墙挨墙，那该有多方便。

"可以相互走动，谁也不知道，"马林科夫想入非非，"敲敲围墙门就行，司机、卫队都免了。"

当时，笼罩在中央主席团委员头上的贝利亚阴影挥之不去，时时处处受制于机关，也让人心惊胆战。摆脱盯梢当然不行，那样一来就得连卫队也不要了。马林科夫明白这个道理，然而按照弗洛伊德的理论，离父亲近，他心理上感到更加安全。

父亲听着马林科夫讲话，没有打断对方，这就充分说明他对此不感兴趣。

“你的别墅占地面积大，”马林科夫夸夸其谈，“可以在远处隔出一角，另开一道门，你的别墅和我的别墅之间用板条砌上一道象征性的小围墙。一旦有必要商量事情，就从屋里出来，跟谁都不用打招呼，打开小门门闩，敲敲邻居的门，你就讨论吧，谈什么都行，谈多长时间都行。”

“格奥尔基，当然是个好主意。”父亲心不在焉地表示同意，还说了几句敷衍话。

我可不喜欢马林科夫的主意。远处的角落有不少树，那原先是个名副其实的公园，看来是谢尔盖大公在此居住的时候，长着蘑菇，九月里核桃熟了。我们赶快采摘，要不就让灵巧的松鼠抢先了。如今核桃和蘑菇都归邻居所有了。

别墅的地面隔成几个部分，将松树砍掉，铺设了道路，在莫斯科河上方的悬崖上，开始建造地主兼斯大林古典主义风格的房子：带圆柱的正面，宽阔的凉台，内室的墙壁均用木料镶面。马林科夫的女儿沃利娅和她的新任丈夫均为建筑师，两人积极参加了别墅的设计。别墅因与我们的“奥加廖沃”类似，遂命名为“新奥加廖沃”。

马林科夫的理想没有完全实现：别墅盖好了，可那时已经无需在旁人不易察觉的地方见面，他先是丢掉了政府主席的职位，后来，1957年又丢掉了中央主席团委员的职务。别墅一度空着。后来给它派上了用场，由中央工作人员、学者、部长及其副手组成的“写作班子”在此幽居，以便起草特别重要的文件、中央和政府决定、党的代表大会和中央全会的总结报告。小门倒是派上了用场。下班之后，父亲往往会去看望“作家”，开始讨论，有时直至深夜。

除此而外，别墅也接待重要的外宾。我记得1959年7月前来参加美国展览会的美国副总统理查德·尼克松。两年之后，父亲几乎整天都在新奥加廖沃同白宫新闻秘书皮埃尔·塞林格、肯尼迪的朋友和著名美国作家的兄弟讨论问题。会谈中塞林格不停地抽着雪茄，让受不了烟草味儿的父亲不胜其烦，要是自己的“烟鬼”，那早就把他们打发到阳台上去毒化空气了，可这里得讲讲外交礼仪，只好忍着。

到了告别的时间，父亲出来送客上车。

“稍等片刻。”他喃喃道，突然想起什么，转身轻快地跑上台阶，进到室内。两分钟后，父亲回来了，手里拿着一个窄窄的抛光木盒。

“塞林格先生，”父亲狡黠地笑道，“您今天抽雪茄可把我熏得够呛。”

塞林格正想辩解，父亲却打手势制止了他。

“您是雪茄爱好者，我听说肯尼迪先生很珍惜好雪茄。我不抽烟，可是也有人给我送雪茄。前不久我的朋友菲德尔·卡斯特罗给我寄来一整盒。所以我想把雪茄送给您。放在我那儿落满尘土，派不上用场，您和总统却可以享受一番。”

父亲打开盒盖，里面整整齐齐地放着顶级古巴雪茄。盒盖的内里写有西班牙文大写字母，意为“古巴自由”。

塞林格的双眼闪闪发光，由于对岛国的封锁，他已经一年多没有见过古巴雪茄了。他没有注意盒盖上的题词，这是纯粹的私人礼物。

汽车很快将塞林格送到舍列梅季耶沃机场。他当天即飞抵华盛顿。机场上已经有人等候，以便立即将他送到白宫。塞林格免去任何手续，飞快地穿过机场大楼，一小时后已经打开椭圆形办公室的房门。

肯尼迪请他详细讲述同赫鲁晓夫谈话的内容，以及会面的地点、对方气色如何，是面带笑容呢还是闷闷不乐。塞林格汇报完毕，像变戏法似的从一个大公文袋里取出一盒雪茄递给肯尼迪：“总统先生，这是赫鲁晓夫送给您我两人的超级礼品。”肯尼迪接过盒子，打开密封的（以免雪茄跑味儿）木盖，顿时面色苍白。然后惊慌失措地将目光从盒盖内里题词移至新闻秘书身上。

“您是怎么拿着这个通过海关的？”肯尼迪说道，“这个”二字语气很重。“您真是开玩笑，总统先生，”身体肥胖的塞林格笑道。“我是您的新闻秘书。什么海关不海关的？”

“他怎么不明白，”肯尼迪脑子里闪了一下，“只要媒体闻到这些雪茄的气味儿，就会爆出一大丑闻。而且，美国总统抽着苏联总理送的走私雪茄，还有这个题词！他怎么不明白呢！……”

“赶快上车，回机场去，按法律规定接受海关检查，”总统提出要求。

情况模棱两可，这点塞林格和总统一样地明白，可是雪茄……这样的雪茄，从巴蒂斯塔时代起他就没有抽过。卡斯特罗知道给赫鲁晓夫送什么东西。把雪茄抽了不就结了吗？

“总统先……”塞林格开始说道，可瞥了一眼突然变得不可侵犯的肯尼迪，他一时语塞了。

塞林格返回机场，将雪茄交给海关工作人员。对方好奇地看了看盒子，便开始一本正经地办理没收手续。

“我一整天都无法忘记这些该死的雪茄，”1994年塞林格在美国布朗大学纪念父亲百年诞辰的会议上对我说道，皮埃尔·塞林格垂垂老矣，体型更显肥胖，嘴里依然叼着雪茄。“第二天我还想着。终于憋不住了，给海关关长打了个电话，问他们是怎么处理我的雪茄的。”

“按照规定销毁了呗。”听到的是千篇一律的回答。

塞林格觉得回答蛮不讲理。

“当然是销毁了，不慌不忙，先销毁第一支，再销毁第二支，直到最后一支。”塞林格一边说着一边性感地动起嘴唇，仿佛在抽着想象中的雪茄。

在戈尔巴乔夫时期，新奥加廖沃别墅因埋葬苏联的“新奥加廖沃进程”而臭名远扬。21世纪初，据电视报道，俄罗斯总统普京在此定居。

贝利亚被捕后，马林科夫建议父亲从格拉诺夫斯基大街的住宅搬到宅第。他看好了梅特罗斯特罗耶夫斯基大街和克鲁泡特金大街之间胡同里的两处宅第。父亲同意了。宅第的重新装修和新奥加廖沃的施工一样，均由沃利娅夫妇二人来照料。过了一段时间，我们就入住叶普罗普金斯基胡同，马林科夫则入住波梅兰采夫斯基胡同。马林科夫和我们这两家人，就是通过将两家地面分开的石墙上的一道小门来联系。

后来，总不安分的马林科夫又建议再次迁居。他想让所有中央主席团委员统统搬到列宁山（麻雀山）上、莫斯科电影制片厂对面新建的那批两层宅第。这里可供散步的空地多，可以种树，铺设小路，而且远离尘嚣，比起他们几乎就在市中心的寓所，宅第不那么让莫斯科人感到厌烦。沃利娅夫妇二人照例积极参与宅第的设计。每幢楼周围，都有一个微型公园。朝街的一面修建了各家共用的石砌高墙。里面，各家地面之间都用千篇一律、涂上绿漆的木墙隔开。木墙上都开了小门。这些小门啊！如今只要愿意，不仅父亲可以同马林科夫来往，而且还可以召开非正式的中央主席团会议呢。

卡冈诺维奇搬到列宁山上新建政府接待楼旁边的40号宅第。往下是马林科夫。接着是赫鲁晓夫，再往下是米高扬和布尔加宁。并非所有的中央主席团委员都同意离开市中心。居住在克里姆林宫内的克利门特·叶菲莫维奇·伏罗希洛夫和维亚切斯拉夫·米哈伊洛维奇·莫洛托夫，在1955年克里姆林宫对外开放之后成了无房户，他们都迁往格拉诺夫斯基大街（罗曼诺夫胡同）。

政府新村存在了十年左右，住户经常更换，一旦失去中央主席团内的职位，就得迁出国家官邸。莫斯科人讽刺地将其戏称为“通往共产主义之路集体农庄”。父亲退休后，掌权者离开了宅第，给他们选中了莫斯科市中心重建的上流社会人物的房屋。他们解释说，作出这个决定是出于谦虚和拒绝特权，可实际上他们是出于实际的考虑。这些住宅比迁离的宅第更加豪华，同宅第不同，不算国家官邸，而是确定永远属于住户所有的私人财产。

新的任命

贝利亚被捕之后，国家政权大厦的各个楼层都开始变化。新的内务部部长由第一副部长谢尔盖·尼古拉耶维奇·克鲁格洛夫担任。历史学家都把克鲁格洛夫称之为马林科夫的人。他们的确在一起共事多年，但我怀疑对力量配置了如指掌的克鲁格洛夫会郑重地把赌注压在马林科夫身上。从第一天起，他就开始寻找接近父亲的途径。看来父亲不信任他。克鲁格洛夫一家住在茹科夫卡的别墅，离我家不远。他们的女儿，好像叫莲娜吧，经常有“金色青年”和“镀金青年”在她家聚会。不知怎么我也钻了进去，虽然我两者都不是。我们的友谊没有维持多长时间，我甚至还没有来得及对父亲讲我新认识的人。

一个夏天的夜晚，我又骑自行车去克鲁格洛夫家。我还没有喘过气来，就有人叫我去接电话，是父亲打来的。他为何要找我，现在不记得了。

“你在那儿干什么？”父亲的声音里透着不满。

“没干什么。”我感到莫名其妙，我们的确什么也没干。

“既然没干什么，那你在那儿就无事可做，马上回家。”父亲的话干净利落。

我不明白他为什么生气，他的确是生气了。我道过歉，就提上那辆还是战利品的德国自行车，匆匆骑回家了。回到家中，我马上去见父亲。他没有生气，却详细问我去克鲁格洛夫家有多长时间了，我们在那儿都干些什么，主人的举止如何。

“再也别去了。没有必要。”父亲最后说。

此后我再也没有同克鲁格洛夫一家交往了。

1954 年 3 月 13 日，大内务部分成两部分，分别是负有维持社会治安使命的内务部和国家安全部，由谢罗夫将军任国家安全部部长。克鲁格洛夫留任内务部部长，达两年之久。1956 年 1 月 31 日，父亲让他的老相识、前不久的莫斯科苏维埃主席尼古拉·帕夫洛维奇·杜多罗夫接任该职。克鲁格洛夫则调任电站部副部长，看来是考虑到他原来管电站、尤其是水电站的经验，那都是犯人在干活。

总检察长也换人了，1953年6月30日，任命在乌克兰与父亲亲近的罗曼·安德烈耶维奇·鲁登科为总检察长。国家领导层中还发生了其他的变化，证明如今实际权力已经转入父亲的手中。

与此同时，也对贝利亚的私人遗产作了处理。被捕后，查封了他的保险柜。此事交给马林科夫助手、苏共中央办公厅代主任德米特里·尼古拉耶维奇·苏哈诺夫以及时任内务部副部长的谢罗夫来办。其中发现了以备日后用的公文夹，"内有"日常谣言、窃听和偷窥的笔记。不过，经商议后决定躲开是非之地，以免现在或者将来在领导层中制造纠纷，这些文件夹未经阅读即予以销毁。1954年7月，贝利亚的档案装了11个麻袋，全部烧成灰烬。已就此事写成文书。如需了解，可到克里姆林宫总统档案馆①查阅。无论当初还是现在，均未出现过关于文件夹内装材料的传闻，这也可以证明：贝利亚的文件夹无人打开过。苏哈诺夫一直活到叶利钦时代，他很乐意同历史学家和记者打交道，就当年事件发表评论，却对贝利亚文件夹未置一词。后来查明，苏哈诺夫把有些"发现"隐瞒了下来。尤其是在贝利亚的一个私人保险柜中，他发现了许多公债债券，这不是我国所有成年人口每年必须认购的那种，而是"百分之三黄金债券"，这种债券可以自由买卖，所得利润的百分之三用作抽签中奖，奖金高达1万卢布。这在当年可是一笔巨款。苏哈诺夫没有把百分之三债券记入没收清单，后来统统拿回家中。想不到竟会出这样的事情，这些债券两次被窃。很难相信，然而贝利亚起码是"借用"了其中的一部分，借自他的同事，他的部门拥有包括国防部长布尔加宁保险柜在内的全部政府保险柜的钥匙复制品。

罪行是偶然败露的。布尔加宁的夫人叶莲娜·米哈伊洛夫娜是个严肃认真的人，在将她在银行购买的债券交给丈夫保存到办公室保险柜之前，她就抄下了债券的号码。这样便于根据报纸公布的表格核对是否中奖。她很长时间都不走运，她的债券无一中奖。1956年年初，发生了无法想象的事情：叶莲娜在对比中奖表格时发现她中奖了，并且不是什么200卢布，而是10万卢布。即使对于中央主席团委员来说，这也是一笔巨款。她立即给丈夫打电

① 俄罗斯总统档案馆第435案卷第60—70页。

话，让他晚上将债券带回。布尔加宁伸手到保险柜里去掏，却一张债券也没有。跑哪儿去了呢？他不明白，可债券是在政府首脑（布尔加宁于 1955 年初任命为苏联部长会议主席）本人办公室的保险柜里遗失的。他立即给父亲去电话，然后给国家安全委员会谢罗夫去电话，开始了调查。倒霉债券的号码已向全国各地的储蓄所通报。公布中奖号码的数天之后，这张债券在一家储蓄所出现了，储蓄所并不在穷乡僻壤，就在莫斯科市中心的高尔基大街。出示债券的女人镇定沉着，听说三天以后方可取款，她也没有惊慌不安。巨额奖金都是这么处理的。只好等待了。三天后这位女人来取奖金。当场拘捕，检查证件时不由得惊叹一声：原来她在苏共中央主席团办公室工作，不错，职务不高。问她这张债券哪儿来的，她说是一位老同事请她来取奖金，他本人不方便去储蓄所。同事的名字她没有隐瞒：苏哈诺夫同志，马林科夫助手，1955 年之前还当过中央主席团办公厅主任。显然，这样的人不会亲自到储蓄所来。民警吓了一跳，当即向最高层报告。上面的命令是依法处理。苏哈诺夫被捕。他没有抵赖。开庭审理，判处坐牢①。苏哈诺夫坐满了部分刑期，于 50 年代末大赦中获释。后在某处工作，改革期间，特别是改革之后，开始很乐意接受采访，他意味深长地暗示，是赫鲁晓夫害得他蹲监狱受折磨，究竟是因为什么，他当然没有细说。

贝利亚之后，还逮捕了一些他特别信任和当时认为最危险的工作人员。其中就有苏多普拉托夫，人称暗杀能手。对他是预防性逮捕。审讯未能证明苏多普拉托夫曾参与对贝利亚在苏联领导层中的竞争者兼战友实施肉体消灭。这也不足为奇，这样的任务如果有的话，那也不会形成文字，都是当面口授，而且只能在最后一刻。我们不知道而且永远无法知道，苏多普拉托夫是否得到过贝利亚的命令，要么是没有来得及得到命令。可是给他判了 15 年。苏多普拉托夫坐满了自己的刑期，释放后撰写了有趣的回忆录②，书中自然叙述了自己对往事的说法，十分自然地从有利于自己的角度来解读历史。

---

① 又见格·康·朱可夫 1957 年 6 月 22 日在中央全会上的发言，载于《莫洛托夫、马林科夫、卡冈诺维奇·1957·苏共中央六月全会速记稿及其他文件》，民主基金会出版社 1998 年莫斯科版，第 40 页、732 页。

② 即帕维尔·苏多普拉托夫《特别行动·卢比扬卡和克里姆林宫 1930—1950 年代》，奥尔马－普列斯出版社 2003 年莫斯科版。

与粮食有关的操心事

斯大林去世后，父亲首先关心的是农业，如何让饥饿的人民吃饱的问题。诸如集体农庄和个体宅院过重的税负，过多的同时又几乎是无偿的国家征购（上面已经提及），鸡毛蒜皮的小事均记录在案，在在均系对于集体农庄和农庄庄员的摧残。尽管马林科夫在1952年党的第十九次代表大会上乐观地声称国家的粮食问题已经解决（据他的说法，当年的粮食产量已超过80亿普特，然而马林科夫避而不谈，计划上写的是92亿普特，而统计报告记录的是56亿普特），甚至在莫斯科，一大清早就排起了购买面包的长龙。至于俄罗斯的穷乡僻壤，就更不在话下了。当地的商店里，只有盐巴，如果走运的话还有火柴，此外便空空如也，伏特加酒根本买不到。对于饥饿以令人羡慕的准时性、一百年内四次冲击国民肠胃的国家来说，这种情况已经习以为常。不由得回忆起19世纪90年代可怕的饥荒，那还是在沙皇时期，至于20年代、30年代和40年代的饥荒，则已经是苏维埃政权时期了。

从1920年代顿巴斯彼得罗沃—马林斯基区的秘书处起，直至他执政的最后岁月，父亲的全部社会政治生涯都是以某种方式围绕着食物问题转。

根据斯大林之后新中央主席团的分工，父亲负责农业。其实对他来说，没有什么质的变化，只是压在他肩上的问题担子更重了，如今他要保证满足幅员辽阔的国家的需要，而不是孤立的莫斯科州或者乌克兰的需要。

为了缓和局势，起初只得从应急储备中借用620万吨粮食。否则国内就会开始一场地地道道的饥荒。

这里出现了数字上的不协调，根据一些报告，国家储备减少了570万吨[①]，而根据另一些报告，国内粮食消费比粮食产量多出620万吨：采购了3110万吨，消费了3730万吨。1953年7月1日国家储备为1780万吨，而1954年7月1日为1310万吨，也就是除去570万吨。怎么会冒出额外的50万吨呢？答案是国家储备对粮食采购和消费的计算方法不一致。粮食的采购和收成都是在秋天计算。这些粮食的一部分当年秋天即已进入国家储备。但报告中这部分粮食则是来年、也就是1954年7月1日才入账的。不足的50

① 俄罗斯联邦总统档案馆《特别文件夹》第734号公文第2页。

万吨很可能已从国家储备中借出并在1954年7月1日之前全部用光，国家储备中却没有考虑到。

自古以来就有一种意见，认为统计，特别是官方的统计，是一门难以理解的学问。“谎言，天大的谎言，然后是统计。”1852年新任不列颠帝国财政部长本杰明·迪斯雷利[①]忧郁地开玩笑说，他对弄清一大堆数字已经感到绝望。此后已经过了不止150年，人们兴之所至，都在恰当或不恰当地重复他的警句。对于统计材料形成了一种偏见，对于苏联的统计材料更是如此。认为全都不符合实际，无法相信。

我们就试图来弄个明白，将统计学家的报告和中央主席团特别文件夹中的绝密材料作一番比较。在每年公布的统计汇编中引用了如下数字：1940年粮食总产量为9560万吨，采购3640万吨，1945年分别为4730万吨和2000万吨，1946年为3960万吨和1750万吨，1950年为8120万吨和3230万吨，1953年为8250万吨和3110万吨[②]。以下则是给国家领导人的绝密报告中的粮食采购数字：1940年3640万吨，1945年2000万吨，1946年1750万吨，1950年3230万吨，1953年3110万吨[③]。这些数字和国家统计委员会的公告完全相符。可见，我们可以像相信其他材料一样，相信国家统计委员会的公告。

1953年借自国家储备的粮食，提供了短暂的喘息机会，在此期间新领导人面临决定如何活下去的问题。为此，父亲建议召开特别中央全会，讨论农业问题。全会定于5月召开。对于自己第一个全新质量的报告，父亲以他所特有的认真和自己通常的方式来做准备。他不认可撰写讲话稿的助手搞出的草稿。政治领导人准备讲话稿的方式各不相同：或是以别人写好的草稿作基础，或是与此完全相反。这里并不存在不体面或者让人吃惊的问题。全都取决于个人的性格、习惯以及生活风格，但主要是取决于他本人掌握了多少材料。凡是明白事情的实质并且搞清详情细节的人，总是想发表自己的意见，提出自己的决定。如果领导人像成绩不及格的学生那样在考场上瞎蒙，那他

---

① 本杰明·迪斯雷利（1804—1881），1868年和1874—1880年任英国首相，1852、1856—1859、1866—1868年任财政部长。他还有一条著名的格言：“大英帝国没有敌人和朋友，她只有她的民族利益。”

② 《苏联农业·统计汇编》，莫斯科1960年版，第127、196页和1971年版第152页。

③ 俄罗斯联邦总统档案馆《特别文件夹》第734号公文第2页。见德米特里·沃尔科戈诺夫著《七领袖》，新闻出版社1995年莫斯科版，第382页。沃尔科戈诺夫断言，在他之前，这些数字没有一个普通人见到过。将军自然是没有看过定期出版的农业统计报告。

就宁可享受撰写讲话稿的助手的服务。因为他本人无话可说。

在父亲很感兴趣的问题上，诸如经济、工业、农业、国防方面，他努力亲自弄清楚，而且彻底弄清楚，不依靠助手。为此，他与学者、设计师、工厂厂长、农场场长、集体农庄主席促膝长谈，有时还争论。下一次就另换一些人讨论另外的问题。这样父亲就汲取了知识，学到了东西，最终分析起问题来，与有文凭的专业人士相比并不逊色。

有人可能对我的话半信半疑，这样的人不在少数，因为他们对父亲那个时代的评价，主要是凭道听途说和笑话，我建议他们不妨读一读父亲论农业问题的八卷集[①]。

父亲善于必要时把复杂问题讲得通俗易懂，让非专业人士也能明白。而在面对专家时，他的话语里满是数字和术语，只有通晓业务的读者才能明白。其实，所有的专业性文章和讲话都是如此。

前不久我发现，美国总统富兰克林·罗斯福在准备讲话时，采用了与父亲十分相似的方法。

“他在准备自己的讲话时，先口授，因为他认为旁人无法把讲话搞得十分通俗易懂。富兰克林具有简化的天赋。他经常把复杂的问题搞成通俗的故事，哪个水平的听众都能听懂。”罗斯福的遗孀埃莉诺·罗斯福在《我记得》一书中这样说道[②]。

1959年9月，埃莉诺·罗斯福签上自己名字，将这本书送给母亲。当时，母亲和父亲到纽约市郊海德公园附近罗斯福家庭庄园看望了她。

报告的起草工作，早在贝利亚问题了结之前就开始了。父亲要求党中央各部、国家部委和农学家（其中许多人父亲都很熟悉）提供关于农业状况的资料。中央统计局准备了数字，诚然有时是相互矛盾的数字。据父亲农业方面的助手安德烈·舍甫琴柯回忆，中央统计局局长弗拉基米尔·尼古拉耶维奇·斯塔罗夫斯基提供的数字有时一天之内就改了几次[③]。掌握了材料之后，父亲就向速记员口授草稿。他不喜欢写，倒不是因为语法方面有问题，口授起来要容易一些，主要是更快一些。大部分国外政要和大公司领导人都是这

---

① 尼·谢·赫鲁晓夫：《苏联共产主义建设和农业发展》，国家政治书籍出版社1960—1964年莫斯科版第1—8卷（以及《尼·谢·赫鲁晓夫》8卷集）。

② 埃莉诺·罗斯福：《我记得》，哈珀兄弟出版社1949年纽约版，第73页。

③ 阿纳托利·斯特列良内：《最后一位浪漫主义者》，载于莫斯科《各民族友谊》1989年第11期第190页。

么做的。在便携式口述录音机面世之前，速记员这一行公认为最需要的职业之一。判读出的文字到了助手和父亲请来的专家手中。1953 年参与起草农业全会材料者除舍甫琴柯本人而外，他记得还有《真理报》工作人员瓦西里·伊万诺维奇·波利亚科夫和德米特里·特罗维莫维奇·谢皮洛夫、父亲一般问题助手格里戈里·特罗菲莫维奇·舒伊斯基[1]、农业科学院院士拉普捷夫（可惜不知道他的本名和父名）。根据需要还吸收了外聘专家，然而核心人物一直坚持到对文字的最终推敲。他们改动文字，给报告加上马克思主义经典作家的有关语录（与苏斯洛夫不同，父亲搞不清语录），校正数字，如果认为有必要，就建议加上自己的东西。父亲很乐意地讨论，争辩，反对或者同意。如果确信建议言之有理或者理由不足，便作出决定，此后就坚持己见（或者是坚持建议的意见）。只有专家提出的、他也相信的意见才能改变他的立场。也并非总是如此。

送上来让父亲（如今他成了最高一级）作决断的，往往是各不相同、有时相互排斥的观点。捍卫这些观点的都是德高望重的学者，他们都引用对自己有利、理由极其充分的论据。父亲得决定站在谁的一方。有人会说：掺和学术争论“不是皇帝的事情”，何况是作出决断。我不同意，只要国家领导人关心本国的进步，这就是“皇帝的事情”。在市场化的民主国家，技术进步是按照自己的规律发展的，很少依赖国家。在中央集权的国家、君主制的结构下，更不用说中央集权的苏联经济了，财政和建设，换言之，发明和发明家的命运，全都是第一把手说了算。其实“俄国大地的主人”与其说是以政治身份出现，倒不如说是以控制着国家生活方方面面的大公司的首脑出现。彼得大帝时期就是如此，革命后也没有什么变化。如果说从前是斯大林说了算，那么现在是父亲说了算。

如果有价值的新事物得以通过，那么就认为一切都在按部就班地进行，这种看法也是对的。可争取得到支持的千万别是个骗子，也千万别是个持有错误的然而非常诱人的观点的人，那就会给事业带来危害，而且是无法弥补的危害。这方面的经典事例就是特罗菲姆·杰尼索维奇·李森科保证借助春化和其他“奇迹”实现农业中的大转变，将粮食作物的产量提高好几倍，将挤奶的质量和数量也提高好几倍。用现在的话来说，李森科是个顶级的“公

---

① 格里戈里·特罗菲莫维奇·舒伊斯基（1907—1986），最受信任的尼·谢·赫鲁晓夫助手。父亲戏称他为“大臣”，俄罗斯曾有过舒伊斯基大臣。赫鲁晓夫退休后，舒伊斯基不知为何没有赶出中央，他成了思想意识部报刊和出版社问题顾问。1965 年起任苏共中央宣传鼓动部顾问。

关专家”。他在1930年代争取到了斯大林的支持，斯大林去世后又把苏共中央农业部部长甚至父亲的助手舍甫琴柯拉了过去。他们全都在父亲耳朵边上唱一个调子：“我们的特罗菲姆·杰尼索维奇正在兑现并且一定兑现自己的一切承诺，应当支持他。”父亲曾一度对李森科虽说不上有所戒备，但也没有赋予李森科比其他农学家更多的特权。但归根结底，父亲还是让李森科说服了，把赌注压在他的身上，害了自己。

父亲对于自己的或者借自他人的想法深信不疑，便开始向交谈者反复灌输，1953年就曾用证明集体农庄和农民税负过重的一连串数字搞得客人晕头涨脑（我只是见证了在别墅的谈话）。不厌其烦地反复讲述他那生活在库尔斯克州杜勃维察村的堂妹因不堪税负而砍掉园地苹果树的故事。对于那种普遍采用的计算尚未入囤的所谓“生物”产量的办法深恶痛绝，就是城里来的视察员在田间随意挑出1平方米，计算有多少麦穗儿、每穗儿有多少粒小麦，计算出这一个平方米的假定产量，再乘以数百万公顷。这是斯大林想出的办法，据说可以此“促进”收割，实际上就是随意把产量提得过高。紧随“产量”之后，国家硬性征购的标准也提高了，将农庄搜刮得一干二净，有时连种子也拿走了。所有这些不成体统的事情称之为农庄庄员的行为准则：“先把他的那一份交给国家，再把剩余的拿去下种。”剩余中的剩余才拿来给农民糊口。结果是即便遇到好年景，人们还是半饥半饱，而播下的并非经过精挑细选、符合当地气候条件划区栽培的种子，而是瞎凑合。收成自然就更没个谱了。父亲在乌克兰工作期间，为取消“金科玉律”同莫斯科斗了许多年。他的对手就是如今的朋友马林科夫，战后斯大林让马林科夫来监管农业。马林科夫态度强硬，有斯大林给他撑腰。父亲自然败下阵来。眼下他打算报一箭之仇。马林科夫完全和“衷心地”支持父亲。

和“金科玉律”一样让父亲感到愤愤不平的，还有中央事无巨细的监护，强制规定农民种什么，何时种，如何种。战后他就这个话题同斯大林本人争执起来，斯大林让乌克兰甚至南部地区保证播种春小麦，而不是产量更高的冬小麦。怎么会发生这样的倒霉事呢？30年代初，斯大林最后一次巡视各地，到了西伯利亚。当地有人给他讲述冬小麦都冻死了，而春天积雪融化后播种的春小麦长势良好。斯大林下令全国推广西伯利亚的经验，甚至少雪的乌克兰也得种春小麦。并严格督促完成播种计划。如有违抗，那就戴上“破坏分子”帽子，并须承担由此引起的一切后果。结果很快就出来了。紧接着1947年饥荒之后，1948年春天遭遇旱灾，春小麦尚未出芽就全部枯死。

乌克兰再次面临灾难。只得赶快寻找出路。需要在十一二天内重新播种 100 多万公顷。可种什么呢？春小麦是不行了，它需要冬天留下的丰沛水分。种燕麦？可燕麦能有什么收成？一星半点。父亲听从政府副手、农学家伊万·费多罗维奇·斯塔尔琴科的建议，把宝压到玉米上。玉米耐旱，产量不错，诚然，需要侍弄，一个夏天要松土、除草两到三次。上面已经提到。决定冒险，用人工方式播种玉米，搞正方形穴播，这样除草就用拖拉机，而不是依靠城里人、大中学生、士兵的双手。我多次提到这些正方形。为了在田地里搞出正方形，就在地里拉上绳子，制作了数千台人工栽植机，把凡是能赶的人全都赶到田里去，一周之内，将近两百万公顷的土地就种上了玉米。秋天的收成是平均每公顷 40 公担。结果，不仅逃过了饥荒，国家征购计划也超额完成。玉米挽救了乌克兰。这些故事我听父亲讲了大约上百万次，已经倒背如流。

我只讲述了我这个非农业头脑中保留下来的东西。至于其中还有多少“未解决的问题”需要解决，现在很难说，毋宁说是不能说。问题比父亲在起草报告时所预计的要复杂得多。父亲知道 5 月以前赶不出来，建议全会改到秋天召开。中央主席团委员均未提出异议。

如上所述，贝利亚之后的头几个星期，马林科夫怎么也不肯离开父亲。父亲把起草全会报告的详情细节都对他讲了。两人在克里木一起短暂休假期间，父亲把马林科夫带到一个集体农庄，让农民亲自给他讲自己的苦难。两位贵宾观看了不久前还种有桃树的空地。春天把桃树全砍了。税负太重。马林科夫是个怡然自得、但不大知恩的听众。

起初预计国家面临的问题先由中央全会讨论，然后再提交苏联最高苏维埃例会。眼下全会和例会掉了个个儿，马林科夫不知是试图抓住主动权呢，还是一种临时性的安排，反正他把父亲的主要想法都收入自己在苏联最高苏维埃八月全会上《关于 1954 年的国家预算的报告》中去了，这是斯大林之后政府主席的第一次公开报告。

又据马林科夫助手苏哈诺夫证实，报告的农业部分系由农业和采购部部长、马林科夫的老熟人阿列克谢·伊万诺维奇·科兹洛夫起草。战争刚刚结束，斯大林对安德烈·安德烈耶维奇·安德列耶夫大为失望，如上所述，责成马林科夫管理农业事务。马林科夫不了解农村，也不喜欢农民的事情，便把操心事儿都推到中央农业部部长科兹洛夫的身上。他为马林科夫准备材料，替他撰写党的十九大报告中的农业部分，也就是留在人们记忆中的《关于解决国内粮食问题的决定》。斯大林去世后马林科夫向贝利亚建议让科兹洛夫当农业部部长，这不足为奇。同样不足为奇的是，科兹洛夫给他撰写了最高苏维埃的有关报告。

有些历史学家得出结论：就是这个科兹洛夫也给父亲撰写了苏共中央九月全会上的报告，所以两篇报告的主要论点才如此相似[①]。

我对他们的观点无法苟同。父亲对科兹洛夫从无好感，并未让他参加报告起草小组。大概科兹洛夫同其他人一起提出了自己的看法，农业部长总不能置身事外吧。仅此而已。全会开始前，1953 年 9 月 1 日根据父亲的倡议解除了科兹洛夫的职务，措词为“因工作不好”。

另一方面，给马林科夫或者科兹洛夫加上剽窃的罪名也是不明智的。赫鲁晓夫农业政策的主要核心——纾解农民的困难并非他的怪癖，这样的想法已是呼之欲出。国务活动家要成为改革家，就得能够抓住业已酝酿成熟的趋向，加以概括，并且通俗易懂地作为自己的构想提供给社会。

时至今日，自然没有人记得 1953 年 8 月 8 日马林科夫都讲了些什么。这里就提纲挈领地说说他报告的内容。

马林科夫一开始就重申自己在十九大所谓国家粮食充裕的说法。他还不敢承认当初干脆就是撒谎或者受了误导，巧妙地解释说，如果指尚未收割的生物产量，绰绰有余，然而入库的粮食就大打折扣了。就是说，粮食似乎充裕，但是……

接下来马林科夫谈到实质问题。他先讲提高收购价。收购价不仅与生产产品所需的费用不相称，而且与什么都不相称。上面已经提到斯大林在战后下令（就是下令）收购人员每公斤马铃薯给农庄庄员付上 3 戈比，可 3 个戈比连送到收购站的运费都不够。畜产品的情况也同样严重。为所生产产品向农民支付的钱愈来愈少，而向他们征税却愈来愈多：1949 年为 88 亿 4500 万卢布，1950 年为 88 亿零 900 万卢布，1951 年为 87 亿 9700 万卢布，1952 年已达到 99 亿 9600 万卢布[②]。农业不仅正在破产，而且正在毁灭。

1952 年年底，父亲也名列其中的中央特别委员会起草了关于“进一步发展”饱受过重苛捐杂税摧残的畜牧业的措施，其中规定了略微提高收购价

---

① 叶莲娜·祖布科娃：《与马林科夫的对抗》，见威廉·陶布曼、谢尔盖·赫鲁晓夫和雅培·格里森编《尼基塔·赫鲁晓夫》，耶鲁大学出版社 2000 年纽黑文/伦敦版。

② В. П. 波波夫：《战后的俄罗斯农村·1945.6—1953.3·文集》，1993 年莫斯科版，第 148—149 页。

格。然而斯大林同志不同意委员会的结论，照他的意见，不应当提高农业原料的价格，而应当提高向农民征收的税额，立即提高40亿卢布，也就是提高4倍。而且这是在1952年农民因向国家交售产品所得的全部“进款”勉强达到26亿3000万的情况下①。

40亿这个数字是怎么得来的？都不必猜想，就是因为一公斤马铃薯的收购价为3戈比。幸而斯大林接受了关于加税暂缓一步的劝告。米高扬回忆道，赫鲁晓夫“摆脱了困境，他说要是提高农民的税负，那么委员会就得加上马林科夫、贝利亚和财政部长阿尔谢尼亚·格里戈里耶维奇·兹维列夫。斯大林同意了。委员会在加入新成员的情况下开会。责成兹维列夫把一切都计算好，提出论据。尽量地拖延。”②

一直拖到斯大林去世，此后风向变了。这里摘录马林科夫讲话中最有利的片段：“政府和党的中央委员会决定今年即提高集体农庄和农庄庄员作为必须向国家交售的肉类、牛奶、羊毛、马铃薯和蔬菜的收购价。组织按已提高价格对集体农庄和农庄庄员剩余农产品的收购。”③

最高苏维埃会议上曾试图理顺价格，然而当时包括父亲在内，谁也弄不清悲剧的规模。为了复苏濒临死亡的农业，不仅需要巨额的预算投入，而且需要重新考虑从田间到柜台的整个价格结构。如果按土豆的实际价格向生产者支付，那么土豆就得按照实际价格、也就是更高的价格出售，这在政治上是不能容许的。于是就出现了无路可走的情况，摆脱困境颇非易事。暂且责成财政部长筹措所需的资金，就此不了了之。

除了提高收购价格之外，会议在听取了马林科夫的报告之后，决定今后不按产量征收农业税，因为那样做就是惩罚最勤劳最成功的劳动者，而是规定按公顷课税。父亲认为这是他自己的发明，也是农业改革的基石。今后多年不变的赋税就让农民可以理智地处置他余下的那部分收入，将资金投入现代化、牧场建设等长期的开创事业，保证农副各业的稳定发展。

“这样一来，我们就可以恢复公正，鼓励先进，带动落后，”父亲在散步时向马林科夫解释说。

---

① И. Я. 泽列宁：《尼·谢·赫鲁晓夫与农业》，俄罗斯历史研究所2001年莫斯科版，第52页。

② 阿·伊·米高扬：《往事》，莫斯科瓦格里乌斯出版社1999年版，第578页。

③ 格·马·马林科夫：《1953年8月8日在苏联最高苏维埃第5次会议上的讲话》，国家政治书籍出版社1953年莫斯科版，第14页。

实际上，如此“先进”的税制并不是他们的发明。罗马皇帝戴克里先在整顿税务制度时“就是以‘亩’作为面积大小的基础”，它在劳动质量、劳动生产率、农户收入额和产量各不相同的情况下，都是向农人课税的定额。称之为“对”。拜占庭皇帝尤斯基尼安也坚持这样的体系。

“……政府和党的中央委员会认为必须降低向农庄庄员个人副业收取的法定征购额，决定按照财政部长兹维列夫同志的报告，将每个农户的货币税平均降低一半，并完全勾销往年欠缴的农业税款。”[1] 这句话把马林科夫变成了人民的英雄和庇护者。

农民和小城镇的居民都是靠菜园过活，因此减税涉及所有的人。当年高层把个人副业当成似乎早已过时的古董。父亲的观点较为激进，建议完全免除对个人宅旁院落的实物征购，将采购的重心移至集体农庄和国营农场。供应机构人员起来反对：这样一来，国家就再没有蔬菜和其他许多食品了，“个体户”提供的食品占了大头。父亲暂时做了让步，等集体农庄壮大了再说。日后他坚持己见，种菜的市民不再交付农业税，全部收成归他们自己所有。后来，在个人副业和公有经济之间找平衡，又开始把螺丝拧紧，以便日后再松开。就这样没完没了。这是很自然的。任何时代国家的经济政策都是随着外部条件的变化而变化。

在报告关于工业的部分，还有一处引起代表们的轰动。“工业化已顺利完成，我们现在可以将更多的注意力放到消费品的生产上。”马林科夫宣告道。我国整个历史上，是他最先号召大家别勒紧裤带，把裤带松一松。实际上，这里的先后顺序是很清楚的，大众消费品的生产离不开机器，而没有人机器就成了死物。这在原则上是对的，然而此前若干年，国家都是将钢铁、机床、拖拉机和坦克放在首要位置。一切都紧着机器，剩下的才给人。马林科夫的建议开始对人和机器一样地关心，他又得了一分。

说句公道话，父亲全身心地投入农业问题，1953 年对改变工业政策尚未考虑，暂且没有去触动重工业优先。这个倡议完全属于马林科夫一家，但不属于马林科夫，而是属于瓦列丽亚·阿列克谢耶夫娜。恰恰是她在一次散步时挑起了这个话题。父亲当时保持沉默。有我在场时，这个话题再未提及。

父亲对马林科夫的讲话抱什么态度呢？无疑他内心里是妒忌的。作为一

---

① 格·马·马林科夫：《1953 年 8 月 8 日在苏联最高苏维埃第 5 次会议上的讲话》，国家政治书籍出版社 1953 年莫斯科版，第 15 页。

个人，我理解他。你日夜思考，终于脑子里有了一个计划，你如释重负般地叹息，这时有人，哪怕是你的战友，8 月公开讲了你打算在 9 月讲的话，你感到懊恼。在学术界和艺术界这叫“智力海盗行径”，政治上则没有说法。表面上他们的关系没有任何变化，他们甚至更加形影不离，父亲在散步时，继续向朋友讲述自己在起草关于农业问题的九月中央全会报告中的想法。马林科夫直点头表示同意。我们这两家人成群结队地在后面跟着，时而倾听两位父亲的谈话，时而又回过头来讨论我们自己的迫切问题。

讲完国内的事情，马林科夫又转到国际部分。这方面也同样有耸人听闻的消息。他暗示说，美国不仅失去了对核武器的垄断权，而且也失去了对热核武器的垄断权。他指的是不到一周之后，也就是 8 月 13 日即将进行的苏联核弹试验。试验特别成功。多亏当初名不见经传的年轻人安德烈·德米特里耶维奇·萨哈罗夫的革命性建议，我们胜过了美国。

物理学家、记者兼作家斯坦尼斯拉夫·佩斯托夫在《炸弹：20 世纪的三座地狱》一书中断言，萨哈罗夫的想法系剽窃自美国公开出版物，并补充以侦查机关获得的材料①。我不知道实际情况如何，不过当初父亲并不怀疑萨哈罗夫的发明权和先见之明。

8 月 20 日，此次试验见报，10 月 24 日萨哈罗夫和他的同事尤利·鲍里索维奇·哈里顿、阿纳托利·彼得罗维奇·亚历山德罗夫、列夫·安德烈耶维奇·阿尔茨莫维奇、伊萨克·康斯坦丁诺维奇·基科因、伊戈尔·叶夫盖耶维奇·塔姆等人“当选”院士，院士名额是中央委员会和政府特地分配给他们的。而且萨哈罗夫是破例绕过通讯院士“越级”当选院士。

要闻日志

1953 年 4 月 18 日，苏联部长会议决定（绝密，特别文件夹）确认了“627 试验项目”（未来苏联核潜艇的名称）的战术技术任务。

夏天，同奥地利进行的关于国家条约的谈判继续进行，条约规定这个前不久的希特勒盟国保持中立，以换取外国军队、包括苏联军队的撤出。

---

① 斯坦尼斯拉夫·佩斯托夫：《炸弹：二十世纪的三座地狱》，特拉出版社 2001 年莫斯科版，第 100—197 页。

1953 年 8 月 12 日，苏共中央主席团解散了“苏联内务部特别委员会”，该委员会是斯大林于 1934 年 12 月 5 日成立的，“旨在加速审理反革命分子、恐怖分子”和其他人民公敌的案件。

9 月 1 日，第一批学生进入列宁山上的莫斯科大学大楼。

同日，国内开始实行新的国家机关作息时间表：9 点上班，不得迟到，晚上 6 点整下班。父亲特别坚持严格遵守新的作息时间表。他对斯大林的不眠之夜深恶痛绝，当初从上到下的每一个人都在办公室里坐到深夜，随时准备着“老大”来电话，或是他需要什么。凌晨才回家睡觉，上午则各自为政，职务较高的领导来得晚，小人物来得早。有些人 10 点到，有些人两点到，大白天中午竟然能想法睡上两个小时。如今由主要领导来管作息时间。6 时整，部长或者别的领导必须到各办公室检查，是否都走光了，并亲自锁上房门。

父亲本人严格遵守他亲自制定的规则，差几分钟 9 点到办公室，白天回家一个小时吃午饭，下午不迟于 7 点回家，诚然是带着厚厚一摞未阅看的邮件，他称之为“家庭作业”。吃过晚饭，他将就着坐在餐桌旁，一边看，一边划着重线，将纸页对折起来。在卧室里到夜深了才看完。他不知为什么不用必定带有写字台的书房。

仿佛是一件小事：遵守作息时间。可它引起了怎样的反响啊！莫斯科传为笑谈：父亲们总算在合适的时间回家了，已经认不出自己的孩子，这些年他们都长大成人了。这是夸张，但也不是太夸张。

九月全会

1953 年 9 月 3 日，苏共中央全会终于召开，会议集中讨论农业问题。父亲作了报告。报告是 1962—1964 年出版的 8 卷集中第一卷的开篇之作。8 卷集收入了父亲关于农业的全部讲话和文章。报告密密麻麻，有许多数字和对照表。父亲喜欢数字，也善于利用数字。有时在讲话过程中，他站在台上拿普特去乘以公顷，或者是饲料单位乘以公担，用除法，用加法，算出来了，高兴地报出足以印证他的主要思想的结果。

报告开头，父亲表示赞成马林科夫关于顺利的工业化为加速发展轻工业创造前提的说法。然后他谈到问题：近数十年来农业生产的增长落后于城市人口的增长；换言之，人均食物产量愈来愈低，主要原因是“违背了物质利益原则”①。

只有靠生产者的物质利益，通过钱袋，才能提高生产。父亲始终坚持这个原则并且尽力而为。有时仍然不由自主地吆喝起来，仿佛是为了证明自己的正确，立即感到失望，事情未能顺利进行。他突然想起，便又回过头来，理智地在劳动尺度和报酬尺度之间找平衡。

父亲在这次全会上第一次公开地说，如果拿苏联人的生活同西方的生活条件相比，就会令人感到压抑，他当时就引用了有关的数字。1952 年俄国人以面包和土豆为基本食物，每年吃掉 200 公斤粮食和 190 公斤土豆，而在美国，这两种食品的消费量分别为 78 公斤和 52.2 公斤。1952 年每个美国人平均肉类 81.4 公斤，而苏联仅为 24 公斤，平均每天 70 毫克。牛奶的情况也大致如此，分别为 345 公斤和 159 公斤，蛋类为 379 个和 70 个，蔬菜为 127 公斤和 60 公斤，水果为 90 公斤和 16 公斤，所有其他食品从略。

中央全会成员屏息静气地听父亲讲话，并不是因为他发现了美国：人家的生活如何，苏联人吃的又是什么，在座的都知道。全都知道，但是没有大声说出来，彼此之间也从来不讲。应当是大声讲我们比资本主义优越之处，绝不能说落后。不久前因此类言论可能加之以反苏宣传的罪名，并承担由此引起的一切后果。眼下却是在克里姆林宫讲台上散布反叛观点！父亲认为，只有通过认识生活现实的真相，才能开始扭转局势，从国家身陷其中的深渊里爬出来。

接下来，他引用了学者计算出来的每人每年的膳食标准：面包 121 公斤，土豆 114 公斤，蔬菜 141 公斤，牛奶 540 公斤，肉类 65 公斤，鸡蛋 360 个，等等②。父亲讲到今天国家处于什么位置，我们要往何处去，才能证实社会主义制度的优越性。其实，这就是他往后若干年的全部纲领。

父亲尚未谈到在食品产量方面同美国竞争，不过已经明确地排好了先后顺序。他在家中同客人谈话时，经常回到“面包—土豆食谱”、苏联人膳食不平衡的话题上来。

1953 年，父亲尚未决意公布讲话中引用的数字，那些数字与公认的社会主义生活方式优越性“说法”太不相称了。直至四年之后，这些数字方广为

---

① 《尼·谢·赫鲁晓夫》8 卷集，国家政治书籍出版社 1962 年莫斯科版，第 1 卷第 11 页。

② 俄罗斯联邦国家现代史档案馆第 1 全宗第 1 目录第 61 案卷第 4—6 页；见 И.Я. 泽列宁《尼·谢·赫鲁晓夫与农业》，俄罗斯历史研究所 2001 年莫斯科版，第 79 页。

人知，当时父亲在列宁格勒公开号召大家试图在日常食物品类方面赶上美国。

1953年在全会上，父亲尚未谈到达到目的，说的是如何启动，首先是收购价格，这样的价格不仅可收回农民的开支，还可以激励他们生产出更多更好的东西。决定成倍地提高价格：向国家交售的禽肉提高4.5倍，牛奶和黄油提高1倍，马铃薯提高1.5倍，蔬菜提高20%—40%。父亲说，这仅仅是第一步，提价给人留下深刻印象，但那仅仅是同从前确定的极低价格相比。至于更进一步，达到农民所付出劳动的真实价格，国家对此并未做好准备，政府缺少这笔资金。

父亲要求同集体农庄签订交售产品的合同不要放到夏末，根据“事实”，看收成如何，要事先签订，这样农民就知道不会把他的东西全部拿走，他如果勤劳些，在完成交购任务之后，还可以做到他自己和全家的生活都有保障。谈到提高肉类产量的措施时，父亲说道，没有饲料，饥肠辘辘的牲畜是不会长膘的。这时他在全苏的大会上头一次说出了“玉米”这个具有神奇作用的字眼，将玉米的饲料潜力同干草、大麦作了一番比较，并且得出结论：没有玉米，我们就没有肉吃。

科学是以所谓饲料单位——确定动物取决于饲料种类的增重单位来衡量饲料的效率。根据学者的意见，玉米，尤其是与大豆或者豌豆混合在一起时，其效率高出传统的大麦数十倍，干草更是不在话下。玉米史诗之开始并非偶然，它是认真的科学分析的结果，也是俄罗斯农业改革的一个主要组成部分。父亲抓住玉米，就好比抓住了唯一一次解决我们这个寒冷国家似乎无法解决的难题的机会，这难题就是迅速和成倍地提高肉类的产量，使公牛犊、猪、禽类的全年增肥。

俄国的情况能否完成父亲提出的独立解决全国吃饭问题的任务呢？要么是他醉心于无法实现的幻想？

俄国可不是美国。气候条件与加拿大近似，然而加拿大不是三亿人或者两亿人，只有3800万人。他们的收成足以满足本国的消费和出口。

农学家和经济学家纷纷保证说：计算证实，如果合理地着手此事，国家可以做到自给自足，甚至还能出口农产品。这不会是19世纪或者20世纪初的“饥饿出口”，当时老百姓食不果腹，大地主却把粮食卖到国外，这是正常的出售除自己食用外的余粮。父亲着手实现这项1953年似乎不很现实的纲领。

“同战前水平相比，私有奶牛头数减至650万，无奶牛集体农庄宅旁院落占45%，”父亲抱怨道，同时提出要求，“彻底终止侵犯农庄庄员私有牲畜方面利益的错误做法。”① 接下来，父亲谈到不久前通过的鼓励个体农户饲养牲畜的法令：购买奶牛时对宅旁院落的征税立即降低一半。

然而他并未回答主要的问题：如何饲养和用什么饲养这些“个人所有的”奶牛？专用饲料商店里不出售，集体农庄和国营农场也紧缺，自己的菜园就更不用说了。只有去偷集体农庄的饲料，那和任何偷窃行为一样，要吃官司的，要么就用商店里的面包喂养牲畜，因为面包便宜。卖出一部分肉，不仅抵偿了全部开支，而且还有赚头。

1953年商店里的面包很少，勉强可以满足需要，这样的威胁还属于假定的范畴。可只要提高粮食产量，消除短缺现象，就……父亲要么不明白给自己的未来充裕政策埋下了怎样的定时炸弹，要么认为时间将会证明，我不知道。然而用价廉的面包喂养牲畜的问题后来始终跟随着他。他不能提高面包价格，玉米的事情搞得毛毛糙糙，饲料仍然不足。只有采取行政措施，发布不得阻挠经济刺激措施的禁令，这些做法总是收效甚微。父亲始终赞成这些刺激措施。只是在用面包喂养猪牛的问题上，这些刺激措施却事与愿违。

报告的主题为：应当减税，按照同农民卖主自愿协商的价格增加采购量并赋予集体农庄更多的自由，生产什么和如何生产更有利可图，让他们自己决定。

重读以上文字，对其平庸无奇感到吃惊，可当初报告听起来好似警钟。斯大林对于农村生活，也就是国内生活的判断，是根据童话般美妙无比的影片《库班哥萨克》，片中歌舞升平，美味佳肴，更像是腾飞的起点。当然，自己半饥半饱的城里人知道，实际上农民的生活不是这么回事。然而知道是一回事，当年讲出真话，而且是在中央全会上，那又是另一回事。父亲说，农民的生活比城里人还要穷困潦倒，还要卑躬屈节。赋税早已吸干了他们的血汗，他们不愿意就这样活下去，不愿意白干活，只是一心逃离，爱上哪儿就上哪儿。

1930年代，斯大林是通过抢劫农民来向国家工业化投资的，钱不会自己跑出来，得去抢去夺。从敌人手中抢夺。从农民的“小资产阶级性”即可认

① 《尼·谢·赫鲁晓夫》8卷集，国家政治书籍出版社1962年莫斯科版，第1卷第31页。

定新“旺代”的敌意甚至危险，当初是旺代葬送了法国大革命[1]。对农民的抢劫是有意而为，且具有意识形态方面的论据。斯大林事业上万事亨通，建起了工业，却使农业遭到破坏。到了将抢劫的东西归还的时候。还债谈何容易，何况是归还别人欠下的债。其实，这是父亲在中央全会提出的主要建议：停止抢劫农村，如果我们暂时无力还债，那就哪怕降低税负，开始按劳动向集体农庄和农庄庄员付酬，给他们一点自由，让他们感到劳动的乐趣。一切都很简单：想要粮食，别去抢去夺，最好是付钱。1921 年从此开始了从战时共产主义到新经济政策的过渡，父亲也是从此开始的。一年前，仅凭这样的言论就可以划入“人民公敌”的范畴，甚至送到卢比扬卡[2]。上面已经述及父亲为“农业城”、稍稍改善农民的生活条件付出了怎样的代价。眼下，父亲又胆敢触动斯大林对农民态度的基础。他在全会上的发言使农民产生希望。

全会上，根据马林科夫的提议，父亲的职务从中央书记更名为第一书记，从而给业已形成的力量对比打上印记。我不记得对这项决定进行过讨论，当时认为这是因循守旧，正如马林科夫提出这个建议一样，他表面上是国内的第一把手，实际上是排在贝利亚之后、眼下则是排在父亲之后的第二把手。

关于改革和改革家

父亲的改革始于 1953 年 9 月。开始时他拥有足够的权力。然而在谈到改革家赫鲁晓夫的时候，应当向自己提出一个问题：什么是俄国的改革，俄国的改革家究竟是些什么人？改革同其他改造社会的方式，例如不流血的革命有何区别？改变社会的主要基础，从私有制过渡到公有制甚至国家所有制或者与此相反，这是改革呢，还是别的什么？这样的破坏不能叫做改革：这是革命或者反革命，但绝不是改革。改革不马上破坏基础，而是逐步地加以改造，使之为生命力很强的人造福。这是弗拉基米尔·伊万诺维奇·达利的

① 旺代系法国西部省份，在法国大革命和执政内阁时期是王党叛乱的中心。参加叛乱者除贵族和僧侣外，还有一部分农民（特别是富裕农民）。——译者注

② 卢比扬卡系苏联克格勃（国家安全委员会）所在地。——译者注

看法，他认为改革是“制度、体制中的新事物、改造。”[①] 革命后的外来词词典附和他的意见，将改革诠释为不触动现存制度基础的变化[②]。

这个说法大概是正确的，还有个说法也不错：任何改革与革命的不同之处，就在于它不以破坏一切为目的。改革是从细节入手，从国民经济各部门当时当地必需的具体变革开始，然后，由于改革的逻辑，将社会生活一切新的角度都纳入自己的范围。变革的深度取决于改革者的决心和社会接受新措施的准备程度。任何改革、特别是顺利改革的主要困难，就在于改革者不是根据教科书来行事，而是盲目前进，每次都对所做的事情作出评价，然后选择下一步应当如何走法。这里起主要作用的，是直觉、嗅觉、在陌生环境中辨别方向的能力和才干。

在某种意义上，改革家与作出决断的军事将领很相似，决断事关战事的成败，走错一步和贻误战机均与死亡无异。教会如何找到唯一正确的决定是办不到的，因为是在新的情况下找到，这就排除了依靠先驱者经验的可能性。世界上所有的军事学院都在教授在昔日战争中如何取胜，而学院的毕业生面临着在未来战争中指挥战役，谁也不知道他们将会带来怎样的意外礼物。胜利者之为胜利者，就是因为他们与战败者不同，能够利用过去的经验并同时与之保持距离，创造未来。日后他们的胜利就会开始在学院中得到仔细的研究。

我可以举例说明。1941 年秋天，莫斯科周围形势严峻，德军击败并包围了苏联军队。实际上莫斯科已经无人保卫。方面军指挥人员不知所措。在此关键时刻，保卫莫斯科的责任落到了格奥尔基·康斯坦丁诺维奇·朱可夫的肩上。然而当时他的手下没有能作战的部队。预料有来自西伯利亚的增援部队，但尚未赶到，德军可能眼看就要发起攻击。朱可夫作出了初看起来根据不足的决定：将他手中的所有兵力都集中到通往莫斯科的三条大道上，只留下正面不设防。按照规定，部队转移的命令由方面军第一军委委员尼古拉·亚历山多罗维奇·布尔加宁与他共同签署，一旦失利或失败，布尔加宁就要同司令员一样负全部责任。

此前不久，因苏军在白俄罗斯被德军击溃，为了以儆效尤，处决了西方面军司令员、军委委员和参谋长。因此布尔加宁忧心忡忡。临签字前，他追

---

① 弗·伊·达利：《详解辞典》，1995 年莫斯科版，第 4 卷第 93 页。

② И. В. 利亚辛，Ф. И. 彼得罗夫：《外来语词典》，1954 年莫斯科版。

问朱可夫正面不设防，把全部现有兵力都集中到三个方向，是出于什么考虑。

“我不知道，”朱可夫开诚布公地答道，“不过，我要是在对方作指挥，我就会沿着这三条大道进攻。”

命令签署了，部队转移了，而且很及时。德军开始进攻，正是沿着这三条“朱可夫大道”，遇到抵抗，进攻受挫。朱可夫赢得了时间，那边的西伯利亚援军也赶到了。

我再说一遍：胜利者与战败者、好将领与差将领、成功改革家与屡战屡败的改革家之间的区别，恰恰是预见的天赋。当然，光靠直觉是不行的。为了改革成功，必须具有知识、迅速从自己和别人的错误中学习的能力以及首创精神。只有这几条加到一起，才能撼动历经数年数十年固定下来的社会基础，战胜对手，带领拥护者，迫使怀疑者相信你。

能量，以自己的主意吸引人的能力，让他们保持斗志，而且不是一天，甚至不是一年，这是改革家必须具备的又一品质。

经常注入能量以便维持秩序，以至有目的地改变现存秩序，这是宇宙的基本规律之一。这是在热力学第二定律中表述的一个大自然实质：如果停止注入能量，那么整齐的自然结构中的熵——混乱和无秩序就开始积聚。上面已经提到了熵，还要不止一次地提到。熵主宰着世界，人类一直同它作斗争，却永远也无法战胜。我们只能暂时局部地与之对抗。熵在分子和原子的世界里占统治地位，如果没有将分子和原子保持在一起的外力，粒子就会四散飘开。熵毁坏着存留下来听任命运摆布的古城。由于它，未开垦的土地都长满杂草。如同人群一样，一旦放任自流，就会……

在分散的市场经济中，注入能量，即个人意志的表现，是在许多局部的点上发生的：商人努力以自己的方式打点业务，从而给社会、经济注入能量，地方自治机关在自己的辖区内整顿秩序。这些分散的系统通常都比较稳定，一个环节出了毛病，一处或者几处的失利不会造成整个系统的崩溃。在因管理不善而破产的企业、注入能量不足或者定位错误地注入能量的地方，出现了具有自己的注入能量点的新调整中心。如此无穷无尽。国家、中央政权不直接参与注入能量，它们制定规则，以便使得这种能量的注入更加有效，并且符合全社会的利益。

在中央集权的群体中就大不一样了，比如俄罗斯或者苏联，那里的一切都取决于头号人物善良的或者不善良的意志，头号人物要么是全俄国的国君，要么是共产党总书记，“民选”总统。名称可以改变，纵向权力结构变不了。在这样的体制下，其结构的调整，即提高效率（改革），完全取决于领导人也仅仅是领导人的意愿、意志、决心、直觉。能量注入来自一个中心，来自最高层，并且冲破或大或小的阻力，蔓延到巨大的、不愿改变、迟钝的官僚机器之管理渠道。在集权和垄断的条件下，厂长大多不愿拿自己的地位冒险，去运用新发明（新发明永远是冒险）。地方领导人对于改变已经习惯的生活节奏不感兴趣。唯一对改革感兴趣的是坐在权力金字塔塔尖的他（和他的班底，如果有的话）。在他具有足够的精力、力量和意志的时候，他颁布法律，全国巡视，折腾地方长官，将“顽固落后分子”换成改革者（这些人当上领导之后很快变成顽固落后分子），采用技术上的新发明，新发明借自相邻的、较为活跃的机构，或者是自家的，如果发明者能获得最高的赞许的话。据统计，所有登记注册的发明中，享有存在权的不到百分之五，这些发明给发明者带来成功，而不是失望和亏损。这百分之五里面，实际上得到全社会支持的发明凤毛麟角。然而如何去识别呢？每个发明者都相信自己的独创性，对成功毫不怀疑，说服人们今天投资，指望明天得到金山。

任何时候都有愿意冒险的人。在分散经济的情况下，冒险者可能失去一切，这是常事，对社会具有不无明显的负面影响。不称职的能量注入中心消失得无影无踪。下一个又来替上，就这样没完没了，直到有人获得成功，发明确有价值，更为罕见的是决定命运前途的发明，它们不仅决定个人的命运前途，而且决定整个社会的命运和前途。从阿基米德和托马斯·爱迪生到莱特兄弟和比尔·盖茨，所有的发明家都是如此。我们牢牢记住了他们的名字，却记不起失败者的名字。进化将失败者剔除出去，于是他们就默默无闻。

极权体制下就另当别论了：大部分发明，无论有用无用，均因得不到支持而自生自灭。体制按老一套运转，不用发明，也无需发明。如果谁要是能捅到上面去，那么我们遇到的仍然是那张彩票：得到支持的可以是有价值的发明，也可以是毫无价值的发明，甚至纯属诈骗的发明。国家领导人，如果他生性求知欲强，就会支持任何一个更加值得信任的发明人。但他可以支配多得多的资源，一旦失败，风险就极大。

只要领导人有力量给体制注入能量，极权体制还能勉强起作用。当然，极权国家也有地区能量中心，可以减少某个具体地点、区、工厂、集体农庄的熵。它们开始改变，经常破旧立新，但这一切暂时由最高层补充能量，最高层是个精力充沛的统治者，重视国家和人民的利益。只要他由于自然原因消失或者被推翻，那就一切停止，来自无所作为的政权高层的日益增加的熵就将笼罩社会，将新措施吞噬和消化得无影无踪，安安静静。社会进入休眠状态，我们称之为停滞。俄罗斯历史上改革家执政者不乏其人。仅仅最近两个世纪，就有沙皇改革家亚历山大二世、尼古拉二世执政时的政府主席谢尔盖·尤里耶维奇·维特和他的追随者彼得·阿尔卡季耶维奇·斯托雷平和弗·伊·列宁（新经济政策时代），最后是尼基塔·谢尔盖耶维奇·赫鲁晓夫，本书要讲的就是他的改革。父亲由衷地相信共产主义社会将保证人人过上美好的生活，他竭尽全力，按照自己的理解，努力促进繁荣的到来。他毫不动摇，选择了改革的道路，并一直走到底。

要闻日志

在最高苏维埃八月会议和中央（1953年）九月全会之后，政府和党中央的决定接连出台：关于降低个体经济必需征购额的决定，关于马铃薯和蔬菜生产的决定，关于贸易的决定，关于增加消费品生产的决定，等等。开始把部划小。斯大林去世后立即成立的奇大无比的行政单位办事效率低。农业部分出采购部，部长为列昂尼德·罗曼诺维奇·科尔尼耶茨，战前任乌克兰政府主席，战后为父亲在乌克兰部长会议的副手，我家梅日戈里耶别墅的邻居，他学识渊博，十分讨人喜欢。是莫斯科政府中第一个赫鲁晓夫的人。免去农业部部长职务的科兹洛夫成了国营农场部部长，农业部长为伊万·亚历山德罗维奇·贝内迪克托夫，斯大林去世前担任此职，1953年3月5日被马林科夫免去职务。

1953年10月15日，新的、但不那么官方的青春电台开始广播。

阿朱别依当年供职的《共青团真理报》刊登了一篇“大胆”的文章，说的是莫斯科的花花公子、酗酒、淫乱（在那个禁欲的时代，对淫乱的理解同现在大不一样），全都是以院士、桥梁建筑专家格里戈里·彼得罗维奇·佩列杰里的儿子为例。报纸主编给这篇底栏文章加了个尖锐有力的标题：《霉斑》。这个词马上成了专有名词，关于“霉斑”——官员子女的话题，昨天还不许说，如今则逢人便讲。

1953年12月15日，《消息报》刊登了讣告：别列杰里院士去世，国家失去了一名优秀人物……

1953年11月20日，政府决定开始设计建造用于北方海道的大功率原子破冰船，计划于1957年完成建造和实验。为了保密起见，这项工程的代号定为“92号计划”。

1953年11月26日，撤销了1947年2月15日颁布的禁止与外国人通婚的斯大林法令。战后，各种西方使团纷纷进驻莫斯科等大城市，有经济使团、军事使团和人道性质的使团。西方报纸也派出记者在此常驻。自然就会发生风流韵事，谁娶了谁，谁又嫁给了谁。斯大林同志打听到“苏联公民的不体面行为”，当即终止此类“不成体统的事”，从此禁止同外国人通婚，已在苏联婚姻登记所签好的婚约均视作非法，此类婚姻的子女也属非法。

美国大使馆职员、日后著名的苏联问题专家罗伯特·塔克赶上了斯大林的法令。他爱上了俄国姑娘热妮亚，并喜结连理，但他们的婚姻未得到认可，当然也不准她同“前夫”一起回美国去。同许多其他类似的悲剧和风流韵事不同，罗伯特和热妮亚，一个在美国，一个在苏联，彼此都没有忘记，斯大林去世后，他们又试图将自己的命运连在一起。罗伯特开始给所有他知道的苏联地址写信。起初给外交部写信，但莫洛托夫和斯大林一样，认为嫁给外国人、尤其是美国人属于品行不端。塔克遭到拒绝。于是他给马林科夫写信，但未收到回信。他知道莫斯科还有个中央委员会，权力比外交部甚至部长会议都大。起初塔克不想找中央委员会，当初因此类“不正当关系”他可能被革职，尤其是国家职务，被加上反美的罪名。同参议院约瑟夫·麦卡迪①可开不得玩笑。

绝望之余，罗伯特冒险给赫鲁晓夫去信。过了一段时间，热妮亚获准个人前往美国与丈夫团聚，时隔不久，又废除了斯大林法令，不过同外国人通婚甚至交往仍然不受欢迎。

12月31日，1954年除夕，红场上的古姆（国家百货商店）开门营业，店内的货摊于19世纪末建成，30年代却统统关闭，以防检阅时凶犯从窗户谋杀斯大林。一些政府办事机构在此落户，进门需凭通行证，由表情严厉、佩带浅蓝色肩章的士兵检查通行证。如今古姆又恢复了正常的商业生活。在决定古姆的命运时，也有人提出异议，但父亲对他们的担心付之一笑：谁需要我们，谁会来杀我们，如果是外国侦察机关要搞谋杀，那反正也防不胜防。

---

① 1950年代初，由美国参议员约瑟夫·麦卡锡煽起美国全国性反共“十字军运动”。他任参议员期间，大肆渲染共产党侵入政府和舆论界，促使成立“非美调查委员会”，在文艺界和政府部门煽动人们互相揭发，许多著名人士受到迫害和怀疑。——译者注

1954 年

垦　荒

在克里姆林宫格奥尔吉耶夫大厅盛大宴会的觥筹交错之中，人们迎来了斯大林之后的第一个新年。次日，青年舞会的乐曲声又在大厅内奏响。这是最神圣的地方，一年前，只有最可靠最可信的人凭卫队管理局办理的通行证方可进入，如今莫斯科人仅凭本单位工会发的请柬即可进入。人们在大克里姆林宫的厅堂内载歌载舞，在不久前空旷无人的克里姆林宫广场上尽情玩乐，在炮王旁边摄影留念。

国家领导人却无暇取乐。中央全会九月决议始终未能回答最迫切的问题：上哪儿去搞粮食，说的不是将来，而是 1954 年夏收之前。甚至做梦也没有想到去国外采购粮食，国家处于经济封锁之中，西方国家同我国没有任何买卖。再说也无钱购买，石油连自己都不够用，黄金则倍加珍惜，以备战时之需。当时真的很担心美国人随时都会入侵。美国并未特意掩饰他们向苏联发起核轰炸的计划。从 1945 年开始，制定了许多计划，其中有烘烤炉、玩乐、靶子、驭夫座、特罗伊甄、弗利特伍德，不一而足。1952 年 1 月 27 日，美国总统哈里·杜鲁门公开宣称："我们要摧毁所有的港口和城市：莫斯科，圣彼得堡、沈阳、海参崴、北京、上海、旅顺、大连、敖德萨和斯大林格勒，我们要把中国和苏联的一切工业企业统统摧毁。这是苏联政府决定他们是否有存在价值的最后一次机会！"①

在这种情况下，还谈得上什么贸易呢？

提高老土地上的收成（1953 年每公顷收获粮食 7.8 公担）毫无可能，实际上并未生产肥料，也没有兴建新工厂的资金。即使找到资金，至少五年以后才能投产，要设计，建设，调试。只有一个办法，那就是找到尚未开垦

---

① 摘自佩日科夫和达尼洛夫《一个超级大国的诞生·1945—1953 年》，奥尔马－普列斯出版社 2002 年莫斯科版，第 96—97 页。

的土地，许多土地，春天就可以播种，这样就可以收第一季庄稼，烤出第一块面包。

父亲忆起他的青春岁月，当时俄罗斯为上哪儿去搞粮食的问题而饱受煎熬。世纪初主持沙皇政府的谢尔盖·尤里耶维奇·维特，后来1906年接替他担任此职的彼得·阿尔卡基耶维奇·斯托雷平，全都把目光投向东部。1861年俄罗斯中部的农民获得自由，为每俄亩土地吵闹不休，而在西伯利亚南部、哈萨克斯坦、远东，土地一望无垠，那都是什么土地啊——未开垦的黑土地！

在来自上面的压力下，农民十分勉强、并不乐意地往东部进发。起初派人去侦察，他们回来后一起商议，又有些犹疑，最大胆的那些人举家离开故土，卖掉房屋，把家什装上大车，踏上征途……前往……

父亲的同村人也离开故乡卡利诺夫卡，永远地消失了。当时父亲已满十四周岁，他还记得“搬迁是充满痛苦的。大家推举出打前站的代表，我大姨父就是其中的一位。他们先行出发，到那里先看看土地怎么样，将要面对的生活条件如何。他们喜欢上了那个地方：土地一眼望不到边，想要多少有多少。只要你有能耐。还去了许多来自库尔斯克省其他村子搬迁的农民。”①

至1910年，将近有130万人告别故土，前去寻找更好的命运②。

他们离去时，受尽了同村人的咒骂，同村人认为搬迁者是破坏千百年来农村村社的叛徒，村社里是我为人人，人人为我，全村社的人都向沙皇缴纳赋税，全村社的人都帮助落难者，全村社的人都喜笑颜开，不过更多的是全村社的人都忍饥挨饿。离去者削弱了村社，这不能不引起留下者的失望和愤怒，有时发展到仇视以至杀害离经叛道者。

占有土地的地主也千方百计地抵制移民。永远饥肠辘辘的少地农民无法靠自己的份地养家活口，被迫低三下四，去给他们种地、收割、把粮食归仓，只能得到极少的收成，地主的粮食出口到欧洲去挣大钱。父亲还记得他还是半大孩子的时候，起初给一个当过将军的地主放羊，后来又给另外一个名叫瓦西里琴科的地主干活③。

如今，与农奴劳动几无区别的无偿劳动宣告结束。得益于迁居者，留下者的份地有所增加，地主老爷的田地失去了吸引力，除非付给“真正的报

① 《赫鲁晓夫回忆录（全译本）》，社会科学文献出版社2006年北京版，第2卷第1274页。

② 阿纳托利·伊瓦琴科：《斯托雷平对决斯托雷平》，载于2000年12月6—12日《文学报》。

③ 《赫鲁晓夫回忆录（全译本）》，社会科学文献出版社2006年北京版，第3卷第83页。

酬”。廉价的、几乎免费的粮食出口带来的超级利润即将走到尽头。

因为垦荒，农民、地主和沙皇本人都对斯托雷平恨之入骨。那还用说！他居然企图影响稳定、影响宗法式的俄国立国之本。结果，1911 年 9 月 5 日，斯托雷平死于恐怖分子的谋杀。恐怖分子的后台是谁：是左派、革命者还是以沙皇本人为首的右派？历史学家至今争论不休。实际上这并不特别重要，重要的是业已开始的农民移民很快结束了。地主保住了人手，殷实的农场主却始终没有出现。

然后是第一次世界大战爆发，然后是革命。新经济政策末期，再次出现粮食困难，人们再次回忆起西伯利亚的荒地。1928 年，起草了关于在未耕的东部土地上成立国营垦荒农场的决定。然而工作并未启动。1929 年开始农业集体化，农民对于新土地已是无暇顾及。垦荒地上的国营农场田地杂草丛生，很快就弃之不顾了①。

荒地已经荒废多年。30 年代又重新恢复移民，将数百万农民迁至东部，“斯大林移民”，但不是迁往西伯利亚黑土带，而是迁往集中营，铁丝网内，永久冻土带。

后来，无论战前还是战后，“斯大林坚决反对这样做，他禁止进一步开垦荒地，不许在开出来的土地上进行轮作。他认为，只要耕地少了，就足以使农民开始寻找出路，创造条件，从原来的土地上获取更多的农产品。”② 但最终没有成功。

如今父亲想到的，就是半个世纪前在他之前维特和斯托雷平曾为之绞尽脑汁的问题。他认为摆脱粮食危机的出路和他们的主张一样，就在东部。

1954 年 1 月 22 日，父亲口授了第一封全新质量的致苏共中央报告。其中心思想为：粮食短缺已经到了灾难性的地步，传统地区的耕作已经无法解决粮食问题，俄罗斯中部产量很低，目前肥料短缺，且近期不可能缓解，与此同时，城市人口，粮食消费，在持续增加。出路只有一个：开始向东扩张。据父亲估算，东部至少有 1300 万公顷未开垦的土地，其中哈萨克斯坦 600 万公顷，南西伯利亚 700 万公顷。如果把它们开垦出来，每公顷收获粮食 10 公担，那么就会增产 1300 万吨。他引用了材料：1952 年国内平均产量为每公顷 8.6 公担，美国为每公顷 17.3 公担，加拿大 17.6 公担。西伯利亚

① 《祖国历史》杂志 1996 年第 2 期，第 55—70 页。

② 《赫鲁晓夫回忆录（全译本）》，社会科学文献出版社 2006 年北京版，第 2 卷第 1252 页

年景好时可稳收 15 公担。他由此得出结论说，他的推测十分现实。父亲接着又极其仔细地计算出，总量中有多少供居民消费，有多少用作牲畜饲料，有多少留作种子，有多少用于工业再加工，主要是酿酒，多少用于国家储备，剩下多少用于援助东德、捷克斯洛伐克、波兰等盟国。结果是满足眼前需要还有富余，而且所用的粮食，比我们在人烟稠密的欧洲地区收割的粮食更便宜，用于开垦荒地的费用很快就能收回成本，国家可以得到利润，而且是丰厚的利润。这一切不仅可以解决粮食危机，而且还可腾出俄罗斯中部的一部分土地，用于扩大亚麻、甜菜、玉米的播种面积。

最重要的是，垦区的粮食可以减轻人烟稠密地区集体农庄庄员的负担。今天，为了满足国家需要，我们向他们下达无法完成的交售粮食计划。年年拖欠税款，欠款逐年增加，于是粮食收购“具有了战时共产主义时期余粮收集制的性质”①。哪里还有物质利益可言？垦区不仅可以提高入库粮食的附加值，还可以把整个粮食生产结构搞得更有效率。

“额外的垦区粮食可以冲抵集体农庄的欠款，消除他们对于明天缺乏信心的情绪，”父亲在报告中这样写道，“最终挣回按公顷计算的税负，农民的劳动变得有意义了，他们有了动力，就是说，劳动生产率也提高了。”

与此同时，父亲也意识到垦区解决不了所有的问题，这只是第一步，“为了达到美国的人均粮食生产水平，不仅需要开垦 1300 万公顷荒地，而且要把粮食产量提高到每公顷 15 公担。”② 也就是翻一番。

面临着一条漫长而艰苦的道路，垦荒仅仅是个开始。总得从某件事情上开始起步。

父亲在起草报告时，搜集了凡是能找到的关于地区、当地气候、土壤、耕作方式的信息。向他提供详细的论证和解释的，有国家计委的谢·杰米多夫、各部部长：农业部长贝内迪克托夫、采购部长科尔尼耶茨，国营农场部长科兹洛夫、俄罗斯联邦政府副主席帕·帕·洛巴诺夫，另有洛巴诺夫的第一副手马茨凯维奇（父亲特别珍视他的意见）、俄罗斯联邦农业部长尤尔金，最后还有农学家李森科院士、大田农艺师马尔采夫、奇热夫斯基教授。因此，父亲作了充分的准备。他明白，相当大一部分垦荒地、尤其是哈萨克斯坦垦荒地的产量不稳定，受到当地变化无常的天气的影响。若是下一场春

---

① 《尼·谢·赫鲁晓夫》8 卷集，国家政治书籍出版社 1962 年莫斯科版，第 1 卷第 97—98 页。

② 《尼·谢·赫鲁晓夫》8 卷集，国家政治书籍出版社 1962 年莫斯科版，第 1 卷第 100 页。

雨，收成就好，可五月里要是刮起干热风，那么撒到地里的种子能收回来就算不错了。这样的情况每隔两三年就有一次。学者把这样的地区称之为风险农业区。

“没办法，只好冒险，”父亲一再重复，“好收成，哪怕不是年年如此，反正使得荒地颇具吸引力。加拿大也处于风险农业带，人家那儿简直就是繁荣昌盛嘛。”

因为垦荒，父亲看完了给他送来的关于加拿大小麦种植带粮食生产的所有材料。加拿大的榜样成了他同反对垦荒者争论中的重要论据。

父亲认为，说得准确点，是莫斯科农学家向他解释说，没有肥料，垦荒地能维持五至七年，然后土地贫瘠化，产量下降，就只得像我国欧洲部分熟地那样施用肥料。然而，这五至七年我国不仅可以有个喘息的机会，而且还可以逐渐积攒生产肥料所需的资金。

我对父亲的论据记忆犹新，他不仅在中央委员会谈垦荒，在家里也谈，不是同我们，是同他的客人交谈者，然而是在我们在场的情况下。

九月全会刚结束，父亲便把目光投向东部。他利用西伯利亚地区和哈萨克斯坦的党负责人尚未离开莫斯科的机会，决定同他们商量一下。那里有多少闲置的土地，父亲没有准确的数字，他本人还从未去过西伯利亚和哈萨克斯坦，而莫斯科学者向他提供的数字又相互抵触。他是从伟大的儿童剧院创造者纳塔利娅·萨茨戏称①为“庄严高傲”的哈萨克斯坦中央书记茹马拜·沙亚梅赫托夫开始的。沙亚梅赫托夫于1938年就任中央书记，此前他在叶若夫的机关——内务人民委员部工作。这也是顺理成章的，当时哈萨克斯坦遍布劳改营，在内务机关尚未拉上铁丝网的地方，当地的哈萨克牧人在草原上驱赶着羊群。如今通达人情世故的沙亚梅赫托夫坐在父亲位于老广场的办公室里，思量着应该有怎样的举止。他根本不想去开辟牧场，他的祖祖辈辈都放牧，而且早在八世纪就从阿尔泰山中迁居至哈萨克大草原。他明白，哈萨克人自己是不会干这个的，他们不会也不肯去刨土。俄罗斯人、乌克兰人要来到他们的土地上，克里姆林宫还决定把什么人派到他的哈萨克斯坦来。哈萨克人世世代代的游牧区末日即将来临，他的政权、茹马拜·沙亚梅赫托夫政权的末日也即将来临。将由善于种植小麦的俄罗斯人或者乌克兰人来接替他的职务。沙亚梅赫托夫坐在赫鲁晓夫的对面，习以为常地要花招，思量

① 维克多·罗佐夫：《面对生活的惊异》，瓦格里乌斯2000年版，第198页。

着如何巧妙地糊弄赫鲁晓夫，同时自己也不致失足。

父亲一开始就说他对哈萨克斯坦一点不了解，希望得到谈话对方的帮助。沙亚梅赫托夫孤注一掷，解释说可惜凡是可以开垦的，共和国早已开垦，再无适宜耕种的土地，全是盐土。他明白父亲并不是头脑简单之人，600 万公顷的数字也不是凭空捏造，便决定来个讨价还价，正如他的祖先同来自欧洲的人讨价还价一样。沙亚梅赫托夫犹豫了，好像在估算什么一样地动动嘴，作出让步：可以，如果努努力，搞上个两三百万公顷，可六百万根本不可能。沙亚梅赫托夫的回答让父亲感到不快，却并未使他非常沮丧。他已经明白，客人在讨价还价，这不是一次开诚布公、关系治国的谈话。

父亲另辟蹊径，开始把哈萨克各州委书记一一叫来，详细询问每个州的能力。当然，诸位州委书记对沙亚梅赫托夫与父亲的谈话有所耳闻，也知道他的立场，不过看来是决定“陷害”他。他们毫不犹豫地给父亲报出了各自州内有数十万甚至数百万公顷土地适宜开垦。

莫斯科农学家算出的 600 万公顷轻而易举地弄到了。与此同时，沙亚梅赫托夫的命运也明确了：从垦荒开始之日起，他就不再是中央书记。

沙亚梅赫托夫的问题比较容易解决，1954 年 2 月起，他即不再担任哈萨克斯坦党中央第一书记，调任南哈萨克斯坦州书记。受到斯大林 30 年代大清洗熏陶的他，认为必将遭到整肃，他怀疑新的任命不过是个幌子，接下来是被捕无疑。据他记忆所及，全都是这样的下场。

沙亚梅赫托夫并未被捕，据我所知，他是后斯大林时代第一个并未因为自己的信念、同莫斯科意见相左而付出生命代价的人。并未说他是民族主义分子，也并未给他戴上当时习以为常的什么政治帽子。父亲对他持批判态度，却丝毫没有指责他，说“沙亚梅赫托夫同志为人正直，只是对于像哈萨克斯坦这样一个大共和国的治理，他稍嫌欠缺。”

1955 年，沙亚梅赫托夫告老退休。他又活了十一年，最后自然死亡。不出他所料，指派了一个外人来接替他的职位。一个姓乌克兰姓的白俄罗斯人波诺马连科成了第一书记，第二书记则是姓俄罗斯姓的“乌克兰人”勃列日涅夫。

不过那都是后话了。1954 年 1 月 13 日，中央主席团会议对父亲的报告进行审议。大家意见不一。马林科夫心甘情愿地表示赞成。莫洛托夫则认为在我国东部开垦土地是错误的，就意识形态而言也不对头。在他看来，这是一条难以为继、粗放式的农业发展道路。应当如斯大林同志所教导的那样，

提高农业的集约程度，提高现有土地面积的产量，支持非黑土地区，俄罗斯的边远地区，而不是跑到鬼晓得什么地方去。

只是如何立即而不是在遥远的将来提高产量，莫洛托夫并没有讲。他谈到的肥料，眼下没有，而且不久的将来也不会出现。至少十年以后才会有肥料。而且建设生产肥料的工厂所需的费用比开垦荒地要高。光有肥料也不够，集约化农业需要更高的耕作水平、精耕细作、不停地与野草作斗争。在集约化农业的国家，玉米的产量很高，无需去劝说人们种植，可在我国，自己都明白，耕上了，种上了，接下来就听天由命吧。但莫洛托夫对这些都不感兴趣，主要是斯大林反对，他已经养成了相信斯大林的习惯。

其余的主席团委员都对垦荒地不怎么特别在意，他们都乐意支持父亲的意见。

开垦1300万公顷土地需要人手，需要许多人，他们得同意去西伯利亚，不是去待上一个季节，而是到新的土地上永远安家落户。1954年，按照斯托雷平的方式开垦荒地行不通了，同20世纪初不同，农村没有闲人。只好到其他地方去寻找劳动力资源。

父亲建议发出号召，号召青年、退伍军人（在开始裁减军队的地方）为开垦荒地建功立业。同时决定将生产的全部机械设备都投入垦区。

关于开垦荒地合理性的争论，时隔半个世纪之后仍未止息。一再提出乡村无人居住的问题，特别是产量低、土地盐碱化的西北部。诚然，21世纪生产的肥料绰绰有余，但是都不足以阻止“毫无前途的村庄”的衰败。谁人不说自古以来的俄罗斯农村的痛苦命运和空无人烟？又在讨论何处可以搞到“振兴”俄罗斯农村所需的巨额投资，现在没有这笔钱，正如50年前没有这笔钱一样。

我觉得这一争论毫无根据。农村人口从土壤不够肥沃地区向土壤较为肥沃地区的流动既是自然发生的，也是无法阻止的。整个人类历史就是人们寻找更好的土地、更好的生活的一大范例。在俄罗斯人争论拯救俄国乡村（似乎西伯利亚就不是俄罗斯）的途径的那整整50年，我们都是靠国外养活，在很大程度上靠的是美国和加拿大。靠的是他们开垦的本国荒地，堪萨斯州和艾奥瓦州的荒地，那都是19世纪中期在西部大草原开垦出来的。

美国文明起源于15世纪，也是在东北部的新英格兰。当时，第一批农场主往多石的灰化土壤（美国和俄罗斯一样，北部地区都是这样的土壤）里撒下了第一批子粒，第一次收成并不好。整个16世纪、17世纪、18世纪和

19 世纪初，他们都在耕作这片土地，平整，施肥，拣出耕地里的石头。数百年过去了，用拣出的石头砌起了田地之间的围墙。整整三个世纪，土地对人们耕作的回报，是微不足道的收成，仅能养活农民自己和为数不多的城里人。

19 世纪初，美国人花三千万美元向拿破仑购买了法国的路易斯安那，美国人在如今属于他们的中西部，发现了红壤的肥沃平原。农场主抛弃了在国家东部已经驾轻就熟的家业，把家什装到马车或者牛车上，向他们本国也就是美国的荒地徐徐进发。在开发新土地方面，他们比父辈领先了整整一百年。没有人号召他们保存历史性故乡——东北部的美国固有的耕作文明，也没有人号召他们开发西部，使之适宜居住。不过也没有人制止他们。他们没有受到沙皇、农场主—地主和任何个人的控制。他们自己决定一切：要在土地肥沃的地方收割庄稼。移民到了新地方面临着严峻的考验：有沙尘暴，那里的风比西伯利亚刮得还猛，龙卷风所到之处横扫一切，还有周期性的严重干旱，下鸡蛋大的冰雹。大家都挺过来了，如今在自己的红壤土上生产着全球四分之一的粮食，用他们收获的多余部分——粮食、肉类、牛奶和黄油养活半个地球。

东北部的农场早已长满了槭树林、柞树林和榆树林。唯有密林深处那不合时宜的、用石头砌成的整齐划一的篱笆，才会让人想起过去。

设想一下早在 16 世纪俄罗斯农民就追随叶尔马克·季莫费耶维奇去征服西伯利亚荒地。也许如今俄罗斯就和美国一样，不知道该把多余的粮食和肉类往哪儿放了。

然而情况完全不同。俄罗斯人从未开垦过俄罗斯荒地。俄罗斯帝国没有闲人，只有各个部门的职员以及半奴隶的农奴。沙皇情愿把大臣以及继承他们的领地的贵族放在身边，到了西伯利亚他们很快就会不再听话，谁可知道他们会动什么念头？大臣和贵族同样死死地把住自己的农民，他们的财富全靠农民。放他们去了西伯利亚，准得坏事儿，那一望无际的土地上，白天打着灯笼也找不着农奴。直至 1861 年解除了农民的农奴依附，才开始有点动静。为了寻找更好的命运，农民慢慢地前往西伯利亚荒地。1885 至 1917 年这三十多年间，共有 500 万人移居西伯利亚。约为每年 15 万人。对于这片土地而言，不过是沧海一粟。革命后，事情停顿下来，如今是斯大林重新使农民沦为奴隶不放他们过去。

按照历史逻辑，没有发展前途的乡村之所以没有前途，就是因为它们并不具备与前景看好的阿尔泰大地、库班大地、西伯利亚大地相互竞争的自然条件。不应该去维持它们，恰恰相反，应当帮助这些地方尽快地做到荒无人烟。让青年人离开，进城的进城，喜欢务农的奔向肥沃的西伯利亚原野。只要不再强奸自古以来林木蓊郁的西北部，不再强迫土地在长不了粮食的地方长粮食，就会开始自然而然的自我更新。从未有过好收成的田地，按照自然界的法则，必将为当地自古以来郁郁葱葱的松树林和云杉林所取代。河流变得水量充沛，飞禽走兽回归山林。

遗憾的是，俄罗斯人无缘经历这种转变。甚至父亲这样的改革家也把开发新土地看成一条出路，等我们靠垦区的粮食富裕起来了，到那时再来恢复俄罗斯自古以来灰壤、多沙、含壤土和黏土的田地。何时恢复？为什么恢复？恢复需投入多少资金？没有人提出这样的问题。这些多沙含壤土自古以来就是我们的，荒地就让哈萨克人或者其他人自己留着吧。

20 世纪末，哈萨克的荒地成了人家的。出售原荒地长出的粮食已成哈萨克的一个出口项目。

再谈荒地

每件事情都包含有旁人目光难以察觉的不少细节。荒地决定开垦了，马上就出现一个问题：谁来开垦？似乎没什么可想的，把犁往拖拉机上一挂，就随心所欲地去开垦吧。什么事情都不是那么简单。学者们对荒地的态度各不相同，彼此意见不合，各执一词，甚至搞到相互侮辱的地步，自然就来请求得到父亲的支持。

春旱又加上刮风，是垦区的一大患。1951 年，杰·谢·马尔采夫当时尚未当上院士，不过是库尔干州伊里奇遗训农庄的一名大田农艺师，他建议不要用犁去翻耕土层，只需将土层划破、耕松，保持表面不动，用学术语言表述，就是“松土不翻个儿，深至种子覆土，耕地虽浅，但文明……”① 这样耕地，土壤中可以保留植物十分需要的水分。

翻过来的土壤深层未被植物根系固定住，很快变为尘土，“黑色风暴”

① 伊·叶·泽列宁：《尼·谢·赫鲁晓夫的农业政策和农业》，俄罗斯科学院俄国历史研究所出版社 2002 年莫斯科版，第 92 页。

的风是否将它吹走，取决于风力大小，或者吹至邻居，或者吹至天涯海角。如果土地只是轻轻“挠破”上面，那么植物的根部不会任由风儿发号施令，表面肥沃的土层不会离开田地。

与此相反，李森科院士在致父亲的报告中写道，应当“深耕20厘米，好好地翻动土层”①。

李森科与马尔采夫及其一伙，不仅在学术杂志上，而且在“指令性的”全苏报纸《真理报》和《消息报》上展开辩论。每个人都把自己“唯一正确的方法”强加给父亲。每个人都援引很有分量的论据，每个人都得到拥护者的支持，拥护者都决不接受来自“对方”的任何一句话。父亲一度左右摇摆。一方是从斯大林时期起农业界公认的“权威”李森科，一方是国内不很知名的马尔采夫。但马尔采夫是个当地人，他对于西伯利亚南部和哈萨克土地的了解，可不是靠道听途说。

在非中央集权的经营体制内，农场主都是各行其是，每个人为自己的田地负责。一个相信李森科，一个相信马尔采夫，有人赢了，有人输了。

父亲实际上是一个人对全国负责。他没有去冒“反科学”的风险，站到了李森科这一边。我能理解他。事关杂草丛生、从未耕种过的土地。用中耕机在地表划上两三厘米深，往百年草根厚泥浆里播下种子，会得到什么结果呢？草最先长起来，扼杀了小麦苗，于是和耕种前一模一样，荒地还是荒地。只有深耕土地，把草层翻了个个儿，让青草既无光线又无空气，才能将它毁灭。种菜人就是这么做的，他们用铁锹在自己的园子里给“荒地”松土。大概父亲也是这样的思路。我要么是没有听到、要么是没有记住这方面的谈话和他的论据。至于在干旱草原，那就是另外一回事了，把青草问题解决之后，接下来应当按照马尔采夫的办法，不用犁耕，而是用浅耕机—中耕机浅浅地把土刨松，不破坏土壤的结构，也不把深处仍然湿润的土层翻上来。在干旱的哈萨克和西伯利亚草原上，水值金价。

春旱和黑风暴，把父亲在乌克兰搞得焦头烂额，那里也在尽量小心耕地。如上所述，斯大林在战前和战争刚刚结束时，都在“根除”耕播覆土联合机，实际上就是根除在干旱的乌克兰南部田野和伏尔加河沿岸推行的“马尔采夫浅耕法”。

---

① 伊·叶·泽列宁：《尼·谢·赫鲁晓夫的农业政策和农业》，俄罗斯科学院俄国历史研究所出版社2002年莫斯科版，第92页。

其实，当时把马尔采夫的建议也归之于“耕播覆土联合机”。然而当年除了父亲，实际上没有人相信马尔采夫。就连父亲也并未彻底相信，仍然支持李森科。他只是建议马尔采夫继续搞试验。这位乌拉尔的大田农艺师为了证明自己做得对，在会上发言，在报上提出建议。当地农场采纳了他的建议，其他农场由来自俄罗斯中部的人主事，他们不注意节约水分，宁可使用他们更加习惯的犁。

1955 年大旱，在炽热阳光的炙烤下，实际上整个垦区的庄稼全部旱死，马尔采夫耕种的田地有了收成，虽说产量不高，但毕竟打了粮食。马尔采夫证明了他做得对。父亲建议为庆贺马尔采夫的 60 岁生日，不仅颁发勋章，而且给予国家的最高奖赏。1955 年 11 月 9 日，苏联最高苏维埃主席团授予捷连季·谢苗诺维奇·马尔采夫社会主义劳动英雄称号。次年，即 1956 年，马尔采夫当选为农业科学院通讯院士。然而，尽管受到这些嘉奖，他并未迅速得到实际的承认。一年、两年甚至三年过去了，同他的“伪耕地”的斗争仍在进行。马尔采夫的敌人联合起来，重新部署，又把父亲拉了过去，转入进攻，似乎就要得胜了。

直至 1963 年的灾祸，春旱异常严重时的一场暴风，将业已翻耕、晒得过干的最肥沃土层刮到遥远的北方，大家这才彻底相信马尔采夫做得对，给他颁发第二枚英雄奖章，并将他的名字载入百科全书。

如今，事后骂父亲犯错误，骂得对。很少有人宽厚地夸奖他作出了正确的决定。不过这一切都是后来的事情，已经全部摊牌，我们都知道答案。是情势迫使父亲站到某个专家那一边，农业技术方法又不是他自己想出来的，当时谁都不知道答案。他是在冒险，拿自己的名声冒险，更重要的是也拿未来的收成冒险。他的名声受损程度比收成受损还严重。无论有多少错误和干旱，垦区收获的粮食在逐年增多。时至今日，他当年的有些顾问还在继续老掉牙的争论，一口咬定说当初若是听取他们的意见，那么事情就会顺利得多。谢天谢地，他们至少还没有把开垦荒地的决定说成是“错误”①。

同这样的人争论毫无意义，他们总是事后头头是道。正如分析战役的退职将军那样头头是道：他们要不是在哪儿哪儿、还有哪儿哪儿犯错误，对方也是那样行事的话，那他们就肯定得胜了。

---

① 亚·亚·尼科诺夫：《许多世纪戏剧的螺旋线：俄罗斯的农业科学和政策（18—20 世纪）》，1995 年莫斯科版，第 308—309、312 页。

正当李森科和马尔采夫争论荒地上应该耕多深、用什么耕的时候，威廉斯土壤农机站站长奇热夫斯基教授建议垦荒者“从一开始就采用休闲轮作制、多年生草，从而使土地免受杂草丛生之害。”①

似乎是纯职业性的忠告，除了大地主而外，谁也不感兴趣。这个说法既对也不对。这里提纲挈领地说一说：奇热夫斯基教授在鼓吹瓦西里·罗伯托维奇·威廉斯院士的理论，威廉斯断言，为了提高土壤的肥力，无需来自外部的干预，土壤可自行恢复，只需恰当地轮换种在田里的植物：在小麦或者黑麦收割之后，让已翻耕的田地休闲一季，但并未作为秋耕休闲地播种，一年后再种上苜蓿或者三叶草。它们从空气中吸取营养物质，在根部生成含氮根瘤，这就是最好的肥料。接下来一切从头开始：黑麦——秋耕休闲地——苜蓿和三叶草。如此年复一年。田地上这样的植物变换就叫作三区轮作制。其实威廉斯并无任何新的发明，他在20世纪初借鉴了农民近一百五十年应用的模式。当时还没有考虑到矿物肥，大多数农民积肥仅仅是用于菜园，于是就此解脱了。田野上的草田轮作制逐渐变得复杂了，三区轮作制代之以五区轮作制，然后是七区轮作制，然而实质未变。

简单介绍一下威廉斯院士。他是谁？从哪儿来的？院士的父亲罗伯特·威廉斯乃铁路工程师，于19世纪前半叶从美国来到俄国。他受雇修建我国连接彼得堡和莫斯科的第一条尼古拉铁路。本是来短期居住，却永久地留了下来。他爱上了农奴姑娘，从地主家将她赎出，还其自由身，并与之成婚。这就成了浪漫的故事。俄国的威廉斯家族即由此而来。他们的儿子瓦西里对土地入迷，毕业于莫斯科彼得罗夫农学院，革命后更名为季米里亚泽夫②农学院。

大学毕业七年之后的1901年，威廉斯任普通农作学和土壤学教研室主任。1920年代，学者们开始离开俄罗斯，有人劝威廉斯回到美国。他拒绝了，俄国革命成了他的革命③。

---

① 摘自奇热夫斯基在1954年2月23日—3月2日于克里姆林宫举行的苏共中央全会上的发言。俄罗斯国立现代史档案馆第2全宗第1目录第89案卷第24页。

② 克·阿·季米里亚泽夫（1843—1920），杰出的俄国达尔文主义自然科学家，发现和研究了光合作用。利用光来合成植物中有机物质的过程。1871年起任彼得罗夫农林学院教授。1920年去世后，该学院以他的名字命名。

③ 瓦·罗·威廉斯（1863—1939），1931年起为苏联科学院院士。土壤学家，深入研究了农业中的草田轮作制。

威廉斯的主要论敌德米特里·尼古拉耶维奇·普里亚尼什尼科夫[①]也是院士和教授，在季米里亚泽夫农学院任农业化学教研室主任，他认为三区轮作制—草田轮作制没有前途而且有害，主张增加对农业、化肥生产的投资。否则农艺学就会在原始的水平上止步不前。

威廉斯教授与普里亚尼什尼科夫之间的分歧缘起于19世纪末，在斯托雷平农民村社改革时期变得特别激烈。1907—1911年关于俄国农艺学未来的争论，其激烈程度不亚于1954年，争论的焦点在于：俄国农艺学的未来依然是墨守成规的草田轮作制呢，还是仿效德国，以农业工业化的发展为目标。普里亚尼什尼科夫超越了自己的时代。20世纪初，认为矿物肥是德国的幻想，而将鼓吹矿物肥普里亚尼什尼科夫称之为脱离生活实际的空想家。威廉斯落后于时代，他的学术观点属于过去的世纪，然而与所谓的清醒理智并不矛盾。

普里亚尼什尼科夫示威性地对威廉斯不予理睬。威廉斯则对他真正地开战，一有机会就尽量奚落、贬低、教训学生："季米里亚泽夫农学院一楼（威廉斯教研室所在地）教的是'需要'怎样搞农业，二楼（普里亚尼什尼科夫这里）教的是'可以'怎样搞农业。这是两回事儿。"[②]

革命后经济崩溃时期，顾不上矿物肥，农民只得靠自己，他们的经营基础依然是祖辈相传的简单的三区轮作制。威廉斯的理论立刻讨得斯大林的欢心，这符合他那掠夺农民的方针，不需要国家进一步向农业投资，就让农庄庄员各显其能吧。

1930年代末，威廉斯年岁大了，明显见老，靠残疾人轮椅在农学院走廊里活动，他同普里亚尼什尼科夫之间的分歧，已发展成为意识形态方面的势不两立。这时1937年来临。斯大林将威廉斯教授无害的"农业理论"和马尔教授的"语言学理论"或者李森科院士的"理论"，全都奉为不容置疑的教条。

如上所述，父亲早在战前就见识了草田轮作制。当乌克兰遭受旱灾的年份，草田轮作制是弊大于利。威廉斯则比李森科还可怕，他说服斯大林相信他的完美无缺，"党利用自己的威信，全力推广草田轮作制，"父亲写道，

---

① 德·尼·普里亚尼什尼科夫（1865—1948），1929年起为苏联科学院院士。农业化学学派创始人。1916年研究植物氮营养理论和土壤施用磷肥科学原理。有关于酸性土壤施用石灰、碱性土壤施用石膏以及有机肥料施用方面的著作。

② 尼·普·费多连科：《回忆过去，展望未来》，科学出版社1999年莫斯科版，第54—55页。

“我为草田轮作制讲了不少好话……但是并没有取得应有的效果，我们受到了很大的损失。”①

普里亚尼什尼科夫教授很走运，1937 年他没有被枪毙，甚至都没有受到清洗，他是战后才去世的。但永远不让他搞学术了。

1953 年掌权之后，父亲决定弄清“我们苏联科学家”威廉斯院士的“理论”。这样一来，他就搞得自己腹背受敌，置身于两个学派的争论中心。两派的代表都来请求他的支持，期望得到的，自然是对自己有利的裁决。“在我们幅员辽阔国家的所有地区，可以不加区别地采用威廉斯的草田轮作制吗？未必。”② 父亲试图弄清实质。

随着时间的推移，他的口气愈来愈坚决：“我们采纳了普里亚尼什尼科夫的意见。他提出了一套比较现实、具体的增产方法。这里粪肥、草肥、苜蓿草、三叶草，应有尽有，但是以矿物肥为基础。没有矿物肥就寸步难行。”③

父亲投入与草田轮作制的斗争，他不仅恢复了普里亚尼什尼科夫教授的好名声，在农业中应用了 20 世纪中期世界科学成就，而且在追求纯实用主义的目的：三区轮作制中，三分之二的农地“闲置”，没有收成，而在七区轮作制中“闲置”的农地更多。如果给这些“休闲”的土地施上肥，年复一年地种上小麦，那么粮食收成就可以提高几倍。美国农场主就是这么做的。他们早已抛弃陈旧的轮作制，该种小麦种小麦，该种玉米种玉米，并且获得好收成。

父亲明白，马上运用美国的经验不行。国内矿物肥产量不高，至于质量，他都不好意思把那叫作肥料。然而靠古老的农业方式又无法为国民提供充足的食品。

父亲当时不同意奇热夫斯基教授的意见，却又并未抛弃草田轮作制。此后多年他都在犹豫不定：忽而向草田轮作制进攻，除掉田里的秋耕休闲地和杂草，然后退却并再度进攻。

于是如上所述，1954 年 1 月 22 日父亲向中央政治局提交了一份详细的、满篇数字的报告，谈开垦我国东部荒地的必要性。1954 年 1 月 30 日中央政治局批准开垦荒地计划之后，父亲又着手落实，没完没了地同各部部长、各

---

① 《赫鲁晓夫回忆录（全译本）》，社会科学文献出版社 2006 年北京版，第 2 卷第 1314 页。
② 《尼·谢·赫鲁晓夫》8 卷集，国家政治书籍出版社 1962 年莫斯科版，第 1 卷第 136 页。
③ 《赫鲁晓夫回忆录（全译本）》，社会科学文献出版社 2006 年北京版，第 2 卷第 1317 页。

州委书记开会，留意往哈萨克斯坦和西伯利亚运送帐篷的火车运行表，开拓者、拖拉机、索拉油、罐头、面粉起初都安置在帐篷内。今年春季就应当开垦荒地，若动手晚了，哪怕晚两个星期，就意味着失败，草原上的土壤变干，种子出不了芽，收成的事儿就只好置诸脑后。

1954 年冬天，父亲在各大会议上发表公开讲话：1 月 24 日机器拖拉机站工作人员会议，2 月 5 日国营农场工作者会议，2 月 15 日俄罗斯联邦农业先进工作者会议，2 月 22 日前去开垦荒地的莫斯科青年大会，2 月 24 日讨论具体讨论垦区和熟荒地农业问题的苏共中央主席团会议。

他的报告和讲话都是数字满篇，父亲喜欢用具体的材料去说服听众。他当着大家的面，手里拿着铅笔，计算出开垦新荒地之后的产量、转而对奶牛进行科学饲养之后增加的产奶量，马上就转入青储饲料、大麦、干草、秸秆所含的饲料单位，且没完没了。这样的详细说明、对问题的深入分析，对于毫无准备的听众说来往往起了相反的作用。人们先是感到无聊，然后就不听了，最后就打起了瞌睡。在政府报告和决定中较为适宜的详细说明，在公开讲话中就未必起作用。一两个数字和高声的号召会产生更好的效果。父亲的讲话也不应太密集。但他力图向人们讲清楚他所关心的问题的实质，并且毫不怀疑：听众在弄清问题实质之后，就会和他一样地热切希望，于是他们就可以一起去移山倒海。

父亲的讲话方式并不是素来的俄罗斯方式，倒不如说是西方方式，美国方式。俄罗斯的执政者和其他东方专制国家一样，必须像沙皇般地很少讲话，主要是不很明白地预言。正如普希金在《鲍里斯·戈杜诺夫》中所说的：“……沙皇的声音/不应在空气中白白地消失……”①

至于他们具体宣告什么，过后翻译官—解释者会给人民讲清楚的。独裁者沙皇就是这样来讲话和书写自己的诏书的，斯大林也是这样来对付人民的。

父亲则是以美国的方式将自己的想法“卖给”人民，详细地讲解所有的结论和好处，从而使自己走下奥林波斯山，变成我们当中的一员。不再有人听他讲话，不再有人阅读他的发言，这些发言占满了报纸的第一版、第二版甚至第三版。当时出现了一则让父亲感到委屈的笑话：有人问“可以把报纸

① 亚·谢·普希金：《鲍里斯·戈杜诺夫》，《普希金全集》十卷集，苏联科学院出版社 1957 年莫斯科版，第 5 卷第 313 页。

折叠成大象吗?"答复是"可以，只要它登载了尼基塔·谢尔盖耶维奇[①]的讲话。"

在国家安全委员会关于国内民情的每日综合报告中，父亲经常读到关于自己的笑话，但并不在意，虽说其中不仅有不那么得罪人的俏皮话，而且有威胁和诅咒。父亲打从自己活动的一开始，就一劳永逸地下令别对他搞歌功颂德。这种歌功颂德的话他在官方活动中听得够多了。而批评，哪怕是不公正的批评，会带来更大的好处。

1962 年担任克格勃首脑的弗拉基米尔·谢米恰斯内回忆道，在交接工作时，他的前任谢列平对他的告诫是："你选出最恶毒的、把尼基塔骂得狗血淋头的匿名信、报纸上剜出眼睛的肖像给他报上去。赫鲁晓夫也让我给他送这种东西，还读出声来。"

我自然没有见过这样的综合报告。谢米恰斯内给父亲读过之后，又把这些都送回卢比扬卡。

尽管有俏皮话，父亲讲话的方式却始终没有变化。他讲话的对象不是"爱讲俏皮话的人"，而是自己潜在的战友，追随者。希望他们从他的讲话中吸取合理的内核，他们大家在一起可以作出苏联人民如此需要的事情。父亲自有其正确之处。

为了迫使体制运转，需要不断从外面补充能量。而体制，特别是官僚体制，却拼命反抗，力图漫流至一望无际的沼泽，消除任何来自外部的脉冲。

就性格而言，父亲不是圣人。他是个经理，但管辖的不是单个的企业，而是整个国家。他尽自己之所能，通过讲话来驱除斯大林治国晚期积攒起来的熵，让部长、州委书记都排成横队，让他们积极行动，然后再督促鞭策，以多次检查、亲自突访某个地区去惊动他们。然而他只能一时或是在某种具体情况下驱除熵。只要放松缰绳，熵便说来就来，又是一切都陷入泥潭。

这里仅举父亲同熵的无穷无尽作战中的几个例子。1953 年他在国营农场干部会议上抱怨说："粮食播种面积减少了百分之三十，经济作物播种面积减少得更多，休闲土地用来种草喂牲口。可到年底储备的饲料比过去几年还少。草跑哪儿去了呢，不知道：要么是奶牛连根吃掉了，要么是玩忽职守的领导人懒惰成性?"[②]

---

① 指赫鲁晓夫。

② 《尼·谢·赫鲁晓夫》8 卷集，国家政治书籍出版社 1962 年莫斯科版，第 1 卷第 158 页。

可见，一方面是不鞭策绝对不行。另一方面，父亲既说服自己又说服别人，应当给农民更多的自由，“赋予集体农庄和国营农场计划种多少小麦、大麦和其他作物、在哪儿种的权利。比方说，国家计委确定：这些区应当给国家交售多少小麦、玉米、亚麻等等。至于某种作物种哪儿、种多少，由各地决定。什么作物种哪儿产量最高，他们更清楚。”①

这里父亲说得绝对正确，只有在农场一级才能有效地防止熵的增加，当主人自己来决定他喜欢怎样的规矩，不喜欢怎样的规矩。这里，许多问题甚至全部问题都取决于上面如何处理同基层、同主人、同集体农庄之间的相互关系。父亲明白这个问题。在谈到集体农庄经济的效率时，他把它们同私人庄园作比较，这里一切都取决于对一个简单问题的回答：“您能保证我的庄园可以得到怎样的收入？”②

回答这样的问题颇非易事。中央集权、大权独揽的国家拼命给自己多捞一点。结果，主人就制定出看上面眼色行事的战略，搞清已生产出的东西，什么必须上交，什么国家允许自己留下。一切都取决于如何平衡上层与基层、国家与生产者的利益。如果平衡不了，实际上就无法成功。

请看他关于1951年同莫斯科近郊叶戈里耶夫斯基区农庄主席的会见的一则回忆。

“我问道：‘你们农庄种什么作物最赚钱？’

主席答：‘赫鲁晓夫同志，我考虑了半天，认为对我们来说，最好的作物是大麦。’

我问道：‘为什么是大麦？也许它产量最高？’

主席解释说：‘不是，可这是最不费工的作物。大麦既好种又好收。’”③

回答得有道理。既然全都拿走，那干活还有什么意思？

1954年春天父亲在西伯利亚巴拉宾草原看到的一幕，伤透了父亲的心。那是已经开发的地方，不是荒地，当地早就种植小麦。按照自己的习惯，父亲没有问身居高位的州领导人，他问的是直接在地里干活的人。大部分交谈者都是规规矩矩地作答，可总会遇到实话实说、讲实际情况的人。父亲到谈话末了，对当地一个国营农场场长紧追不放：“要是可以自己决定，那他会种什么？”

---

① 《尼·谢·赫鲁晓夫》8卷集，国家政治书籍出版社1962年莫斯科版，第1卷第214页。
② 《尼·谢·赫鲁晓夫》8卷集，国家政治书籍出版社1962年莫斯科版，第1卷第138页。
③ 《尼·谢·赫鲁晓夫》8卷集，国家政治书籍出版社1962年莫斯科版，第1卷第112页。

“谷子[①]。”场长不假思索地答道，“不种小麦种谷子。”

“为什么是谷子？”父亲问道。

“谷子国家不收。”场长解释道。

“说这话的人是一家大国营农场的场长，共产党员。”[②] 父亲在1954年7月23日的中央全会上感到很气愤。

不知道国营农场场长对这个“谷子”念叨了多久，但父亲却一直记住直至生命的终结。若是在这样的回答后给集体农庄更多的选择自由，他们就会立马让我国陷入饥荒。奇谈怪论。实际上这里没有任何奇谈怪论，只需协调国家和生产者的利益，做到社会不受损害，农民也不吃亏。只要开始夺取的太多，就不由得想种谷子。

其实，父亲在管理国家的全部11年中，一直在寻找平衡：忽而给农村松绑，忽而加大行政压力，忽而又再次放松。直至最后两年，他才开始摸到（据我现在发现）正确的答案，然而已经来不及实现想好的目标，他的时间已经过了。

重读父亲1954年的讲话速记稿，不由得确信，他未来的许多革新都产生于那个时代。

父亲暂时还能顺便观察到各部垂直领导的荒唐之处：建筑用水泥、拖拉机的备用零件、金属都不是由邻近企业给订货人提供，而是从大老远的地方运过来，为的是千万别越过部门的界限。

另外一个让他感到不安的问题是科学研究的产品率。甜菜研究所设在莫斯科，这里从来不种甜菜，而在美国，农业科研就在农场的田野里进行。他们的农业大学没有建在波士顿或者华盛顿，而是建在堪萨斯州或者艾奥瓦州。

2月23日，父亲在中央全会上号召不要再当大而化之的领导。

区委书记和州委书记必须弄清农业问题的详情细节，成为经理，否则就下台，给年轻人腾出位置。他暂时没有作出结论。给记忆做个记号。

在俄罗斯联邦农业先进工作者会议上，父亲解释说，如果没有好好地喂饱奶牛、猪和鸡的话，人们食谱中的肉、奶、黄油、鸡蛋是增加不了的，为此无论如何必须增产两千万普特（1920万吨），主要是饲料。结论是：没有

---

① 谷子，学名“粟”。一年生草本作物。生长于亚洲，栽培于亚洲、非洲、北美洲和大洋洲。不需要像小麦那样去侍弄，但给农户带来不了多少好处。

② 《尼·谢·赫鲁晓夫》8卷集，国家政治书籍出版社1962年莫斯科版，第1卷第313页。

垦荒地我们就对付不下来。

1954 年，垦荒的话题处处在提起：给青年送行的讲话，2 月 23 日开始、全部讨论垦荒的苏共中央全会。父亲在这次全会上夸耀说，去年 9 月稍稍放松了税收的压力，不到半年，奶牛头数就几乎增加了 150 万，他特别强调，其中私人奶牛增加了 60 多万头。

垦区有无数的工作要做，那是我国未来丰衣足食的来源，父亲在说服听众，3000 万公顷仅仅是个开始，未来可以开垦 3300 万公顷。年轻人听后高呼乌拉。组成了一支支共青团生产队，一个个青年国营农场。年轻人不顾父母的眼泪和哭别，打起行囊，为了建设大地上更好的生活，奔赴空旷无人的地方，奔赴大草原。我只挑了几个例子。凡是对当时、改革初期发生的变化有兴趣者，还可在父亲的书中找到许多有趣的内容。只是找到这些书颇非易事，勃列日涅夫时期，书店和图书馆中的这些书均被没收和销毁。

这大概是苏联历史上最后一次真诚的激动。后来的共青团工程——大化学也好，贝加尔至阿穆尔铁路干线也好，逐渐变成了官僚主义的因循守旧。

年轻人争先恐后地建功立业，州委书记们听取了父亲的讲话后，习惯性地行举手礼。都是经验丰富的人，他们明白，他们的工作将根据“开垦的”荒地公顷数来评价。他们将在自己的领地里开垦所有未开垦的土地：适于农业的、大体适于农业的和完全不适于农业的土地，主要是报告开垦，可那儿是寸草不生，更何况小麦。

阿尔扎马斯，博布鲁伊斯克，克里木

1954 年 1 月 10 日，各报刊登了关于将高尔基州一分为二，即高尔基州和阿尔扎马斯州，并且再成立巴拉绍夫、别尔哥罗德、卡缅和利佩茨克这四个州的消息。乌克兰也出现了行政上的变化，当地成立了切尔卡斯州。出现了新的州，随之也出现新的州委书记、州执委主席等等。当时认为小州更便于控制。数年之后，看法变了。为了提高管理效率，将阿尔扎马斯州与高尔基州合并，精简了多余的州委书记、州执委主席等等。乍一看都不值一提的事情，哪晓得又发生了一次地域上的变革。

1954 年 1 月 25 日，中央主席团第 11 号议程审议了关于改变克里木行政归属的问题。问题 15 分钟就解决了，而相应的最高苏维埃主席团命令则决定在节日前颁布。同年冬天，庆祝乌克兰和俄罗斯重新统一（当时称作划归）300 周年。1654 年，以盖特曼波格丹·赫梅利尼茨基为首的哥萨克拉达签订了左岸（指第聂伯河）乌克兰同俄罗斯沙皇阿列克谢·米哈伊洛维奇的联盟。右岸乌克兰仍然受到波兰的保护。

纪念活动极为豪华。将克里木从一个加盟共和国交到另一个加盟共和国当作俄罗斯人民和乌克兰人民牢不可破的友谊的象征。应当说，1954 年克里木从一个司法管辖范围转入另一个司法管辖范围，并未引起任何社会反响。从前也作出过这样的决定，已经对此习以为常。例如，20 年代阿布哈兹被看作是联盟范围内的一个独立的共和国，后来又作为一个自治区使之隶属于第比利斯。1940 年以前，维尔诺市和维尔诺州隶属于白俄罗斯，而后来城市易名为维尔纽斯，它就成了立陶宛的首都。卡累里阿自治共和国 1940 年升格为卡累利阿芬兰苏维埃社会主义共和国，而 15 年之后，又恢复原来的性质。这一切大变化，把区和其他地域从这个州转到那个州，从这个共和国转到那个共和国，都是经常发生的，除了地方领导人之外，没有人会感兴趣。1954 年将克里木划归乌克兰，也是悄悄进行的：换了路标。这会让谁感到不安呢？黑海依然令人心旷神怡，克里木的羊肉馅饼依然美味无比。顺便说说，羊肉馅饼并不是俄罗斯和乌克兰的新花样，而是鞑靼的新花样，正如克里木是鞑靼人的克里木一样。

克里木问题出现的时间要晚得多，那是 1991 年不计后果作出的、父亲哪怕在噩梦里也不会梦到的事情：对苏联总统戈尔巴乔夫的仇恨把俄罗斯联邦总统鲍里斯·叶利钦搞昏了头，他为了搞掉自己在克里姆林宫的政敌，策划了苏联解体，不惜拿国家作牺牲。当时就谈到了领土损失，首先是克里木，那里有塞瓦斯托波尔、雅尔塔、马桑德拉的酒窖。如今这一切都成了国外。人们立刻想起大公波将金 - 塔夫利切斯基，是他把克里木划归俄罗斯帝国，并且送给了乌克兰人：简直就是国家罪行。我不打算反对，只是不知为何归罪于父亲。我也很惋惜克里木，可是离开俄罗斯的不仅是克里木，还有敖德萨、阿恰科夫、伊兹迈尔、金布尔恩沙嘴，这些地方全都是波将金和苏沃洛夫从土耳其人手中夺过来的。不过，头也割了，还可惜几根头发？当初就应当考虑，如今的哭诉正如一则笑话：“爷爷有一天把自家住宅一间房里的抽屉柜搬到另一间房，就把这事儿忘记了。多年之后，放荡孙子醉醺醺地把房间连抽屉柜见人就卖，等酒醒了，说开爷爷的坏话了：‘这个老糊涂蛋，他要不搬走家具，我哪怕还落个抽屉柜呢。’”

不错，将克里木交给乌克兰是父亲发起的，但不是作为纪念日的礼物，不过是日期上的巧合而已，他这样做，纯粹出于实用主义的考虑。看看地图就一目了然了。克里木无论就地理位置还是经济而言，都倾向于同乌克兰联系，而且完全依靠它，连一条将半岛与俄罗斯连接起来的狭窄陆上通道都没有。

战争末期，1944 年，斯大林把克里木这个包袱塞给父亲。鞑靼人迁往中亚，克里木的土地无人居住，斯大林下令让邻近的乌克兰人和一部分俄罗斯人向这里移民。这两部分人都不愿意去新地方，于是连劝说带强迫。尚未从战争中恢复过来的乌克兰共和国承担了赡养和安置移民的任务。父亲为此事操劳。塞瓦斯托波尔的恢复工作也是由父亲负责。我已经提到斯大林的这一特殊使命。父亲对塞瓦斯托波尔负责，但是就连建筑业首长和受到父亲庇护的尼古拉·普罗斯库里亚科夫，形式上也不直接归他领导。他的上面有专门的塞瓦斯托波尔总局或者设在莫斯科的托拉斯。因此父亲任何小事都得通过莫斯科、通过俄罗斯联邦部长会议解决，而那边人人都有自己的脾气。有时候要为鸡毛蒜皮的小事请求苏联政府甚至斯大林本人支持。父亲被官僚主义的拖拉作风和自负搞得筋疲力尽，建议斯大林来个快刀斩乱麻，让克里米转属乌克兰。斯大林不答应。为什么？不知道。父亲从未对我说过。

1949 年调到莫斯科之后，父亲把克里木忘记了，甚至度假也不去克里木。那几年他压根儿不休假，只有一次是应斯大林之邀，在斯大林的索契别墅做客。

斯大林去世后，父亲把全国都管起来了，其中也包括乌克兰和克里木。讨论在第聂伯河修建梯级水电站的时候，克里木的问题显得特别尖锐。计划从其中最低的卡霍夫水电站的水库开挖通往顿巴斯的南乌克兰运河以及自然是通往克里木的北克里木运河。水电站和运河的建设都落到乌克兰人的肩上。时任乌克兰党中央书记的基里钦科就同父亲谈起了克里木，要求将克里木转归基辅管理，否则工程就搞不好。父亲想起自己许久以前同莫斯科的种种磨难，便支持基里钦科。不错，塞瓦斯托波尔作为海军基地没有触动，仍然归莫斯科管辖。不过塞瓦斯托波尔绝对不会触及乌克兰人，保密城市的事务与他们无关。眼下周年纪念日也临近了，决定既对工作有所帮助，又给节日献上厚礼。1954 年 2 月 19 日，各报刊登了苏联最高苏维埃主席团《关于将克里木州由俄罗斯苏维埃社会主义共和国划归乌克兰苏维埃社会主义共和国的命令》。而在俄罗斯和乌克兰的最高苏维埃例会（不会为这样的小事专门开会）上，在相应的共和国法令上打上印记“交出克里木。接管克里木。”

“波格丹·赫梅利尼茨基”
（插叙二）

在两个斯拉夫民族重新联合周年纪念的庆祝活动的同时，俄罗斯剧院在乌克兰巡回演出和乌克兰剧院在俄罗斯巡回演出也在火热进行。5 月，基辅塔拉斯·布尔巴歌剧芭蕾舞剧院来到莫斯科。带来的节目中有作曲家康斯坦丁·丹科维奇[①]的歌剧《波格丹·赫梅利尼茨基》。该剧于 1954 年 5 月 10 日在大剧院演出，父亲无法抗拒前往观剧的乐趣，更何况歌剧主角之一的扮演者，是父亲喜爱的久负盛名的基辅男低音歌唱家鲍里斯·罗曼诺维奇·格梅里亚[②]。

战争结束时，父亲使格梅里亚免于牢狱之灾。歌唱家曾经为德国人效劳，不知是 1941 年夏天未能走出被德寇包围的基辅呢，还是自愿留下的。不管怎么说，格梅里亚在“德寇的”基辅歌剧院演出。1943 年苏军进攻时，他仍然没有离开。乌克兰解放后，格梅里亚落到反侦察部队手中。当时决定对他按叛徒审判。父亲试图开导调查人员说：不是格梅里亚跑到德寇那边去，而是我们的红军在撤退时，把他和数百万其他人都留在德寇的统治下了。不错，他曾在沦陷的基辅唱过歌，但他并没有和我们作战。父亲的论据未起作用，他便向斯大林告状。斯大林下令别去动歌唱家。格梅里亚回到基辅歌剧院，获得人民演员称号。

父亲去剧院，往往不是带上我们这些家人，就是同其他中央主席团委员一起正式观看演出，到时报上会发消息。这次是主席团委员在左侧政府包厢就座，我们则在池座。

国家高级领导人特别正式地观看歌剧《波格丹·赫梅利尼茨基》一事具有政治色彩。不久前，还围绕此事爆出过一起丑闻。1951 年莫斯科，也是这

---

① 康·费·丹科维奇（1905—1984），作曲家。著有歌剧《悲惨的夜晚》（1953）、《波格丹·赫梅利尼茨基》（1951），叙事曲《百合》，颂歌和交响乐。

② 鲍·罗·格梅里亚（1903—1969），男低音歌唱家。1936 年起登台演出。1939 年起在乌克兰歌剧芭蕾舞剧院演出。国家奖金获得者（1952）。

样豪华地举办了乌克兰艺术旬，优秀的基辅演员、而且不只是基辅演员在剧院和音乐厅演出。艺术旬的高潮应当是这出惹来麻烦的歌剧《波格丹·赫梅利尼茨基》。斯大林本人亲临大剧院观看。高潮并未出现。斯大林不喜欢丹科维奇的歌剧，如同多年前不喜欢肖斯塔科维奇的歌剧《姆岑斯克县麦克佩斯公主》一样。此外，在《波格丹·赫梅利尼茨基》中发现了“政治上的疏忽”。次日，《真理报》指责丹科维奇犯有音乐形式主义和政治上不讲原则的错误。我去找父亲问个究竟，他却闷闷不乐，一言未发。我还在刨根问底，问什么是形式主义。父亲憋不住了，嘟囔道：“别碍事儿。”

丹科维奇歌剧脚本，是由父亲的老相识和斯大林的宠儿、乌克兰作家亚历山大·考涅楚克[①]及其妻子万达·华西列夫斯卡娅[②]撰写的。按照艺术旬的结果，预料他俩可以再次获得斯大林奖金的，却没想到搞得这么尴尬。考涅楚克去找父亲，父亲却把他“轰走”了。他认为因歌剧同斯大林争论是很危险的事情。父亲下令对歌剧进行修改。考涅楚克和瓦西列夫斯卡娅改写了歌剧脚本，丹科维奇重新谱曲。1954 年，给大剧院送来了改定的本子。歌唱家唱得很好，但乐曲本身没有给我留下特别的印象。诚然，父亲把歌剧夸奖了一番。不知他是发自内心呢，还是出于政治上的考虑。

莫斯科的乌克兰艺术旬不久便结束了，而围绕歌剧《波格丹·赫梅利尼茨基》的斗争则刚刚展开。丹科维奇也好，华西列夫斯卡娅和考涅楚克也好，都梦想彻底平反，撤销对于歌剧初稿的一切要求，这就意味着承认斯大林本人的错误。

1956 年以前，他们没有采取任何积极的步骤。二十大之后，时代变了，他们再三向父亲提出要求，开导他说到了改正斯大林错误的时间了。父亲没有表示反对，请他们准备好所需的一切。在准备材料时，父亲已经顾不上《波格丹·赫梅利尼茨基》，波兰、匈牙利和埃及那急风暴雨般的事件纷纷爆发。

1958 年初，考涅楚克和华西列夫斯卡娅再次找到父亲。如今一切都得以顺利进行。向作曲家协会递交了关于为歌剧《波格丹·赫梅利尼茨基》平反

---

① 亚·叶·考涅楚克（1905—1972），乌克兰剧作家。著有剧本《舰队的毁灭》（1933 年）、《在乌克兰的草原上》（1941）、《前线》（1942）等。曾获苏联国家奖（1941，1941，1943，1949，1951），列宁国际奖（1960）。

② 万·利·华西列夫斯卡娅（1905—1964），波兰、苏联女作家。1939 年起在苏联。著有三部曲《水上歌声》（1940—1951）、《虹》（1942）等。曾获国家奖（1943，1946，1952）。

的决定草案，当然，把其他失宠的作曲家也和丹科维奇放到一起。1958年5月28日，父亲签署了为各个不同时期受到批判的作曲家平反的决定：肖斯塔科维奇因歌剧《姆岑斯克县麦克佩斯公主》，格鲁吉亚作曲家万诺·穆拉杰利因错误的歌剧《伟大的友谊》，格·茹科夫斯基因歌剧《出自满腔热情》，乌克兰作曲家丹科维奇因《波格丹·赫梅利尼茨基》。

决定于6月10日见报。决定中说，“万诺·穆拉杰利①的歌剧《出自满腔热情》有缺点，但是没有根据将其宣布为音乐中形式主义的典范。才华横溢的作曲家肖斯塔科维奇②、普罗科夫耶夫③、哈恰图良④、舍巴林⑤、波波夫⑥、米亚斯科夫斯基等同志均被称之为反人民的形式主义艺术的代表……约·维·斯大林的主观主义方法也反映在1951年《真理报》对于丹科维奇《波格丹·赫梅利尼茨基》和格·茹科夫斯基《出自满腔热情》的片面的和有倾向性的批评当中。责怪丹科维奇没有原则性是不对的。”将所有这一切都解释为斯大林在评价音乐作品方面的主观主义态度。

斯大林以音乐专家自居，而且不是末流的。

记得斯大林去世之后，父亲带领全家去参观斯大林位于沃伦斯科耶和俯首山下的近郊别墅（俯首山那处当时准备建立斯大林博物馆。后来改主意，在斯大林别墅成立了苏共中央门诊部）。未来博物馆的展品中，有留声机唱

---

① 万·伊·穆拉杰利（1908—1970），作曲家。作有歌剧《伟大的友谊》（1947）、《十月》（1961），两部轻歌剧、颂歌，两部交响曲、歌曲，其中有《布亨瓦利德的警报》（1959）。国家奖金获得者（1946，1951）。

② 季·季·肖斯塔科维奇（1906—1975），作曲家。作有歌剧《鼻子》（1928）、《卡捷林娜·伊兹迈洛娃（姆岑斯克县麦克佩斯公主）》（1956），芭蕾舞曲《金色世纪》（1930）、《螺栓》（1932），轻歌剧《莫斯科，切廖姆什金》（1959），15部交响曲（1925—1971），钢琴三重奏（1944）。获列宁奖（1958）和国家奖（1941，1942，1946，1950，1968）。

③ 谢·谢·普罗科夫耶夫（1891—1953），作曲家。作有歌剧《能手》（1916）、《对三个橙子的爱》（1919）等，芭蕾舞曲《罗密欧与朱丽叶》等，7部交响乐（1917—1925）。获列宁奖（身后授予）和国家奖（1945，1946两次，1947，1951）。

④ 阿·伊·哈恰图良（1903—1978），作曲家。作有芭蕾舞曲《加雅涅》（1942）和《斯巴达克》（1954），有三部交响曲，并为莱蒙托夫戏剧《假面舞会》配乐。获列宁奖（1959）和苏联国家奖（1941，1943，1946，1950，1971）。

⑤ 维·雅·舍巴林（1902—1963），苏联作曲家。作有歌剧《驯悍记》（1955）、康塔塔《莫斯科》及交响乐5部。获国家奖（1943，1947）。

⑥ 加·尼·波波夫（1904—1972），苏联作曲家，俄罗斯联邦功勋艺术家（1947）。作有合唱曲、交响曲、电影配乐、戏剧配乐。获苏联国家奖（1946）。

片。但其中一张录有亚历山德罗夫①合唱的唱片上，斯大林恼怒地写道："快了两小节。"我记住了这个"快了"。对肖斯塔科维奇也是如此：斯大林认为他写的是"无聊玩意儿，而不是乐曲"，认为乐队并未演奏，而是在发出"嘎嘎、哐啷、吧嗒"的响声，真是毫无办法②。

尽管父亲在决定上签了字，平反过程却一拖好多年。最倒霉的肖斯塔科维奇的歌剧《姆岑斯克县的麦克佩斯公主》，"协调来协调去"，又是5年过去。终于一切都处理好了，1963年1月8日，父亲带上全家前往斯坦尼斯拉夫斯基和聂米罗维奇—丹钦科剧院参加歌剧《卡捷琳娜·伊兹迈洛夫》（只是现在叫作《麦克佩斯公主》）首演式。说来惭愧，我觉得乐曲并不悦耳，显得嘈杂，而且有点杂乱无章。

应当害怕核战争吗？

1954年2月9日，巡洋舰"瓦良格"幸存者荣获"勇敢"奖章。50年前的1904年，"瓦良格"与"朝鲜人"炮舰在济物浦港（后更名为仁川，1951年美军在此登陆，以便攻击处于攻势的北朝鲜军队的翼侧）入海口，为击退阻碍他们离开朝鲜水域的日本巡洋舰分舰队，直至最后一息。

多年来都尽量不去回忆他们；一方面是英雄水兵，一方面是沙皇海军的水兵和军官。如今却来找父亲商量；是嘉奖呢，还是私下庆祝周年纪念。父亲毫不怀疑：当然是嘉奖，不仅嘉奖，而且在莫斯科授予奖章。

嘉奖之后，父亲把巡洋舰老兵请过来，向他们表示祝贺，并合影留念。父亲很想看看这些人，那都是他童年时的英雄。1904年，他们同日本人作战时，父亲不满十岁。当年各报都在报道"瓦良格"舰的功绩，如今15年过去，可以亲眼看见他们了。

有些事情起了变化，有些事情则还是老一套。3月5日是"各族人民父亲"逝世周年纪念日，各报都在争说斯大林这位列宁事业的继承者。

国内，定于3月举行的苏联最高苏维埃选举准备工作进入尾声。指定的

---

① 亚·瓦·亚历山德罗夫（1883—1946），作曲家。合唱指挥。苏军歌舞团的组织者（1928）。作有《神圣的战争》，并为苏联国歌谱曲。获苏联国家奖（1942，1946）。

② 没有署名的编辑部文章《无聊玩意儿，而不是乐曲》（关于歌剧《姆岑斯克县麦克佩斯公主》），载于1936年1月28日《消息报》。

代表候选人已经向自己的选民发表讲话。最主要的候选人——中央书记以及中央主席团委员的讲话都放到最后。3月5日，父亲在莫斯科加里宁选区对选民发表讲话。大名鼎鼎的候选人都有“永远固定”的选区，每次选举他们都向“自己的选民”发表讲话。

3月12日，马林科夫向莫斯科列宁格勒选区选民发表讲话。他的讲话未必值得一提，同先前讲过多次的话大同小异，若不是那段关于一旦发生核战争人类可能毁灭的怪论的话。最近数十年来，关于马林科夫的这段话说得够多的了，现全文引述如下。

“人类还得在两种可能性之间作出选择：不是新的世界大屠杀，就是所谓的冷战。这个说法不对，”马林科夫说道。“各国人民与持久和平息息相关。苏联政府主张进一步缓和国际紧张形势，持久和长期的和平，坚决反对冷战政策，因为这一政策是准备新的世界大屠杀的政策，**在现代化作战手段的情况下，新的世界大屠杀就意味着世界文明的毁灭**。

我们的立场很清楚。在当代国际关系中任何有争议的问题，无论多么困难，都应当以和平的方式来解决。”①

马林科夫未必会预料到他关于世界文明毁灭的话会引起怎样的风暴。设若他预料到了，那么无疑会找中央主席团的同志们商量商量，考虑到他们的意见，这样的话就不说了呗。马林科夫不是那种为了保住地球上的人类甘愿拿仕途来冒险的人。这多半是他或者他的助手所找到的恰当的演说方式：将世界引向核战争的帝国主义分子当时处于人人喊打的地位，马林科夫正好也指责他们可能毁灭文明。

大部分报纸读者根本没有觉察到马林科夫那“谋反的”话语。职业思想家当下就察觉到不准确之处：本该说毁灭的不是世界文明，而是世界帝国主义体系，但他们并没有公开反驳，说这话的可不是普通的代表候选人，而是马林科夫。

大概一切都会过去了，而留不下任何痕迹，但真该马林科夫倒霉，莫洛托夫发现了他的错误，埋怨他不该未经商量就改变了还是斯大林定下的说法。马林科夫没有分辩，解释说他就没打算改变我们的立场。莫洛托夫感到满意，就没有把丑闻夸大。可有人真正地感到气愤了，那就是朱可夫元帅。

---

① 1954年3月13日《消息报》。

朱可夫被任命为布尔加宁的第一副手，实际上掌管国防部，他可是认认真真地着手让部队为现代战争、照他的理解就是为核战争做准备。他重任在肩，绝不容许军队像1941年6月22日德国入侵时那样迎来新的战争。

首先，要让军队习惯于新的核武器，迫使他们不害怕核武器。这只能通过在最大限度地接近实战的情况下搞演习才能做到。朱可夫打算进行实际爆炸原子弹的情况下的演习。马林科夫关于文明毁灭的说法与他的一切计划背道而驰，对部队的精神状态产生了有害的影响。

朱可夫没有公开发表讲话，他不过是个国防部副部长，但他向父亲告状。父亲同意朱可夫的意见：这样的言论于事无补。他本人对问题还没有充分掌握，他看过关于原子弹、氢弹的可怕的破坏性力量的的影片，看过军人的报告。其中并未提到地球上生物全部灭绝的可能性。

父亲给他的老友维亚切斯拉夫·亚历山德罗维奇·马雷舍夫去电话，马雷舍夫曾任坦克人民委员和船舶工业人民委员，眼下主管原子弹业务。马雷舍夫对马林科夫的话既不肯定，也不反驳。他说核战争当然破坏性很大，但避免提毁灭文明。最后，马雷舍夫建议给父亲寄去库尔恰托夫院士等原子弹专家的文章草稿，文中正好讨论到这个问题。文章本想发表，但改了主意，其中描述的场景太过阴暗。

1954年4月4日，父亲收到库尔恰托夫的文章兼报告，并未仔细阅读。文章给他留下强烈的印象，他甚至把库尔恰托夫请过来，详加询问，他们该不会渲染核战争的后果，以便影响西方的社会舆论？因为文章是写给他看的。库尔恰托夫坚定地说：“没有渲染，相反，有些地方还说的比较委婉。眼下他们自己也搞不清核战争的全部远期后果，一次爆炸是一回事，十次爆炸就是另外一回事了，如果成百个炸弹爆炸会是什么后果，眼下谁也说不清楚。”

父亲对于核武器危害的认识，正是从同库尔恰托夫的这次谈话开始的。不仅仅是开始。还得有几年的时间，他才会确信核武器无法使用，确信核武器的纯政治和外交实质。为此父亲还需要对于军事有个详尽的了解。

1954年我刚刚上大学二年级，看到马林科夫的讲话，就照常带着问题去找父亲，他回答得特别含糊：一方面我们可以在任何战争、甚至核战争中取胜，另一方面，核战争很危险，应当设法禁止，不过这是将来的事情。

眼下父亲建议马林科夫考虑朱可夫的意见。他考虑了。1954年4月23日，马林科夫在新选出的最高苏维埃第一次会议上更确切地说：“我们做好了反击任何侵略者的准备。只要侵略者指靠核武器，胆敢试试苏联的力量和实力，那么不必担心，侵略者将被同样的武器阻止，而世界资本主义体系将在它所挑起的战争中土崩瓦解。”①

4月26日，父亲也在最高苏维埃会议上重申了马林科夫的意见。

朱可夫元帅继续让部队做好现代化战争的准备，以在奥连堡（契卡洛夫）州南乌拉尔军区托茨基试验场的演习来纪念。1954年9月14日上午9时34分，在离地面350米的高空爆炸了四万吨的炸弹。当时的核装药储备屈指可数。1954年苏联的各种核装药储备为150个，同美国的2063个核装药相比就不值一提了②。然而朱可夫认为这种“浪费”是完全有理由的：“演习艰苦，到实战中就轻松了。”步兵、坦克、炮兵饱受辐射，通过尚未冷却下来的真正的、不是假设的核爆炸中心“投入进攻”。军界人士当时对于核打击的后果漫不经心，我国和美国都是如此。归根结底，核炸弹不过就是炸弹而已，只不过功率很大，应当教育下属不要怕它。否则就无法取胜。战争毕竟是战争。

最后我要说，我们至今不知道核辐射的全部远期后果，而1954年仅仅是猜测而已，且绝非人人都在猜测。

1958年，我已经在导弹设计局工作，当时决定在卡普斯京亚尔试验带核装药的防空导弹。试验者不是我们，而是邻居，然而关于未来的“演出”全都知道，且焦急等待，没有丝毫担心。在爆炸核装药的当天，我们必须乘飞机去莫斯科，大家都焦急不安，我们该不会错过难得一见的场面啊。我们“走运了”，一名首长在去机场的路上遭遇车祸，飞行延期。不错，我们所见不多，准确地说，什么也没有看见，机场上空云层较低。一刹那间，我们的头顶上方突然发出强光，然后是爆炸声震得耳朵剧痛，便一切都结束了。我们这群人中，只有飞行动力学组组长一人、四十岁的“老头”亚历山大·鲍里索维奇·利普希茨比较明智，他力求尽快离开发射场，远离灾祸。我们当时拿他好好地取乐了一番！

军人或者我们这些火箭部队的娃娃兵还好，那些核专家，他们可是知根知底，却硬充好汉，不戴任何防护设备就开上自己的嘎斯车，在数小时前进行核爆炸的中心那因酷热而变得光亮如镜的路面上疾驰。其中有些人因自己

---

① 1954年4月24日《消息报》。

② A. B. 米纳耶夫主编《苏联的军事实力》，军事检阅出版社1999年莫斯科版，第167页。

的剽悍付出了生命的代价。部长马雷舍夫甚至都没有活到55岁，他是1957年入葬的。不错，其他人都是高寿，其中包括许多核装药的设计师、核试验的固定参加者尤利·哈里顿。他于1996年去世，享年93岁。

控制论

1954年，我修完莫斯科动力学院电真空技术和特殊仪器制造专业二年级的课程。二年级后，我们要“定专业”，我选择了自动控制系统。我们这些“自动化问题专家”当时热衷于控制论。控制论已经不叫伪科学了，但还没有合法化。记得我们的教授和我们这些学生曾集体向政府上书，支持控制论。我承担了把信交给父亲的工作。父亲什么也不问不说，打断我的解释，来了一句：“我自己看。”看来他是看了。5月份中央各报都纷纷撰文谈电子记账机的好处。其中也第一次提到控制论，没有说它是伪科学，只说那是一门学问。不久就出了“控制论之父”诺伯特·温纳著作的俄译本，我可不是读过，而是仔细研读一番，大为失望……那是烦琐哲学，不具体，倒不如说是科学哲学，而不是科学，肯定不是工程技术。我认为对此书不愿接受是我自己的原因，就是说我不够聪明，为此十分难过。

过了很长时间，到了1960年代，控制论特别时髦，我发现对它不理解的绝非我一个人。当时每个共和国的科学院都成立了自己的控制论研究所。只有莫斯科仍满足于“陈腐的”自动化和遥控技术研究所，领衔的是瓦季姆·亚历山德罗维奇·特拉佩兹尼科夫。他并不急于把自己属于技术科学分部的研究所更名为“控制论研究所”。

这时数学家稍微忙碌起来了，他们建议苏联科学院院长姆斯基斯拉夫·弗谢沃洛多维奇·克尔德什在他们那个分部成立以安德烈·阿列克谢耶维奇·马尔科夫为首的控制论研究所。克尔德什没有表示反对，但是请他们在成立时明确表述，让他明白什么是控制论。数学家们再也不去麻烦克尔德什了。

我的大感失望也没有持续多长时间。动力学院毕业之后，我就前往当时还不是院士的弗拉基米尔·尼古拉耶维奇·切洛梅设计局工作，研制火箭控制系统。“普通控制论问题”已不再使我感到不安。

要闻日志

1954年3月，各报报道了古比雪夫（萨马拉）伏尔加水电站、斯大林格勒（伏尔加格勒）水电站、高尔基（下诺夫哥罗德）水电站、安加拉河上的伊尔库茨克水电站、鄂比河上的新西伯利亚水电站、德涅斯特河上的卡玛水电站、杜博萨雷水电站等的建设情况。二战后，斯大林下令改变国家能源方针，如他所说的利用河流的免费能源。动力工程学家行举手礼，如今在凡是可能的地方纷纷修建水坝、截断河流。

4月1日，传统的“斯大林式降低物价”，降的很少，但毕竟是降价。

1954年4月17日，父亲六十大寿。中央政治局委员决定以特殊的方式来庆贺。4月17日，授予父亲社会主义劳动英雄称号，以此强调他的领袖地位。在此之前，主席团委员的生日顶多就是颁发一枚列宁勋章而已。1953年11月，卡冈诺维奇过六十岁生日，他是个革命资历远远超过父亲的革命家，当时给他颁发了列宁勋章。

主席团的同僚在巴尔维哈区一处空闲的国家别墅，给父亲举办了隆重的生日宴。积雪刚刚开始融化，春天湿漉漉的空气，但夜间的微寒又让水洼结上一层薄冰。因天气转暖，宴席设在二楼用玻璃封闭的凉台。窗外是围绕别墅的茂密森林。宴会是非官方的，但子女只请了我们，配偶也没有到齐。同许多其他宴饮没有任何区别。大家久久坐在桌旁，举杯祝酒，彼此开着玩笑。老是给伏罗希洛夫酒杯里盛上水不斟酒。一发现作假，他肯定生气，这又让其他人感到很开心。喝酒都不过量。宴会末了，按照当时聚会的传统唱歌。歌唱了花楸果和橡树、咆哮的第聂伯河、跨过田野去迎战的哥萨克。结束得不算很晚，夜里11点，第二天上午9点大家都得上班，我要去上课。

1954年春天和夏天令人愉快的事情中，还有久负盛名的巴黎国家法兰西喜剧剧院四月巡回演出，这是一家成立于路德维希十四世时期的古老剧院。当时叫作法兰西模范艺术剧院。他们在小剧院演出经典剧目：莫里哀①的

① 莫里哀（1622—1673），法国喜剧作家、演员、戏剧活动家、舞台艺术的革新家。著有《可笑的女才子》（1659）、《达尔杜弗》（1664）、《唐璜》（1665）、《吝啬鬼》（1668）、《女学者》（1672）、《心病者》（1673）等。

《贵族里的小市民》和《达尔杜弗》，高乃依[①]的《熙德》。父亲两次率领全家前往观看巴黎奇葩。演员大声地用法语说话，自然是没有翻译，一点也不懂的观众高兴地发出尖叫。这可是法国人啊！父亲观剧时差点没有睡着，但落幕后他站起来给演员鼓掌。

多年之后我看到一篇批判文章这样说道：当年演员的表演水平一般。这有什么意义呢？我们赞赏的并不是演员的演技，我们乐不可支，是因为在数十年的孤立之后，最地道的巴黎剧团到我们莫斯科来了。

1954 年 5 月 7 日，苏联最高苏维埃主席团恢复了因杀人而判处的死刑。很少有人记得，战后斯大林“出于人道的考虑”禁止处以死刑。禁令实际上仅仅影响到刑事犯。尽管对“政治犯”不再判死刑，然而“三人小组”判定他们“十年没有通信的权利”，这就意味着枪决。十年之后，谁还敢想起来呢？

如今斯大林去世了，斯大林的“诉讼程序三人小组”已经不复存在，护法机关碰到了一个长期存在的问题：拿怙恶不悛的罪犯、犯杀人罪的惯犯怎么办。认为这是“本性难移”并通过了相应的法律。我记得人们对此是赞同的。

斯大林的“三人小组”不再作出判决，然而被他们以莫须有的政治罪行判刑的人仍然在劳改营服刑。贝利亚对刑事犯实行大赦之后，已经一年过去了。对于正义迅速获胜的希望已经变成绝望，而绝望又变成充满愤恨的决心。这样一来离灾祸不远了。灾祸是说来就来。1954 年 5 月 16 日，哈萨克斯坦杰兹卡兹甘附近肯吉尔草原劳改营的犯人举行暴动。他们在那里开采铜矿，这个活计之有害和繁重只有铀矿可以与之相比。

暴动蔓延至相邻的几个劳改营，那里的劳改营比比皆是。很快就有 8000 人参加暴动。暴动者拒绝与当局进行谈判，要求只有一个：自由。风潮持续了 40 天之久。内务部长克鲁格洛夫上校按照斯大林的传统动用自动步枪和坦克“平息”了暴动。中央主席团中的斯大林主义者莫洛托夫、伏罗希洛夫、卡冈诺维奇对他在整顿中的果断表示赞许，草原劳改营的事件再次提醒父亲，在同旧事物决裂时，无法保留旧的秩序。然而他暂且尚未决意公开清算他们，怕的是企图侵犯斯大林构建的体制。因为这就意味着企图侵犯斯大林本人，而且会带来完全无法预料的后果。

贝利亚被捕后当即开始悄悄地释放政治犯，杰兹卡兹甘事件之后，这个

---

① 高乃依（1606—1684），法国古典主义时代剧作家。著有悲喜剧《熙德》（1637）、悲剧《贺拉斯》（1640）、《西拿》（1640—1641）、《波利耶克特》（1641—1642）等。

进程加速了，然而释放的人寥寥无几。劳改营中的政治犯尚有数十万之众。然而，体制出现了裂痕，而草原劳改营暴动犯人对此作出了不小的贡献。

1954 年 6 月 5 日，克里姆林宫对面，滨河街上建筑师约凡之家开设了舞台文艺节目剧院，领衔者为革命前谈话风格大师尼古拉·斯米尔诺夫—索科尔斯基①。

6 月 6 日，莫斯科苏维埃（市政府）对面，苏维埃广场（今特维尔广场）上，为莫斯科市奠基者尤里·多尔戈鲁科夫纪念碑揭幕。纪念碑于庆祝首都 800 周年的 1947 年奠基，在雕塑家尼古拉·安德烈耶夫创作的自由方尖碑所在地，自由方尖碑于 1919 年 7 月 17 日安放，取代沙皇将军米哈伊尔·斯科别列夫的骑士雕像。纪念碑的频繁变动在俄罗斯已是司空见惯。

1954 年 6 月 10 日，所有的莫斯科人，而且不只是他们，全都把玻璃片染黑，观看日食。

赴垦区检查

5 月中旬，父亲决定亲眼看看垦区，并同时见识一下西伯利亚。他打算看一看播种情况，估算出苗率。父亲对于报表持健康的怀疑一切的态度，他知道上面写的并不是实际情况，而是所需要的情况。父亲很喜欢这样的旅行，在与人的交往中，根据他们的面部表情、所提的问题和对于农村集市上即兴表演的反应，他就可以形成印象：国人最关心的是什么，他们生活的如何。他知道，赶在他到来之前，大家都尽量收拾整齐，往商店增拨食品。不过他也知道，一天、一个星期的时间里，不可能有什么根本的变化。就连大名鼎鼎的“波将金乡村”②，据说是叶卡列林娜二世那有无限权势的宠臣，在女王从圣彼得堡前往克里木的沿途必经之处建成的，如果认真地在历史中翻寻，实际上也是对于当时已经失宠的波将金公爵的诽谤。留心的眼睛透过表面上擦出的光泽，总是可以看清真正的情况。

---

① 尼·帕·斯米尔诺夫-索科尔斯基（1898—1962），苏联演员，藏书家，俄罗斯人民艺术家（1957）。歌剧舞台上讽刺小品（独白）的作者和表演者。

② 1787 年俄国女皇叶卡捷琳娜二世巡视克里木时，波将金公爵将女皇经过的沿途村庄装饰一番，造成六畜兴旺、五谷丰登、国泰民安的虚假景象，以显示自己的政绩，后沿用此名表示弄虚作假，装饰门面。——译者注

父亲在自己的习惯方面并不孤独。美国总统富兰克林·罗斯福的夫人埃列阿诺拉·罗斯福在回忆录中讲述丈夫如何教她从火车车窗里来评价美国人的生活。当时美国还是坐火车。“他[①]具有非凡的观察天赋，他可以确定他从火车或者汽车车窗所观察到的那些地区的情况。我也向他学会了透过火车车厢窗户来研究国家生活：田野的外观如何，年景怎样，人们的穿着如何，一路上碰到多少汽车，车辆情况如何，甚至绳子上晾着什么样的衣服。”[②]

我死乞白赖地要求跟父亲一道走。诚然，考试快到了，但是我都通过了，没有留下尾巴，至于一周、十来天都无所谓。我很想看看哈萨克的草原，我在普尔热瓦利斯基[③]和谢苗诺夫－天山斯基[④]的书中读到很多关于哈萨克草原的内容。

这次旅行是从库斯塔纳伊开始的。我觉得没有意思。当父亲同地方首长开会的时候，我孤零零地坐在给他安排的官邸里。然后去草原，在田野里转悠。父亲时不时让汽车停下来，到耕地上去，抓上一把土，久久地揉搓，有时甚至用鼻子闻闻，仔细观看鲜绿色的麦苗，和陪同他的这片土地的主人议论着，询问，多半是夸奖，生气的时候少。我则一个人发呆。

记得有一次在一望无际的田野边上谈拖拉机。日后父亲写道，拖拉机手在田边吃早饭，把一垄沟地的活儿干完已到午饭时间。而且不仅是因为广阔的田地无边无际。在荒地上，甚至我国功率最大的 80 马力斯大林格勒拖拉机可以翻动草根缠绕在一起的土层，只能挂一档，时速为两公里。拖拉机手是来自莫斯科郊区的年轻小伙，满头大汗，情绪激昂，他给父亲解释说，需要大功率的拖拉机，否则对付不了荒地。父亲聚精会神地听着，并提出问题。站在旁边的助手舍甫琴柯在他那个奇大无比、弄得很脏的笔记本上记着。谈话并非毫无用处。出产重型坦克的列宁格勒基洛夫工厂开始设计 250 马力拖拉机，后来又设计出 700 马力“基洛维茨”拖拉机。“基洛维茨”成了垦荒地上的主要牵引力，忠实地服务了二十多年，1980 年中期起“失宠”。

---

① 指罗斯福。

② 埃列阿诺拉·罗斯福：《我的回忆》，哈珀和兄弟出版社 1949 年纽约版，第 72 页。

③ 尼·米·普尔热瓦利斯基（1839—1888），俄国旅行家，中亚考察家，彼得堡科学院名誉院士（1878）少将，乌苏里边疆区考察队领导人（1870—1885）。

④ 彼·彼·谢苗诺夫－天山斯基（1827—1914），1906 年前姓谢苗诺夫，俄国地理学家、统计学家、社会活动家，彼得堡科学院名誉院士（1873）。

戈尔巴乔夫改革时代来临，记者、作家和其他自以为通晓一切的人对大功率拖拉机大张挞伐，说那是巨人症和多余的功率：又是把田地破坏啦，又是“文明世界”再也没有人生产这种大得出奇的东西啦。他们在访问欧洲期间，在当地的田野里没有见到类似的东西。在“公众”的压力下，“基洛维茨”停产，工厂失去了订货，原先的垦荒地也失去了拖拉机。

作家和记者以如此的热情和信念将大功率拖拉机批得体无完肤，顺便也指责父亲不懂行，我也相信了他们，为父亲感到难受。在俄国，不知为什么任何一个记者作家都以农业专家自居。更糟糕的是，他们的意见突然成了决定性意见，并由此而产生破坏性的后果。

1994 年，生活把我带到了蒙大拿州——美国的哈萨克斯坦，一模一样的无边无际种满小麦和玉米的田野，地平线上白雪皑皑的山顶，人烟稀少的农场主新村。当地的丰收节上，农场主们载歌载舞，品尝小吃（几乎不喝酒），旁边则是一个农业机械展览会。机械全都漆成红色，与其说像农业机械，倒不如说像消防机械，这里有红色的联合收割机，播种机，割草机，耙，当然还有拖拉机：小号、中号、大号和巨型的都有。让我感到吃惊的，是带有超过一人高的轮子的拖拉机，马达的功率将近一千马力。头脑里还留有“基洛维茨”因经济上不合算而受到批评的印象，我问道：这样的巨型拖拉机有谁需要？难道是用于修路吗？当地农场主笑着说：在他们的广阔田野上，只有用这样的拖拉机来耕地，小型机并不经济，它拖不动所需数量的犁。

垦区让父亲感到惊讶。“初次来到哈萨克斯坦，给我留下深刻印象的，是一望无垠的荒地，这是一片平原，没有尽头和边界。在我所到之处，照例都是好地，大部分都适于耕种许多农作物。可以说，乌克兰的草原固然美丽，不过您不妨看看哈萨克和西伯利亚的广袤大地。过去我认为哪儿也没有像乌克兰这样肥沃的土地，可如今在哈萨克斯坦，我看见了半米深的特纯黑土，有些地方比这还多。”父亲感叹道，“大部分集体农庄和国营农场的翻耕质量令人满意，然而许多地方耕地质量不高……老住户和新来者都坚信这些地区可以收获许多比春小麦更好的粮食……投入垦荒地的每个卢布可以得到更大的回报，这里的粮食比我国中部各州都要便宜得多，对我们开始的工作的高经济效益不容置疑……这里幅员辽阔，发展畜牧业没有任何界限，可是好几十公里见不到一个羊群……这里的养羊业用的仍然是老办法，受到偶然事件的威胁，放牧场没有饲料保险储备。”

父亲就此行的结果，写了致中央主席团的报告，然后，1954 年 7 月 23

日，在中央主席团会议上发言。他向中央全会的与会者提议再开垦1500万公顷新的土地。

“这方面什么意见都有，”父亲接着说，“有些同志说，能不能再等等，因为我们连1300万公顷还没有开垦出来呢。”

可现在就需要粮食，国内的消费在增加，人们手上有了富余钱。仅仅削减公债数额一项即可有180亿卢布的富余。1953年认购了360亿，1954年仅为此数的一半。人们希望花掉，“我们要争取时间。为了在我国中部各州搞到所需数量的粮食，需要十年的时间。为了给中部各州提供矿物肥料，需要建设新的工厂，据专家说，也需要十年时间，需要花费数百亿卢布，”父亲重复着听众已经知道的论据。“我们在哈萨克斯坦和西伯利亚，可以搞到最廉价的粮食。除了库班，我国没有哪个地区可以提供这样的粮食。那我们为什么要放弃呢？”①

父亲对听众说，决定除已经耕过的土地而外，再开垦1500—1800公顷荒地。

父亲还谈到未做到的事情：垦区没有道路，应当尽快修建窄轨铁路。有些满腔热情的人领到旅费，也在垦区登记注册，却很快就不见了。没有房子，人们在帐篷里住着。这些父亲原先就知道。去年冬天还在犹豫，从何入手：是先修住宅和道路呢，还是先开垦耕地和播种，决定先开垦耕地和播种：哪怕没有道路粮食损耗增加，那还是算赢了，眼下迫切需要粮食。其他事情也迫近了。

1954年垦荒已成为全国的标志。7月初，父亲再次前往西伯利亚，1954年7月5日，在新西伯利亚举行了讨论垦荒、畜牧业和其他农业问题的大型会议。他强调了畜牧业，畜牧业已经“成为绊脚石”。

“小小的荷兰，小小的丹麦，它们在地图上用一根指头就可以盖住，生产的食品自给有余，还供出口。我们都只得向这两个国家购买肉类和黄油。难道不觉得羞愧吗？一年产奶11000公升的奶牛有什么价值？它不是用来挤奶，而是用来运粪的。可我们不需要运粪的。我们计算奶牛是按尾巴，而不是按产品率。

我这会儿坐在主席台上细细算了算，新开垦的3000万公顷土地，足可

---

① 《尼·谢·赫鲁晓夫》8卷集，国家政治书籍出版社1962年莫斯科版，第1卷第296—305、329—331页。

为年产3360万吨肉类的生猪提供饲料。只要合理地抓好工作，什么荷兰、丹麦都不在话下。”①

会上再次提起如何开垦荒地的话题。一致商定在捷连季·马尔采夫的农庄举行讨论会。1954年8月8日，来自全西伯利亚和哈萨克斯坦的100人在库尔干州伊里奇遗训农庄“研究了马尔采夫提出的作物栽培方法”，《真理报》如是说。

头一年，垦区不仅成绩不错，而且按高标准救了国家。1954年，国家的欧洲南部遭遇旱灾，乌克兰、伏尔加河沿岸、斯塔夫罗波尔的庄稼都干枯了。垦区成了唯一的希望。垦区不负众望，虽说1954年开垦出来的1700万公顷只播种了350万公顷。然而每公顷平均产量为9.3公担（全国中等年成为每公顷7.7公担）。多亏了垦区，尽管遭遇旱灾，1954年比前一年多收了430万吨。虽不算什么大成绩，可如果没有垦区，国家也不会有什么好处，国家储备不足，只得对出售面包加以限制，那么无论是谁在什么时候都不会原谅新领导人的。有了垦区增添的部分，就可以勉勉强强地满足需求。不出父亲所料，需求从1953年的3730万吨增加至1954年的4250万吨。没有增加国家储备，反而从中借用了680万吨。谷仓里只剩下630万吨。

父亲毫不掩饰地感到幸福，虽说还是不停地重复：不会年年都一样，风险农业区的年成时好时坏。谢天谢地，1954年赶上好年成。他明白，土地暂时还算没有动用过，没有生产过，它会逐渐贫瘠的。不过这也不要紧，到那时会出现矿物肥料。

价廉的面包

1954年10月初，父亲和布尔加宁前往中国参加中华人民共和国成立五周年庆祝活动。父亲决定顺便在归途中看一看远东和东西伯利亚的情况。归途中，他们在所有的大城市都停留了一段时间，分别是海参崴、赤塔、伯力、伊尔库茨克，顺道还去了萨哈林和纳霍特卡。1954年11月29日，父亲就此行的结果向中央主席团递交了报告。报告中详谈了自己的印象，他说，

① 《尼·谢·赫鲁晓夫》8卷集，国家政治书籍出版社1962年莫斯科版，第1卷第296—305、329—331页。

“远东是个很富庶的地方。这里土地好，发展农业所需的气候条件也适宜。遗憾的是开发土地资源方面不够令人满意，农业凋敝。最糟糕的是当地领导人习惯于这种凋敝状态，认为缺点是理所当然的。俄罗斯岛和纳霍特卡港的商店里没有蔬菜和土豆。这里也没有牛奶。”

“一路上，我们同工人和职员进行了交谈，他们全都对买面包排队很有意见，”父亲继续说道。“我们不明白是怎么回事。当地领导人向我们保证说烤制面包没有减少，人们却一口咬定面包缺货。起初工人提出买面包困难时，没有给我们讲原因。我们就问他们，他们才承认道：‘想买肉，商店里没有肉，也没有饲料。我们觉得买面包喂猪比较合算。秋天把猪一宰，就什么都齐了。”“问题解释得很简单。关于刺激畜牧业和取消养牛养猪者的税赋的决定，对养牛业和养猪业是个很大的促进。老百姓买价钱便宜的黑面包去喂他的猪和其他家禽家畜。面包消费增加是因为拿去喂他的牲畜了。

当然，牲畜头数迅速增加是可喜的现象，可是我们今年看来是无法保证生产出那么多的饲料了。”父亲最后说。

他不知道该怎么办，面包的价格不能提高，禁止私人饲养牲畜又下不了手，于是他建议“增加白面包的销售量，减少黑面包。白面包价格高，未必有人会拿它去喂猪吧。我们应当精打细算地食用面包”。

只是俄罗斯自古以来白面包就不够大家食用。一切都还是老样子。暂且还是。用价廉的黑面包喂养家畜的问题，早晚得解决。

与此同时，垦荒仍在继续。拖拉机不停歇地工作着，为来年打个好基础。父亲认为，只要天气不捣乱，国家会有粮食的。

白色的金子

1954年11月，父亲前往塔什干“掌握”棉花栽培。过去他对棉花的了解不过是道听途说。同专家交谈之后，他才明白这种作物是如何种植的：一小垄一小垄地播种棉花，用锄耕作，秋天用手工摘棉花，把男女老少统统往田里赶。从前印度泰米尔纳德邦就是这样种植棉花的，至今变化不大。父亲要求查一查美国的情况如何。美国取消奴隶制后又过了数十年，直到20世纪上半叶，棉花都是由侨民、大部分是非法侨民采摘的。1930年代出现的首批笨拙的棉花收割机，无法同实际上的无偿劳动竞争。然而从第二次世界大战之初开始，一切都发生了变化。军工生产吞没了一切现有的资源，棉花制造商敲响了警钟。结果，1942 年第一台工作性能好的棉花联合收割机开上了田野。至 1950 年代中期，强鹿公司进一步完善了收割机械，机械实际上挤走了棉花地里的手工采摘者。如今美国人一切都用机械，用机械按整齐的正方形播下棉籽，用机械施肥和除草，用机械收割，把棉花从棉桃里抽出来。父亲大为光火：他们可以，为什么我们就搞不了呢？

1954 年 11 月 20 日，父亲在塔什干棉农会议上试图得到对他那似乎并不复杂的问题的答案。没有得到。中亚共和国领导人许诺赶在下次父亲来访之前（至于他什么时候来，他们也不知道，不过希望不会那么快就来）研究美国的经验，将值得注意的农业机械方法移植到本土，主要是开始系列生产棉花收割机。他们就此告别。

解　冻

（插叙三）

1954 年，垦荒之事告一段落，父亲又得去抓意识形态问题。先前他对这些问题没有好好想过，他对各种各样的“主义”不太感兴趣，那些东西什么用处也没有。如今他成了第一把手，苏斯洛夫、波斯佩洛夫、谢皮洛夫这些思想家都在等着他作指示。他自己也明白：让他们来包办意识形态很危险，会把事情搞得一团糟，弄得你无法收拾。他是以自己的方式来应付，以赫鲁晓夫的方式，他同文学家和其他创作人员的关系，同斯大林的交往手腕大异其趣。

斯大林喜欢同作家玩猫鼠游戏。他自然把猫的角色留给自己：夜间给他们往家里去电话，进行模棱两可、仿佛是即兴的谈话，话说半截儿就把听筒给扔了，过后看特工机关的报告，拿他那些“老鼠”既害怕又抱着希望的复杂心情寻开心。至今文学家和文艺学家还回忆起那引起轰动的斯大林同诗人鲍里斯·帕斯捷尔纳克的通话①，却并无兴奋心情，斯大林把诗人数落了一

① 鲍·列·帕斯捷尔纳克（1890—1960），苏联俄罗斯作家。作品有抒情诗集《生活，我的姐妹》（1922）、《重生》（1932）；组诗《当自由自在的时候》（1956—1959）；革命历史长诗《一九〇五年》（1925—1926）和《施密特中尉》（1926—1927）。长篇小说《日瓦戈医生》（1957）1958 年获诺贝尔奖。

通，说他没有为被捕的奥希普·曼德尔施塔姆①仗义执言，曼德尔施塔姆撰写了当时令人吃惊的反斯大林诗篇，还记得吧："他的手指像蛆虫"……斯大林当时埋怨说帕斯捷尔纳克的行为胆小如鼠，没有布尔什维克的气魄，说着就把听筒给扔了。爱怎么理解都行。还有斯大林在曼德尔施塔姆被捕前给他本人去的电话呢！

领袖同伟大作家和剧作家米哈伊尔·布尔加科夫的电话交谈又如何呢？他是多么的"难受啊，无论是工作还是出国，他都是爱莫能助，然后突然提议再次到艺术剧院去品尝一下幸福的滋味儿。"只要打电话，都要谈结局突兀的小说，不知是陀思妥耶夫斯基②还是卡夫卡③。

斯大林对于谈话都要作精心的准备，不怕花时间，常常花上几个小时甚至几天去研究离经叛道的作品和伴随而来的丑闻。打击准确，总是命中痛点，如同黄蜂蜇它的猎物一般。只不过黄蜂是用它的刺去麻痹毛毛虫或者螽斯，以便为后代提供食物，而斯大林蜇自己的"忠臣"则是为了取乐，看到他们东奔西突是一大快事。取乐结束，领袖要么下令"干掉"令他生厌的受害者，要么（这种情况较少）把受害者放走，像猫一样松开猫爪，知道这只老鼠已经无法逃脱。

这个游戏不仅让斯大林开心，而且还会让他的受害者——作家和诗人对他产生景仰之情，这是我无论如何也理解不了的。帕斯捷尔纳克写了满腔热忱的致斯大林的颂辞，并非被迫为生日而写，而是由于心灵的召唤（"我喜欢刚愎的脾气……"）。布尔加科夫写开了剧本《巴统》，讲的是年轻革命家斯大林，无论按照何种标准，这都是一部奴颜婢膝的作品。他写这部作品同样不是按照别人定的调子，而是发自内心。斯大林却禁止上演，他认为剧作家在描写他的内心世界时，已经闯进了旁人不得进入的禁区。

已经成了一定之规：他们是"他的作家"，他则是他们唯一的"真正读

---

① 奥·埃·曼德尔施塔姆（1891—1938），苏联俄罗斯诗人。阿克梅派的代表。他的诗歌主要歌颂文化历史人物形象，强调主要从物质上认识世界。诗集有《石头》（1913）、《忧伤》（1922），组诗《沃罗涅日笔记》（1966 年发表）。另有《谈但丁》（1967 年发表）及自传体散文和论文等。

② 费·米·陀思妥耶夫斯基（1821—1881），俄罗斯作家，作品反映小人物的痛苦，对人的心理刻画入微。著有中篇小说《穷人》（1846）、《白夜》（1848）《涅陀奇卡·涅兹凡诺娃》（1849，未完稿）、《死屋日记》（1861—1862）；长篇小说《罪与罚》（1866）、《白痴》（1868）《卡拉玛卓夫兄弟》（1879）等。

③ 弗·卡夫卡（1883—1924），奥地利作家。在描写恶梦和虚妄的转换以及恐惧、绝望、惆怅时的情景方面取得的效果极为强烈。作品有长篇小说《美国》（1914）、《审判》（1915）、《城堡》（1922）和短篇小说。

者”和鉴赏家。17 世纪在大剧作家莫里哀和他的君主——法国国王路易十四之间就是类似的关系。那是三百年前的事情，可现在已经是 20 世纪。

“创作知识界”的生活离不开自尊心的公开冲突，而往往是为博得当局欢心的暗算，在同自己对手的斗争中竭力事先得到当局的支持。斯大林对他们的“创作厨房”了如指掌，与他的“政治厨房”大同小异。他本人喜欢烧制“放辣椒”的菜品。他愿意掺和作家之间的钩心斗角，且乐此不疲。

父亲压根儿就没有想过同从斯大林那里继承下来的“人类灵魂工程师”玩儿什么游戏。损伤人格尊严、恐吓不仅不会给他带来快感，这是和他的本性完全抵触的。他宁可把时间花到别的地方。国内这么多问题有待解决，老百姓吃不饱，没有鞋穿，没有衣服……顾不上取乐。父亲对于同作家、艺术家和其他人文科学家的相互关系的看法是实用主义、讲究实惠的：我们从事着共同的事业，是在为人民服务，那大家就一起来干吧。至于其余的一切：过分的自尊，独创性，自命不凡……父亲尽量不掺和这些无谓的争吵，却做不到。作家对他的行为方式充满警觉。父亲的开诚布公、没有城府，给知识分子的印象是“知识浅薄”。不善于、主要是不愿意搞得声色俱厉，为此也不原谅他。他们用的是不同的语言。

眼下斯大林不在了，“创作知识分子”习惯性地争取得到父亲的支持，希望父亲认可他们的作品，其结果就是获奖。父亲当时却并不希望当裁判，尽量保持距离。并不是他没有偏爱，他和我们大家一样都有偏爱。父亲既读经典作品，也读新的文学作品，只不过是量力而行，抽空儿，趁哪天晚上有空。有空的情况不多，时间全都用来阅读公文，决定草案，部长报告，大使的密码电报，侦察机关的情报，我国和国外的报纸文章，关于农业、新建筑工艺、化学等生产的文章。大厚本的文学杂志都排到最后。所有的忙人、政治活动家、大公司的负责人都是这样的命运，学者就不用说了。他们全都面临选择：要么事业，要么其余的一切。所有的人，至少是成功人士，都是把事业放到第一位。自然也有例外：物理学家迷上了诗歌，或者是数学家迷上了历史。然而这些爱好都不是没有代价的，有得必有失。我们大家都是如此。

在读到斯大林在文学作品、语言学和哲学问题上花了许多时间时，马上就会冒出一个问题：怎么做到的？

不能去干力所不及的事情：二者必取其一。反正斯大林喜欢读文学作品，自己很大一部分时间都花在阅读上。他紧紧盯着每一本新书，因此就确立了别具一格的形成和充实自己的（后来也推广到所有的政治局委员的）家庭藏书的做法，吩咐凡是国内出版的一切书籍均需往他家里送上一本，从大厚本长篇小说和科学论文到部门须知，无一例外。机要通信员每两周一次往我家过厅送来一捆捆用结实的褐色纸包装的书。每捆书上都有一张印刷厂的标签：《尼·谢·赫鲁晓夫同志》。我不知道斯大林、莫洛托夫或者米高扬是怎么做的，可父亲是打开捆后按自己的口味在书上做个记号，其余的统统退回。如要把送来的书全部留下，那就得有一间堪比大图书馆的屋子。接下来，挑好的书就堆满了寓所里无止无休的所谓瑞典书橱，书橱的玻璃门是往外开的。同公家的家具不同，书籍算是使用者的财产。父亲藏书中剩下的书籍，也就是没有散失在亲友手中的书籍，均保存在我的莫斯科市郊别墅。

然而，尽管很忙，父亲尽量随时掌握文化生活的情况。他有规律地，甚至我现在都无法相信，每周至少去看一次戏，他偏爱歌剧和芭蕾舞之前的正剧，听音乐会，古典音乐和民间音乐都听，画展一次不拉。戏剧导演和剧作者在幕间休息时、画家和雕塑家在画展上都竭尽所能，以引起对自己的注意，得到肯定。哪怕是一个普通的表示赞许的点头也十分宝贵。父亲总是推辞，尽量不作评价，解释说他不过是个观众而已。遗憾的是，处在他的地位，并非总是能够保持中立。

当无暇阅读和观看新作时，父亲就指靠专家的意见和党中央各部的结论。这样一来，他在签署事先写好的决定时，就成了别人意见甚至他感到格格不入的意见的人质。例如，1954 年 1 月 15 日，他同意《真理报》主编谢皮洛夫的意见，拒绝了肖洛霍夫①关于发表《被开垦的处女地》第二部片段的要求，理由是“充满了自然主义的场面甚至明显属于色情的片段”。两年之后，肖洛霍夫求见赫鲁晓夫，给他朗读了这些片段，父亲感到困惑不解：谢皮洛夫仿佛看到了什么？

还有一例。1954 年 5 月 3 日，诗人特瓦尔多夫斯基在由他领衔的《新世界》杂志编委会上，朗诵了自己的新诗作《焦尔金在阴间》。文学界同道不喜欢这首诗。他们一齐向特瓦尔多夫斯基猛扑过来，拼命把他咬痛。还给中

---

① 米·亚·肖洛霍夫（1905—1984），苏联俄罗斯作家。著有《顿河故事》（1926），长篇小说《静静的顿河》、《被开垦的处女地》（1926—1960）、《他们为祖国而战》（1943—1969），短篇小说《一个人的命运》。获列宁奖金（1960）、诺贝尔奖金（1965）、国家奖金（1941），两次获得社会主义劳动英雄称号（1967，1980）。

央、给父亲寄告密信。“第一个向中央告状的是玛丽艾塔·沙吉尼扬①，”弗拉基米尔·拉克申在自己的日记中写道，他是事件的见证人，特瓦尔多夫斯基的朋友以及杂志副主编。“作家协会书记阿列克谢·苏尔科夫也来了。他们把长诗《焦耳金在阴间》说成反苏攻击。杂志编委瓦连京·卡塔耶夫②在大样的空白处画满了问号和叹号：‘这是影射什么？’卡塔耶夫并不是孤立的。

……西蒙诺夫说，‘阴间局’明明是影射政治局。特瓦尔多夫斯基口气激烈地反驳他说：‘我那分析的是个人问题专案，政治局会议上不讨论这类问题。’‘别狡辩了，’西蒙诺夫坚持说，‘影射的什么你自己知道。’”

吓坏了的苏尔科夫跑到中央去找波斯佩洛夫……开始了审理。中央书记波斯佩洛夫认为这首诗是“诋毁苏联现实”。他就是这样向父亲汇报的。

按照拉克申的意见，“赫鲁晓夫被一个诗节吓坏并激怒了，诗中的将军说道，他如果有一个团的士兵，就会去挤压死者的王国……有人认为是一种威胁。”③ 是谁认为，拉克申没有说。父亲没有读过这首长诗。特瓦尔多夫斯基没有想到给父亲寄一份。就是说，这里说的是中央某部的一份资料。

特瓦尔多夫斯基给父亲去信解释说，他的长诗是“以胜利的、充满乐观情绪的精神嘲笑‘一切死气沉沉’、官僚主义的丑恶、形式主义、墨守成规和陈规陋习，这些都在妨碍我们，给我们的前进设置障碍。”④

父亲喜欢特瓦尔多夫斯基的诗作，关于瓦西里·焦尔金的那篇长诗中的个别片段已经烂熟于心。他把特瓦尔多夫斯基请到中央来，他们相互交谈，看来是做到了相互理解。

当时“特瓦尔多夫斯基事件”正在加速进行，“在最炎热的7月，作家协会召开讨论会。批判搞得如火如荼。苏尔科夫十分激动地喊道：‘我知道，这都是围绕特瓦尔多夫斯基的宗派主义的复活！’报纸上的文章一篇接一

---

① 玛·沙吉尼扬（1888—1982），苏联俄罗斯女作家。著有中篇小说《梅斯—缅德》（1923—1925）、长篇小说《中央水电站》（1930—1931）、《乌里扬诺夫一家》（1938；1957年出修订本，1971年获列宁奖）。

② 瓦·彼·卡达耶夫（1897—1986），苏联俄罗斯作家。著有剧本《无法解决的问题》（1928）、长篇小说《时间啊，前进》（1932）、中篇小说《雾海孤航》（1936）、中篇小说《团的儿子》（1945）、中篇小说《墙上的一扇小铁门》（1964）、回忆性中篇小说《圣井》（1966）、《遗忘草》（1967）。

③ 弗·拉克申：《赫鲁晓夫时代的〈新世界〉》，书库出版社1991年莫斯科版，第16页。

④ 俄罗斯现代史档案馆第5全宗第30目录第84案卷第29—31页。载于《苏联政治书报检查史》1997年莫斯科版第111—113页。

篇……"

在这种情况下，父亲不想因为特瓦尔多夫斯基同思想家和作家闹僵、站到特氏一边、从而使自己与作家的"大多数"相对立。他把苏尔科夫的声明提交中央书记处会议讨论。也邀请了特瓦尔多夫斯基与会。可是据拉克申证实，特瓦尔多夫斯基"忧愁起来，酗开酒了，他宣布不去参加肉刑。"他没有去，"一大早就从家里溜走，不知去向。"特瓦尔多夫斯基那份杂志的副主编、诗人安德烈·杰明基耶夫"后来担保说，如果特瓦尔多夫斯基到会，情况可能就不一样。赫鲁晓夫是以尊敬和表示和解的口气谈到他的。"

"据说在1954年7月23日的中央书记处会议上，赫鲁晓夫狠狠地揍了那些嗜血成癖的人，"拉克申接着说，"他说不能这样对待特瓦尔多夫斯基，不能照你们的意见做，这样的人我们再也没有第二个，要同他打交道。总之，与其要两个外行，不如要一个内行！"

然而，长诗《焦尔金在阴间》撤掉了。直到1963年才发表，那是在特瓦尔多夫斯基亲自向赫鲁晓夫朗读之后的事情。详情稍后再谈。

尽管采取了和解的立场，"作家的大多数"胜利了。"1954年8月17日，公开宣布特瓦尔多夫斯基①退出《新世界》。杂志转到了另外一位诗人康斯坦丁·西蒙诺夫②的手中。编辑部公文包中，他接受了特瓦尔多夫斯基遗留下来的杜金采夫③《不仅仅是为了面包》。西蒙诺夫在一度犹豫和动摇之后，发表了这部作品……后来就因此饶不过他。"

这里拉克申搞错了。据我记忆所及，西蒙诺夫丢掉《新世界》主编职位，不是因为杜金采夫，也不是因为他的激进，恰恰相反，是因为斯大林，因为他的斯大林主义。西蒙诺夫被免去主编职务，特瓦尔多夫斯基又回到《新世界》。

---

① 亚·特·特瓦尔多夫斯基（1910—1971），苏联俄罗斯诗人。作品有长诗《春草园》（1936）、长诗《瓦西里·焦尔金》（1941—1945）、《路旁的人家》（1946）、长诗《山外青山天外天》（1953—1960；1961年获列宁奖）、诗集《晚近抒情诗抄》（1959—1967），获苏联国家奖（1941，1946，1947，1971）。

② 康·米·西蒙诺夫（1915—1979），苏联俄罗斯作家，诗人，戏剧家。著有长诗《在一起和离别的时候》（1942）、《友与敌》（1948）、三部曲《生者与死者》（1956—1971；1974年获列宁奖）、中篇小说《日日夜夜》（1943—1944）、剧本《我城一少年》（1946）、《第四个》（1961）、日记《我这代人眼中的斯大林》（1988）。获国家奖（1942，1943，1946，1949，1950）。

③ 弗·季·杜金采夫（1918—1998），苏联俄罗斯作家。著有《不仅仅是为了面包》（1956）、《白衣》（1987）、《中短篇小说集》（1959）。获国家奖（1988）。

伊利亚·爱伦堡[①]发表于大型杂志《旗》5月号的《解冻》，公认为“赫鲁晓夫文艺复兴”的标志。1954年10月，《解冻》又出了薄薄的140页单行本。由爱伦堡开了个头，开始把赫鲁晓夫整个改革十年、1953—1964年他的执政时期称之为“解冻”。爱伦堡本人博学多才，他是否以自己的《解冻》同费多尔·伊万诺维奇·丘特切夫[②]相唱和，丘特切夫19世纪也对另一个改革家——沙皇解放者亚历山大二世使用同一个定义。只是丘特切夫的“解冻”没有在历史上成活下来，没有经受住亚历山大三世和尼古拉二世统治时期的霜冻，而爱伦堡的“解冻”则在人的记忆里扎下了根儿。

爱伦堡在那部中篇小说中写的是什么，如今很少有人记得，小说的情节完全融化到标题里了。我记得，或者说我好像记得，小说中大家都在争论，每一页上都在讨论着什么，对什么赞赏不已，在骂什么人，但具体说的都是什么，已经完全从记忆中消失。也许实际上其中就没有什么言之有物的东西。很可能作者这位寓喻大师就是这样构思的。

写上这番话后，我决定重读《解冻》。没有什么有趣的内容，也没有什么离经叛道的东西，同样没有什么值得记住的东西。通常的当年日常历史：无名小城，工厂，争取和平的斗争，主人公们个人生活中的杂乱，忽而是妻子与丈夫不和，忽而是未婚夫与未婚妻不和。停止。这样的家庭“越轨行为”与斯大林的无冲突论哲学背道而驰，搞得书页上只有“好”与“更好”的对立，没有任何问题，甚至没有家庭问题。因此爱伦堡这里表现出某种虽说是日常的、却是自由思想。而且通篇都是寒冷、寒冷的凝滞的题材：“呼吸似乎冻结了……”，“又是严寒……”“雪，除了雪，什么也没有……”，“夜间三十五度……”只是结尾处小城上空才刮起了一路上摧枯拉朽的暴风雪，于是“冬天颤抖了一下，雪融化了，小溪流开了”。这时主人公说出了主要的句子：“维拉，这就是解冻……”

爱伦堡不仅是个文学家，而且是个非凡的政治家。他一语中的，道出了人人期待的字眼。诚然，就时间顺序而言，文学中的解冻并非始于1954年5

---

① 伊·格·爱伦堡（1891—1967），苏联俄罗斯作家、社会活动家。著有《胡里奥·胡伦尼多》（1922）、《巴黎的陷落》（1941—1942）、《第二天》（1933）、《暴风雨》（1946—1947）、《解冻》（1954）、文学回忆录《人·岁月·生活》（1—6卷，1961—1965）。获苏联国家奖（1942，1948）和列宁国际奖（1952）。

② 费·伊·丘特切夫（1803—1873），俄罗斯诗人。彼得堡科学院通讯院士（1857）。倾向泛斯拉夫主义。以深刻的心理分析见长，也是抒情风景诗大师。

月爱伦堡的《解冻》，1953 年 12 月的严寒中，烘出第一块雪融化的地方的，是 B. 波梅兰采夫《关于文学中的真诚》，文章发表于特瓦尔多夫斯基任主编时的最后一期——第 12 期《新世界》杂志。如今已无法想象，不过是羞羞答答的关于我们的世界中并非一切都很美好、一切都呈“玫瑰色”的见解，居然会引起情感的风暴。当时开始了什么啊！尤其感到怒不可遏的，是波梅兰采夫称之为“为现实涂脂抹粉者”的“斯大林文学”经典作家。他们给文章作者加上了思想叛徒甚至国家叛徒的罪名。他们在文学界的对立面并不把自己算作“涂脂抹粉者”，恰恰相反，把波梅兰采夫捧上了天。给我国现实“涂脂抹粉”的措辞让父亲感到厌倦，他也把自己那颇有分量的声音加入了波梅兰采夫批评者的合唱。

1954 年 12 月，父亲首次以第一把手的身份在中央委员会会见作家。在中断了近 20 年之后，首次召开了第二次苏联作家代表大会，谢皮洛夫劝他发表“告别演说”。然后，父亲也在代表大会上讲话。他在讲话中既未讨好“正统派”也未讨好“自由派”。在有些人看来，他把缰绳放得太松了，另一些人又认为父亲不够果断。他们的看法都没有错。父亲真诚地希望解放思想，然而作为一个政治家，他又很明白，只要一步不慎，就可能将解冻变成水灾，变成湍流，一路上把坏的好的一扫而光，于是主张变革者和反对变革者都在湍流中气喘吁吁。所有的改革家都是这样的下场，只需回忆一下亚历山大三世皇帝即可。有人责备他怀有打破俄国百年制度的“罪恶意图”，同时又有人责备他不愿按照社会中具有自由主义思想的那部分人富有诗意的革命曲线板来改造俄国。左派和右派、小贩和地主、革命者和宫廷显贵、恐怖主义者和警察群起而攻之。这一切是如何收场的，我们都很清楚。数年之后的 1954 年，名不见经传的叶夫根尼·叶甫图申科说道：“俄罗斯的诗人不仅仅是诗人。”

在俄罗斯这个专制且书报受到检查的国度，诗人，即便是普希金或者特瓦尔多夫斯基，与其说是诗人，倒不如说是政论家，政治家。他们是懂得心灵召唤的政治家，而不是只懂得冷冰冰的理智盘算的政治家。如果人民和国家的命运都取决于诗人、他的心情、他的情感，那就很危险。情感会过去，狂喜会变成失望，然而已经做出的事情是收不回来的。诗人是不担负任何责任的人，他唱完自己的歌就很快离去。政治家则不离去，他们要为未来负责，应当每日每时感觉到这种责任。

于是父亲就在心灵的召唤和决定社会状况的限制两者之间穷于应付，社会无论在沙皇执政还是总书记执政期间都不知自由为何物。父亲不会去撼动国家体制之船，但也来不及将它开进民主的港湾。在第一件事情上他有足够的政治家实用主义，第二件事情就没有时间了。这是他的命运，大概也是他的使命。

讲到当年高层的意识形态战役，我也来补充一点自己年轻时候的印象。记得还在上中学时，1950 年或者 1951 年，我决定读完所有特别重要的文学作品，包括古代的和当代的在内，好在父亲的图书馆就有几千册书。经典作品没有出现特别的问题，不错，列夫·托尔斯泰在《战争与和平》中尽情挥洒的法语让我伤透了脑筋。我得时不时地去瞟一眼每页下方蹩脚的译文。当代文学方面我倒出了问题。至今还记得我在读谢苗·巴巴耶夫斯基的《金星英雄》和米哈伊尔·布宾诺夫的《白桦》时所受的折磨。往往都不想接着读下去，我一会儿打盹儿，一会儿思想又开小差到了林子里或者排球场上，只要远离那枯燥的文字就行。只得把思绪拉回原处，可它又总想溜走。两本书我都读完了，后来一直责备自己不行：两位作者都得了斯大林奖金，他们的作品公认为优秀作品，几乎是经典作品，我却怎么也无法理解。斯大林去世后，批评界把《金星英雄》从“文学杰作”中逐出，我这才稍微得到一点鼓舞。

到了垂暮之年，我再次置身于一个懒散学生的地位。“成熟的瓦西里·帕夫洛维奇·阿克肖诺夫”怎么也读不下去。我好不容易读完了《莫斯科的民间故事》中的150 页，然后闪过一个念头：我干吗要折磨自己？我同瓦西里·帕夫洛维奇已经二十来年不打交道，他对我的意见不会感兴趣，我没有必要说假话。过了一段时间，我捧起《对葡萄干说去》，从一开头就伤心地停了下来：读不下去，他的那本回忆的书也读不下去。我从此再也不折磨自己，把几本书往书架上一插，便忘记了。

促使我再次思考阿克肖诺夫现象的，是将阿科肖诺夫的作品归入畅销书、而把作者归入文学经典作家的那些批评文章。同当初巴巴耶夫斯基的情况一样，我的感觉同专家们的评价大相径庭。

到底是怎么回事呢？我认为，阿克肖诺夫（不仅是阿克肖诺夫）的问题就在于，从人们以原先的兴趣阅读的好书《辉煌的票》、《来自摩洛哥的苹果》、《再见，我的朋友，再见》开始，作者就转向“政治”，从一个普通作家变成布道者作家。他写得很正确，但极其枯燥。今日之阿克肖诺夫让我想起我青春时代爱说教的人伏谢沃洛德·阿尼西莫维奇·柯切托夫。他也写了按当时说来正确的长篇小说，教导我们读者，照他的意见应当怎样生活，防止犯错误。根据他的书拍摄了同样正确的电影和电视剧。只是科切托夫的书读不下去，他的电影看不下去，如今已经把他完全忘却。

这一切都是理所当然的：作家醉心于说教，就会不知不觉地丢掉可以称之为创作的东西。这里问题并不在于柯切托夫和阿克肖诺夫的个人品质或者才能。随着柯切托夫让人遗忘的有：费多尔·革拉特珂夫及其长篇小说《士敏土》，亚历山大·考涅楚克及其剧本《前线》以及不少其他“不朽的布道者”。

我作为一个读者，替阿克肖诺夫感到委屈。

要闻日志

7月4日，中央主席团委员参观了民主德国商品展览会。父亲喜欢参观展览会，报纸上经常登载关于这些参观的文字。这次让人感到吃惊的，不是参观本身，而是列举主席团委员姓名的顺序。是按字母表先后顺序，父亲殿后①。

当日晚上，美国驻莫斯科使馆举行纪念独立日招待会。父亲和其他同级别的领导人均未出席。还没有到时候。

当日各报宣布名人墓地设计方案招标。打算将墓地建在距莫斯科大学新楼3.5公里处。拟将克里姆林宫宫墙内和红场上的亡者迁至该处，将来正是在名人墓地（仿效巴黎的方式）安葬优秀人士。我刨根问底地问为何决定在郊区修名人墓地，父亲说，一是莫斯科正在逐渐往西南部迁移，大学后面那片郊区渐渐几乎要成为市中心，另外……他停住不说了，似乎在犹豫：说还是不说。不过后来决定说了：另外，这是秘密，那个地方已经在建造一个大防空洞，一旦发生核战争，那就是政府的避难所。政府将在那里控制全国。所以就决定在避难所上面盖名人墓地。

我不知道是谁灵机一动，把政府避难所和名人墓地这两个项目放在一个地方。要么这是个黑色幽默？万不得已时名人墓地就在旁边，也就是在头上。要么以为敌人认为这样的目标不值得攻击，至于上面是什么，他们无从知道。要么是安全机关认为将两个特别项目合到一个地方更经济？不知道。

① Хрущёв（赫鲁晓夫）的第一个字母 X 在俄文字母表中排在第23位。——译者注

然而名人墓地始终没有建起来。如今那个地方是莫斯科大学的新图书馆，兴建了上流社会人物的住宅群。地下避难所不仅挖掉了，而且后来用专线地铁与克里姆林宫连接起来。一旦有什么情况，从自己的办公室坐电梯下来，几分钟之后就……

7 月 18 日，宣布恢复男女合校。这一决定在年轻的公民中引起普遍的狂喜。甚至我们这些不受男女分校约束的大学生，也是欣喜若狂。两年前，我们只能在老师的监督下去参加女校的晚会，而且都是在重大节日。当然，这都是理论上的，然而理论也对心理产生压力。

斯大林怎么会想到男女分校，我始终没弄清楚。多半是随着年龄的增长，他愈来愈留恋旧的一套。他还给从外交官到各部的办事员等各种官员规定了制服。

据父亲说，斯大林在一次午餐会上谈起设立苏联贵族爵位，但是连干什么都情愿的卡冈诺维奇也不支持，此事就再也不提了。

1954 年 7 月 19 日，《消息报》刊登了关于在北冰洋漂流的极地考察站的文章。第一个这样的考察站早在 1937 年就已登上北极圈附近的冰面。学者们对天气、冰的运动和海水咸度进行监测。报纸讲述着“勇敢的极地工作者”生活的每一天。战争期间无暇顾及极地站，而战后年代则对北极地区的研究严格保密。斯大林想到在冰面上修建机场，一旦发生战争，从这里起飞去轰炸美国。命令学者们对冰体进行详细研究，挑选出那些可以建设固定的跑道和和相应设施的冰体。如今已经放弃了梦呓般的斯大林打算，对北极地区的研究又成为一般的科学研究，允许描写没有“密件”字样的极地站生活。

1954 年 9 月 18 日，卡马水电站开始发电。

12 月 1 日，第一家自助式商店在列宁格勒普尔热瓦利斯基大街 10 号楼开始营业。

全国住宅化

垦荒之后，父亲又开始抓住宅。在食物之后，头上的屋顶是关乎人的生活的最重要的东西。1954 年春天，他在去垦区之前就向中央主席团递交了关于将全国的住宅建设转到现代化的工业基础之上的报告。

至1954年，装配式房屋建筑的主要技术问题已经解决。莫斯科有两家工厂分三班倒，在流水线上制造楼房的墙壁、楼层板、内部隔板。统一的全莫斯科运输企业的预制板运输车将它们运到各建筑工地。统一的莫斯科市住宅和民用建筑总局的安装工在空前未有的短时间内将住宅装配起来。在打好基础的两三个月后，因幸福感而变得傻头傻脑的新住户高兴异常，察看着新居。看完之后，吹毛求疵地抱怨建设者的毛病。抱怨之后，亲手把住宅收拾得井井有条，忘掉了前不久在公共宿舍或者地下室里的日子，开始臭骂上司：这也不行，那也不行。生活就是如此，人不可能也不应该对一切都感到满意，当然，如果他不是已经故去的人的话。

所有这些预制板流水作业新发明暂时仅限于莫斯科。全国各地按照老一套继续修建两至三层"豪华住宅"和一层的木板简易住房。用砖头砌房需费时数年，工艺特点如此，我已经描述过了，因此偏爱木头小屋，一个季度即可把墙砌到屋顶。各个部门到处继续为自己建房，作为自用，拥有自己的建筑托拉斯、自己的汽车队、让自己的人住进自己的房子。各部和大型企业建得多一些，差点的企业就建得很少，小人物则一无所有。

1954年5月15日，苏联部长会议作出了《关于住宅和文化及生活服务机关建设中严重缺点的决定》。1954年7月18日，中央主席团将指令性"建设性"信件发至各加盟共和国共产党各中央书记、各边疆区和州委书记、联盟和各加盟共和国有关各部。赫鲁晓夫的报告全文作为此信的附录下发。1954年8月19日的新决定，如今已是苏共中央和苏联政府的联合决定，对于何时何地应作何事都作出具体的规定。其中有三年建成402个生产楼房钢筋混凝土零件的工厂，小城市则是生产200个预制平台的工厂。

12月1日，莫斯科召开了全苏建筑工作者会议，父亲在会上要求着手进行大规模住宅建设，已不仅仅限于莫斯科，而是在全国范围内。正如垦荒解决了粮食问题一样，装配式钢筋混凝土预制板要把几家合住住宅的国家变成五层楼的国家。

父亲的讲话照例一上来先报告成绩：战后8年，城市人分到住房2000万平米，农村人恢复了被德寇破坏的住房，并新建了450万栋房屋，平均每年2500万平方米和60万栋房屋。在过去的1954年，苏联人得到了3000万平方米和40万栋房屋。数字庞大，但如果均摊到全国人口，那么全苏联1.9亿人（假定农民住房面积为30平方米），那就是平均每人增加了1.8平方米，再加上1954年的0.2平方米。充当坟地是足够了，作为住房就少了点儿。

不久前，我偶然发现始于1929年城市居民住房的保证供应率。1928年平均每个城市居民5.8平方米，1932年为4.9平方米，1937年为4.6平方米，1940年为4.5平方米①。每年的情况都在变差，这是理所当然的，农民弃家进城，而城里新居并未修建，或者几乎没有修建。从这个角度看，平均每个人增加两平方米就很可观了，几乎是战前住房总面积的一半。诚然，战前的住房保留下来的不多，只得从零开始。为了让人们过上人的生活，需要建起比国内现有住房多几倍的平方米，而且不是几十年时间，顶多是两个五年计划。

为此，父亲建议将建筑工业握成一个拳头，将莫斯科的经验向全国推广：数百个部属的和其他建筑与交通事务所联合成为一个拥有最新设备的建筑安装部门。而它内部的一切也都实行专业化，建成类似工厂中传送带的工艺链：有人打基础，有人砌墙，有人修隔墙，有人安楼梯，有人装卫生设施。结果是建筑质量提高，工期缩短，每栋楼的费用也大大降低。

并非人人都赞成父亲的意见。部长们，尤其是“富裕部长”不愿同穷部长、“普通公民”分享平方米。但问题不仅仅在平方米，父亲企图挑战那些部长的无上权力，他们在自己的世袭领地上处置一切。他们根本不喜欢去讨好市长和州长，同其他人一起为自己的工作人员恳求住房。部长们暗中抱怨着。莫洛托夫站在他们一边。当时他们同父亲在中央主席团会议上公开争吵起来。暂且没有产生后果。

父亲坚持己见。7500个分散在全国各地的建筑托拉斯、管理局、总局合并成为数百个大联合公司。免不了妥协。父亲建议将所有的住宅建设全都交给各地区。但部长们坚决不同意，只得对实力最雄厚的部破例。他们在自己的部门里把建筑者联合起来，保证把部分新建的住宅给地方当局。各部和各地区之间的“拔河”后来仍在继续，直至指挥经济的权利转归国民经济委员会。

与此同时，也是以莫斯科为榜样，开始了普遍的货物运输集中过程。这时部长们也要尽花招，千方百计地抵制，却违心地服从了。

向装配式建筑结构工艺过渡进行得较为顺利。此举没有太多触及到部长

① M. 格列尔和A. 涅格里奇合著《执政的乌托邦》，对外出版与交换有限公司1989年伦敦版，第528页。

们的利益。不仅如此，大部分机械制造业者都对推广现代化工艺表示欢迎。

结果，父亲如同前线决定性进攻之前一样，得以在“突破”的地方集中他手中的物质资源，铺设最佳运送道路，竭尽全力，保证进攻的成功，重大事业的成功。

部长们并不反对将建筑业转变为流水作业法，然而建筑师奋起反抗。他们认定城市建设标准化不仅是对自己特权的僭越，而且是企图完全消灭建筑学。无法不同意他们的看法。建筑学如同任何生产工艺一样，在从成件生产到大量生产的过渡中发生根本的改变。这是很自然的，旧事物拼命反对新事物也是很自然的。过去是如此，父亲也遇到了同样的问题。后人对当年的“争吵”是这样评价的：“1950年代中期，再次出现了工业化房屋建筑的建筑学角度和工程学角度互不相容的情况。某些建筑物的艺术表现力在这方面主要取决于建筑与安装工程的质量。同20年前（1920—1930年代）一样，建筑师和工程师的创造追求均用于解决各种成形问题。但与30年代的结构主义相反，当初是建筑思想超越了建筑工艺的能力，如今是工程技术完善的速度超越了纯建筑艺术的探索。”

然而建筑师的看法与此不同，他们绝对不同意父亲的意见，他们的守旧、不接受新事物，在以后的岁月里还会让父亲大为扫兴。

会上也谈到农村的道路，谈到农村道路的缺失。这年秋天，由于道路泥泞，垦区的收成大受影响。粮食只有用铺设在田野里的轨道来运输，遇到坑洼处撒满一地，让麻雀和乌鸦大快朵颐。同流水线生产住宅不同，父亲在这方面仅仅限于泛泛地号召修建结实的水泥路。然而国内生产的水泥，不足以既用于住宅，又用于道路。只得作出选择。选择了住宅。俄罗斯已经数百年没有道路，道路当然是在修建，却仍然修得既慢且差。

1955 年

马歇尔·麦克达菲

仍然是在克里姆林宫格奥尔吉耶夫大厅迎接1955 年，仍然是大张筵席，没完没了地举杯祝酒，音乐会直至深夜。父亲以主人自居，不时开马林科夫的玩笑，兴致勃勃地与拥向主宾席的来宾们碰杯，为演员们兴高采烈地鼓掌。他身心舒畅。并非所有应邀出席的人都与他怀着同样的感受。许多人视克里姆林宫招待会为工作和应尽的义务，他们宁愿与朋友们待在家里或者待在诸如文学家、作曲家或演员的创作之家里与演员、作家为伍，欢度这个夜晚。那些地方不会听到为和平和友谊干杯的官样文章的祝酒词，而是尽情地欣赏半合法的“圆白菜文娱表演”①。

不满意的人纷纷悄声埋怨，但也都坚持坐到终场。

1 月 18 日通过一项决定，将列宁纪念日从他逝世周年纪念日 1 月 21 日，改为他的诞辰 4 月 22 日。1924 年列宁逝世之后，1 月 21 日便一度成为全民哀悼日。随着岁月的推移，悲痛之情消失，这天便成了一个普通的休息日，只是在大剧院内举行一个传统形式的隆重的追悼会而已。悼念日渐渐演变而为类似 5 月 1 日或 11 月 7 日那样的不上班的节日。日常生活中愈来愈频繁地流行庆祝列宁逝世纪念日的说法。战后政府回过味来，便将 1 月 21 日改为工作日。如今则将追悼会索性以庆祝会取而代之，于 4 月 22 日举行。那时候尚未想到搞义务劳动星期六的事，后来才有人心血来潮，产生了将领袖纪念日与清扫城市街道和院落里一冬积攒起来的垃圾结合起来的实用主义念头。

2 月的第一天，各报报道了父亲接见著名的美国企业家马歇尔·麦克达

---

① 一种诙谐、幽默、讽刺、滑稽的表演，采用应时题材。十月革命前通常是在“大斋期”演出，而“大斋期的菜”是圆白菜，因而得名。——译者注

菲的消息[①]。2月2日父亲又向美国报业大康采恩首脑小赫斯特发表访谈，根据我国报纸的描述，此人极端反动和反苏。

我仔细阅读报纸后，相信了所读到的话，不理解父亲何必与这个赫斯特会晤。父亲对我的质询只是一笑置之：赫斯特并不比别的人更好，但也不比别的人更坏，既然我们希望与美国改善关系，那就应当寻求与美国人的共同点，了解他们是些什么样的人。我内心里不以为然，但并未言语。

父亲是将赫斯特作为敌对阵营的代表来接待的，而对于麦克达菲则怀着与美国人交往所能允许的几近友好的感情。我已经记述过，他们于战争刚刚结束时便在基辅不止一次地会过面，当时麦克达菲在那里担任联合国的代表[②]，竭尽所能地努力帮助被德国人侵彻底破坏了的乌克兰。父亲高度评价他的赤诚之心，作为回报，便尽力为自己的这位“朋友”在苏联国内旅行时提供在那个困难时期所能得到的一切便利。父亲在家里常常幽默地讲述他的这位客人来我国途中和周游苏联期间所吃的种种苦头。

我忍不住要复述两次最为引人注目的历险。斯大林刚刚去世之时，已经不再担任国家公职、如今只不过是一个美国商人的麦克达菲致信父亲。他还满怀着在乌克兰度过的那数年中最愉快的记忆，想到苏联来看一看这个国家从战争破坏中恢复的情形，如果可能，还想见一见老相识赫鲁晓夫。

麦克达菲的信是经由邮局寄出的，信封上所写的地址是：苏联莫斯科克里姆林宫，赫鲁晓夫收。他并不抱收到回音的特别希望。那个年代苏美之间的交往别说是受到鼓励，尚在萌芽状态即会被双方截断。然而那封信却寄达了，两个月之后，两位身着同样深灰色外套、头戴同样深灰色礼帽，已经上了年纪、面色阴郁的人，按响了麦克达菲先生纽约住所的门铃。他们自称是苏联驻华盛顿大使馆的领事工作人员，声称专程前来纽约，向麦克达菲先生送交苏联的签证。他请他们进屋，提出喝上两杯，展开了交谈。你一句，我一句，熟悉之后，客人们小心翼翼地打听他是什么人。他们接到莫斯科的指示，将签证送上门来，而当时发给美国人的苏联入境签证一年还不足10人，基本上都是外交人员。

麦克达菲笑着解释说，他与赫鲁晓夫是老朋友，他给老朋友写信，说想

---

① 报纸是事后报道的。麦克达菲在其所著的《红地毯》一书中记述赫鲁晓夫是1954年11月14日下午6点接见的他。他在游历苏联各城市和各加盟共和国56天之后，于1954年12月中旬离开苏联国土。关于会见的报道何以如此之晚，我现在已经记不清了。

② 代表联合国救济总署。——译者注

见一见面，所以现在他们送来了回音。没什么特别的事，不足为奇。外交人员圆滑地莞尔而笑，不复向麦克达菲打探了。

麦克达菲虽已退休，仍然将未来的出行报告了国务院。翌日一位国务院官员即已按响麦克达菲家的门铃。此人火速从华盛顿赶来，想弄清楚："麦克达菲是如何搞到苏联签证的？"看来他并不相信麦克达菲对他所讲述的经过，要求让他看一看护照。麦克达菲胸有成竹地翻开护照载有签证的一页，并未立即意识到紧接着所发生的事情。那位官员从衣袋里掏出一枚印章，在该页盖上了"Cancel"（注销）字样。签证他无法撤销，他的管辖权还远远达不到这个程度，于是他便将这本美国护照连同其上所加的签证一起予以"注销"。他不想听取麦克达菲的反对意见，毫不迟延地径自扬长而去。

在麦卡锡[①]与反美"倾向"进行斗争的动荡不安时期，美国对于去苏联旅行是不肯放任的，所以麦克达菲为了让护照恢复原状花费了不少力气，尽管他在国务院有着各种关系，当年也曾在那里担任过相当高的职务。

麦克达菲在苏联得到了一封有父亲签名的致各州以及其他领导人的介绍信，还有一名来自苏联国际旅行总社的导游兼翻译。他俩周游全国，从哈尔科夫出发，穿越西伯利亚，直到塔什干和撒马尔罕，所到之处人们都向他提出同一个问题：他怎么跑到这里来了？根据资料，1953 年访问苏联的外国旅游者为 43 人，1956 年将近 2000 人，1964 年则超过 2 万人。

尽管受到至高无上的优遇，麦克达菲连同他那位来自旅行总社的导游，仍然不止一次因为违规遭到民警拘留，而那些规定在一两年之后除了令人遗憾地付之一笑，就再也不起任何作用了。例如，在哈尔科夫，他在一座崭新的住宅楼侧面拍摄一幅巨大的格鲁吉亚葡萄酒墙面广告，画的是一棵栎树加上以之为背景的两个年轻人，他们正在喝克尔贾阿尼牌或齐南达利牌葡萄酒。广告下方街道上的小摊正在买卖稀缺的柠檬。购买者排起了长队。拍照排队像拍照桥梁、火车站和其他"目标"一样，当时是受到禁止的。麦克达菲及其导游被带至区民警局，在那里，他得意洋洋地出示了赫鲁晓夫签署的指示人人都应当给他麦克达菲提供各种协助的公文。民警们沉下脸来，但他们并不相信这份公文，便着手给莫斯科的上级部门打电话。一连打了好几个小时，最后总算打通了，作了报告。又过了数小时才得到答复。这段时间内，麦克达菲一直坐在分局里。真相大白之后，值班员客客气气地举手敬

① 1950 年代美国的反动参议员。——译者注

礼，并劝告他再也不要违规。不过麦克达菲继续不断地“违规”，他的相册里除了古迹、剧院、学校和其他名胜之外，还有衣着寒酸的民众、破破烂烂的街道、集体农庄市场购物的长队等五花八门的影像，其中甚至还有卢比扬卡广场上的克格勃大楼和“保密的”克里木大桥的照片。

已经是在回国途中了，麦克达菲来到莫斯科与父亲见面。他们回忆往事，畅谈未来。一年过后，麦克达菲出版了一本书，描写他自己在斯大林之后的俄罗斯的种种奇遇。他寄给了父亲一册，并题有赠言：“尼·谢·赫鲁晓夫惠存。本书是本着友好的精神写成的。在第19页的前言中我写道：‘希望我对所见所闻的描写是准确和公正的。’对您的关切不胜感激，谨致最崇高的敬意。马歇尔·麦克达菲”①。

免去马林科夫职务

1955年1月25日召开例行的中央全会，父亲向中央委员报告解决畜牧业危机的计划。畜牧业的事我们回头再说，全会引起轰动的主要事件则是所讨论的最后一个问题：撤销马林科夫的政府主席职务。

事情的这种转折表面上毫无预兆。马林科夫经常到我们的别墅来。他与往常一样，和父亲长时间地散步，我们两家人也照旧陪伴着他们。马林科夫在新奥加廖沃建造宅第的工程已近尾声。的确，马林科夫有时看上去脸色有点儿阴郁，确切些说，是没有像平日一样笑容可掬。对这种情况我并不特别在意，能让一个人心绪不佳的事情难道还少吗？

当然，酝酿中的变故的某些征兆还是可以察觉到的：1954年10月，马林科夫没有被列入前往中华人民共和国参加建国五周年庆典的代表团。父亲对他这一决定的解释是，得有人留下来操持内务。况且中国是一个正在建设社会主义的国家，需要进行更多党的方面而不是国家方面的交往。马林科夫在代表团中的位置由布尔加宁和米高扬取而代之。

中央全会关于解除马林科夫职务的决定对于我有如晴天霹雳。我一点儿也无法理解。父亲对我的探询不乐意回答，仅限于泛泛而谈：“马林科夫很

---

① 这本书名叫《红地毯·随带赫鲁晓夫亲署的签证穿越俄罗斯1000英里》。它曾长期保存在我处，直至2005年转交与莫斯科的现代历史博物馆。该书读起来饶有兴味并令人感到惊奇：难道1954年我们就是这般模样吗？以历史的尺度衡量，几乎是昨天的事啊。

软弱，缺乏主动精神，在外国人面前容易退缩，在目前我们正准备与西方、与美国建立联系的时候，这点尤其危险。”根据经验我知道，要是父亲不愿意回答或者不知道如何回答的时候，最好不要纠缠不休，你根本就问不出什么名堂。我也便不再纠缠。既然那里通过了决议，就意味着理当如此。

多年之后方才公布的中央全会1954年的那项秘密决议，同样未能增加多少透明度。像类似情况下常有的情形一样，其中将一切都笼统地混为一谈，无论马林科夫之前或者以后都是如此。他既被指责犯有诸如“列宁格勒案件”①，逮捕和处决库兹涅佐夫、沃兹涅先斯基及其成千上万的“同案犯”，逮捕炮兵元帅雅科夫列夫和其他一些将军之类实有其事的罪行，也被加之以莫须有的一些罪名，比如农业一团混乱，“将发展重工业的速度与发展轻工业和食品工业的速度对立起来，推出加快轻工业发展的口号”，尤其强调了他关于“在帝国主义发动第三次世界大战的情况下世界文明可能遭到毁灭”这一政治上有害的论断②。

所有这一切都说成“对党的诬蔑，右的倾向回潮，是当年李可夫、布哈林及其同伙敌视列宁主义的观点的残余”。而说这话的并不是哪个无足轻重的宣传人员。我所引用的是父亲在全会上的讲话。

如今已经开放的1月21日和31日中央主席团会议上所作的记录，也无法说明事情的真相③。其中重复的正是全会决议中所引述的论据，更准确地说，全会决议所写的是这几次会议参加者的意见。无论父亲还是其余的主席团委员，在高度保密的会议上所说的都是心里所想的话，没有任何理由怀疑他们的发言记录。至于在他们之中的一个人被剥夺权力的情况下，他们必须说一些千篇一律的话，那是另外一回事。模式化已经成为这些在斯大林领导时期成长和成熟起来的人天性的组成部分。一时半会儿什么也不能改变，尤其是人的意识。我们觉得自己早已进入了未来，而对时间却依旧按照过去的钟表来进行计量。要想拨动指针困难而痛苦，某些人则根本办不到。后一种人便一直生活于既在当今又在过去的双重的意识之中。尽管如此，父亲内心里也许有着某些没有言明、可能并未清楚意识到的免去马林科夫职务的动

---

① 指1949年由斯大林主导、马林科夫执行的诬蔑列宁格勒领导人反党的大冤案。——译者注

② 苏共中央决议《关于格·马·马林科夫》（1955年1月31日苏共中央主席团会议一致通过）。《苏共中央主席团速记记录》，1955年1月25—31日。《历史档案》1993年第3—6期。

③ 《苏共中央主席团1954—1964年会议记录草稿速记记录》，俄罗斯政治百科全书出版社2003莫斯科版，第35—40页。

机。我认为，对于被叛卖的担心驱使着父亲。他毫不怀疑，一旦发生即便不是危机，而只不过是冲突，马林科夫便会像出卖贝利亚一样出卖他，投入此时自己认为更强势、更有前途的人的怀抱，像当年为斯大林效力、如今为父亲效力一样，去为新的主子效犬马之劳。加之在临终的斯大林病榻旁的那场关于权力分配的谈话，更准确地说是马林科夫拒绝与他说话，令父亲刻骨铭心。当时他与布尔加宁而不是与马林科夫找到了共同语言……父亲没有忘记，也无法原谅。尽管父亲天生个性随和，可是一旦对某个人失去信任，他在内心里便再也不会相信这个人。他对马林科夫失去信任之后，自己对自己也无可奈何，马林科夫的日子已屈指可数，所以1955年1月的中央全会不过是为内心早已决定的事情作出一个了断。看来，这里隐藏着所产生的变动的真正缘由。

对马林科夫在国际事务中无法捍卫国家利益的担心，令我感到非常严重，而且与其他的要求不同，很不合时宜。当时面临着与西方交往，斯大林之后的第一次四大国首脑会晤，是对“坚韧性”的首次严重考验。父亲脑海里牢记斯大林临终前的警告：“你们都是猫崽，我过世之后，帝国主义者会把你们踩死的。”父亲竭尽全力，决不让斯大林的预言成为现实。

丘吉尔尤其令人担心。这就出现一个问题：这里与丘吉尔何干？他早在1945年即已丧失权力，当时英国的保守党人在选举中败给了自由党人。现在他们又收复了阵地，但就任首脑的并不是丘吉尔，而是安东尼·艾登。丘吉尔住在自家的庄园里写回忆录、画画儿、用砖块垒砌没完没了的围墙。但他也一直不曾忽略政治。众所周知，正是他推动西方各国政府与苏联领导人会晤，认为应当不失时机地与克里姆林宫的新主人结识，弄清他们所关切的是些什么，如果可能，还应让东西方关系朝着对英国有利的方向发展。在中央主席团讨论即将举行的会晤时，莫洛托夫认为父亲会同意他的看法：即便丘吉尔不来参加会晤，也肯定会从幕后密切关注英国代表团以及所有西方代表的行动。

战争期间他们全都直接、间接感受到丘吉尔的力量和魔力般的影响，现在生怕丢丑。根据大家的意见，马林科夫不仅对抗不住重量级的丘吉尔，也敌不过轻量级的美国总统艾森豪威尔。他像将近半个世纪之后的戈尔巴乔夫一样，十分喜欢取悦交谈者，特别是外国人。为了博得他们的好感，他对许多事情都心甘情愿。足以证明这类担心的是，不久前马林科夫曾支持一个荒唐的主意：不仅放弃在德意志民主共和国搞社会主义，而且平白无故地将东德拱手让与敌人，放弃这个用鲜血换来的在欧洲心脏的前哨阵地。父亲常说："要挥霍掉几代人所积攒起来的家产并不需要聪明的头脑。挽回已散尽的家业却要艰难得多。"

至于马林科夫不能独立自主这一点，在全会上也受到大家指责，甚至令父亲很不满意。他以极度缺乏主动精神和不问政治（如果允许这样议论政府首脑的话）的布尔加宁取代马林科夫绝非偶然。

在专业的历史文献中，关于赫鲁晓夫与马林科夫之间夺权斗争的公认看法是以父亲的胜利告终。要讲点良心。哪有什么夺权斗争呀？马林科夫从来就不曾觊觎过真正的权力。贝利亚刚一被捕，父亲便已自信地占据了主导地位。现在是他在主持每周一次的中央主席团会议。有关各种经济问题的政府决议，起初是作为苏联部长会议和苏共中央的决议，而自 1954 年 7 月开始署名首位的已经是苏共中央，政府则退居第二位，这就是实权集中在何处的无可争辩的证据。马林科夫将所发生的变化视作理所应当，他对拉边套的从属性角色感到称心如意，如果他有苦恼，那也从未向别人袒露过自己的心曲。

一月全会之后，马林科夫对父亲的态度表面上毫无变化。他似乎对所发生的一切安之若素，对降职也是如此：2 月 9 日苏联最高苏维埃解除其政府首脑的职务，任命为苏联电站部部长，开始时还保留了他的部长会议副主席职位，而三星期之后的 3 月 1 日，以改组政府结构为名，经布尔加宁提议（首倡的当然是父亲）已将其逐出副主席行列。现在他成了纯粹的部长，但属于苏共中央主席团委员级别。马林科夫依然是我家别墅的常客。他若无其事地与父亲一道散步，兴味盎然地讲述自己部里的新鲜事情，继续修建他的新奥加廖沃别墅。各方面在表面上（或许在内心里亦然，知人知面不知心嘛）都毫无变化。也许，马林科夫在政治的地平线上，尚未看到现实的当值"主人"。

新任政府首脑

1955 年 1 月 22 日的中央主席团会议上开始谈论新的部长会议主席，坐在会议桌首席的父亲率先发言，提名布尔加宁，并加上一句："请不要提我的名。"看来，在会前的非正式交谈中大家已经考虑过这种可能性，而且是严肃认真的，但他表示反对。斯大林去世之后，他们曾决定将政府首脑和党的首脑的职位分开，从而避免将过大的权力集中在一个人手中。父亲认为这个决定是正确的，而且终日例行公事缠身，一个人坐两把交椅也力有不逮。

尽管如此，按惯例总是在主持人之后第一个发表意见的莫洛托夫，仍然固执地说："我同意赫鲁晓夫为候选人。"

斯大林在世的最后数年中，他让自己的苏联政府主席一职高于同样是本人担任的共产党中央总书记的职位。不过在这种情况下偏重于自己一身二任中的哪一半，仅只涉及他个人。

莫洛托夫是一个具有独特原则性的人，他认为既然赫鲁晓夫事实上在领导人中独占鳌头，那么在法律上也应当"像斯大林一样"将全部权力统统集中在自己手里。父亲不满地皱了皱眉头。他又说了一遍："请不要提名我了。"并将目光转向卡冈诺维奇。"赞成布尔加宁为候选人，"卡冈诺维奇迅即认清了形势，其实不到一小时之前他还表示与莫洛托夫保持一致。当时他觉得，父亲的拒绝是在装模作样，有如斯大林喜欢装模作样地一再提出自己要退休似的。卡冈诺维奇明白自己想错了之后，马上便改变了方针。

还有伏罗希洛夫，他也像莫洛托夫一样，一直坚守全部大权集于一人之手的传统的后君主制观念，但发觉父亲不高兴之后又动摇起来，不过仍然含含混混地说："本来想赞成布尔加宁，可还是不得不赞成赫鲁晓夫。"谁都不明白他想说的是什么，但也不愿去弄明白；在中央主席团里，大家（包括他本人在内）早已不把他当回事了。

接下来事情就很顺利了。莫洛托夫陷于孤立，大家都表示赞成布尔加宁。不过莫洛托夫并未屈服，会议行将结束时他再次要求发言，又逐字逐句复述了自己的理由。父亲将布尔加宁的候选人资格提交表决，并第一个举手"赞成"。其余的中央主席团委员也都效法他的榜样。全体通过，但莫洛托夫除外，他投了弃权票①。

父亲和布尔加宁成了密不可分的一对，赫鲁晓夫为主，布尔加宁为从。1955 年与此前的 10 年不同，有很多的国事访问，"我们的人"出去，"他们的人"进来。1955 年到访莫斯科的总理有：奥地利的拉布，德国的阿登纳，印度的尼赫鲁和民主德国的格罗提渥，还有芬兰总统吉科宁。父亲和布尔加

① 《苏共中央主席团 1954—1964 年会议记录草稿速记记录》，俄罗斯政治百科全书出版社 2003 年莫斯科版，第 35—36 页。

宁一道出访南斯拉夫，然后参加日内瓦四大国会议，会上结识了美国总统艾森豪威尔、英国首相艾登和法国总理富尔。1955 年底他俩完成了对印度、缅甸和阿富汗的成功而毫无拘束的访问。当时父亲与阿富汗国王查希尔·沙阿建立了真正的友谊。

实际上，所有这些国际活动的倡议都出自父亲，他口授致外国领导人的函件，但按照所担任的政府主席的职务，一律由布尔加宁签署。父亲为会谈定调，而布尔加宁则挂名代表团团长。父亲不希望也不能够放弃主动精神，但他形式上并未担任任何具有实质意义、允许他单独从事对外事务的职位。就这样，他们结伴走遍全世界，布尔加宁被赋予礼仪性的功能，主导会谈的则是父亲。

生性缺乏首创精神的布尔加宁情愿将冠军的殊荣让给父亲。业已形成的二重唱很合他的心意，至少，暂时称心如意。

均势还是必要的充足？

任命布尔加宁为政府首脑，引发了军事部门的人事变动。在父亲的坚持下，朱可夫担任了国防部长，但他并不认为自己是父亲安插的亲信或者谁的亲信。他是一个爱发号施令的离群索居的人，有理由认为自己是击败不可战胜的法西斯德国军队的人，随着获得部长的职位，接下来便几乎自动地人选国家的最高政治权力机构苏共中央主席团。朱可夫由克敌制胜的军事将领变成了具有独立精神的政治家。虽说有独立精神，但暂时还得倾向于父亲。个中发挥作用的既有早年在战前和战争中的相知，也由于这些年来他们一次也不曾相互“拆台”，同时，正是父亲让他重返莫斯科，使他摆脱政治上的默默无闻状况。总的说来，他们当时是相互同情的。

就任部长之后，朱可夫便着手整顿秩序。他认为，军事部门在软弱的知识分子元帅华西列夫斯基治下已经有些散漫了，纯文职元帅布尔加宁接手之后，更是彻底丧失了战斗性。新部长的清洗从首脑开始。他认为，高级将领、军区司令员基本上都是战争期间的原方面军司令员，与其说是衰老了，不如说是显老了（我要提醒一句，他们许多人也不过刚刚年过半百），随着岁月的流逝，不是部队、而是自身的健康成了他们主要关注的事情。

“司令员都随身带着一个大药箱，我不需要这样的人，”朱可夫刚获任命后便对父亲声称，“老家伙该是由更年轻的人取代的时候了。”

父亲对朱可夫表示支持，他一生中也不断大声疾呼提拔年轻人掌权，年轻人精力更旺盛，脑子也更灵活。但对现有的“老家伙”他还是下不了手。退休对于此辈曾经为胜利历尽艰辛的人而言，任随你给予他们多少甜头，也都是一种屈辱和心灵上的创伤。朱可夫却把一切都看得更为简单：既然机器用坏了，就应该报废。生活的严峻逻辑战胜了感情用事，老家伙都打发去静养将息，尽管憩息得与众不同。在总参谋部为他们设立了一个将军监察组，迅即被人们称为“天堂组”。形式上他们仍然身在现役，父亲坚持给那些还有提升余地的人提高军衔。朱可夫大皱眉头，这种“善心”不符合他的性格，但也并未进行争辩。

朱可夫很快便提出了空缺出来的职位的候任人（他预先与父亲进行过磋商），同时授予相应的军衔。1955 年 3 月 11 日，各报公布了战后新的苏联元帅的名单。成为元帅的不仅是朱可夫的老相识（他认识所有的略为知名的军人），也是父亲熟知的人：伊万·赫里斯托福维奇·巴格拉米扬、安德烈·安东诺维奇·格列奇科、瓦西里·伊万诺维奇·崔可夫、基里尔·谢苗诺维奇·莫斯卡连科、谢尔盖·谢尔盖耶维奇·比留佐夫。安德烈·伊万诺维奇·叶廖缅科位列名单之末，父亲像对崔可夫入选一样，特别坚持其入选资格。叶廖缅科在斯大林格勒保卫战最艰难的数月中任斯大林格勒方面军司令员，而崔可夫与自己的第 62 集团军一起真正是咬住斯大林格勒的土地不放，名副其实地拼死坚守阵地。

包括朱可夫在内的军人们当年对待（而且即便现在也是如此）叶廖缅科和崔可夫的态度都很冷淡，认为他们过分吹嘘自己（尽管的确功勋卓著）——这也是许多军事将领固有的特点。此外，这些军人，特别是朱可夫，也忌妒叶廖缅科，忌妒在所有人（包括朱可夫和斯大林在内）都已经不再相信还能固守斯大林格勒之际，他仍然守住了该城，迄未放弃。我还会再次谈到叶廖缅科与朱可夫的关系的。

朱可夫对崔可夫尤其不满。崔可夫希望得到朱可夫的荣誉，断言他和他的第 8 近卫集团军攻克了柏林，德国将军克列布斯是向他投降的。但朱可夫呢？……朱可夫不过是个方面军司令员，而且并不总是很顺利。这种探讨在胜利者之间并不罕见。胜利的荣誉分配起来有时候比取得胜利本身更为复杂。简而言之，朱可夫无论对崔可夫还是对叶廖缅科都不喜欢，但他也找不到反对他们的“元帅资格”的理由。

斯大林去世后的最初数年间，世界局势依然是战争的阴云笼罩着。斯大林早在1948年即确信战争无可避免。一切都是从封锁西柏林肇始的，斯大林截断了除去空中通道之外的西方运送供应品的一切通道。他试图以这样的方式与自己不久之前的西方盟友“平等”地玩一玩游戏，决心迫使它们尊重他，递交将苏联从地区大国的层级转入世界大国行列的“申请书”。对第二次世界大战中的战胜国苏联而言，力争获得世界大国或当代术语中的超级大国的地位，乃是理所当然和合乎逻辑的。而斯大林为何要从封锁西柏林开始，却始终只能进行猜测。或许，他根据自身的（准确地说，是人民自身的）战争期间列宁格勒被德军围困900天的经验，认为德国人，更不消说娇生惯养的美国人，肯定忍受不了围困中的柏林冬天必将遭受的饥寒交迫的折磨，赶快逃之夭夭？正如希特勒对列宁格勒打错了算盘一样，斯大林在柏林问题上同样失算。只不过列宁格勒人能坚持下来，纯全依靠的是自身的英勇精神，而柏林人却得到了美国的援助。

斯大林认为，根本不可能经由空路对一个面积不小于被封锁的列宁格勒的城市安排供应。飞机怎么能运送从粮食到煤炭的一切呢？他觉得这样的事情是力所不及的，即便列宁格勒拥有一条与“大地”相联结的拉多加湖冬季的冰上通道，依然无能为力。连希特勒都未能借助于空中桥梁，防止保卢斯①将军在斯大林格勒的22万军队投降。斯大林错了。他在列宁格勒、希特勒在斯大林格勒未能做到的事情，美国人借助于他们巨大的技术潜力却办到了。我国在战争期间除了得到许可仿制的美国DC－3型老式飞机之外，实际上并没有运输机。德国的容克－52同样不能胜任所赋予的任务。而美国人生产的空运飞机却绰绰有余。而且那都是一些什么样的飞机呀！机型大，容量大，四个发动机。封锁破产了。斯大林不得不让步，解除对盟国前往柏林的通道的封锁，重新回到他本人于1945年7月亲自签署的波茨坦协定。

争夺西柏林之战的失败，着实把斯大林吓得不轻。美国的空中优势，特别是在战略空军方面的优势，曾经彻底摧毁了德国巨大的工业潜力，以原子弹轰炸将日本的广岛和长崎付之一炬，这让斯大林产生一个想法：美国人会进攻我们，而且很快便会发动进攻。至少他本人在这样的条件下，会不假思索地发起进攻。既然如此，就必须火速作好战争——第三次世界大战的准备。斯大林将其全部余生，都用在了准备新的战争上面。

---

① 法西斯德国陆军元帅。——译者注

1948 年他停止裁减苏联武装力量。此前军队已从 1945 年的将近 1000 万人减少至 287.4 万人。现在重新增加征兵数额，取消缓期服役，开设新的军事院校，让非军事院校的高年级学生转入其中学习。不久前刚刚学会生产和平产品的工业企业，纷纷转入军用轨道。和临战前的做法一样，重新开始大量生产武器装备。类似的命令也发给了我国的新盟友东欧各人民民主国家。当时就是这样称呼它们的。它们要了耍犟脾气，但终归服从了。

时至 1953 年斯大林去世之前，苏联武装力量与 1948 年相比，处于战备状态的已增加至 5394038 人。

同时，斯大林还着手建立战略空军。此前我国实际上没有这个军种。远程（战略）航空兵主帅戈洛瓦诺夫倒是有了，但并没有航空队。战争期间这位元帅掌管着数十架四发动机的 ТБ－7（ПЕ－8）型飞机[①]。它们几乎没有轰炸过德国，基本上履行着信使的功能，不时将重要的苏联首长送往伦敦。例如，1942 年 6 月 2 日莫洛托夫便取道德国上空前往英国[②]。这类飞行足以证明飞行员的英雄气概和熟练技巧，但隶属于戈洛瓦诺夫的空中力量始终未能成为战略空军。这倒不怪戈洛瓦诺夫。战前和战争年代斯大林都不相信战略航空兵，不认为它能给敌人造成明显的损失，因而不允许“浪费”宝贵的资源，首先是铝材和发动机。尤其是发动机。一台发动机就是一架歼击机或强击机，两台发动机就是一架前线轰炸机。一架远程活动轰炸机则需要整整 4 台发动机。新的重型轰炸机只能论架生产，而且处于斯大林的亲自监控之下，1942 年索性停止了生产。

战后斯大林也保持着节约发动机的习惯。这种习惯曾对设计师伊柳辛开了一个可悲的玩笑。伊柳辛 1946 年为民航提供一种现代化的四引擎的客运班机。向斯大林展示了首架试验性样机。斯大林参观后嘟哝了一句：“他们（看来是指旅客）要四台发动机有什么用，两台就绰绰有余了。”于是这种飞机就被“砍掉”了，伊柳辛奉命立即设计双发动机的伊尔—12 型飞机。

日本遭到原子弹轰炸之后一切为之改观，战略航空兵获得了至高无上的优先地位。不过，斯大林相信本国的设计师，但又不很信任。正如最初几个五年计划我们仿制美国的拖拉机和卡车一样，现在斯大林也下令仿造美国的超级空中堡垒 B－29。所幸远东战争期间轰炸日本之后，三架受伤的这种飞

① 1938—1942 年整个期间，工业部门仅生产各种改型的这类飞机 93 架。

② 丘吉尔在回忆录中记述，莫洛托夫于 1942 年 5 月 20 日飞抵伦敦。我决定将苏联的日期和英国的日期都保留下来。

机在我国的领土上着陆，而苏联当时并未与日本开战。斯大林吩咐将其扣留。现在便将 B－29 转交给了图波列夫。"新飞机"只不过把 B－29 的名称改成了图－4 而已。

正当图波列夫忙于 B－29 的事情之际，斯大林担心赶不上战争的爆发，便下令安排大量生产作战半径为 1200 公里的伊尔－28 型前线轰炸机，并开始在北冰洋中心地带建造供其使用的冰上机场。否则伊尔－28 无法飞抵美国。

对新战争的准备工作不止于此。斯大林唯恐美军从阿拉斯加穿越白令海峡登陆，便往楚科奇半岛派驻一支上万人的部队。斯大林并未说明，为何美国人会决定在楚科奇登陆，从那里到唯一的一条穿越西伯利亚的铁路干线，须行经数千公里的冻土带、原始森林、沼泽、高山，而且始终无路可走，并须冒着冬季零下 40 度的严寒或遭受夏日吸血小飞虫的叮咬。将军们不敢向他提出疑问，便派士兵们带着帐篷奔赴永久冻土带。是死是活，就看他们的了。

如今已是斯大林去世之后的第二个年头，已到了认真考虑的时候了：是沿着旧有的路线前进呢，还是……？父亲经过一番犹豫之后，选择了"还是"。

1955 年 7 月的日内瓦会晤以及与西方领导人首先是与美国领导人的接触之后，父亲得出结论：他们和我们一样，并不想要战争，倒是害怕战争，可以同他们打交道，不过要从实力地位出发，你稍稍示弱，退让，哪怕后退一小步，他们便会马上踩死你，像剥树皮一样把你搜刮得一干二净。父亲认为，即便与艾森豪威尔也可以达成协议，但一定要显得强大有力，如果实力达不到，也依然要显得有气派，维护声誉。不过他认为，达成协议、防止毁灭一切的第三次世界大战，这只是事情的一半。

"能取得胜利的是那种足以保证民众过上最好的生活的社会制度。"父亲不断地反反复复这样说。他毫不怀疑，这个制度便是社会主义，因此之故，没有任何理由为了居住在别人国土上的民众的美好生活而去打仗。当美国人确信在社会主义制度下会更有优越性的时候，他们自己就会选举一个适合的总统，志愿加入到我们中间来。这话听起来有些天真，但其原理是正确的。事情真的也就这样发生了，只不过在 20 世纪末，不是他们加入到我们中间，而是我们加入到他们中间去了。

父亲所发现的改善民众生活所需的资金来源之一，我得说并不是径直削减国防开支，倒更近乎使其最优化。换而言之，就是集中致力于主要的决定性的方面。而什么是防务中最主要的事情，什么是次要的，父亲还需要了解清楚。在战后的斯大林时代，他并没有经管过国防事务，略知其事根据的是在斯大林的沃伦斯科耶近郊别墅节日酒宴谈话中的耳闻。如今这整副重担已经压到了他的肩上。

父亲从自修开始，从与科学家、各种军事装备的设计师、将军和元帅们交谈着手。总的图景逐渐开始清晰地显现出来，但要采取重大决定还需要时间。

暂时只有一点毋庸置疑：我们的武装力量对于一个并不打算明天就卷入战争的国家而言，是过分庞大了。朱可夫也同意父亲的观点。与其他许多军队高官不同的是，他懂得在新的条件下依靠有生力量是打不赢战争的，数百万行动不便的大量人员，对进攻一方而言倒成了合适的目标。

暂且是保密的一系列裁军，从斯大林刚刚去世便开始了。自 1953 年 3 月至 1956 年 1 月，根据武装力量的文献，减少了将近 110 万人①。同时鉴于战斗用途尚不完全明确，暂停了 1951 年开工的三艘“列宁格勒”级重型巡洋舰的建造工程②。

1955 年报刊上宣布，自 1956 年 1 月起，还将有 64 万人退入预备役③。父亲坚持公布消息。国家从斯大林式的封闭状态向正常社会迈出了一小步。不应当过高评价这一小步，未来的道路还很漫长，但是也不应当估计不足：第一步，“那可是最为困难的”。

裁减武装力量像任何一项改革一样，是一个非同寻常的令人头疼的过程，空闲出来的人需要加以安置，重新培训，分配新的岗位。退入预备役的军官的工作当时倒不成问题，到处都需要人手。除办公室外，到处需用人。住房问题似乎也解决了。向各执委会下达了提示：要优先妥善安置复员人员。不过，指示倒是下达了，但住房并未因此增加，对新来的人只好尽可能地到处安插，而在那个年代能办成的少之又少。

当然，并非改组军队的所有倡议都出自赫鲁晓夫。朱可夫独立自主地整顿自己部门的秩序。譬如，他认为斯大林规定的退役上校和将军过高的养老

① 《俄罗斯军事文献汇编》1953 年第 1 期第 194 页、第 283—288 页、第 305—307 页。

② 《运输和重型机器制造部 1953 年 4 月 18 日的第 00112 号命令》。载于 A. Б. 罗科拉德《赫鲁晓夫消灭了的舰队》，ACT ВЗОИ 出版社莫斯科版，第 303 页。

③ 中央委员会和苏联部长会议 1955 年 8 月 12 日的决议。

金是不公平的。他们的、特别是将军的养老金，高出非军事人员的养老金5—6倍。靠这些钱不仅能安度晚年，而且可以生活得很富裕。朱可夫建议缩小差距，大大削减退役军事人员首先是将军和上校的养老金。换句话说，大部分退休人员以尉官身份退役的很少。父亲赞成朱可夫的意见。削减养老金在军事人员中引发了不满的窃窃私议。

仿佛是对减少的养老金作出补偿似的，朱可夫于1955年6月提出恢复对军功奖的补贴。早在战前即曾对奖章获得者每月发放少量“奖金”，但当时获奖的人屈指可数，而战后每两个人就有一个佩戴勋章或奖章。斯大林认为“奖金”对于预算是一笔过于巨大的负担，便于1947年10月将其取消，这让昨天的前线战士深感屈辱。这几个钱虽说微不足道，在微薄的家庭预算中却并不显得多余。如今朱可夫接二连三地向中央主席团递交恢复发放奖金的报告①。他建议给苏联英雄每月发放20至80卢布，给获光荣勋章者发5卢布，给获奖章者发3卢布。看起来为数很少，但一年合计即需2亿卢布之多。财政部表示反对：预算中的钱仅勉强够花。父亲建议推迟到最适合的时机再作研究，那时候国家会变得富裕一些。结果问题被永远搁置。

与准备恢复奖金的同时，朱可夫还建议不分军种，将发放给服役期内和超期服役的士兵、军士的津贴统一标准。根据1953年以来的现行制度，向陆军士兵发放30改革前（1961年）的卢布，舰队水兵达150卢布，航空兵整整500卢布。他认为这是不公平的。根据新的规划，所有的士兵、水兵均与陆军士兵同等对待。从今往后，他们都领取30—40卢布。向军士和海军军士发放的津贴也得到统一，基本上是减少，取消了各种各样的附加补贴。朱可夫的改革为国库每年节约6亿卢布②。这次调整尤其刺痛了超期服役军士的心。他们与规定期限内服役的军士拉平了，取消了他们的专业技能补贴、职业性补贴。结果，正如有一次我在场时科涅夫元帅所抱怨的那样：“军中的老战士纷纷离去，靠他们维持的纪律也随之涣散了起来。”

还有一项新的措施。父亲“压缩”了服役期限（自1956年1月1日起）：海军由5年减为4年，空军和其他某些兵种由4年减为3年，步兵和炮兵由3年减为2年。无论工业或农业都急需劳动力。各军种的将军们则坚决表示反对。现代技术装备3年间只能勉强掌握，服役期限不应当缩短，倒

---

① 俄罗斯联邦总统档案馆第3全宗第5目录第6案卷第2—4页、65—67页、72—74页。载《格奥尔吉·朱可夫文件》，民主国际基金出版社2001年莫斯科版，第34—35页、73页、104页。

② 俄罗斯联邦总统档案馆第3全宗第50目录第195案卷第77—81页。

应当延长。作为回应，父亲建议目标针对超期服役人员，朱可夫同意他的看法。1955年8月初国防部正式向政府提出建议①。这时候超期服役人员的事情产生了窒碍。财政部道出了一番令人清醒的话：与应征入伍的新兵不同，需要向超期服役人员支付薪金，而钱却无从获取。父亲让步了，武装力量中人数最多的陆军暂时不予触动，仍然让其服役3年。父亲并没有放弃，他决定分阶段采取行动。1956年缩短了所谓“特别艰苦环境”里的应召入伍者的服役期限，其中包括远东和极北地区，也包括核武器、化学武器和生物武器的储藏库和试验场。适用于新命令的共计有28.6万军士和士兵。朱可夫去职之后，父亲重新着手服现役的期限的问题，将陆军和空军服役期缩短为2年，海军缩短为3年。

父亲也考虑了在外国领土上的苏联军事基地的前途问题。这样的基地我们仅剩下两处：中国的旅顺港和波卡拉·乌德（芬兰首都赫尔辛基附近的一小块封锁住芬兰湾的土地）。父亲认为，这些基地在现代条件下已失去军事意义。

他在1954年秋正式访问中国期间，曾顺路去旅顺港。海湾的面积约略相当于一个丘陵环抱的小湖，其中聚集着舰只，在他看来与其说是一个安全的庇护所，不如说是舰队的陷阱。在核打击的情况下，这里只有个别的人可以存活。此外在沙俄时代的1898年，位于辽东半岛上的旅顺和通向它的一条铁路预示着对满洲的兼并。俄日战争中的失败使这些计划归于终结。1945年，同时恢复了对军事基地和铁路的控制，如今已经是由苏联控制了。不过在新的国际现实下，即便斯大林也不敢对满洲有所奢望了，铁路无处可通，旅顺港也百无一用。1949年中华人民共和国成立之后，苏联在其领土上的海军基地已完全成为不合时宜的东西。父亲建议将其归还中国。海军表示反对，然而软弱无力。朱可夫不予支持。1955年旅顺移交（准确地说是归还）给中国，并恢复了它真正的名称旅顺。

至于波尔卡拉·乌德，它的远射程炮兵与位于芬兰湾中的几个苏联岛屿上的炮兵牢牢地控制着通往列宁格勒的路径。现在从我国领土上发射的飞航式导弹，覆盖窄窄的芬兰湾绰有余裕。在芬兰的军事基地变得毫无用场了。父亲是这样认为的，但海军人员、海军总司令库兹涅佐夫则持完全相反的立

① 俄罗斯联邦总统档案馆第3全宗第50目录第164案卷第4—7页。载《格奥尔吉·朱可夫文件》，民主国际基金出版社2001年版，第52—54页。

场。他们不打算不战而放弃自己的基地。在这种情况下，朱可夫的支持便非常适时。

“我问过朱可夫（谈话是1955年夏天进行的），”父亲回忆道，“我说：‘格奥尔吉[①]，我们关系友好，你说说看，我国在芬兰的基地都有些什么价值？’他眉头一扬，严厉地望了我一眼。‘你是知道的，说实话，毫无价值。’他甚至还摊开了双手。我自己也很清楚这一点，但是想从军人口中特别是从朱可夫那里得到证明。我扪心自问，我不希望听到那些荒谬的议论，说什么斯大林在世时我们修建了这个基地，斯大林去世了，我们就撤销了这个基地。‘我同意你的意见，’我回答朱可夫说，‘难道不应当关闭这个基地吗？这在政治上对我们极为有利，经济上就更不待言。’

当时我国驻芬兰大使报告说，这个基地简直成了赫尔辛基的负担。火车从赫尔辛基出发行经其地面时，车厢里的窗户都用窗帘遮掩，关掉电灯，提醒说，谁也不要从包厢里出来，不要从窗口往外望。这当然激起了芬兰人强烈的愤怒和不满。

如果我们仍在芬兰设有基地，我们怎么能要求美国从别国的领土上撤军？这个基地所发挥的作用，与美国在诸如土耳其和其他一些国家的基地是一样的。我想为我国的政策解除约束。我认为，以军事基地的方式将刀子架在人家的喉咙上，这不是争取芬兰人民信任的好办法。‘你把自己的看法写下来，’我当时对朱可夫说（我希望倡议来自军方），‘我会把问题提交中央委员会主席团的。’我们也就这样做了。”[②]

撤销军事基地，裁减武装力量人员，父亲逐步将国家从备战扭转到很快便获得“和平共处”这一名称的状况，从战争走向和平。

虽说缩短服役期限和撤销基地甚至削减武装力量规模无论如何也不能称之为装点门面的变化，但是它们并不涉及保障国家安全的观念本身。这种观念暂时依然是“斯大林式”的，还建立在核武器之前时代的标准上。如若它不能适应新的条件，已成为国家预算沉重负担的军费会越来越变成对过去的支出，而不是对未来挑战的回答。试图触动国防方面的主张，便意味着与全体将领、与在上次战争中挣得自己的功勋的人、与接受了战争的教训而又不希望（常常也没有能力）改变方针的人产生严重冲突。父亲明白，冲突无可

---

① 指朱可夫。——译者注

② 《赫鲁晓夫回忆录（全译本）》，社会科学文献出版社2006年北京版，第3卷第1871—1873页。

避免，同时也明白，那些人都是职业老手，至少他们自认为是这样的人，而他却是新手，并且是文职人员。武装力量的改革，无论就其规模而言还是威胁着改革者本身的危险而言，都无法与垦荒或住房建设相提并论，然而父亲也不可能像某些将军们所希望的那样，让一切原封不动。因为他现在要为一切负责。当1955年4月的中央主席团会议上提出1955—1956年的第二轮军用舰艇建造规划草案的时候，首批考验的时刻到了。海军人员和造船人员要求为该规划拨款1300亿卢布。这笔巨款就当年而言已超出承受极限。父亲本着其节约精神，在没有详细了解清楚到头来苏联民众会获得些什么之前，不可能允许花销偌大的这笔款项。他以前并没有从事过海军工作，让事情更加繁难的是，决议草案中所有的签字统统齐备，规划于一年多以前即已在国防部经过反复研究，除了海军总司令库兹涅佐夫海军上将之外，总参谋长索科洛夫斯基元帅、前国防部长现部长会议主席布尔加宁也都对其进行了签署。更有甚者，纳入战后不久即由斯大林签署的首期规划（1945—1955年）的部分舰只已经建造完成。看起来，这里还有什么值得故弄玄虚的？批准得了，何况我们的“海军中的朱可夫”库兹涅佐夫已经令人信服地报告了一切。对多数出席会议的人而言是令人信服的，但对父亲而言却并非如此①。

他决定弄清，这些昂贵的航空母舰和巡洋舰究竟能为国家的防卫提供些什么？我们是个陆上国家，不打算进攻任何人，遑论征服海外殖民地。在经济方面仅及美国的三分之一的情况下在海洋上与之竞争，我们同样无能为力②。1965年之前的10年期间，他们如果愿意，可以造出比我们多出两倍的军舰。结果我们费尽九牛二虎之力，距离与美国的均势仍然会比现在更远。而这些钱可以有效地用于农业、住房建设，还能办其他许多事情。

父亲开始询问库兹涅佐夫。海军上将不喜欢他的那些问题，他们争吵了起来。朱可夫赞同父亲的意见。他不久之前是陆军总司令和布尔加宁的副手，与制定舰艇建造规划没有关系，也不曾在其上签字。

经过持续不断的争吵，规划的审议被搁置，退回海军军人们加工完善。

---

① 关于此事和其他有关国防的故事，可参见本人《一个超级大国的崛起》（又译《儿子眼中的赫鲁晓夫》）一书。

② 由于集中的苏联经济与分散的美国经济的运作原则不同，这种比较是非常概略的，其结果往往相差数倍。例如，1987年中央情报局认为，苏联的全国产量为美国的55%，经济学家比尔曼宣布的数字为20%—25%，另一位经济学家别尔金在他的一本书中的同一页上一下引用了两个数字：14%和28%。在这方面，很多东西取决于作者的心情，取决于他想要证明的事情。苏联统计人员没有公布过这类比较数据，但是向父亲报告的当然是他们自己的估计。

重新讨论舰艇建造规划已是秋天，1955 年 10 月。开会地点并不在莫斯科，而是在黑海舰队的主要基地塞瓦斯托波尔。随之而来的又是吵吵嚷嚷的意见交锋。除父亲和朱可夫之外，发言的还有布尔加宁、基里琴科、米高扬和伏罗希洛夫。代表海军方面的是海军上将库兹涅佐夫、他的副手戈尔什科夫、黑海舰队司令员帕尔霍缅科、舰队军事委员会委员库拉科夫和其他许多海军上将和官阶稍低的高级军官。在这次会议上，库兹涅佐夫直到最后仍坚持自己的立场，但已是孤军作战，他不久之前的海军上将战友们一个接着一个纷纷离开自己的即将沉没的舰队司令。

讨论的结果，否决了舰艇建造规划，决定不建设远洋潜水舰队，仅限于小型舰队：鱼雷艇；如果可行，也建造导弹潜艇和海岸防卫舰艇。

1955 年 10 月 14 日晚间实际事务部分结束之后，为纪念英勇抗击英国、法国、土耳其侵略的塞瓦斯托波尔保卫战（1854—1955 年）100 周年，苏联最高苏维埃主席团主席伏罗希洛夫向该城颁发战斗红旗勋章。然而这项奖励并未能改善海军军人们的心情。压倒多数的人都将国家领导层的决定视为自己的失败和对海军的打击。依然忠于库兹涅佐夫海军上将的少数人这样想，已转投到父亲一方的多数人也这样想。此事对父亲而言同样很不容易。砍掉一支舰队非同儿戏。但是国家的利益要求他坚定不移，国家预算没有回旋余地，资金有限，必须有所抉择。要么是巡洋舰，要么是商船。此前我们几乎完全没有商船队。国家无法允许自己彼此兼顾。斯大林选择了巡洋舰，父亲则要冷藏船和渔船。在巡洋舰腾出来的造船厂船台上，摆满了干货船、油轮和渔船。现在它们即将远涉重洋。再过 50 年父亲的决定会叫做军转民，而当年却什么也不叫。世界上的惯例就是如此，大炮取代黄油抑或黄油取代大炮。第三种情况是没有的。父亲坚定地捍卫黄油。

父亲对库兹涅佐夫个人持应有的尊敬态度，但他们对于苏联海军未来的评价、海军在保障国家安全中的作用，相应地，对于所分配给海军的国家经费的份额，却存在着分歧。海军总司令库兹涅佐夫力求为自己的部门多捞一点，他当总司令就是干这个的嘛。父亲为自己的国家负责，就要抑制他的胃口。

朱可夫则是另一回事。作为国防部长，他要支持父亲，但他与库兹涅佐夫的关系中也有着许多私人的成分。他露骨地不喜欢库兹涅佐夫，从不掩饰这一点。反过来，库兹涅佐夫也公然不喜欢朱可夫。

库兹涅佐夫不怕斯大林生气，也不打算对朱可夫甘拜下风。彼此不睦成了海军中议论纷纷的话题。朱可夫将自己对库兹涅佐夫的不悦转移到了整个海军身上。他刚一坐上国防部长的交椅，便取消了海军军官一些传统的特权！从最初年代开始，他们就一直领取比步兵要高的工资，但是那是在海上服役，尤其是在水下，绝非陆军所能比拟。朱可夫偏偏另搞一套：将海军与陆军、陆军军官与海军军官、海军军士和海军准尉与陆军军士等量齐观。海军牢骚满腹，现金补贴也少得可怜，而另外一项“新措施”更为严重地打击了海军部门的威信①。朱可夫的反应却很独特：“我要让你们全都换穿靴子。”再也想不出对海军军官更大的侮辱了。

两位声名卓著的将领彼此不和的根源，可追溯至1941年6月战争之初，当时朱可夫是一位年轻的大将，执掌总参谋部，而更为年轻的海军上将库兹涅佐夫则指挥海军。1941年6月中旬，眼看着战争即将爆发，这一点，无论军人还是非军人全都感觉到了。那些日子里父亲在莫斯科。他是这样描写莫斯科的气氛的：“卫国战争即将开始的前夕，距离其爆发三四天之际，我正在莫斯科，简直百无聊赖。斯大林却老是对我说：‘您再待几天吧。’

我看出来了，斯大林不放我走是因为他害怕孤独，希望他身边有尽可能多的人。6月20日星期五我终于对他说：‘斯大林同志，我得走了。战争眼看着就要爆发，可能正赶上我在莫斯科或者半路上。’（我让他注意‘半路上’，而从莫斯科到基辅用不了一昼夜）他说：‘是呀，是呀，说得对。您就走吧。’”②

既然父亲这个并不十分专注于军事秘密的人都不怀疑战争已迫在眉睫，那么总参谋部的人肯定也都知道。所有的侦察情报全都汇集到他们那里。当时斯大林什么措施也不愿意采取，那是心理学的、精神病学的问题，犹可解释，但是将领们无所作为却未必可以原谅。无疑，不久之前审判和枪决军事将领、大规模进行逮捕，已使斯大林的部下们丧失了意志力，他们知道，将军们在卢比扬卡③遭到枪决的罪名，比不服从“主子”一事都更微不足道。

恐惧让大多数人丧失了意志力，但并非所有的人，其中包括库兹涅佐夫

---

① 济莫宁、佐洛塔廖夫、科兹洛夫、什波宁：《俄罗斯国家舰队史》，特拉出版社1956年莫斯科版，第2卷第707页。也可参阅已经引用过的朱可夫致苏共中央的报告《关于实行定期服役军人现金补贴的统一办法》，俄罗斯联邦总统档案馆第3全宗第50目录第337案卷第46—57页。

② 《赫鲁晓夫回忆录（全译本）》，社会科学文献出版社2006年北京版，第1卷第348—349页。

③ 克格勃总部所在地。——译者注

海军上将。1941 年 6 月，他正是按照条令所规定的责任和所面临的局势采取了行动。

我想引用海军上将本人 1957 年 11 月 8 日致父亲的信件中的话："就战争开始的问题我想驳斥朱可夫同志的说法：几天当中无法让部队做好防御准备。谁也没有妨碍做这件事，相反，这正是你的职责所在。

各舰队在战前的 6 月份已逐步转入相应的作战准备，所有的海军基地都实行了灯火管制，而且战争前夕（6 月 21 日晚上 9 点左右）我应召前去见国防人民委员铁木辛哥同志，他指示我做好对付德军可能进攻的准备，我和海军参谋长据此在铁木辛哥的办公室给海军指挥所打电话，命令向海军发出暗号，据此大家即已知道该怎么办。

结果，临近深夜 12 点（1941 年 6 月 22 日 00 点 00 分）我从各舰队得到已做好实际战斗准备的报告。德国空军偷袭我海军主要基地、企图使舰艇丧失战斗能力的行动徒劳无功。如果海军一开始就被击溃，则整个战争期间都将无法恢复。"①

换句话说，库兹涅佐夫海军上将是在指责当年的朱可夫元帅怯懦，没有履行自己的军人职责，未能当机立断在战前数日和数周内哪怕违反斯大林的旨意，让各军区做好战前的准备，而他这位海军总司令则蔑视禁令，在 6 月 22 日拂晓便已有充分准备地迎战敌人，没有损失一艘舰艇。

如若不是爆发了战争，这种独立精神肯定会让他掉脑袋，库兹涅佐夫也明白这一点，但不这样行事他又办不到。而朱可夫作为总参谋长，所了解的情况肯定比库兹涅佐夫多，但他像海军上将所认为的那样，克服不了对斯大林的恐惧，胆怯了。这样的指责是很难得到谅解的。朱可夫也就未能原谅库兹涅佐夫。

塞瓦斯托波尔高层会议之后数日，发生了一场不幸的事件。10 月 28 日，战列舰"新罗西斯克"号返回基地，停靠在通常的泊位。部分舰员获准离舰上岸去了，其余的人打扫卫生。临近 10 月 29 日凌晨，2 点 44 分的时候，舰首炮塔区响起了水下爆炸声。估计是战争遗留下的德国水雷被锚触动起爆了。直到 21 世纪初，在塞瓦斯托波尔海湾里依旧能打捞出水雷。海水涌进舰体上炸出的窟窿。舰长试图将战列舰挪到浅滩上去，但未获成功，军舰底朝天翻转，将近半数乘员葬身海底。当时都说牺牲了 608 人，现在又宣布了

① 现代文献保管中心第 5 全宗第 30 目录第 231 案卷第 58 页。

另外一些与此类似的数字：599 人，603 人和 611 人①。我不知道其中哪个数字更为准确，但所有这些数字对和平时期而言都堪称庞大。

按照惯例，任命了一个委员会，以查明事故的原因并确定犯错的人。如上所述，委员会未能判定何以发生爆炸，仅限于作出一些推测。也没有指出具体犯错的人，指挥员们全都是遵照规章行事的。根据传统，在此类情况下应由高级军事长官负责，而这一次便是海军总司令库兹涅佐夫海军上将的责任。爆炸发生时他正在基斯沃洛茨克休养，他的职责由副手戈尔什科夫履行，这点并不重要。按照上述传统，总司令应当自己请求去职，然而海军上将库兹涅佐夫并未提出这样的请求。

1955 年 11 月 4 日的中央主席团会议上，讨论了朱可夫批准的政府委员会的报告和国防部的建议。朱可夫提出将库兹涅佐夫交付军事法庭审判。朱可夫向来态度生硬。可是父亲的考虑却有所不同，他在自己的发言中让紧张气氛缓和了下来：现在并不是战时，虽说"库兹涅佐夫和戈尔什科夫对所发生的事故负有责任，但朱可夫本人和其他元帅也未能尽到最大的努力。"父亲建议不必对库兹涅佐夫进行审判，仅限于让其退职即可。

"同时降低军衔。"出席会议的朱可夫插了一句。

"同时降级。"父亲表示同意②。

1955 年 12 月 8 日苏共中央和苏联部长会议通过《关于黑海舰队新罗西斯克号战列舰沉没的决议》，海军上将库兹涅佐夫"由于对海军领导不善"免去国防部第一副部长兼海军总司令的职务。

库兹涅佐夫本人在致父亲的信件中描述其后所发生的一些事件："1956 年 2 月 15 日国防部长朱可夫同志召见我，在 5—7 分钟的过程中，以极其粗暴的态度宣布降低我的军衔、开除军籍并无权恢复的决定。

国防部长说我在海军纪律松懈上有过错……指责我给超期服役军人'滥发'许多五花八门的工资。"③

对海军严厉处置的结果，断送了海军军人让旗帜飘扬于各大洋的虚荣梦

---

① 三个数字的来源分别是：《苏共中央主席团 1954—1964 记录草稿速记记录》，俄罗斯政治百科全书出版社 2003 年莫斯科版第 1 卷第 902 页；《海军上将的命运》，莫斯科《史料》杂志 1994 年第 4 期；《二十世纪俄罗斯编年史》，莫斯科语言出版社 2002 年版第 656 页。

② 苏共中央主席团 1954—1964 记录草稿速记记录，俄罗斯政治百科全书出版社 2003 年莫斯科版第 63 页。

③ 尼·格·库兹涅佐夫海军上将 1957 年 11 月 8 日致苏共中央主席团的信。莫斯科《文献》杂志 1995 年第 4 期第 51—53 页。

想，父亲不单是与海军上将库兹涅佐夫发生了争执，他还搞坏了与全体海军军官的关系。他与军人们的首番口角当时并未影响父亲的政治地位。海军在俄罗斯向来就不具有特别的分量。日后父亲也不得不屡次遏制军人们的胃口，其中包括势力强大的陆军军人。而这已经是更为严重之事了：我国的元帅绝非海军上将所能比拟。

我不愿意也不可能将那些年父亲与朱可夫的关系描绘为充满着美好的田园诗画般的色彩。在许多事情上他们观点一致，而在某些方面则有着相当严重的分歧。这很自然，国防部长所持的部门立场，与事实上的国家领导人对国家的整体利益的理解并非永远一致，也不可能永远一致。

国防部长所关心的，首先是通过提高武装力量的战斗性能以增强国家的防卫能力。国家元首对国家安全的理解则可能显得略有不同，居于首要地位的有时是外交，有时总的说来则是住房或农业。一切始终都得依靠资金，依靠对资金的合理分配。如果战争不可避免，军费开支就获得无条件的优先地位，而如果战争可以避免，军费便会成为负担，阻碍经济发展。

仅举一例。朱可夫了解到军事部门的状况后，陷入了对他而言罕有的沮丧状态，他在1955年7月2日开幕的中央全会上公开宣称，武装力量的状况是灾难性的，如若现在发生战争，美国人会把我们当成鸡雏掐死。自然而然便得出结论：为了生存，必须立即集中资金生产现代化的武器装备，以便尽快取得与美国的哪怕一定程度的均势。

父亲的考虑则有所不同。他数落了朱可夫一句：“不应该吓唬参加全会的人。”但他也无权拒绝元帅说话，人家讲的是实情。父亲面临一个几乎无法解决的难题：既不能将国家拱手让与敌人，又要让民众有鞋和衣服可穿、有饭可吃。他认为，对国防的投入不应当增加，国家的资金本来说紧紧巴巴，应当进行重新分配，做到目标明确，逐点落实。

在与库兹涅佐夫海军上将的争论中，父亲的国家安全概念逐渐明确：既然我们掏不起钱与北大西洋公约组织保持武装力量的平衡，那就应当将注意力集中到主要方面。譬如在前线准备发动进攻，人们不会把部队沿着与敌人毗连的战线满处分散，而是将其攥成一个拳头实施打击。我们的安全概念应当放弃惯常的对称性，放弃均势，变作非对称性，确保“必要的充足性”，仅此而已。资金应当集中使用在不仅足以摧毁美国的欧洲盟友的基础设施、而且足以摧毁美国本土的那些武器方面。父亲认为，我们应当尽快获得将其打到大洋对面熊窝里的能力，让他们瞧瞧：你们如若进攻我们，自己将尸骨无存。

比起大炮来父亲更喜欢黄油，但他也没有忘记大炮。不过现在大炮应该由远射程炮变成装有热核弹头的超远射程的洲际武器了。

换而言之，需要寻求能将毁灭性的核弹头打到美国本土的可靠手段。军方其余的需求则可暂时压下，核战争的结果并不是在坦克交锋的战场上或者世界范围的海洋上决定的，而是在第一辆坦克离开自己的掩体之前、航空母舰未得及驶出外海之际，早已胜负立判了。

父亲一步步逐渐形成了自己的国家安全构想。它远非总是与各军种司令员的观点吻合。他们对划归他们的军舰、坦克和飞机负责，力求拥有更多更好的武器，以便日后在与未来之敌的冲突中，从陆地、海上或者空中战胜对方的飞机、坦克、军舰。父亲必须将司令员的种种彼此矛盾、相互排斥的要求协调一致，然后对他们的愿望与经济的能力进行平衡，确定国家按轻重缓急排定的先后次序。

如果说协调各军种父亲还可以依靠朱可夫的话，那么第二部分任务，也是最为复杂和责任重大的任务，就完全落到了父亲的肩上。

当时国内已积累了200枚核弹头，而洲际射程的运载工具暂时还一无所有。为了深入了解问题之所在，父亲把设计师请来，首先当然是核武器超远程距离投放工具方面的“时尚法律制定者”航空设计师。

对图波列夫，父亲从战前年代起即已非常熟悉，我曾经论述过他们的初次会面。他与伊柳辛和米高扬①则是不久之前才结识的，而同雅科夫列夫和米亚西谢夫只是现在才准备建立联系。

图波列夫的话令父亲感到沮丧：“美国太远了。制造能够飞越大洋的飞机时，不得不在各方面进行节省，既要减轻载弹重量、放慢速度，又要降低高度。这样的战略轰炸机，说句不客气的话，美国人轻而易举就能击落。如果各方面都按照需要去做，那就连伦敦或马德里以远都飞不到。”图波列夫早已同斯大林讨论过这个问题。他甚至对斯大林都胆敢公然拒绝，不过也受到了生活的教训，他临到战争爆发前才蹲完监狱。而米亚西谢夫却向斯大林许诺解决图波列夫认为解决不了的问题。

现在斯大林去世之后，人们进行了总结。图波列夫造出了极为出色的战略轰炸机图—16，可运用于欧洲战区。在来自上峰的压力下，他又启动了洲

① 即阿尔焦姆·米高扬，与图波列夫、伊柳辛等同为苏联飞机设计师。——译者注

际航程飞机的工作。1955 年图波列夫向父亲报告说，图—95 涡轮螺旋桨轰炸机升空了，极为神奇美妙，简直不像是飞机：航程 18000 公里，可以飞抵美国后再返航，仍然剩余有燃油，而且它的航速对这种类型的发动机说来是非凡的，每小时超过 900 公里。不过图波列夫自己也像原先他所说过的一样，判定自己的这种规格的飞机无法抵达美国领土上的目标。

米亚西谢夫也造出了漂亮的喷气式轰炸机 3M（M－4）。它能飞抵美国，但只是单程，在这点上图波列夫说得对，返程的汽油就没有了。当时米亚西谢夫说服空军的将军们："在美国的领土上轰炸完之后，3M（M－4）应当在墨西哥着陆、停留。"当然，如果墨西人愿意接纳它，不将其击落的话。不过米亚西谢夫再也想不出什么别的办法了。

在与父亲会晤时，米亚西谢夫谈到了 3M（M－4）在大洋上空加油的可能性，但父亲觉得他的话是遥远将来的事情。而且米亚西谢夫谈论空中加油时也缺乏信心，仿佛是在为自己辩解。他也确有需要辩解的地方，在地面上看上去效能如此卓著的 3M，不仅洲际飞行未获成功，而且一般飞行也勉勉强强，故障接连不断。这也理所当然，米亚西谢夫就其本性而言是个超级革新家，在那架飞机上过多地使用了各种各样尚未完善和经过试验的新产品：发动机、油泵、助推器、电动机、仪表。将其中的每一项一件件收拾好，需要付出劳动和时间。所有这一切集中在一起，令人想到无法做到协调一致的交响乐队，忽而这个人走调，忽而那个人音调不准，忽而第三个人又出问题。在这样的不和谐音中，指挥兼总设计师怎么也控制不了局面，刚刚找出今天这场不幸的罪魁祸首，明天又会在完全不同的地方出现另一个问题。如此反复，无休无止。

在 M－4 中米亚西谢夫违背了设计的黄金准则：在新机器（飞机或者火箭）中不允许有过多的新产品，至少要有一半部件是以往在别的机器上加工完善过的。否则试验会拖延到猴年马月。无怪乎战争期间，让飞机达到战斗要求决定一切之际，一道有关航空工业的命令一直有效：禁止用新型发动机装备新型飞机，只允许新型发动机装备久经考验的机型，而新型飞机必须装备久经考验的发动机。米亚西谢夫却鬼迷心窍，现在只好为种种故障遭罪，而且他还得为此忍受很长时间的折磨。

除了其他种种不愉快的事情之外，哪怕只是飞到美国，米亚西谢夫也让飞机超重了，3M（M－4）须以最大的冲击角度起飞。这非常危险，只要飞行员弄错一两度角度，朝自己这边稍微多扳了扳操作手柄，飞机就会侧着机翼往下掉，而机翼下方就是地面。撞坏了多少飞机！损失了多少飞行员！而且都是多么优秀飞行员！结果，3M（M－4）一直未能通过法律所规定的所有试验。军方也未正式将其列入军备，然而“没有鱼时，蝦子也当鱼”，这种尚未完善的飞机仍然投产，“作为例外投入战斗使用”。现在已经是直接参加战斗行动的飞行员在飞这种飞机，他们继续不断地牺牲。

父亲实际上已坚信图波列夫记得对，无论图—95还是米亚谢夫的3M（M－4）都解决不了对美国实施反击的问题。需求寻求另外的摆脱困境的办法。然而是什么办法呢？它在何处？国防工业部长乌斯季诺夫和火箭特别委员会主席利亚比科夫向父亲报告说，洲际弹道导弹可以解决这个尚未解决的问题。早在1953年2月，他们即已下达了研制这种导弹的任务，并将其分类号定名为P－7。设计师为科罗廖夫，他的设计院位于莫斯科郊外的波德利普基，已经着手进行设计。导弹应能将300万吨级的热核弹头发射到美国的任一个点，任何对空防御都防不住它。只不过现有的试验场均不适于做P－7的试验。1955年2月12日，父亲和布尔加宁签署苏共中央和苏联部长会议关于在锡尔河①河口、秋拉塔姆火车站附近建造新的试验场的决议。

父亲决定亲自去科罗廖夫那里，亲眼看一看他的导弹，不过P－7暂时还是非常遥远的事情。科罗廖夫唯一的能飞行的导弹P－5，射程为1200公里，不是热核弹头，是核弹头，威力仅为7万吨。而且它刚刚准备进行试验。

不单靠面包和土豆

国际事务和国防耗费父亲大量时间，然而他关注的焦点并不是这些事情，而是农业和住房建设。食品和头上的屋顶——还有什么比这更为重要的呢。垦荒区的工作已料理停当，那里的情况走上了正轨，如果天气不捉弄人，我们就会有粮食，于是父亲着手抓畜牧业。

“人不能单靠粮食饱肚子，餐桌上还需要有肉有黄油，酸奶皮也不会碍事。”他在讲话时一再这样说。在1953年的九中全会上他谈到，苏联人的口粮远远达不到我国所确定的符合科学论证的饮食标准。1953年秋天以来

① 流经塔吉克斯坦、乌兹别克斯坦和哈萨克斯坦的一条河流。——译者注

情况有所进展，但并未发生根本性的转变。苏联人餐桌上依然是面包和土豆唱主角，而西方特别看重肉类食品。

父亲在1955年1月25日召开的专门研究畜牧业问题的中央全会上讲话时，提出了一项任务：在1960年之前的五年间，将肉和奶的产量翻上一番，蛋增加1.2倍，羊毛增加80%，这样一来，我们虽然尚未达到但业已接近经过科学论证的居民人均消费标准。

在印得密密麻麻的71页讲话稿中，父亲像平日一样以大量的数据长时间地详细说明，他认为可以如何“增产出肉来”。

当时父亲公布了国家所需的粮食收成总量：100亿普特（1.6亿吨）——这几乎比1954年的收成多出一倍，也比马林科夫1952年在苏共十九大总结报告中宣布的要多3200万吨（20亿普特），当时声称苏联的粮食问题业已彻底解决。十九大之后刚过三年，又不得不重新解决“粮食问题”。

问题出在哪里呢？不单是出在马林科夫的数字本来就夸大得厉害。过去数年间国家发生了很大的变化。父亲在论证1.6亿吨收获量时提出了6个客观原因，其中包括人口每年增加300万，而最主要的则是，现在我们已开始考虑不仅是人的消费，而且有牲畜的耗费。从前把牲畜遗忘了。所短缺的粮食，父亲建议依靠种植玉米来获取。玉米中的籽实比麦穗的籽实多，而营养同样丰富。当然，玉米这种粮食大多数居民不会食用，俄罗斯人与罗马尼亚人和葡萄牙人不同，对它很不习惯，但是添加到牲畜的饲料中效果却非常好。诚然，这需要花费力气，对人们进行重新培训，让他们习惯一种新的作物。在这方面，父亲访美之前很早即已援引美国的经验：“玉米并不是我们凭空想出来的，在美国，玉米原粮占粮食收获量的55%，几乎全都用作牲畜饲料。在我国的大部分地区玉米都不能成熟，只好收割后作为青贮饲料，所收割的数量足够母牛吃到春天。”

他仔细研究了美国人的经验，与我国的大多数院士进行了交谈，从而确信无疑：基本的着重点应当放在用未成熟的玉米秸秆做青贮饲料上。将其与谷物、豌豆干草和大豆干草混合之后，我们便能获得大量饲料，足以满足集体农庄和国营农场以及其他农业畜禽业主的需要。眼下集体农庄和国营农场、尤其是私人业主都缺少饲料，宛如一场灾难。

去年父亲颇为高兴：私人宅旁院落所饲养的奶牛数量激增。可是奶牛要吃，却没有什么可以用来喂养它们。集体农庄的草场供应公有的牲畜尚且不够，玉米作为青贮饲料眼下还更多的是在空谈。商店里既没有青贮饲料也没有干草出售，况且也没有这样的专业商店。如果说城里人中的牲畜业主是在面包店里“解决”饲料问题的话，那么农民就去割道路两旁、火烧地和林间空地的草。时不时会与道路工长和林务人员发生争吵。这些人也都养奶牛，认为那些草是他们“自己的”。

糟蹋庄稼地成了普遍的祸害，特别是在饲料最缺乏的早春时节。仿佛事出偶然似的，奶牛在主人不在场的情况下缓步走进庄稼地，踏坏的秋播作物比啃食掉的还要多。经过糟蹋的地里还能有什么收成？守护的人不可能把什么事情都监管到，田野广阔，而奶牛比不久之前多得多。斯大林时期，在集体农庄的秋播地里放牲畜是要判刑的。现在国家允许自己的公民拥有畜禽，要是按逻辑而言，它就应当关心饲料的事情。否则人们从哪里去搞饲料？在集中统一的经济制度下，一切都是集中统一的。所发生的矛盾就只好用永恒不变的俄罗斯方式解决了：什么都买不到，但是可以顺手牵羊，那就随便乱拿吧。除了极其残暴的斯大林式的手段，任什么办法在这种情况下都无济于事。父亲也仅限于采取一些治标的措施。

1955 年 1 月 18 日，报纸上公布了苏联最高苏维埃主席团命令《关于践踏集体农庄和国营农场庄稼、在越冬作物田野上放牧牲畜、砍伐人工林的责任》。新决议规定了罚则：在越冬作物田地里放牧奶牛或骆驼者，每头罚款 50 卢布；放牧绵羊或山羊者，每只罚款 25 卢布；放养母鸡者，每只罚款 5 卢布。对拖拉机和卡车碾压青苗也规定了罚款。采取这些措施带有临时性质，一旦靠玉米解决了饲料问题，便准备将其取消。大家都希望很快能达此目的。

父亲明白，如若不能摸索出一套足以让农民的劳动不再是在劳动日的棍棒下被迫进行的体制，那么他要求增强农业生产的所有号召，正那些禁令一样，都不会起作用。父亲说这话已经是第二个年头了，然而建立一种既不让国家受损失、又能让集体农民对自己的劳动感兴趣的相互关系，却怎么也办不到。似乎一切都再清楚不过：应当赋予农民生产那些于他们有利可图的东西的自由，利润来自向国家出售自己的劳动果实，因为国家是他们唯一的买主。

父亲已经在这方面采取了某些措施，更准确地说是已经宣布，但其实现却遇到阻碍，一方面颇有风险——突然间农民种这不是，种那也不是，便按兵不动，本来就不很富足的城市也一无所获；另一方面，国家制定的收购价格过低，足以让生产者破产，使得任何有关农民劳动收益的议论都显得可笑。1953年秋天曾提过价，但还不够。农民向国家所支付的购买技术设备、燃油、肥料的费用，依然比国家支付给他们的收购粮食、土豆、白菜和其他产品的钱要多得多。进一步提高收购价格遭到财政部反对，国家没有闲钱。至此我们重又回到了原地。为了让农民感到有好处，需要向他们支付其劳动之所值的价格，这就必须提高面包、肉、奶、油的零售价，使其与收购价保持平衡。父亲下不了决心采取这种意识形态所不允许的措施，便在预算中寻找补充资金，有时候靠缩减军费开支，有时候靠降低建设费用，依靠一切所能采取的办法。有了一些资金，收购价就稍稍提高一点，但仍然不到位，一切都取决于生产者和消费者这一链条相反两端难以解决的失调状况。

除了这一切之外，新举措陷入了害怕失去权力的官僚大小一再拖延的泥沼。他们经常吓唬父亲说，只要给予集体农庄庄员稍微多一点儿自由，就一切都会化为乌有。父亲无法对他们的话不加理睬，他们的确能够将一切都化为乌有。于是形成一个封闭的圈子：如果绕开地方当局——州委、区委及其同伙，改革便不可能进行。对他们来说，最重要的事情是汇报。而汇报是他们的拿手好戏。全会上父亲要求不要以头数来评价畜群，“我们需要的不是头数，而是肉和奶，”要把产品率放在首位。地方官员们便按照上面下达的指标于上面某些人安排的日期汇报：命令他们按头数计算，就按头数计算，现在提出按照牲畜的活重和挤奶量汇报，同样不成问题。他们很快便适应了新的要求。到10月15日就进行结算，早一天晚一天都不行。临近规定报告的日期之前，他们开始“保”牲畜，加喂一些饲料，而10月15日过后，哪怕寸草不长，哪怕滴奶不挤都不要紧。像模像样地汇报之后，过了一个月便将营养不良的牲畜赶往肉类联合加工厂。

父亲已经多少次试图寻找到救命的魔棒，却一直白费力气。他还得仔细掂量。任你喊得震天响，熵一直强力反弹，秩序就是建立不起来，稍一放松缰绳，一切重又会陷入烂泥潭。父亲既未丧失乐观信念，也没有吝惜精力，一种办法行不通，马上又开始另一种做法，因为压在石头下面的水是无法流动的。

1955年3月9日，报上公布了苏共中央和政府关于在农村确定新的规划准则的决议。取消了“农业部对各种计划所下发的无用的详细说明”，将农业生产单位的商品性产品规模置于首位。部长会议和各个部奉命限制自己事先规定国家收购数量的积极性，让集体农庄和国营农场自己决定种什么和种多少面积、饲养多少牲畜和饲养什么牲畜。到年底他们再和国家结算，剩余的全都归己。

根据同一决议，机器拖拉机站是国营企业，为集体农庄和国营农场耕种土地、收获庄稼（负责合同所规定的部分），由列入预算改为经济核算。他们奉命自己挣钱养活自己，不仅要学会计算支出，而且要计算收入，进行综合平衡。父亲认为，否则就弄不出一个所以然来。每一个人都应当根据条件来过日子，有些人过得好一些，另一些人则差一些，干多少活就挣多少钱。

经济核算并不是什么新名词，人们从列宁的新经济政策①时期起就开始使用了，而且当时是有目的地使用的。这个词在斯大林搞绝对集中的经济时期失去了意义。当时如果稍稍偏离上面所下达的指示，往左或往右跨上一步，你就已经成了"人民公敌"，暴露了自己的"破坏活动"……而后来呢，后来千百万人都有了亲身感受。

现在父亲试图让经济核算恢复实际的内涵。他不再信任农业地区的党委书记，尤其是集体农庄主席，认定新的思想应当由新的人来付诸实现。1955年3月25日，报纸上公布了关于派遣3.5万名"城市志愿者"去"加强"集体农庄的决定。按照父亲的想法，工程师和教师这些有头脑的人，将会全力以赴向已近乎干涸的集体农庄的动脉里注入新鲜血液。父亲幻想，这些受过教育的人能在集体农庄里整顿秩序，让生产走上现代轨道。我听着他的推断，半信半疑，更准确地说，是想相信，但内心深处却又怀疑。父亲则援引自己青年时代的经验。30年代当时也曾派遣过3万城里人下乡，父亲认为不无效果。

如今同样"不无效果"，但也不是特别有效。有的被派下去的人正好合适，甚至还取得了显著的成绩，大名远扬，报纸上对他们作了报道。大多数人则是在乡下"转了转"，火气未消便各自回家了。这也很自然，并不是每个城里人都喜欢农村的生活。3.5万新来的人未能实现农村的根本性转变。

几乎是中央全会刚一结束，父亲便按照去年的成例，动身巡视全国。他不住地号召、斥责、检查、发火，对某些地方大加赞赏，换而言之，尽可能与熵作斗争。

1955年2月15—18日，父亲在乌克兰巡视基辅附近的一些集体农庄，然后在乌克兰中央全会上发表讲话。3月17—18日他在萨拉托夫，在东南部

① 1921年到1930年代后期苏联所实行的有别于战时共产主义的政策，当时国营工业即实行经济核算制。——译者注

各州的农业工作人员会议上讲话。3 月 28 日在沃罗涅日与当地农业院校的科学家们举行会晤，3 月 30 日在中部黑土地带各州的农业专家会议上讲话，次日又与区委书记们谈话。4 月 7 日父亲在克里姆林宫召开中部非黑土地带工作人员会议，4 月 12 日前往列宁格勒，与西北地区的代表们进行类似的活动。7 月 16 日他已经在里加参加波罗的海沿岸农业工作人员会议了。

父亲亲眼看见了，庄稼生长得很正常，各生产单位正在准备收割。剩下的便是等待结果了。他在全会上的发言中列举了一些数字，暂时还是 1955 年预计的收成，父亲并非平白无故地预先说明：“如果天气不捉弄人的话……”1954 年它就别提多捉弄人了，干旱在南乌克兰和伏尔加河沿岸晒焦了庄稼。当时全靠垦荒区救命。上面已经讲过。

天气再次捉弄人，这次祸害的是垦区。那里整个夏天滴雨未下，庄稼不单是比喻性地而且是名副其实地着火了，田野里一处处大火猛烈地熊熊燃烧。在这样的干燥天气里，随便一个烟头都足以引发火灾。直到秋天收获的时候才开始下雨，但已经不是时候了。水力气象局给父亲送来 45 年间的观测资料：自 1890 年起，这个区域内旱灾发生了 10 次，平均每 6—7 年一次：1890，1900，1911，1913，1921，1929，1936，1948，1951，1952 历年都发生过。仿佛故意似的，第 11 次摊上了 1955 年。1600 万公顷播种了的土地，仅只勉强收获了播下去的种子的数量。

父亲情绪低落，在家里他对垦区几乎只字不提，惯常的秋收巡回视察也取消了，他不想今年到垦区去看那些被晒焦了的死气沉沉的田野。而出访平安无事的地区却不涉足垦区——这就更糟，等如直接承认失败。于是他就哪儿也不去。直到年底，12 月下旬才“顺路”到塔什干，听取了棉农的意见，自己也在他们的会议上发言，异乎寻常地简短。不怀好意的人精神振奋了：“我们早就说过了，我们早就警告过了，”他们在暗地里窃窃私语。父亲的最著名的垦荒反对者莫洛托夫幸灾乐祸地声称：垦荒失败了。父亲替自己辩护，证明说，今年是不凑巧，去年干旱袭击传统农业地区之时，正是垦区搭救了大家。

1955 年挽救了全国的是乌克兰、北高加索和伏尔加河流域。结果，所收获的粮食甚至比 1954 年还多，达到 10370 万吨（1954 年为 8560 万吨）。从总收获量中收购了 3690 万吨（1954 年则为 3460 万吨）。全国的平均产量亦已增长：从去年的每公顷 7.7 公担增至 8.4 公担。

不过，全国的消费依旧比所生产的要多：1955 年为 4030 万吨粮食

（1954 年则为 4250 万吨）。结果国家储备更为减少，从 630 万吨降至 380 万吨[①]。已减少到极其危险的标准，占比少于全国需求的 10%。一旦有什么事，饥荒将无可避免。父亲对这一切了然于胸，痛心地在中央主席团会议上指出："我们始终未能走出泥潭。"[②] 然而他无法采取任何行动。战争结束 10 年之后，总不能采用购物卡吧。人们重又开始谈论用来喂养牲畜的谷物。而谷物不得不从有限的储备粮中调拨。结果仍然未能采取任何决定。

1955 年 11 月 14 日，父亲在农业部部务委员会发表讲话，应邀与会的还有各共和国的农业部长。他谈到了过去一年的教训，但更多的是谈论来年。也提到了垦荒地区的事，1956 年那里打算播种 3000 万公顷，如果天气不捉弄人，可以收获 10 亿普特（1600 万吨）粮食。那可是垦荒得来的 10 个亿啊！

《寻觅火柴》

（插叙四）

1955 年 4 月 16 日，文学刊物《涅瓦》第 1 期在列宁格勒出版。自 1944 年大名鼎鼎的"日丹诺夫决议"出台之后，人们对"列宁格勒人"避之唯恐不及。随着新刊物的面世，他们重又恢复一度丧失了的地位。诚然，1946 年决议的"主角"阿赫马托娃[③]和左琴科[④]暂时尚未正式恢复名誉，但是已有传言，说不久即将撤销对他们作品的禁令。连那些以前对他们闻所未闻、既没有读过他们的诗也没有读过他们的小说的人，也都开始谈论起了这两个人。当年他们的作品也无从读到。斯大林并未枪毙或流放阿赫马托娃和左琴科，但是剥夺了他们创作的权利。他们的作品无法出版，也就意味着无人向

---

① 苏联农业部统计汇编，统计出版社 1971 年莫斯科版第 152 页。俄罗斯联邦总统档案馆特别卷宗№734，第 2—3 页。

② 苏共中央主席团 1954—1964 年记录草稿速记记录，俄罗斯政治百科全书出版社 2003 年莫斯科版第 75 页。

③ 安·安·阿赫玛托娃（1889—1966），本姓戈连科。苏联俄罗斯女诗人。著有抒情诗和叙事诗集《风啊，吹拂我的脸吧》（1959）、《善心》（1973）、《古铜色的落叶》（1974）、《转折》（1977）。1946 年引起斯大林不满，停止出版她的作品，但未逮捕。

④ 米·米·左琴科（1894—1958），苏联俄罗斯作家。著有讽刺短篇小说《蓝书》（1934）、中篇小说《米舍利·西尼亚金》（1930）、《返回的青春》（1933）。1946 年引起斯大林不满，停止出版他的作品。

他们支付稿酬，只是偶尔由好心人以翻译的方式给予接济。

就这样，左琴科临时受雇翻译了芬兰作家拉西尔的乏味的长篇小说《寻觅火柴》。战后我国开始与芬兰友好，而友谊要求发表“兄弟作家”的作品，虽不及人民民主国家作品的规模，但终归……拉西尔这部长篇的译本要比原著好得多，充分显示了左琴科式幽默的各种意味。父亲很高兴地读完这部小说，坚持向大家推荐，并且没有把那本书放到书架上去，而是留在自己的卧室里的床头柜上，与他心爱的列斯科夫的短篇小说和列夫·托尔斯泰的《战争与和平》放在一起。

看来，父亲并不怀疑此乃左琴科的译作，读者也很少对译者的名字感兴趣。

2000 年我去芬兰参加“吉科宁—赫鲁晓夫”展览开幕式，顺便提到拉西尔的那本书，我的交谈者中不仅谁都没有读过，而且连听都不曾听说过。

文化部长尼·亚·米哈伊洛夫

1955 年 3 月 22 日，报上公布了关于任命尼·亚·米哈伊洛夫为苏联新的文化部长的命令，他是前驻波兰大使，不久之前的莫斯科州党委书记，很早以前的苏联共青团中央书记。米哈伊洛夫自 1938 年起任共青团领导人，在他任职期间共青团积极分子不再被捕，诚然，几乎已经没有积极分子了。他很好地接受了已不知消失到了哪里的前任们给他提供的教训，不肯出头露面。随着时间的推移，尚在 1906 年即已出生的他早就超过了共青团员的年龄，连他的孩子叶尼亚和斯韦塔也都度过了他们全部的共青团岁月。第十九次代表大会之后的 1952 年末，斯大林将米哈伊洛夫调任苏共中央书记，同时让他兼任苏共中央宣传鼓动部部长。对高级领导人的新一轮清洗业已临近，其后米哈伊洛夫可能青云直上。然而斯大林去世了，新的情况下米哈伊洛夫在中央已无立足之地，那里火速恢复了原状。不过莫斯科党委出现了空缺，需要有人接替已调至中央的赫鲁晓夫的职位。马林科夫推荐了米哈伊洛夫：相对年轻，久经考验，不骄不躁，而且总得为他安排一个去处呀。

米哈伊洛夫一家在奥加廖沃我家旁边的一幢别墅里住了下来。在这座当年莫斯科总督的旧有府邸里，传统上居住的都是莫斯科市委第一书记。但是现在按照长幼尊卑的权利，父亲将主楼保留给了自己，米哈伊洛夫一家满足于入住昔日的侍从楼——一幢两层的砖房，侧面有一盏巨大的玻璃罩“灯笼”，从小丘上可以望见莫斯科河的斜坡。米哈伊洛夫一家之前，那里住的是谢尔巴科夫一家。谢尔巴科夫是斯大林特别宠爱的人，战争年代的莫斯科党委书记，同时也是全国主要的“宣传家”。他于1945年猝然而逝，但他的别墅给他们家保留下来。只是把谢尔巴科夫的家人挤出主楼，由新当选的莫斯科党委书记波波夫居住。

我同谢尔巴科夫那个理智得与年龄不相符的儿子科斯佳·谢尔巴科夫很要好，以不胜赞赏的目光看待他的哥哥——空军试飞员萨沙。他还有个弟弟万尼亚，但我对他并不怎么注意。现在让他们从别墅里搬走了。我们的新邻居会是什么样的人呢？

新邻居原来是一些快快活活、喜欢交际的人。我同叶尼亚和斯韦塔很快便交上了朋友。而我们的父母却更多是来往而不是结交。是年龄差别产生了影响。米哈伊洛夫，尤其是他的妻子赖莎，属于革命后的苏联上流社会，喜欢说一些并无恶意的闲话，传播流言蜚语，调情卖俏，而父亲，特别是妈妈，终生终世都是坚定不渝的“新生活建设者”，所有那一套上流社会的表面东西绝对引不起他们的兴趣。

两家在一道散步时，米哈伊洛夫基本上是在“解决问题”，父亲却不愿意在别墅的环境里解决问题，有中央委员会的办公室嘛。他自己总是开始与米哈伊洛夫谈论轮作制、玉米青贮饲料、预制墙板、石膏隔板，全是那些年他所关注的东西。米哈伊洛夫全神贯注地仔细倾听，然而渐渐地他的眼睛呆滞失神起来，他只好强打精神，尽量表现得专心致志，可是睡意重又向他袭来。父亲没有得到回应，越来越失掉对交谈者的兴趣。米哈伊洛夫竭尽努力保持对父亲的专注，但是效果很差。他们自说自话。

妈妈和米哈伊洛夫的妻子赖莎在散步之时总是跟在丈夫们后面。赖莎叽叽喳喳地闲聊着女友、服装、孩子，聊遍世上的一切。妈妈勉强维持着谈话。她对服装不甚了了，认为谈论穿着有失自己的尊严，对上流社会的生活她也并不喜爱。散步后大家一起进餐，然后轻松愉快地分手。带着殷勤的微笑送别客人之后，妈妈嘟嘟囔囔地埋怨说，如今党的领导人的市侩习气让她生气。

米哈伊洛夫在莫斯科党委的工作不顺。他习惯于领导共青团运动，而现在从早晨到深夜都得作决定：哪里建设什么，哪里播种什么，“打破”计划，“堵住”窟窿。

管理人员、经济领导人都是生就的，这里需要才能，而米哈伊洛夫却不具备才能。他吃力，身边的人也吃力，最终父亲忍无可忍，便于 1954 年“推荐”自己的这位邻居去波兰当大使，给莫斯科（莫斯科党委）则“安排”了伊万·瓦西里耶维奇·卡皮托诺夫，他觉得这简直就是个量身定做的职务。

叶卡捷琳娜·阿列克谢耶夫娜·福尔采娃当选为莫斯科市委书记[①]。福尔采娃以其领悟能力和刚毅性格给父亲留下深刻印象：必要的时候，她也可以变得沉着冷静，有时甚至亲切温柔。诚然，一些机关报告说她不像一般女人，常常嗜酒无度，而且不限于香槟。尽管如此，父亲并未选错人，福尔采娃身后留下了良好的声誉。

米哈伊洛夫在波兰的工作同样很不顺利，驻社会主义国家的大使，尤其是驻波兰这样非同一般的国家的大使，与其说是外交官，不如说是事务总管。他应当熟知的与其说是外交礼仪，不如说是各社会主义国家部门之间的协作，于是任命白俄罗斯原中央书记波诺马连科去波兰，只得再次为米哈伊洛夫物色一个与其级别相当的职位。

这时候碰巧有了一个合适的借口。斯大林的哲学家、文化部部长亚历山德罗夫败坏了自己的名声，全莫斯科都在指责他与一些年轻女演员的“风流韵事”，甚至与拉里奥诺娃也都有染。在影片《脖子上的安娜》中，她令所有的人倾倒。如今她真的已经“在脖子上”[②]了，不过所傍的不是电影里的沙俄官吏，而是现实生活中的我们苏联的部长。于是迅即采取了措施。将亚历山德罗夫以不能胜任工作为由解除职务，打发到物理研究所担任科研人员，但不是莫斯科的那家，而是明斯克的那家研究所。任命了米哈伊洛夫顶替他的职位。都认为文化工作不需要具体的知识，他在这方面不致出差错。

米哈伊洛夫迅速适应了新岗位。他非常喜欢与作家、画家、导演们交往，慈父般地教导他们，不时约束约束他们。赖莎更是怡然自得：出席剧目的首演，观赏新的影片、画展预展，随处都能邂逅名人大腕。

这个职位在政府中是最为徒劳无功的了。担任此职的人任何时候对任何人都难以讨好。任随哪个最蹩脚的作家、导演、演员都自视甚高，即便不算

---

① 莫斯科党委的管辖范围很大，包括莫斯科州和由莫斯科市委掌管的莫斯科，而莫斯科市委按规定应隶属于莫斯科党委。不过，莫斯科市委书记福尔采娃由于其个人品质以及莫斯科客观上的重要性的原因，很快便居于主要地位。不久之后她已成为苏共中央主席团委员。

② 俄语俗语“在脖子上”意为靠人养活、傍大款。——译者注

天才，也定然比自己的同事高明几分，而他们对上司的聪明才智的衡量，则取决于是否同意他们自己的唯一正确的意见。真正才华横溢的人总是除了自己就再也不认可任何人。天才的秉性正是如此，否则便不成其为天才了。在这种情况下，部长米哈伊洛夫又算老几?!

如果能表现一点客观精神，想一想米哈伊洛夫担任部长期间发生了一些什么事情，那么，情况将有所不同。1955 年 3 月 3 日，米哈伊洛夫被任命为文化部长之后不久，报纸发表了归还德意志民主共和国德累斯顿美术馆画作的消息。倡议当然是出自政治领导人。米哈伊洛夫充当了此事执行者的角色。5 月 2 日，这批画作在普希金博物馆展出。从第一天到最后一天，渴望一饱眼福者的队列一直排到了与博物馆毗邻的街道上，轮到最后一个人之前决不肯散去。

我觉得，将这些画作交给德国人是不对的。他们在我国大肆放火抢劫，却什么也没有归还。我带着自己的疑问去见父亲。他同意我的看法，但又解释说，与德国人民的友谊比任何绘画都更为宝贵。这是他们的而不是我们的珍宝。同我们打仗的是希特勒，而不是乌布利希[①]，当年乌布利希在我军前线向法西斯分子做宣传，号召他们向我军缴械投降，诚然，并不怎么成功。

那批画作不久便送还给了德累斯顿。当然可惜，不过，也许做得很对，那是萨克森人[②]出资亲手收藏的。

1955 年 6 月，青年杂志《青春》问世，这是一份可供默默无闻的新作者发表作品的刊物。瓦连金·彼得罗维奇·卡塔耶夫出任该刊主编，这个刊物是通过米哈伊洛夫才得以“破土而出”的。这似乎不算什么大功劳，但是如若当文化部长的是另一个人，会有《青春》吗?

1955 年 7 月 13 日，《外国文学》第一期问世。在斯大林时代的最后数十年间，人们已经忘记 30 年代某个时期即曾有过这份杂志。其后它被取缔，发表西方作者的作品乃至谈论西方已不时兴，甚而很危险。如今苏联人，特别是青年，重又为自己打开了“彼岸的世界”。

最平淡无奇的一些事物却引起了普遍的关注，让我们大喜过望。我对伊

---

① 时任德国统一社会党总书记。——译者注

② 萨克森最早征服了现在德国西部地区。除移居他国者外，大多数萨克森人留居在德国西部地区。——译者注

利夫和彼得罗夫的《一层楼的美国》[1] 记得尤其清楚，那是1920年代末期游历美国的报道性作品，描写汽车旅游者、旅馆、小吃店，记述那个大洋彼岸遥远国度普通百姓的生活状况。而谢尔戈·米高扬在锡兰[2]拍摄的有点模糊的照片，也激起我极大的欣喜之情！已经是在斯大林去世之后了，他作为一个代表团的成员出访该国。棕榈树、大象，所有这一切他都是活生生地亲眼目睹，而不是在动物园或者布雷姆[3]尘封的《动物生活》图卷中看见的。

当然，打开世界之窗的并不是米哈伊洛夫，也不是由他决定《外国文学》的命运，在他之前，各种新刊物即已开始纷纷面世，但总得有人向高层领导人提出建议，抑或不提出建议。抑或就他人的建议写个否定性结论。抑或是正面的建议，甚而可能是令人欣喜的建议。所有这一切都取决于文化部，而且完全取决于它。

要闻日志

1955年3月7日，苏联加入1899年和1907年关于战俘地位的海牙公约，斯大林全然不理睬这些公约，而且我想说，他对于我国数百万沦为德军俘虏的士兵曾遭受难以置信的折磨之事，一直感到厌恶。

4月1日，读者在各报头版并未发现期盼中的关于降价的报道，那原本是1948年以来奉行的常规。1947年底旧卢布以十比一的比率兑换为新卢布，取消了食品和工业品的购物卡，制定了超高的新价格。从第二年开始少量地降价，虽有选择性，但年复一年地正常进行。这一措施带有宣传性质，却也颇具效果。我记得，大家都期待着例行的降价，随即奔赴商店，那里的价格标签上已划掉旧数字，旁边用红色标上新价，略有降低。过上一个月，新出现一些老产品，但有了新的名称和新的价格。它们取代旧产品，但旧产品由于价廉，并未完全消失，只不过变成了紧缺商品。父亲提出，再也不要欺骗民众了，即便按照没有下降的旧有价格出售，我们的产品也很紧张。也许，

① 伊利夫原名伊·阿·法英济尔别尔格（1987—1937），彼得罗夫原名叶·彼·卡达耶夫(1903—1942)。苏联俄罗斯作家。合著的作品有《12把椅子》和《金牛犊》等。《一层楼的美国》发表于1937年，是一本乘汽车游览美国的随笔集。

② 即今斯里兰卡。——译者注

③ 19世纪德国动物学家、旅行家。——译者注

这是他最严重的错误。产品正变得更为丰富，民众也生活得更好，但是在人们的记忆中留下的却是："斯大林在世之时定期降价，可他去世之后……"

1955年4月20日，父亲前往华沙参加苏波友好条约签订10周年纪念活动。他去华沙并没有让布尔加宁同行，那里与资本主义国家不同，父亲不需要"国家层面的掩护"。

1955年5月15日，按照传统宣布开始认购总额320亿卢布的国债。对于认购债券，人们已经像对待降价一样习以为常，并不期望带来惊喜，但大家全都顺从地认购。国债成了某种补充性的税款。父亲再次声言，是放弃发行国债的时候了，这些补充性的债款早已对预算几乎丝毫无补，全都用在了支付先前的旧债。财政部反对说，如果不借债，便无钱支付奖金、清偿需要还本的债券。结果形成了一个循环往复的怪圈。1955年决定不再发行公债，而1956年该如何办，则尚待考虑。

1955年6月12日在雅库特发现金刚石矿，大名鼎鼎的金伯利岩①"米粒"柱状矿体。此前金刚石矿床与狮子和犀牛一样被视为非洲的异国情调。雅库特的金刚石成了名副其实的轰动事件，但报纸却不予报道，因为金刚石是战略性产品，矿产地严加保密。

7月4日，父亲在全体中央主席团委员的陪同下，战后首次来到斯帕索大厦出席美国大使的庆祝美国独立日招待会。即便在战争期间，出席大使馆招待会的也只有外交部长莫洛托夫。

1955年7月14日攻克巴士底狱纪念日②，中央主席团委员赴法国大使馆出席招待会。

7月16日，父亲与布尔加宁、莫洛托夫、朱可夫一道前往日内瓦，参加第二次世界大战四大战胜国首脑会议。四国首脑自1945年7月以来迄未聚首过。

1955年7月20日，终于开放了自由进入克里姆林宫的通道，不要通行证和新年舞会的请柬，任何人任何时候想去就去，与进入其他任何博物馆无异。这项决定是根据父亲的提议通过的，早在1953年12月即曾试图采取这一措施，但始终未能成功。管理局和克格勃第9局抗拒。伏罗希洛夫也反对，1918年以来他一直住在克里姆林宫，习惯于沿着宫内寂静无人的小径早

① 金伯利为南非金刚石采矿中心，金伯利岩即含有金刚石的岩石。——译者注
② 1789年这天起义人民攻克该监狱，是为法国大革命开端，后定为该国国庆节。——译者注

晚散步，而现在又是参观的人，又是旅游者，到处是行人。父亲打趣说："克利姆[①]，人家不会吃掉你的，放心散你的步吧。"伏罗希洛夫对玩笑不作回应，一直阴沉着脸生闷气。父亲起初并未催促他，对公众开放克里姆林宫算不上头等重要的大事。就这样拖延了将近一年半。争论终于让父亲感到腻烦，克里姆林宫卫戍司令部接到了开放所有出入口的指示。此后伏罗希洛夫搬出了克里姆林宫的住宅，现在他是在别墅里坚固的绿树围墙之内散步。父亲反倒喜欢上了在克里姆林宫内散步，虽说他从未在那里居住。他喜爱人多的地方，他不惧怕人群，常常深入他们之中，仿佛置身于大海的波涛，他与沿途邂逅的人们聊天、说笑。

9月，首支苏联探险队乘"鄂毕号"柴油电动船前往南极地带。当时我们还不太了解环绕南极的是一个什么样的大陆。它在地图上染为白色，视作绝对未经考察之地。国内资金向来不足，但苏联不愿袖手旁观，因为当时正值美国蓄意染指南极之际。

1955年9月17日，苏联最高苏维埃主席团宣布"对1941—1945年伟大卫国战争时期与占领者合作的公民实行大赦"。

1955年10月8日，最新式的苏联巡洋舰"斯维尔德洛夫号"和"亚历山大·苏斯洛夫号"抵达朴次茅斯进行友好访问。

10月12日，英国"凯旋号"航空母舰在列宁格勒停泊。

1955年建立封闭式城镇"车里雅宾斯克—70"即现今的"斯涅任斯克"，在那里研制核武器，作为"阿尔扎马斯[②]—16"（萨罗夫）的后备和竞争者。父亲认为将所有的"蛋"放在一个篮子里太过危险，美国的一次打击即可让我国丧失核潜力。给哈里顿[③]设置一个竞争对手，他也认为并非多此一举，人多智广，而且是在不同的地点，互不依赖。被任命为车里亚宾—70的科研领导人的，是未来的院士晓尔金。

1955年秋，切列波韦茨冶金联合工厂进行首次冶炼。

公债、降价、或厚或薄的新刊物、南极站、甚至英国女王的加冕礼，都根本不足以与取消斯大林于1936年6月27日颁行的堕胎禁令相提并论。彼

① 伏罗希洛夫本名克利门特的昵称。——译者注

② 俄罗斯城镇。——译者注

③ 苏联核物理学家、科学院院士。——译者注；苏共中央主席团1954—1964年第1卷会议记录草稿速记记录，俄罗斯政治百科全书出版社2003年莫斯科版，第67905页。以及第2卷，1954—1958年的决议，俄罗斯政治百科全书出版社2006年莫斯科版，第122—126页。——作者注

时正值大清洗前夕，他打算以这种方式弥补他所预计的人口“损失”，甚至是想让人们不要偷懒，要多生育一些，国家需要士兵和工人。对堕胎规定了严厉的刑事处罚，但堕胎并未能根绝。人们暗地里堕胎，不仅拿健康冒险，而且危及妇女的生命。卫生部部长玛丽亚·德米特里耶夫娜·科夫里金娜和工会联合会书记尼娜·瓦西里耶夫娜·波波娃两位手握大权的女人，1955 年年中向中央主席团递交报告，请求允许堕胎。

主席团中意见分歧，那天父亲不在，卡冈诺维奇主持会议，他不仅发表反对意见，而且粗暴地抨击提出问题的科夫里金娜，指责她歪曲党的加速我国人口增长的路线。科夫里金娜吓坏了。她可深知“歪曲”党的路线的人会有什么后果。米高扬为她辩护，发言开导卡冈诺维奇，劝他心平气和地说话，否则“人们再也不会提出自己的建议了”。卡冈诺维奇平静了下来，但还是利用主持会议的大权，将问题的解决推延至下周。米高扬向赫鲁晓夫告了卡冈诺维奇的状。

下一次主席团会议由父亲主持。科夫里金娜和波波娃所提出的建议实际上未经讨论即行通过，连卡冈诺维奇也未置一词①。于是现在，1955 年 11 月 1 日，堕胎成为合法之举。

1955 年 12 月 1 日，中央主席团审议有关撤销苏联最高苏维埃主席团 1948 年 2 月 21 日的《关于将特别危险的国家罪犯流放至苏联偏远地区服刑》的命令的问题②。当年斯大林认为，即便服刑期满的政治犯也不应当让其返回内地。他们这些有害的见证人，最好终生都与所有的人隔绝开来。

1948 年斯大林的这项命令签发之后不久，重新逮捕了战后从劳改营中释放的 25000 人，并将其发配到北方。1948 年 2 月 21 日以后，刑满释放者一律押赴内务部所指定的地点。截至 1955 年 1 月 1 日，这类“移民流刑犯”多达 54309 人，其中“乌克兰、白俄罗斯、立陶宛、拉脱维亚、爱沙尼亚以及其他民族主义者 23106 人”。他们都渴望回归故乡，再将他们扣留在定居点已经越来越困难，而最主要的是这样做毫无意义。

苏联总检察长鲁坚科与其他一些与此事有关的官员一道，于 1955 年 1

---

① 《莫洛托夫，马林科夫，卡冈诺维奇·1957 年·文件集》，民主国际基金会 1998 年莫斯科版，第 370 页。

② 《苏共中央主席团·1954—1964 年第 1 卷会议记录草稿速记记录》，俄罗斯政治百科全书出版社 2003 年莫斯科版，第 67、905 页。以及第 2 卷，1954—1958 年的决议，俄罗斯政治百科全书出版社 2006 年莫斯科版第 122—126 页。

月 22 日函询中央主席团，该怎么办？事情拖延了整整一年，积累了大量的资料和结论，终于由中央主席团加以审议。苏联最高苏维埃主席团让流放移民获得自由的命令于 1956 年 2 月 13 日签署，正值苏共第二十次代表大会开幕前夕。

最后一个斯大林五年计划

与农业相比，工业的情况要好一些，但其中也纰漏百出。1951—1956 年这最后一个“斯大林五年计划”，无论如何也休想完成。实际上，它也不可能完成。斯大林在制订计划之时便不曾指望会真正实现。据父亲讲，斯大林故意设定一些过高的界线，认为不管你宣布一个什么样的数字，行得通还是行不通，实际上预先计划好的产量怎么也无法达到。他从自己的逻辑出发，常常发布所谓动员性计划。心想：被难以实现的任务逼迫的企业，一定会比经过正常计算的计划的情况下完成更多的任务。他的哲学就是如此。

“斯大林计划”的巨大危害毋庸赘言。一家企业干得多一些，另一家干得少一些，都无法按时向别人提供所需要的发动机或水泥。结果，某些超额完成计划的产品却谁也不需要，只好报废，而在另一个地方，“已经造好”然而没有发动机的汽车或飞机却积压在车间里无法交付使用，楼房地基下已经挖出的基坑，由于水泥和钢筋产量不足始终是一个个土坑。有人报告超额完成计划，有人因未能完成计划受到惩处，而总体上却不清楚应当向谁要什么东西。人人都互相推诿，人人都有过错却又谁都没有过错。按照那一套“斯大林式”的方法，最终才根据所取得的成绩“校正”五年计划。结果，经过校正的“计划”超额完成。报刊上也就对此进行公开报道。

父亲向中央主席团的同僚提出，不要再自己对自己吹牛了，要维持最起码的秩序。他向部长们发出警告，让他们再也不要指望校正。眼下，随着 1956 年即将结束，第 5 个五年计划破绽百出。父亲不能容许斯大林身后的这个五年计划搞砸。谁也不关心它早先是如何计划的，只看到斯大林在世时五年计划都超额完成，而他刚一去世，一切都扭曲变样，有些人便会开始到处拨弄是非。五年计划经过校正，任何事情都再也不会对其“完成”构成威胁。然而下一个即 1956—1960 年的第 6 个五年计划。已决定老老实实地编制，而如何才能算老实，国家计委一时间却怎么也无法让各方面协调一致。

让父亲警觉的与其说是数量方面的指标，不如说是我们仍然步履蹒跚地落在世界技术进步的后面。表面上看来，我国在1930年代购买美国和德国的专利、设备，在外国工程师的帮助下建造生产现代产品的工厂，那些年拖拉机、汽车、飞机和其他许多东西都实现了跃进，达到了现代化水平，一日千里地飞速前进，赶超自己的欧美老师。实际上，经过两个五年计划之后，我们仍然在继续模仿西方的发明，重复资本家早已干过的事情。父亲认为，原地踏步的原因之一便是苏联经济的过度集中和官僚化。为每一件微不足道的小事都必须去找莫斯科，而且各个部都以不可逾越的樊篱相互隔绝。他曾经愤怒地讲述过，顿巴斯制造的煤炭运输机的传送皮带，竟然要横穿全国从符拉迪沃斯托克运来。相应的部的相应厂子设在那里，而与此同时，另一个部正在顿巴斯当地一“墙”之隔的地方生产完全同样的传送带。然而这是另一个部！他在乌克兰生活期间对这类混乱现象已经司空见惯。当时他是政治局委员和共和国政府首脑，却束手无策。

如今父亲成了苏共中央第一书记，便开始思索克服这类官僚主义荒唐现象的途径。担任地区领导人的经验告诉他，企业应当转归地方政府，那样它们便能更快地理顺彼此之间的关系。他与各州委书记交换意见，他们都热烈支持国民经济管理地区化的想法。相反，各个部和国家计委的人却激烈地凿凿有据地表示反对，他们认为，经济权转归地区会破坏计划的基本原则。现今的中央主席团委员、当年的部长莫洛托夫、卡冈诺维奇、萨布罗夫、别尔乌辛、米高扬等人，也与他们齐声附和。父亲动摇了，他尚未考虑成熟，便决定与学者和有实践经验的专家探讨这些问题。为了弄清我国在“科技进步”和“将新技术运用于生产”方面出了什么问题，为什么老是跟在资本家后面蹒跚而行，1955年4月15—16日召集设计师、技术专家、工厂的总工程师和厂长、科学研究院所领导人到克里姆林宫开会，还邀请了有关的院士参加。中央主席团全体委员都出席了会议，但他们本人并未发言，只是听取其他的人发表意见。提出了许多建议，但并未取得一致意见。于是决定继续讨论，一个月之后的1955年5月16—18日，在克里姆林宫召开全苏工业干部会议。

报告由布尔加宁起草。父亲向布尔加宁建议来个独具一格的“分工”：他自己集中谈农业，布尔加宁则负责工业部分。父亲似乎是以此平衡权力。况且，他最近数月曾多次在中央全会和各种会议上讲话，政府首脑布尔加宁却一言不发。当然，这在很大程度上取决于性格，如果布尔加宁有什么话要说，谁也不会阻拦他。不过，新颖的想法总是与他无缘。他老老实实地在克里姆林宫坐够规定的上班时间，主持应该由他主持的会议，签署机关拟就后呈请他签字的大量文件。至于出主意，他在这方面则全然依靠各位助手。对这些人能有什么要求呢？助手的任务就是帮助首长，而不是相反。布尔加宁对父亲关于作报告的建议感到不太高兴，但身居其位义不容辞。他与父亲不同，从来不亲自写报告，也不口授自己的报告，宁肯照本宣读机关内部草拟和加工好的现成文本。现在他也照例吩咐助手们着手起草讲稿，不要拿一些鸡毛蒜皮的事打扰他。大家也没有打扰他，所有的材料都汇总给布尔加宁办公厅主任阿列克谢耶夫少将。主任将其分门别类，整理成合适样式，改造而为政府主席一篇颇有分量的报告。布尔加宁充分信赖阿列克谢耶夫，总是一成不变地宣读他所准备的讲稿。阿列克谢耶夫早在国防部时期即已与布尔加宁"配合默契"。这是一个头脑聪明、积极主动、自尊自大的人，他成了缺乏主动精神的布尔加宁背后"灰色的枢机主教"①。实质上，当时是阿列克谢耶夫而非布尔加宁在完成部长会议的业务工作。

1958 年父亲本人主持政府工作，阿列克谢耶夫同他的整个办公厅都作为遗产继承下来，但父亲自己口授便函和报告，自己修改，而且到讲台上还即兴发挥。阿列克谢耶夫作为助手，试图将国防部和军工委员会的事情也揽过来，充当这些机构与父亲之间的某种缓冲器。父亲起初没有反对，可当阿列克谢耶夫照老习惯开始以他自己的名义下达指示时，父亲把他叫来，直截了当地对他说，宁可不经过中间人，亲自同国防部长、总参谋长、国防工业各部部长打交道，而无需阿列克谢耶夫代劳。父亲坚持助手就是助手、纯属辅助角色的原则。助手的工作是帮忙，而不是代替自己的老板。阿列克谢耶夫不会满足于技术执行者、哪怕是政府首脑的技术执行者的角色。结果，他和父亲分手了，落得个皆大欢喜。部长会议将阿列克谢耶夫推荐到国防部长名下。他在那里获得大将军衔，当上副部长，然而内心深处始终未得满足。

1955 年 5 月 16 日的会议开幕当天，布尔加宁宣读了一篇扎实而枯燥的报告。接着，按照早已形成的惯例，开始由各部部长、企业经理、先进生产者发言。他们汇报自己的成就，小心翼翼地批评一些部，承认自身的过错，进行自我批评。

---

① 枢机主教是天主教中仅次于罗马教皇的神职人员，是教皇最亲近的顾问和助手。——译者注

父亲一生听够了诸如此类的发言。会议令他感到失望。他希望听到的是各种建议，今后如何生活，如何让工业更富有效率，而这里依然是那一套令人大倒胃口的“倒嚼”。父亲伤心失望了，指靠布尔加宁只能是浪费时间。他们可是讲好了的，工业归入布尔加宁的“辖区”，布尔加宁的责任是弄清工业为何不能好好地运作，并且提出补救措施。

父亲忍不住了，要求发言。他只有一个晚上的时间准备发言，但他来得及。先口授速记记录稿，无论混乱状况或各种成就都以具体事例加以润饰，然后转而论述最主要之点——如何制止垂直权力的绝对化，如何克服部里的私心——就是将遍布苏联辽阔国土的工厂划分为“自己的”和“别人的”，甚至不准往本部门的“围墙”内窥探。

父亲一直未对自己的问题作答。然而甚至谈及这一话题本身都不合部长们的心意，生活中备受挫折的厂长们也不肯支持父亲。他们下不了决心，不想与“自己的”部长发生矛盾。父亲单独面对自己的难题。他也不得不亲自解决它们，不过在此之前父亲尚需深思熟虑。

会议通过了唯一的一项决议，支持父亲将规划分为当前规划和远景规划的提议。他认为，国家计委无力同时预见未来和消除眼下的混乱现象。国家计委的官员们纯粹像日常生活那样，偏爱日常事务，因为日常事务今天就会受到惩罚，至于将来嘛，那还远着呢。

父亲认为，不对两三个五年计划作出预测，我们只能是盲目地前进，摸索着干，以今天、今天的技术为目标，要好好吸引科学家，哪怕想象一下将来我们会遇到什么情况也好。于是决定将国家计委一分为二：一个从事年度计划的制订，一个进行远景预测。

相应的命令于 1955 年 5 月 25 日颁布。老国家计委叫做苏联部长会议国民经济当前规划国家经济委员会。当时人们喜欢长名称——简称即为“国家经委”。其领导人由政府第一副首脑级别的老国家计委的老主任萨布罗夫留任。

新部门叫做“苏联部长会议国民经济远景规划国家委员会”，使用旧有的简称“苏联国家计委”。按父亲之意，其领导者应是一个非同寻常、不目光短浅、不囿于陈规陋习的人。新国家计委的新主任如何进行工作，左右着国家的未来。选中的是 44 岁的石油工业部部长巴伊巴科夫，这是一个不为无休无止地进行平衡的国家计委“经验”所累、战争期间的所作所为显露出非凡才干的人。

正是巴伊巴科夫，1942 年刚满 30 岁的燃料工业副人民委员，在德军到来之前的最后数分钟炸毁了北高加索的油井。当时斯大林本人以自己的方式亲自指示巴伊巴科夫说："巴伊巴科夫同志，您要注意了，您要是给德国人留下一吨石油，我们就枪毙您。"①

巴伊巴科夫紧张极了，已经张口准备说几句适合时宜的话，斯大林却继续他的"临别赠言"："不过如果您能毁掉油田，让德国人得不到，但我们也落得个没有燃油，我们同样要枪毙您。"斯大林面带微笑，他很喜欢自己的这一套幽默。

"可是您让我别无选择了，斯大林同志。"巴伊巴科夫不知所措地嘟囔着说。

"您来选择吧，"斯大林反驳说，同时轻轻地敲了敲巴伊巴科夫的额角，"您自己去琢磨吧。"②

巴伊巴科夫不知为什么想起了斯大林喜欢兴高采烈地"开玩笑"的风度，不过这已经是爱好的问题。他完成了任务：毁掉了油田。

1943——1944 年，巴伊巴科夫在伏尔加河流域开发了"第二巴库"油田，同时从被敌人的轰炸机几乎完全炸毁的"第一个"、也是真正的巴库保障了军队的燃油供应。没有石油，我们就赢不了这场战争。

1944 年巴伊巴科夫被推举为石油工业人民委员。斯大林将巴伊巴科夫召到克里姆林宫，向他通报了计划中的任命。

"恐怕我不能胜任……"巴伊巴科夫嘟哝着说。

"巴伊巴科夫同志，我们知道让谁当什么。"斯大林以不容反驳的语调打断了他的话。

父亲是战后与巴伊巴科夫相识的，当时正在西乌克兰恢复早在奥匈帝国时代保存下来的老油井。斯大林去世之后，父亲对巴伊巴科夫有了更深切的了解，所以现在得出结论：为了顺利完成 1956—1960 年的下一个五年计划，所需要的正是这样的人。

父亲邀约巴伊巴科夫到中央委员会谈话。他却对新的任命执意推辞，请求给他时间考虑。尽管一再劝说，他始终不肯表示同意，不过他从老广场回

---

① 巴伊巴科夫说，斯大林故意把他姓氏的重音念错，以此强调他的姓氏来自"旱獭"一词，而在民俗中旱獭很不吸引人，太胖了。斯大林借此有意或者无意地贬低巴伊巴科夫。

② 尼·巴伊巴科夫：《从斯大林到叶利钦》，天然气石油出版社 1998 年莫斯科版，第 62—71 页。

到部里后，却收到一封火漆封口的公文，内有日期注明为前一天的关于任命新职务的中央主席团决议的摘要。原来，父亲通过倒填日期让他相信，一切都已经决定，甚至已经签署过了。

父亲认为工业领导人会议只是个开端，但还不得不暂停一段时间，以应付更加刻不容缓的事务。会议刚刚闭幕的第二天，父亲和布尔加宁便启程赴南斯拉夫出访两周，与“血腥的刽子手”约瑟夫·布罗兹·铁托及其“团伙”和解。南斯拉夫社会主义共和国总统当年刚刚表现出自己的一点独立性，斯大林的宣传机器便这样称呼他。访问过程中不无小小摩擦，但最主要的是和解业已达成。

1955年6月11日出访归来，为布尔加宁庆祝60寿诞。为了纪念其诞辰，与一年之前对待父亲一样，也授予他“社会主义劳动英雄”称号。

自6月中旬开始，布尔加宁和父亲都着手为中央全会作准备，会上预计继续商讨工业问题。1955年7月2日中央全会开幕，议程有4个问题：“关于进一步发展工业。关于春播的总结。关于对南斯拉夫的访问。关于召开苏共第二十次代表大会。”再次由布尔加宁作报告。与五月会议相比，毫无新意，他并未提出建议，也不可能有什么建议，而且经过的时间太短，草拟报告的也仍然是那个阿列克谢耶夫。多亏报告草案在分发给中央主席团委员们核准时，父亲加写了几段文字，谈及不仅住宅而且热电站工厂、桥梁都应当向装配式标准建筑转变，进一步改组规划机制，首先是长期规划，谈及新技术以及其他某些事情。布尔加宁来了个照单全收，管他是阿列克谢耶夫抑或莫洛托夫、赫鲁晓夫，谁再在报告中写上两点，又能有什么区别呢。

全会再向经济放权迈进了一步，暂时还是怯生生的一步，记述了一种意向，希望“将各共和国区域内的企业由部属转归该共和国管辖”，同时“将相关的联营组织和研究所从莫斯科迁往更靠近生产第一线的地方”。

如果说第一点仅只引发轻微的窃窃私议的话，那么对于第二点，联营组织的官员和研究所的科学家则是进行猛烈的抨击。谁也不愿意从莫斯科迁到外地去，大多数人也都没有去。父亲一再劝说，施加压力，进行处罚，大发雷霆，却始终毫无效果。而去职之后，他马上便被人家骂作“愚蠢的唯意志论”。可是其中并无任何“愚蠢”之处，全世界的经济布局都是如此：美国的汽车是在底特律而不是在华盛顿设计的，波音公司的飞机同样是在远离该国首都的西雅图进行设计。不过那是美国……

父亲还有一项倡议：“必须优先发展我国的东部（乌拉尔以远）地区”。

战后许多从西部疏散到东部的生产部门已经站稳脚跟。

布尔加宁在报告中特别提及动力的增长。所列举的1951—1955年期间投产的发电能力（那还是当年的保守统计）直至21世纪初仍给人以深刻印象：齐姆良水电站的发电量增长16.4万千瓦，居姆什水电站增长22.4万千瓦，上斯维里河水电站增长16万千瓦，明盖恰乌尔水电站增长37.5万千瓦，卡马河水电站预计50万千瓦的设计方案中的首批16万千瓦业已投产。已经是全会之后了，10月份第聂伯河畔卡霍卡水电站的首台联合机组开始运转，12月份伏尔加河畔的古比雪夫水电站的主涡轮机供电。

热电站的发展略为滞后，我还会讲述其中的原因，不过即便这里的数据本身也很能说明问题：米罗诺夫国营区发电站40万千瓦，斯拉维扬电站20万千瓦（二者均在乌克兰），南库兹巴斯国营区发电站40万千瓦，切列波韦茨国营区发电站首期的30万千瓦（计划发电量为60万千瓦）。

还有一个“令人头疼”的话题——消费品短缺。全会在这方面花费了不少时间。所进行的讨论主要不是在正式的、经过字斟句酌的发言之中，而是在会间休息之时，在主席团房间里喝茶的时候以及“普通中央委员”吸烟的休息室里。

如今再也不会重新进行第一部类优先还是第二部类[①]优先的教条式讨论了。在上一次的一月全会上，曾为第二部类优先狠狠地批判了马林科夫。应当说，将他解职是吹毛求疵。现在已经搞掉了马林科夫，但居民的供应问题依然如故。关于着重第一部类还是第二部类的争论显得抽象而空洞，将经济划分为第一部类和第二部类本身实际上已失去了内容。30年代第一部类即重工业、冶金业、机器制造业居于主要地位，意味着为了国家的安全，居民必须放弃的不单是应有的生活，而且是一套西装或一双皮鞋。如今这样的问题已不复存在。问题并不局限于第一部类优先或者第二部类优先，而是受制于实际生产状况失去平衡。当1948年斯大林认真开始为第三次世界大战作准备之时，出现了朝向无论第一部类或第二部类都不需要的武器生产的倾斜，以致如今经济方面的失衡成为严重威胁。从斯大林所选择的道路上转弯谈何容易。当父亲接触到要求勒紧裤带、无论如何也要建成远洋海军的库兹涅佐夫海军上将时，他对这一点深信不疑。而库兹涅佐夫只是冰山一角。无论陆军、坦克兵和炮兵，还有空军，全都要求分享一份预算。朱可夫元帅本人也

① 第一部类指重工业建设，第二部类则为轻工业。——译者注

对他们表示支持。他们全都是从保障国家安全的崇高需要出发。无论父亲还是其他什么人，都无权对他们的要求置之不理。

全会的决议中写道："在优先发展第一部类的同时，也应当坚持不懈地注意第二部类，亦即无分彼此。"

对待生产武器装备的企业方面，采取了简单而明智的解决办法：并不让它们转产，但增加它们生产民用产品的任务。这种做法以往也曾有过，在和平时期，设备即所谓可动员设施用于生产消费品，而一旦国难当头，则放弃和平产品的生产，经过一段时间全厂即可转而为战争服务。于是，第聂伯罗彼得罗夫斯克的导弹工厂不仅生产导弹，而且制造拖拉机，航空企业不仅生产歼击机，而且制造儿童车、枝形吊灯、厨用多功能菜肉加工机。至1955年初，由于斯大林所发布的那道命令，军工企业中的消费品生产几近于零。于是决定在一年至一年半期间将其份额提高至40—50%。军人们纷纷抱怨，但与库兹涅佐夫海军上将不同的是，他们并未与父亲进行公开的争论。

全会之后，关于经济问题的讨论仍未停止。父亲愈来愈坚决地偏重消费品生产，不仅依靠军工企业，而且通过价格放缓冶金企业的增长。他再也不去回想自己对马林科夫的不满，马林科夫也明智地不向他提及。

这里举几个例子。1955年11月16日，在中央主席团会议上讨论1956—1960年的五年计划草案时，父亲要求："应迅速加大第二部类的增长额，重新安排基本建设投资，压缩黑色冶金工业。"他支持化学工业部部长季霍米罗夫，该是将陈旧的黏胶丝工艺改换为醋酸脂工艺的时候了。他建议别去发明新工艺，也别去利用从资本家那里非法获取的零星情报模仿新工艺，而是正大光明地向他们购买相应的专利，当然，如果他们肯出售的话。据我所知，当时并没有人出售专利。

"住房建设不应受到限制。应提高服装鞋类的产量。星期六应缩短工作日1—2小时，到1960年再缩短4小时。需要托儿所、幼儿园、寄宿学校。我们中小学的综合技术教育搞得很差。国家计划应当加以完善：期限是3周。"

1955年12月24日，父亲针对五年计划发出感叹，更像是说给自己听："整个国家纵的方面已经打破了，横的方面却互不相关。"

七月全会上照例也审议了"组织问题"，选举乌克兰共产党第一书记阿列克谢·伊拉里奥诺维奇·基里琴科和党的主要思想家米哈伊尔·苏斯洛夫为主席团委员。选举苏斯洛夫的实力日益壮大的竞争对手、《真理报》主编德米特里·斯捷潘诺维奇·谢皮洛夫为中央书记、主席团候补委员。此人也在觊觎党的主要思想家的角色。

亲爱的铁托同志

最后，按照议事日程的顺序，全会还讨论了布尔加宁和赫鲁晓夫出访南斯拉夫的问题。中央主席团内形成两个极端：一方是父亲、布尔加宁和马林科夫，谢皮洛夫也附和他们，认为南斯拉夫是社会主义国家，应当与它建立全面的友好关系：既在国家层面，也在党的层面。斯大林主义者和传统派则持另一种意见，莫洛托夫支持他们的立场：如果要同南斯拉夫友好，那也只能像对待资产阶级国家那样。莫洛托夫不能够也不愿意改弦易辙：昨天我们还在痛斥铁托和兰科维奇①为“叛徒”，今天他们却成了志同道合者！

为了哪怕多少平息一下争吵，父亲提出成立一个由院士组成的委员会。让他们这些绝顶聪明的贤哲之士作出判断：南斯拉夫究竟是资产阶级的国家呢还是社会主义的国家。在中世纪教会分裂时代，就是这样由博学多闻的神学家来辨明这种或者那种遗训真正的“神圣性”。学者们支持父亲的看法，1955 年 5 月 12 日提交结论：南斯拉夫按各种评价标准而言都是一个社会主义国家②。莫洛托夫不同意他们的看法，始终固执己见。

与此同时，与铁托的关系正以令人头晕目眩的速度发生变化，各地区领导人有时简直来不及适应新的潮流。我姑且超前回忆一个发生在边境铁路车站的故事，1954 年 6 月 1 日铁托总统对苏联进行回访就是从那个车站开始的。颠三倒四的地方官员在车站的大楼上挂出巨大的横幅：“铁托同志及其集团万岁！”我不知道此事是否真实，但在莫斯科有关不走运的外省人所造成的这次事故却传得沸沸扬扬，家喻户晓。莫斯科本身认清形势的速度要快一些，阿朱别伊富于“表情”地向父亲朗诵了一首似乎并非他创作的四句头：

亲爱的铁托同志，

---

① 时任南斯拉夫副总统。——译者注

② 这一结论见《苏共中央主席团 1954—1964 第 2 卷 1954—1958 年的决议》，俄罗斯政治百科全书出版社 2006 年莫斯科版，第 60—65 页。

你是我们的朋友加兄弟，
尼基达·赫鲁晓夫说了，
你没有一丁点儿不是。

不过这都是未来的事，而在1955年当时，在南斯拉夫问题方面与莫洛托夫的分歧达到炽烈的程度，父亲只好决定事先取得全会的支持。莫洛托夫在全会上也不肯退让，但是父亲取得了胜利。全会以斯大林式的惯用说法，对莫洛托夫进行谴责："莫洛托夫同志作出了政治上错误的论断，歪曲了对民族问题的列宁主义原则和无产阶级国际主义实质的理解。"在不久之前的年代里，中央全会作出类似的决定之后只有一条路：被打成"人民公敌"。然而时代变了，莫洛托夫依旧是中央主席团委员，他继续固执己见，与父亲的关系越来越紧张。前不久，我们全家人还去他的别墅做客。如今"客"已经不再做了。他们不来，我们也不去。

1955年的七中全会上莫洛托夫的立场受到谴责后，围绕铁托所进行的争论并未因此而终止。一年过后，钟摆摆向了相反的方向。前面刚刚提到过的1956年6月1—26日铁托访问苏联期间，父亲和布尔加宁尽量向铁托显示友好的态度。这一点我记得很清楚。铁托报以同样的态度，诚然，方式上较有分寸。

父亲与铁托不单是在讲话和祝酒词中相互作出了友好的保证，而且故意引人注目地一直待在一起，也不总是拘泥于礼仪。一天，他们一行在摩托车手的前呼后拥下途经行人熙来攘往的高尔基大街（特维尔大街），父亲突然要求在普希金纪念像附近停车。他决定向铁托建议弃车步行，一路溜达到克里姆林宫去。

父亲从来不惧怕人群，对他可能遭到谋杀之事持达观的态度：是福不是祸，是祸躲不过。在他看来，和平时期遭到谋杀的概率本身，较之战争期间死于德国人（或自己人）轰炸的可能性，堪称微乎其微。而他所经历过的轰炸数不胜数。铁托欣然同意，他和父亲一样，喜欢"深入民众"。那天很热，他们下了吉尔牌高级轿车，与人流混杂在一起。是名副其实地混杂在一起。行人们惊异地眼看着铁托和赫鲁晓夫就这样随随便便在他们中间漫步。父亲将来宾领至普希金像跟前，开始进行一些介绍，但铁托阻止了他。铁托战前在莫斯科生活的那些年里，认真研究过城里的名胜，对普希金是何等样人的了解并不比父亲差。接着他们沿特维尔大街而下，来到红场。10来分钟之后，他们抵达那个年代名闻遐迩的一家位于莫斯斯科电报局对面的咖啡冰激凌店。这时，赫鲁晓夫和铁托就在附近的人行道上步行的消息传遍了整个市中心。他们走到咖啡店门口时，已被密密麻麻的人群团团包围，警卫人员便手拉手加以阻隔。

父亲通常由三个人保卫。铁托莅临特维尔大街之际，另外派出了20名便衣。这对于“保护”在莫斯科的中央大街上徒步而行的两个人根本不够用。负责此项活动的克格勃第9局局长扎哈罗夫上校迅即明白，现有的力量不足以控制人群，无论赫鲁晓夫和铁托还是他自已，都会被民众挤死的。

咖啡冰激凌店的门口让他看到了摆脱困境的途径。要“守住”店门，现有人手业已足够。扎哈罗夫来到父亲紧跟前耳语，建议避入咖啡店内，顺便用莫斯科的冰激凌招待贵宾。此前父亲亦已明白事情发生了非同小可的转折，便没有表示异议。铁托也无须劝说。人群越来越挤得厉害了。

父亲和来宾闪进那扇救命的门，警卫人员立即将其封堵。人群期待着父亲和客人享用冰激凌后重新在街上露面，一时安静了下来。

这时候扎哈罗夫召来了几辆汽车和一支身着制服的加强了的民警值勤队。半小时过后他报告说，可以继续往前去了。父亲正要从餐桌旁起身，忽然想起了什么事情，便环顾四周，叫了一声：“斯托利亚罗夫”[1]。当那人一瘸一拐朝父亲走去时，扎哈罗夫赶到了他的前面。父亲做手势让身高近两米的扎哈罗夫弯下腰来，对他耳语道：“必须付账，可我没有带钱。”扎哈罗夫让父亲放心，他全都“自掏腰包结过账了”。

我不知为什么记成那天父亲和铁托在高尔基大街喝的是大圆桶里的克瓦斯，大概是因为我和父亲一样，克瓦斯比冰激凌更合口味。我自己并未亲历那次事件，如今扎哈罗夫才澄清了实际所发生的全部经过。克瓦斯是父亲在另一次喝的，并不是和铁托一起喝。

民警组成了一条从咖啡店门口至轿车旁的由人墙隔离出的通道。人群在他们背后聚集，但并未乱挤。迎送父亲和铁托的是一阵阵欢呼之声。

晚上回家后，父亲讲述了他的历险故事，嘲弄他们不得不躲进咖啡馆的狼狈情形，要妈妈把他欠下的钱还给扎哈罗夫。

不过，友好虽说友好，父亲却时刻不忘莫洛托夫及其同伙正密切注意他的一言一行，所以在对待铁托时不容许出现任何一点“意识形态上的可疑之

① 时任赫鲁晓夫卫队长。战争期间腿部曾受伤。

处”。而布尔加宁秉性淳朴，1956年6月5日在克里姆林宫内欢迎铁托总统的官方宴会上，他举杯祝酒：“为朋友、为列宁主义者，为我们的战友干杯”。

莫洛托夫要求正式调查布尔加宁怎么敢将铁托称为“列宁主义者”，并且要求中央委员会随后以专门决议对其进行谴责。父亲为自己的朋友辩护，但莫洛托夫固执己见，并援引去年（1955年）中央委员会关于南斯拉夫的决议作为根据，该决议中并无“列宁主义者”字样。总算达成妥协。1956年6月29日中央主席团审查“布尔加宁案”。父亲在发言中承认“布尔加宁同志宣布铁托为列宁主义者为时过早”，并同意莫洛托夫的看法，“布尔加宁称铁托为列宁主义者表现出不够慎重，此事应予说明”，不过他也劝告同事们不必将布尔加宁案提交中央全会，仅限于在寄发给中国、意大利、法国以及其他一些共产党的通报函件中指出他“不够慎重”而已。

可是布尔加宁仍然怪罪父亲。他不觉得自己有什么过错。

我当时也不太明白，可怜的布尔加宁究竟做了什么错事。父亲对我的询问回答得很含糊，随后更是让我不要纠缠他。我至今也不了解那场争论的实质：既然承认南斯拉夫是社会主义国家，那么为何铁托不是马克思列宁主义者？这真是中世纪的经院哲学。不过自从父亲不肯或不能满足我的好奇心之后，我再也没有提出什么问题。我已经是大学四年级的学生，业已开始懂得，其中的问题根本就没有答案。

早在1952年读一年级时，我便首次感觉到了这一点。动力学院里关于科学共产主义的课堂讨论公认毫无威信，但是必须参加。上课的是副教授莫斯卡连科，他一步也不敢背离《联共（布）党史简明教程》。大部分学生听他讲课时都漫不经心，纷纷看书、玩海战游戏。反过来，他对他们也不特别在意，早就习惯了。我则属于为数不多的那类人，照例努力摘要记录莫斯卡连科的话。莫斯卡连科开始讲述即将到来的共产主义：“各尽所能，按需分配”。我举手说：“如果我的需求很多，却没有能力，那时候怎么办？”莫斯卡连科嘟哝了几句作为回答，搞得我几乎弄不清楚他说了些什么话，便继续坚持不懈地举手。莫斯卡连科不满地嘟囔了一句：“您课后再找我好了。”课间休息时他把我推到屋角里，恶狠狠地压低声音说：“别以为您姓赫鲁晓夫，就会允许您提这种危险的问题。非常危险。”他再也没说什么，把讲课提纲装进皮包，扬长而去。当时我对他颇有怨气，现在却认为，他是在真心诚意地提醒我。1952年可容不得“不合规矩”的行为。我还不懂得这一点，而他却很清楚什么地方会“满足”我的好奇心。

我不能说1952年“共产主义”的问题令我特别感兴趣。就在下一堂物理课上，我已经将所有那些我觉得纯属“蠢话”的问题置诸脑后了。物理课由当时还是副教授、未来的院士比贝尔曼讲授，讲得很精彩。1956年时，铁托是马克思列宁主义者抑或不是马克思列宁主义者，吸引我注意的时间同样很短暂，继电子物理之后，我又迷上了自动调节。

我年满二十

1955年7月2日我年满20岁了。在别墅里过生日，邀请了几个我中学和大学的朋友。7月的天气十分炎热，一开始大家在莫斯科河里洗澡，像20岁的人们惯有的情形那样胡闹一通。然后在凉台上喝茶，那些年比茶更为烈性的东西我们都不喝。

席间父亲详细询问大学生们的生活状况，打听动力学院都讲授些什么课程，如何讲授？如果说去年即1954年我们崇拜的对象是控制论的话，那么1955年我们便是热衷于最时髦的半导体“空穴”理论，这样一些纽扣般的小玩意儿，每一颗都可以取代一支电子管、二极管甚至三极管。与又大又脆的电子管不同的是，它们几乎不耗电，不会发热到熨斗的温度，既不怕震动，也不怕撞击，可以工作岂止数十抑或数百小时，而是数千小时。半导体放大器和整流器的内部构造如何，当时我们的认识相当模糊。这类深奥的道理教授也才一知半解，只能为学生开设选修课。头一天学生将教室挤得水泄不通，有如水桶里的沙丁鱼，然而让大家大失所望，教师所强调的是各种公式，而半导体内的电子如何运动、为何要运动或不运动，他都不能简单明了地解释清楚。这就表明，他连自己也远未将一切弄明白。尽管如此，我们现在总算掌握了某些知识，于是尽可能地让父亲了解这项时髦的深奥道理。虽然我们的解说逻辑混乱，他还是抓住了要点：如果所讲述的属实的话，半导体足以让电子学发生真正的转折。特别是在军事电子学方面。次日清晨，他趁热打铁，给无线电技术工业部部长卡尔梅科夫去电话，验证我们在席间讲述的那些话。这方面的事情部长比我们大学生搞得更清楚，他向父亲证明，半导体的确有前途。1956年1月19日的中央主席团会议上，父亲提出了半导体的问题，要求克格勃“打探在国外购买的可能性”。有时候情报信息就是以这种奇特的方式上达政府高层的。

那天傍晚席间关于半导体的谈话，很快转移到了发电站、电力机车和内燃机车。我们学院里也学电力机车，但那是在另外一个系，在座者看见过活生生的电力机车的只有三个人：我本人和我的朋友谢尔戈·米高扬、米哈伊洛夫。那是1953年的事情，同样是多亏了父亲。

当时正值盛夏，贝利亚被捕不久，父亲在我18岁生日前送给我一件奢侈的礼物：让我驱车去克里木，中途在哈尔科夫、斯大林诺、扎波罗热停留，在那些地方我可以看到如何制造水力发电涡轮机、坦克和飞机，人家让我去往地底的煤矿和盐矿矿井，让我参观真正的高炉和转炉，带我去看大名鼎鼎的第聂伯河水电站和新阿斯卡尼亚自然保护区。父亲认为，此行可以对我们在大学里所获得的知识提供有益的帮助。在实验室操作中将两块金属焊接起来或者浇注成一个谁也不需要的铸件这是一回事；而亲眼目睹人们如何制造真正的物件、组装大家都需要的汽车、机床以及其他许许多多的东西则是另外一回事。他已经与自己的老同事——哈尔科夫州委书记波德戈尔内和斯大林诺（顿涅茨克）州委书记斯特鲁耶夫说好，请他们展示展示“人的双手能创造出什么”。

父亲本人酷爱汽车旅行。汽车不像火车，想在哪儿停就在哪儿停，与民众聊一聊，天黑了还可以在车里过夜。他就这样驱车跑遍乌克兰，春天选在播种农忙期，夏天则在庄稼收割期间，乘坐敞篷车，有时坐“帕卡特”，有时坐“维利斯”，秋天天冷了，就改乘“吉斯”轿车。

为我们这次出行，克里姆林宫车库派了一辆大容量“吉姆”牌轿车。高尔基汽车制造厂当时冠以莫洛托夫的名字，“吉姆”即莫洛托夫工厂①之意。该厂不仅生产大众化的“胜利”牌小轿车，而且生产官员乘用的“吉姆”牌高级轿车，级别比“吉尔”牌低一些，专供中央主席团委员、部长、元帅和院士乘用。但容积同样相当可观，7个座位之外，后面还带有两个活动座椅。这次出行的费用从父亲应享受的休假经费中支付。路费不贵，那年夏天一批“吉姆”轿车出厂驶往克里木为国家别墅服务，父亲即利用了其中一辆。车内的座位绰绰有余。

父亲让我邀约两个朋友一道前往。我并未多想，邀请了谢尔戈·米高扬（后来的历史科学博士，拉丁美洲领域的专家）和同班同学斯拉瓦·米哈伊

---

① “吉姆”系俄文ЗИМ（Завод имени Молотова）的译音。

洛夫（大学毕业后在国家安全委员会研究部门工作，专门从事“隐蔽通信工具”的研制，晋升至将军衔）。为了以防万一，父亲让自己的一名卫士科罗特科夫陪同我们。他俩自1942年在列宁格勒即已相识。父亲对他完全信任。

1953年7月中旬，我们这个5人团队（克里姆林宫车库的司机也算上）出发上路了。当时乘车从莫斯科沿着虽说不很平整、但终归铺了柏油的公路驶往克里木，与现代的汽车野游毫无共同之处，倒更像叶卡捷琳娜二世[①]时代的一次旅行，只是无需在众多的驿站上更换马匹。铺了路面的道路在谢尔普霍夫以远的一个地方终结。我之所以说“铺了路面”，是因为在平滑的柏油路面上我们只能开到莫斯科市郊为止。谢尔普霍夫一过，便驶入不折不扣的绕行道。

那个年代国内仅有莫斯科至明斯克的唯一一条公路，那还是早在战前建成的，德军1941年正是沿着这条公路进攻莫斯科。

战后，好像是1947年，斯大林决定去克里木的利瓦季亚休养，那原是沙皇的行宫，后来成为斯大林专用的国家别墅。众所周知，他害怕乘飞机，便坐火车前往。返回莫斯科后，他下令铺设一条通往利瓦季亚的现代化公路。至1953年，工程全线展开，从谢尔普霍夫至辛菲罗波尔，拆掉了那条原来并非到处都铺上路面但总还算体面的道路，原地形成了基坑，坑里填些沙子，上面铺以砾石。未来的公路两旁，在旷野中而不是在城镇里，通常都会建一些汽车加油站，堪称那个时代的奇迹。不过奇迹时代尚未到来，旅行者只得不断寻找绕行道。一路上我们扬起灰尘，直至哈尔科夫。幸好7月末天气炎热干旱。那些连自卸卡车也爬不出来的深沟和车辙，令人想到一场喜雨之后这里会是何等景象。

我们抵达哈尔科夫后，在波德戈尔内那里做客数日。每天早上都从参观工厂开始，好在哈尔科夫工厂很多：一个厂装配米格飞机，另一个厂为电站组装巨大的涡轮机，还有一个厂则装配最现代化的坦克，那是大名远扬的34型的继承者。我感到很拘谨（是我们几个毛孩子让这么多重要的成年人放下各种重要工作），因此不好意思提问，但看得却很仔细。父亲没有错：创造所有这一切奇迹的人以及“奇迹”本身，让我们日后铭记终生。接着从哈尔科夫出发，我们的道路延伸向斯大林诺、顿巴斯，稍稍偏离施工中的公路。用築路机推出的乡间土路现在已经不是绕行道，因为这里从来就没有别的

---

① 18世纪的俄国女皇。——译者注

道路。

在斯大林诺，又领着我们去参观工厂，下盐矿井，那里地底下高大的岩洞里使用的是名副其实的挖掘机。为了对比，又让我们参观煤矿。要想进那里的坑道，必须弯着腰行进，有时干脆就爬行。

当时不知是在哈尔科夫还是顿巴斯的一个工厂，让我们参观内燃机车。它与司空见惯的蒸汽机车的差别，简直就像拿喷气式轰炸机与公共马车相比。外体为流线型，干干净净的驾驶室里安装着假皮布座椅、仪表板，正面是一块飞机上那样的大玻璃。我感到不胜欣喜。陪同我们的领导，也许是厂里的总工程师吧，让我们观赏了他的产品之后忧郁地说，他们设计的内燃机车已不是第一台了，却几乎没什么用，不准许投入批量生产。

我出于年轻幼稚，一时深感气愤：我国怎么会发生这样的事情呢？我没有得到他明确的回答，工厂领导人理所当然地不把我们看作需要认真对待的交谈者。

我不准备描述我们随后的旅程：第聂伯河水电站大坝，长满针茅草和百里香的新阿斯卡尼亚草原及其“草原孤岛”，植物保护区花园，温柔的黑海。我只想说，不知为什么余下的整个期间，漂亮的内燃机车及其辛酸的命运始终在我的脑海中挥之不去。

回家后，我向父亲讲述了我的印象。他听得很专心，并对下矿井的细节感兴趣，而对内燃机车的故事却似乎当作了耳旁风。我不放心，重又提起内燃机车的话题。父亲紧皱眉头，对我挥了挥手说：“别纠缠了。”不知何故，他不想议论内燃机车的事情。

时至两年之后我过20岁生日，重又谈起了内燃机车，不过已经不是我，而是谢尔戈和斯拉瓦想让父亲相信，内燃机车更好、更经济，且不必说比蒸汽机车要干净得多。父亲再次默不作声。很快我就明白了个中原因。那些年围绕着内燃机车，在父亲与中央主席团内负责运输部门的卡冈诺维奇之间，展开了一场非同小可的争论。卡冈诺维奇对内燃机车深恶痛绝。父亲认为绝对不能容许在家里议论最高领导人内部的分歧。好吧，让我一一道来。

值得用钞票生炉子吗？

如果说当年，国家计委的分与合、是优先发展第一部类还是第二部类、经济上集权还是放权都是我所关注的中心，那就未免夸大其词了。事情则我更感兴趣的是朋友、学院中的情况。不过也不能说我对国家大事纯然漠不关心。我们家的生活全都围绕着父亲和他的兴趣转，不管愿意不愿意，我们满脑袋都充斥着“他的”信息。通常在晚饭过后和浏览傍晚那批文件之前，他都会外出散步，我便跟随着他。这种晚间的散步，有时是早晨短时间的散步，早在基辅时即已成为习惯。我们散步时，我会向父亲讲述我所知道的各种消息，他听了会答上几句，有时候则完全充耳不闻，一门心思考虑某些与我毫不相干的他自己的问题。这时候我便缄口不言，我们沿着环绕别墅的园林中的小径默默漫步，先是在房子周围，然后进入树林，朝着施工中的马林科夫别墅的方向走，接着转向右边，沿着莫斯科河上方的峭崖返回。

父亲拾级而上，一气跑到凉台，坐在已铺好桌布的小圆桌前，要一杯柠檬茶，便埋头批阅公文。文件按其所属的部门不同，分别归入红色、浅蓝色和绿色的公文夹，堆成一摞放在父亲的左手，经过阅读，加上批语（大多是用红铅笔），走完过场，归入右手的一摞。通常用两三杯茶的功夫阅毕之后，父亲将公文塞进一个容量很大的深棕色皮文件夹，夹子胀得鼓鼓囊囊，似乎永远也合不上。文件夹的扣子咔的一声响，大功告成，该去睡觉了。父亲起身，踏着吱嘎作响的楼梯来到二楼，那是他的卧室。如果他来不及阅完文件夹中的公文，就随手带走文件夹。反之，则将文件夹留在楼下前厅里的小圆桌上，第二天早晨上班时再带走。

如果父亲傍晚不是一个人回来，那么散步期间便会与来客讨论令他们焦急不安的问题，我只能消极地陪着他们，没有发言权。交谈的话题随着父亲所担任的职位而变化。斯大林去世之前在基辅谈乌克兰，后来谈的是莫斯科，眼下则谈的是全国的大事。有些事情我比较感兴趣，有些事情不太感兴趣，还有一些事情则当做耳旁风。

应当说，我非常喜欢地理。记不确切了，我迷上地理要么是在四年级，要么甚至是在三年级的时候。妈妈在我们基辅的住宅走廊里挂了一张苏联大地图，我常常一连几个小时用手在上面摸来摸去，几乎肉体上可以感觉出山脉上的高峰和沼泽低洼处的水面，找到表示铁矿的矮小的黑色三角形，或者像是石油钻井塔那样的较为苗条的三角形。那当然是开采石油的地方。地图上大量的正方形小黑块，那是煤炭。还有其他许多符号：钾盐、普通盐、镁、钨。国家的物质资源令我欢欣鼓舞：很快我们就会变得比世界上所有的国家都强大，谁也不敢进犯我们。

我清楚地记得，1946年斯大林向全国宣布：只要我们每年开采出5亿吨煤、6000万吨石油，炼出5000万吨钢，我们便会变得不可战胜，而且就会建成共产主义。他在自己的许诺中避免提出具体的东西，但大家都会过上很好的生活。为了实现这一切，斯大林规定实施三个五年计划。后来，已经是迁居莫斯科之后了，我努力地认真观察分析报纸上发表的完成年度计划的综合报道，计算我们接近朝思暮想的界线还有多远。我感到遗憾的是，报纸上当时并未公布具体的生产数据，只有今年超额完成计划的百分比和与前一年相比的增长率。但由于计划经常修改和订正（我已经描述过其过程和原因），想从报纸的报道中寻求什么东西根本办不到。尽管如此，我还是真心诚意地相信报纸的报道，且因此感到高兴，几乎到处都超额完成任务10%—15%，只是在报纸的下面一栏中才羞羞答答地蜷缩着几个“断送”了计划的业绩最差的殿后者——那通常都是木材加工业职工，差一两个百分点才能达到满分的林业和地方工业。不过对这些部门我们并不特别关注：最重要的是石油、钢铁、煤炭，其余的会逐步改善的。尤其是石油，缺了它我们可能就赢不了对德战争，总的说来这是最有价值的原料，现在已经可以用石油来制造那么多的东西，而将来更是……留着大胡子的门捷列夫①从中学化学课本的书页上指责后人们说：“用石油生炉子就如同用钞票生炉子。”

火炉烧石油是浪费，近乎犯罪，不仅学校里以此教育学生，斯大林本人也鼓吹同样的观点。石油、汽油都是战略原料，一向储存起来防备发生战争，几乎不曾耗费在和平的需要方面。

斯大林去世之后的最初数年，百分比的游戏仍在继续。只是在事后，几年之后从父亲的讲话中我才弄明白，并不是经过三个五年计划至1960年才开采6000万吨石油，而是经过两个五年计划，到1955年时已经开采这么多了。不过，这对国家而言仍然不够。斯大林打错了如意算盘。汽油、索拉油②以及其他各种石油产品始终都是奇缺类物资。汽车（当然是国有的；私家车1950年代实际上不存在）都按照规定的限额加油。自己的定额用完了，你就等下个月吧，也不管你是开轿车接送首长还是用卡车运输新收获的粮食。

人们尽可能地节约石油及其产品，斯大林禁止发电站烧重油，开始到处

① 德·伊·门捷列夫（1834—1907），一译门捷列耶夫。俄国化学家、多种学科科学家。发现化学元素周期律并据此创制化学元素周期系。——译者注

② 又称太阳油，主要用作拖拉机、固定柴油机和船舶柴油机的燃料。——译者注

在河流上修建大坝：斯维里河、第聂伯河、卡马河、伏尔加河上都修。斯大林觉得水能是白得的，水自己顺着河床流下来，转动涡轮机，发出电流。至于修建水电站比建造火电站所费的工夫和劳力要多得多，斯大林并不特别担心，我国的囚犯绰绰有余。斯大林改造自然的计划中所包含的首先是将伏尔加河、第聂伯河、卡马河以及我国所有的欧洲河流拦腰截断，接着是我们在学校里已倒背如流的那些西伯利亚河流。所建的热电站极其有限，仅限于那些没有水、几乎全要靠煤的地方。

铁路上占主要地位的是蒸汽机车，火车行驶得很慢，要停许多站加水加煤，但是改用内燃机车的事想都别想。内燃机车消耗石油，斯大林将其列为最严格的禁忌。卡冈诺维奇警惕地监视着这一禁令的执行。

现在父亲决定打破这条禁令。

我如今已记不清是几月几日了，但确切地记得那天傍晚父亲回家时心情激动，深受与动力工程科学家们会晤的影响。他们讨论了如何加快发电站的建设。工业增长迅速，电力不足却成了灾难。与父亲座谈的人都认为（他没有提到他们的姓名），应当将重心从水力发电站转移到火力发电厂，允许烧石油，那样，发电设备投产的期限就能缩短两三倍，建设费用节约得更多。父亲听了这一席今天看来纯属平淡无奇的大实话后喜不自胜。现在我理解他了。他一直生活在斯大林的石油资源不可触动的阴影之下，如今本属显而易见的事终于猛然变得显而易见起来，曾经认为不能解决的问题突然一举获得解决。父亲不能也不想一味隐忍，便开始讲述国家面前所展现的是何等样的前景。他那些离经叛道的话让我震惊：他怎么胆敢烧石油呢？我们给后代子孙什么也留不下了！父亲并不反驳我，但我认为时间更为重要。我们应当赶上并超过西方、美国，而且是在最短的期限之内。没有电，这种事想也别想，而建造水电站几乎要拖延 10 年之久。出路只有一条：允许使用石油，而且如果可能的话，也使用天然气。“这是暂时的决定。”他安慰我说。

我相信父亲的话，但对烧掉的石油感到惋惜。

对于父亲的革新持反对态度的不独我一个人。当然，谁也没有问过我，可是他在政府中所遭遇的反抗相当严重。那里占据主要地位的是水利工程建设者——“水电派”，他们并不打算认输。

在任何国家机构或技术组织内部，都会经常产生派别斗争。这种斗争并无任何反常之处，生物界过去和现在都一直在发生自然选择，科学技术过程中也是如此。一切都很自然，如果从旁观察，内部的“自然选择”看起来则有所不同，谁都不愿意落得个被淘汰的结局，至少要经过斗争，残酷的斗争。这根本不是什么纯理论的彬彬有礼的讨论，而是一场不讲规则的厮杀，这时候所有的手段都无所不用其极。

父亲提出转向火电站，“水电派”自然从中看出了对自己在部门中的优势地位的威胁，便开始反击。他们连篇累牍地向中央委员会写报告，证明变更优先顺序不但会对国家造成无法估量的损失，而且会引发一场真正的灾难。在我的生日7月2日开幕的中央全会上（如上所述），父亲试图调和敌对的派别，谈到了将水电站和火电站合理地结合起来，有必要将各种方案标准化，无论在水电站或火电站的建设施工中都过渡到组装化，同时还谈了其他许许多多的事情。

父亲取得了胜利，并且不仅仅是凭借自己的地位（虽说单凭这一点他也不可能不取得胜利），站到他一方的是一些颇富威望的“经济管理部门领导人”：计划部门的萨布罗夫和巴伊巴科夫，甚至还有曾经重建第聂伯水电站、建设斯大林格勒水电站、从1954年起即担任电站建设部部长的洛吉诺夫。

向水电派一方“倾斜”的状况开始扭转。全会后不久，莫斯科的两座热电站改为使用天然气。仍然是根据父亲的建议，1956年初决定除热电站之处，再补充以原子能电站，愈演愈烈其中烧的甚至都不是石油和天然气，而是更为“贵重”的铀①。

“火电派”愈来愈感到自信，数年之后的1958—1959年，他们已经试图摆脱“水电派”了。建设一座水电站，虽说不像从前一样需要10年，但仍然得五六年，而火电站经过两三年即可投入运转。按照他们的逻辑，结论只能是：“水电派”白白将资金打了水漂。而且水电站淹没大片大片的高产农田，更不必说它们给渔业所造成的损害，尤其是在伏尔加河上，那里的鲟鱼，已经无话可谈了。父亲觉得“火电派”的论据颇为有力，他甚至在古比雪夫水电站投产典礼上公开对他们表示支持。

1958年8月9日，全体“高层领导”——中央主席团委员阿里斯托夫、勃列日涅夫、苏斯洛夫、波利扬斯基，与父亲一道莅临该地。父亲在水电站建设者的群众大会上赞扬了他们所完成的业绩之后，突然开始怀疑起来：我们所做的事情对不对呢？国家的资金使用是否合理？他仿佛是在出声地思

① 参见《苏共中央主席团1954—1964会议记录草稿速记记录》，俄罗斯政治百科全书出版社2003年莫斯科版，第83、87、108、151、165页。

考，是在与自己的听众商讨。根据向他所呈报的安排，业已在施工的下一座伏尔加河梯级水电站——萨拉托夫水电站，功率为100万千瓦，耗资40亿卢布，建成需费时4年。而现在如果在萨拉托夫附近的萨拉托夫天然气产区建设一座100万千瓦的火电站，耗资不过10亿卢布，建设者们在3年之内即可交工。这样看来，如若奉行以火电站为主的方针，国家既可赢得工期，又可节约资金。有些事情值得深思。

“我们的水力资源不会跑到哪里去的，”父亲结束自己的“贺词”，“我们有责任让投入动力领域的资金加速发挥效益。”

“火电派”额手称庆，仿佛他们已经取得彻底胜利。然而并不是这么一回事。“水电派”采取了对策，提出转而实行块砌组装施工（当然不是大坝本身），按照他们的计算，这可以显著地降低费用，缩短工期。早在三年之前的1955年，父亲即曾在中央全会上和会后号召“水电派”和“火电派”都要从装配转而采用预制板块修建电站的房屋和设施。当时“水电派”对他的话听而不闻，这些人与“火电派”不同，他们的工程中最重要的是大坝，在这种背景下房屋之类就成了不屑一顾的小事。如今却不得不抓“小事”了。结果节约相当可观，达数百万之巨。减少淹没耕地的工作亦已开展。从前“水电派”引以为荣的是“人造海”的浩瀚，如今则开始适应景观，在设计方案中预先考虑到防护性的填土堤坝。没有纠葛是不可能的。“水电派”持续不断地找遍国家高层领导人，小心翼翼地抱怨说，“忽视”水力动力工程可别在将来造成消极后果，石油和天然气迟早会耗尽，而水则永无穷尽。他们在一些领导那里未能得到支持后，马上又去找别的领导。总算有些收获。政府中意见发生了分歧。

父亲的助手之一扎夏德科袒护“火电派”，另一位高级官员——俄罗斯联邦国家计委主任诺维科夫则支持“水电派”。两人都去找父亲。父亲既不怀疑副手们的真诚态度，也不怀疑他们的专业技能，便责成他们两人共同研究解决。建立了一个专门委员会，指派扎夏德科和诺维科夫为领导人，让他们前往伏尔加河，那里正在修建一些梯级水电站——古比雪夫水电站已经开始运行，萨拉托夫水电站接近竣工，斯大林格勒水电站亦已开工，还有其他一些水电站在排队等候。问题很严重，造价高达数百亿卢布。争论得声嘶力竭，所采取的决定高明而正确：坚持优先建设火电站，但水电站的施工也不能推翻。这一决定当然不是不可更改的，不可更改的决定在生活中并不存在，生活在前进，情况在变化，轻重缓急的次序也会改变，需要采取新的决定，有时候还须是迥异于昨天的决定，更不必说前天的决定了。

“水电派”与“火电派”的争论不仅没有平息，而且以新的力度爆发，这一派和另一派都在寻求新的技术解决方案，也就是足以证明自身正确的论据。他们的做法很正常。前进途中出现的障碍可以激发出力争将其克服的积极性，如此往复，无休无止。

1958年10月，父亲从中国回国途中顺道去了一趟布拉茨克水电站。安加拉河6月间截流，现已开始浇筑大坝，“水电派”便劝他去看看他们的成就。父亲欣然同意，他自己也很想瞧一瞧这座不久即将面世的全球最大的水电站。“水电派”尽量显示自己光彩的一面，不断说服他：苏联西伯利亚动力业的前途在于那里的河水，其中蕴藏着巨大的能量，正是应当往这里投资。

他们的话听起来颇富说服力，父亲并无异议，但也并未急于表示同意，打算听一听另一方的看法。他提出，一俟返回莫斯科当即再次召集会议，在心平气和的情况下详详细细地讨论一切。

10月末大家在中央委员会相聚。双方都做了充分准备。“火电派”在会议室的墙上挂满了附有各种数据的宣传画，那都是一些在建的20万—30万千瓦的涡轮机组，已经设计好的50万—80万千瓦的项目，“百万”功率大电站的纯全用预制板装配而成的“轻便”大楼。在南方地区则效法美国人，打算在一般情况下都不要楼房。

“水电派”带来了许多设计图，有叶尼塞河、勒拿河、阿穆尔河、安加拉河上的宏伟水坝，有虽然略小、但仍比传奇般的第聂伯河水电站巨大的一些中亚水电站，还有我国欧洲部分尚未调节利用的河流上小巧玲珑的水电站。建设这些水电站时，不单是楼房，而且连有些地方的大坝，都准备使用不久之前刚刚研制成的具有独创性的混凝土预制件。它们有如房间大小的硕大空箱子，在工厂里制作好，然后固定在给大坝留出的地方，再浇上混凝土。并不需要模板，施工周期不及原先的若干分之一。这样的预制件绰号“公牛犊”，已经在萨拉托夫水电站工地试用过，现在打算普遍推广。

所希望得出的结论不言自明：如果为他们“水电派”提供必要的资金，他们就能给国家“倾泻”形同免费的电力。父亲谛听汇报人的讲述。他必须做出决定，而且是确定国家未来几个五年计划期间的发展的决定。

大家坐了两个小时，时间够长的了，但要确信对所有这一大堆问题都一举获得深切领悟，所需要的时间就不只两小时，而要多得多。此外，尽管预先提醒了不要打扰，秘书却仍然时不时表示歉意，请求父亲拿起他身旁的自动电话听筒：事情紧急。“电话铃声让人怎么也集中不了注意力，”父亲抱怨说，“你们的建议的实质我领会到了，不过光有实质还不够，我想详细地进行一番分析。按照你们所带来的这份俄罗斯国家电气化委员会的第二套计划，动力业的发展速度要加快一倍，要建立全国统一的能源体系，实现全面的电气化。不应当仓促行事，我建议再开一次会，而且不要在莫斯科开。下个月我要去休假，咱们就在阿布哈兹皮聪达我的别墅会面吧，坐上一天、两天、三天，需要多久就多久，然后再把问题提交部长会议的主席团会议。”

就这样决定了。

应邀出席的人于11月24日飞抵皮聪达。陪同电站建设部长诺维科夫及其副手的是制定水电和火电方案的官员、涡轮机厂的总设计师们。不出父亲之所料，11月25日大家坐而论道整整一个工作日共8个小时，尽情地展开争论。结论是父亲回到莫斯科后在联盟宫做的，11月28日上午他在全苏能源工作者会议上讲话称：“在什么更好这一问题上并无争论。这个好，另一个也好。如果能建得更快一点，水电站就要好一些。要是间隔时间比火电站短，比如说只要一年，那就可以同意优先发展水电站。但是不能付出两三倍的工期。建设什么更为合适呢：是水电站还是火电站？我认为这是愚蠢的争论。建设什么都一样：怎么吃面包更好呢？抹黄油还是不要黄油？如果吃面包也吃黄油，那么抹上黄油就要好一些。”

会议再次为“火电派”和“水电派”的争论作出总结，他们每一个人都在适应自己的处境，而且适应得很顺利。不久之后，“原子能派”也加入了他们的行列。

1955年底，继垦荒、改组海军、重新研究电力方面的战略之后，父亲当即着手抓运输业，闯入了卡冈诺维奇的世袭领地。开始时小心翼翼。铁路专家们一致表示赞成内燃机车，蒸汽机车早已完成了自己的使命。实质上谁也没有对他们提出异议，我国和全世界一样，无论40年代还是50年代初，都设计过内燃机车和电气机车。不过在世界上，尤其是在美国，内燃机车和电气机车到20世纪中叶时实际上已经排挤掉了落后的蒸汽机车，我国则仅只生产了一些试验性的系列，事情未有进一步的发展。“钢铁般的”斯大林式的人民委员卡冈诺维奇，无论战前、战争中和战后都“盘踞”在运输部门，除了蒸汽机车，别的什么东西连听也不愿意听。

内燃机车与蒸汽机车之争无须特别费力进行抉择，数字本身即可说明问题：蒸汽机车的有效系数为4%—5%，顶多8%，亦即90%以上的燃料白白浪费掉了，而内燃机车的有效系数高达30%以上。这还有什么可争论的呢？

然而一切都取决于卡冈诺维奇。卡冈诺维奇在其漫长的仕途中所领导过的不单是运输业，而且有重工业、燃料和建筑材料开采、物质技术供应、劳动和工资问题，流传着许多关于他的传奇故事。他常常高声叫骂，蛮横无理，素以待人像斯大林般残酷无情著称，但其惊人的敏锐感觉也超群出众，这让他这个不久之前的鞋匠既能够搞好复杂的铁路基础设施，又能做到燃料的供应平衡。同时，他一旦对什么观点确信无疑，便拼死捍卫，要想让他回心转意、改变信念绝无可能。而且也很少有谁胆敢反驳卡冈诺维奇。要是有人敢于冒犯他，尤其是在电话交谈之际，那么通常“倒霉”的便是话筒。他在气头上会使劲摔到铺在写字台上的厚玻璃上，砸得碎片横飞。这种情形一日数次。

如若他的受害者只是被砸碎的玻璃和电话听筒倒也罢了……那些受到处罚或者只不过不同意办公室主人的看法的经济管理部门负责人，往往径直遣送到那种很少有人能够活着回来的地方接受“改造”。

* * *

20世纪60年代，人们纷纷讲述发生在卡冈诺维奇办公室的真真假假的事件，有悲剧性的，有令人啼笑皆非的，也有纯喜剧性的。卡冈诺维奇当时已被剥夺了权力，所以他先前的下属说起话来便无所顾忌。

我想离开内燃机车和蒸汽机车的话题，转述一个故事，那是1960年代我乘电气列车从列乌托夫回家途中听来的，当时我在该市由切洛梅院士领导的火箭设计局工作。那天我的同路人是一位已经不算年轻的工程师，他是搞调温系统的——简单点说，就是搞仪表散热的。很遗憾，他的姓名我已经想不起来了。

战争刚一结束，他便在莫斯科汽车制造厂开始了自己的职业生涯。厂里利用从德国弄来的设备，安排生产我国几乎还不知为何物的日用冰箱。

“1948或1949年的7月间，电话铃声响起，”我的旅伴讲述道，“我拿起听筒，当即惊呆了，来电话的是政府第一副主席、斯大林本人的战友卡冈诺维奇的秘书。他问明是谁在接电话之后，命我立即去见‘掌柜的’，汽车他们已经派出了。”

我的交谈者胆怯了，但并不太厉害，他熟悉自己的工作，可是从不曾有机会与卡冈诺维奇打交道。

“在此之前，我们已经学会了生产冰箱，”我的旅伴继续说道，“我们的产品冷冻效果良好，虽说不无噪音。我估计，卡冈诺维奇需要某些资料，所以便带上了一大沓文件。”

他由一辆持有特别通行证的小汽车送入克里姆林宫，免除所有的手续，径直领进政府副主席的办公室。他跨进门，困惑不解地愣住了：宽敞的房间里闷热得令人难以忍受（时值盛夏），窗户紧闭，靠墙安放着一排他所制造的冰箱，全都敞开着箱门。

写字台后面坐着肥胖的怒不可遏的卡冈诺维奇，而顺着那排冰箱的地方有一个手足无措的人跑来跑去，后来才知道，那是克里姆林宫的服务人员。

“你的那些冰箱什么屁用也不顶，”卡冈诺维奇大喊大叫起来，用拳头拼命擂桌子，震得装有厚重的绿玻璃灯罩的台灯差点儿飞到地板上。“这是在搞破坏活动……”

“事情糟了，”我们这位冷藏技术人员头脑中闪过一个念头。“这里刚才发生了什么事情呢？大众消费品展览吗？但是办公室里只有冰箱……而且为什么这么多？”

“知道吗，外面很热，卡冈诺维奇同志这才叫给他的办公室里放一些冰箱，”旁边有个地方传来一个人痛苦而惊慌的声音，他当时正在不断地开开关关那些倒霉的冰箱的门扇，可是总也弄不出名堂，温度只管上升。

“我一直不明白那里出了什么问题：冰箱门敞开着，里面是空无一物的涂有白色搪瓷的架子，冰箱本身吃力地发出低沉的轰鸣声，仿佛一列准备行军的坦克纵队。而且也像坦克队列一样，冰箱纷纷散发出热气，”讲述者回忆说，“然而人家不容我多加考虑。‘喂，你有何话说？’卡冈诺维奇的语气略有缓和。‘你的产品一点儿也不中用。你这是在破坏我们苏维埃政权的威信。’

卡冈诺维奇重又开始激动起来。”

“拉扎尔·莫伊谢耶维奇①，”我们这位无缘无故已成“破坏分子”的老兄试图插话，“冰箱是这样一种装置，机器……并不都会发生奇迹……”

“还有什么奇迹呀？”卡冈诺维奇吼叫了起来。“你自己也看见了，统统打开了，可一点儿也不制冷。”

卡冈诺维奇喘着气，不再做声了。

① 即卡冈诺维奇。——译者注

“我明白了，要是我不能让自己冷静下来，就不能吸引卡冈诺维奇的注意力，也就无法用短短的一句话通俗易懂地说明制冷机械工作的实质，我的性命也就不保了。”我的伙伴的声音变得不自然起来。

“拉扎尔·莫伊谢耶维奇，是这个地方在制冷，”我走到一台冰箱跟前，将箱体左上角另一个小门打开，“这里才是冷的。您自己来试试吧。”

卡冈诺维奇很感兴趣地将自己的一只手伸进冷冻室，证实其四壁不单在制冷，上面甚至凝结着一层霜。

“这有什么用？”卡冈诺维奇仍在生气。

“拉扎尔·莫伊谢耶维奇，”“客人”打断办公室主人的话，“为了让里面变冷，就必须从那里头将热量分离开来，随即排到别处去。您瞧，冰箱后面有一些薄片，这就是散热器。您自己摸摸看，它们全都烫着呢，热量就从其中散发到空气里。往外面跑掉的热气比里面产生的冷气更多。开着门的冰箱就没法让您的办公室凉快起来，倒是在加热呢。”

卡冈诺维奇朝冰箱后面瞧了瞧，伸出手指摸了摸热交换器发烫的散热片，猛地缩回了手，太烫了。接着又把手掌伸进冰箱的冷冻室。

“你这是干吗呀？竟然把这些箱子搞到办公室来。”现在他将全部怒火都发泄到那个不走运的克里姆林宫职员身上。

此人吓得半死愣在那里。

“这样就会好一些，凉快一点儿，”卡冈诺维奇讥讽地学着职员的腔调说，无论对冰箱还是在场的人都失去了兴趣，愤恨地嘟哝了一句：“都给我滚出去。”

“要是当时我惊慌失措，我现在也就不可能和你在电气列车上聊天，而是在科雷马①的什么地方了此残生了。有一段时间，简直烦闷极了。一有机会我就辞去了厂里的工作，实在没法瞧见冰箱了。我进入航空部门，这里安生一点儿。”我的交谈者结束了叙述。

*　*　*

不过，还是再来说内燃机车吧。1955 年父亲并不怕卡冈诺维奇，他在克宫的官阶等第中居于更高的级别。在这种情况下，卡冈诺维奇与莫洛托夫不同，从来不争执，尽管自己持有不同意见，也都随声附和。不过父亲也不想与他发生冲突，有太多的事情将他们联系在一起。是卡冈诺维奇引导父亲参

---

① 苏联东北部的苔原地带，寒冷荒凉，当年曾作为流放地。——译者注

加革命，后来在1930年代又让他掌握权力。他们一道工作了那么长的时间。但是将私人感情置于国家和事业的利益之上，父亲同样办不到。

父亲决定背着卡冈诺维奇秘密采取行动，然后再让他面对既成事实。1955年8月，他召见不久前刚刚被任命为国家计委主任的巴伊巴科夫，吩咐他用一个月时间制订出铁路运输改造规划，要在三个五年计划期间将运输改为内燃机车和电力机车牵引。

巴伊巴科夫十分清楚，蒸汽机车属于上一个世纪。可是卡冈诺维奇呢？……巴氏在燃料工业人民委员部担任卡冈诺维奇的副手非只一年，摸透了此人的脾气。而且正是卡冈诺维奇在中央主席团和部长会议，主管燃料和运输。巴伊巴科夫深知卡冈诺维奇的观点。父亲对此也一清二楚，所以要巴伊巴科夫将制订规划之事尽可能对卡冈诺维奇保密，直接与交通部部长别谢夫配合行动。

巴伊巴科夫回到国家计委后，不失时机地将别谢夫请过来。无需说服，别谢夫比谁都清楚，蒸汽机车早该寿终正寝了。可是卡冈诺维奇呢?！……

“尼古拉·康斯坦丁诺维奇[①]，此事尼基塔·谢尔盖耶维奇[②]同拉扎尔·莫伊谢耶维奇[③]谈过吗?”部长担心起来。

“问题就在于没有谈过，”巴伊巴科夫回答说，“而且，他还让把他的这个想法对卡冈诺维奇完全保密。”

“可是制订这样的方案怎么可能对拉扎尔·莫伊谢耶维奇保密呢，他在部长会议可是负责整个运输部门的呀，”别谢夫着实吓坏了。“不，免了我吧，尼古拉·康斯坦丁诺维奇，干这事儿我不能。你倒什么事情也不会有，你是政府副主席嘛，可我呢，万一卡冈诺维奇知道，我准得倒霉。”

“你别怕，”巴伊巴科夫劝说这位部长，“这可是赫鲁晓夫本人作出的安排，另外，此事对国家也极其重要。”

“倒也是，”别谢夫犹豫了，然而大概想象到了卡冈诺维奇大发雷霆的模样，便坚决得出结论：“这事儿我不能掺和。”

巴伊巴科夫很同情别谢夫。他明白，卡冈诺维奇不单是部长会议副主席，而且还是中央主席团委员，赫鲁晓夫不在时，就是由他主持中央主席团会议。他绝不会轻饶别谢夫的“叛变”行为。可巴伊巴科夫也不能不执行赫

---

① 指巴伊巴科夫。——译者注

② 指赫鲁晓夫。——译者注

③ 指卡冈诺维奇。——译者注

鲁晓夫的嘱托呀。

“这么说，你是胆怯了？”巴伊巴科夫作出妥协。“那咱们就这么说定：你给我准备好所有的材料，再派一个可靠的内行人到国家计委来，其余的事统统由我们的人去做。卡冈诺维奇要是知道了，你就假装与你毫不相干。”

“难道卡冈诺维奇是傻瓜吗？”别谢夫火了。“他这就能相信？不行，还是别让我掺和这种事吧。你就只当我们没有谈过，我什么也不知道，所有这套想法都是国家计委提出来的。”

“简直毫无办法，”巴伊巴科夫让步了。“你只需给我准备我所需要的材料就行了，其余的事由我来办。”

别谢夫以苦笑作为回答。他夹在两扇磨盘之间深感憋闷：一方面是赫鲁晓夫，他的嘱托十分及时和明智，另一方面呢——又有卡冈诺维奇……

苏联铁路上的这场革命，国家计委准备了不止 3 个月，而是 5 个月。考虑到任务极其复杂，期限也就创了纪录。1956 年初即将在中央主席团讨论这一规划，而卡冈诺维奇对草拟中的文件却一无所知。别谢夫及其下属默默地支持这一新举措，一点儿也不愿意为难国家计委，而国家计委的人更不会找自己的麻烦。秘密直到 1956 年 1 月才揭开，这时卡冈诺维奇已收到向中央主席团例会所提交的文件。巴伊巴科夫的办公室里响起克里姆林宫自动电话的铃声。

“巴伊巴科夫，你给中央提交了一份有害的文件，”卡冈诺维奇连问候语都没有，便吼叫起来。“万一开战，敌方一上来就先摧毁油矿和电站，铁路一瘫痪，我们也就完了。”

由于愤怒，他的声音嗡嗡作响。这要搁在几年前，巴伊巴科夫遭到这样一通严厉斥责后，只有去卢比扬卡①一条路。如今他已经感到自己是安全的了，甚至还尝试着进行反驳。

“拉扎尔·莫伊谢耶维奇，可是即便蒸汽机车也需用燃料，煤矿也可能像油矿一样遭到破坏呀，”他说服对方，“改成新的牵引方式的优越性显而易见，发达国家早就不用蒸汽机车了。”

“我过去反对，往后也坚决反对这个想法！饶不了您！”卡冈诺维奇仍未息怒，不过马上又稍稍放低了嗓门，打问了一句：“是谁叫你这么干的？”

“第一书记。”巴伊巴科夫没有说姓名。

---

① 克格勃总部所在地，暗示监狱。——译者注

“为什么不向我报告？”卡冈诺维奇追问道。

“不想让您为难！”巴伊巴科夫几近放肆地回答说。

“好了！我反对！”电话听筒里传来一阵响亮的哗啦声，然后是一片寂静。想必是卡冈诺维奇拿听筒使劲儿敲桌子。

两三个小时后，父亲给巴伊巴科夫打电话。

“您提交的文件很好嘛，巴伊巴科夫同志，”父亲的声调中流露出快意，看来，卡冈诺维奇也给他去了电话，“我希望明天在中央主席团会议上我们能说服他。只是你要好好准备一下。肯定会向您提出一大堆问题。”

接下来父亲开始询问种种细节。临道别时巴伊巴科夫讲了卡冈诺维奇来电话的事。

“哎，不必在意，”父亲笑了起来，“他还能干啥？所以，我才让你对他守口如瓶嘛。要不他就传得全莫斯科都沸沸扬扬。”

1956 年 1 月 5 日，中央主席团一致批准了规划，卡冈诺维奇并没有反对，只是抱怨说，没有吸收他参与制定，到最后一天还对他保密。不过在场的人都把他的话当耳旁风，就连他自己最终也投了“赞成”票。卡冈诺维奇总是跟着有权势的人投票①。

如今，蒸汽机车除非在博物馆里才能见到，而且并不是每一个博物馆里都有。它们早已毫不留情地扔进了废铜烂铁堆。

不仅是蒸汽机车事件，父亲的其他一些革新的倡议，也都伴随着激烈的抗拒和不少有趣的纠葛。很可惜，那些年中所发生之事的许多细节都不曾记录下来。事件的目击者没有撰写回忆录。这样我们也就没有了鲜活的历史。档案中保存的都是一些枯燥的、极端简略的苏共中央和苏联部长会决议的段落，再有就是一些诸如 1956 年巴伊巴科夫所写的那类针对决议的解释性报告。此外就会有凭猜测了，而猜测在历史上不知会导致什么结果。我们知道的不过是我们所了解的情况而已，别无其他。

---

① 《苏共中央主席团第 1 卷 1954—1964 会议记录草稿速记记录》，俄罗斯政治百科全书出版社 2003 年莫斯科版第 84—85 页。第 2 卷决议 1954—1958，俄罗斯政治百科全书出版社 2006 年莫斯科版第 174—178 页。苏共中央和苏联部长会议决议《关于铁路电气化总计划》。在文本中加入中央主席团会议上所发表的各种意见之后，于 1956 年 2 月 3 日正式发表。参见《铁路运输发展的问题文集》，1957 年莫斯科版，第 23—25 页。又见尼·康·巴伊巴科夫《从斯大林到叶利钦》，天然气石油出版社 1998 年莫斯科版，第 131—133 页。

莫斯科的十字路口

从格拉诺夫斯基大街前往别墅，我们的行车路线通常都是：先沿着阿尔巴特大街前行，然后经过博罗季诺桥驶上多罗戈米洛夫大街，接下来从明斯克公路向右拐到鲁布廖夫卡。由此往左拐上乌斯片斯基公路，一直开到乌索沃村。全程耗费半小时至 40 分钟。那时候，关于即便最殷勤的警卫人员，连想都不敢想车队配备闪光信号灯和护卫车辆、封锁交通要道等等，如果他们提出类似的建议，父亲肯定会一笑置之。斯大林去世以后，担心“恐怖分子”（仿佛他们要谋杀苏联领导人）的风气业已消逝，卫队也裁减了。诚然，并非一蹴而就，而且不无压力。

有一年夏天，父亲在去别墅的途中从汽车窗户中注意到，有一些身穿同样的灰色服装的年轻人在公路上游荡。汽车接近时，他们便急匆匆地躲进了灌木丛中。最缺乏经验的人也都能一眼看出，这是一些化了装保卫交通线的克格勃工作人员。父亲开口责备自己的卫队长斯托利亚罗夫说：老百姓的钱应当节约使用，不能随便挥霍浪费。斯托利亚罗夫从斯大林格勒时期便同父亲在一起了。此前担任父亲个人卫队队长的是另一位军官，一个“有问题”的人。每一次从前线来到莫斯科的时候，那么总是习惯性地消失，不加节制纵酒贪杯。到了应当返回之时，父亲便须给他的亲属和熟人打电话，满城寻找自己的这位卫士。他甚至开玩笑说，他已经弄不明白究竟是谁保卫谁了。临到 1942 秋，父亲对这一切感到腻烦，便要求弗拉西克给他挑选新的卫队长，弗拉西克负责保卫斯大林，同时也照管各位政治局委员。于是父亲身边就出现了斯托利亚罗夫中校，也好喝酒，但同时又忠于职守，与父亲寸步不离。斯托利亚罗夫跟随父亲经历了整个战争，只有 1943 年因病在医院中住了不长一段时间。当时在库尔斯克弧形地带，距离他俩不远处爆炸了一颗德军“容克”飞机扔下的炸弹。命运宽饶了父亲，而站在旁边（确切地说是从他旁边跌入沟中）的斯托利亚罗夫却被一块弹片炸伤了腿。从此腿便瘸了，且极易感到疲乏，但并没有放弃军职。

斯托利亚罗夫按级转达了父亲对在交通沿线“游荡”的年轻人的不满，并加上他自己的意思，说“掌柜”的态度很坚决：要么把他们弄走，要么就让他们不要在眼前露面惹人生厌。上司选择了第二种做法，然而“不在眼前露面惹人生厌”却并非易事。无线电台由于体积笨重，当年还无法随身携带，为了保持公路沿线迅速准确的通讯联络，便在灌木丛中栽上一些内中隐藏电话的绿色柱子。由中心的值班人员负责通知“保镖”：保卫的对象出发了。可是指令规定保镖不得站在电话旁边，而是“避免引人注目”地在公路上“自己的”路段溜达。电话柱子栽得不是很密，一根得管两三公里，通常要跑到它跟前，才能听见音量不高（意在保密）的铃声。“保密”并不起作用，父亲落实了他的威胁，下令削减克格勃的财政拨款，压缩警卫局的编制。

“小伙子”们不见了，绿色的电话柱子却留了下来。我当时喜欢一个人或者与朋友们一起，骑着早年的战利品——笨重的德国自行车沿着乌斯片公路兜风。遇见的汽车很少，公路两旁全是未经采伐、长满草莓和蘑菇的森林。我们稍事休息，便动身去采野果，遇上绿色的电话柱，曾不止一次试图抠开金属小门，但都无果而终，锁打不开。

电话柱毫无用场地兀立着，直到1964年父亲去职之时。随后公路旁边渐渐地重又出现了“小伙子”——外勤警卫队的工作人员，肩膀上别着无线电话机。他们并不隐蔽，一旦收到信号，便迅即封锁交通，让政府车队通过。

政府车队也是一项新举措。父亲向来都是由载有三名卫士的一辆汽车护送，十字路口的民警只要从远处听见“政府”专用信号器颇具特色的咯咯声，便将交通信号灯转换为绿色。这些信号器并未装在汽车罩盖下面，而是装在散热器前的保险杠上。这种能保证出行一路绿灯的信号器，是莫斯科为数不多的汽车所艳羡的目标，外号“呱呱”，不知是由于它们所发出的声音，还是它们形状。安在一个笨拙的镀铬圆“蛋”上的同样镀铬的长喇叭口，引发人们一定的联想。

配备有“呱呱”的汽车在莫斯科的街道上畅行无阻，但在鲁布廖夫公路上阻隔明斯克铁路的道口栏杆前，如今的地铁“青年站”的地方，即便是“呱呱”也无能为力。当时运行的火车比现在要稀少得多，但总归还是相当频繁，很难让长长的汽车行列在道口栏杆的铁管朝天时及时疏散。只要红色的信号灯一闪，值班员便会从岗亭中出来，吹响号角，开始扳动放下栏杆的机械手柄。运气不好时，你就等吧：管你是装有“呱呱”的高级轿车还是普通卡车，全都无关紧要了。包括父亲在内的所有的人，对交通堵塞的长蛇阵早已习以为常。

1955 年夏天的一个星期日，一切都变了。像往常一样，这一天父亲是在奥加廖沃的别墅中度过的。那天他处理完通常分量的文件之后，前往自己过去在莫斯科党委时的同事家中做客，地点在伊利因斯科耶邻近莫斯科河大桥的休养所。后来该处修建了 60 年代及其后许多年都名噪一时的“俄罗斯农家餐厅”。

父亲定期看望“莫斯科同事”。天气晴好时通常都是荡舟出行。他自己当划桨手，妈妈和姐姐们坐中间的长凳，我则在船尾“掌舵”。身后远随着的是卫队的小船。父亲不喜欢他们“前呼后拥”。在伊利因斯科耶靠岸后，父亲沿着绿色的木头阶梯，轻快地跑上陡峭的左岸，叫喊着打招呼：“这里有活人吗？”某个“活人”应声作答。当地对父亲的到访早就习以为常，此刻在伊利因斯科耶公园的条条小径上漫步的已经是一大群人。父亲居中，旁边是卡皮托诺夫、福尔采娃、格里申、特列嘉科娃、沃尔科夫以及其他一些莫斯科官员，还有他们的妻子或丈夫、全家老小。

散步时父亲开始议论其时让他激动不安的一些问题，或者与此相反，莫斯科人争着把自己的种种问题“塞”给他。就这样漫步一两个小时。接下来，早饭的时间到了。父亲示威性地从裤子口袋里掏出表来说：“该走啦，”便毅然决然地向小船走去。做客时他很少用餐，席间得坐好长时间，不单是吃饭，而且要喝酒，听大量的祝酒词。他认为，这一切都是白费时间。

那天父亲想起了道口上的交通堵塞，便谈到修建铁路天桥的事。我可不喜欢他的想法：这就像碰巧来了一位官老爷，他不肯像大伙儿一样站在道口栏木前久等。父亲仿佛看出了我的心思，便开始议论司机们在这种排队等候中要浪费多少工时和工作日，这个我们谁也没有计算过，其实很值得一算。“莫斯科人”同意他的看法，但不知何故并不高兴，毫无热情。

不久之后，苏联首批两座立交桥开工，横跨一条“开放性公路”和我们那条鲁布廖夫公路，使用的都是钢筋混凝土组装件（父亲特别关注这点）。在建期间，道口的交通拥堵进一步加剧。两年过后，几条铁路线上方架起了天桥，时隔不久谁都无法想象先前这里的状况大不一样。

我不记得是同一次还是另外某一次了（父亲荡舟去伊利因斯科耶游玩相当频繁，一次次在我的记忆中混淆到了一起），父亲谈起一个我当时感到绝对不切实际的话题：莫斯科的交通逐年增长，十字路口汽车堵塞的队形变得越来越长，尤其是在途经花园环形路的时候。如果今天不采取措施，明天这就会成为一个严重的问题。父亲提出在十字路口下面开凿汽车隧道，而在人流特别密集的地方，则在车行道下面修建地下人行横道。我听着父亲的话颇为惊愕：还要什么人行横道和隧道呀？我简直替他害臊。“莫斯科人”紧张地默不作声，对父亲的意见既不反对也不支持。父亲觉察出受到冷遇，也就没有坚持，只说应当考虑考虑，估一估价。再次会面时他想起了运输立交工程，便问“莫斯科人”估算得怎么样了。大家都哑口无言，原来他们并未将父亲的话当真，以为他说过之后也就忘了。然而他并没有忘，眼下已经是坚持让他们向他提供计算结果了。提供了计算结果，但事情毫无进展。市政府当局认为父亲搞地下人行通道和隧道的想法“毫无用场”，便竭力以抵制。父亲则坚持己见。如果我没有记错的话，库图佐夫大街、高尔基（特维尔）大街及和平大街的首批人行通道，是1957年莫斯科国际青年联欢节刚刚结束之后开始设计的，而交付使用则是1959年，不知是五一节前夕，还是十月革命节前夕。起初人们并不乐意下地道，不想白白浪费时间，都习惯于从地面上大步横穿街道。后来便习惯了。

莫斯科十字路口上方和地下的运输立交工程于1964年开始运营，那已经是父亲去职之后的事情了。

父亲将行人和汽车赶入地下，相反，却又决定将地铁引出地面。在莫斯科一些仅仅尚在进行规划的新区（那里的一切都还在建筑师手中），他建议不要将地铁铺设在地下，而是建在地面上。只有在接近市中心时，才让地铁列车钻入地下，这样，无需换乘即可将乘客送到他们想去的地方，哪怕径直去克里姆林宫也行。又便宜又简便。父亲的这一意图遭到市政当局无声的抗拒：地铁是现代交通运输工具呀，这一来岂不弄得和电车差不多了吗。

地表地铁反对者的主要论据是：它“吞噬”的土地太多，虽说暂时还是空地，但已经十分紧缺。父亲并未与他们争论，认为“物各有时”。地表地铁还能在郊区使用20年甚至更长的时间。如果莫斯科继续扩张，那么城区的增容必须加以控制，最好是完全抑止，否则，随着建筑物密度的增加，后代的人便会动手将地铁迁至地下，只能在莫斯科的远郊区的某些地方才能冒出地面。

如果父亲知道他想出的并非什么新主意，也许会感到惊讶。在伦敦，早在20世纪初叶该市迅猛发展的时期，即已开始建设地下兼地上的地铁了。英国历史学家们证实：“新的‘混合型地下铁道’在短短数十年间改变了城市的面貌，将其纳入了特大城市完整的机体。”相似的情况，相似的问题，眼下连解决的办法也都相似。

斯大林的地铁防空洞概念拥护者也反对父亲。战后斯大林不仅将地铁赶到地下，而且掩埋得愈深愈好。一旦遭受原子弹袭击，莫斯科人可以在其中藏身。斯大林直至临终前都不曾忘记，战争刚开始时他为躲避德军轰炸，在4米深的地下度过了许多个日日夜夜，那是在1934—1937年间建成的一个专用的地下掩体里，邻近地铁“基洛夫站”。11月6日他在每年传统的庆祝大会上讲话，并不是在大剧院，而是在地铁“马雅可夫斯基站”。斯大林在世的最后数年里，为此目的甚至还下令开辟一条从市中心到基辅火车站的深藏的地铁复线，从交通的观点看来，这纯属徒劳无益。

斯大林考虑的是战争，父亲则考虑的是和平。父亲认为，在核袭击的情况下任什么地铁也无法救命，在和平生活中，多余的数十公里道路对莫斯科人而言绝非无足轻重。

地铁建设者抱怨了一通之后，不得不开始铺设地面线路，先是不听从深的“基辅旧支线”的延长部分，接着又往其他一些方向铺设。

父亲去职之后，地铁也像他的其他一些创举一样，被认定为“唯意志论”的表现，又开始将地铁列车赶入地下。

再过半个世纪，时至21世纪初年，莫斯科当局为了节省资金，推出了“卢日科夫式”① 的“轻便地铁”概念，但就其实质而言，正是在恢复“赫鲁晓夫式”的地上地下相结合的城市交通的旧有想法。不过“轻便地铁”的发明人并没有提起过父亲。

莫斯科的环城公路

大约同样是在1955年，也可能稍早一些，谈及莫斯科的环城公路问题。过境运货卡车常常阻塞市区的街道，排放废气，需要设法解决这个问题。此前远处已经有两条环行路，但有专门的用途，规定只能为莫斯科的防空亦即为新的“金雕”导弹防飞机系统服务。父亲和马林科夫不久之前曾去过建设中的发射阵地。这些路被视为秘密通道，不对普通的交通运输开放，而且位置太远，即便第一条也距离莫斯科50公里之遥，沿着它绕城而行对运输业者而言费用过于昂贵。父亲回忆起，早在战前他首次任职莫斯科时期，他们

① 尤·米·卢日科夫曾任莫斯科市市长。——译者注

即曾讨论过建设环城公路的可能性问题，甚至已开始进行某些科学研究，可是随后他调往基辅，而且战争期间也顾不上修路的事。

这里不妨插入一段题外话。我谈到父亲的建议，并不意味着他要求享有创意的优先权。他并不是发明家，而是国家元首。他可以将自己的发现“赠送”给任何人，正如他也常常吸收别人的“合理”建议一样。我是在讲述父亲，讲述我所了解的和听他讲到的事情。因此，如果有人要求拥有优先权而来找我，那是找错了地方。何况这涉及的是环城公路，许多人都谈论过它的必要性，但要将想法变成现实，需要赫鲁晓夫，需要他的意志力和坚持不懈精神。

莫斯科环城公路从 1956 年至 1962 年修建了整整 6 年，全长 109 公里，将近半米厚的混凝土地基，柏油路面，每个方向两车道，中间是 4 米宽的隔离带。

这样的道路，当时在我国想都不敢想。在习以为常的狭窄公路上，包括具有代表性的明斯克公路和辛菲罗波尔公路，载重汽车和小汽车排起了见不到尾的长龙。前面行驶的汽车车轮下飞出的污泥浆，溅到了随后跟进的汽车的挡风玻璃上。刮水器无济于事，只好停车，用湿抹布擦拭，并重新排到队列里去，随时准备抓住机会超过前面行驶的自卸卡车，跟在同样的这样一辆卡车后面。这样的情况无止无休。而现在有两车道，你想什么时候超车、超谁的车，悉听尊便，不过路沿上装有特制的有棱有角的许多棘轮，你的一个车轮刚刚压上去，它们连熟睡的人、死去的人都能给惊醒。有一次我亲身体验了它们的作用。那已经是父亲去世之后了，我开车去看望妈妈，当时她住在莫斯科郊外的茹科夫卡镇。头天晚上我从乌克兰休假回来，驾了一个通宵的车。突然汽车抖动起来，把我惊醒，我不假思索地猛踩刹车，这才明白我的车压上路沿了。要不是有棘轮，我也就不可能写这些往事回忆了。

1962 年夏天，竣工之前不久（环城公路于 1962 年 11 月 6 日正式投入使用），父亲在一个休息日前往视察工程进展情况。我当然也紧跟着他。我们的车没开多久，就从鲁布廖夫卡拐上了乌斯片斯基公路，好在有环城公路，从莫斯科近郊任何一个点到这条路都极为近便。父亲瞧着整条路厚厚的混凝土浇筑的地基和一层柏油硬壳，十分高兴。它迥异于我们已司空见惯的那些“路”：沙子垫底，再铺一层碎石和柏油。过上一年，这种路就会变得凹凸不平，过上 5 年，便只得整个重修。环城公路看上去已建成了永久性的。建设者们向父亲讲述他们所采用的革新措施："沙石地基上以钢筋混凝土做底座，这非常重要，无须用销钉连紧接缝。"我与父亲不同，并不怎么明白这些话是什么意思，但也听出了这很重要。修筑环行路的经验，后来在全国各地铺设高速干线时得到了运用。父亲满意地连连点头，他对这条路和它的建设者们都感到满意。

环城公路两侧的路堤不限于司空见惯的路肩，建得很宽，看上去似乎从左到右都足以再铺设一条这样的路。返回途中我想打听打听："干吗要这么浪费呀？"父亲解释说："这是我要求建设部门修筑地基时留有后备，造价是稍微贵一点，但将来一旦路面需要展宽，再填土不仅费力而且费时，沙土也需要弄瓷实。"现在他们已经考虑到了将来。当时我觉得这种操心纯属多余。什么时候才需要扩展本来已经很宽阔了的环行路呢？过了 30 年，1970 年代就出现了这种需要。环城路的每个方向都增加两个车道，当年所打的地基恰到好处。在这件事情上，人们当然也不会想起父亲。

克里木的无轨电车

父亲还有一个"道路"方面的创意：克里木的无轨电车线路——从辛菲罗波尔至雅尔塔南岸。连接两个城市的，原来是一条蜿蜒于山间裂隙中的道路，那还是特级公爵波将金[①]的土地测量员铺设的。在列夫·托尔斯泰或契诃夫的作品中，都可以读到沿着这条路旅行的观感。半个世纪之中变化不大，只是已不再乘坐驿站马车，而是坐大轿车了，并且路面浇了沥青——黏黏糊糊的黑色石油焦油，与碎石混合在一起，像子弹一样从卡车的车轮下飞蹦出来。其余的情况一成不变：大批疗养者自火车站或飞机场赶到各自的疗养院，仍然要经受许多个小时的折磨，依旧是密密麻麻的停车点，备尝颠簸和一路源源不绝的其他种种"滋味"。诚然，现在之所以设置停车点，并不是为了喂一喂因挣扎上山口业已精疲力竭的马匹，而是司机要冷却汽车散热器内已经沸腾的水。

战后到克里木有两条路可走，要么直接翻越艾佩特里峰，路过曾战胜拿

① 格·阿·波将金（1739—1791），俄国国务和军事活动家，陆军元帅，女皇叶卡捷琳娜二世的宠臣和亲信，曾开发克里米亚（克里木）地区。——译者注

破仑的库图佐夫陆军元帅[1]的纪念碑旁，他正是在附近与土耳其人的战斗中负伤，变成了独眼；还有一种走法，就是沿着坡势较为平缓、但蜿蜒程度仍然不减的一条路，绕过阿卢什塔市。战前还有第三条路，那是一条最漫长、最美丽、不过也最危险的通道——经过塞瓦斯托波尔和拜达尔山口，沿着克里木群山蜿蜒于大海上方的悬崖峭壁行进。战后这条路已对疗养者封闭。根据斯大林的命令，在巴拉克拉瓦[2]的山崖中开凿一个巨大的洞穴，用作潜水艇的地下停泊地。

从辛菲罗波尔到雅尔塔全程平均费时四五个钟头，如果遇上一个胆大的司机，则稍微快一些。但“大胆”对大多数乘客而言代价高昂，在陡峭的山间弯路上，以普通的速度行驶，客车都有如黑海上的小渔船在10月的风暴中“颠簸”。父亲不止一次在这条路上往返，诚然，他和我不一样，从来不受晕车的罪。有一年深秋（我已经不记得是哪一年了）父亲休假返回莫斯科后，建议将阿卢什塔公路取直，而且要做到无轨电车能够在上面行驶，从辛菲罗波尔出发，途径所有的疗养地，直达雅尔塔。

他的设想让我感到比建莫斯科地下人行横道和立交桥更加轻率、荒诞：无轨电车是供大城市使用的，而这里不仅必须沿着将近100公里的山间路线架设电线，而且沿途需要设置许多牵引变电所。这一切都是为了疗养的那些人？有这种想法的不止我一个人。反对他的这一设想的人不在少数，而且每个人都有自己的理由。波利扬斯基不久之前还是克里木州委书记，父亲对他很赏识，想方设法提拔他，我记得，他曾极度严肃认真地向父亲证明，旅途的体验对休养的人大有裨益：历尽艰险走完蜿蜒曲折的山路之后，在山口上歇脚，呼吸略带咸味的新鲜空气，欣赏阳光闪耀的大海，该是何等地心旷神怡。但他未能说服父亲。父亲认为，从公路上平稳行驶的无轨电车车窗里欣赏海景，要更加令人惬意。

父亲坚持自己的意见。克里木那条路拓宽、取直了，1959年开通了无轨电车。许多年过去了，如今这条宽阔舒适的公路已经变得平淡无奇，仿佛它从塔夫里亚特级公爵波将金时代开始就在这里。人们像忘记了父亲一样，早将当年的种种不便理所当然地忘得一干二净。

---

① 米·伊·库图佐夫（1745—1813），俄国统帅。参加过18世纪历次俄土战争和俄奥法战争。1812年卫国战争中任司令，打败了拿破仑的军队。——译者注

② 乌克兰城市。——译者注

并未获得专利的发明

从我的讲述中可能会形成一种印象，父亲似乎是在星期日出游期间或者在沙滩上顺带处理各种公务。自然并非如此。他处理公务理所当然地是在老广场中央委员会他自己的办公室或者克里姆林宫，只不过我没有在场。我能够有所耳闻的仅仅是父亲各种活动在星期日和下班之后的余音，也是发生在克里姆林宫会议上的讨论抑或争论的余音。既然这些问题让父亲深为关切（而涉及国家和民众利益的一切都让他深为关切），他在家里也会继续寻找新的“无可辩驳”的论据，在身边的人中寻求共同的感受。

有时候父亲会产生一些新的想法，在他看来并不属于他的“管辖范围”，当然并不是什么运离现实的、而是举国上下都深感关切的问题。1950 年代后期开始装备弹道导弹，起先是来哈伊尔·库兹米奇·扬格利设计的中程导弹，然后是谢尔盖耶维奇科罗廖夫的洲际导弹。它们都是可怕的武器，但要毁灭它们自身也并不特别费力。发射区域内的一次爆炸，并不一定是核弹爆炸，便可以将它们脆弱的外壳变成一堆废铜烂铁。父亲灵机一动，想到将弹道导弹隐藏到地下，放进竖井里。他将自己的想法告诉了科罗廖夫、扬格利和研制发射设施的巴尔明，他们是夏天在克里木进行的交谈。设计师们正在与父亲的国家别墅毗邻的“下俄瑞阿德斯疗养院”休养，父亲便邀请他们到我们的浴场“晒一晒太阳”。父亲的设想被设计师们否定了，都认为无法实现，于是他很长时间再也没有提起导弹发射井的事情，直到我给他看了有关美国的导弹地下防护掩体的报道，那些掩体与他向科罗廖夫和扬格利所建议的一模一样。美国这样做之后，“技术上论据充分的反对意见”已失去意义，地下发射阵地在导弹部队中得到了公认。现在甚至不便再提起，我国首倡这种发射阵地的正是赫鲁晓夫，而发射成套设备总设计师巴尔明则一度反对。

再举一例。1959 年在塞瓦斯托波尔讨论海军事务的过程中，父亲产生了将潜艇与水下翼导弹快艇相“杂交”的想法。这种快艇可以长时间地在己方的海岸附近的水下守候敌人，浮出水面后以快艇的高速接近敌方，并用飞航式导弹向其发起攻击。与会者当即纷纷反对：水下埋伏要求有结实而沉重的“艇体”，而迅猛的快艇袭击则与此相反，要求艇身轻便。虽然如此，我的上司、导弹专家弗拉基米尔·帕夫洛维奇·切洛梅和他的长期伙伴、潜艇设计家帕维尔·彼得罗维奇·普斯滕采夫、“飞航式”快艇研制者罗季斯拉夫·叶夫根尼耶维奇·阿列克谢耶夫都自告奋勇，要仔细研究父亲的“发明”。飞航式导弹获得了成功，被命名为П－25，而水下快艇则未能搞出来。

岁月如梭。岸基飞航式导弹综合设施已学会了在数百公里的距离内发现和击沉敌舰。对解决这一问题的“水下快艇”的需要已不复存在。研究父亲的“发明”的工作亦已停止。我在21世纪初从一家专业刊物上见到一篇论文，其中对导弹快艇与潜艇的杂交前景进行研讨。我不知道，这一次它会获得什么结果。

斯大林的利瓦季亚

1955年10月父亲在克里木休养，离雅尔塔不远，就在不久前落成的位于海滩浴场边上的1号国家别墅。别墅上方的高山之上，路边矗立着沙皇的利瓦季亚行宫。沙皇亚历山大二世从波托茨基伯爵手中购得这个庄园大约是在1862年。他的儿子亚历山大三世在其地面上兴建了一座宫殿，自己也死于宫中。该宫转归尼古拉二世。通常认为，它并不是俄罗斯帝国的财产，而是沙皇的私产。尼古拉二世觉得这座行宫不够威风。众所周知，亚历山大三世不喜欢为自己破费，连礼服都是补丁摞补丁。1910—1911年在旧宫殿的地方，按照建筑师克拉斯诺夫的设计方案建起了新的白色石头的大利瓦季亚宫。革命后它被宣布为全民财产，在其中设立了一个疗养院。第二次世界大战结束之后，斯大林将该宫据为己有，变作了他自己的别墅，而相邻的那些克里木庄园，他则赏赐给自己最亲密的一些战友。阿卢普卡①的沃龙佐夫宫归莫洛托夫，尤苏波夫宫（如果我未搞错的话）则归卡冈诺维奇。它们都获得了国家别墅的地位，但名不符实，实为个人所有。

我们家从基辅迁居莫斯科后，斯大林对父亲特别厚待。厚待得引人注目。例如，1950年夏天他提出，要父亲打发我们——妈妈和孩子们，去他（斯大林）在克里木利瓦季亚的别墅休养。应邀入住斯大林的别墅，无论此前还是此后，也无论是马林科夫、莫洛托夫还是贝利亚的家人，都不曾获得这样的厚爱。父亲当时不知什么原因未能前去休假。

---

① 乌克兰城市。——译者注

看来事情是在7月里，朝鲜战争刚刚爆发，我为“我们的人”焦急万分，直到临行前还缠着父亲一再盘问。为了满足我的好奇心，他给我一幅朝鲜地图，上面用红铅笔勾画出战线。半岛最南端的釜山港周围是密密麻麻的圆圈。

这是我生平第二次看见黑海。战前的1940年或1939年，我跟随妈妈去过索契[①]。那个年代留下的记忆不多，只记得：我们坐在疗养院小小的凉台上等待着太阳“没到海里去洗澡”，一边还吸吮着可口的“久舍斯梨”甜甜的汁液，梨是从隔壁的果园里低矮的梨树上摘来的，那罕见的鼓着小包、圆圆的青色果实只有网球大小，还不能吃。如今我已经是15岁的“成人”了，为南国的迷人风光深深陶醉：天空澄澈明净，随处迷漫着傍晚的气息，群山从白昼的炎暑中渐渐冷却下来，花坛上芳香扑鼻的花烟草星星点点地盛开。花丛上天蛾翩翩展翅，高处则是蝙蝠在晚霞中四处飞窜。当然还有大海，千百次被人描绘的清纯明丽、赏心悦目的大海。

白色石灰岩建造的低矮的沙皇故宫，规定只能供“主人”本人使用，其余所有的人像沙皇时代一样，则让住在附近用大理石镶面的“住宅式”三层楼房——侍从楼里。我们也被安置在其中一套侍卫官般阔绰的住房里。

我对住所的印象不深。就是千篇一律的“政府式”住房，配备着千篇一律的家具，与我们在莫斯科的住房鲜有区别。我们的全部生活都集中在四外向下延伸得相当远的大海和浴场。沿着山崖边陡峭的小路步行，需要疾走20分钟，回来时爬山则要整整一小时。我们是人家开着美国吉普车送到浴场的。别墅的车库里闲置着各种各样的汽车，直至“帕卡德”牌都一应俱全，但即便是仅仅来过一次的“主人”，去浴场也宁肯乘坐吉普。他的“客人”当然也是用吉普接送。

浴场大而空旷，用一道道带刺的铁丝网与周围世界隔离开来。远处的隔离带之外，则是人人可进的“野浴场”。最初几天风平浪静，令我不胜惊讶的是：大量白得透明的冻胶一般的水母，在水边和一些与它们非常相像的同样白白的长形小气球——使用过的避孕套，竟然混杂在一起。距离斯大林的浴场不远的海中，露出雅尔塔的排水管道，遇到风力“适宜”的时候，它喷出的水柱长时间地在浴场边晃动。当时无论卫队、克里姆林宫医生还是卫生防疫站，全都对此并不在意。生活就是生活嘛。

① 黑海沿岸港口，著名的疗养地。——译者注

比浴场稍高的一块平地上，有一个木板结构、漆成天蓝色的小淋浴室。从海上看去，它显得绝对和平、无害，但在雅尔塔，其中却倒卖各种各样的东西。浴场面海的方向是不加守卫的，于是载着丝毫也不会引起怀疑的两个人的小船，会时常划到岸边，希望在天蓝色亭子里找到出售汽水或冰激凌的人。“抓捕”疗养者成了多年无所事事的警备队军官们心爱的消遣。他们干得十分巧妙，绝不会提前暴露自己，一直要等到仅只身穿游泳衣和游泳裤的受害者把自己的小船拖到遍布海岸的砾石上，直奔淋浴室之时，在他们的半路上才会出现穿着一身制服的尉官，要求出示证件。证件当然没有，因为很少有谁去浴场时会随身携带身份证。警卫马上使用隐藏在树丛中金属箱内的电话，向值班人员报告“事故”的情况。大约过了半小时，值班长官乘坐吉普车赶到，通常都是少校衔军官并由两名助手陪同。开始追查破坏分子潜入“目标”的情况。不过，究竟是什么目标，自然不会向他们宣布。不走运的冰激凌爱好者惊恐万状，那可是“斯大林时代”，潜入禁区会受到斯大林式的严厉惩处。查明情况、寻够开心之后，警卫人员们让没有身份证的半裸的“坏分子”登上敞篷吉普车，就这副模样（那时候身着游泳衣穿城而过是很丢面子的）送往雅尔塔民警局。至此，事故接近尾声。之所以想出这一套点子，全都是为了满城游街。民警局再次要求提供缺失的证件，为此只好身着游泳裤和游泳衣穿城而过，只是现在已经是在民警的陪同之下了，民警则专挑人多的街道走。证件齐备了，“破坏分子”们无罪释放。现在他们还得再次穿过全城（已经无人陪同）去浴场取衣服，同时结清与租船站的手续。小船不会马上从“目标”那里发还，它们好长时间都底朝天搁置在淋浴房旁边。

利瓦季亚别墅在战后几乎一直闲置。斯大林宁愿在索契疗养。我们的出现也被警卫人员当作一桩乐事，他们尽量显示好客的热情。当我由于缺乏经验而晒太阳中暑的时候，别墅的警备司令利用自己的权力，将我转入斯大林的宫殿里待了几天，它的石灰岩墙壁能更好地保持凉爽。我清醒过来之后，逛遍沙皇的那些居室，在四大同盟国雅尔塔会议的会议桌旁闲坐，在宫内小院里的大理石喷水池中晃荡赤脚。警备司令遇见我在干此类勾当，断定我已经康复，便打发我“回家”，回到了侍从楼里。

碰巧的是，那个夏天斯大林也让他的女儿斯韦特兰娜及其新的郎君尤里·日丹诺夫到利瓦季亚休养。他们和我们一样，也住在侍从楼，不过是在邻近的一道大门里。我们实际上同他们并无来往，下不了决心首先上门，而斯韦特兰娜和尤里也没有对我们表露出任何兴趣。在浴场，我们同样被安置在彼此远离的地方。只有在排球场上我们才能相遇。国家别墅中经常打排球，警卫对象与警卫队的人混合在一起打。在利瓦季亚也打。斯韦特兰娜和尤里不常来，玩罢就立即回到自己的住处。这样，我们同他们便未能结识。

如今斯大林业已去世。父亲促使中央主席团通过决议，将利瓦季亚、沃龙佐夫和尤苏波夫等处的宫殿归还人民。一度试图在其中举办休养所，但是无论其布局、墙壁的贵重木材镶面，还是古香古色的家具或园林雕塑，都不符合这样的使命。这些宫殿被划归工会支配，它请求免除这一堆累赘，于是疗养宫变成几个博物馆。

取代这些宫殿的是，在利瓦季亚宫下方紧靠浴场的地方，建起了两座一模一样的两层楼房，白色的砂岩贴面，无论就沙皇时代抑或当今的尺度而言都相当朴素，这就是 1 号和 2 号国家别墅。

1955 年，父亲和妈妈带着我的姐姐拉达住进了 1 号别墅，我正上大三，忙于功课，未能与他们同行。入住邻近的 2 号别墅的，则是米高扬和夫人阿什亨·拉扎列夫娜。父亲和米高扬每天都沿着所谓的沙皇小径散步，那是尼古拉二世的叔叔亚历山大·米哈伊洛维奇为他铺设的一条步行小路，途径亚历山大拥有的“艾托多尔庄园”地面，该庄园从利瓦季亚几乎一直扩展到米斯霍尔①。父亲和米高扬散步之后，便在浴场上的亚麻布遮阳伞下坐下来批阅文件，各看各自公文夹中的东西，也就某些事情进行交谈。他们彼此十分了解，总能在交往中发现乐趣。通常都由父亲定调，米高扬连连称是，偶尔也提出疑问。父亲称之为“随意”的此类交谈的结果，往往便产生了散发给中央主席团其他委员的报告。公事处理完毕，他们一道进餐，饭后一道接见来访者，多半是来自莫斯科的官员，都带着公文塞得鼓鼓囊囊的手提箱。休假是父亲喜爱的讨论严肃问题的时间，这时候没有那么多平日里害死人的陈规陋习。

美国农场主罗斯威尔·加斯特

10 月 6 日，父亲和米高扬在等候一位不同寻常的来客——美国艾奥瓦州

① 雅尔塔西南海边的镇子。——译者注

的百万富翁农场主罗斯威尔·加斯特。在那个年代，外国来访者还不是很常见，父亲很乐意与他们会晤，探询他们在那个与我们迥然不同的世界里的生活情形。

加斯特出现在苏联视野的经过值得专作讲述。

一切都肇始于1955年1月的中央全会，如上所述，当时话题涉及畜牧业，从而也涉及饲料的问题。没有饲料，牲畜就不能长膘。父亲在所作的报告中不止一次以美国人为例，他们经营实业远比我们成功得多，所以他们那里没有排队买肉的现象。美国人怎么也没有料到会从苏联最重要的共产党人口中听到对他们的赞扬。2月8日，父亲报告里的说法刊登在美国最具影响力的报纸《纽约时报》上，次日，它又出现在大多数地方报纸上，其中包括艾奥瓦州出版的《德蒙年鉴》。要不是该报总编辑劳伦斯·索茨，事情本来就到此全部结束，报纸上发表的东西还少吗。又过了一天，他以《如果俄国人想要有更多的肉……》为题阐述父亲的讲话时，不单是“揭穿共产主义宣传”（对此谁也不会注意），而且建议：“与其耗费百十亿元进行军备竞赛，不如在农场和集体农庄的田野一决高低。获胜者自会证明自己制度的优越性，和平地在大地上播种玉米和小麦的种子，而不要用威力超群的炸弹炸毁地球。”同时，这位总编辑请苏联的农学家们到艾奥瓦做客，许诺对他们热情接待，并保证毫不隐瞒地与他们分享农业的秘密。

这样的文章在1955年，而且是发表在美国保守的边远地区，需要编辑具备很大的勇气。对大多数美国民众而言，苏联当时不单是“邪恶帝国”，而且应当立即加以消灭。全国60%的居民都会赞成立即向苏联发起核攻击。然而索茨先生却显示出自己不但是一个勇敢的人，而且是一位富有远见的政治家。究竟这位总编当时指望他的寄语能让赫鲁晓夫听到呢，抑或这只不过是一种新闻手段，如今已经无法说清。

父亲次日即已看到这篇文章的译文。在苏联大使馆任职的情报人员订阅所有的地方性出版物，从中寻觅星星点点的信息。最有意思的译文都寄往莫斯科。美国驻苏联大使馆也是如此行事，不过成绩要差一些。克格勃密切跟踪对地方报刊尤其是地区报纸的订阅情况，从这些报刊中最容易获取专业人士如此看重的细节。

父亲决定响应《德蒙年鉴》的邀请。1955年7月，以代部长马茨凯维奇为团长的苏联农业科学家代表团启程前往艾奥瓦。回国后他们要向父亲详细汇报美国农业成就的秘密所在。

艾奥瓦人热情欢迎马茨凯维奇一行，不辞辛劳地带领他们到处参观农田，向他们介绍一切，向他们提供大量文献。马茨凯维奇一生见多识广，但位于小城库恩拉皮茨附近的育种场还是给他留下强烈的印象。那里从事经营的是身材矮小敦实、年纪已经不轻的农场主罗斯威尔·加斯特，协助他的是几个儿子，看上去也都是生就适合从事繁重的种植劳作的人。他们的农场种植玉米，用来饲养猪和牛。此外，加斯特父子与合伙人约翰·克里斯特一起从事玉米育种，在艾奥瓦全州做种子买卖。

不知是否出于巧合，1955 年春天还接到一个类似的邀请，这次则是来自英国报纸《新记事报》的主编柯蒂斯先生。父亲开玩笑说，这就叫做竞争，并提出再派一个以苏联国营农场部部长贝内迪克托夫为首的农业代表团前往英国。

英国人显示了他们同样热情的英国式的好客精神。农业、渔业和粮食大臣希特科特－埃米里接见了贝内迪克托夫。一切都以最高的规格进行。贝内迪克托夫一行访问了一些种植俄罗斯人习以为常的冬小麦、大麦、燕麦的农场。在苏格兰，人家带领他们去参观一家用大麦酿造声名远扬的苏格兰威士忌的酒厂，向他们每人赠送了一瓶本厂的产品，商标是两只小猫——一白一黑。还向他们展示了大名鼎鼎的泽西①奶牛，英国农场并不种植玉米，奶牛也不圈养，而是常年在草地上放牧，也没有牧人，仅由苏格兰牧羊犬照管，受到大西洋的墨西哥暖流滋润的牧场绿草如茵。还让代表团参观了著名的诺丁汉和约克郡的农业展览会。

两个代表团回国后，都向父亲呈送了各自的总结报告。

访问英国的贝内迪克托夫代表团的报告中规中矩，枯燥乏味，写了 50 来页。父亲认真地看完了，但并无任何意外的发现。不错，他们的小麦收获量是每公顷 30.4 公担，而我们只能勉强达到 8 公担，英国的甜菜和土豆的单位面积产量高出我们两倍，他们的奶牛所产的奶含脂率为 6%，而不是我们的 1.5%，还有许多地方人家也比我们要好，不过父亲不仅早就读过这方面的材料，而且在不久前的全会以及先前的两次全会上都曾引用过同样的数据。是的，英国人对奶牛实行人工授精，挤奶不用手工，而是使用真空挤奶器，我们把这种器械叫做“小枞树”。是的，他们不会把猪饲养很长时间，长到六七个月、体重 90 公斤左右即行屠宰，这样比再用半年时间将其“催

① 英国岛名。——译者注

肥”到100公斤有余，在经济上要更为合算。是呀，这全都是真的，但新东西却一点都没有。也许，我们没什么可学习了吧？父亲并不这样认为，值得我们学习的东西是有的，而且很多。不错，父亲从“英国汇报”中也吸取了某些对自己有益的东西。他建议由履带式拖拉机过渡到轮式拖拉机。轮式轻一些，方便一些，不仅可以用来翻地，而且常年都能牵引各种各样的联动装置，从普通的拖车到牲畜饲料分送器。英国人已证明了他的看法是正确的：不错，轮式机更为优越，他们的40万台拖拉机中，仅剩下2.4万台履带式的了。

“美国的报告”篇幅更大，将近400页。美国人给父亲的印象是：美国佬头脑都很机灵，他们在专门的工厂里测量玉米子实的直径，只往农田里播撒经过挑选的种子。此外，他们所种植的并不是普通的玉米，而是经过杂交的产量极高的品种。马茨凯维奇在向父亲介绍杂交种时踌躇了起来，杂交玉米有点儿“魏斯曼—摩尔根主义”[①] 意味，与重新得势的李森科的“理论”相矛盾。父亲对援引李森科的那些话充耳不闻，让他感兴趣只是结果。据科学家说，玉米，特别是杂交玉米，能为解决我国半年多都被冰雪覆盖的北方地区的肉类生产问题提供独一无二的机会。在富饶的爱尔兰或新西兰，奶牛可以在绿色的草场上放牧10个月，甚至全年放牧，而我们这里只能有三四个月，南方也最多半年，其余时间牲畜都是圈养，这就需要饲料。饲料单位（我已经提到过这个科学术语了）在玉米的茎、叶和嫩果穗的混合物中含量最高，可以用来做成最佳的青贮饲料，充当各种农业牲畜的越冬食物。诚然，要想种植玉米，便必须花费人工：一季中两次松土，除草，追肥。与燕麦不同的是，玉米整个季节都要人关注。然而父亲又看不出摆脱经常性食品短缺的其他办法。在科学家们看来，杂交玉米正是一种抓住它即可破解粮食问题的思路。农业专家们建议，无须卖弄聪明，只要认真借鉴美国的经验就行。父亲深以为然，美国人是一些讲求实际的人，他们所获得的成果就能说明问题。

美国报告在父亲办公室的写字台上搁置了非止一年。说搁置并不确切，父亲在准备讲话时，会不止一次地翻阅。

父亲并不限于只看报告。一有可能他就邀约两个代表团来到中央委员

① 奥古斯特·魏斯曼（1834—1914），德国动物学家和进化论者。托马斯·摩尔根（1866—1945），美国生物学家，遗传学创始人之一。他们的学说曾遭到一度获赫鲁晓夫支持的苏联李森科学派的批判和排斥。——译者注

会，津津有味地听取他们讲述国外的新奇事物。父亲建议两个代表团在报纸上发表他们访问美国和英国的观感。马茨凯维奇选择《真理报》，贝内迪克托夫则轮到了《消息报》。每个人都在1955年8月份的报纸上发表了两篇文章。

马茨凯维奇在自己的总结报告中也提及加斯特，有一个部分专门记述其农场，谈到他们已邀请加斯特以及其他一些美国农场主访问苏联，了解我们所取得的成就。贝内迪克托夫也向一位英国部长转达了这样的邀请。

艾奥瓦的农场主对回访苏联的邀请缺乏热情，遥远、寒冷而敌对的俄国对旅游观光不利。此外，美国国务院依旧绝对禁止任何人与苏联做生意。可是加斯特决定前往。而且不单是要去，还要着手与俄国做生意，作为开端，先向苏联出售杂交玉米种子、测径工厂的设备，如果事情走上正轨，那就什么都可能发生，还会与苏联建立长期的业务关系。美国政府当局没有反对此行，时至1955年，华盛顿已经有了某些改变，但眼下却又反对与莫斯科做买卖的意愿。任何人均不得违反政府所宣布的禁运。与华盛顿的信函往来，准确点说是相互争吵，持续了很长时间。加斯特证明说，他的种子和设备绝对不会有助于增强苏联的军事实力，而反对个人的首倡精神则与美国自由经营企业的原则相牴牾。全都无济于事。于是，据他的儿子戴维后来对我说，加斯特亲自前往华盛顿，他在美国也并非等闲之辈，总算得以与国务卿杜勒斯会面，并与之大闹了一场。政府当局让步了。国务院应允："您可以向莫斯科出口自己的玉米"。作为回应，加斯特递交申请，要求获得他将来所能卖给苏联的一切的许可证。在他会见了杜勒斯之后，国务院的官员不再反对，发给了他所要求的凭证。这样便开创了一个先例：在经济封锁的条件下，有那么一个来自艾奥瓦的加斯特先生，居然获得了同那个禁止与之贸易的国家做生意的许可。如果成功，其他的人也可以轻而易举地援用这一先例。国务院的人也明白这一点，但毫不怀疑："他绝无可能向这些卑劣的苏联人出售任何东西"①。

于是加斯特和妻子伊丽莎白来到苏联。他们在莫斯科受到热烈欢迎，与马茨凯维奇进行了长时间的交谈。马茨凯维奇提到，他愿意试行购买一些杂交玉米种子，不多，但到底买多少，他暂时还不知道。他们告别马茨凯维奇，驱车前往全苏农业展览会，然后又到列宁山上的莫斯科大学。次日赴全

① 这是加斯特自己的话。

国各地参观。总的说来，都是一些接待外国代表团的通常性安排。他们访问基辅，走访第聂伯河沿岸的一些集体农庄、国营农场、试验站。并没有什么特别可看的东西，时值秋日，收割已近尾声，但东道主都尽力而为。加斯特仔细考察一切，却并不发表评论。最后安排访问从事杂交玉米研究的敖德萨育种站。在那里参观期间，翻译将加斯特叫到一旁，小声告诉他说，人家邀请他去见赫鲁晓夫，今天他们便须飞往克里木。马茨凯维奇也要从莫斯科赶去。

父亲和加斯特彼此投缘：两人都钟爱土地，可以一连数小时讨论玉米、大豆、蚕豆。畅谈之际，父亲很想知道加斯特对我国农业有何看法。加斯特抛开外交辞令，直截了当地发表意见："问题在于苏联农业落后于苏联日益增长的人口的需求15年左右，与此同时，美国农场主们却能成功地领先这种增长15年。由此便产生两国的问题：苏联出现短缺，美国却生产过剩。"

"那么您对我们有何忠告?"父亲想要知道。

"购买我们的粮食好了，这对对我们双方都有好处。你们会摆脱短缺，我们也能消除过剩。"抛出诱饵的加斯特已经不是农场主，而是商人了。"此外，我本人可以卖给你们两万头肉猪。"

"不，这不是我们所需要的。"父亲摇了摇头。"本国的人民我们应当自己养活。"

"如果您不想购买肉和粮食，"加斯特迅即改口，"那就买种子吧。我的杂交玉米种子一下就能让你们的收成翻一番，而这既是民众的口粮，也是畜牧业的青贮饲料。你们会又有面包又有肉吃的。"

"那么您能卖给我们多少，什么价钱呢?"父亲准备进入具体商谈，他很清楚他要买多少种子，但不急于表态，何必抬高价钱呢。

"您想买多少呀?"加斯特知道他的农场能向苏联提供多少种子，但也不肯亮出底牌。

交易的结果，达成一致，先购买5000吨，能用以播种我国玉米种植面积的30%，为了让集体农庄庄员熟悉新的杂交玉米种子，这已经足够了。

加斯特没料到会有如此之大的订购量。他根本没有这么多的种子，几乎所有的头等种子都已经分配给了长期客户，于是他决定施展计谋，建议父亲购进小一些的种子，亦即那些不是长在棒子的中部，而是长在其上端的子实。

要是在年初，父亲也就高兴地同意了，如今他却知道，在美国，种子都按三个等级进行直径的分选，向他倾销的并不是头等货。交易刚开始之时确实并不是很严肃：加斯特明白他是唯一的卖家，父亲根本离不开他。不过就另一方面而言，真正的生意人不能靠一天、一笔交易过日子。终于达成了协议，他出售对方所需求的5000吨，但三个等级的都有，作为奖励，也给少量特别优良的种子。他不久前去过的敖德萨育种站，就以这些良种开始培育自己的杂交种。结果实现了预期目的。1955年所采购的美国种子不仅带来了非常好的收成，而且以这些种子为基础，敖得萨育种家亚历山大·萨姆格诺维奇·穆西科①培育出了自己的玉米，丝毫不比加斯特的逊色。

数年之后加斯特重访敖德萨，穆西科让他看了自己的最新一个品种敖德萨10号玉米。父亲回忆说："加斯特亲吻了他，随后在例行的会晤时承认：'赫鲁晓夫先生，我认为您再也用不着购买美国种子了'。"父亲听了此话简直心花怒放。

购买选种工厂亦已证实是正确合理的。

我要再次引用父亲的回忆录："从前我国的种子繁育是'跛脚'的，每一个'穿树皮鞋的人只编织适合自己的脚的树皮鞋'②。而在美国已有了专业化的生产部门，保证向农场主供应高质量的种子。否则就无法经营高水平的玉米产业。我们借鉴美国的经验，很快便获得了良好的效果，建立起了自己的杂交育种部门。"

就这样，谈判以彼此满意的结果而告终，但父亲并不急于和来宾道别，他开始询问加斯特是如何经营自己的产业的，用什么耕地，如何耕地，让父亲尤其感觉兴趣的是，在玉米收获之后他都播种一些什么作物，是否用"休耕法"和种草让土地休息。

加斯特感到惊奇，的确，在19世纪和本世纪（20世纪）初，美国正是按照赫鲁晓夫先生所说的模式经营农业，但是这种模式极不合理，土地与其说是休息，不如说是闲置，并且随着化学的发展和化肥的问世，现今又有了除草剂和杀虫剂，早已放弃了"三区轮作制"③ 和秋耕休闲的做法。

加斯特介绍说："我本人已经连续多年在自己的地里播种玉米了，并不

① 亚·萨·穆西科（1903—1980），苏联乌克兰植物栽培育种家，苏联农业科学院通讯院士，曾任奥德萨遗传育种研究所所长。培育出玉米杂交种敖德萨27MB、敖德萨50M，玉米品种敖德萨10号等。

② 意为各行其是。——译者注

③ 即休闲、冬作物及春作物三者按次序进行轮作。——译者注

觉得有什么不好。连厩肥也不再使用了，在翻耕过的农田里撒肥料挺麻烦，现在我们用的是工厂提供的颗粒肥，将它们放进播种机里，连同种子一起播进土壤里。”

父亲伤心地叹了一口气，意味深长地瞧了瞧马茨凯维奇，那人扭过脸去。颗粒肥料苏联迄未生产，总的说来肥料的产量也很少。

“为什么贵国对我们的农业了解得这么少呢？”轮到加斯特产生兴趣了。“无论您赫鲁晓夫先生还是您马茨凯维奇先生，都像是从月球上掉下来的一样，其实我向你们所讲的这些，经常都发表在我国的农业公报上，公报可以确定无疑地买到或者订阅。贵国的情报机关能轻而易举地搞到我国的原子弹秘密，那可是严加保护的。而这方面却并不需要花费任何力气。”

“问题就在这里，加斯特先生，”父亲瞬间变得忧郁起来，不过马上又笑了，“禁果总是很有诱惑力嘛。您知道，当土豆从非洲带到法国的时候，国王命令臣民开始种植。然而总行不通，农民们对土豆根本不屑一顾。怎么威胁也无济于事。于是有人向国王建言，把土豆地用高高的围墙圈起来，并设置了警卫。结果人们马上开始偷窃土豆，土豆也就风靡了全法国。我们同样如此：你们把原子弹秘密封锁起来，我们就去偷。而现在你们愿意提供农业知识，并且不要钱。既然是免费的，谁还需要呢？”

加斯特以哈哈大笑作答，父亲陪着大笑，但他的眼神中并无笑意。这种事怎么笑得起来呢，加斯特说得对，我们不了解世界上所发生的事情。

吃饭的时间到了。父亲邀请来宾们入席。妈妈和拉达在餐厅中静候，她们不参与公务性的谈话。

用餐时父亲热情好客地请客人们品尝格鲁吉亚烤羊肉串、克里木熏鱼、奶渣饼。他也没有忘记自己，他喜欢吃有滋有味的东西。近年来由于患肾结石限制饮食，医生们只让他吃水煮的食物：清汤鲈鱼、炖肉。父亲恨死了病号饭，但也没有破坏规矩，结石引起的输尿管疼痛逼得任何人也只好服从命令。只是招待客人时才偶尔放任自己吃一些比水煮鱼美味的东西，但也吃得不是很多。加斯特发现，妈妈密切注意着父亲的碟子，只要他一回头，就换上一个新的，碟子完全一样，但盛的是更适合他的肾脏的食物。

席间笑话不断，米高扬自告奋勇充当主持人的角色，没完没了地提议干杯：为来宾们干杯，为友谊干杯，当然也为女士们干杯。祝酒的间隙他故意逗父亲，硬说格鲁吉亚的葡萄酒是世界上最好的，父亲反驳说：“乌克兰的也不差。再过几年，谁都根本无法与之竞争。”

那些年，父亲大力将葡萄推广到克里木草原地带和乌克兰南部，主张在那些地方建立国营葡萄农场。1956 年 7 月底，苏共中央发布专项决议《关于加强水果、浆果和葡萄的生产和收购》。克里木随即着手大力实施。我曾随同父亲数次前往查看栽种情况。事情进展迅速，葡萄架几乎一直绵延至地平线。不仅在当地的商店里，而且在莫斯科的商店中，都出现了乌克兰葡萄酒的新品种，主要是李斯陵白葡萄酒①，有时候还相当多。

不久便爆发了一场灾难。在竞相扩大栽培规模的热潮中，人们随便到一些地方向随便什么人采购葡萄苗。一种名叫“菲洛克塞”的小甲虫也随着这些幼苗带进了克里木和乌克兰南部，它们寄生在葡萄的根系上。就葡萄而言，没有比“菲洛克塞”更可怕的敌人了。至今尚未掌握与之进行斗争的方法。人们毁掉葡萄园，拔掉葡萄藤，将根挖出来烧掉。然而菲洛克塞和它的卵依然残留在土壤中。19 世纪，它几乎毁掉了法国所有的葡萄园。法国人直到从海外引进美国的葡萄品种之后方才获救。不知何故，菲洛克塞并不侵犯这些品种。

在乌克兰和克里木，也不得不砍光遭受这种甲虫祸害的葡萄。一部分土地重新种植小麦，其余的则重新栽植美国的葡萄藤。那是用黄金从法国人手中转购的，事情进展缓慢，当时外汇不宽裕，无法多买。1980 年代戈尔巴乔夫与酗酒作斗争，连这些葡萄园也被砍伐一光。

宴会以茶水和克里木的梾木果酱结尾。饮茶时父亲打听加斯特农场的规模。原来，它相当于一个中等大小的俄罗斯集体农庄，大约 1000 公顷。

“有多少人种地呢？”父亲继续询问。“可能他们会花费您不少的钱吧？”

“不，干吗呀，我们是家庭农场，一直是我和几个儿子在农场劳动。的确，收割期间有两星期需要从外面雇人帮忙，但他们的工钱也不贵。”加斯特很乐意作出解释。

“那么您有几个儿子呢？”父亲颇为惊奇。

“四个。都是健壮的小伙子，像我一样。”加斯特回答。

“不可能！”父亲脱口而出，“你们 5 个人干得了这么多活？我们这儿 30 个人也不够用。”

加斯特开始详细讲述他们如何利用拖拉机的各种附加工具和其他机器，他们整天劳作，有时连夜晚也要捎带着干。

---

① 李斯陵葡萄原产德国，果实呈白绿色，是制造葡萄酒和香槟酒的原料。——译者注

“对了，我何必向您讲这些呢，”加斯特突然想起，他建议父亲派一些拖拉机手或者父亲认为适合的其他人到他家去学习。他会向他们示范，把他所知道的全都教给他们。不久之后，我国的两名最能干的农机手便动身前往艾奥瓦，就是来自乌克兰基洛夫格勒州的吉塔洛夫及其搭档。他们在加斯特家学习了整整一个季度，回国后打破了苏联翻耕和收割的所有纪录。他们的照片一直登在各报的头版，还配有口号：“向他们看齐！”遗憾的是，正如父亲在回忆录中所写的那样：“口号始终只是口号。”（父亲退职之后，推广艾奥瓦农田耕作技术的试验完全销声匿迹。）

1955 年 10 月 10 日，苏联最高苏维埃主席团任命马茨凯维奇为苏联农业部部长。

加斯特回国后，以挖苦的口气告知国务院：“我随身带去的东西赫鲁晓夫全都买下了，此外还订购了一些。”官员们试图事后阻止这笔交易，但加斯特在他们鼻子跟前挥了挥他们所颁发的出口许可证。

后来他开玩笑说，国务院的人在签发这份证件时不明白，“他拿到的是一口装满糖果的箱子的‘金钥匙’”（这是美国特有的一种说法），现在他能够向自己的俄国买主提供他们想要的任何“糖果”。加斯特将自己的“金钥匙”利用得极为广泛，并使之达到互利。实质上，这份出口许可证（并无有效期限制）在包围着苏联的铁幕上撕开了第一道实质性的裂缝，为苏美之间建立贸易关系开辟了道路。先例是一件了不起的事情，凡是申请与苏联做买卖的人遭到拒绝，都会当即反驳道：“为什么加斯特可以，我们就不行？这是歧视。”国务院力图避免歧视的指责，只得违背自己的意愿颁发许可证，一份，两份，三份……他们根本就数不过来了。

利瓦季亚的会晤，奠定了父亲与美国农业企业家——农场主罗斯威尔·加斯特私人关系的基础，这种关系在 1950 年代是非同寻常的。

加斯特还不止一次访问莫斯科，与父亲会晤，与农业部签订合同。父亲对这位美国农场主越来越怀有好感，高度评价他的精明干练，认真倾听他的建议。他们的关系逐步发展成为真正的友谊。

在一次会晤期间，父亲邀请加斯特前往哈萨克斯坦参观垦荒区，亲眼看看那里的情况。回来之后，他们一起在莫斯科的郊外官邸“戈尔基 9 号”度过了几乎整整一天。加斯特很喜欢垦区，那里几乎和他的故乡艾奥瓦一样：无边无际的田野，可供投入人类积极活动的广阔无垠的空间。然而现在将近三分之一的收成尚未归仓。他建议修路，那些夏天用平土机推出的乡间小路，在秋季路况泥泞时就无法通行，庄稼都滞留在地里。不久便发布了政府关于发展垦区道路网的决议。顺带说一句，这已经不是第一份决议了。诚然，道路始终未能建成。父亲解职之后，加斯特的建议也就被置诸脑后了。

还有一件事情。春天加斯特在克拉斯诺达尔边疆区田间参观，停下来观看集体农庄庄员如何播种玉米。他发现，肥料始终堆放在田边地头。如此经营不善大大激怒了这位美国人，他不怕麻烦，找到集体农庄的生产队长，通过翻译向他解释：这可不行，不上肥料，就会少收一多半粮食。队长无论如何也搞不懂这个外国佬目的何在。一气之下，他让加斯特“滚一边去”。加斯特更加怒不可遏，吓唬说要向赫鲁晓夫告状。吓唬起了作用，队长下令停止播种，派助手调来撒化肥的机器。

当加斯特向父亲讲述事情的经过时，父亲责怪道：“一个美国资本家，倒比集体农庄庄员自己更为关心我们的收成。”

“当它拥有普通食品时，就不需要黄金……”

1955年，购买加斯特的种子所支付的是黄金。当时国家没有什么别的东西可以用来支付。苏联被经济封锁的“铁幕”隔离开来，我们的东西人家什么也不买，连伏加特和螃蟹也不要，同时也不卖任何东西给我们，因而国库也就没有外汇收入。黄金也不花费。斯大林积攒黄金，是为了因应迫在眉睫、无可避免的战争之所需。二战期间，我们曾向盟国支付黄金，以购买卡车、飞机、铝和汽油。英美的护航舰队将货物送到摩尔曼斯克和阿尔汉格尔斯克，返回时英国巡洋舰运走的是金锭。德军曾击沉一艘“黄金巡洋舰”。直至半个世纪之后，这批财宝才从海底打捞出来。

斯大林逝世之时，国家所积累的黄金超过2000吨。如今父亲则大胆动用国家黄金储备的一小部分，决心用来造福人民。购自加斯特的那些杂交种子，可让粮食的收成空前增加。

关于父亲插手黄金仓库的事，我是从他休假归来不久得知的。他当着我的面，和同僚讨论与加斯特做交易的种种好处。我很生气：怎么可以拿黄金来购买种子呢？哪怕它是最优良的种子又怎么样？一边是金子，一边是玉米。好不容易等到客人离去，我冲着父亲连声发问，显得颇为不满。父亲宽容地听完我的话，引用《叶甫盖尼·奥涅金》[1] 中的诗句作答：

……国家就这样日益富有——
它以此为生，因此而生存，
当它拥有普通的产品之时，
就并不需要什么黄金。

“你要明白，”他又改用大白话，“看来战争完全可以避免，如果我们合理地使用我国黄金的一小部分（他特别强调最后四个字）用来购买新的技术、机器、独一无二的种子，然后我们自己把这一切都学会，我们的国家就能飞速前进……当然，要是战争可以避免的话。”他又重复了一遍。

同年，也就是 1955 年 7 月在日内瓦与美国总统艾森豪威尔、英国首相艾登、法国总理富尔等西方领导人会晤之后，父亲回国时大受鼓舞：“斯大林搞错了，我们的对手和我们一样不想打仗。他们害怕我们，和我们害怕他们一样。同他们不仅可以打交道，而且可以达成协议。当然，是在众所周知的界限之内，如若我们表现出软弱，他们便会利用这点，试图让苏联屈服于他们。因此，不仅应当意志坚强，而且也要向对手显示自身的实力，是真正的还是虚假的实力，那倒无关紧要。要紧的是让他们相信我们很强大。把战争往后推迟的每一年，我们都可以用来改善苏联民众的生活。到时候我们的实力就会壮大到足以使针对我们的战争彻底失去意义，即便对美国这样的巨人也是如此。而黄金在这方面可以帮大忙，资本家并不单是在玉米种植的事情上领先于我们。我们应当利用他们的各种成就，学会制造他们所生产的那些机器，然后还要胜过他们。一开始我们需要向他们购进样品，那些最完善的样品，像加斯特的玉米种子之类。为这种事不应当吝惜黄金，资本家也经不住黄金的诱惑，他们的秉性就是如此，为了黄金他们可以出卖灵魂，更不必说……机器了，”父亲又回到开始时的话题，“当然，动用黄金必须合理，任何情况下，都不能浪费在购买国外的破衣烂衫和其他乱七八糟的东西上面，不能去买那些一旦吃完、穿坏便什么也不剩的东西。但也不能死守着黄金，‘坐在箱子上死守，却看不见活生生的财宝’[2]，像那位吝啬骑士一样，

---

① 俄罗斯近代文学奠基人阿·谢·普希金（1977—1837）的诗体小说。——译者注

② 引自普希金的剧作《吝啬骑士》。——译者注

死到临头他还是那样百无一用。”

父亲再次引用了普希金的诗。他喜欢诗歌，而且记住了大量的诗句。对父亲来说，首屈一指的是涅克拉索夫——一位真正的人民诗人。他热爱涅克拉索夫，同时又尊敬普希金。

实际上，引用完普希金的诗句之后，关于黄金的谈话也就结束了。在理智上我同意父亲的看法，我不喜欢吝啬骑士，可是拿黄金去交换什么玉米，哪怕是最好的玉米……

支付黄金购买的不单是玉米种子，不久，又买了生产醋脂人造丝的专利证书，后来还用黄金买来了半导体、现代化的化学生产设备。黄金都是省着用，而且必须得到国家最高领导人的批准。

只有1963年一次，花费了一部分黄金储备用于采购食品——粮食。当年全国遭遇空前的旱灾，问题明摆着：是重新发放购物卡呢，还是动用黄金？结果是牺牲了一些黄金。

我国是产金国，售出的黄金总是可以用生产加以弥补。在“赫鲁晓夫时代”的11年中，黄金储备的数量虽不稳定，但始终处于足以保障国家经济安全的范围之内。

在加斯特家做客

1959年9月，父亲应美国总统艾森豪威尔的邀请，对美国进行正式访问。他特地请求接待方将访问罗斯威尔·加斯特农场预先列入计划安排。父亲此举受到热烈赞扬。类似级别的来访者通常不会访问艾奥瓦州。农场主加斯特转瞬之间成了全美国的名人。

加斯特非常希望不受干扰地让父亲参观自己的农田，带他去看养畜场、玉米选种工厂。如果恪守外交礼仪，那就会受到没完没了的限制，这里不能去，那里不能去，而且还会围上一大群记者。这位农场主建议父亲既避开礼仪，也避开记者。他要在黎明时刻开上自己的汽车来接父亲。趁陪同人员尚在熟睡之际，他俩即可参观他的农场。

父亲当即意识到，苏联部长会议主席一旦失踪，哪怕时间不长，也会在两国引起极大的恐慌。我不想隐瞒，他巴不得接受这一建议，参与这场游戏，然而……

按照日程，9月23日上午9点从宾馆出发。在农场，加斯特整天都要同无孔不入的采访记者作斗争，用玉米棒子击退他们，向他们抛掷厩肥，甚至还威胁要放出用铁链拴住的凶猛的公牛。他越是激动，便越让记者们开心，报纸上的报道都配上了五彩缤纷的照片以展示细节。其中最为鲜明生动的一幅，出现在1959年10月5日的《生活》杂志的封面上：笑容满面的父亲用一只手举着一枚玉米棒子，他旁边是喜气洋洋的加斯特，稍稍靠后则是面带微笑的美国总统代表亨利·凯博特·洛奇、国务院翻译阿卡洛夫斯基，当然还有卫队长利托夫琴科上校。镜头的前方，不知是谁的一只手将话筒伸向父亲嘴边。封面页的下方用小字标明印数：640万。

加斯特与记者们相辅相成：能做出这种广告的机会一辈子都绝无仅有。不过，这倒无关紧要，最主要的是：这一天过得很顺利，无论加斯特还是父亲都感到满意。加斯特展示成就的工作做得非常出色，父亲则只是不时叫喊道："我们也应当如此。"

天色向晚，忙碌的喧嚣渐渐归于沉寂，记者们纷纷跑回去写报道、冲照片，父亲和加斯特才得以有空闲聊上一聊。他们像1955年在克里木那样，在主人家的凉台上坐下来品茶。

父亲离开加斯特的家，我们全体陪同人员也紧随其后，一路前往附近小城埃姆斯的艾奥瓦州国立自然和技术科学大学。要是父亲不去那里倒好，就不会触动他的心思了。

美国的大学很多，一些具有工程技术专业特色，另一些将医学置于首位，第三类属旅店专业范畴，第四类则是农业。而且大学往往都分布在小城市里，居民四万人之中倒有两万名大学生。这里的全部生活都集中在大学周围，以大学为转移。自然，许多大学都在美国的中西部：在艾奥瓦、康萨斯、密苏里，专门从事农业，这里一切都在学生们身边：农田、暖房、饲养场，甚至大草原。他们一边学习一边工作，积累的不单是知识，而且还有经验。

父亲非常欣赏美国的经验，大学所培养出来的是真正的农业专家，而不是像我们首都高校的毕业生那样，拿棍子都把他们赶不到农村去。他不由得想起大名鼎鼎的莫斯科季米里亚泽夫农学院。他已经作过努力，想将它迁到离农田近一点的地方，然而却遭到教授、学生以及根本与农业毫无关系的舆论界的激烈反抗，他也就不再坚持。在埃姆斯这里父亲证实了，看法正确的终归是他，而不是舆论界，所以回国后便以加倍的努力着手处理季米里亚泽夫农学院的事情。

应当说，该院1865年建立之初，还不叫季米里亚泽夫农学院、而是叫彼得罗夫农林学院之时，它也像美国的大学一样，随意地让自己的教学楼分布在莫斯科郊外的田野里。及至20世纪中叶，莫斯科的新建筑才将它团团包围，大部分的农田已铺上沥青，还在其区域内铺设了电车轨道。父亲以美国的经验责备农学院的学者们，多次试图将其迁址，先是想迁到莫斯科郊外的一个国营农场，后来又准备迁往库尔希纳，这是革命前最富裕的庄园之一，好像叫玛丽因诺，苏共中央疗养院也在那里，邻近国营农场“沃罗诺沃”。然而一切都毫无效果。人家并不公开反驳父亲，但就是什么也不做，私下还飞短流长，议论“赫鲁晓夫违反理性的古怪念头”。他明白，农业科技人员、甚至最亲密的助手在这方面都帮不了他的忙，于是让一个“旁边外人”——自己在政府中的副手、“军火制造者”诺维科夫抓农学院的搬迁工作。然而官官相护的风气却占了上风。

“对我而言，问题已变得很清楚，”诺维科夫在文章中写道，“柏油路和人行道——这是臆造。教授、院士们都不肯迁出莫斯科。我为应付此事花费了相当长的时间。”

终于出现了一个诺维科夫认为合适的时机。他回忆说：“当时①财政的情况很困难。（诺维科夫去见赫鲁晓夫）。尼基塔·谢尔盖耶维奇听得颇为漫不经心，但一下便抓住了主要的问题……谈话快结束时，我装着顺便似的说了一句，想商量商量季米里亚泽夫学院的事情。

‘怎么啦？’

‘您知道吗，现在有两种意见。一些人建议将其迁至库尔斯克附近（就是我已经提到过的玛丽因纳），另一些人则主张迁到新西伯利亚斯克郊外，那里正在积极建设苏联科学院西伯利亚分院。’

‘那么您是什么意见呢？’

‘我个人暂时认为，迁往库尔斯克的建议较为可行。那里靠近中部地区，建筑单位也不错，不过与委员会成员尚未完全商定，我很想知道您的观点。问题在于，错误的决定可能造成大量资金的浪费。’

‘迁校会花多少钱呢？’

‘将近400万。’

---

① 指1963年。

赫鲁晓夫犹豫了起来：‘难道这个主意需要花费400万？’

我肯定地说，要是金额没有搞错，那么花费并不算多，因为条件不能搞得比现在差，而是要更好。

于是赫鲁晓夫说：‘见它的鬼去吧，这个学院。就让它留在原地好了，以后再看情况。可以不提建议。’

我将谈话的情况向委员会委员们作了通报，大家都对这样的结果感到高兴。就这样又过了三星期。我出席中央主席团例会。议事日程即将结束，突然赫鲁晓夫指着我说：‘咳，你们瞧瞧这个同志。他再次把农学院迁出莫斯科的事情给搞砸了。’”①

结果，父亲什么也没办成。诺维科夫则感到得意，认为是他从赫鲁晓夫手中“挽救”了农业科学。

“唉，一个人哪怕他拥有很大的权力和威望，也并非所有的事情都能办到。”父亲在垂暮之年不胜感慨地指出。“最可怕的抗拒方式就是唯唯诺诺。苏联的许多人都学会了这套手法。”

去职之后，暗中的埋怨代之以铺天盖地的咒骂。即便在半个世纪之后的今天，人们想起赫鲁晓夫对待季米里亚泽夫农学院的事，仍然认为是他最大的罪过之一。这也可以理解，我们并不是生活在美国嘛！

时至今日，季米里亚泽夫农学院仍然留在彼得罗夫斯科－拉祖莫夫斯科耶，那里如今已是莫斯科人人向往的地区。作为一所科研和教学学校，在市场条件下它已命中注定，不是今天就是明天，首都便会将它排挤出自己的范围，不过，现在并不是因为种庄稼的人在柏油路上无事可做。它所保存来的那些地皮，如今的价值是一笔巨款，将其拍卖或出租用于建造写字楼，可以获利千百万之多。

在艾奥瓦，人们都亲切地追忆父亲。1995年我前往德梅因，在当地的大学里讲课。实际上第一个相遇的人一听见我的姓氏，便会回忆起父亲的那次访问。大学里我的东道主，课后还驱车将我带至加斯特的农场。主人已经过世，他的遗孀接待我，领我们参观她家的住宅，让我看加斯特和父亲品茶的凉台，要我在贵宾簿上我父母的墨迹旁边签名留念。农场由加斯特的一个儿子管理，他也像他父亲一样亲切和可信赖。离开加斯特一家后，我们前往当

---

① 弗·尼·诺维科夫：《在赫鲁晓夫领导的年代》，莫斯科《历史问题》杂志1989年第2期第107页。

地的州议会大厦拜会州长。他未曾与父亲谋面，我们没有多少话可说。准备合影之际，州长谈到他已担任此职18年之久，出访过世界上许多国家，无论哪里，谁都没有听说过艾奥瓦。不久前他去俄罗斯，刚一介绍他，交谈者们便会心地笑了："艾奥瓦，那还用说吗，赫鲁晓夫就是从那里把玉米引进俄罗斯的呀。"

"您的父亲使我们州像玉米本身一样出了名，"州长在临别时说，"在他之前，你们国家早就种植玉米了，但是，他把它变成了……"

"'庄稼之王'。"我提示说。我想起不久之前的一部苏联动画片就是这个名称。

"对，对，完全正确，变成了女王。"州长笑了起来。

我们就此作别。

2009年纪念赫鲁晓夫来访50周年，大学里举行了会议，区中心库耳雷皮茨展出了农业技术装备，报纸上发表了许多文章，而加斯特的农场里则兴建了博物馆，特别提到赫鲁晓夫曾经造访农场。

一如既往，玉米至今仍然雄踞于艾奥瓦之王的宝座。季米里亚采夫农学院也依旧坚守着莫斯科市中心的阵地。各得其所嘛。

草场散发出干草的气息

父亲与加斯特彼此交往的故事渐次引发我的遐想。我又回到了1955年10月。

加斯特走了，父亲则继续在克里木南岸休养，这是一种相当积极的休息。10月11日，他与加拿大外交部长皮尔逊会谈了半天。10月13日为海军的事前往塞瓦斯托波尔，这次会议的情况我已经记述过了。10月15日，他和意大利社会党总书记南尼[1]相处了一整天。这是一次非同寻常的会晤。斯大林对社会党人比对法西斯分子更为仇视。父亲在自己的前半生中，也把他们称为社会叛徒（斯大林的说法）。其实他们根本不是什么叛徒，父亲发现南尼是一个很有智慧的谈话伙伴和潜在的同盟者。10月17日，父亲在别

① 皮尔特罗·南尼（1891—1980），意大利社会党和社会党国际的领袖之一。——译者注

墅接见了新西兰副总理霍利恩，10 月 26 日则接见缅甸联邦总理吴努[①]。至此休养结束。送别吴努之后，父亲开始准备返回莫斯科，不乘飞机或火车，而是坐汽车。一路之上他可以欣赏已经收割抑或尚未收割的农田。这样他就会毫不迟疑地停下来，向懒散的当地官员追问那是什么和为什么了。

他打算顺道回一趟故乡卡利诺夫卡村，那是他出生和成长的地方，那里香气扑鼻——

散发着干草和草地的气息……
农妇的歌声愉悦着心灵，
她们手持钉耙排成横队，
掀动成堆干草缓缓行进。

这首诗，父亲早在他上卡利诺夫卡教区学校时即已熟读成诵，如今重又记了起来。

父亲经常回到卡利诺夫卡，考察生产情况，与人们交谈，尽量帮助村里的乡亲，不过并不都是提供钱款或者他所掌管的其他资源，主要是提出忠告。这次回来父亲满意地发现，集体农庄猪的数量从 25 头增加到了 300 头，乳牛挤奶量几乎翻了一番。他建议乡亲们修建两个牛栏，而不是一个，200 头奶牛太少，还应当再养一些，哪怕增加 100 头也好。“这对你们来说是力所能及的。”父亲估算着说。围绕在他身边的交谈者——当地的居民们，全都赞同地连连点头。

“养鹅也不错，”父亲接着说道，“秋天在城里可以卖出好价钱，再用赚到的钱购买揉搓大麻的机器，就不必拿干麻茎也就是干秸秆向国家交售大麻了，自己可以在冬天把它搓软，出售加工好的大麻纤维。收入一下就会增加 60%。”父亲继续阐述自己的规划，“现在你们出售大麻的收入是 400 万卢布，马上就可以再增加两百多万。只是，这么多钱往什么地方搁呢？”

“我们会找到地方的，”听众中有一个人回应道，“我们的口袋大着呢。”

“大倒是很大，只是有时候有窟窿，”父亲可不是在说笑。“再也不能住得不文明了，必须修建新房，不是木头的，你们弄不到木材，要修成砖的，

① 吴努（1907—1995），曾多次出任缅甸总理。1954 年与中国总理周恩来发表确立和平共处五项原则的联合声明。——译者注

但也不是红砖，而是白砖，硅酸盐砖，这要便宜些。房子最好修成两层楼，下面是厨房加餐厅，上面是两个卧室。我还要劝你们修建很好的产房、托儿所、幼儿园、老人活动室，澡堂也别忘了。”

父亲想象中的未来农业城正是如此：街道两旁是成排的两层独家小楼，中央广场上则是上面列举的各种公共设施。

“尼基塔·谢尔盖耶维奇，能给我们盖一座安装碾磨机的磨房就好了。小麦很多，我们却吃不上白面包。”听众中一个姓阿留斯金的人插话。

“我赞成，不过应当建设一座不是小小的、集体农庄的，而是马力强大的、区一级的磨面厂。”父亲重又谈起了日常琐事。

“格卢霍夫有这样的磨面厂，可那儿磨面或者拿自己的小麦换面粉都等不及，要排上整整一星期的队。”阿留斯金不肯住嘴。

“这个我可以安排。我会让州执委会在11月7日节前组织用粮食换面粉的。”父亲作出应答，并且马上又想到了一点：“只是不能单单换给你们，同时也要换给霍姆托沃的人，还有热杰诺沃的人，否则人家又要责备我了，说我到这里来光是帮助卡利诺夫卡的人。”

注意细节的父亲一向尽量不偏袒故乡，然而白费力气，关于卡利诺夫卡，总是在全国传播着一些言过其实、心怀忌妒、全然不公平的“流言”。

他们还聊了很长时间，谈到如何处置宅旁自留地更为有利，谈到建立食堂和面包房，也谈到制砖厂和用自制的瓦代替哪里也搞不到的石棉瓦，还有其他许多事情。听众对食堂都很冷淡，而面包房却很合大伙儿的心意。

在莫斯科，父亲又淹没在习以为常、因循守旧的事务旋涡之中：再次与吴努会谈，与各共和国领导人一道对农业年进行总结，与挪威首相艾纳尔·赫尔哈德逊会谈，随后的10月至12月间成功地访问了印度、缅甸和阿富汗，这次访问已成为对第三世界真正的突破。还有其他许许多多的事情。

多多盖房，建筑装饰从简

1955年年终与1954年岁末一样，再次对建筑工作进行了总结。这一次不是全苏建筑工作者会议，而是全苏建筑师代表大会。大会于12月19日在莫斯科开幕。父亲和布尔加宁那些天正在印度、缅甸和阿富汗游览，但即便父亲缺席，大会也仍然是在他的“庇荫”下进行。

完全肯定了住宅和大型建筑的批量生产，交流了预制件制造技术及其形式和构造、住房的层数和外观，始终不变的唯有组装、价廉、大众化。肯定是肯定了，但大多数建筑师内心里对这些“火柴盒”并不接受。有些人公开表示反对，有些人默不作声，即便是那些支持父亲意见的人，在相当大的程度上也是口是心非。建筑师们根本不愿意插手装配式楼房的事，认为那是一种亵渎。这并无任何新奇之处，19 世纪与 20 世纪之交，传统派画家对印象派莫奈[①]和雷诺阿[②]的“胡抹乱画”也曾感到气愤，对高更[③]则认为将其视作什么人都可以，唯独不承认其为画家。然而绘画是具有个人特性的事情，一个人画，另一个人可以买或者不买。可是房子大家都得住：住美观而舒适、由富有才华的专家设计的房子，或者是碰上什么住什么。

父亲对建筑师们颇有怨气，他们全都渴望自己的名字流芳百世，梦想获得拉斯特雷利[④]或巴热诺夫[⑤]那样的荣誉。然而必须考虑的，应是每平方米居住面积的造价和排队等候住房的民众。父亲着手在莫斯科个别地方搞组装式建筑之时，他还只是一个州委书记，“全国”的建筑师都对他不予理睬。德高望重之人不愿意插手钢筋混凝土预制板。莫斯科的建筑人员用部件组装住房，所有部件都由两家很大的工厂按照同样一份绝无仅有的设计方案制造，而这个方案则是他们自己根据普通的工程知识漫不经心地制订的。

时至 1955 年夏季中期，父亲与建筑师们的关系，甚至与包括他所任命的莫斯科总建筑师弗拉索夫在内的朋友们的关系，都紧张到了极点。父亲觉得，已经到了破解症结的时候。1955 年 8 月 23 日，斯大林于 1934 年设立的苏联建筑艺术研究院改组为建设施工与建筑艺术研究院，将建设施工置于首位。事实上同时还撤换了首都的总建筑师。接任此职的是洛韦科，即列宁格勒公路上“苏维埃饭店”的设计者，不过更为重要的是，他是接受预制板新技术的为数不多的建筑师之一，他还在自己的工场里着手研究，为“工程火柴盒”增添无愧于莫斯科的外观。弗拉索夫被免除了全莫斯科的种种操心事之后，于 1956 年顺利完成卢日尼基体育馆的建设，1959 年获得父亲亲手颁

---

① 克劳德·莫奈（1840—1926），法国画家，印象派的主要代表。——译者注

② 奥古斯特·雷诺阿（1841—1919），法国画家、雕塑家，印象派的代表。——译者注

③ 保罗·高更（1848—1903），法国画家，他的艺术对印象派颇具影响。——译者注

④ 瓦·瓦·拉斯特雷利（1700—1771），俄国建筑师，巴洛克式建筑的代表人物。——译者注

⑤ 瓦·伊·巴热诺夫（1737—1799），俄国建筑师，俄罗斯古典建筑风格的创始人之一。——译者注

发的列宁奖金，再过三年即与世长辞。

1955年9月6日设立了一个新的节日——建筑工作者节。规定每年8月的第二个星期日庆祝。

父亲明白，更换招牌，撤换建筑方面的领导人，设立建筑工作者节，这些都不能算胜利，只不过是显示一番意图而已。

1955年11月4日，父亲采取了决定性的步骤，报纸上公布了《关于消除设计和施工中的过度现象》的决定。从风格上判断，这是他亲自口授、亲自强调了一些十分严厉的重点。在讲了一番已经变得习以为常的关于住宅上的门廊、圆柱、塔楼之类的话之后，决定中谈到了“不是改进住房的布局而是大搞楼面装饰，忽视住户的舒适和节约的要求，结果每平方米住宅的造价高达3400卢布，比标准住宅高出两三倍，更不必说其使用方面的问题。”父亲援引了一些他认为极其恶劣的事例：位于卡兰乔夫卡的“列宁格勒饭店”仅有354个房间，造价却比拥有1000个房间的“正常饭店”还高，其运营费用比马涅日广场上当时最具声望的“莫斯科饭店”要贵22%。“政府部门的疗养院、火车站的情况同样如此，”父亲依然怒气未消，“动力部为莫斯科一个普通变电站的两台变压器，竟然想方设法定购了一个用抛光的花岗岩做成的配电盘，在入口处建造了一座有两个巨大的花岗岩球的大理石楼梯。这种乱七八糟的事情不单是发生在莫斯科，而且发生在列宁格勒、第比利斯、基辅、沃罗涅日、巴库，谁都大手大脚，不愿意按照标准设计方案建设。1954年莫斯科的建设工中，只有18%的住房是按标准设计图建设的，列宁格勒则更糟，当地所建成的353栋住宅楼，符合标准的只有14栋。”

父亲忍无可忍，便由规劝转而采取严厉措施：决定解除列宁格勒和其他一些违规城市的总建筑师的职务，收回那些过分追求装饰性的建筑先前因极其令人反感的昂贵设计而获得的斯大林奖金。决定中下令宣布举行标准装配式建筑最佳解决方案竞赛，优胜者将获得可观的奖金。还指示提前向大学生讲授强调节约的建筑工程的工业化方法。

建筑师们明白父亲是来真的了，他们12月便开始忏悔。其实，全国代表大会上的发言也都主要是这样的忏悔。

代表大会结束，与会者纷纷返家。建筑师们尽管咒骂赫鲁晓夫和世上的一切，但还是得设计用标准件组装的标准房，设计是被逼无奈，心不在焉，马马虎虎。这种情况并不新鲜。当年英国产业革命时代出现了机器，使手工业者的劳动无人问津，他们便联合起来，自称卢德派[①]，不愿掌握新技术，却破坏他们所痛恨的机器。所以，与卢德分子相比，建筑师们的行为还是比较文明的。

大规模的建房从莫斯科新佩夏诺耶街区开始，紧接着“切廖姆什基风”[②] 吹遍全国各地。房屋、街道、街区不断涌现，速度之快难以想象，结果发生了名称紧缺，一个城市与另一个城市的街道重名：都叫建工街、新建街……甚至因为门锁雷同发生误会。埃利达尔·梁赞诺夫[③]在影片《命运的作弄》中便展现了这种场面。这并非导演的臆造（人们常常用自己的钥匙打开了别人家的门），而是一个严肃的工程技术问题。在有着如此大量房门的情况下，要让钥匙齿的断面多样化是极其困难的。

同时也出现了心理问题。随着建筑工程的增加和住房短缺现象的缓解，新住户的不满日渐增长。还住在地下室的时候，搬进楼上小得像鞋盒似的逼仄住房也觉得很幸福。迁居之后自我感觉便发生了变化，还想一套更大的住房，楼也要更为漂亮的。人的天性就是如此。

总的说来，结果是良好的：莫斯科 1955 年建成了 100 万平方米住宅，比去年多出 10 万平方米。列宁格勒建成了 382. 6 万平方米，车里亚宾斯克则为 140. 8 平方米，等等。按照当时的说法，这一年建设者们是以劳动报告结束的：1955 年 11 月 5 日列宁格勒的地铁开始运营，头一批通车的共 8 个站，从“起义广场”到“阿夫托沃”。

---

① 18 世纪末—19 世纪初英国产业革命早期自发运动的参加者，因第一个破坏机器的工人卢德而得名。——译者注

② 切廖姆什基位于莫斯科西南郊。1956 年开始大规模住房建设，“赫鲁晓夫式贫民窟”大量出现。——译者注

③ 苏联导演兼剧作家。——译者注

政治顶峰：赫鲁晓夫
（1953—1964）

第三编
上　升

1956年

反　思

毫无疑问，2月14日召开的苏共20次代表大会，是1956年的重大事件。这是斯大林去世后的首次党代会，意义非常重要，新的领导人要展现自己的能力，确定对斯大林个人的态度。

一方面，像以往一样，在斯大林生日和逝世一周年的时候，各报都在头版位置刊出最高统帅的巨幅照片，发表歌功颂德的文章，虽然已不再称他为“各族人民各个时代的伟大领袖和导师”了，但依然是“列宁事业的继承人”。

另一方面，出现了越来越多的问题，其中主要是逮捕的问题，战前年代的逮捕和不久前，斯大林逝世前发生的新的逮捕浪潮。本想相信是阿巴库莫夫“一手制造”的“医生案件”和梅格列尔案件。贝利亚“揭穿”了他，后来贝利亚本人又被人揭穿了。但在阿巴库莫夫和贝利亚之前，雅戈达和叶若夫也干过同样的事。他们也都被及时揭穿了。不管人们怎么希望信以为真，但实在无法令人相信只有他们几个人有罪。也就是说，只有他们几个人深藏不露，很显然，他们几个也不过是执行者而已，而真正的罪魁祸首……人人都知道他的名字，但是谁都不敢说出来。

这里产生一个很自然的问题，他们知道什么？不知道什么？21世纪头脑简单的后来人会不假思索地回答说：“他们全都知道，眼下只是在装傻罢了。”而实际上，身处高层，他们知道很多事情，他们不可能不知道，但他们知道的也只是斯大林同志允许他们知道的部分。斯大林监视着清洗活动，组织实施，进行指导，一旦认为有必要，他便会停下来。他们知道许多情况，还在朝更大的范围进行猜测，但他们不允许自己往整个蓝图上加油添醋，编造故事，而且他们这样做不单单是出于自我保护意识——当时他们不得不承认自己是在犯针对自己哪怕算不上同志也是同事的罪行的共犯。他们所有的人都愿意相信自己并不了解斯大林同志所了解的实情。

人的本质甚至良心就是这样构建的。一个人明知不可能参与其事，但自己甚至都不愿向自己承认这种认识。英国作家乔治·奥威尔①早在二十大召开10年之前便敏锐地称这种情况为“双重思维”。现在该是摆脱这种双重思维的时候了，而想要摆脱，从来都不是那么容易，不可能不经受痛苦。

大部分人宁可采取完全回避的态度，不去管它，任其原封不动，依然故我，即使在世上做不到，那么在自己内心的小世界里还是可以的。他们是自己内心世界的主人，很容易向自己“证明”，他们的神灵——“掌柜”无罪，只是他身边的人有罪，特别是那些企图利用他的神圣的人。少数人只好苦思冥想，想方设法打破“双重思维”这种束缚，看看周边的世界，看看自己的样子，即使不很客观，但至少拉开一段距离。这样人的处境非常艰难，但正是他们在推动我们的世界向前发展。他们，所有苏联的高层领导人，不光是绝对厚颜无耻的贝利亚，全都从斯大林那里传染上了毛病。无论是父亲和米高扬，还是莫洛托夫、卡冈诺维奇以及其他所有的人，他们不管谈论什么，都会学着斯大林的样子。如今他们每个人都自觉或不自觉地对许多往事在进行反思。

但他们每个人的毛病各有各的特点。

父亲和米高扬，还有布尔加宁和萨布罗夫，他们不断地在怀疑自己，备受良心的折磨。“我们在建造人间天堂，”父亲有一次说，“但这是什么样的天堂呢？它的四周围着铁丝网。”铁丝网应该撤去，而且越快越好，这一点父亲毫不怀疑，但是该如何对待斯大林呢？

另外一些人，包括莫洛托夫、卡冈诺维奇、伏洛希罗夫在内，他们感到心安理得：斯大林在世时所做的一切都是正确的，他的继承人必须循规蹈矩，继续走老路。

父亲的醒悟，他对同事们的认识，我不打算进行评说，这都是逐渐发生的，而且充满了病态。昔日的幽灵从虚无的过去中渐渐出现：有些人、有的朋友，好像他们已经永远消失得无影无踪，完全被生活所遗忘，忽然由于一张偶然保存下来的照片而复活了。

父亲辗转反侧，彻夜难眠，思前想后，反复回忆：这一切是怎样开始的。

---

① 奥威尔（1903—1950），英国小说家，生于印度，早年信仰马克思主义，反对法西斯主义，后向右转，相信社会民主主义，其小说《巴黎伦敦落魄记》描绘了工人在资本主义社会所受的苦难，但又讽刺苏联的社会制度。

上世纪20年代的莫斯科，对于他来说是难以想象地十分遥远，就像革命领袖们在克里姆林宫的某个地方操纵着国家的命运，他们相互争吵，然后和解，并再次争吵。在20年代初，父亲是个年轻的革命浪漫主义者，充满了托洛茨基关于世界不断革命的浪漫主义幻想。但是很快，顿巴斯繁杂的日常事务（先是在县的范围内，后是在州的范围内）使他将浪漫主义的幻想丢得一干二净。何况托洛茨基很快便从政治的奥林匹斯山上跌落了下来。

父亲从1929年在进入工业学院，即开始在首都的政治厨房里进行打拼。这时他对托洛茨基的死对头——尼古拉·布哈林抱有好感，像大多数党员一样，他开始推崇他们比较容易理解的斯大林。在30年代后半期之前，在大清洗开始之前，父亲完全站在斯大林一边，和"左"倾反对势力进行斗争，后来又同右倾反对派，再后来同左右倾反对势力进行斗争。当时把逮捕斯大林的反对派的理由，说成是斗争逻辑使然：不是我们消灭他们，就是他们消灭我们。甚至在清洗高潮的1937年，父亲也不允许自己去认真思考一下（后来才责怪自己太盲从）。看来父亲那时候已经开始有所觉醒。

父亲的老朋友格里沙——格里戈里·瑙莫维奇·卡明斯基[①]并没有从他的记忆中消失。他们是在工业学院认识的；身为学院院长的卡明斯基和自1930年5月担任学院党组织书记的父亲，他们几乎天天见面。就在1930年，卡明斯基被调到了莫斯科党委会，父亲则于1931年1月担任一个区的书记。1934年，卡明斯基被任命为卫生人民委员，起初是俄罗斯卫生人民委员，后来是全苏卫生人民委员。

在1937年6月23—29日的中央全会上，斯大林号召大家要清除自己身上的污垢，要求所有的人要以布尔什维克的坦诚，毫无保留地向同志们坦白自己的罪行，而且不光是讲自己的。尽管卡明斯基革命前有从事地下工作的历练，但6月26日他走上讲台，指出国内战争期间曾有过传言，说外高加索边疆区第一书记贝利亚1919年在英军包围阿塞拜疆时为英军进行反革命的侦察活动，希望拉夫连季·帕夫洛维奇[②]能够在全会上对此加以说明。他的话讲完之后，大会马上便宣布休息。在全会会议大厅的出口处，卡明斯基作为"人民公敌"被捕。在下午的会议上，斯大林建议全会撤销卡明斯基的候补中央委员资格，并且作为"不受信任者"开除出党。大家一致表示

---

① 格里戈里·瑙莫维奇·卡明斯基（1896—1938），苏联1913年入党的老党员，党和国家的领导人之一，曾任莫斯科州委书记、苏联中央执委委员，1938年被镇压。

② 指贝利亚。——译者注

“赞成”。1938 年 2 月 8 日，卡明斯基被处决。

父亲无法强迫自己相信卡明斯基“是人民公敌，是勾结外国情报机构危险分子”。他怎么也做不到。斯大林死后，父亲很想了解卡明斯基的罪行到底是什么？两个月后，总检察长鲁坚科简单地回答说：“没有任何罪行。”

1955 年 3 月 5 日，苏联最高法院军事委员会宣布：“经查格里戈里·瑙莫维奇·卡明斯基无罪，特恢复其名誉。”

在卡明斯基之后，父亲的助手 Д. М. 拉比诺维奇和 И. Д. 芬克尔也相继被捕。父亲同样没有怀疑过他们对苏维埃政权的忠诚。他们也恢复了名誉。像这样恢复名誉的事例越来越多，对于这些在斯大林时期消失的他所认识的具体人员的罪行，父亲从检察长那里得到的总是一成不变的回答：“经查无罪。”

斯大林怀疑父亲本人也有问题，让父亲付出了怎样的代价啊。父亲对自己绝对没有怀疑过，但连他也有可能被划入“敌人”之列，他之所以能够幸免，只是得益于他的运气。

难道他能够忘记：有一次斯大林突然将他叫到克里姆林宫，两只黄眼珠死死盯着父亲的一双褐色的眼睛说：“您不是赫鲁晓夫，实际上您是……”他叫了一个什么波兰人的姓氏，父亲不记得这个姓了。从 1920 年的战争起，斯大林恨透了波兰人，他一再迫害他们，就像中世纪宗教裁判所的法官迫害犹太人一样，“波兰民族的人”几乎不可避免地会招来杀身之祸——枪毙。更可怕的是听到斯大林对他说：“您的眼睛为什么一直在躲闪？”父亲深知斯大林这种检验人忠实程度的手法，他镇定自若，处变不惊，眼睛毫不躲闪，开始为自己辩护，说他算什么波兰人，他的老家是卡里诺夫卡，每条狗都认识他，这很容易查证。

“也许是叶若夫酒后胡编的话。”父亲觉得斯大林松了一口气说道，后来他再没有提及父亲波兰出身的话题。

可父亲为何在可怕的 1937 年的风口浪尖上到莫斯科去参加党的改选大会呢！当时正值党州委班子选举前夕，中央书记叶若夫打电话给父亲，要求他一定把昨天在中央与他刚刚协调好的一位权力很大的黑胡子军人（父亲想不起他的姓了①）拉下马，斯大林直到最后一分钟仍怀疑他有变节行为。在

① 此人很可能是扬·鲍里索维奇·加马尔尼克，1937 年任国防人民委员会副主席，为免遭逮捕自杀。

叶若夫之后，副主席马林科夫也给他打了电话，他是受斯大林之托，提出了类似的要求，但这次指的是党的老人叶梅利扬·雅罗斯拉夫斯基了。如此这般，没完没了。每次父亲都得站出来发言，巧于应对，进行落实，努力完成上峰下达的指令，诬陷所谓“变节分子和危险分子”。他们是真心诚意的还是不那么出于真诚，已经没有什么意义，只要你稍微有点三心二意，你自己马上就会和他们一样，陷入同样的境地。

1938 年，父亲是乌克兰共产党的领导人，他不得不亲自接触判处死罪的机制：政治局委员们围坐在一张长桌子四周，斯大林不坐在桌子的上首，而是坐在一边，找一个角落坐下，从上衣口袋里掏出一份“枪决人员名单”，威严十足地看着围坐的人如何签字。至于不留下自己的签名，根本就别想：斯大林在仔细观察，看每个人是**如何**签字的。作为政治局候补委员，父亲没有表决权。他的签名在诸如此类的文件上不会出现。但是他又不能不在上面签字，万一斯大林因为什么原因需要他的签名呢。

1938 年 2 月，父亲到乌克兰时作了充分的“准备”。他觉得不可能发生任何让他感到惊讶的事。结果发生这样的事还是有可能的。用他的话来说，共和国的州委书记、市委书记都不见了，有时连管技术的书记也不见了，像遭了劫一样，在州执委会和市执委会只能找到执委会主席和副主席。

在乌克兰，父亲一头扎进了告密的泥潭，比在莫斯科还麻烦。从不久前自斯摩棱斯克调来、出任乌克兰政府主席的杰米扬·谢尔盖耶维奇·科罗特钦科开始。内务部新的人民委员亚历山大·伊万诺维奇·乌斯片斯基不久前也是莫斯科人，他宣称科罗特钦科是乌克兰民族主义者和罗马尼亚间谍。现在看起来这一切都很可笑，可是在当时，父亲冒着极大的风险给斯大林去电话，作证说科罗特钦科绝不是什么民族主义者，他“刚到乌克兰不久”，乌克兰话还没有学会说呢；科罗特钦科的事情刚刚平息下去，乌斯片斯基又要求签发对乌克兰诗人马克西姆·雷利斯基①的逮捕令，说他也是一个乌克兰民族主义分子，他的诗是用乌克兰文写的。

“那让他用什么语言写呢？”父亲试图缓和当时的气氛。

人民委员乌斯片斯基阴沉着脸，未作回答。

父亲当时未签发这一逮捕令，但他明白，这只能推迟一段时间。他找到

① 马克西姆·法捷耶维奇·雷利斯基（1895—1964），苏联乌克兰诗人，社会活动家，苏联科学院院士（1958），苏共党员（1943）。著有抒情诗《玫瑰与葡萄》、《遥远的天际》等。曾经获苏联国家奖金（1943、1950）和列宁奖金（1960）。苏联最高苏维埃代表（1946—1964）。

了解决问题的出路：他给斯大林去电话，转述了人民委员乌斯片斯基的要求，“天真地”请他给出个主意，他说：“斯大林之歌的歌词是诗人雷利斯基写的，现在整个乌克兰都在唱，是逮捕他还是不逮捕他？”斯大林想了一下，回答说他自己来处理这件事。雷利斯基活了下来，可人民委员乌斯片斯基不久之后便被捕了。

父亲在乌克兰也在大力赞扬领袖，虽说不算多，但也不比其他所有人少：不比党的书记、挤奶女工、诗人、作家差……在多大程度上是出于真心呢？直到最近，我认为父亲当时还是相信斯大林的。结果是我错了。1991 年，我跟妻子瓦丽娅和我们的美国朋友威廉·陶布曼教授一起走访父亲开始生活的地方，当时陶布曼正在收集自己关于赫鲁晓夫的一本书的材料。很自然，我们去了顿涅茨克，原先的尤佐夫卡。我们在那里见到了奥丽加·伊利尼奇娜——父亲年轻时的朋友伊里亚·科先科的女儿。她记得很清楚，说赫鲁晓夫战前曾经两次造访他们家。第一次是在他到基辅任职之后，1938 年 4 月，他到科先科家来，与其说是要探望他们，还不如说是想看看他们是否还活着。科先科一家日子过得很苦，住在简陋的农舍里。当时大家都过着这样的日子。当女主人看见许多辆高级豪华轿车在自己家门口停下时，不禁吓了一跳。科先科看见父亲下车就放下心来，但他并不急于向客人迎过去，而是仍然站在篱笆旁边。父亲认出是科先科，冲他微笑，试图去拥抱他。科先科没有表示反对，但他自己甚至连胳膊都没有抬起来，站在那里呆若木鸡。父亲后退一步，继续微笑着，说了一句通常的客套话：“你过得怎么样，伊里亚？我们有一百年没有见面了。”

“还活着呗，你不都看到了吗。”科先科不知怎么有些有气无力地回答说。

这时父亲背后跟着许多随他一起来的州里和区里的官员。稍微远一点的地方是身穿便衣的保卫人员。

“进屋里坐吧，”科先科信心不足地说，“只是屋里地方小了点儿。”

科先科用疑问的眼神看着父亲。这是在暗示他们最好能够单独交谈，但是父亲认为他的朋友是有点不好意思，便大声说：“地方虽小，可别受气。”

不大的房间的确显得有些狭小。科先科请父亲坐在房间中间摆放的餐桌旁，自己也坐在桌边。随行人员只好站着。父亲没感觉到有什么不便之处，一直在询问科先科的生活情况。科先科的回答都是三言两语，说的都是官场上的话。他的 8 岁女儿奥丽加抓着父亲的手，惊恐不安地看着这些不请自来的客人。跟老朋友开诚布公的谈心终于未能如愿。

最后，他们有短暂的时间单独待在屋内。随行人员都到外面抽烟去了，科先科严厉提醒过他们屋内不能抽烟。科先科在父亲的耳边悄悄地说："我有好多话要说，但只能对你一个人说，"他特别强调那个"你"字，"不然，你走了，可我要留在这儿……"科先科随便朝门口方向挥了挥手，苦笑一下，补充道："你甚至了解不到我的情况。"

奥丽加一辈子都记住了他令人心寒的悄悄话。

门咯吱一响，在外面抽烟的时间结束了。父亲开始和主人道别。

两年后父亲再次来看望科先科，那是1940年，这次已经没有许多随从人员跟着了。他们单独坐在花园里的樱桃树下。唯一一名警卫人员留在汽车里了。但他们仅仅是觉得只有他们两个人在一起：其实科先科的女儿奥丽亚就躲在四条腿埋进土里的桌子下面，桌上铺了一块为迎接客人缝有花边的桌布，桌布的下摆一直拖到了地面。她非常想知道这么一位重要的客人为什么又来找她爸爸，她父亲上次究竟答应要给他讲什么了。

奥丽亚像耗子一样躲在桌下一声不响，记住了他们的每一句话。在询问了过去他们共同的邻居、老朋友的情况后——这些人健在的已经寥寥无几，许多人30年代都失踪了；父亲想知道科先科现在是不是党员？如果还不是党员，那么他愿意推荐他，帮助他调到基辅，安排个好一点的工作。

"奥丽加中学毕业后，要上大学，"父亲以为他的老朋友会满心欢喜地感激他提出如此诱人的建议的，但结果事情并不是这样。

"不，"科先科回答说，他特别强调这个"不"字，"我不需要你们的党，它对待人们是'这样的'态度，"他再一次强调"这样的"三个字。"你们，你们的党对国家都干了些什么？你们败坏了党。基洛夫、亚基尔、图哈切夫斯基是真正的党员。可他们如今在哪里呢？"

一阵沉默。父亲不知道该如何应答这闻所未闻的犯上作乱的话。因为他并不是这个如此待人的党的最后一个人。奥丽加屏息住呼吸——一旦她被发现，父亲是不会让她自说自话，恣意妄为的。

"这不是党，伊里亚，"她听见赫鲁晓夫没有往常那样响亮、带点沙哑的声音，"这不是党，都是穆达什维里[①]那狗东西搞的名堂。到时候我们会跟他算这笔账的——包括基洛夫、亚基尔和图哈切夫斯基的死，而且不光是他们。"

---

① 斯大林的真正姓氏为朱加什维利。

奥丽加半死不活地坐在桌子下面，她不知道穆达什维里是什么人，但她感觉得到他们是在讲一件非常可怕的事。

两个老朋友还讨论些什么她不记得了，她脑子里只是回响着：“穆达什维里那狗东西”这句话。

最后，客人打算要离开了。科先科起身相送，这时奥丽加从桌布下钻出来，神不知鬼不觉地消失在醋栗灌木丛中了。

过了一些时候，她忍不住地问父亲客人讲的穆达什维里是什么人，为什么称他是“狗东西”？

“你都听见啦？”科先科吓了一跳，“你必须保持沉默。我们的谈话不要对任何人讲，否则他们会把我、你、赫鲁晓夫统统枪毙的。”

许多年过去了。科先科已经去世。奥丽亚长大成人，改叫奥丽加·伊利尼奇娜了，先是做了妈妈，后来又当了奶奶，但她一直严守着自己的秘密，甚至当所有人都知道“穆达什维里”是个什么人的时候。一直到戈尔巴乔夫改革的末期她才开始讲起这件事。1990 年代末奥丽加·伊利尼奇娜去世。愿她安息。

1941 年战争爆发。父亲从战争的第一天起便上了前线。战前岁月他几乎从未关注过国防问题，他负责的范围是农业和工业，但不是国防。国家对战争毫无准备，这让父亲大为震惊，战争第一周，莫斯科在回答请求发枪的呼声时，就下令生产长矛，要用这些长矛武装新兵，让他们去迎战德国的坦克。

后来，1941 年 9 月，在基辅郊区遭受了致命性打击，当时我军有 100 多万人成了德国人的俘虏，这件事让父亲感到痛心疾首。这次遭歼完全是斯大林固执己见所致，他违反常理，不听朱可夫和总参谋部的意见，不顾西南方面军指挥部的苦苦哀求，不许及时撤出必将遭到敌人从侧翼进行打击的部队，致使白俄罗斯的西方面军一败涂地。

一年后，1942 年冬天，悲剧在哈尔科夫附近再次重演。受莫斯科城下 12 月（1941）胜利的鼓舞，斯大林要求全面出击：扩大中心地区的战果，在西线派第二突击集团军冲入被围困的列宁格勒，让西南方面军解放哈尔科夫。这些计划全部告吹，遇到了德国人的钢铁防卫。中心地区的进攻停了下来，第二突击集团军陷进了沼泽地，落入敌人的重重包围，指挥官安德烈·安德烈耶维奇·弗拉索夫——斯大林一手提拔起来的中将站到了德国人一边。西南方面的战事也不顺利，方面军司令员是铁木辛哥元帅，父亲是军事委员会的第一委员。当时德国人计划向南进攻，攻打北高加索、巴库、伊朗，如果得手，再攻打印度。斯大林攻打哈尔科夫正中德国人的下怀——可以消耗铁木辛哥的力量，然后，瞅准机会，一举粉碎苏联的残余部队，可以长驱直入地向南方进军。

德军从第一天起就向西南方面军发起进攻：他们让出中心地区，保持两翼的防卫，将对手挤进一个狭窄地带，然后实行包围，进而一举消灭。铁木辛哥一开始上了德国人的钩，但是两天后他的作战部长伊万·赫里斯托福罗维奇·巴格拉米扬将军识破了对方有意隐蔽的用意。现在很清楚，德国人是想诱使我军钻进他们的圈套，就像在基辅那样：从侧翼进行打击，造成无可挽回的局面。父亲给斯大林打电话，他身边就站着未来的元帅巴格拉米扬，他泪流满面、泣不成声地说："劝一劝约瑟夫·维萨里翁诺维奇[①]，否则全都完了。"[②]

未能说服，斯大林连电话都不接，他让马林科夫转告赫鲁晓夫，让他少去掺和军事上的事。这是发生在前方的事啊！无可避免的事发生了：德国人俘虏了我们25万人。

夏初，他们德军按计划当即从哈尔科夫突击，他们几乎没有遇到什么抵抗，直奔伏尔加河，向斯大林格勒进发，再向南，直奔巴库和外高加索。方面军指挥部知道敌人将发动的攻击，不仅知道攻击的方向，连德国人哪一天、几时几分发起第一拨攻势都了如指掌。他们的情报工作做得很好，他们手里有德国某个军的作战地图。他们恳求斯大林给他们派增援力量。斯大林嘲笑他们，说他们正在被德国人牵着鼻子走，既不给他们增加坦克，也不给他们增派飞机。对于德国人在南方即将发动的攻击，伦敦方面和我们的情报人员基姆·菲尔比向斯大林都提出过警告，他看过英国人破译的德国指挥部绝密的谈话记录。斯大林连我们的情报人员也不相信，他只相信他自己。所有的资源储备都聚集在莫斯科周围，按照斯大林的逻辑，决定性的战役将在该处进行。

父亲永远记得，方面军司令员铁木辛哥元帅在德国人发起进攻前绝望地建议他站在高处，从那里观看敌人"如何来打我们"。这话是令人永远忘记不了的。无论是斯大林格勒的胜利，还是库尔斯克粉碎德国人的战役（这两大战役父亲都参加了）都掩盖不了斯大林造成的流血与苦难的记忆。

---

① 指斯大林。

② 《赫鲁晓夫回忆录（全译本）》，社会科学文献出版社2006年北京版，第1卷第374—410页。

1943年7月5日，德国人开始发起进攻，竭力想“夺取”库尔斯克－奥尔洛夫突出地带，将我们的部队包围起来，父亲当时是沃罗涅日方面军军事委员会第一委员，尼古拉·费多罗维奇·瓦图京是该方面军的司令员。德军的主要打击力量恰好都投向沃罗涅日方面军了。仅靠普罗霍罗卡的坦克拼杀管什么用呢。

历史学家们后来算了一笔账，双方在战斗中投入了1500辆坦克，其中有700多辆车毁人亡。

德国人没有突击过去，他们的突击抢夺严重受挫。在军事方面，父亲认为库尔斯克的胜利比斯大林格勒的胜利更加重要，因为在斯大林格勒我们彻底包围了垂死挣扎的保卢斯，而在这里，在库尔斯克，我们在第二次世界大战的历史上第一次阻止了德国人的进攻，是他们自己选择的进攻地点和时间，而且还不是在冬天，而是他们所喜欢的夏季。

父亲说，战斗后过了几天，他去了普罗霍罗卡附近的战场。令他感到吃惊的不是被烧毁的坦克的残骸——这他见得多了，有自己的，也有对方的，使他感到吃惊的是空气中弥漫着烧焦尸体的气味。这种人体烧焦的气味伴随了父亲的整个余生。

库尔斯克大战开始前，斯大林喜爱的乌克兰电影导演亚历山大·多夫任科[①]给他带来了《乌克兰在燃烧》的电影剧本。父亲没有读过，他根本顾不上看电影剧本。诚然，为了不得罪多夫任科，他草草看了一眼人物的对话，什么违禁的东西也没有发现，不仅如此，他看出电影剧本是爱国主义的。而当时尽管战斗在激烈地进行，斯大林却把电影剧本从头到尾仔细看了一遍，认为它是一个乌克兰民族主义的剧本。当时很难再想得出比这更可怕的指控了。1944年初，当战事已经明显出现转折，斯大林又旧事重提，根据父亲的回忆，斯大林把“乌克兰的几位领导人，另外还有作家考涅楚克[②]、巴让[③]、

① 多夫任科（А. Довженко 1894—1956），苏联电影导演、编剧，俄联邦人民艺术家（1950），苏联电影事业创始人之一。电影作品有《兵工厂》（1929）、《土地》（1930）等。列宁奖金和苏联国家奖金获得者。

② 考涅楚克（1905—1972），乌克兰剧作家、社会活动家、院士。剧作多以现实生活为题材，多次获苏联国家奖金。

③ 巴让（1904年生），乌克兰诗人、院士、社会活动家。其作品观察敏锐，充满哲理，多次获苏联国家奖金、列宁奖金。

特奇纳[1]好像还有雷利斯基叫到自己这里。自然，多夫任科也参加了。斯大林把多夫任科骂了个狗血喷头，多夫任科作为艺术活动家的前途已岌岌可危，甚至还有更大的危险。斯大林建议我在交换意见的基础上起草一个关于乌克兰思想战线状况不尽如人意的决议。”

多夫任科未来的命运就完全取决于父亲，他可以毁了他，也能够拯救他。父亲完成了斯大林交给他的任务，但他是通过自己独有的行事方式。大家根据当时的精神对多夫任科批判了一通，1944 年 2 月 12 日，乌共中央政治局指出“多夫任科作品中存在有严重的政治错误”，建议全斯拉夫委员会用雷利斯基替换多夫任科，撤销多夫任科斯大林奖金金委员会委员的资格，离开《乌克兰》杂志编辑部，解除其基辅电影制片厂艺术指导的职务[2]。

由此可见，乌克兰人，也就是说，他赫鲁晓夫，“如果要自我惩罚的话，那也不能太狠”[3]。在一次例行的斯大林午餐会上，父亲汇报了他所采取的措施。他不知道斯大林对此会有什么反应，不过也算他和多夫任科的运气好，父亲得到了高度的赞许：“好啊，完全可行，可以接受。”[4] 斯大林低声说，之后关于多夫任科的民族主义问题再也没有提及。

问题掩护过去了。多夫任科活了下来。9 月他的新影片《军士奥尔留克》的拍摄工作已经完成。虽然多夫任科活了下来，但他心中有些东西已经破碎了，这没有什么可奇怪的，“他仿佛被投进了冰冷的水井，在斯大林面前失宠了。”父亲写道，“我望着他，只觉得他非常值得怜悯，但我却无能为力，我自己受到斯大林的批评甚至比多夫任科受到的还要多。我很长时间不得不为多夫任科的这部作品‘受累’，直到斯大林去世，之后我们论功行赏，提高了多夫任科的名位。多夫任科死后（1956 年），我建议乌克兰人‘将基辅电影制片厂命名为多夫任科电影制片厂’。”[5]

幸亏多夫任科这件事预后还算“良好”，要是父亲一软，害怕了，他的案子沿着“起动”的路子走下去，他就会落得个像巴别尔[6]、皮利

---

① 特奇纳（1891—1967），乌克兰诗人、院士、国务活动家，其作品充满政治热情，获苏联国家奖金（1941）。

② 《史料》杂志 1933 年第 10 期第 126 页。

③ 《赫鲁晓夫回忆录（全译本）》，社会科学文献出版社 2006 年北京版，第 3 卷第 968 页。

④ 《赫鲁晓夫回忆录（全译本）》，社会科学文献出版社 2006 年北京版，第 3 卷第 968 页。

⑤ 《赫鲁晓夫回忆录（全译本）》，社会科学文献出版社 2006 年北京版，第 2 卷第 969 页。

⑥ 巴别尔（1894—1941），苏联俄罗斯作家，著有描写国内战争的小说集《骑兵队》（1926）和《敖德萨的故事》（1931）等。

尼亚克[①]、曼德尔施塔姆[②]和其他许多人那样的下场。而且，所幸父亲的结果也“很好”，如果斯大林想到是他在为乌克兰民族主义分子打掩护，那可就……

1958年，多夫任科的遗孀尤里娅·松采娃为纪念丈夫摄制了一部关于乌克兰的宽银幕影片《海之歌》，她邀请父亲到莫斯科电影制片厂去观看。因为只有那里才有相应的机器设备。父亲看完片子后非常高兴，一再感谢尤里娅·松采娃，说她成功地将多夫任科在1943年时构思的内容鲜明地体现出来了。我也去观看了，虽然片子受到父亲的高度称赞，第聂伯河两岸的悬崖峭壁，一望无际的苹果园，花团锦簇，“被捧上了天”，不过我觉得片子还是有点枯燥乏味。然而各人的鉴赏力不同，不能勉强。

战后，父亲对斯大林的批评态度仍然有增无减，上面已经提到1947年乌克兰发生饥荒的事，也谈及子虚乌有的“莫斯科波波夫案件”和农业城的事。后来斯大林去世，到了该反思过去的时候了。父亲有许多、非常多的事情还不知道，他试图探究真相，却又害怕这一真相。

事有凑巧，在去斯大林化的过程中，父亲的老朋友阿列克塞·弗拉季米罗维奇·斯涅戈夫成了这一过程中的催化剂。1920年代父亲在顿巴斯曾一度在斯涅戈夫的手下工作。斯涅戈夫当时不知是担任县委还是省委组织处处长，父亲当他的副手。后来父亲晋升了，而斯涅戈夫在1930年代末被撤销了某个州的州委书记的职务，发配去了劳改营。当时贝利亚正好是内务人民委员部部长，他和斯涅戈夫从20年代起就有些陈年老账，那时候两人都在巴库工作。斯涅戈夫对贝利亚的看法非常负面，由于性格的原因，这一点他从来不加隐瞒。贝利亚也担心斯涅戈夫对他的过去了解得太多了。于是他决定要采取一些措施。至少斯涅戈夫是这样对我说的[③]。

1953年秋，当时正准备审理贝利亚的案件，开始寻找证人。留下来的证人已经不多，基本上都分散在各个劳改营。斯涅戈夫是最早找到的一个。苏联总检察长鲁坚科想起了斯涅戈夫，他们在乌克兰时就认识，在那遥远的年

---

① 皮利尼亚克（1894—1941），苏联俄罗斯作家，作品有小说《荒年》（1921）、《失掉的时光》（1927）等，带有自然主义的描写倾向。

② 曼德尔施塔姆（1891—1938），苏俄诗人、阿克梅派代表人物，有诗集《石头》（1913）、《忧伤》（1922）等。

③ 1963—1964年间我时常和斯涅戈夫见面，关于他的更详细的情况，我在《赫鲁晓夫下台内幕》一书中有所叙述。

代他们曾经是朋友。

斯涅戈夫吃饱喝好，穿戴一新，带到了莫斯科。法庭审理结束，贝利亚被判刑枪决，可斯涅戈夫……却送回监狱，按期服刑。临行前把他带到鲁坚科那里，鲁坚科想知道自己能为老朋友做点什么，但他马上就醒悟过来，说："要释放你，我无能为力。"

"无能为力就是无能为力，"斯涅戈夫苦笑了一下，"如果可以的话，请保存好我的笔记，是我最近在莫斯科这里写的。"

斯涅戈夫将一个写满密密麻麻小字的薄薄的笔记本递给了鲁坚科。鲁坚科接过笔记本，犹豫了一下，将它放入检察长的保险柜里了。斯涅戈夫从莫斯科送往弗拉基米尔的中央集中营。

斯涅戈夫服刑的时间不长，他最终获释是在第二年。回到莫斯科，他立即开始四处拜访：他今生的事业就是恢复正义，而恢复正义不揭露主要的罪人斯大林不行。

他首先去找了米高扬，他们也是老相识，曾经在巴库搞过革命。听了斯涅戈夫的叙述，米高扬决定让他和赫鲁晓夫见个面。斯涅戈夫提议再带上奥莉加·沙图诺夫斯卡娅：1930 年代她曾和父亲在莫斯科一起工作过。跟斯涅戈夫一样，沙图诺夫斯卡娅也在劳改营里待了 18 年。她和斯涅戈夫一样，也是前不久才获释的。

当时，整个中央主席团中，我只能说米高扬是我父亲唯一的志同道合者。诚然，米高扬把自己放在第一位，断言正是他米高扬第一个开始挖掘斯大林的罪行的。我不打算去判断时间的顺序，问题不在于谁先谁后，而在于观点的吻合，感觉到身边有志同道合者相辅相助是非常重要的。至于说到谁是第一个，他们两人都写了回忆录，两人均已过世，因此我们现在已经无法再补充什么了。

中央主席团委员有马林科夫、布尔加宁、什维尔尼克、萨布罗夫、别尔乌辛和重又选入最高领导的苏斯洛夫、父亲提拔起来的阿里斯托夫与基里琴科以及追随他们的谢皮洛夫，他们都支持过父亲，但不是出于真心，而是为了保住自己的官位。他们习惯于支持强者。力量对比改变了，他们的倾向也随之改变。父亲暂时还来参与竞争。莫洛托夫、卡冈诺维奇和伏罗希洛夫是例外，因为他们身上有太多的东西是和斯大林联系在一起的，他们不仅记得在被处决者的名单上有自己的签字，而且在批件上有他们"由衷地"批示的字样"恶棍"、"混蛋"，有他们对侦办者直接下达的指示："狠揍、狠揍、狠揍"①。

父亲把斯涅戈夫和沙图诺夫斯卡娅请到党中央。他们的叙述，首先是他们坚信躲在1934年12月1日杀害列宁格勒州委第一书记谢尔盖·米罗诺维奇·基洛夫的尼古拉耶夫背后的，就是斯大林本人，证实了父亲最可怕的猜想。父亲请他们把所讲的内容写成信件，寄给中央主席团。1955年12月31日布尔加宁在会上宣读了这封信。

讲到基洛夫被刺时，伏罗希洛夫忍不住地喊道："撒谎！"但在场的人没有支持他，于是他不做声了。布尔加宁把信念完。全场鸦雀无声。谁都不想第一个发言。

"如果追查起来，事情有不详的兆头，"像往常一样，父亲总是第一个站出来表态。"应该进行核查，把健在的证人都叫来。"

"这根本没用，"莫洛托夫打断了父亲的话，"应该查阅文件。"

卡冈诺维奇支持莫洛托夫的意见。他们两人知道，文件将证明斯大林关于季诺维也夫参与杀害基洛夫的说法，而且只有他一个人参与。米高扬站在父亲一边。

询问了能够找到的为数不多的证人。大多数证人在基洛夫案件调查结束后便去世了，该案是在斯大林的亲自监督下侦办的。他们举不出斯大林是否参与的无可辩驳的事实。

在新年到来之前的一次会议上，父亲曾提议成立一个专门委员会，责成它不仅调查杀害基洛夫一案，而且挖得深一些。特别使他感兴趣的是斯大林称之为"胜利者大会"的党的十七大代表们的命运。大部分"胜利者"，还有那些父亲很熟悉和不很熟悉的人，会后均消失得无影无踪。中央主席团委员就谁应该参加委员会的问题争论起来，问题非常敏感。米高扬建议最高领导人中他本人、父亲、莫洛托夫、伏罗希洛夫，以及几个官阶较低的人参加。父亲更愿意发挥仲裁人的作用，自己谢绝参加这个委员会。按照父亲的意见，这项工作应该委托党的历史学家去做，由"主要的史料研究家"、《联共（布）党史简明教程》的作者之一、中央书记彼得·尼古拉耶维奇·波斯佩洛夫牵头。这本"历史教程"是他写的，如今就让他来亲自收拾这个乱局。最后实际参加委员会的有党的第二梯队的成员：中央委员会的阿维尔

---

① 比如莫洛托夫的这种"狠揍"的批示，就写在被捕的红军卫生部长米哈伊尔·巴拉诺夫的名字旁边。

基亚·鲍里索维奇·阿里斯托夫、工会的尼古拉·米哈伊洛维奇·什维尔尼克、党的监察委员会的帕维尔·季莫费耶维奇·科马罗夫，还有总检察长鲁坚科与克格勃主席谢罗夫。克格勃批准向委员会提供一切文件、甚至是最机密的文件。

在父亲同斯涅戈夫和沙图诺夫斯卡娅会面之前，从1953年开始，就已经从劳改营释放政治犯，有的平反昭雪，有的避而不谈。但事情进展得很缓慢，他们则要求彻底打开劳改营的大门，立即将所有囚犯统统放出来。即使没有斯涅戈夫和沙图诺夫斯卡娅站出来，这样的过程也会出现。但实际结果是，命运恰恰选中了他们俩作为对斯大林所犯罪行进行报复的工具。

父亲任命斯涅戈夫作为自己在克鲁格洛夫的内务部的“政委”。斯涅戈夫不久前还“身陷囹圄”，现在不仅要监督平反昭雪的工作，而且还要监督内务部尊重法制的情况，在内务部，“法制”这个词本身早已遗忘。沙图诺夫斯卡娅在党的监察委员会承担着类似的任务。斯涅戈夫和沙图诺夫斯卡娅成了俄罗斯历史上第一批由最高当局授权监督尊重现在称之为“人权”的人。

我先说一下，他们二位在内务部和党的监察委员会的工作不合一些人的胃口，他们一再坚持要求释放犯人，为他们平反昭雪，经常插手昨天还不受任何人管辖的最隐秘“机关”的事务。有些人一有机会便尽量摆脱他们，最初收走了他们接触机密材料的许可证，后来干脆让他们去过领取“个人养老金”的生活。然而斯涅戈夫和沙图诺夫斯卡娅不肯屈服，直到生命终结，他们是在斯大林劳改营的久经磨炼中活下来的，他们四处投诉，给各个部门写信，揭发，揭露，再揭露……只要赫鲁晓夫大权在握，人们对他们彬彬有礼，倾听他们的诉说，但很少采取什么措施。当赫鲁晓夫失掉权力后，人们就再也听不到他们的声音了。

在波斯佩洛夫委员会开展工作的同时，父亲自己也在进行调查。1956年2月1日，一位重要证人从狱中带到中央主席团的会议上，他是贝利亚之后被捕的一名国家安全委员会的高官，名叫鲍里斯·罗多斯，1930年代曾担任过要案侦察局的副局长。就是他从柯秀尔、丘巴尔、波斯特舍夫和其他许多人那里“逼出”很多交代材料。他侦办的瓦西里·康斯坦丁诺维奇·布柳赫尔元帅，在遭受18天连续不断的严刑拷打后惨死狱中，甚至没有等到对他的死刑判决。

“一个年纪不算老的人来到我们的会上，”父亲后来回忆道，“我问他：

‘丘巴尔①的案子是您办的吗？’他回答说：‘是的，是我办的。’我问：‘那他是怎样承认自己的罪行的？’那人回答说：‘我得到指令：只要他不承认就拷打。于是我就严刑拷打，直到他承认。’

就这么简单！起诉他就是因为他干的这种侦办工作，虽然这位侦办者完全是一个盲从的工具，他相信了党，相信了斯大林。”②

在那次中央主席团会议上，各位委员的表现不尽相同。相对年轻的萨布罗夫忍不住地叫道：“如果情况属实，这还叫什么共产主义？这是决不能饶恕的。”

“听了能够使人发疯。”米高扬说。

“斯大林作为一位伟大的领导人，应该得到承认，”莫洛托夫不同意他们的意见，而且用教育的口吻补充说：“对错误评估要适度。”

“在这样的情况下很难作出决定，”卡冈诺维奇支持莫洛托夫的意见，“斯大林领导了30年。”

“党应该了解真相，但提出来时要符合生活实际，”伏罗希洛夫拐弯抹角地说，“当时有当时的情况。糟糕的事情很多，但需要考虑的是，不能把脏水和孩子一起倒掉。”

“恢复真相，但在斯大林领导下社会主义取得的胜利也是真相。必须全面地进行权衡。”莫洛托夫附和伏罗希洛夫的话。

“斯大林是忠于社会主义的，但是……他把党毁了。他不是马克思主义者。人身上一切圣洁的东西都被他抹掉了。什么事他都在使性子，为所欲为。”③ 赫鲁晓夫总结说。

因此，波斯佩洛夫的委员会结束工作之前，中央主席团委员们已经多少了解到一些情况，但是仅仅限于一些情况……

1956年2月9日，委员会向中央主席团提出了调查的材料，这大概是在开始工作后的一个月左右，在决定于2月14日召开党的二十大之前。委员会主席波斯佩洛夫宣读了总结报告。他正了正架在鼻子梁上的度数很高的老

① 丘巴尔·弗拉斯·雅科夫列维奇（1891—1938），1923—1925年及1934—1938年任苏联政府副首脑，著名国务活动家，1923—34年间任乌克兰人民委员会主席，1922—1938年为中央委员，1926—1938年为政治局委员，1938年被捕。

② 《赫鲁晓夫回忆录（全译本）》，社会科学文献出版社2006年北京版，第1卷第143页。

③ 苏共中央主席团会议1954—1964会议原始记录速记稿，俄罗斯政治百科全书出版社2003年莫斯科版，第95—97页。

式眼镜，开始唠唠叨叨地讲起来。波斯佩洛夫在中央党的会议上和他身为“党的”历史学家、院士的科学院会议上讲得都很不精彩。“他念起来很吃力，”米高扬回忆说，“有一次他甚至号啕大哭。”

父亲大吃一惊。他期待着有人揭发，但是像这样的内容……在1935—1940年间，有三分之二党的和苏联政府的工作人员，凡是大小担任一点职务的，都遭到了迫害。十七大“胜利者大会”上选出的139名中央委员和中央候补委员中被捕的有98人，而1966名“胜利者”——代表大会代表中有1108人被捕，枪毙848人。没有担任任何职务的人也未能躲过这场劫难。仅在1937—1938年间，内务人民委员会就逮捕了1548366人，几乎枪毙了其中的一半——681692名囚犯。有150万人被抓，差不多75万苏联公民被处死！这是在没有任何战争的情况下发生的，仅凭邻居告密或地方内务人民部的授意就够了。

波斯佩洛夫的通报只限于斯大林两年的镇压活动，不过两年时间已经足够……中央主席团委员一度呆着木鸡。

“他把所有的人都毁了，算什么领袖？”父亲打破了寂静，停顿片刻，在寻思该说的话。然后他继续说：“应该表现出勇气，说出真相。说给代表大会听。谁来说呢？”

又是一段冷场。

“要不请波斯佩洛夫同志来说？”父亲不太有把握地说，同时扫视了在场的众人。没有人作出反应，于是他接着说：

“什么时候讲呢？”

问题没有人回答。

“在闭幕会上讲，”父亲最后拍板说。

到其他人发言的时候了，在这种情况下，谁都不会三缄其口。可就是没有人愿意站出来说话。

“应该说，”莫洛托夫打破沉默说，“但不只是这一点。斯大林是列宁事业的继承人。斯大林之后我们变成了一个伟大的党。”

他讲了好几分钟，神情激动，有点结巴，断断续续的，一面在找词儿为斯大林说话，但在波斯佩洛夫的报告之后再说这样的话就有些困难了。莫洛托夫终于讲完了。

父亲不以为然地嘿嘿一笑，正要回答什么问题，但这时卡冈诺维奇插了进来。

“历史是不能蒙骗的，”他迅速地镇静了下来，“报告由赫鲁晓夫同志来做。我们负有责任，但当时的情况就是那样。不过我们是问心无愧的，跟托洛茨基分子进行的斗争证明是正确的。我同意莫洛托夫同志的意见，一切都必须冷静看待，要动动脑子。正如赫鲁晓夫同志所说，我们不能随波逐流。”

卡冈诺维奇感到他完全语无伦次了，话说一半便立刻打住。

下一个发言的是布尔加宁。他完全支持父亲。

“我们不是在这儿休假，”伏罗希洛夫说。他这话是什么意思谁都不明白。“任何一点失误都会造成后果，”他试图想表明自己的意思，但表达得很不成功，“当时有没有敌人？有，斯大林发了脾气。尽管如此，他身上还有许多富于人性的东西，不过也有一些兽性的东西。”

“我们不能不在代表大会上说。”米高扬的发言是精彩的。

“在代表大会上报告。”别尔乌辛附和他的话。

“对代表们全都讲出来。”苏斯洛夫冷冷地说。

“向大会讲出来，”这是马林科夫的声音，“我感到非常高兴，因为我们在为同志们辩护，但这不是在不说明斯大林的作用的情况下为他们辩护。‘领袖’的确是‘亲爱的’。要和个人崇拜联系起来。不必提出关于斯大林的总的报告。”

怎样“为同志们辩护，说明斯大林的作用，”同时又“不必提出关于斯大林的总的报告。”马林科夫没有说明。

“中央不能保持沉默，”什维尔尼克的话让人勉强能够听见，“否则会造成社会哗然。这太可怕了……”

“莫洛托夫、卡冈诺维奇、伏罗希洛夫，他们都在说假话。”萨布罗夫从背后抛出了一句，“卡冈诺维奇讲的缺点，实际上是罪行。由于我们愚蠢的政策，我们损失的东西很多，我们在博斯普鲁斯海峡和达达尼尔海峡流过血，更不用说芬兰战争、朝鲜战争和围困柏林了。同所有人的关系都搞坏了。要把关于斯大林的真相彻底讲出来。”

“老家伙”都讲了，该轮到“年轻人”讲了；他们和1930年代的斯大林没有关系。

“我不同意莫洛托夫、卡冈诺维奇和伏罗希洛夫发言中透露出的‘不必讲’的意见。”中央书记阿里斯托夫开始说，他的声音洪亮，比在中央主席团小会议厅所需要的声音稍高一些。“‘我们不知道这些事，’这个理由是站不住脚的。那是可怕的岁月，是欺骗人民的年代。”

“赫鲁晓夫提得对，要把真相说出来。”又有一位“新人”站出来附和阿里斯托夫的意见，他叫尼古拉·伊里奇·别里亚耶夫，也是中央书记。但他的话里有所保留，只怕埋没了斯大林的伟大之处，不过对于他的伟大还应该进行分析。

“对斯大林的描述是出于真心。”谢皮洛夫温文尔雅地说，“深度的怀疑已经松动……应该告诉党，否则我们便不可原谅。说出真相，但要考虑方式，不要造成损害。”

“这里有什么损害?”基里琴科表示不同意，“不可能有损害。不说是不可能的。”

“在中央的代表大会上应该全都说出来，”波诺马连科最后一个说，“几百万人的死亡留下了不可磨灭的印记。”

“向大会说出来，没有意见分歧，”父亲对讨论作出了总结，“彻底揭露，和盘托出，不拖泥带水；由谁来作报告，再考虑一下。”①

中央主席团会议到此结束。散会时大家的心情都非常压抑。

父亲和米高扬一起走出会场，他们在接待室里遇到了沙图诺夫斯卡娅，因为没放她进会场，所以她一直坐在“衣帽间”里，以应咨询之需要。他们攀谈起来。谈了些什么？只能凭猜想。但猜想起来并不难。她说委员会挖掘的仅仅是第一个层面，应该继续追查。米高扬记住了她引述的一些数字：波斯佩洛夫的报告说，1937—1938 年共逮捕了 150 万人，根据沙图诺夫斯卡娅提供的苏联克格勃的资料，从 1934 到 1941 年的 7 年间，受迫害的是 1850 万人，占当时苏联居民人口的 15% 以上，其中被枪毙 100 万左右。一个正常人的理智是容纳不了这样大规模的罪行的。

上面我引述的马林的记录，证据确凿地证实了那天所发生的事：进行了讨论，什么人发了言，简要记下了谁说了什么。人们的感受、发言者的语气，这一切均留在了镜头画面之外。那天群情激愤，非同寻常。有两个人留下了关于讨论波斯佩洛夫报告的回忆，他们是父亲和米高扬。

先看父亲怎么说吧。

“代表大会快结束了。会议将通过一个决议。这都是官样文章。以后呢？几百万被枪毙的人，包括十七大上选出的三分之二的中央委员在折磨着我们

---

① 我援引的只是马林记的基本意思，全文请参阅《苏共中央主席团 1954—1964 第 1 卷原始记录速记稿》，俄罗斯政治百科全书出版社 2003 年莫斯科版，第 99—103 页。

的良心。很少、很少有谁能够活下来，因为党的整个积极分子队伍都被枪杀或镇压了。很少有人能够幸免，可是他却活了下来。以后怎么办呢？波斯佩洛夫委员会的报告让我痛心疾首。”[①] 父亲谈到自己的感受。

父亲犹豫了。和盘托出？避而不谈？用新的谎言从无法无天和假话连篇的泥潭中摆脱出来？要摆脱出来，这一点他是没有怀疑的；他认为未来的社会不应该建立在镇压上面，应该建立在人民的权力基础之上。但是，不对这样的人民讲出真相，不永远杜绝新的统治者掌权的可能，不防止在良好愿望的烟幕下支持我们的制度和繁荣成就，这是无法做到的。

让父亲寝食难安的还有眼前的诸多问题。一旦放缓镇压制度，人们便会要求了解真相，了解过去事情的真相，自然，也会要求知道现在的真实情况。作为政治家，父亲认为，将斯大林体制下骇人听闻的真相包起来无异于死路一条。政治上也毫无疑问。在这种情况下，为了保全政权，就只好要么制造同样无法无天的混乱局面，陷入新的犯罪，要么等着把一切事情搞清楚之后再说，但已经没有这许多乱象了。第一种情况父亲甚至想都很难想象。第二种情况不符合他的本性，他习惯于不等待命运的打击，而是走在前面。

如我们所知，父亲决心采取行动。他是怎样描写中央主席团会议的，读者在马林的记述中已经看到过了：

“我鼓足勇气，提出一个问题：‘同志们，应该怎样看待波斯佩洛夫同志的报告呢？如何对待那么多的枪杀和逮捕呢？大会结束后，我们各自离去，一句话都不说。须知我们已经知道这些受迫害的人是无辜的……人们从流放的地方回来了，现在我们不会再拘留他们了。’

……我的话刚刚讲完，大家马上都冲我来了。特别是伏罗希洛夫：‘你这是怎么了？这怎么可以呢？难道可以把一切都告诉代表大会吗？这对我们党的威信、国家的威信会造成多大影响呀？可这些事是保不住密的！而且到时候人们会指责我们的。对于我们的作用，我们能够说些什么呢？’

卡冈诺维奇表示激烈反对。他这是想推卸责任。如果有犯罪行为，那就要消灭它，掩盖它。

我说：‘即使从您的立场出发，这也是不可能的。我们在召开斯大林去世后党的第一次代表大会。在这次大会上我们应该真心诚意地向代表们讲出关于我们党的生活与活动的全部真相。现在我们在报告斯大林去世后这一时

---

① 《赫鲁晓夫回忆录（全译本）》，社会科学文献出版社2006年北京版，第2卷第1149页。

期的工作，但是，作为中央委员会的委员，我们也应该讲讲斯大林时期的事。我们怎么能够对大会代表什么也不说呢？代表大会快要结束了。代表们将各自回去。原来被囚禁的人回去后将以自己的方式来进行说明。到时候代表大会的代表们、整个党都会说：请问，怎么会是这样？二十大开过了，可是会上对我们都没有说。你们不知道从流放地和监狱里回来的人都说些什么吗？你们应该知道的呀！

我们什么都没法回答！说我们什么都不知道——这是在撒谎，有波斯佩洛夫同志的报告，而且现在我们已经知道所有的情况。知道迫害没有任何道理，都是斯大林的随心所欲，胡作非为。'

回答仍然是激烈的反应。伏罗希洛夫和卡冈诺维奇用一个声音重复说：'人们要求我们回答。'

我说：'如果党认为斯大林时期担任领导职务时容许这种肆无忌惮的行为……应该负责的话，作为十七大的中央委员和十八大的政治局委员，我准备对党负起自己的一份责任。即使那些犯下过罪行的人——生活中常有这样的事——一旦当他们意识到了，这给他们带来的如果不是自我辩解的话，那也应该是一种宽恕与谅解。这只有在党的二十大上才能够做出，到二十一大时已经有些迟了……

现在我记不得在这之后是谁站出来支持我。我想是布尔加宁、别尔乌辛和萨布罗夫。我不敢肯定，但我想，马林科夫也可能支持我。

当时产生一个问题：由谁来做这个报告？我提议由波斯佩洛夫同志来做。其他人，我现在不记得是谁建议由我来做这个报告……'如果现在你不来做，那就会产生一个疑问：为什么赫鲁晓夫在总结报告中什么都没有说。赫鲁晓夫不可能不知道。由此可见，领导人中可能存在分歧，因而波斯佩洛夫的报告只代表他个人的意见'。这个理由得到了重视，于是我同意了……"①

米高扬在自己的回忆录中和赫鲁晓夫的说法不同，在他的记忆中讨论报告人时的情况是另一个样子："当大会上谈到报告人的时候，我提议做报告的不应该是赫鲁晓夫，而应该是作为中央的委员会主席的波斯佩洛夫。赫鲁晓夫回答我说：'这样不对，因为人们会以为第一书记在逃避责任，像这样重大的问题，他自己不讲，却让另外一个人去做报告。'赫鲁晓夫坚持自己

---

① 《赫鲁晓夫回忆录（全译本）》，社会科学文献出版社2006年北京版，第2卷第1152页。

来做主要报告人。我同意了，因为用这种方式报告的意义只会更大。他是对的。”

在上面引述的马林的记录中，任何类似的内容都没有记下来，马林大概是跟什么给弄混了……弄混了。我不清楚。

“我们认可了波斯佩洛夫委员会的全部结论，没做任何改动，”再来看米高扬的回忆录，“但委员会并未就30年代的公开诉讼提出什么建议，委员会声称他们弄不清楚，无能为力。当时赫鲁晓夫提议成立一个专门研究1930年代公开诉讼的新的委员会，除原有已经参与工作的委员外，还吸收了莫洛托夫、卡冈诺维奇和福尔采娃参加。我的候补资格不知为什么他连提都没有提。

“我没有反对所提的委员会成员。如果事先交换意见，也许我会表示反对。参与斯大林的领导层的想法已经没有意义了。但为什么只对莫洛托夫和卡冈诺维奇而言呢？也许一旦需要跟莫洛托夫和卡冈诺维奇相抗衡时有我在场是很适宜的。我想到了卡冈诺维奇的作用，同样也想到了莫洛托夫当时是党和国家的第二把手，他们在镇压过程的许多方面帮助过斯大林，有必要将他们也列为成员吗？其他参加人在党内地位比他们可低多了。

“但当时提出反对意见并说明原因有其不方便之处，因为提议是无条件通过的。另外我想，他们在诉讼程序方面已经干了一些时候了，而且在对待迫害的问题上也将是这样的结果。

“但是我们错了。过了一段时间，新的委员会提出了建议，意思是：虽然当年指控季诺维也夫、加米涅夫和其他参与蓄谋加害基洛夫的杀手缺乏根据，但他们毕竟进行了反党的思想斗争等等。所以，委员会做出结论，不必重新审理这些公开诉讼案。”

这样的委员会曾经存在过，但是，据文件证实，它的成立是在二十大之前，而不是之后。最初是由莫洛托夫领导，在他之后委员会的主席是什维尔尼克。委员会的工作不急不躁。快到1964年的时候才有了结果。勃列日涅夫掌权后把这些结果送进了档案馆。

现在我们再来看看波斯佩洛夫委员会的报告公布后所发生的事情。为什么1956年2月9日的中央主席团会议上，甚至在这次会议之后，都没有提出在总结报告中加上一段关于斯大林的文字的问题呢？

第一，当时总结报告已经修改完毕，不尽如人意的地方都去掉了，没有赞颂斯大林，但也没有批判他，关于迫害的事根本没有提。报告写了不止一个月，写报告的人完全不知道波斯佩洛夫的报告。报告的最终文本在1956年1月30日召开的中央主席团会议上得以确认，现在再要改动为时已晚，再过5天代表大会就要开了。而且没有准备就大事宣扬非常可怕。在代表大会讲台上宣读的总结报告要在全国进行无线电广播的，第二天国家政治书籍出版社就会把总结报告印上数百万册。总结报告里通常会做出结论，谈到成绩，规划未来发展的重要阶段，批评工作中的缺点。缺点，难道波斯佩洛夫委员会的总结报告里讲的是缺点吗？

第二，也是最主要的，总结报告按规定是要交给大家讨论的，其实代表大会几乎全部时间都在讨论，至于中央主席团的讨论嘛，主席团全体委员，包括父亲在内，都想逃避。他们明白，业已开始的讨论可能控制不住，走得很远，弄得粉身碎骨。还要选举新的中央委员会……

因此将几个报告分开来做，决定说出斯大林的真相，但那是在大会“闭幕”之后、辩论结束之后、最主要的是在选举之后的事情。

1956年2月13日上午，也就是讨论波斯佩洛夫报告的4天之后，召开了中央主席团代表大会会前的会议，会议决定了一些组织方面的问题：制定大会章程，选举什么人进主席团，什么人进书记处。“妇女人数有点少，”莫洛托夫抱怨说。米高扬和别尔乌辛赞同他的意见，提议主席团里增加两位，一名女工、一名农庄女庄员，相应调整一下其他部门的名额。然后苏斯洛夫开始发言。

“赫鲁晓夫同志宣布全会开始，”马林写道，“说代表大会上将有一个关于个人崇拜的报告。由赫鲁晓夫同志来做。”

“在内部会议上，”父亲明确地说，“没有人反对。于是就这样决定了。”①

当天下午中央全会便召开了。像通常一样，全会由赫鲁晓夫主持。我引述部分速记记录稿。

“主席团看过中央向代表大会作的总结报告，表示赞同。全会是否要听取报告？他提出的是个一成不变的问题。”

“赞成。明天听取！会场里的回答同样是一成不变。”

通常代表大会前的中央全会都是在这样语气中闭幕的，但是父亲这次将

---

① 《苏共中央主席团1954—1964第1卷原始记录速记稿》，俄罗斯政治百科全书出版社2003年莫斯科版，第103—105页。

会议推迟了。

“还有一个问题，”他有点结巴，但瞬间便正常了，“中央主席团经过多次交换意见，对斯大林去世后的情况和材料进行了研究，感到并认为必须在党的二十大的内部会议上以中央的名义提出关于个人崇拜问题的报告。”（看来此事发生在对报告的讨论即将结束，中央领导机构的候选人、中央委员和候补中央委员及监察委员会委员已经确定，而客人们纷纷离去的时候）父亲的声音里充满了信心，不久前的不安情绪荡然无存，“我们在主席团商定，报告由我这个中央第一书记来做。有没有人反对？”

“没有。”大厅里有人回答说，中央委员们习惯性地表示同意，没有人提出疑问①。

就这样，参加中央全会的中央委员们甚至不知道这是一个什么奇怪的报告，但他们却作出了自己一生中最重要的决定之一。这时候全会宣布结束。明天召开代表大会。

中央委员会总结报告

苏联共产党第二十次代表大会于1956年2月14日召开。赫鲁晓夫在大会的第一次会议上宣读了总结报告。因为是宣读，任何插叙，甚至是他喜欢的即兴发挥这次都没有。报告占去了整整一天。回到家里他已经是疲惫不堪，但是感到极其满意。简直是满面生辉。向大会作总结报告，这一光荣无比的任务让他简直无法想象。

其实，总结报告是集体创作。它是这样写出来的：像在他之前的斯大林那样，父亲先指出报告重点，定好调子。然后撰写报告的各个部分：就国民经济、党的建设、理论问题、国际形势问题，由中央各有关部门开始准备。父亲每周指导一下工作的进程，起草工作接近尾声时指导得也就勤一些，一会儿跟这个部门，一会儿跟那个部门研究报告准备的情况，有的地方批评，有的地方删节，有的地方改写，这时他自己能当场口授上几十页。然后将材料送去加工，之后再送交父亲。当报告成型后，再就报告进行讨论，按照官位等级，一步步地向上呈送：中央各部门、中央书记处，最后是中央主

① 《苏共中央全会记录》1956年2月13日，绝密。

席团。

这次人们围绕报告表现出的热情则非同小可，父亲对最基本的思想教条的真理性表示了质疑，即革命的必然性和社会主义国家与资本主义国家之间战争的不必然性。30年前，他相信托洛茨基的"不断革命论"，托洛茨基号召在各大洲发动革命，用武力建立新的、进步的社会制度。现在他不这么认为了。

"为什么我们要为英国人、美国人或法国人的美好生活去打仗呢？难道我们在上次战争中丢掉的生命还少吗？当他们看到我们的生活比他们好时，他们会为自己选举一个像样的总统的，而且会跟我们站在一起，"父亲大声说。"他们现在暂时比我们生活得好一些。不要再把自己搞得精疲力竭，将储备的物资用于备战，哪怕是最正义的战争，相反，我们应该压缩国防开支，集中精力发展经济。能够给人们提供优越生活条件的制度必将获得胜利。"

至于未来是属于社会主义和共产主义这一点，父亲从不怀疑，当然，如果我们不犯不可挽回的错误的话。

关于新的世界大难、社会主义和资本主义为建立公正平等世界而搏斗的论点，对于我国经济来说，从战略上说不仅是毁灭性的，而且在战术上也是有害的。这样我们自己会把自己扮演成侵略者，给敌人造成无可争辩的宣传优势。

"我们在征求在斯德哥尔摩和平宣言上签名，让人们相信我们希望和平生活，呼吁裁军，"父亲在发挥自己的思想，"而他们则打开我们党的主要文件，看到这些文件上说我们正在准备跟帝国主义进行殊死的武装斗争。这样一来他们怎样还能相信我们呢？我们就自相矛盾。"

我曾亲自见证的讨论，是假日休息时在别墅林荫小道上进行的。和父亲谈话的人要么是中央相关部门来向父亲汇报报告材料的工作人员，要么是他的客人和主席团的同事们。我如饥似渴地倾听他们的每一句话。在科学共产主义的课堂上向我们讲述的完全是另外一套理论。我努力抵御向我的大学学友透露令人头昏目眩的新闻的诱惑。父亲和同事们的谈话不得外传。

反对父亲意见的人各种各样。级别低一点的官员、中央各部门的官员不跟父亲公开争论。他们不是表示反对意见，而是极其小心地对报告的提法准确性提出质疑，怀疑某些提法是否符合列宁的基本原则。主席团的同事们在观点上赞同父亲的只有米高扬，马林科夫和布尔加宁也支持他（他们和父亲总是保持一致），莫洛托夫和卡冈诺维奇则表示坚决反对，其余的人在等待观望。身为院士的思想家们支持莫洛托夫和卡冈诺维奇。抛弃业已习惯的教条，从新的角度看待世界，这往往是极其困难的。父亲尊重理论和理论家，但条件是理论不违背健全的思维。可是现在的理论走偏了，甚至是误人了歧途。

人们最终将句号划在1956年1月30日这个“时间点”上，届时装订好的报告文本将呈送给中央主席团请求核准。米高扬认为报告“基本上可以赞同”，如果有意见，可以转达给报告人，即父亲，由他对这些意见加以考虑（或者不考虑）。战前时期的十八大前和1952年的十九大前就是这样做的，但这次莫洛托夫和卡冈诺维奇在同意“基本可以接受”的同时，对父亲写进报告的“邪教理论”的可接受性表示质疑。

“何必要涉及一些纲领性的问题：关于夺取政权的议会道路而非武装道路的问题，关于社会的和平发展而非革命发展的问题，关于从无产阶级专政过渡到人民当家做主、民主化的问题。”卡冈诺维奇说，实际上他阉割了报告的内容，将它归结为一个“流水账式的”、官僚主义的总结报告。

“是有一些意见，”莫洛托夫支持卡冈诺维奇的观点，“交换一下意见是有益的，而不是简单地以它为基础。”

“存在一系列很危险的观点，有令人怀疑的地方，”卡冈诺维奇感到有人支持自己，便大胆地说，“特别是同帝国主义的战争不可避免的观点。‘不可避免’，这是个原则问题，我们不能修正客观规律。通篇报告只引用了列宁一句话，而且还引用错了。”

为父亲选用的这段引文，是为了说明他关于对资产阶级政权作和平让步的观点；不错，这是列宁在讲到一个小国的时候，条件是“大国”邻居已经建立起了无产阶级的政权。遗憾的是更合适的例子没有找到，便把这句引文拿来了，因为后来的话：“……向资产阶级作和平让步是可能的，如果确信它的反抗是无望的，”列宁把自己的话说在了前面，而且最后说：“更为可能的是，小国没有国内战争社会主义是实现不了的，因而国际社会民主党的唯一纲领，就是承认这样的战争，尽管在我们理想中没有强加于人的想法。”

“列宁的话不能这样引用，”卡冈诺维奇继续步步进逼，“现在是在讲议会斗争：工人阶级可能拥有多数，而政权却不是工人的。英国工党就是例子。毋庸讳言：我们要的是革命，是无产阶级专政。”

“关于战争的说法是不确切的，为什么这里不引用斯大林的话呢？”莫洛托夫抢过了接力棒，“他关于向社会主义的过渡方式的话。社会党人在英国、挪威、瑞典掌权，但这不是通向社会主义的道路。结论是：没有专政的‘永久和平’被简单化了。”

父亲默不作声，他事先已得到大多数人的支持。

“有人常说‘现在我们来了，并且开始拿你们开刀，’我们这是在将群众从身边推开，”米高扬反驳说，“如果不跟社会民主党人保持统一战线，那么跟谁保持统一战线呢？关于战争不是不可避免的说法，讲得完全正确。”

“卡冈诺维奇讲的话，我也都标示出来了，”伏罗希洛夫插进来说，但他马上改变了语气，“不能够抱残守缺，坚持老看法。报告中的道理跟列宁的思想是一致的。”

“我们能够防止战争，”马林科夫支持父亲，这样的话他1954年就说过，“关于通过议会过渡到社会主义的话是正确的。”

“需要提出这些问题吗？问题提得非常及时，而且完全正确。”这已经是布尔加宁的话了。

“我认为问题提得很正确。”萨布罗夫附议道。

“报告的实质是正确的，用不着逢人便讲‘无产阶级专政’，”苏斯洛夫开始发言，“而且国内战争也不是非打不可。这样坚持己见表现出一种宗派主义情绪。新的情况使我们要跟社会党人进行接触。应该吸收新的东西。”

“不能总援引旧的说法，问题论述得很正确。”别尔乌辛支持父亲的观点。

“同意报告的基本观点。我们反对战争宿命论。卡冈诺维奇同志讲得不对。”谢皮洛夫站在父亲一边。

“重复老的一套最容易不过了。这是一种精神空虚。”基里琴科从背后插了一句。

“报告提出的问题是大胆而革命的。关于革命发展走和平道路的话，列宁不是偶然说的。”波斯佩洛夫指出了它的理论基础。

阿里斯托夫和什维尔尼克也支持父亲。

“我尽量把我的修改意见说得缓和一些，”卡冈诺维奇有点认输了，“但是必须改变马克思主义关于战争不可避免的原理吗？需要对关于‘革命’和‘进化’的部分再加加工。修改报告时要考虑到这些意见，并且汇报。大家讲的这些意见我都同意。”

莫洛托夫不再做声了。

父亲将报告提交表决。结果一致“赞同”①。

父亲胜利了。

代表大会在父亲的报告之后选择了和平，宣布我们不再认为战争是解决两种制度——社会主义和资本主义之间矛盾的不可避免的方法。

关于两种制度军事冲突不可避免的命题的改变，使通往和平的转变不仅是一种愿望，而且在实践上可以感觉得到的。作为社会主义制度代替资本主义制度的唯一可能的方法，革命和武装起义也不再认为是唯一正当合理的了。取而代之的是不久前还等同于背叛的资产阶级议会选举。

党的最高论坛以自己的权威肯定了对待两个世界的新的态度，将异端邪说变成了“马克思主义理论的新发展”。眼下，和平共处、裁军、东西方谈判，在同帝国主义的斗争中从策略手段变成了苏联政策的战略方向。结果，代表大会刚刚开过，各国共产党代表会议（他们齐集莫斯科也是父亲提议的）便决定取消斯大林1947年建立的共产党情报局。自己代这一（照父亲的说法）官僚主义警察机构的办法是创办一个学术理论刊物《和平与社会主义问题》②，刊物编辑部并未设在莫斯科，而是设在捷克斯洛伐克布拉格。

父亲下台后，该刊物成为共产党改革派的最后堡垒了。

当代的读者会觉得1956年发生的争论显得有些幼稚，但当时父亲的话听上去却是肺腑之言，反响甚大：有人松了一口气，有人在一旁说他是修正主义。在早年的后斯大林岁月，没有比这种指责更糟糕的了。不久前还在对修正主义进行批判，而且是严厉地批判。当然，没有人公然称父亲是修正主义分子，因为他是党的首脑。实质上，父亲确实是名修正主义者，他在修正阻碍社会发展的教条，这就是改革。从这个意义上说，修正主义者和改革是同义词。

只有在苏联的词汇中它们才是反义词。

在我看来，把关于两个制度的和平共处、关于现阶段防止战争的可能性与和平过渡到社会主义的命题写进法律，其意义不亚于对斯大林罪行的揭露。

---

① 《苏共中央主席团1954—1964第1卷原始会议记录速记稿》，俄罗斯政治百科全书出版社2003年莫斯科版，第88—93页。

② 《苏共中央主席团1954—1964第1卷原始会议记录速记稿》，俄罗斯政治百科全书出版社2003年莫斯科版，第106—107页。

代表大会前的检阅

在我的记忆中，召开代表大会不光是父亲要作总结报告，还有未落实的为父亲举行的军事检阅。我的朋友、莫斯科110中学的同班同学鲍里斯·阿盖耶夫当时在茹科夫斯基航空工程学院学习，那些为物理、化学、机械实验和年级论文忙得焦头烂额的三年级大学生，我们之间都失去联系，只是偶尔见个面。12月底难得的见面时，鲍里斯炫耀说：朱可夫元帅下令，为庆祝二十大的召开，在红场要举行军事检阅，而且命令他负责学院参加检阅的编队。

鲍里斯兴奋不已，如登天堂，是啊，这是他平生第一次参加检阅。

"只是排练时两只脚都冻僵了，"鲍里斯抱怨道，"我们穿着轻便皮鞋，在中央机场迈正步，那里天气很冷，风又大。本来说要发棉靴的，可军需部门不给。"

我也很喜欢为庆祝代表大会召开举行检阅这个主意。那天晚上和父亲一起散步时我告诉了他这个消息。也忘记说脚都冻僵了的事。父亲不像我那样兴奋，他只是哼了两声，作为回答，说党的代表大会和军事检阅放在一起不怎么合适。

过了一段时间，又是在散步时，父亲无意中说朱可夫确实想搞个"检阅"，向代表大会表示祝贺，"但我们已纠正他了，"① 我记得父亲这样说。

"告诉鲍里斯，让他别担心，他们脚不会再挨冻了。"父亲看到我一脸茫然的样子微笑地说。

鲍里斯跟我见面时抱怨说，有人把检阅给取消了，演练也停止了。我什么也没有回答他。

"秘密报告"

1956年2月15日上午开始讨论大会总结报告。讨论按照早已形成的规

① 1956年1月5日，马林在关于主席团的记录中，在有关氢弹试验的报告后"关于二十大期间检阅"分明写着"有害"的简短批示，见《苏共中央主席团1954—1964第1卷原始会议记录速记稿》，俄罗斯政治百科全书出版社2003年莫斯科版，第83页。

矩进行：发言人用生动的例子反复说明总结报告的论点，然后由各州委书记报告本州所取得的成绩，部长讲自己部的成绩，大会普通代表介绍自己的成就；他们都很有分寸地谈到自己工作上的缺点，而且缺点很快便克服了。只有米高扬在发言中有两个段落小心翼翼地对斯大林的一些镇压行动的理由表示了质疑。他在得知即将要作的“秘密报告”的情况下“表现出了大胆的勇气”，像人们常说的，抢了风头。大会代表们还不知道将要到来的“惊喜”，所以没有支持米高扬的发言。

再过几天，全国，我们大家就会听说同父亲所作的“秘密报告”了，可报告本身还不存在。最初父亲打算在讲台上宣读一下稍微经过编辑加工的波斯佩洛夫委员会的报告。2 月 18 日中央书记波斯佩洛夫和阿里斯托夫已经准备好了报告文本。报告内容仅局限于 1930 年代，讲的也只是斯大林除掉党的干部的行为。但是 2 月 9 日后，有许多地方父亲改变了想法，他不想再姑息迁就了。

2 月 19 日，他口授了自己的速记稿。父亲撇开波斯佩洛夫委员会的报告，走得远多了，他讲到战争初期的惨败、战后的“列宁格勒案件”、医生案件。他原想再多讲一些东西，但受到时间的限制。

父亲当时认为苏共中央书记谢皮洛夫是自己的志同道合者，谢皮洛夫帮助他对新的报告文本进行编辑加工。至少谢皮洛夫在自己的回忆录里是这样说的。

干了几天。父亲从克格勃要来了全新的材料，谢罗夫用加封火漆印的红色公文袋送来的。父亲浏览一遍后，又将女速记员叫来，再次进行口授。送到父亲手上的揭露材料不光来自克格勃。以前什么都不说的中央委员得知正在起草报告，便纷纷向父亲表示了对斯大林的不满。这里引述一些保存在档案馆里的书信证明材料：2 月 22 日，原列宁格勒州委书记瓦西里·安德里安诺夫寄来了 1949 年“列宁格勒案件”的材料；2 月 24 日，原斯大林格勒方面军司令员安德烈·叶列缅科元帅谈了他以前对斯大林的看法。何人何时给父亲打过电话（这样的电话天天都有），现在我们已经无从得知。父亲的助手舒伊斯基和列别杰夫跟谢皮洛夫一起对不断膨胀的报告文本一再进行编辑加工。父亲请自己在中央的志同道合者读初稿；并非人人都愿意在这个报告的文本上留下自己印记。保存下来的报告副本上留有米高扬、萨布罗夫、苏斯洛夫、阿里斯托夫等人的批注。

2 月 23 日下午，作报告的前一天，父亲按规定将尚未最后定稿的报告文本发送给中央主席团各位委员、中央书记，包括持反对意见的人。父亲没有听到他们的意见。

代表大会闭幕的 2 月 24 日，最后定稿的样本上用各种颜色的铅笔勾画得密密麻麻（来不及打印），父亲带上这个稿子前往克里姆林宫。经过修改，报告的“爆炸力”增长了许多倍，但与此同时，父亲打破了 2 月 9 日在中央主席团会议上取得的脆弱平衡。

会间休息时，父亲建议中央主席团委员核准新的报告文本。莫洛托夫、卡冈诺维奇、伏罗希洛夫自然事先都看过呈送给他们的文本，内心深处愤怒已极。据我们所知，他们勉强同意向大会代表们宣读波斯佩洛夫的委员会的报告，可按照他们的说法，眼下是要求他们批准这一在政治上置他们于死地的报告。发生了严重的纷争。正式文件中关于中央主席团休息室发生的争论只字未提。这也不难理解的，那里的谈话都是非正式的，任何无关的人员都不会记下什么，甚至都没有人听见什么。无论是秘书、助理、甚至佩戴工作证的马林都不能进去。来自克格勃的悄无声息的服务人员送来了咖啡和盛有小点心的高脚盘，然后又一声不响地将杯子、盘子收走。因此，这一切只能够留在参加争论者的记忆里。

后来父亲不止一次谈及休息室里发生的争论，他在自己的回忆录里描述过。关于大会主席团休息室里的矛盾冲突，卡冈诺维奇和米高扬也留有书面的证据。

父亲在回忆录中甚至没有提到 1956 年 2 月 9 日的中央主席团会议和此后 2 月 13 日召开的中央全会，他谈到了波斯佩洛夫委员会的报告，而且立即就介绍起宣读报告前夕大会主席团休息室里的争论。早先发生于 2 月 24 日休息室里的争论在人们的回忆中充满了浓厚得多的感情色彩。我尽量将父亲的回忆文字按日期分别排列，其中一部分属于上面所援引的关于中央主席团会议的叙述，其余部分稍后再引述。卡冈诺维奇和米高扬在自己的回忆录中按时间顺序和事情发生的先后重复了父亲所讲的内容。

我先援引卡冈诺维奇的回忆录，他大概是反父亲态度最鲜明的人了。

“二十大已经快要结束了，”卡冈诺维奇写道，“但是突然间宣布休会。主席团委员召集到后面的休息室。

赫鲁晓夫提出在大会上听取他关于斯大林个人崇拜及其后果问题的报告的问题。

会议是在很不正常的条件下进行的：非常拥挤，有人坐着，有人站着。

很难在这样短的时间内将这个内容庞杂的笔记本宣读完毕，思考它的内容，以便按照党内民主的程序作出决定。

总共只有半个小时，因为代表们都坐在会场里等待着他们并不知道的消息，代表大会的日程已经结束。”

拉扎尔·莫伊谢维奇[①]大概忘记了，他昨天有一整天的时间阅读这个报告。

“应该说，早在二十大之前，中央主席团就研究过非法迫害和所犯错误的问题。中央主席团成立了一个委员会[②]，负责外出调查受迫害者的情况，提出总的结论和具体的建议[③]。主席团对这个问题进行讨论后，打算在二十大之后召开中央全会，听取委员会的报告，提出相关的建议。

莫洛托夫、伏罗希洛夫等其他同志谈的[④]正是这个问题，他们表达了自己的反对意见，”拉扎尔·莫伊谢维奇[⑤]愤然地说，“另外，同志们说，我们简直没办法对这个报告进行编辑加工，作出必要的修改。我们说了，只要草草浏览一下就看得出这个报告是片面的，错误的。不能只从这一个方面来说明斯大林的活动，必须要更加包容地说明他做的一切正面的事情，让劳动人民明白就里，在这方面对于我们党和国家的敌人的投机行为予以回击。

讨论拖了下来，代表们情绪激动，因而也没有经过任何表决，他们便转身直接到代表大会上去了。大会宣布增加一个议程：听取赫鲁晓夫关于对斯大林个人崇拜的报告。”[⑥]

“代表大会快结束时，我们决定在闭幕会上作报告，”米高扬证实了卡冈诺维奇说的话，“在这个问题发生了一场小小的争论。莫洛托夫、卡冈诺维奇、伏罗希洛夫希望根本不要作这个报告。赫鲁晓夫，特别是我，积极主张要作这个报告。马林科夫不说话。别尔乌辛、布尔加宁和萨布罗夫支持我们。诚然，别尔乌辛和萨布罗夫没有主席团其他成员那样的影响。

于是赫鲁晓夫想出了一个很好的办法，使反对作报告的人无话可说。他

① 指卡冈诺维奇。

② 在讨论沙图诺夫斯卡娅的信之后，但在研究罗多斯案件和波斯佩洛夫的委员会的报告之前。

③ 苏共中央主席团1956年1月30日《对判刑人员就地剥夺自由的决定》（《苏共中央主席团·1954—1964》第2卷，1954—1958的决定，俄罗斯政治百科全书出版社2006年莫斯科版）。我下面还会讲到这个委员会。

④ 2月24日在代表大会主席团休息室。

⑤ 指卡冈诺维奇。

⑥ 卡冈诺维奇：《往事如斯》，瓦格里乌斯出版社1996年莫斯科版，第508—509页。

说：'让我们通过内部会议的方式征求代表大会的意见，问他们愿不愿意就这件事作个报告'。这样提出问题也是没有办法的办法。当然，代表大会可能要求做报告。总之，没有别的出路。于是通过了决定：在代表大会结束时，中央委员选举之后（这对莫洛托夫和卡冈诺维奇来说非常重要），以内部会议的方式作这个报告。"

"任何赞同的意见都没有，"父亲写道，"我看到从中央主席团委员那里得到允许是不可能了。

于是我提出一个建议：'现在正在开党的代表大会，大会期间中央委员和中央主席团成员之间必须保持统一领导的内部纪律已经不起作用了。代表大会的总结报告已经作过，每一位主席团成员和中央委员都有权在代表大会上阐明自己的观点，即便他的看法和总结报告的观点不同。'

我没有说这个报告是由我来做，但反对作报告的人明白，这个报告可能由我来做，并且会说明自己对于逮捕和处决行为的意见。

我现在不记得具体支持我都是哪些人了。我想，他们是布尔加宁、别尔乌辛和萨布罗夫。我现在没有把握，但我想马林科夫也可能支持我。现在我无法确切地说，因为1930年代他曾经是分管干部工作的中央书记，因而在这些问题上他的作用是相当积极的。他实际上在协助斯大林推举干部，然后再除掉他们。我没有说他在迫害干部上表现得多么积极主动，未必是这样。但是在斯大林派马林科夫去整顿秩序的那些地区，成百上千的人受到了迫害，其中许多人被处死了。"①

他们就是在这种感情极为激动的语气中分手的。

第二天，1956年2月25日，父亲在苏共二十大的内部会议上作了他那著名的"秘密报告"。

我们全家人和我国其他居民一样，都没有料到父亲决心要讲述当代最可怕和最血腥的一则神话。我对那些日子的记忆非常模糊。表面上父亲依然故我，非常淡定，早上像平常一样，浏览一下登满代表大会材料的报纸，然后去克里姆林宫参加例行的会议。

父亲谈起建筑或农业方面的事情，态度非常开放，直言不讳，甚至滔滔不绝，但是现在一谈到政治，他的话变得少了，甚至一句话都不说。

---

① 《赫鲁晓夫回忆录（全译本）》，社会科学文献出版社2006年北京版，第2卷第1151页。米高扬无法原谅赫鲁晓夫，因为没有提到他的名字。不知道这是出于偶然还是……

24日晚上，父亲一回家便立刻上了二楼自己的卧室。他甚至对妈妈都没有提起即将发生的事情。这是为什么呢？是在给予警告吗？什么意思？父亲明白：无路可退，只能前进。他不能排除这种可能：被逼到墙角、害怕揭露的莫洛托夫、卡冈诺维奇和伏罗希洛夫甚至可能决意把他抓起来。当然，如果他们有这样的机会的话。父亲相信谢罗夫，但是人心隔肚皮，揭露斯大林的罪行，在最后一刻可能驱使他这个曾因1944年驱逐车臣人有功获得苏沃洛夫勋章克格勃将军去跟“莫洛托夫分子们”结盟。事情这样发展的可能性不大，但是……

床头柜上的电话一声不响。父亲自己也决定不给任何人打电话。一夜平安无事。早上，父亲照常8点多钟出来吃早餐。跟平时一样，只是母亲有些担心他是不是病了。他显得有些疲惫，出现了眼袋。父亲安慰说：一切正常。代表大会一结束，他就要好好地睡上一觉。像往常一样，快9点钟时父亲上班去了。没有迟到。

他几乎从未怀疑过他已取胜。几乎……

和昨天一样，“秘密会议”之前国家最高领导人在休息室碰面。父亲的反对派看上去显然也不是很好，因为他们一夜也没有合眼。他们在想什么呢？在掂量什么？这我们无从得知。有一点是清楚的：他们无法团结起来，要么是不敢这么做。他们相互之间太缺乏信任了。

父亲向二十大作的“秘密报告”，几十年来传言很多，有许多神秘的虚假细节。例如，不知为什么有人认为会议是在夜间召开的……

实际上没有任何神秘之处，代表们像通常一样，上午集中在一起，只是当天给为数众多的来宾分别安排了活动日程。他们分头去莫斯科各个企业参加专门为他们组织的群众大会。

父亲在讲台上讲的比稿子上写的要多得多。他时而离开讲稿。父亲饱含感情，他报告的主旨——罪行不应该不揭露，因为这是违背人类道德和人的良心的。

“大会在听取我的报告时一片肃静。正所谓可以听见苍蝇飞动的声音。一切都来得太突然了，不难理解，对普通党员，对功勋卓著的老布尔什维克和青年人所犯下的种种暴行令人震惊……这是党的悲剧。

我在二十大的报告中关于公开审判的事只字未提，各兄弟共产党的代表曾见证公开审判。当时受审者有李科夫、布哈林等人民领袖……

在公开审判的问题上也表现出了我们行为的双重性。我们仍然害怕把事情彻底讲出来。毫无疑问，这些人是无辜的，他们是个人专横的牺牲品。

但各兄弟党的领导人参加了公审大会，他们后来在自己国内作证说判决是公正的，我们不想毁坏他们的名声，把为布哈林、季诺维也夫、雷科夫等人恢复名誉一事无限期地推后了。

但是，看来彻底说出来更正确一些。纸里是包不住火的……”①

出席二十大秘密会议的见证人已所剩无几，证据也几乎都没有了，当年政治方面的回忆录并不时兴。

米高扬在回忆录中关于“秘密报告”只字未提。卡冈诺维奇只用了简单的两行字：“报告后没有进行任何讨论，代表大会就闭幕了。二十大后党有组织地召开了一系列党的会议。”

1956 年，弗拉基米尔·尼古拉耶维奇·诺维科夫在国防工业方面身居高位，他感到很受压抑：“真为斯大林感到羞耻，我们以他的名义建设了社会主义，并且在战争中取得了胜利，也是为了自己。”

亚历山大·尼古拉耶维奇·雅科夫列夫的回忆较为详细，他当时还不是“改革之父”，也远非普通的党的思想家、苏共中央学校教育部的指导员②，他说：“我十分走运。又得到了一张 1956 年 2 月 25 日代表大会闭幕式的入场券。提前半个小时就来到克里姆林宫。马上引人注目的是，仿佛换了一批听众，大家都不大讲话，突然噤声了。看来，有些人已经知道一点内情，有些人则因为宣布这是秘密会议、而且是议事日程之外而有所戒备。除了中央机关工作人员而外，所有大会来宾均不得入内。

主持人（我甚至不记得他是谁）宣布会议开始，便请赫鲁晓夫作《关于个人崇拜及其后果》的报告。赫鲁晓夫站在讲台上。阴沉着脸，表情做作。可以看出他有多么紧张。起初不时咳嗽，口气不甚坚定，后来就完全放开了。经常离开讲稿，而且即兴发挥的部分比讲稿中的评价更加尖锐，更加明确。赫鲁晓夫刚刚讲了几句斯大林的罪行，我就感到浑身发冷。当时我是个怎样的人呢？年纪轻轻，对于马列主义学说和社会主义的信仰尚未完全消失，我是抱着这个信仰经过卫国战争的。对于所许诺的人间天堂的到来，我还抱有希望。直到后来我才明白，对于童话般未来的着迷产生了多么强大的愚弄和欺骗作用啊。

① 《赫鲁晓夫回忆录（全译本）》，社会科学文献出版社 2006 年北京版，第 2 卷第 1159 页。

② 就官位级别来说，中央中学教育局大概相当于副部长或州委书记。

当然，我像其他许多人一样，脑子里已经产生了某些模模糊糊的疑虑和不合时宜的问题，不过我劝自己说，这些问题并不是那么重要。我把它们赶到一边去，因为对于党的设想之“壮丽”的信任，对于“克里姆林宫智者”（他们比别人都更清楚该做些什么）的景仰仍然主宰着我的头脑，我驱赶着任何仿佛是不相干的思绪。我心中感到一种令人压抑的空虚，却对严肃的结论以致行动尚未做好准备。

一切都显得不那么真实，就连我置身于此、置身克里姆林宫的现实，以及那些几乎抹杀了我所赖以生存的一切的话语，都显得虚无缥缈。一切都像战争中的杀伤弹一样炸成小小的可以随时致人死命的碎片。会场里死一般地寂静。听不见一点座椅的吱呀声、咳嗽声和耳语声。没有人相互对视，不知是因为事情来得太突然，还是因为心慌意乱，再不就是源于苏联人身上似乎已经根深蒂固的恐惧心理。我见到了关于报告过程中有人鼓掌的说法。没有人鼓掌。赫鲁晓夫助手的速记稿中在需要的地方标出‘掌声’的字样，为的是描述代表大会对报告的拥护。

曾亲自聆听赫鲁晓夫‘秘密报告’的人，如今已所剩无几。报告对于体制实在太危险，长期不敢公布，不过党组织已对报告进行了讨论。报告仍然对外保密了30年。有人把报告交给了西方，报告却对苏联人民严加保密。严加保密的原因很简单：国家领导人害怕它随着非斯大林化的思想越出党的精英的界限。直到80年代改革期间，报告才得以公开发表。

眼前这一幕之独一无二在于，会场里坐着党和国家的高级官员，他们当中大部分人亲自参与了斯大林的恶行。赫鲁晓夫这时却正在援引一桩又一桩事实，而且一桩比一桩骇人听闻。人们在离开会场时都把头埋得很低。精神压抑十分严重。尤其是因为，这次正式通报了斯大林‘本人’——‘各个时代和各族人民的天才领袖’（这是当时对他的称呼）的罪行。赫鲁晓夫讲的就是斯大林的罪行。

中央机关绝大部分官员对赫鲁晓夫报告持否定的态度，却避免公开交谈。都是躲在角落里窃窃私语。‘尼基塔没弄明白……’，‘这样的打击党可能就经受不住……’机关工作人员所说的党就是他们自己。他们在实际工作中立即开始暗中抵制代表大会的决议。日后机关工作人员在80年代改革期间的表现，简直与此如出一辙。”①

① 雅科夫列夫：《雾霭——俄罗斯百年忧思录》，社科文献出版社2013年版，第220—221页。

公开的秘密

“秘密报告”简直震动了全国，但它的秘密保持了不到两周。

据我所知，父亲原来就没有打算对斯大林的罪行保密。2 月 9 日，当谈到报告时，人们并没有说是秘密报告。父亲曾建议中央主席团委员们要对党和人民表示悔罪，怎么能够想象这种悔罪是秘密的呢?

报告保密的问题直到 2 月 13 日才提出来，起初是在中央主席团内，后来，就在当天，以主席团决议的形式定了下来：“向苏共中央全会提出建议：中央主席团认为有必要在代表大会的内部会议上提出报告，并核准赫鲁晓夫为报告人。”①

父亲作了妥协：莫洛托夫、卡冈诺维奇等人同意报告的内容，他则同意对报告保密。当时，对于他来说最主要的是能够作这个报告，把看似不能讲的话讲出来，往后，“话语不是麻雀，飞出去就抓不着了。”

眼下，代表大会已经开过，父亲认为到时候了，可以把所说的话从秘密的笼子里放出去了。只要编辑人员将报告文本整理好，确切地说，把父亲插议插叙的话去掉，使报告宜于阅读，他便建议将报告分发到各级党组织，让全体党员都能够看到报告。父亲的理由很有分量：“我们不能够像从前那样，用围墙把党圈起来。”

主席团的同事们不得不同意父亲的意见，这时他又向前迈出一步，坚持不仅向党员宣读报告的内容，而且也要向共青团员宣读：他们是老近卫军的接班人，他们有权了解过去的真相，哪怕是丑陋的过去。因此父亲将秘密报告变成为 700 万左右的党员、加上几乎 1800 万共青团员以及他们的朋友、全家大小的共同财富。

1956 年 3 月 5 日，中央主席团作出决定：

“一、请各州委员会、边区委员会和各加盟共和国共产党中央将赫鲁晓夫在苏共二十大上作的《关于个人崇拜及其后果》的报告向所有共产党员和共青团员及非党工人积极分子、职工与集体农庄庄员进行传达。

---

① 《苏共中央主席团 1954—1964 第 1 卷原始会议记录速记稿》，俄罗斯政治百科全书出版社 2003 年莫斯科版，第 106 页。

二、将赫鲁晓夫同志的报告分发给各级党组织时，请注明‘报刊勿用’，将小册子上签注的‘绝密’字样删去。”①

这样便取消了最后的限制：“非党积极分子”包含了所有想了解斯大林真相的人。《真理报》印刷厂将报告用鲜红的小册子版式，以成千上万份的印数向全国发行，小册子的右上角注明“报刊勿用”和专门邮件字样。

但是，在报告分发之前莫斯科已经是传言满天飞了。出于好奇，我缠着父亲问问题，他没有回答，只是递给我薄薄的一本书。

“拿去看看吧。看完还给我。”他说，我感到他的态度太淡漠了。

读后我感到非常恐怖，尽管有些内容我原先也知道。“教育”是从贝利亚一案的起诉意见书开始的。那是1953年的年末，那个潮湿的秋夜我记得很清楚。父亲回家时带了一个比平时要厚的公文夹。在餐厅里，他从中取出厚厚一卷用“国家标准”的浅蓝色纸袋装着的东西，像平常一样，他将其他的文件放在餐桌上，拿起一本神秘的书进了书房。

我跟了进去。有几个晚上，我尽量不放过任何和他交流的机会，跟在他身边，形影不离。这时好奇心控制了我：这么多的文件，平时父亲回家是不随身带的，晚上就只看日常的文件。

父亲将那本东西放在书桌上，自己到卧室换衣服去了。我不敢去看那本吸引我注意力的书，甚至没有到书桌跟前去，我只是站在远处，尽量想看清楚印刷字母不怎么大的书名。我看见了其中两个字：“起诉……”，父亲回来时正好发现我在伸着脖子往那边张望。父亲走到书桌前，站立片刻，好像在进行权衡，然后把那本东西递到我手中。原来这是检察院就贝利亚及其亲密助手的案件准备好的起诉书。

离开庭还有几天时间（我当时没有料到），按照1930年代的习惯做法，总检察长要把自己调查的结果呈报给最高领导确认。这块浅蓝色的“砖头”分送给了中央主席团的各位委员。

“想看看吗?”父亲带着一丝怀疑说，看来他还没有下定决心，值不值得让我接触这种令人很不愉快的秘密。

我渴望了解，此人都干了什么骇人听闻的事情，他的画像不久前节日期间还挂在莫斯科各大楼墙面上呢。

“当然啦。”我急切地说，生怕父亲改了主意。

① 《苏共中央通报》1989年第3期第166页。

“好吧，”父亲终于下了决心，“不过要注意，我给你看的是国家机密，一定得守口如瓶。”

我点了点头。我没有食言，读过起诉书后的印象，我既没敢和朋友们交流，甚至都没敢对妈妈说。

读的时候我吓坏了，读了一个通宵。材料中什么内容没有啊：和英国情报机关的联系、与反革命势力的合作、对妇女施暴、道德败坏、以别人的名义为自己建造私宅。

这后一种情况特别让父亲感到气愤；他认为，私有者固有本能的表现是最令人发指的大逆不道。一个共产党员拥有私宅，这在父亲的眼里是再可耻不过的行为了。

看过的材料没有引起我任何怀疑。贝利亚是一个嗜血成性的强盗，什么事情他都能干出来。

不久，贝利亚和他的几个特别亲近的人被处决了。一共只处决了几个人，而涉嫌犯罪的人可多了去了。

我关心的是怎样惩治其他的共犯？他们必须受到惩罚。他们不能留在我们中间。有一段时间我因怀疑而十分苦恼，一直没有找到方便的机会跟父亲谈谈这一可怕的话题。终于，我对他全都讲了。他沉默了很长时间。

“知道吗，”父亲勉强说，“贝利亚最亲近的死党我们惩治了，有的枪毙了，另外一些关进了大牢。但在这场杀戮中被卷入的人有数百万。有数百万受害者和数百万刽子手：侦办者、告密者和押解者。如果对所有的人都惩处，那么谁来做这件事呢，那样的话，发生流血的事恐怕不会比当年少。可能还会更多……”

父亲没有说完便打住了。父亲的回答让我感到很沮丧。让刽子手逍遥法外，不受惩罚?！我会反对的。

“不谈这个了，”我感到父亲好像有些无奈地说，“我累了，我们别说话了。”

如今，刽子手贝利亚和他的帮凶中间又加上斯大林。原来他才是罪魁祸首和所有罪行的制造者，包括贝利亚的罪行。“狼狈为奸者”的范围越来越大。国家实际上被分成了两个部分：受害者和刽子手，他们之间有一道偶然未参与者组成的薄薄的夹层。

父亲表现出一种治国的大智慧：相互仇恨、相互混战将把社会完全分裂成两个部分。凭良心说，应该受到审判的不光是刽子手和审问者，还有那些赞美凶手的人；应该审判党的宣传工作者以及作家和诗人；他们所有的人，从米哈伊尔·苏斯洛夫和亚历山大·雅科夫列夫到鲍里斯·帕斯捷尔纳克和亚历山大·特瓦尔多夫斯基，他们每个人都以自己的方式歌颂过斯大林。他们全都应该受到良心的审判。但与此同时，父亲在社会的底层埋下了定时炸弹，他没有从根本上铲除斯大林主义卷土重来的可能，即使这种可能性是非常遥远的。他怎样才能做到这一点，老实说，我自己也不知道。我认为，就当时来说，他作出了唯一正确的决定：保持了国内的稳定；至于未来，特别是遥远的未来，那要取决于未来几代政治家的智慧与良心了。

于是，“秘密报告”的红色小册子在全国传播开来。报告也分发给了参加代表大会的来宾和各兄弟党的代表。随着春天的到来，报告开始在全世界传播开了。最初是西方报纸刊登记者转述的“秘密报告”内容。克格勃立即查出都有谁可能接触到报告文本，有谁在代表大会上看到或听到后有意无意地说漏了嘴。谢罗夫向父亲作了汇报，得到了“不采取措施”的指示。

几个月后，美国人手里有了报告的完整文本。源头来自华沙。原来事情简单得令人好笑。小红本摆放在波兰统一工人党第一书记爱德华·奥哈布的会客室桌子上。他的女秘书那些天正在跟一个叫维克多·格拉耶夫斯基的波兰记者、犹太人调情。这样的事在我们的历史上不无重要。中央的保卫人员毫无阻拦地放他进了办公大楼，对他的光顾早已司空见惯。那是三月底或四月初的一个上午，跟以前的日子没有什么不同。维克多像往常一样，给这位意中人送上一束春天的鲜花。她也像往常一样，将花放入桌上的花瓶。旁边就是那本很醒目的红色小册子。

“这是什么？”男朋友漫不经心地问道。

“赫鲁晓夫的报告。”女朋友淡淡地回答说，然后他们便开始讨论休息天的计划了。

这位男朋友告辞时再次不经意地看了那本小红本一眼，他自己也不知为什么，要求给他看一看。女朋友没有表示反对，只是提醒他说：不要给任何人看，四点之前还回来。四点，她把文件交到了办公室。记者格拉耶夫斯基将小册子装进口袋，离开了中央办公大楼，有几个小时他把这事给忘了。直到回家后他才开始阅读，看了头几页他就明白了，这是赫鲁晓夫的那份报告，现在世界各地都在议论纷纷，西方世界至今还没有人得到它。这位记者没有看完，就迫不及待地跑进以色列驻华沙大使馆。他毫不怀疑那里会充分评价他的这一发现。但是使馆拒绝跟格拉耶夫斯基讨论此事。这位从外面进来的陌生人一提到赫鲁晓夫的秘密报告，值班人员就把他看成是一个挑衅者，毫不客气地将他拒之门外。

过了半个小时，这位记者回来要求会见以色列情报机构的代表。情报人员的态度要客气得多，请这位陌生人进去。情报人员一看见这本小册子差一点晕了过去。美国人追踪它整整有一个月了，而它现在却自动来到自己手上。把小册子拍照了，原书又按时回到奥哈布的会客室。小册子的副本作为外交邮件送到特拉维夫。4 月 10 日，它已出现在以色列总理本・古里安的办公桌上，本・古里安能顺畅地阅读俄文。他吩咐将小册子转交给美国。杜勒斯弟弟、中央情报局局长阿仑和美国国务卿约翰・福斯特将“秘密报告”交给了《纽约时报》。1956 年 6 月 4 日，报告传遍了全世界。

阿仑・杜勒斯答应付给搞到报告副本的人 100 万美元，但格拉耶夫斯基一分钱都没有得到。未必是中情局赖账，很可能是他们把钱如数付给了以色列的情报机构摩萨德，而摩萨德对任何人都没有作过许诺。

这个“窃取”“秘密报告”的故事直至 20 世纪末方为人所知，当时“人民波兰”已经结束，苏联也已经解体。维克多・格拉耶夫斯基那时已经移居以色列，很愿意接受关于自己一生中最精彩的一件事的采访。我没有任何理由不相信他的话。而中央情报局得到的第一份秘密报告是不是他搞到的，最后也说不清楚。

1956 年 7 月父亲会见意共代表团时说，当时在波兰的法国同志证实，波兰并没有为报告保密。法国人“看见赫鲁晓夫的报告就装在陪同他们的波兰人的口袋里。光是克拉科夫省就丢失了 17 份报告”①。

因此，即使没有维克多・格拉耶夫斯基的帮助，获取赫鲁晓夫“秘密报告”副本并不特别困难。至于实际上“秘密报告”是怎样落到中央情报局手里的，看来我们已无从得知。情报机关是愿意跟别人分享秘密的。

父亲退休后开玩笑说，这是他和杜勒斯兄弟的利益相互吻合的唯一一件事。确切地说，杜勒斯兄弟自己都不知道他们为父亲的利益助了一臂之力。

---

① 《1956 年 7 月 10 日和意共代表团的谈话记录》，莫斯科《史料》杂志 1944 年第 2 期第 86 页。

平反昭雪

早在代表大会召开之前，1956年1月30日召开的中央主席团会议上，父亲就建议重新审理所有的“政治判决”，而且要抓紧审理，不能拖延。当时伏罗希洛夫表示怀疑，说值得这么急吗？但他的意见连莫洛托夫都不赞成。成立了专门的平反工作委员会，委员会拥有“苏联最高苏维埃主席团”赋予的非常广泛的权力。中央主席团决定派他们去劳改营立即就地释放无辜被判的囚犯。他们的活动直接受中央主席团的中央专门委员会的监督①。

1956年1月30日中央主席团的决定并非赫鲁晓夫释放政治犯的首次尝试。1954年5月4日苏共中央主席团已经成立了平反工作委员会，中央的地方的都有，但是工作进展迟缓，到1956年，平反工作的进程在司法拖延和没完没了的辩论上开始空转起来：有罪——无罪、释放——不释放，难以决断。检察长鲁坚科有一次在例行汇报工作情况时，父亲大为恼火，说：“这些人显然没有任何罪行，可是我们还要对他们进行侮辱，百般刁难。”斯大林曾经说过，如果十分之一的囚犯中有一个人是“敌对分子”，那么专政机关就算没有白吃饭，“砍伐森林总会有木屑的”。父亲认为，如果哪片“木屑”是腐烂的木头，那它就不可能支撑其他的木头。跟鲁坚科这次谈话之后才有了1956年1月30日关于“立即释放政治犯”的决定。现在父亲让米高扬担任中央平反委员会的领导。委员会批准阿里斯托夫、基里琴科以及苏联总检察长鲁坚科为委员，而且就在这次会议上任命尼古拉·帕夫洛维奇·杜多罗夫为内务部长。②

1956年1月30日，苏联中央主席团通过了标有“绝密”字样的《关于在各地被剥夺自由、服满刑期的囚犯的决议》：“接受赫鲁晓夫同志关于建立党的委员会（三人）并派遣和这些委员会到劳改营公出的建议；苏联最高苏维埃主席团赋予他们审查因政治罪名和职务犯罪服刑期满人员、并就地解决释放他们的问题的权力。责成米高扬、阿里斯托夫、基里琴科、鲁坚科和杜

---

① 俄罗斯联邦总统档案馆第3全宗第10目录第218案卷第17—18页。

② 《苏共中央主席团1953—1964原始会议记录速记稿》，俄罗斯政治百科全书出版社2003年莫斯科版，第94页。

多罗夫制定党的委员会（三人小组）的工作制度。”

米高扬回忆道：“我是平反委员会主任。好像我们派出了83个委员会去到最大的劳改营聚集区。我们把囚犯们从小的居住点集中到这里。这方面的全部组织工作都是谢罗夫替我做的，他了解劳改营的地理位置。例如，将所有犯有危害社会罪的囚犯召集起来，然后向他们宣布，他们已经平反，发给他们证明文件，并且释放了他们，保证向他们提供回家的路费。要么是根据预谋对斯大林或者某个政府成员采取恐怖行动的条例（如在最大的一个委员会中工作的斯涅戈夫，他对我讲了一起特殊案例，有这样的事：有人坐牢，是因为他想杀害两年前已被枪毙了的贝利亚！）这样我们就做到了使成千上万的人立即释放。为此甚至必须增加客运火车。”

1956年3月12日，中央主席团听取了委员会的工作汇报，[①] 规定了对所有重审案件结束的期限为1956年10月1日。与此同时，扩大了中央一级委员会的人员构成，使之在规定期限内对所有需要平反的人员做好开导工作。米高扬由于部长会议的事务繁多，阿里斯托夫接替了他的委员会负责人职务，所以在最近半年内，无论如何他都不能为别的事情分心。

1956年年底之前劳动改造应管理总局实际上已经没有人了，随着它们的基本成员政治犯纷纷获得了自由，一个个劳改营也都关门大吉，多余的警卫工作也都“放任自流”了，只剩下一些空无一人的岗亭和周围的铁丝网，令人想起我国历史上的“昨天”。

斯大林丧心病狂地害死了多少人，确切的数字谁都不知道。1956年父亲也不知道，后代也不了解，对于他们而言，斯大林已经是遥远的历史了。资深学者、著名苏俄社会学家亚历山大·舒宾引用苏联克格勃的资料，说“1930—1934年间被迫害者有3778234人，其中786098人是处决，其余的送进了劳改营。1937—1938年间因国家罪被捕的有1334923人，其中681231人被判处死刑。1934—1953年间有1127000人死于劳改营。”作者认为其中一半是政治犯。

有些历史学家认为克格勃提供的这些数字被夸大了，另外有人认为没有反映出所发生灾难的规模。根据后面这些人的看法，从1934年杀害基洛夫到1953年斯大林本人去世这20年来，有5200万件系出于政治原因的有罪判

---

① 《苏共中央主席团1954—1964第2卷1954—1958年的决议》，俄罗斯政治百科全书出版社2006年莫斯科版，第210页。

决，还有200万人根据“三人小组”或斯大林个人的指示而被枪决；例如1941年秋天所发生的事情就是如此。

换言之，受害者几乎占了苏联居民的40%，几乎是二分之一。这个数字听起来令人毛骨悚然，但它是比较实际的，比克格勃的“宽容”的统计更靠谱。像我这个岁数的人都知道，当时受迫害者涉及所有的人，每个家庭里缺了什么人——不是被抓走了，就是被流放了，再不就是倒大霉了。我明白，有人很希望驳斥这些数字，但是一切都可以反驳，甚至可以反驳太阳的升起。只要有人愿意。

1956年3月5日，是斯大林的忌日，报纸上既没有歌颂的文章，城市街头也没有大幅画像来纪念，这是第一次。

“把斯大林还给我们”

“把斯大林还给我们！”在格鲁吉亚，人们脱口而出。

格鲁吉亚人受斯大林迫害之苦不亚于其他人，但是他们对于赫鲁晓夫报告的反应是好像自己受了侮辱。整个后斯大林年代，他们的不满情绪在渐渐发酵：昔日，他们格鲁吉亚人还在领导着一个庞大的国家，可现在克里姆林宫，既没有斯大林，也没有贝利亚！他们认为，斯大林的葬礼也太匆忙了，“有悖于格鲁吉亚长时间哭丧和送别逝者的传统，”人们向他告别遵循的是俄罗斯的传统，总共只有三天，而且灵柩停放在工会大厦的圆柱大厅内，从而将“各民族人民的太阳”降低到通常“杰出国务活动家”的水准①。还有，斯大林是星期一安葬的，按照格鲁吉亚的习俗这是绝对禁止的。贝利亚本来能够想到这一点，但是他没有想起来。主席团的其他委员丝毫没有质疑这些细节。“虽然斯大林已经去世三年了，许多格鲁吉亚人还无法理解为什么对于地球上这样一位伟人竟然像对待一个普通人一样。”② 人们的不满情绪在1956年3月4日爆发出来。原因是在领袖忌日的前一天没有任何表示。第比利斯斯大林纪念碑前的第一批鲜花是白天献的。当地领导的“反应”很笨拙，严禁“各中学、高校、机关凑钱购买花圈，限制专业商店出售花圈；这

① 法因娜·巴阿佐娃：《冲着孩子们的坦克》，《祖国》1992年第10期，第105页。

② 法因娜·巴阿佐娃：《冲着孩子们的坦克》，《祖国》1992年第10期，第105页。

种做法引起了强烈的负面影响，特别是对于青年人。”① 3 月 4 日晚上，纪念碑附近聚集了成群的人，据警察说约有 300 人，非常庞杂，而且无组织：“大学生、不愿服从分配到边远地区而滞留首都的高校毕业生和中学生，还有一些年纪较大一点的人，基本上都是一些路人。”警察的记录突出记了第比利斯附近达季利洛村一个名叫帕拉斯吉什维里的人；他是一个党员，喝得醉醺醺的，他“爬到纪念碑的基座上，将手里的啤酒一饮而尽，然后把瓶子扔到花岗石上摔得粉碎，大声喊叫说：‘让斯大林的敌人统统死掉，和这个啤酒瓶一样’”②。

人群半夜里才散去，因为第二天上午他们还要到第比利斯的主要大街卢斯塔维里大道去游行。走在游行队伍前面的是大学生，大约 150 人，手里举着斯大林的画像，队伍两侧是不知从哪里来的“组织者”，这是事后目击者对他们的称呼。他们胸有成竹地拦住过往的汽车，让司机按喇叭，命令林荫道上的行人脱帽。然而 3 月 5 日这天最终没有发生过激行动。大概由于这个原因，格鲁吉亚共产党中央第一书记姆扎瓦纳泽没有给赫鲁晓夫打电话，他按照老规矩，把关于游行的事通报了中央有关部门和苏联内务部。

3 月 6 日，全城仍然闹哄哄的。赫鲁晓夫的秘密报告要在格鲁吉亚共产党中央会议上进行传达的传闻，无异于火上浇油。街上的人们认为赫鲁晓夫的报告好像是在辱骂自己心目中的“神灵”，但他们的不满和怨言没有再发展下去。共和国的领导人不知所措，默不作声，这被理解为和不满分子串通一气，朋比为奸。我不怀疑情况就是如此，但是没有直接的证据。

真正的乱象是 3 月 7 日出现的。大学生再次涌上第比利斯大街，中学生也加入了他们的队伍，汽车喇叭齐鸣，聚集在纪念碑附近的人群约有 25000 至 30000 人③，他们一起高喊着：“光荣属于伟大的斯大林！”

姆扎瓦纳泽已没有了主意，他片面听取了下属的报告，指望人们晚上疲倦后会自行平静下来。但事情没有平息。晚上参加群众大会的人数已多达七万。示威游行持续到深夜。由于没有遇到阻拦，混乱的局面越来越严重。姆

---

① 《1956 年 3 月 4—9 日格鲁吉亚共产党中央关于因谴责斯大林个人崇拜第比利斯哥里库塔伊西苏呼米巴统等城市发生群众骚乱的报告》，见《苏共中央主席团 1954—1964 第 2 卷 1954—1958 年决议》，俄罗斯政治百科全书出版社 2006 年莫斯科版，第 283—296 页。

② 俄罗斯联邦国家档案馆第 1 目录第 442 案卷，第 74—75 页和第 86 页。

③ 俄罗斯联邦国家档案馆第 1 目录第 442 案卷，第 285 页。

扎瓦纳泽惊恐万状，他往莫斯科打电话，向在中央的格鲁吉亚“保护人”伊万·希金求助。在得不到希金明确答复的情况下，他请接线员将电话转给赫鲁晓夫。

姆扎瓦纳泽的声音听起来有些惊慌失措，他不再相信能够摆平和群众的关系了，最后，他请求派军队将坦克开进城来。父亲拒绝了他的请求，劝他保持镇静，第二天上午去面见集会的群众，坦诚地跟他们进行沟通，说明情况，告诉他们不久前公开的斯大林罪行。他们是有知识教养的人，应该不会和罪犯们站在一起。父亲希望大学生们“醒悟过来，主动散去”。

3月8日上午，格鲁吉亚中央办公大楼前聚集了10000人左右。他们要求在市内挂出国旗和斯大林的画像，在报纸上刊登悼念文章。

姆扎瓦纳泽根据赫鲁晓夫的建议，从上午10点起一直在市内忙活，他试图和群众进行接触，先是劝说在中央大楼前集合的人们散去，然后又“安慰”师范学院的大学生。据克格勃主席谢罗夫将军后来说，姆扎瓦纳泽讲的话缺乏说服力，声音哆哆嗦嗦，关于斯大林的罪行，他连提都没有提。姆扎瓦纳泽这种明显缺乏自信心的表现使现场的群众更加激动。

3月8日白天，中央主席团讨论了第比利斯所发生的事件。父亲没有出席。2月中旬，二十大开幕前夕，极其严重的流感在莫斯科肆虐。室内有一半人都在打喷嚏，鼻子不通，有人卧床在家，许多人住进了医院，很多人尚未痊愈。父亲也染上了流感，但代表大会正在召开，他勉强撑住了。他实在是没时间生病，要跟大会代表们见面，然后要访问谢尔盖·科罗廖夫的设计局。丹麦首相汉森3月8日要来莫斯科，之后是法国政治家阿里奥尔①。父亲认为必须要会见这两个人。父亲又打喷嚏又咳嗽，体温也升高了，但是他“决不投降”，吃几片药，漱漱喉咙，用加了蜂蜜的热茶“治疗”。

3月7日晚上，莫洛托夫设宴为南斯拉夫大使维季奇回国饯行（当时赋予同铁托的关系以特别的意义），父亲从宴会上一回来便倒在床上。第二天早上起不来了，浑身酸痛，体温39摄氏度。父亲的保健医生弗拉基米尔·别祖比克大夫来了，他听了听，敲了敲，看了看喉咙，绝对禁止他起床。父亲怎么说都不同意：中央主席团在等着他呢，晚上大剧院有一个为三八妇女节举行的隆重会议。别祖比克医生坚决不让步——今年的流感非同一般，必

① 阿里奥尔（Vincent Auriol，1884—1966），法国总统（1947—1954），曾在人民阵线政府中任部长（1936—1938），1943年参加“战斗法国”运动，1949年支持法国参加北约组织。

须躺下休息，他甚至吓唬父亲说：波兰代表团团长贝鲁特代表大会期间感冒了，他不听医生的劝告，说他不能不出席会议，现在正躺在克里姆林宫医院，得了肺炎，还不知道最后会怎么样。我先说一下后面的事情，4 天之后，3 月 12 日，贝鲁特因肺炎去世。

不知是别祖比克医生的话对父亲起了作用，还是父亲完全无力支撑，但是他屈服了，3 月 8 日他既没有去参加中央主席团会议，也没有出席三八妇女节的隆重会议，总之，他哪儿都没去。后来整整一周的时间他都没出家门。

主持 3 月 8 日主席团会议的是布尔加宁。在谢罗夫将军汇报了格鲁吉亚首都三天混乱的情况后，会议开始讨论。

“姆扎瓦纳泽错过了机会。”莫洛托夫甩了一句。

“他掉以轻心。”卡冈诺维奇支持莫洛托夫。

“不像话，姆扎瓦纳泽简直是六神无主了。”伏罗希洛夫愤愤地说。

“希金的表现也好不了多少。”二十大上当选为中央主席团候补委员的朱可夫说。

米高扬建议“发动工人”。

“中央向格鲁吉亚派一个工作组，”布尔加宁总结说，“由谁来领导，得想一想。”①

“讨论完”格鲁吉亚事件后，转入下一个问题。

这时候，第比利斯事件仍在按照自己的脚本发展。3 月 8 日 12 时，姆扎瓦纳泽在第比利斯的中心广场——列宁广场向人群发表讲话。前面提到的参加群众大会的法因娜·巴阿卓娃证实说，姆扎瓦纳泽“讲了很久，而且态度亲切，答应支持他们”，甚至好像许诺“不再让我们敬爱的斯大林受到欺侮”②。

后面的这句话很难让人相信。虽然这番话听起来让人感到“非常亲切”，但姆扎瓦纳泽的话并没有让大家安静下来。集会人群要求会见二十大的客人、中国的朱德元帅。他是头天晚上从埃里温飞抵第比利斯的。大批游行示威者聚集在“国际旅行社”饭店门前，他们有节奏地高喊着“毛泽东——

① 《苏共中央主席团 1954—1964 第 1 卷原始会议记录速记稿》，俄罗斯政治百科全书出版社 2003 年莫斯科版第 112 页。

② 法因娜·巴阿佐娃：《冲着孩子们的坦克》，《祖国》1992 年第 10 期第 106 页。

朱德”，要求会见朱德同志①。

事情是这样：姆扎瓦纳泽讲话前不久，在斯大林纪念碑前举行的另一个群众大会上，有个发言人声称，愤怒的毛泽东好像要求把斯大林的遗体交给他，中国的魔法师能够让他起死回生。人群对他的话是一片赞许，狂呼乱叫。这个传闻很快在第比利斯传播开来，现在聚集在列宁广场的人希望能够得到朱德的“亲口”证实。站在讲台上的格鲁吉亚**官方**人士开始交头接耳，其中一位走到麦克风前，说朱德眼下正在鲁斯塔维市的冶金厂，因此无论如何也赶不到广场上来。群众自然不会相信，有人提议派个代表团去见朱德。代表团当即在广场上便组成了。大家知道朱德下榻于第比利斯郊外的一座国家别墅。于是一些人便步行着去了。伴随他们的人约有5000人。警察试图阻拦他们，但是“他们手持棍棒和其他东西……冲破封锁，闯进别墅区，在那里恣意妄为，目无法纪”②。

朱德不在别墅，他确实到卢斯塔维市去了。这些“步行者”在人群的簇拥下聚集在旅馆大门外，等待中国的元帅回来。最后，来了许多高级轿车，人群这才散开，让中国客人进去，随后他们跟着也进去了，站在半开着的大门旁边。有5名大学生闯进屋里，朱德接待了他们，劝他们保持安静，但是他拒绝到市内去。

插一段题外话。按照传统，代表大会结束后外国客人要到全国各地去，看看苏联所取得的建设成就：参观工厂、集体农庄和水电站。他们则在群众大会和各种会议上发表演讲。在到第比利斯之前，朱德去了古比雪夫（萨马拉），然后去了巴库和埃里温，按照日程安排，到格鲁吉亚后要访问卢斯塔维的冶金厂。3月9日他还要去罗斯托夫，而且当天下午就去哈尔科夫。不经过毛泽东同意在第比利斯集会上讲话，而且是未经核准的集会，他没有任何兴趣。

格鲁吉亚政府副总理米哈伊尔·格奥尔加泽也在劝说“使者”。他陪同中国元帅访问了卢斯塔维里，现在他们一起回到了国家别墅。诚然，他们所

① 《1956年3月4—9日格鲁吉亚共产党中央关于因谴责斯大林个人崇拜第比利斯哥里库塔伊西苏呼米巴统等城市发生群众骚乱的报告》，见《苏共中央主席团1954—1964第2卷1954—1958年决议》，俄罗斯政治百科全书出版社2006年莫斯科版，第285页。

② 《1956年3月4—9日格鲁吉亚共产党中央关于因谴责斯大林个人崇拜第比利斯哥里库塔伊西苏呼米巴统等城市发生群众骚乱的报告》，见《苏共中央主席团1954—1964第2卷1954—1958年决议》，俄罗斯政治百科全书出版社2006年莫斯科版，第283—296页。

追求的目的是截然相反的："使者"希望能够证实毛泽东拯救斯大林并让他起死回生的意愿；格奥尔加泽则认为，朱德应该公开否定他们的这种意愿。最后他们达成了妥协。不是朱德，而是另一个中国人在斯大林纪念碑前发表讲话，但不是像聚集起来的群众所希望的那样。他没有要求把斯大林的遗产交出来，相反，他劝说参加大会的群众散去。人群冲他吹起了口哨[①]。"天色很晚了，斯大林纪念碑前还有少数人在发表反对党和政府领导人的演讲。"小心谨慎的姆扎瓦纳泽向中央报告说[②]。

当天晚上，姆扎瓦纳泽吩咐"为缓和紧张气氛"，共和国各报于3月9日发表题为《斯大林逝世三周年》的社论，一些大楼上悬挂起带有致哀绦带的国旗，工厂和机关召开了纪念斯大林的群众大会。于事无补。

3月9日，没有受到阻拦的群众人数见长，根据警方的材料，人数已达到80000人（姆扎瓦纳泽在报告中"谦虚"了，把参加群众大会的人数说成35000—40000人）。斯大林纪念碑前的群众大会和昨天的不同，更不像是自发的，参加大会的人（他们后来证实说）有一种感觉，这次群众的行动是有组织的，现在他们是由"某个指挥部"在进行协调。发表演讲的人要求重新审视二十大的决定，停止传达《关于个人崇拜》的信件。一个叫鲁边·基比阿尼的人走得更远，他提议为贝利亚平反昭雪，恢复名誉，撤销米高扬、布尔加宁、赫鲁晓夫的职务，让忠实的"斯大林分子"莫洛托夫出任国家领导人。有些年轻人手臂上系着红黑两种颜色的悼念绦带在广场来来往往，他们向人们发送传单，要求格鲁吉亚退出苏联。人群中不仅有斯大林的"卫道士"，而且还有异见人士，不过"他们刚一张口，便有人对他们拳脚相加，至于那些不肯向抗议组织者提供自己汽车的卡车司机，干脆就扔进了库马河"。

姆扎瓦纳泽在笔记本中称这些要求为"最后通牒"。他自己不敢面对大会群众，而是派去一些他称之为"在中央做领导工作的人"，不过为时已晚。不管是他们，还是前来帮忙的"格鲁吉亚共产党的中央委员、部长、著名的科技界、文艺界代表"，均已无能为力，群众根本不让他们"靠近斯大林的纪念碑"，而那些拼命往前挤的人则"被人用暴力、威胁驱赶着离开纪念碑"。人们迟迟不肯散去，坚持要求对"最后通牒"作出回答。

---

① 国家档案馆第P—9401全宗第1目录第4442案卷第78页。

② 见上引有关报告第286页。

有人号召占领邮局、电报局和印刷厂。天色已晚，部分示威者包围了《共产党人报》编辑部，另外一些人，约有5000左右，为了使自己的呼吁书能够在广播上播出，他们向广播大厦进发，因为共和国的广播中心就设在该处。克格勃已经加强了对广播电台的警卫力度。这时人群中有砖块飞出，后来他们发起攻击，响起了枪声。攻击停止了。有15人死亡，54人受伤。死者中也有士兵。也有人向士兵开枪。约有3000人试图占领市公安局。那里动用了石头和棍棒，“门上的玻璃砸碎，民警们挨了打，但是没有开枪。”还有一批人要冲往火车站。他们“向开往莫斯科的快车投掷石块，打碎车厢玻璃，高喊‘俄罗斯人是狗！痛打亚美尼亚人！’”

拥护斯大林的群众大会和游行不仅第比利斯有，斯大林的故乡哥里也有，甚至阿布哈兹的首府苏呼米也有。当地也免不了相互厮打，开往莫斯科的火车离开第比利斯后，车厢玻璃在哥里也砸破了，火车在哥里停了几分钟。据警方统计，9节车厢共打碎105块玻璃。那些试图冲进车厢的人群强迫火车停驶38分钟。

3月9日晚上，谢罗夫给父亲往家里打电话，报告发生冲突的事。3月9日夜，向第比利斯派去坦克，随后去的是摩托化部队和内务部的骑兵。

部队从三面包围了仍在斯大林纪念碑前开大会的群众。他们对人群开始步步进逼，同时“从两个方面使用暴力”——用棍棒、枪托和其他东西。石块、酒瓶、棍棒满天飞，人群中响起了枪声。大约有25名士兵在没有人指挥的情况下朝空中胡乱开枪，军官们当即予以制止。

直至午夜时分，才将纪念碑附近的人群驱散。“人群在周围散开后，发现有四个受重伤的公民和一名士兵……伤者中有两人后来去世。他们受的都是枪伤。至于是在哪里发生的，是谁打伤的，已经无法具体了解。”正如谢罗夫在他的报告里所写的，克格勃逮捕了37名最卖力的混乱制造者，其中有20人判刑：有人因流氓滋事行为，有人因参加大规模骚乱活动，也有人因为挑拨民族纠纷。判刑不像斯大林时期那样，都比较轻。基比阿尼获刑最重：剥夺自由10年。

侦办材料中有兹维阿德·加姆萨胡尔季的名字。现在认为他就是写传单要求格鲁吉亚脱离苏联的那个人①。1980年末，加姆萨胡尔季成为格鲁吉亚

① B. A. 科兹洛夫：《赫鲁晓夫时期和勃列日涅夫时期苏联发生的群众骚乱》，《新西伯利亚西伯利亚年鉴》1999年第155—183页，详见1956年3月格鲁吉亚风波纪事。

苏维埃社会主义共和国总统后，他如愿以偿，宣布格鲁吉亚共和国退出苏联。

那些日子我自然不了解任何细节，我只是听说当地发生了悲剧。父亲的流感痊愈后，我问过他，他不太愿意地证实说："第比利斯的大学生闹事，攻击火车，打碎玻璃。"然后他从床头柜的文件夹里取出谢罗夫寄给他的照片给我看。我记得有打破的车窗。父亲不想谈论所发生的事情。他认为随着时间的推移，格鲁吉亚的一切会走上正轨的，只要我们保持克制与坚定。在这方面，不知为什么他仍然非常相信那个不久前表现得优柔寡断的姆扎瓦纳泽——一位昨天的将军及政治工作者。父亲在乌克兰工作时对他就很熟悉。从1947年起，姆扎瓦纳泽就是哈尔科夫方面军军事委员会的委员，后来又在基辅军区工作。在基辅时，父亲因工作上的关系同他的交往特别多，认为他这个人值得信任，没有沾染上民族主义习气。

我觉得姆扎瓦纳泽是个滑头，狡黠而且很有城府。但我的这个看法只放在自己心里，我承认我不太相信他。我们两个当中总有一个人没把他看透：要么是父亲，要么是我。1956年父亲不认为会看错人。

当时父亲为了迎合格鲁吉亚人的意愿，决定任命一名第比利斯人去担任并非关键性然而引人注目的国家职务，不是马上，而是稍微等一等，以免把莫斯科此举看成被迫作出的让步。选定了苏联最高苏维埃主席团，按照宪法，苏联最高苏维埃主席团是国家的最高机构，但实质上它几乎没有任何权力。1957年2月2日，主席团任命米哈伊尔·波尔菲里耶维奇·格奥尔加泽为主席团书记，此前他担任格鲁吉亚政府副总理。父亲记住他了。在"第比利斯事件"闹得很凶的时候他没有惊慌失措、退避三舍，1956年3月9日他跟群众一起和朱德交谈，后来当中国代表在斯大林纪念碑前发表讲话时，他也一直没有离开。

格鲁吉亚的麻烦事，科研机构内部围绕着"秘密信件"展开的争论给父亲的反对派帮了大忙。他们曾提出过警告！父亲自己也明白群众性集会自发现象猖獗的危险性。自1917年2月以来他就记得。这里最可怕的是错过时机。特别是在我国，民主和无政府主义在人民的心目中是同一回事。

父亲决定不冒险，往后退，定于1956年6月召开的"反斯大林"的中央全会先拖一拖，然后干脆取消了。对这次全会已经做了充分的准备。部分发言人甚至发言稿都写好了，其中包括朱可夫元帅。有些人（他们居多数）对取消全会感到很高兴，有些人则很不满意，其中包括朱可夫，他很想跟斯大林算一算账，讲讲战争初期我们失败的原因，讲讲苏联俘虏从德国集中营直接回到苏联集中营的遭遇，还有许多别的事情好讲。现在都讲不成了。他把许多页的发言提纲都存档了①。

全会不开了，责成以中央书记勃列日涅夫为首的特别委员会起草一封苏共中央《关于二十大决议的讨论总结》的信，从而为高涨的激情降温。

我觉得父亲做得对。从威权主义及其君主制变种（尽管发生了革命，它依然在俄罗斯存在）向民主的过渡需要极其谨慎。这里就好比通过雷区，稍有不慎，一切全完。

从华沙到北京

“秘密报告”让全世界都动了起来。它在西方引起轰动，在人民民主国家，对暴君罪行的揭露，其意义不比在俄国小。那里也经历过类似莫斯科1937年那样的诉讼案，结果是匈牙利人莱克·拉斯洛和斯洛伐克人鲁道夫·斯兰斯基死于非命，另外，波兰人弗拉季斯拉夫·哥穆尔卡和亚诺什·卡达尔关进了监狱。他们的位置由对变革毫无兴趣的人所占据。波兰和匈牙利的情况令人极为忧虑，特别是波兰。贝鲁特去世后，那里的权力出现了真空。

波兰人对俄罗斯的态度从来都不友好。历史上波兰曾有过三次被瓜分：1772年、1793年和1795年在俄罗斯帝国、奥地利和普鲁士之间进行瓜分；发生过多次起义，随后是一系列的血腥镇压，以及将数以千计的罪犯和无辜者流放到西伯利亚。波兰人有不少痛苦的回忆都和斯大林有关。这里既有1939年里宾特洛甫－莫洛托夫条约，也有对波兰共产党的摧毁性打击，波共领导人惨死于苏联的严刑拷打之中，还有卡廷森林的坟墓。

关于卡廷事件，我是当年头一次听说。指控之骇人听闻令我感到不寒而栗，当然，我不相信有这种事发生……当年卡廷事件让所有人都感到揪心。我已经不记得由于什么原因，阿朱别伊就此事问过谢罗夫将军。在父亲在场的情况下，将军不便谈及这一忌讳的话题，但他很快因有事要离开，到别的地方去，可阿朱别伊的问题听起来有点挖苦的意味，于是便忍不住地说：

① 朱可夫在世已取消的中央全会上的讲话稿，载于《史料》杂志1995年第2期，第143—159页。

“您这不是在自讨没趣吗?”并开始对白俄罗斯肃反人员大加加讽刺，在他看来，他们犯了不可饶恕的“错误”。

“这点事都办不好，”谢罗夫心里说，“我在乌克兰时波兰人多了去了。而当时事情却办得无懈可击，德国人一点蛛丝马迹都发现不了……”

听到这话我简直不敢相信。“就是说，这事是真的……”我的太阳穴突突直跳。

总之，波兰人完全有理由不喜欢俄罗斯，同意识形态和管理方式无关。第二次世界大战结束后，当时波兰建立起了人民政权，两个国家的领导人发誓要在无产阶级团结精神的基础上永远友好下去。普通波兰人和不太普通的波兰人好像都已经和解了，但是同先前一样，政府这方面只要稍微一放松，种种积怨又表现出来。接下来，一切全看客观情况和政府掌控自发势力的本事了。

这次波兰的“不快”从二十大一结束便开始了，1956 年 3 月 13 日波兰统一工人党中央第一书记贝鲁特因肺炎在莫斯科医院去世。上面已经提到过他的病。波兰共产党人在新的领袖的问题上分歧很大。父亲到华沙去参加贝鲁特的葬礼，留下来等待波兰统一工人党中央全会的结果。他没有出现在会场，而是坐在旁边的屋子里。在谴责斯大林在实际工作中对东欧邻居们任意发号施令后，父亲有意没有进行干涉，但是他也不能作壁上观：波兰是我们的战略同盟伙伴，我们经过它的领土和苏联驻德国的部队保持着联系。

1956 年 3 月 21 日，爱德华·奥哈布当选为波兰统一工人党中央第一书记；父亲认为他是一个“值得信任的人”，但是他做事优柔寡断，平平常常，是波兰的马林科夫。

与此同时，继苏联人之后，波兰监狱的大门也打开了。被斯大林抓起来的前波兰党中央第一书记哥穆尔卡 1955 年即已获释。还有许多著名的、不太著名的和完全不知名的波兰人获释。父亲认识哥穆尔卡，而且对他评价很高。他们第一次见面是在 1944 年，当时斯大林派父亲去华沙帮助恢复被德国人彻底破坏的城市经济。父亲认为哥穆尔卡是一位比奥哈布政治上能力更强的人，他或迟或早，可能很快就会把奥哈布从国家领袖的位置上挤下来。父亲早在贝鲁特生前就想跟哥穆尔卡建立联系了。贝鲁特这个人性格温和，父亲问他为什么把哥穆尔卡软禁在家，他没有正面回答，只是含混地说，他自己也不知道。这次谈话并非无果而终。很快，哥穆尔卡放了出来，但是他不能过问“政治”，也不能“出国”。奥哈布坚持的还是那条行事路线，竭力卡断父亲跟哥穆尔卡可能的联系。

而在波兰，分歧意见一天天在加大：中央有分歧，知识分子中间有分歧，人民群众中间也有分歧。与此同时，反苏情绪、特别是反俄情绪在不断增长。父亲非常关注波兰发生的事，但始终没有干预，希望无产阶级的团结精神能够占上风。

波兰之后紧接着就是匈牙利……那里，拉科西和纳吉在相互争夺权力，他们两位都是共产国际的老战士，两人都是政治家，都有着非同寻常的过去。拉科西战后岁月的名声不好是因为他曾经多次被捕和被判处死刑，虽然据父亲证明，直到最后他都在"揭露匈牙利的敌人的案件中"顶住了斯大林的压力。但斯大林和他的"机构"更为强大。拉科西的竞争对手纳吉从1933年起就是内务人民委员部的坐探，绰号"沃洛佳"[①]；斯大林去世后，1953年7月他当上了匈牙利政府的总理，对苏联的忠诚也未引起过怀疑。

纳吉当上政府首脑后，跟父亲在苏联一样，释放了许多政治犯。其中就有卡达尔——前匈牙利共产党的副总书记，一位能力很强的政治家，是个善于提出任务并且能够加以落实的人。继赫鲁晓夫和他的苏共中央9月全会之后，纳吉提出了匈牙利要进行改革的倡议，首先在农业方面。

有些历史学家，比如鲁道夫·皮霍亚，他们称纳吉为"匈牙利的马林科夫"[②]。他们的说法也许是正确的。纳吉表现出自己是一位富于幻想而不是真抓实干的政治家，他往往听命于他身边更强势者的意志，跟在事件的后面，亦步亦趋，牛步蜗行，而不是掌控事件。克伦斯基、马林科夫、奥哈布、纳吉、戈尔巴乔夫，他们起初都是用甜言蜜语来取悦人民，一遇到生活中的实际问题，不经过斗争就放弃了阵地。和奥哈布和纳吉相对立的是暂时还失势的波兰的哥穆尔卡，匈牙利的卡达尔，他们也是改革派，但就其性格而言，他们是目标坚定、勇往直前、我要说是赫鲁晓夫式的政治家。

在1955年4月召开的匈牙利劳动人民党中央全会上，纳吉在拉科西的压力下让步。拉科西指责纳吉犯了民众主义[③]错误，无视重工业。纳吉被撤

---

① 《间谍"沃洛佳"纳吉历史上的不明事实》，莫斯科《史料》杂志1993年第1期，第71—73页。

② 鲁·格·皮霍亚：《苏联：政权史1945—1991》，俄罗斯国家公务学院出版社1998年莫斯科版，第155页。

③ 民众主义（populism），又译平民主义，是20世纪20年代末法国的一个文学流派，主张要如实描写城市穷人的生活，实为自然主义的一个变种。

销了一切职务，开除出党，理由是“与中央的观点存在分歧”。然而新时期到来了，拉科西未敢将他抓起来。纳吉被撤销职务后，并没有退出政治舞台。他写了大量文章，指责拉科西“推行反斯大林的政策”，同时坚持减轻农民的负担，呼吁不要再剥夺他们，使之成为工业化的牺牲品。

我不打算详细描述 1956 年夏秋之间波兰和匈牙利发生的事件，我在《一个超级大国的诞生》一书中已经花了大量的篇幅。我只想笼统地讲讲对所发生事件的看法。

1956 年入秋前，我们的两个关键盟国——波兰和匈牙利均处于爆炸的边缘。出现了他们加入敌视苏联的军事阵营的现实威胁。当年美国国务卿杜勒斯的理论在西方占主导地位，他认为西方将会一步步地“蚕食苏联集团”，会使苏联的东欧盟国一个个离她而去。父亲当然不能容许出卖苏联的国家利益，但是他又不便粗暴干涉盟国的内政，特别是在他自己谴责斯大林类似做法之后。整个夏季父亲都在观察波兰和匈牙利发生的事情。利用各种各样的借口，他时不时地要么和奥哈布见面，当奥哈布从北京返回华沙时在莫斯科小停一日，要么趁格罗·埃诺到克里米亚休假时和他见见面，格罗·埃诺于 1956 年 7 月接替拉科西担任党的主要领导职务。父亲和他们见见面，谈一谈，小心谨慎地施加一点压力，但是不干预。

10 月，“脓疱疮”几乎已经同时在波兰和匈牙利破了。看来一切都将顺势而下。毋庸讳言，政治家的真正本领在于其应对非常事态的能力。

当华沙宣布 10 月 19 日召开中央全会的决定时，苏联大使波诺马连科急忙向莫斯科报告说：“反苏势力（即反俄势力）正在夺取权力。”父亲决定到现场了解情况，如果必要，就采取措施。他不请自来地飞往华沙，没有跟波兰当家的主人商量①。

父亲他们于 10 月 19 日白天降落在华沙机场。当天上午开幕的中央全会已经选举哥穆尔卡取代奥哈布担任第一把手。父亲并不反对哥穆尔卡，但是他从牢里放出来后父亲就没有再见过他，人在囚禁期间是会起变化的。

然而，连一小时、一分钟用于重叙旧谊和交谈的时间都没有。一旦错过时机，就有可能发生街头骚乱，到那时流血事件在所难免。会有很多人流血……父亲绝对不会允许杜勒斯所说的将波兰“吃掉”的可能成为现实。情

① 和父亲同行的有中央主席团委员莫洛托夫、米高扬、卡冈诺维奇等人，华沙条约国武装部队司令科涅夫元帅已经提前一天到达。

况要求当机立断并且权衡利弊，善于在极端情势下采取唯一正确的决定。父亲作出了这样的决定，以行动表明正确与错误的界限，命令科涅夫让就近驻扎的几个苏联坦克师向华沙方面挺进。有人立刻向哥穆尔卡报告了苏联坦克在波兰驻地已经启动，当时两国代表团正在非常紧张地会晤。哥穆尔卡要求中断会议，他将父亲拉到一边，想和他单独说说情况。

“赫鲁晓夫同志，”哥穆尔卡说，“你们的坦克师正在向华沙挺进。我请求您让他们停止前进，最好不要开到华沙城下。我担心会发生无可挽回的事情。”

父亲和哥穆尔卡一样，希望制止“无可挽回的事情”发生。甚至可能比他更为着急。

父亲回忆说，“哥穆尔卡非常激动，他既是在恳请，也是在要求；他是个容易冲动的人，嘴唇上满是唾沫。用词非常尖厉。

萨瓦茨基①警告我们，说华沙工人中有人正在进行反苏宣传。工厂正在武装起来……局势变得非常复杂。”

“赫鲁晓夫同志，您以为只有您需要和波兰结为友好吗?”哥穆尔卡继续说，“我，作为一个波兰人和共产党员，认为波兰更需要和俄罗斯人结为友好……难道我们不明白没有你们我们不可能作为一个独立国家存在吗。一切都会好起来的，请不要让你们的军队进入华沙。……”

“我们已经命令科涅夫停止苏军前进……②我认为是哥穆尔卡挽回了局势……其余的事都是次要的。我们已经没有必要继续留在波兰。”③

当天，10月20日，苏联的“空降兵”返回莫斯科，晚上便向中央主席团报告了自己在华沙的使命取得的结果。会上当时就表现出并非人人都赞同父亲的所作所为。莫洛托夫和卡冈诺维奇指责父亲独断专行，用现在的话来说，就是唯意志论。让坦克开往华沙的命令，是他们整个代表团同意的，莫洛托夫、米高扬、卡冈诺维奇和赫鲁晓夫都表示“赞成”，而现在，让坦克停止前进则是赫鲁晓夫独自决定的。父亲解释说，当时没有时间进行讨论了，就像在前线作战一样，主要靠一长制。

莫洛托夫和卡冈诺维奇坚持自己的意见，说父亲不仅提高了赋予他的权

---

① 波兰国务委员会主席，父亲的朋友。

② 父亲下令时感到松了一口气。

③《赫鲁晓夫回忆录（全译本）》，社会科学文献出版社2006年北京版，第3卷第2478—2481页。

力，而且听信了哥穆尔卡的话，犯了政治错误。对于他们来说，哥穆尔卡是昨天的一名囚犯，丝毫不能信任。按照莫洛托夫的意见，应该将这次武装行动进行到底，把军队开进华沙，让“自己人”当政。

父亲认为自己的行动是正确的，既消除了危机，又避免了流血。至于说到“自己人”，父亲认为哥穆尔卡是一个正直的共产党员，一个正直的波兰人，这对于建立两国间平等友好的关系已经足够了。“出路只有一个：断绝与波兰的一切联系，”莫洛托夫强调说，唯一他能够同意的就是此事暂缓执行：“当一切稍微平静后，在演习的借口下，必须占领华沙，推翻现政权，成立临时委员会。”①

父亲争吵得嗓子都哑了，但莫洛托夫不为所动。卡冈诺维奇同他随声附和，直到大家分手，什么都没有谈妥，只好推到明天再作决定。莫洛托夫回到自己格拉诺夫斯基大街的家中，剩下的人，父亲和布尔加宁，还有马林科夫，乘坐一辆汽车，卡冈诺维奇和米高扬乘坐另一辆汽车，前往列宁山，那里有政府别墅。

在列宁山，他们分头活动。父亲和马林科夫、布尔加宁、卡冈诺维奇趁夜色去外面散散步，米高扬推说旅途劳累，回自己的住处去了。他决定洗个热水澡，早一点躺下睡觉。

散步不很顺利，又争论起来，卡冈诺维奇认为应该让谁谁谁在华沙上台，取代哥穆尔卡。父亲坚决不同意他的看法，认为他们那里现在没有选择：要么哥穆尔卡，要么流血。马林科夫和布尔加宁没有参与，他们俩和卡冈诺维奇一样，对哥穆尔卡不够信任，但是跟赫鲁晓夫进行争吵也没那个兴趣。

父亲决定将米高扬从家里叫出来，米高扬也去过华沙，而且，在父亲看来，米高扬应该是支持他的。父亲的卫士长斯托利亚罗夫上校去请。米高扬刚洗完淋浴，斯托利亚罗夫请米高扬的妻子转告说，赫鲁晓夫非常希望他能和“散步者”一起出来走走。米高扬一猜就明白是怎么回事了，所以他很不愿意跟他们去“散步”，但是他又不能对赫鲁晓夫的请求置之不理。

妻子给米高扬系上厚厚的围巾，以防洗完澡后到外面感冒，嘴里一直抱怨赫鲁晓夫弄得他们日夜不得安宁，于是，米高扬在斯托利亚罗夫的陪同下

① 《苏共中央主席团1954—1964第1卷原始会议记录速记稿》，俄罗斯政治百科全书出版社2003年莫斯科版，第2462—2480页。

向把我们两家隔开的木墙小门走去，这里距离我们住的地方不远。

这些生活细节我是摘自米高扬小儿子谢尔戈的书。他后来讲的内容我就有些不相信了。从他的话中可以得出结论，赫鲁晓夫没有争辩，而是坚持同卡冈诺维奇意见一致，是米高扬说服他们大家，一个人防止了一场灾难。不错，那样一来就搞不清楚，为什么父亲要把他从浴室里叫出来，既然他和卡冈诺维奇已经达成一致的话。而且，当时谢尔戈并不在场，他只是转述了他母亲在门口和米高扬分手时所说的话。

我也不知道他们在麻雀山溜达了多久，谁都提出了什么论据，但结果则尽人皆知：父亲是在米高扬的帮助下，要么是在没有他的帮助的情况下，“击败了”卡冈诺维奇，而卡冈诺维奇似乎又说服莫洛托夫别再坚持了。

反正第二天中央主席团里的情况发生了变化。一开始讨论波兰问题，父亲就果断地把问题说得斩钉截铁：“考虑到当时的情况，应该拒绝武装干涉。要表现出耐心。”

“大家一致同意。”记录里这样写道。[①]“大家”，就是说，包括莫洛托夫和卡冈诺维奇。

接下去是讨论波兰机构中未来的苏联顾问问题、波兰煤的价格、召回波兰武装部队中的苏联将军问题。

然而，莫洛托夫并没有完全顺从。他毫不怀疑哥穆尔卡的“替身们”跟着他进入政府，斯大林在世时这些人不是待在中央，而是在坐牢。他认为必须对波兰事件作出“评价”；他提议由米高扬、卡冈诺维奇、莫洛托夫和谢皮洛夫等同志起草一份会见各兄弟党代表的新闻公报。不难猜测他们四个人要准备一个什么样的“公报”：谴责、痛斥，将他们钉在耻辱柱上。

“赫鲁晓夫同志和布尔加宁同志主张不起草这样的公报。

卡冈诺维奇同志和莫洛托夫同志坚持认为必须对局势作出评估。波兰党的政策发生了变化，”马林写道。

“再次争论起来，莫洛托夫和卡冈诺维奇为一方，赫鲁晓夫和布尔加宁为另一方。中央主席团的其他委员没有参与，其中包括米高扬。达成的共识是：对波兰政权更迭的评价应予推迟，待10月21日波兰统一工人党中央全

① 《苏共中央主席团1954—1964第1卷原始会议记录速记稿》，俄罗斯政治百科全书出版社2003年莫斯科版，第175页。

会决议发表之后再说。”①

于是，流血得以避免。之所以能够避免，多亏父亲和哥穆尔卡的决心和意志，因为哥穆尔卡在华沙有自己的头脑发热的人，也有自己的“莫洛托夫和卡冈诺维奇”。他们中一位明确指出苏联可以接受的底线，另一位表明了对邻国立场的理解，而更为重要的是控制波兰局势的能力。从10月的那些日子起，父亲和哥穆尔卡不仅成了同盟者，而且变成了朋友。诚然，还是有一些距离：父亲称呼哥穆尔卡的名字“维斯拉夫”，而哥穆尔卡称父亲为“赫鲁晓夫同志”。

匈牙利的情况就完全不一样了。不知父亲是出于什么考虑，他没有亲自前往，而是派米高扬和苏斯洛夫去。也许是他认为那里的局势不像波兰那样危急，也许是在和莫洛托夫与卡冈诺维奇发生冲突之后“集体领导”的构想又占了上风。不知道。只有一点很清楚：父亲没有选对人来解决这场危机，就犯了错误，这个错误让匈牙利人和我们自己都付出了高昂的代价。

米高扬是个出色的谈判能手，他能够“说服”任何“死硬的”对手，获得一切可能得到和不可能得到的东西，过后还能得到些额外的收获。但他这个善搞妥协之人，他总是保留着不止一种的备用立场，避免急剧运动，害怕最后通牒。他没完没了地洗自己的“牌”，甚至当谈判已经结束、协议已经达成的时候。由于米高扬具有这样的素质，他在跟美国人谈判时表现得非常出色，双方立场互不相让，谈判者你来我往，磨了很久了，谈判的成功取决于搞交易的能力，取决于坚持不懈，也可以说，取决于能否坐得住。正是由于这些品质，他把匈牙利的事搞砸了，他未能向匈牙利的领导人——管他是格雷还是纳吉，指出一个界限，用哥穆尔卡的话说，越过这个界限，“事情便无可挽回了”。

苏斯洛夫这个人选也不理想。苏斯洛夫毕生维护思想理论原创的纯洁性，就像中世纪的经院派哲学家那样，他用马克思列宁主义经典作家的言论来校正生活实际。如果在他们那里找不到现成的答案，他便心烦意乱，无所措手足，像娘儿们似地唉声叹气。人民居然可能和自己的“人民政府”对立，经典作家可没有说过，于是苏斯洛夫在匈牙利的问题上便六神无主了。

---

① 《苏共中央主席团1954—1964 第1卷原始会议记录速记稿》，俄罗斯政治百科全书出版社2003年莫斯科版，第175页。

整个夏天，米高扬和苏斯洛夫二人在莫斯科和布达佩斯之间来回穿梭，然后去贝尔格莱德，再返回布达佩斯。他们先是跟拉科西谈，然后米高扬按照父亲的意见强迫他退休，到苏联去，再跟拉科西的继任人——优柔寡断、性格软弱的埃尔文·格雷谈。与此同时，事情正在迅速发展，跟波兰的情况一样，匈牙利不仅同样出现了反斯大林的情绪，而且反苏、反俄罗斯的情绪同样在增长。“裴多菲俱乐部”在定调子，它是一个持反对立场的知识分子的非正式团体，以匈牙利革命诗人的名字命名，诗人是1849年7月31日在民族解放革命中牺牲的。

当年匈牙利人宣布起义，从哈布斯堡奥地利皇帝的压迫下得到解放。彼得堡前来帮助维也纳，尼古拉一世向布达佩斯派去了军队。哈布斯堡王朝和罗曼诺夫王朝的人“在布达佩斯建立了秩序”，其间布达佩斯血流成河。裴多菲在苏联公认为是革命诗人，是我们的思想盟友。裴多菲之死在匈牙利人心目中引起的完全是不同的、反俄的联想。

布达佩斯事件是按照波兰的脚本发展的。格雷和奥哈布一样，逐渐放弃了手中管理的权力，受政府“排挤”的伊姆雷·纳吉充当了主角。

1956年10月，纳吉成了匈牙利政府首脑，但他和哥穆尔卡不同，他很快便失去了对首都发生的事件的控制。境外侨民越过奥地利边界涌进匈牙利，其中包括希特勒在反苏战争中的盟友。

“纳吉这个人只会随大流，他主要是依靠小男孩……”父亲对他就是这个看法。

随着政府失去权力，布达佩斯街头的自发势力越来越有影响。他们有了自己的权力中心。不知从哪儿冒出来的年轻人，他们臂上戴着袖标，在大街上私设公堂，抓捕共产党员和所有他们怀疑跟国家安全部门有联系和看上去有疑点的路人，并当场枪毙，要么更糟，将他们吊在路灯柱子上。纳吉请求苏军进入布达佩斯。苏军刚一进城，纳吉又在群众的压力下要求苏军撤出布达佩斯，后来干脆要求苏军撤离匈牙利，声明匈牙利退出华沙条约组织。

毋庸置疑：如不采取紧急措施，我们将失去匈牙利，纳吉政府撑不了多久，取代他的将是强硬得多的人，一场血的洗礼即将开始。最后美国人会插手。苏联不可能听任杜勒斯把我们共同“蛋糕”上的匈牙利叼走。

莫斯科的意见出现了分歧。莫洛托夫、马林科夫、别尔乌辛、卡冈诺维奇、朱可夫、布尔加宁、苏斯洛夫、萨布罗夫、谢皮洛夫要求采取强硬措施。米高扬认为，“离开纳吉很难控制局势”，应该推迟行动，不进行干预，举行谈判，“不要违背民意。”①

父亲犹豫不决，他非常不愿意派兵，引起流血。因此，他想仿照美国人的做法，他们曾用武力镇压过危地马拉和中美洲其他国家的解放运动，或者更糟，仿效俄国尼古拉一世皇帝，充当欧洲的宪兵。父亲总希望“健康的力量、工人阶级”会回心转意，自己建立起秩序。匈牙利群情激愤，纳吉政府已经是命悬一线。10 月末匈牙利的局势已十分明朗：他们不会回心转意，要么放手不管，要么采取果断行动。这时米高扬从布达佩斯发出了与纳吉谈判、探索妥协底线的密码电报。

父亲认为自己以至苏联无权单独采取决定而不与盟友进行协商。10 月 24 日，乌布利希和格罗提渥、捷克斯洛伐克总统诺沃提尼、保加利亚的日夫科夫与尤戈夫飞抵莫斯科。他们同意每天都在变化的苏联立场。同一天晚上，主席团全体成员单独会见了毛泽东的特使刘少奇。结果依然如此，确切地说，暂时还没有任何结果。刘少奇留在莫斯科，当时到北京需要飞两天，而东欧各国领导人都已经分头回国了。

接下来的一周，中央主席团实际上天天开会，有时一天开好几次。漫长的主席团会议之后，紧接着是毫不轻松的、常常是通宵达旦的跟中国人的谈判。这些费时费力的谈判倒不是因为中国人——毛泽东的某种特殊立场。匈牙利表现出无所谓的样子：你们想用武力镇压叛乱，那就镇压吧；要放任自流，那就放任自流吧。父亲自己跟自己作艰苦的斗争。而这时发生了新的侵略行为，10 月 30 日，以色列进攻埃及，第二天，英法的武装力量表示支持以色列。埃及人在匈牙利事件退居次要地位时，决定把苏伊士运河控制起来。去年夏天，亲英的法鲁克国王被推翻后，埃及新总统纳赛尔将运河国有化了。

父亲最后下了决心：如果无所作为，历史是不会原谅我们的。10 月 31 日上午，他建议苏联领导人对匈牙利进行武装干涉。于是叫来了科涅夫元帅。科涅夫报告说：准备行动需要三天时间，11 月 4 日夜可以开始行动。中央主席团表决一致“同意”，不过，米高扬缺席。他尚未从布达佩斯返回，到晚上才回来。刘少奇同意，不进行武装干涉问题无法解决。不能再投靠米高扬和苏斯洛夫了，父亲亲自飞赴各盟国。

---

① 《苏共中央主席团 1954—1964 第 1 卷原始会议记录速记稿》，俄罗斯政治百科全书出版社 2003 年莫斯科版，第 176—206 页。

飞机起飞定在11月1日上午。去机场前，米高扬在官邸前拦住了父亲，他仍然认为"现在动用武力一点用处都没有"，他建议再等上两个星期，兴许一切会好起来的。父亲已经认定：局势好不起来；他甚至不再跟米高扬进行争论，一切已经定了，一个小时后他先飞往布列斯特与哥穆尔卡会谈，然后再飞往布加勒斯特寻求东欧各国领导人的支持，从布加勒斯特再到布里俄尼会见铁托，需要事先得到他赞同动用武力的意见。

根据父亲的回忆，米高扬心急如焚，他威胁说"不知道拿自己怎么办"。米高扬自己记得当时他"只是一心想要退出政治局（中央主席团）。第一次——1956年由于已经决定要在布达佩斯动武，当时我已经谈到了和平地摆脱危机的出路。"

他谈到了什么，什么是"摆脱危机的和平出路，"米高扬没有解释。无需解释也能够明白，和平地"摆脱危机的唯一出路"就是投降。

父亲出发了，米高扬前去参加中央主席团会议。在父亲缺席的情况下，他重申了自己的理由："要求苏军撤走是普遍意见。现在动用武力是于事无补。应该进行谈判，等上10—15天，支持现有政府。一旦局势稳定下来，事情便会好转。不能丢掉匈牙利。"①

米高扬的话有些语无伦次，未能得到主席团委员的理解。会议开了几乎一整天，中午休息时大家吃饭，结束时跟开始时一样，由米高扬讲话。现在他认为，"如果匈牙利成为帝国主义的基地，那就没什么好说的了。不能够肤浅地看问题。如果再有三天考虑的时间，就可和同志们作些商量。策略是：跟他们保持联系。"②

回忆录中提到的和纳吉达成的协议，中央主席团会议上只字未提，因而完全不清楚米高扬何时考虑退休的？是在中央主席团会议之前？还是在中午吃饭的时候？但肯定不是在他会上的最后发言之后。

中央主席团还在莫斯科开会，父亲已经飞抵布列斯特。波方乘坐部长会议主席西伦凯维兹的奔驰车从华沙赶了过来。他亲自驾车。谈判是在边境线附近一个军用机场开始的，就在歼击机团部驻地的司令部大楼里。

哥穆尔卡表现得非常热情。华沙风波刚过去不久，他不可能公开支持苏

① 《苏共中央主席团1954—1964第1卷原始会议记录速记稿》。俄罗斯政治百科全书出版社莫斯科版，第193—194页。

② 《苏共中央主席团1954—1964第1卷原始会议记录速记稿》。俄罗斯政治百科全书出版社莫斯科版，第195页。

联进行武装干涉，但他作为一名务实的政治家，知道绝对不能丢掉匈牙利。

“我们认为，军队不应撤出，但让他们出面干涉也不应该。必须给持反革命立场的政府以自我暴露的机会。到时候匈牙利工人阶级会起来反对并推翻它的。”父亲要已不可能从哥穆尔卡那里得到更多。但他明白了最主要的问题：哥穆尔卡不会反对用武力解决危机。

在布加勒斯特，一切进行得都很顺利。德国、保加利亚、捷克都表示“赞成”，罗马尼亚甚至提议自己派兵参加。父亲谢绝了他们的帮助，苏联军队驻在匈牙利，同驻在德国一样，是二次大战胜利者的合法权利。

不应忘记，匈牙利人是希特勒忠实的盟友，他们在苏联领土上犯下的野蛮罪行甚至比德国人有过之而无不及，而且战争结束时我们并没有解放布达佩斯，而是攻下来的。战士们因解放索非亚和布拉格、贝尔格莱德和布加勒斯特而荣获了奖章，但他们为柏林和布达佩斯、维也纳和柯尼斯堡而得到的奖章却是因为他们攻下了这些城市。不许敌对势力占据我们重要战略伙伴的领土，这不仅是我们的权利，而且是我们的责任。作出的决定是符合苏联的国家利益和国际社会主义阵营、也可以说是东欧盟国的利益。政治现实就是如此，它决定着胜利者大国——苏美的行事规则。为了进行比较，可以设想一下，假如1956年日本狂怒的人群要求重新审视二次世界大战的结果，其中既包括旧金山和约，也包括要求美军从日本本土撤走，还要追究被占领时期忠实于执政当局的日本国民的行为，美国人会是什么反应？想象得出吗？同样的道理！

铁托也支持动用武力。11月3日上午，父亲从南斯拉夫乘飞机回莫斯科，傍晚时分才抵达。回来后对纳吉的态度已经定了。纳吉政府的成员卡达尔和明尼赫完全赞同莫斯科的立场：必须行动，并且立即开始，明天就晚了，他们已经准备好要夺权了。在没有卡达尔和明尼赫参加的情况下开始讨论由谁出任匈牙利新领导的首脑时，父亲和莫洛托夫又发生了意见分歧。莫洛托夫不信任卡达尔，因为他坐过牢。在莫洛托夫的内心里，他毫不怀疑：既然斯大林逮捕他，这里肯定有什么原因，但他公开表示的是，卡达尔在关押期间会变得暴躁，因此最好不要去冒这个险。他倾向于明尼赫。

父亲对明尼赫也不错，他们早在1930年代就认识了，两人都在莫斯科工作；明尼赫在共产国际匈牙利部工作，有一次甚至还一起参加过军事会议，但他认为明尼赫担任这一角色绝对不合适，此人头脑简单，直性子，不善于随机应变。

父亲赞成卡达尔，坐牢的经历只会对他有帮助；在当前情况下，这是件好事，不是坏事。莫洛托夫试图反对，但是没有坚持。他在“波兰问题”上受挫后决心在跟赫鲁晓夫公开冲突时保持克制。

现在我们看看“那边”的情况。美国人取消了自己对匈牙利的武力干涉，因为这太危险，而且根据波茨坦协定，匈牙利属于苏联占领区。在联合国，在欧洲各国的首都，他们的“二流外交官”“自己主动地”真心建议“在行动上不要陷进去”，推动苏联武力解决匈牙利的危机，当然是出于他们自身的利益。

在巴黎，美国使馆参赞利比赫午餐时“非正式地”劝自己的朋友、苏联使馆“文化参赞”弗拉基米尔·伊诺维奇·叶罗费耶夫说：“请尽量不要将这次干涉行动拖下去。如果你们用几天时间就可以完成，我们决不会干涉。”叶罗费耶夫当场没有表态，当然，他立即向莫斯科作了汇报。利比赫放心不下，又想办法寻找一个见面的机会，这事发生在英、法、以三国的空降兵在苏伊士运河地区降落之前。交谈中，他几乎公开地暗示对方，苏联在匈牙利已经腾出手来①。

这是美国国务卿杜勒斯经过深思熟虑的政策。美国在事件发生任何转折的情况下都能够稳操胜券。如果苏联表现出一个超级大国不可原谅的犹豫不决，放弃使用武力，那么匈牙利在没有任何外来压力的情况下会自行落到美国的手里。他们非常了解接替纳吉的人。诚然，杜勒斯还没有真正指望过成功地从东方集团“蚕食”匈牙利，他把父亲研究透了，相信父亲不会犯如此愚蠢的错误。另外，为了保险起见，他让自己的外交官向苏联的同行暗示，美国不会向匈牙利伸手，不会因此去打一场世界大战。利比赫在巴黎准确地执行了华盛顿的命令。同时中央情报局、阿伦·杜勒斯通过自己的广播，千方百计地煽动匈牙利起来造反。他们通过各种“喉舌”对外宣称：“美国军队严阵以待，只要你们一动手，我们不会让你们吃亏的……”

这里问题不在于美国国务院和中央情报局的政策没有协调一致，相反，杜勒斯兄弟俩连所有的细节都商量好了。如果匈牙利“被蚕食掉”，这很好，但是一旦发生流血事件，那么流的血越多越好，他们的成功宣传越具有杀伤力。

11 月 4 日晨，“旋风行动”开始在匈牙利恢复秩序。部队没有遇到严重

---

① В. И. 叶罗费耶夫：《外交回忆录》，2005 年莫斯科版，第 228—229 页。

的抵抗，一切在两天之内都搞定了，匈牙利人死了 2502 人，伤 19266 人。苏联方面死 720 名军人，伤 1540 人。有两万匈牙利人逃到了奥地利。

其实，第比利斯也好，华沙也好，布达佩斯也好，事件的发展都大同小异：起初松了一口气，有一种得解放的感觉，伴随而来的是希望尽快清除垃圾，惩治罪犯，后来出现了一些零星自发的不满，有一些相对和平的自发集会和游行，地方官员表现得手足无措，无所作为；最初是人们不听从当局的管理，开始有暴力行为出现，同时形成了几个反抗中心，出现了几个并行的反对派政权机构，如此等等，局势越来越激化。只是结果各不相同。华沙没有发生流血：父亲和哥穆尔卡应对比较及时，他们有足够的意志力，没等事情恶化便下了决心。第比利斯被迫动用了武力，但没有走得太远，流血很少。纳吉生性软弱，屈于压力，失去了影响布达佩斯事件的能力，实际上丢掉了政权。结果是悲剧性的，未能避免流血，苏联是否动用武力，并不能决定对立双方哪一方占到上风。只有在一种情况下我们的拥护者会流很多血，他们在匈牙利为数不少，可能有数千人，而在另一种情况下，我们的对手可就惨了。遗憾的是，揭露沾满鲜血的独裁者和揭露独裁专制制度，这在历史上还从来没有不流血的。

同样的事情从不同的方面看就非常不一样：有些人心目中的自由斗士，在另一些人看来则是双手沾满鲜血的恐怖分子。1956 年发生于第比利斯、布达佩斯和华沙的事件也不例外。生活就是如此。

“秘密报告”在东方也有回应。毫无疑问，正是它加速了和毛泽东的分裂。毛从对斯大林罪行的揭露上，理所当然地感受到了对自己个人权力的直接威胁。我引一段经常在毛身边的他的保健医生李志绥的话：“……赫鲁晓夫在二十大的讲话是中苏关系的分水岭，他在讲话中谴责了对斯大林的个人崇拜。

毛几乎神化了领袖的作用，认为他，也只有他能够复兴和改造中国。他被称为中国的斯大林……如果赞成攻击斯大林，毛就等于给自己的敌人松开了双手，这是他决不能允许的。

赫鲁晓夫站出来反对将他推上政治奥林匹斯山的人，这在毛看来是极大的犯罪。

赫鲁晓夫的讲话严重影响了内政，朱德提议中国要支持谴责斯大林个人崇拜的意见触及到了毛的要害。毛永远都不能原谅赫鲁晓夫对斯大林的攻击。1956 年，我发现毛和党中央的关系受到严重破坏。他认为中共大部分领导人在决定问题时盲目地模仿苏联。”①

毛没有等中国苏共二十大的崇拜者成气候。他不无道理地担心，千万不要让苏联的榜样传播开来，很可能已经传开了，因而毛迫不及待地要清算自己身边潜在的“赫鲁晓夫们”。而且，为了使其他人不敢再干，便将赫鲁晓夫本人列为“修正主义者和右倾机会主义分子”，而在美国总统里根之前很久便把苏联称为“罪恶帝国”了。从历史的长远角度看，这种冲突未必能够避免。中国是中央王国，是世界的中心，历史地看，它不可能不追求大国的影响，哪怕是潜在的影响。而一山——即便是社会主义的山——难容二虎。中国、中国的领导，有毛泽东或者没有毛泽东，迟早都会要试图将苏联挤出世界社会主义阵营的领导地位，或者至少将苏联排除在亚非地区之外。

至于父亲所相信的伟大友谊和社会主义国际大团结精神，那么任何思想观点都无法和民族的自我感觉相抗衡。相反，民族精神至上论者可以轻易地提出任何一种理论，按照自己的面貌和意愿，把它说成是历史的自我觉醒。有多少国家曾经建设过社会主义—共产主义，但是作为例子，请仔细看一看，社会主义—共产主义的俄中说法之间究竟有多少共同之处？年复一年，苏联和中华人民共和国越来越像俄罗斯帝国或者中华帝国了，他们距离德国哲学家既不是为我们所撰写、也不是关于我们的理论越来越远了。无论是斯大林还是毛泽东，他们几乎公开将自己等同于俄国的沙皇和中国的皇帝，斯大林起初将彼得一世、后来则将伊凡雷帝奉为楷模。对于毛泽东来说，他们理想人物是公元前 11 世纪当政、以残暴和冷酷而臭名昭著的商纣王。毛认为，纣为中国历史作出过杰出的贡献，扩展了疆界，因而应该原谅他的冷酷②。

甚至父亲，在十月革命过去差不多半个世纪之后，顺道去故乡卡里诺夫卡村，都无法向自己年迈的大娘说清楚他在莫斯科当的什么官，什么叫做苏共中央第一书记，他解释说：“跟沙皇！”差不多老大娘高兴地点了点头，抚摸着父亲的手。

又过了半个世纪，当第一位后共产主义时期全民选举的俄罗斯总统叶利钦听到周围的人称他为“沙皇鲍里斯”时，脸上露出了洋洋自得的笑容。

---

① 李志绥：《毛泽东：一个私人医生的笔记》第 1 卷，回声出版有限公司 1996 年斯摩棱斯克版，第 148—149、153—154 页。

② 李志绥：《毛泽东：一个私人医生的笔记》第 1 卷，回声出版有限公司 1996 年斯摩棱斯克版，第 158 页。

不光是俄罗斯和中国，一些小国也按照自己的需要将共产主义理论改头换面了。朝鲜的社会主义同俄中两国的社会主义很少有共同之处，但是很像南朝鲜的“民主”。古巴的社会主义则在重蹈中美洲专政的一切弯路。欧洲社会主义的情况也一样：从匈牙利和捷克的社会主义，到瑞典和丹麦的社会主义。他们全都这样存在于世上。

毫不奇怪，苏中关系地缘政治的现实占了国际主义和无产阶级大团结的上风。赫鲁晓夫在二十大的报告只是加速了这一进程，并赋予这个岂止是两个“君主政体”、而且是两个“帝王”的冲突进程以个人的色彩。

是功还是过？

有人认为“秘密报告”是赫鲁晓夫主要的、几乎是唯一的成就，有人表示怀疑：是不是压根儿就不值得去揭露斯大林？就让他作为愿意崇拜他的人的崇拜对象好了。还有一些人从内心深处为自己的当家人感到极度痛心，对竟敢亵渎他们神灵的赫鲁晓夫恨之入骨。其中这样的人很多：揭露暴君触及他们个人，而且不只是个人，让他们感到有切肤之痛。“圣杰之位是不会空置的”，那些被关押和被斯大林处死的党务工作者、将军、工程师、作家、作曲家、运动员由新人取而代之。他们成了斯大林的军事精英、官僚精英和知识分子精英。结果是：当之无愧和受之有愧的奖金、勋章全来了，他们不是从半人半神者的手中获得，而是从微不足道者的下流的操弄中获取，而他们身价提高的本身，即使其中没有伴随他们个人的任何见不得人的丑事，说得轻点，也是令人非常生疑的。这样的人否定任何哪怕是斯大林最明显的罪行，他们到处寻找机会，若找不到，就杜撰一些“秘密报告”背后所谓的个人因素。同时，他们估计到俄罗斯人的心理，俄罗斯人总是同情“受欺负者”，哪怕“受欺负者”本人曾经欺负了整个国家。

全国对“秘密报告”的反应是极其病态的，社会分裂了。数以百万计的受迫害者家庭从内心深处感到高兴，高兴的是他们很快就能够看到自己的亲人，他们不再是“人民公敌”的家属或者熟人了，高兴的是“人民公敌”如今根本就不敌人了。

公然仇视赫鲁晓夫报告的是官僚机关工作人员，有专事镇压的工作人员、党的工作人员等等。他们与斯大林关系紧密，他惩罚他们，但也宽恕他们。被宽恕的人活了下来。他们披上“爱国主义的外衣”，为被“赫鲁晓夫泼了脏水的”俄罗斯昔日的伟大而痛心疾首。

看来父亲是可以寄希望于思想敏锐的人的，他们能够理顺事情的因果联系。然而，少数自由主义者——刚刚起步的文学家、青年学者、部分工程技术人员，他们是一些未被过去玷污的人，他们不愿意只局限于斯大林一个人。正是这些人在二十大之后对父亲的压力最大。他们猛烈批评父亲不彻底，骂他半途而废、没有说出全部真相。不依不饶的青年知识分子们要求“刀刀见血”。对这些人迅速采取了不流血的管教。大部分人转变了态度，有的是出于自愿的，有的出于是迫于形势，融入到“后斯大林时期”苏联社会的环境中。有少数人变成异见人士，他们成了苏联的堂吉诃德。

异见人士和通常称之为持批判思维者有什么不同呢？从本质上说，这些人的思想有点走火入魔，他们既不怀疑自己的正确，也不怀疑自己的使命。他们为自己的思想法而活着，随时准备为自己的使命而受难。他们中间最痴迷的人希望去自我牺牲，但必须在大庭广众之下，要引起广泛的社会反响，最后他们成了恐怖主义者、劫持飞机和扣押人质的人。

为了实现自我的人生价值，异见人士需要反抗，最好是受到政府追究。异见人士可以变成领袖人物或者受难者视社会状况而定，受难者遭到失败后毫不气馁、义无反顾地去自焚或者上吊自尽。昔日的异见人士一旦权力到手，如“预言家”所说，毫不客气地宣扬自己“唯一正确的世界观”。贞德、马丁·路德·金，和我国历史比较接近的有弗拉基米尔·列宁和亚历山大·索尔仁尼琴，他们都是典型的异见人士。任何人类社团都不喜欢异见人士，社会对他们的反应也各不相同，视社会的组织形式而定。在威权主义的管制下，无论是君主政体、暴君统治或自由主义的专政，政府当局都像害怕火一样害怕异见人士和异见现象，他们跟踪这些人，先是把他们变为英雄，然后再把他们变成现实的政治力量，一旦时机成熟，他们就会成为行将就木的制度的掘墓人。

处在稳定阶段的民主国家的异见人士是不会引起人们特别关注的。多数异见人士由着性子折腾一阵，然后随着时间的推移，会变得老成持重，而坚持不改的少数人则会被社会边缘化。如果一个民主社会进入变革时期，某个权力分支通常会捕捉到信息，等不到革命的破坏性剧变便会组建新的社会结构，以适应已经变化的条件。在这种情况下，异见人士完成自己使命后，也会在周围人的心目中消失得无影无踪。

异见人士过去、现在和将来随时随地都会存在。就其本质而言，他们是人类共同体的“突发变种”。

二十大唤醒了俄国革命后消失了的政治异见现象，它成了整个后代表大会时期政治生活的组成部分。至1960年代末，异见现象在西方世界广为流行，其最极端的形式就是所谓的“红旗军”。苏联的政治异见现象在某种程度上促进了这个超级大国的自我毁灭，因而并没有确保自己的同胞过上有尊严的生活。在西方，大多数居民对生活没有抱怨，政治动乱便会渐渐销声匿迹。因此到了21世纪初，就转而去保护周围的环境，去和经济全球化进行斗争了。

父亲认为崇拜斯大林、斯大林主义，是构成奴性人类本质的表现。在二十大作报告时，父亲曾想揭去人们的眼罩，但不怎么成功，他们在内心深处仍然感到自己是奴隶，甚至提着他们的耳朵也无法将他们从奴性心态中拉出来。一个人要战胜奴性心态，“克服自己身上的奴性”，只能靠自己。许多受害人遭遇的真相也无助于他们擦亮眼睛。在俄罗斯，千百年来生命一钱不值，数以百万甚至千万计的同胞为了一个伟大的或微不足道的目标而失去生命，而且从来不认为这是悲剧。尤其当罪行是人民崇拜的暴君——统治者所犯下的，是为了他所宣称的伟大目标——无论真假，那就更不在话下了。民众不希望了解真相。了解真相会亵渎信仰。谁会心甘情愿当傻瓜呢？这样一来，揭露暴君就成了全民自我大揭露，因此给揭露者带来种种后果。父亲一再重复说，将暴君和暴政英雄化是奴性的复发，而斯大林主义是奴隶的宗教。而奴隶，只要他自己不想摆脱，只要他不认为自己不再是奴隶，是没有人能够让他摆脱奴性的。

斯大林至今在一系列俄罗斯“改革者”的心目中还具有可敬的地位。伊万雷帝用剑与血将国家统一在自己的权力之下，与此同时，在16世纪他消灭了几乎一半他统辖地区的人们，伊万雷帝当政时，用大锅煮死了许多不合沙皇心意的贵族大佬，用两米长的煎锅煎死他不喜欢的将领，斯大林和他相比，有什么更坏的地方呢？要么就说彼得大帝，他因改革使自己名噪一时，他的改革使俄罗斯帝国的居民人口缩减了三分之一以上！他砍下“异见人士”射手的头颅，严刑拷打自己的儿子。结果又怎样呢？1956年父亲揭露斯大林的罪行，是犯了错误吗？维护比斯大林更血腥的罪人毛泽东的崇拜的中国人做得不对吗？毛的画像至今悬挂在北京的天安门广场，而与此同时，全国走的却是自己的、完全不是毛主义的道路。而且对毛的纪念每年都在淡化。

如果抛开感情，进行冷静思考，那么毫无疑问中国人做得对。但父亲当时并未按逻辑行事，而是受良心驱使。他不能采取别的办法。他不能采取，也没有采取，他以自己的政治命运为代价，试图将俄罗斯从专制独裁转向……转向什么呢？几十年过去了，我不打算说什么。他当时觉得是转向某种文明的方向。一切都不可能重新再来一遍，父亲即使预见到了后果，但他也只能如此行事。

赫鲁晓夫说出了斯大林的真实情况，一劳永逸地改变了国家，但是他既无法根除斯大林主义，也无法消灭斯大林分子。他们潜伏了一段时间，1964年10月后他们便卷土重来，他们从赫鲁晓夫本人那里下手。“揭露”父亲的是一些职业老手，他们很了解人类心理学，精通“群众”的心理。他们什么都揭露，全然不顾事实与数字，而且反其道而行之，他们揭露带来亿万卢布利润的垦荒地，指责它不知是谁和什么时候说的“没有效益”，揭露五层楼楼房的天花板太低，揭露室内的卫生间设备未达到五星级。父亲因为跟毛泽东争论时方式生硬，揭露在对美关系上表现软弱而大倒其霉。甚至还提醒赫鲁晓夫的火箭和太空发射损害了航空部门。裁军也是他的一条罪状。总之，把他说得一无是处。

谎言就得是荒诞不经……

1964年10月父亲退下来后，这伙人立刻开始行动。这在俄国并不新鲜，许多统治者开始执政，总是把自己的前任说得一塌糊涂。

“赫鲁晓夫”的姓氏不再提及，《真理报》发表的指令性文章不指名地谴责“唯意志论和主观主义”，不指名地抱怨出现了新的“个人崇拜”，谈论如今新领导人应于“纠正”的实际的或虚假的“错误”。

谢列平和谢米恰斯内表现得特别积极。1965年初，克格勃奉中央书记谢列平之命为赫鲁晓夫“量身打造”一个符合其形象的说法。这当然是得到勃列日涅夫认可的战役。对赫鲁晓夫的具体操作交给克格勃下面的一个制假机构。1959年，时任克格勃主席的谢列平组建了这样一个炮制虚假材料的机构。当时这一新机构叫做假情报处，换句话说，就是“谣言工厂”。谢列平建立这个机构是为了对抗当时西德出现的复仇主义的需要。不久，该机构将假服务处更名为积极措施处。

从 1953 年贝利亚被捕起，克格勃的专业的和不完全合法的机构在内部的政治斗争中便不再使用，甚至在苏联和其他社会主义国家权力部门的代理机构也被严格禁止。父亲十分关注过所确立的规则的遵守情况。如今规则变了。由专业人员接手。其实，20 世纪末至 21 世纪初，俄罗斯人所了解的关于赫鲁晓夫的一切或者几乎一切，都是他们一手炮制的。

由制假机构编造的种种神话是按照心理战的规则炮制的，具体事实加工整理得面目全非，无法辨认，但是要做到让一般人不至于拒绝和排斥。只有这个时候假的东西才能成为“信息”，使得到信息的人不怀疑它的“真实性”，想不到这是有人在向他施的一种诡计。谎言满天飞，通过各种“相互无关”的渠道流传出去，于是，贪图耸人听闻的消息的记者和历史学家毫不怀疑：之所以能搞到此类消息全是因为他们特别走运、私人关系和锲而不舍，才会得到谎言。

谢列平、谢米恰斯内一伙抛出的第一个牺牲品，是在前线捐躯的我的兄长列昂尼德，飞行员，上尉。

我还是从头讲起吧。

“列昂尼德·尼基季奇·赫鲁晓夫的经历很普通，尽管战前他父亲的职位已经很高了，”法学家和历史学家莫罗兹上校在《红星报》上这样写道，“七年制中学和工厂学校念完后，起初在 1 号厂当学徒，后来在 X 光厂当钳工。1933 年 12 月，由企业集体决定，共青团克拉斯诺普列先斯基区委推荐，派到巴拉绍夫民航驾校。4 年学习后，在乌里扬诺夫斯克又通过指挥人员进修班的培训。1939 年他志愿参加红军，编入茹科夫斯基军事航空学院指挥系预科监听学员班。然而他不愿继续在学院深造，开始在恩格斯军事航校学习高速轰炸机（AHT－40）及其改进型 Ap－2 的驾驶技术。

列昂尼德·赫鲁晓夫学习很努力。毕业鉴定上没有任何缺点。理论优秀，器材优秀，飞行技术优秀，空中辨识能力良好，队列训练优秀。工农红军中尉的军衔他是当之无愧的。尽管如此，列昂尼德自己在一天前写的自传中写上了因未能按时交纳共青团团费而受到的警告处分始终没有撤销。战争一开始，列昂尼德·赫鲁晓夫中尉就投入战斗。”

从文件上看，战前岁月我的兄长像他那个时代的大多数青年一样，日子过得不算坏，但也不算好。

“揭露”父亲的人不利用文件资料，他们以战后才拼凑起来的列昂尼德个人档案里保存的并非原件、全系复件为托词：既然是复件，那就是伪造的。

的确，在那份个人档案中，只有那张工作履历表是真的。其实，它就是普通上尉的“个人档案”。其他材料都是从其他来源弄过来的。的确是复件。他们需要的这些复件，在每一份复件上都援引了保存在国防部档案中心的原件和指明取自何处及何时复制的字样。真正的历史学家是不会怀疑个人档案的真实性的。但这是真正的历史学家，造假者什么手段都使得出来。

于是，1941 年我的兄长列昂尼德在轰炸航空兵部队服役，驾驶上面提到的高速轰炸机。只可惜飞行员列昂尼德当时驾驶的高速轰炸机包括 1936 年生产的机型，而 1941 年前的高速轰炸机的飞行速度才勉强达到每小时 400 公里，像“乌龟”一样。战争伊始，驾驶这样的轰炸机而没有歼击机掩护，无异于自杀，德国飞机能够对我直接开火。据同事们反映，列昂尼德作战勇敢，从不退缩，他没有用父亲的姓来做招牌。空军上校机械师维克多·福明记得，7 月末，列昂尼德炸毁了西德维纳河上的大桥。在他之前，这座桥已经多次被炸，但均未成功。德国歼击机在严密地保护大桥，没有人能够突破他们的防卫。列昂尼德想了个办法：他在我方领土上空就把飞机拉升到最大的高度，然后向大桥进行俯冲，用极高的速度从上面越过敌人的歼击机，在超低空飞行中投掷炸弹，而且考虑到不让炸弹的冲击波伤害到自己。列昂尼德不仅炸毁了大桥，而且顺便摧毁了附近岸边躲藏起来的德军指挥部。“由于这次飞行任务的出色完成，列昂尼德被荣膺红星勋章，同机的领航员、射击手和无线电报务员均受嘉奖。根据自己的指挥记录、飞行技术和大无畏精神，列昂尼德·赫鲁晓夫让我想起了 1944 年和我一起战斗过的歼击机航空兵、英雄伊万·阔日杜布，后来直至 1991 年 8 月 8 日，我们一起参加老战士的工作。”

列昂尼德的首长对他的评价是：“机组指挥员列昂尼德·赫鲁晓夫……有 12 次战斗飞行。所有战斗任务都完成得非常出色，是一名勇敢的无所畏惧的飞行员。在 1941 年 7 月 6 日的空战中同敌人的歼击机英勇搏斗，直至打退敌人的攻击。列昂尼德·赫鲁晓夫结束战斗时，机身上满是弹痕。富有创造精神……

……多次替代未准备好的机组参加战斗。特请求授予赫鲁晓夫同志红旗勋章一枚。”1941 年 7 月 16 日第 46 航空师师长皮萨尔斯基上校这样写道。

列昂尼德飞行的日子还有 10 天。

"7 月 27 日，第 134 航空轰炸机团剩下的 3 个飞行大队，"战斗报告里写道，"前去轰炸伊佐契①站地区的机场和希卡洛地区的炮兵阵地。返回途中这些未受保护的轰炸机遭到 8 架德国'梅塞施米特－109'歼击机的攻击。损失为：6 架轰炸机中的 4 架。"

列昂尼德因此次飞行再度荣膺获得了红旗勋章："列昂尼德·赫鲁晓夫中尉从 1941 年 1 月 7 日到 7 月 28 日共出动 27 次战斗飞行。担任飞行中队的编组指挥。他的飞机以其准确的投弹技术炸毁了敌人大卢基地区的坦克和炮兵阵地。1941 年 6 月 7 日轰炸了杰斯纳河地区的两个渡口。返程中赫鲁晓夫的飞机遭到扫射，有 20 个弹孔。赫鲁晓夫同志挽救了飞机，返回自己的机场。

他是一位果断、勇敢、大无畏的飞行员……指挥部特为他申报政府嘉奖——战斗红旗勋章。

第 134 航空高速轰炸机团指挥员特卡乔夫少校

第 134 航空高速轰炸机团军事委员会、主任政治指导员库利科夫"

列昂尼德直至 1942 年 2 月才获得红旗勋章，而且只有一枚，虽然根据文件记载，曾为他两次不同的战功申请过嘉奖②。

列昂尼德的飞机是特卡乔夫少校登记的永远失踪的 4 架飞机之一。它勉强飞到了前线，据说，在没有起落架的情况下它降落在一个中立地带。机组中一个成员在空中即已遇难，而列昂尼德在飞机降落时一条腿折断，椎骨受伤。击落飞机的机组被红军救起。

长期以来，这个传闻一直是列昂尼德驾驶高速轰炸机最后一次飞行的唯一信息。上述目击者福明在自己信中，关于列昂尼德出事飞机降落的情形另有说法。

在他的记忆中，"1941 年 7 月最后几天，航空大队的飞机不是 15 架，而是 6 架或 9 架。当时指挥部命令迫降的飞机降落在以前航空俱乐部使用的短跑道机场，这种机场只能供波利卡尔波夫设计的教练机 П－2 使用。短跑道机场位于安德罗波利火车站的旁边，背后紧靠着我们的防线，西距我们团部有 70 公里远。"

1941 年 7 月 27 日，列昂尼德就降落到这里。

---

① 要么是伊佐格，史料不同，拼写也各异。

② 陆军司令员朱可夫将军给西方战线命令的编号为№0992。

大约下午两点钟的时候，机场值班人员福明看见一架飞得很低的飞机飞得越来越近，放下了右边的起落架，左边的起落架因在空战中受损，只在机身下露出来一下便被卡住了。列昂尼德降落5次都没有成功。第6次降落，飞机一接触地面后，只靠起落架上的一只轮子向前滑行了100米左右，然后唯一的一只轮子也断了，高速轰炸机的机身翻倒在一边，尘土立刻飞扬起来。福明和同志们不顾飞机有爆炸的危险急忙向飞机跑去。

跑到飞机跟前，福明看见夹在驾驶舱里、脑袋下垂的受了伤的列昂尼德。他的身边是已经牺牲的领航员。后座上是还在流血的射击手和无线电报务员。福明想爬上飞机，但是没有办法。当时他想在载重卡车的帮助下将飞机抬起来。他和另外两名机械师一起，费了很大劲儿，经过几次努力，才把一个机翼弄到卡车打开的车厢里。载重卡车往后倒了倒，这时驾驶舱稍稍离开了地面。大家将列昂尼德拽了出来。他自己已经无法行走，时不时地失去知觉。人们把他抬到卡车的车厢里，他旁边就是射击手兼无线电报务员和已经牺牲的领航员。

福明钻进飞机，卸下飞机上的钟表、备用电源自动合闸以及加温航空精密时钟，这些在当时都是很贵重的东西。福明丢下已经严重变形的飞机，带着伤员乘卡车到了主机场。从那里他将列昂尼德送到了战地医院。告别时福明把加温航空精密时钟送给他，自己留下了1941年生产的备用电源输入自动合闸№334477。

这与官方文件的记载又相吻合了。在列昂尼德·赫鲁晓夫被送往战地医院前为赫鲁晓夫中尉所作的战斗鉴定中有这样的话：

“飞行中沉着冷静，深思熟虑。战斗中坚定不移……有些日子他一天出机3—4次，从未叫过苦。

康复后他自愿回到了134团。”

“时钟为我服务，也为祖国服务，为信仰和真理服务——一直到柏林，跟列昂尼德·赫鲁晓夫的手风琴一样。时钟现在还在我这里，我要把它当作传家宝传下去，作为对英雄飞行员列昂尼德·尼基季奇·赫鲁晓夫和他的儿子尤里·列奥尼多维奇·赫鲁晓夫的纪念。”

福明像自己许诺的那样，他把电源输入自动合闸№334477传给了尤里·列昂尼多维奇·赫鲁晓夫（尤里·列昂尼多维奇·赫鲁晓夫2003年12月7日去世）。

在战地医院，医生要把列昂尼德的一条腿截肢，但他相信人们的传说，以手枪相威胁，不允许医生截肢。他的伤腿恢复得不好。列昂尼德在古比雪夫（如今的萨马拉）的后方医院治疗。我在那里见了他最后一面，他脸色苍白，露出微笑，胸前佩戴着崭新的勋章。

腿伤养好后，列昂尼德开始要求重返前线，现在他已经是在驾驶歼击机了。他想尽千方百计，终于调动成功。

这时，不幸发生了。至于出了什么事，对于一个16岁的我，自然没有人告诉我。但我听说（也许是我现在觉得我听人说），好像在家里有人在旁边悄悄对我讲，说列昂尼德喝醉了酒，不知是打死了人，还是干了什么很不好的事，如今……

我在自己的书中就是这样写的。我所记得的关于不幸的事情的传闻，不知是真有其事，还是有时候因记忆的关系“想起了”原本没有发生而是后来人们加进去的事呢？我当时在治疗髋关节结核，打着石膏绷带，医生不仅不准我走动，甚至不准我坐起来。我不能动弹，每天都是在婶婶大妈们的身边度过的，她们什么闲话都传，当然也议论关于列昂尼德的事。

私下的传言我记住了，但听到列昂尼德的朋友斯捷潘·米高扬的故事的“内容”就很晚了，好像他的故事也是根据传闻。

斯捷潘在空军服役，他来到古比雪夫时是个中尉，在这里他遇到了列昂尼德，后来飞往莫斯科。斯捷潘·米高扬在自己书中引用一个叫彼得的人、也是列昂尼德的朋友的话，说：“有一次，团队里来了一个从前线来的水兵。当时所有的人脑子都‘非常发热’，交谈中有人说列昂尼德是个神枪手。争论中，一个水兵建议列昂尼德用枪打他头上的瓶子。列昂尼德一直不肯打，但后来还是开枪了，击中了瓶颈。水兵认为这还不够，说应该击中瓶子本身。列昂尼德又开了一枪，击中了水兵的额头……”①

斯捷潘·米高扬本人并不在场。

《威廉·退尔》② 中的游戏，当年在军人中间非常普遍，而且他们并不怎么珍惜自己的生命。斯捷潘·米高扬对列昂尼德的女儿尤利娅讲的这个故事有点不一样，好像水兵是首先开枪射击的人，他击中了列昂尼德头上的瓶子，后来才轮到列昂尼德射击。因为杀害了军官，列昂尼德受到审判。法庭

---

① 斯捷潘·米高扬：《一名军事试飞员的回忆》，“青年技术员”出版之家2002年莫斯科版，第83页。

② 德国诗人剧作家席勒（1759—1805）于1803年完成的最后一部剧作，作品塑造出一个反抗异族和封建统治、争取解放斗争的英雄人物，很受观众的欢迎。

认为列昂尼德有罪，判了他7年刑。当时是战争时期，因这样的事是不坐牢的，而是派往前线，送进惩戒营。列昂尼德获准留在空军。

“他得到改驾ЯК－7Б歼击机的许可后便去了前线，当时他的伤口还没有完全长好。在去前线的路上，1942年最后的某一个月，列昂尼德突然出现在莫斯科。我跟他见了面。在莫斯科他没有谈起古比雪夫发生的事①。”我继续援引斯捷潘·米高扬的话。

当时像这样的故事很一般，因此我便无条件地相信了。然而往深处一想，一切又完全不是那么回事。开始刨根问底的是莫斯科的历史学家亚历山大·尼古拉耶维奇·科列斯尼克，战史研究所的研究员。起因是关于列昂尼德的一部影视片的脚本，是莫斯科一个电视频道订的②。自然，科列斯尼克首先要去查档案。他在军事检察机关的档案中怎么也查不到任何关于古比雪夫发生射击的材料。于是他去找斯捷潘·米高扬，想请他作一些说明。彼得是何许人也，他从哪儿来的。斯捷潘记不起来了，但现在他在转述故事时又引用一个叫莉扎·奥斯特罗格拉茨卡娅的大剧院芭蕾舞女演员的话，她也疏散到了古比雪夫。

他在自己的书中曾顺便提到，在古比雪夫时他曾经和两个芭蕾舞女演员——瓦利娅·彼得罗夫娜和莉扎·奥斯特罗格拉茨卡娅有过亲密交往。年轻人嘛，何况列昂尼德和妻子吵了架，她离开了古比雪夫，去什么地方学习外语了。

斯捷潘很快回到了自己的部队，而列昂尼德坠入了爱河。他和莉扎·奥斯特罗格拉茨卡娅甚至说好要结婚了。莉扎是个果断的女人，开始着手准备婚事，她逢人便说她就要嫁人了，可她去莫斯科待了一段时间。列昂尼德吓了一大跳。不知道将来怎么跟妈妈作解释。妈妈是个很严肃的人，有严格的道德观念，不止一次地警告过他不要行为不检点，不喜欢他的那些伙伴整天吃吃喝喝，现在明明有老婆却又要跟一个芭蕾舞女演员谈婚论嫁。列昂尼德毫不怀疑，他要是把莉扎的事告诉妈妈，她肯定会大吵大闹。因为害怕，他没有跟妈妈说，而是给莉扎往莫斯科写一封信，说他出事儿了，把人打死了，后面就是那个我们都知道的水兵的故事了。原来这个故事从头至尾都是

---

① 斯捷潘·米高扬：《一名军事试飞员的回忆》，“青年技术员”出版之家2002年莫斯科版，第83页。

② 电视片《飞行员列昂尼德·赫鲁晓夫的秘密》，俄罗斯之翼制片厂出品，2005年1月曾在“俄罗斯频道”播出。

他自己编造的。最后列昂尼德求她不要去找他了，没有用的，他被判刑，送到很远很远的地方去服刑。这样一来，列昂尼德避免了跟妈妈解释，离开莫斯科去了前线，到一个地方去服役。正因为如此，他跟斯捷潘·米高扬在莫斯科见面时没有对他说什么。没什么可说的。然而莉扎，这位到处宣称她即将要嫁人的姑娘，如今很乐意对所有的人说她遭遇到了不幸。至于说那位神秘的彼得，那就只能看让他压在斯捷潘的良心头了。

几十年来，这个故事已经完全有理由让人相信，起码人们开始对它认真研究起来。当列昂尼德的女儿尤利娅找到军事检察机关询问关于古比雪夫枪击的问题时，检察机关回答她说他们的案件卷宗里没有关于这类纠纷的记载，甚至完全没有提到过列昂尼德·赫鲁晓夫的姓名，没有追究过他的责任，也没有立过他的任何案子。

1943 年初，列昂尼德在第三独立教练混合航空团经过 5 个小时的雅克－7Б 实际飞行后，又来到前线第一空军第 18 歼击机航空近卫团。他们驻扎在卡卢加州距科泽利斯克 10 公里的哈坚卡机场。近卫团的团长是安纳托利·戈卢博夫少校。列昂尼德在那里驾驶雅克－7Б 型飞机，像在教练队里一样，28 次教练飞行中多飞了 13 个小时 01 分钟，完成 6 次战斗起飞（4 时 26 分）任务。在歼击机团期间，根据国防人民委员斯大林№02520 命令授予列昂尼德上尉军衔。1943 年 3 月 17 日他第 7 次起飞执行任务时，大约在离卡卢加州日兹德尔村 6 公里处，距斯摩棱斯克不远的地方被击落。这是年轻飞行员因飞行经验不足、尚未掌握复杂的空战技术的典型遭遇。事件发生在德军占领区上空，下面是一片沼泽地，战斗后方的有关部队没有发现他的失踪，刚才列昂尼德还在，转眼间人没有了。但关于列昂尼德的牺牲必须要写进战斗报告。第 1 空军司令员胡佳科夫中将已经在询问他的事了。航空团指挥官戈卢博夫向上级报告说，我们 9 架雅克－7Б 型飞机中，有一组在执行战斗任务时向 8 架敌人的福克·沃夫－190 歼击机发起进攻。近卫军上尉列昂尼德·赫鲁晓夫经验丰富，已经打下过多架敌机的近卫团飞行员扎莫林上尉担任僚机。当扎莫林跟一架福克·沃夫歼击机搏斗时，列昂尼德·赫鲁晓夫像往常那样一直在掩护他。敌机被打下来后，扎莫林发现还有一架同样型号的敌机正尾随在僚机的后面，从远处向其开火。于是他横插过去，挡在它的前面，迫使德国人向南飞去。

“当敌方歼击机击中列昂尼德·赫鲁晓夫时，”近卫军团长戈卢博夫少校和近卫军司令部长官维辛斯基中校在报告中写道，“列昂尼德将机头一转，以65—70度的倾斜度向地面冲去；扎莫林返航后，他没有看见列昂尼德，他认为列昂尼德不可能被击中，因为敌机的炮弹是从尾后很远的地方打过来的，是他拉动操纵杆来了一个螺旋式降落。”

我已经提到过的战时歼击机飞行员斯捷潘·米高扬，后来成了著名的战斗机试飞员，他有很多个小时驾驶列昂尼德出事的雅克－7Б型的经验，他对扎莫林的说法持怀疑态度，他说：“我不相信一个飞行员会这样写，何况还是团长（可能他是想为没有‘保护好’赫鲁晓夫儿子的事开脱，或者干脆就是别的什么人写的）。问题是飞机发射的炮弹没有在一定距离发生爆炸的问题，炮弹只有在撞到障碍物时才会发生爆炸。因此它们不可能‘追尾’。

现在说一下螺旋式降落。飞机被击中后作螺旋式降落，应该是直上直下的，不应该是大角度地俯冲而下。飞机做大角度的俯冲保持螺旋式是不行的。”①

1999年，在查阅勃列日涅夫时期国防部长德米特里·费多罗维奇·乌斯季诺夫的档案时，发现了飞行员扎莫林在1971年赫鲁晓夫长子去世后给乌斯季诺夫写的信。信中关于空战完全是另外一种说法。扎莫林很后悔就当天发生的事说了假话：“我所在团的首长对于拿我的说法以假乱真极为关切，因为他们也对作为政治局委员儿子的飞行员之死负有罪责！我一时昧了良心，捏造事实。我在报告中避而不谈：敌机从右下方向我袭来时，列昂尼德·赫鲁晓夫为了拯救我的生命，驾机迎着敌机的炮火冲去……赫鲁晓夫的战机被穿甲弹击中，在我眼前化为碎片！……所以地面上才找不到这次惨祸的丝毫痕迹。加之上级也下令，搜索暂缓一步，因为战斗系在德寇占领区上空进行。”

扎莫林的证言中哪一个接近真实？我不打算去评说。最主要的是列昂尼德这个人没了。就当时而言，这样的故事是很平常的，那时死去的人多了去了。

而后来发生的事情对于我们的故事来说就值得重视了。1943年春，斯大林很看得起父亲，让他作为斯大林格勒方面军的军事委员先和方面军司令员叶列缅科和集团军司令员崔可夫去马马耶夫山冈下他称之为“洞穴”的地方，因为那里是斯大林格勒方面军的指挥部，负责组织布置城市的防务，然

① 斯捷潘·米高扬：《一名军事试飞员的回忆》，“青年技术员”出版之家2002年莫斯科版，第84页。

后按照规划，包围第 6 集团军元帅保卢斯的行动。后来斯大林把父亲又调到西南方面军马林诺夫斯基那里，去抗击曼施泰因元帅的进攻，曼施泰因自认为他的坦克攻无不克，能够一举打通一条走廊，以解救保卢斯的军队。曼施泰因未能得逞。

1943 年 3 月 11 日，向斯大林报告了列昂尼德失踪一事。他下令暂时什么都不要告诉赫鲁晓夫，委托负责协调我们在德军后方侦察工作的内务人民委员苏多普拉托夫把事情了解清楚。“然而，什么结果都没有找到，”苏多普拉托夫报告说，“于是斯大林决定认为列昂尼德·赫鲁晓夫已在完成战斗任务中牺牲，而不是失踪。”①

此后，斯大林决定亲自告诉父亲所发生的不幸事件，说明 1943 年 4 月发生了什么事情，现在我们可以从那位历史学家科列斯尼克的“零星材料”中获知。斯大林把父亲从沃罗涅日方面军前线召回克里姆林宫。他把父亲派去该方面军给瓦图京将军当军事委员。当时斯大林办公室内除斯大林本人外，还有中央政治局委员莫洛托夫、米高扬和谢尔巴科夫。

“你要挺住，尼基塔，你儿子是英勇牺牲的。”斯大林仿佛说。

父亲打了个趔趄，感觉不适。人们叫来了医生。

1943 年 4 月 11 日，在斯大林办公室谈话之后，第 1 空军司令员谢尔盖·胡佳科夫空军中将立刻给沃罗涅日方面军军事委员会委员尼基塔·赫鲁晓夫中将发去内容如下的一封信：

“一个月来，我们从未失去找回您儿子的希望，但是他一直未能返回，而且这么长的时间过去了，我们只好得出了一个令人悲痛的结论：您的儿子——近卫军上尉列昂尼德·尼基季奇·赫鲁晓夫已于反击德国侵略者的空战中英勇牺牲。”

1943 年 7 月，列昂尼德被授予卫国战争一级勋章。不是死后追授，而是为以前的战功授予的，因为这枚勋章在他牺牲之前一个星期已经申报。1943 年 7 月 12 日的№0254 号嘉奖令，根据斯大林直接下达的指示，由空军司令员诺维科夫空军元帅亲自签署。众所周知，授予卫国战争勋章条例规定，在受勋人牺牲的情况下，这枚勋章是对其家庭的一种纪念。编号为 56428 的勋章交给了父亲。授予列昂尼德勋章一事，还因为斯大林能够公开承认他的牺

① 帕·安·苏多普拉托夫：《特别行动·鲁比扬卡和克里姆林宫 1930—1950 年代》，奥尔马－普列斯出版社 2003 年莫斯科版，第 260 页。

牲而变得意义更加重大。失踪人员通常是不授勋的，等待着他们的是完全不同的命运。

父亲的老朋友布尔加宁是列昂尼德牺牲时所在的西方面军的军事委员会委员。他的儿子列瓦也是一名飞行员，驾驶的也是雅克－7Б型飞机。布尔加宁对父亲的痛苦感同身受，劝说方面军司令部要继续寻找列昂尼德的下落。他们写信告诉父亲，他们准备向飞机可能坠落的地区派出不受内务人民委员部和苏委普托夫支配的部队搜寻人员前往寻找，但是父亲婉言谢绝，谢谢他们的好意，请他们不必用其他人的生命去白白冒险。

列昂尼德在古比雪夫牺牲后不久，其遗孀柳博芙·伊拉里奥诺夫娜被捕，送往哈萨克斯坦。她的被捕同列昂尼德之死无关。对她的指控——为外国情报机构工作是合情合理的，因为当时外交机构也疏散到了伏尔加河地区。她给哪家情报机构当间谍，我现在已经不记得了，也许是法国、英国或瑞典的情报机关。柳博芙重获自由已经是1956年了，她在卡拉干达州流放时可吃够了苦头。

他们一岁的女儿尤利娅跟我们一起生活，她非常不喜欢有异于其他孩子的孙女的地位。妈妈第一个发现了这个日益明显的问题，于是尤利娅变成了女儿。

胜利后，父母只是在家中忆起列昂尼德，就那也是偶一为之：仅仅是为了不触及自己的痛处，而我们当子女的几乎都不记得他。父亲虽然几乎没谈起过列昂尼德，但他非常喜欢自己的儿子，从来就没有忘记过他；1960年还在试图寻找他的踪迹。最初他请国防部长马林诺夫斯基元帅查一查我们有多少架飞机在日兹德尔地区失踪。过了一些时候，元帅报告说："35架。"飞机坠落的地方在地图上都标了出来，然后开始挖掘。到1964年入秋前找到了30架，辨认出30位飞行员，但列昂尼德不在其内。

父亲退下来后，还是这个马林诺夫斯基元帅，他下令把这项工作搁置起来。至1980年代末，地方上的志愿挖掘者又开始在沼泽地寻找当年苏联飞行员的踪迹。1995年我在一期俄罗斯报纸上看到一条消息，说一位当地中学老师发现了苏联歼击机的残骸。驾驶舱里有一副飞行员的骨架，上尉的制服和盔形帽已经腐烂。根据至今健在的同团战友认证，列昂尼德当时戴的就是这样的毛皮盔形帽，当时全团的人都戴这种帽子，而且感到很自豪。科列斯尼克毫不怀疑：这第31架雅克－7Б歼击机正是父亲要寻找的那一架。他终于找到仿佛在察看飞机刚坠落时情况的原德国军曹。歼击机并未烧毁，飞行员坐在驾驶舱内，身上穿一件纽扣扣得很好的连袖式制服，腰间插一支德国巴拉贝拉式手枪。从这支巴拉贝拉式手枪得出结论：飞行员是德国人。双方在战斗中都在利用机翼上涂有他人识别标志的他人飞机。他将飞行员的纽扣解开，看见苏联军人的制服和苏联的区分标志便不再感兴趣了。他把巴拉贝拉式手枪拿走了，而飞机和飞行员则留在原处，任其在沼泽地腐烂。

前面提到的列昂尼德同事们认为，团里能够显示巴拉贝拉式手枪的只有他一个人。飞机本身当时是用胶合板做的，早已腐烂，但发动机和机枪上还保留着编号；为了确定斯摩棱斯克中学老师发现的是什么人，就需要核对当时飞机登记的卡片。如果档案中登记的卡片保存下来，那么是一名失踪人员的可能性就小了。

1965 年，一些以虚报消息当职业者对父亲过去的生活进行过滤，从中选出日后可以加工的情节，他们偶然发现战时失踪的列昂尼德的故事。这个故事对他们说来再合适不过了：对飞行员的命运一无所知，就是说，不怕揭穿，可以随意虚构。于是他们便想出了许多说法。有人说这些“说法”的作者是菲利普·博布科夫，一个制假部门的小小的中校，后来成了声名狼藉的反持不同政见的第 5 处的处长。“克格勃要给自己‘虚构的故事’‘配音’”，这事就交给苏联国防部干部管理总局副局长伊万·库佐夫列夫上将了。他在莫斯科散布流言，说国防部发现了一些文件（当然谁都没看见过），从文件上看，列昂尼德没有牺牲，而是投降了德国人，开始与他们合作，背叛了祖国。不知是战争快结束时还是结束之后，苏多普拉托夫将军的地下工作人员将列昂尼德偷偷弄出来，送到莫斯科，落到了苏联反间谍机构的手里，他承认所犯的罪行，于是法庭将他判处死刑。赫鲁晓夫跪下来哀求斯大林饶恕他的儿子，但斯大林拒绝了他，说了如下的重话：“我的儿子也当了俘虏，虽然他表现得像个英雄，但我还是拒绝用他来和保卢斯元帅进行交换。可你的儿子……”①

我从不怀疑，1965 年后愈来愈多的针对父亲的“揭露性”流言蜚语都是克格勃一手炮制的，但是没有证据，而且也不可能得到证实。一件偶然的事情帮助了我。

1990 年代末，美国人着手寻找自己在朝鲜战争和越南战争中失踪的同

① 实际上希特勒想用雅科夫·朱加什维利交换的不是保卢斯元帅，而是在斯大林格勒成为苏联俘虏的他的侄子列奥·拉乌布利，斯大林拒绝了。关于拒绝用一名上尉换一位元帅的名言，在 1960 年代下半期还在世界流行，这话也是从苏联克格勃的“A”处放出来的。

胞、军人以及在苏联领空被击落失踪的侦察机飞行员。叶利钦向他们打开了所有的大门。一些俄罗斯的将军和历史学家专门来帮助美国国防部的代表。其中一位就是我曾经提到过的军事历史学家亚历山大·科列斯尼克。

当年美国人可以去的地方，俄罗斯人都不曾去过，而且也不是很快就可以去的。叫去和他们交谈的人在其他时候也不能登门或者电话采访。在他们感兴趣的客人中有几十位军人和普通公民，其中便有弗拉基米尔·谢米恰斯内——1962至1967年间的克格勃主席。如今他不过是个养老金领取者，他久久地端坐在为美国人提供的接待室内。

为美方充当随从的科列斯尼克利用这个机会尽量去跟谢米恰斯内说话。他们一起坐在接待室的时候，虽然没有成为好朋友，但谢米恰斯内对这位历史学家还是充满了信任感。这在不小程度上得益于这样一种情况，即作为自己人、俄罗斯人的科列斯尼克不是对美国的飞行员、而是对我们战争期间失踪的飞行员感兴趣。其中当时我哥哥的遭遇也让科列斯尼克感兴趣。

不管多么令人吃惊，就科列斯尼克小心翼翼地问起关于列昂尼德·赫鲁晓夫的传言的问题，谢米恰斯内出人意料地说了实话，他承认从来没有人承认过的事实：列昂尼德“叛变”的故事和其他许多故事一样，都是通过他们之手凭空编造的。当时急需找到对赫鲁晓夫在二十大上对斯大林罪行揭露的另一种、个人的解释，于是他们便杜撰了“斯大林处死了叛徒儿子”的故事，后来又编造说赫鲁晓夫销毁了档案材料（我后面再讲）等等。

“噢，编是编出来了，”科列斯尼克说，“但您怎样让别人相信您的这些谎言呢?”

“为此有专门的方法和专门的一批人，我们用我们的‘秘密’养活他们，”谢米恰斯内解释说，“在赫鲁晓夫这件事情上，我们动用了从国防部（我曾提到过库佐夫列夫将军）到我们‘豢养’的持不同政见的历史学家和权威的资产阶级报纸记者等各种管道。我们抛出的关于赫鲁晓夫的新闻‘被炒作起来’，第一批‘抢到手’的人当中有历史学家罗伊·梅德维杰夫和若列斯·梅德维杰夫。他们满世界去张扬，我们当然不会去阻拦。后来意大利《共和国报》的记者们制造了轰动效应，他们还利用①亚历山大·索尔仁尼琴在《吉尔吉斯文学》刊物上写文章说：‘赫鲁晓夫上尉死在惩戒营不是没有原因的’。”

---

① 但愿是盲目地。

"用不同来源的假信息对事情的'真实性'进行相互印证，这是我们的一种工作方法。对这种行为，我们的行话叫做'交叉授粉'。这样一来事情就好办了，谎言会自己传遍全世界。"

关于和谢米恰斯内的谈话，科列斯尼克不单是对我讲了，比如，以下就是他在杜马圆桌会议上的发言片断：

"我问谢米恰斯内：请讲讲为什么要把儿子的问题扯到赫鲁晓夫身上呢？他微笑一下，回答道：'知道吗，这样的问题非常敏感。透过他对自己亲生儿子的态度能够将一个人毁掉。如果儿子是个叛徒，那还有什么可说的呢？他父亲是什么人？还算什么国家首脑？

什么党的首脑？……他自己就是叛徒！'"①

克格勃的"历史编造者们"完成了任务，把对斯大林罪行的揭露解释成为个人的报复和泄私愤行为。看上去谁会上如此简单谎言的当呢？不过专业老手毕竟是专业老手，他们能够比别人更好地估计到流言蜚语在合适的土壤上传播的规律：斯大林，他战胜了德国人，使国家在废墟上站了起来，他把物价降了下来，让犹太人夹起了尾巴；至于逮捕人、劳改营、枪毙人，那是"无风不起浪"，大概是事出有因，我们周围敌人够多的了，何况"伐木总会有木屑的"。

最初，克格勃的主动精神很对勃列日涅夫的胃口，他本人也很想恢复不久前的"全体进步人类领袖"的地位。如今，当他自己坐上了这把交椅，在克里姆林宫他的办公室里，觉得自己当"泰斗"继承人的感觉要比当"暴君"的感觉更舒服一些。

"然而却不允许我们放手去做（我继续援引科列斯尼克转述谢米恰斯内的话）。过了一两年，在向勃列日涅夫就这个问题的进程作例行汇报的时候，他出人意料地下令把败坏赫鲁晓夫名誉的工作停下来。

'为什么呢？'科列斯尼克忍不住地问道，'勃列日涅夫可是公然仇恨赫鲁晓夫的。'

'不知道，'谢米恰斯内慢条斯理地说，'大概是可怜老头子吧。我们把他抹得够黑的了！'

谈话至此中断。谢米恰斯内应邀与美国人交谈。"

我想，勃列日涅夫当时想的不是父亲，而是关心他自己。让克格勃这帮

① 《赫鲁晓夫和戈尔巴乔夫》"俄罗斯自由民主党公告"，2005年莫斯科版，第35页。

“匪徒”继续肆无忌惮，他们迟早也会对他本人这么干的。过了一两年，到了1967年，勃列日涅夫便将谢米恰斯内赶出了克格勃，后来又剥夺了谢列平的实际权力。

方针变了，但造谣诬蔑仍然大行其道。编造的故事越来越多，细节也愈加新鲜，然后登在报纸上，《苏联军人》杂志甚至以这个主题刊出完整的故事。1990年代初，1965年编造的虚假故事反倒“变成了事实”，成为科普文学援引的对象。这一切全都没有一点根据，没有任何一份文件能够证明。

如今已经是我们这些后来人在寻找文件，以便证明清白、驳斥诬蔑了。幸好这些文件不用深找，甚至不必到档案馆去查。一个被德军俘虏的上尉能够出卖什么呢？他了解什么？回答是显而易见的：什么重要情况他都不知道。唯一让德国人感到有用的，就是他的姓氏——赫鲁晓夫，用赫鲁晓夫这个姓氏呼吁苏联士兵缴械投降。诸如此类的传单从德军飞机上大量散发到苏军的阵地上，这样的传单有以斯大林的儿子雅科夫的名义写的，有以真假难辨的莫洛托夫侄子的名义写的，还有以叛变的弗拉索夫将军等其他人的名义写的。但是以列昂尼德·赫鲁晓夫名义散发的传单一张都没有发现，二战老战士都不记得有这样的传单。在苏联和俄罗斯的档案中保存有截获的德国人的文件，其中就有驻扎在斯摩棱斯克附近的冯·谢尔将军的军团和拨归军团调遣的第296步兵旅的材料，而列昂尼德·赫鲁晓夫就是1943年3月11日在该地失踪的。德国军团司令部的总结报告中谈到1943年2月22日至3月21日俘虏了63名苏联军官和1674名红军士兵的事情。在此期间打下了93架苏联飞机，其中包括步兵打下的一架。这些打下来的飞机中肯定有列昂尼德的飞机，但是关于这架飞机，关于俘虏了苏联著名政治活动家、方面军军事委员会委员儿子的事只字未提①。

德国人并未料想到列昂尼德·赫鲁晓夫的存在。他默默无闻地牺牲在日兹德拉附近。

专业造假者什么都预见到了，甚至想到有朝一日有人会接触到暂时不让人看的档案材料，试图搞得天衣无缝。却做不到，因为根据他们所编造的说法，似乎赫鲁晓夫已经下令将档案材料销毁，这些档案不仅涉及列昂尼德，还涉及父亲参与斯大林迫害活动的程度等等。

要驳斥这种诬蔑简直做不到。档案里没有证明吗？但是档案销毁了。没

① 司法部门上校安德烈·莫罗兹：《无事生非》，2005年6月23日《红星报》。

有关于档案袋中文件已销毁的文书吗？这里也有现成的答案："销毁档案的人"干得如此巧妙，没有留下一点蛛丝马迹。

"销毁档案"是谢列平－谢米恰斯内败坏父亲名誉的最有效的一招。这个主意使人放开了手脚。它让制假机构向人们的头脑再灌输一则关于父亲的神话，说父亲好像比所有的人，比斯大林本人及其最冷酷的追随者还要起劲地逮捕、处死和折磨受害者，后来一旦掌权，便把一切都"嫁祸于人"。这样的事情档案材料无法证明！那又怎么样？在不相信档案材料的情况下，反驳这样的指控，比澄清我哥哥的冤情更加无望。首先，父亲自己从未否认过他曾签字同意让内务人民委员部逮捕他的同事。当年的生活就是如此。没有人敢试试不在逮捕令上签字。父亲还访问过监狱，同被捕的人见过面。斯大林的这些战友，如卡冈诺维奇、伏罗希洛夫或莫洛托夫，更不用说贝利亚了，他们若听见"掌柜"下令"冲上去!"，会不遗余力地大开杀戒，不惜血流成河，那是另外一个问题。其他人，包括父亲，表现得并不是那么积极，他们尽量减少受害者的人数，减轻他们的痛苦。关于这一切，父亲在自己的回忆录有所描述。

苏共二十大期间，他直言不讳地讲过，斯大林的罪行，国家所有领导人都脱不了干系，只是程度不同罢了，这要由人民对每个人的过错进行确定。父亲在生命垂危时一再重复说："我去世后，把我的所作所为放在天平上。一头是恶，另一头是善，我希望善的一头更重一些。"如今，父亲已经去世，魔鬼的奴仆们竭力向恶的秤盘里放置自己制造的假砝码。而且做得天衣无缝，甚至有时候我不能说是相信克格勃放出来的谣言，但是容许别人可以去修改父亲的"往昔"。很困难，非常吃力，但是容许了。何况世界历史上这样的例子有很多。

我总感到歪曲事实不符合父亲的内在本质，但人是软弱的。而且我们每个人多么希望事后改善自己的宣传形象。而现在有了这种可能……看上去这样做并没有多大过错。看上去……老实说，我妥协了。于是机会便乘虚而入。1994 年 12 月，美国布朗大学开会纪念赫鲁晓夫 100 周年诞辰，会上作报告的人就谈到了父亲"清理"档案的话题。学者们认为"清理"一词意味着某些丑陋的行为。我决心刨根问底。指责涉及父亲生活的两个时期：莫斯科时期（1938 年前）和基辅时期（1938 年后）。也就是说，如果"清理"，只能是莫斯科的和乌克兰的党的档案。

我先从乌克兰开始。尤里·沙波瓦尔，历史学家，研究父亲的活动，他在布朗大学的纪念会上武断地说乌克兰档案馆里许多文件都没有了，因而可以说是“清理掉了”。我请他查一查原始材料。沙波瓦尔很感兴趣。相对来说他还比较年轻，没有党务部门对父亲抱有的那种恶感：不肯原谅他揭露斯大林罪行的行为。实际上是怎么回事呢？的确，乌克兰国家档案馆是有些和父亲名字有关联的东西找不着了。问题在于父亲的档案是自己记的，1938 年他从莫斯科把档案随身带到乌克兰来。父亲的助手们，按照他们说法，往往把一些最重要的文件没有转送到国家档案馆，而放进自己的档案里了。所有这些卷宗，有 200 多件，父亲（准确地说，是他的办公室）1950 年从基辅带到莫斯科了。父亲退休后，卷宗就存放在苏共中央政治局的档案室。如今独立了的乌克兰的档案工作者和克里姆林宫办公厅的档案工作人员争论不休：这些文件究竟应该归谁。尤里·沙波瓦尔在乌克兰没有发现任何销毁档案的痕迹。①

受到乌克兰研究成果的鼓舞，我开始关注父亲在莫斯科工作的时期。我请弗拉基米尔·帕夫洛维奇·瑙莫夫在这件事情上给我提供帮助，他是布朗大学纪念会上的报告人之一，同时也是亚历山大·雅科夫列夫委员会的秘书，1990 年代中期，他在俄罗斯研究与斯大林迫害活动有关的一切，不管是斯大林之前发生的，还是斯大林之后发生的。鉴于瑙莫夫特有的身份，他能够接触到所有的档案材料，包括办公厅的材料。诚然，问题的复杂性在于瑙莫夫是前苏共中央科学局的工作人员，与尤里·沙波瓦尔和所有的机关工作人员、哪怕是具有民主倾向的人员不同，他们对赫鲁晓夫没有好感。对于我的请求，瑙莫夫很长时间没有回复，只是在我反复提醒之后他才寄来了答复。为避免歪曲他的意思，我将全文援引如下：“请原谅我给您寄材料有些晚了。原因是我想弄清楚莫斯科市委和州党委清理原档案的具体情况。事情是很复杂的。有各种各样的说法。所有这些说法在不同程度上都与尼·赫鲁晓夫有关。但没有人能够对自己的说法提出证明文件。”

把这种官腔翻译出来，就是说，莫斯科的档案材料全都没有丢失。这样的事情不可能不留下痕迹，要销毁文件必须有上锋的指示，需要备案，或者至少要有一封允许他随便处理的信函。否则，全部责任就要由档案馆的主管来承担，没有书面指令他们是不敢这样做的。

---

① 父亲个人档案的详情请看 P. Я. 皮罗格的《共产党（布）中央第一书记尼基塔·赫鲁晓夫的档案：恢复原状的问题》，见《赫鲁晓夫和乌克兰》1995 年基辅版。

这件事情是历史学家尼基塔·彼得罗夫做完成的，他实际上查阅了克格勃所有的档案，研究了成千上万被枪毙者的名单，知道是什么人签字以及签字的种种细节。他认为，“赫鲁晓夫没有进入‘五人领导小组’，所以他和莫洛托夫、卡冈诺维奇、伏罗希洛夫[①]不同，他的签字在斯大林要枪毙的人的名单上没有出现。”因此没有什么可寻找的。“赫鲁晓夫的关键，是他在莫斯科市和莫斯科州批准逮捕人，而1938年以后则是在乌克兰了。但这两个地方的档案因为战争受到了影响。莫斯科市和莫斯科州的克格勃档案，1941年之前的战前公文秘密处理结果根本没有保存下来。疏散时装有文件的平底船遭到轰炸后沉没。”至于乌克兰战前的档案，“1941年基辅被包围后文件有可能不是落入德国人之手，就是转到了斯摩棱斯克档案馆，再不就是丢失了……”[②]

至于国家安全部门的档案清理工作，确有其事。不同时候有些文件经领导批准已经销毁，不是秘密进行，而是按照一切官方程序办理的。例如，1953年贝利亚被捕后，中央主席团委员一致决定，全部烧掉从他个人保险柜里所发现的文件，他们认为这些材料会损害国家所有领导人的声誉。这个情况父亲在自己的回忆录中提到过，而且有文件证明。档案里保存有关于成立委员会研究贝利亚档案材料的文件。委员会成员编制了10页左右的相应记录和其他附带文件，根据这些文件的要求，11口袋的文件统统被付之一炬[③]。

这些口袋里都装了些什么，大家也是知道的：保加利亚共产党人格奥尔吉·季米特洛夫的案件，6册有损中央主席团成员老大哥卡冈诺维奇声誉的卷宗，有苏斯洛夫、别尔乌辛、萨布罗夫、布尔加宁的材料，还有261页关于赫鲁晓夫的“各种来往信件”，对伏罗希洛夫的举报和其他案件的材料[④]。

克格勃的档案材料战后年代也曾清理过。1953年11月21日，克格勃尚未成立，内务部长克鲁格洛夫向马林科夫和赫鲁晓夫报告说，他们那里的档案材料涉及2600万人，保存有60亿宗案件，涉及正在侦办的、有间谍嫌疑

---

① 余下的两个签名，一个是斯大林，另一个是雅戈达、叶若夫或者贝利亚，这要看是谁主管“行刑部门”了。

② 上述材料引自尼基塔·彼得罗夫的《伊万·谢罗夫》，大陆出版社2005年莫斯科版，第162—163页。

③ 俄罗斯联邦总统档案馆第3全宗第24目录第435案卷第60—70页以及德·沃尔科戈诺夫《七领袖》新闻出版社1995年莫斯科版第1卷第260页。

④ 俄罗斯联邦总统档案馆第3全宗第24目录第475案卷第61—70页。

的和形形色色需要查实的各类人员，这位部长请求能允许他销毁所有失去价值的材料①。1956年年初，已经是谢罗夫在向中央报告了，说克格勃有“600万苏联公民”的材料被销毁，消除了他们身上“政治上不能信任的污点”②。

后来谢列平当克格勃主席的时候，认为保留1940年被斯大林下令枪杀在哈尔科夫附近卡廷森林和其他地方的波兰人的个人档案是多此一举。他也请示过中央主席团，只是在获得准许后才销毁了文件，并按照原来的方式备了案。“从中央和地方档案馆中清除了”375000起立案侦查的苏联公民案件，900000起出国人员案件，475000起间谍和情报人员的案件，外加250000名仅在莫斯科市和莫斯科州才有的“情报人员案件”，每10个莫斯科人中就有一个被招募，均建立了相应的文书。于是，数以百万计档案，包括570万件保存在中央档案馆的档案，最后地方上保存的只有区区200万件，而中央总共也只有60万件③。如果将档案往深里挖一挖，还可以发现不少诸如此类的销毁事例，它们往往是一些案情不全甚至有部分丢失的案件。在一个官僚制度的社会里，一切都不会悄无声息地消失。

谢米恰斯内和谢列平都深知从档案中寻是毫无用处，“然而在赫鲁晓夫下台后，他们下达了寻找揭露赫鲁晓夫的文件的任务。”④ 找不到可以抹黑他的证据，他们就决定凭空捏造。

所以，关于赫鲁晓夫直接插手销毁档案材料的“证据”看上去是那样的云山雾罩，任何一个“源头”都抓不到，好像是有那么回事儿，同时又查无实据。例如，克格勃主席谢米恰斯内在自己的回忆录里写了关于档案的事，他说档案材料“揭露赫鲁晓夫参与了迫害活动”，说他“在乌克兰和中央销毁过档案材料”，然而克格勃的档案工作人员给他看的卷宗里却“没有这样的内容”⑤。

哪些卷宗、什么年代、什么样的文本——谢米恰斯内都闭口不谈。而且任何丢失的文本都能够恢复。如果有人想销毁什么，卷宗可以直接复制，然后将原来的正式烧掉。

---

① 联邦安全局中央档案馆第4—OC全宗第11目录第16案卷第102—139页。

② 联邦安全局中央档案馆第5—OC全宗第3目录第37案卷第359页。

③ 尼基塔·彼得罗夫：《伊万·谢罗夫》，大陆出版社2005年莫斯科版，第160—162页。

④ 尼基塔·彼得罗夫：《伊万·谢罗夫》，大陆出版社2005年莫斯科版，第163页。

⑤ 弗·谢米恰斯内：《不安分的心》，瓦格里乌斯出版社2002年莫斯科版，第168页。

克格勃的另一位前主席谢列平同样以其独有的方式“证明”档案被销毁的说法。1988 年 4 月他在跟历史学家德米特里·沃尔科戈诺夫谈话时信誓旦旦地说“对斯大林时期的档案材料的大清洗是谢罗夫将军根据赫鲁晓夫的个人命令进行的。

第一书记向谢罗夫发出指示时我就在场，”谢列平对沃尔科戈诺夫说，接着，他引述了赫鲁晓夫的原话：“应该看看所有不只有斯大林签字的、附有‘被枪毙者’名单的文件……把它们挑出来，然后向我报告。”父亲好像这样指示谢罗夫说。

“赫鲁晓夫显然想把自己从 1930 年代末的迫害活动的直接责任中撇出来，”沃尔科戈诺夫从谢列平的话中是这样认为的，“因为众所周知，对如此可怕的事情做出决定，党和国家的所有最高领导人几乎都参与了。过了两三个月，谢罗夫转交给赫鲁晓夫好几个厚厚的文件夹。”

“现在它们在哪里？”沃尔科戈诺夫很感兴趣。

“我想现在它们已经不存在了。”谢列平平静地回答道①。

因此沃尔科戈诺夫便认为这次谈话就是值得关注的证据吗？

这里有很多问题。如果事情如此微妙，那么父亲为什么在委托谢罗夫办事时，会有证人在场呢？是他再找不出别的时间了吗？如果这次谈话的确存在，那也很可能是谈所谓“反党集团”的成员莫洛托夫、卡冈诺维奇和马林科夫的事，他们是 1957 年 6 月被开除出中央主席团的。在当时召开的中央全会上，赫鲁晓夫和其他发言人谈到许多斯大林杀害人员的名单，那上面有莫洛托夫和卡冈诺维奇的批示。这些批示父亲都看到了，因此有人就得替他找到档案中的这些材料。后来，用谢列平的话说，两个月后，谢罗夫转交给父亲某些文件时，在场的仍然是同一个目击证人。这样的事情景无法想象的。毋庸置疑，谢列平是在暗中利用沃尔科戈诺夫。他没有说谢罗夫转交给赫鲁晓夫的卷宗为何物，里面是什么内容。同样，谢列平也不认为有人将这些卷宗销毁了，他只是“以为……”，挑不了他的毛病，他一切都算得十分精准。

我来谈谈自己的推想吧。那次谈话不是 1957 年的事，也不是同克格勃的主席谢罗夫，而是在 1961 年党的二十二大前夕，同克格勃的主席谢列平谈的。在 1961 年 10 月的党代表大会上，并不是在 1957 年 6 月的中央全会

---

① 德·安·沃尔科戈诺夫：《七领袖》第 1 卷，新闻出版社 1995 年莫斯科版，第 260—261 页。

上，父亲说从档案中找到了要枪毙人的名单上有莫洛托夫等人的批示：“恶有恶报”……有人说莫洛托夫亲手在对被处死的元帅的妻子的判决书上将“流放”一字划掉，写上“极刑”，即最高惩罚——枪毙。在这种情况下，到档案里寻找的已经不是谢罗夫，而是谢列平本人了。他从父亲那里领受了任务，也是他将文件卷宗转交给父亲的。在和沃尔科戈诺夫的谈话中，谢列平把自己换成了谢罗夫，而其余的就留给沃尔科戈诺夫本人去想了。

一些更加难以置信的销毁档案材料的“证据”纷纷公之于世，到处都在传播。例如，克格勃内部监狱的囚犯们“作证”说，有大量文件在卢比扬卡广场大楼的院子里烧掉。囚犯们透过当时通行的带有“防护罩”的监牢铁窗能够看到大火冒起的浓烟，问题是透过防护罩，别说看到浓烟，连小块蓝天都看不见。不消说销毁“大堆材料”也应该放在专门的炉子里，即使没有炉子也应放在锅炉房里焚烧，而不是堆在那里放上一把火，那样也不便检查都烧了些什么，什么随风飘散了。

其他历史学家引述其他“匿名”的证据，说1950年代中期从莫斯科老广场莫斯科市委大楼用几辆大卡车拉出了一些文件材料。什么样的卡车、什么样的文件材料，没有人知道，但据他们说，档案材料就这样销毁了。这个故事是如此的荒唐，根本不值得一驳。怎么不会是单位每天往外运的垃圾呢。不能排除这些文件材料根本就是从一座大楼移送到另一座大楼。但有一些相当认真严肃的人，他们愿意相信，也愿意说这就是“事实”。

“销毁”档案材料，列昂尼德·赫鲁晓夫的“档案”，克格勃的造假者们都把那当成败坏父亲名誉的根据，他们不嫌弃任何“细节”。例如，1965年，根据中央主席团决定父亲退休后现在乘坐的克里姆林宫车库里的“伏尔加牌”轿车，突然换成了臃肿不堪的、有7个座位的黑色“吉姆”“私人牌照”汽车。唯一的一辆“吉姆”轿车，为了“专门为父亲服务”，好不容易从格鲁吉亚一个什么地方找到后弄到了莫斯科。这辆车在莫斯科人的眼里应该被看作是父亲的“非法所得”。司机抱怨说它是上世纪40年代的产品，经常出毛病，找不到配件，这种车早就不生产了。“吉姆”的故事没有产生什么后果，除了我本人，对“私人车牌”没有人留意。

大概就在那时，社会上流传一则关于赫鲁晓夫的“谣言”，说斯大林在自己的别墅里硬要赫鲁晓夫跳乌克兰戈帕克舞。这种民间舞蹈粗犷活泼，而随之而来的“解释”是：斯大林把赫鲁晓夫当成“小丑”，因此他积了一肚子的怨恨，逮着机会便尽量报复，公众接受了。如上所述，在斯大林的别墅里，什么人、怎么跳的、跳了些什么，我认为无需再重复了。

遗憾的是，无论是别墅里的戈帕克舞，还是“小丑角色”，都成了父亲“历史肖像”的一部分，肖像是谢列平—谢米恰斯内一伙经过“艺术加工”画出来的。

1967 年为斯大林恢复名誉的努力失败了，我们西方的共产党人朋友竭力反对，他们说：他们的党经受不了这个。勃列日涅夫不想走回头路。又过了 30 年，斯大林开始复活了。为斯大林恢复“好名声”的，仍是那些前阶段不遗余力地“揭露”赫鲁晓夫的职业党务工作者，他们如今仍然坐在原先的办公室里。好像为此事花了不少钱，而斯大林的确正在回来，而且永远回来了。从结果上看，钱花得很聪明。俄罗斯人已经“原谅了”斯大林杀害数百万无辜同胞的罪行。谁没有过这种事呢？“他毕竟战胜了希特勒，使我们成了一个伟大的国家”，这是新斯大林分子的一个主要理由。

我不想、也不愿意和这些比我强势得多的对手进行争论，而且我写这本关于父亲真相的书的目的，不是要白白花费自己的精力。然而我忍不住地要说：别把斯大林—希特勒、或者希特勒—斯大林扯在一起。

我从头、从 1930 年代讲起。当时斯大林与其说是在反对希特勒，还不如说是在帮助希特勒取得权力。如果 1932——1933 年他没有竭力反对德国共产党人和德国社会民主党人政治上接近的话，他们每个党只需在大众化方面对国家社会党党徒稍稍作点让步，使他们在选举中达成统一战线，那么希特勒的党就不会在国会获得多数席位，希特勒也不会成为总理，20 世纪的历史也可能走的是另外一条道路。什么道路呢？用不着去猜想。我们已经度过了 20 世纪。

如果斯大林 1937 年没有实际上把红军的领导人全都抓起来，那么，希特勒即使夺取了权力，他也未必敢冒险进攻苏联。德国的将领、德国情报部门非常了解红军的强项和弱项，特别是强项。30 年代中期建立的庞大的机动坦克兵团，后来的集团军、空降旅，所有这些措施都是斯大林杀害的将领们所采取的。这一切全都白费了。

在揭露“红色元帅的阴谋”后，他们的种种措施也都成了有害的了，军队恢复了第一次世界大战和国内战争时期的观点。坦克军团直到战争前夕才重建起来，但实际战斗力奋斗战斗中才表现出来。而希特勒实现了我国“人民公敌”的革新，他依靠这些革新，无论是在西部，还是在东部，在二战初期都粉碎了自己的敌人。

如今大家都知道战前红军人员伤亡的正式数字了①。1937—1941 年，斯大林消灭了 42000 名中级和高级指挥人员。想想这个数字吧！三四年时间军队失去了 42000 名指挥人员，为了培养他们花了整整 15 年。红军不仅没有了元帅，斯大林也只让伏罗希洛夫和布尔加宁活了下来，部队的排、连、营、团、旅、师、军、军团实际上处于群龙无首的状态！指挥部中没有懂行的战略家和战术家。而没有他们，指挥部就不成其为指挥部，成办事处了。没有负责通讯联络的首长、负责情报侦察的首长和后勤供应的首长。担任少校和上校的都是些只有两年制军校毕业资格的尉官。一年半时间内，93% 的军官既不会指挥，也不会打仗，也无人可以提拔。例如，1940 年 225 名团长中无人上过军事学院。他们当中 25 人是军校毕业，其余 200 人只听过少尉的课程！70% 的团长担任此职不到一年②。

还有什么可说呢！希特勒尽管搞冒险主义，他却清醒地估计了敌方的战斗能力。他认为，红军已经不可能从斯大林 1937 年的重创中恢复过来。斯大林以他的迫害活动挑唆希特勒发动战争。

当 1941 年初战争迫在眉睫时，斯大林不肯正视事实，让我们大家付出了怎样的代价？他没有采取必要的措施，而是将情报侦察人员召回莫斯科，以免他们的情报刺激他的神经，而且还引以为戒地惩罚了他们。

假如 1941 年 6 月战争爆发前夕斯大林甚至并未下令，而只是允许手下的将军按照军事条例将部队向边境推进，以抗击敌人的进攻，把空军分散设防，做出在这种情况下总是要做的布局，那么德国人也许有可能突破我们的防线，但决不会一举摧毁红军，我们也不会一直撤退到莫斯科和列宁格勒。

假如 1941 年 7 月斯大林听取了自己的将军——西南方面军司令员基尔波诺斯将军和总参谋长朱可夫的意见，他们提醒斯大林，白俄罗斯的希特勒分子必然会从侧翼打击我基辅后方的兵力，他若允许提前将军队调往东部，那么 50 万士兵也不至于当了俘虏。50 万战士——这是一支庞大的力量，一支能够遏制进攻莫斯科的庞大力量。

假如第二年——1942 年春天，斯大林相信本国情报部门的报告——包括战略情报和前线情报，认为德国人的夏季攻势会从哈尔科夫附近开始，直指

---

① В. И. 达希切夫：《希特勒的战略走向毁灭之路·1933—1945》（4 卷集），科学出版社 2005 年莫斯科版。

② А. 克拉克：《“巴巴罗萨”计划第三帝国的毁灭 1941—1945》，中央印刷所 2002 年莫斯科版，第 48 页。

伏尔加河和高加索，而不是像他自己想的那样指向莫斯科的话，他就会集中他手中的后备兵力，那样一来，就可以阻止敌军，既不会发生斯大林格勒大血战，也不会出现为争夺高加索而进行的浴血战斗。但斯大林没有给予抗击敌人进攻所必需的坦克和飞机，而是像 1941 年那样，在侦察汇报材料上批示说：敌人在牵着“天真”将军的鼻子走。

在斯大林迫害中幸免于难的军队指挥官，直到 1942 年末才学会如何打仗。学费奇高：几百万人当了俘虏，还有几百万人牺牲。只好重新组建坦克军，在战斗的过程中解散已成为累赘的骑兵部队。

直到 1943 年库尔斯克战役前夕，斯大林才开始相信自己的情报人员和自己的将军。这场大决战的结果人人皆知，我们胜利了。可是，万一这次斯大林仍然只是凭自己的“感觉”呢？

阅读当代赞颂斯大林的文字，时时处处，每一个页面上都充斥着颠倒黑白的歪曲描写。当然，斯大林分子看着很舒服，没有谎言他们就没法过日子，他们手里既没有论据，也没有事实。很舒服……有什么意思呢？宣传天才戈培尔曾经说过：“为了让群众相信，谎言应该做到骇人听闻”。他知道自己说的是什么。只有一个地方需略加修改：如果人民出于某种内在的原因，他们就愿意相信这一谎言。

什么样的人民，就有什么样的统治者，这是人所共知的道理，我感到非常厌恶，因为我也是本国人民的一分子，但到哪儿去找反对的论据呢？

“裴多菲综合征”

话题结束时，再来说说匈牙利。

1956 年的起义在俄罗斯历史上留下的印记不亚于在匈牙利历史上的印记。当然，不是指起义本身。起义无往而不胜，它推翻“压迫者”，或者失败，被“压迫者”无情地镇压，这种现象在历史上司空见惯。历史对起义的态度是历史的淡漠。

我指的是“裴多菲俱乐部”，它以 19 世纪匈牙利革命诗人的名字命名，最初好像是无害的辩论俱乐部，参加者多是一些具有不同意见的诗人、作家和其他脑力劳动者。一个辩论俱乐部，带有民众不满的情绪，主张不与政府抗争，却迅速变成了一个武装叛乱的司令部。这样的事往往发生在威权社会的转型时期，因为他们那里已经没有了暴君，但是距民主机制还很远。这时最危险的就是自身的不稳定，稍有风吹草动就会墙倒屋塌，毁于一旦，一点火星便能变成燎原之势。这里一切都有赖于改革领导人的艺术：压得太紧了你便不是改革者，而是独裁者；闸门开得过大，权力就会从手中悄悄流失，流向更激进的人手中，不过通常他们都是一些类似“裴多菲俱乐部”那样不负责的人，他们不仅会把你搞得粉身碎骨，连相信你的人也会死无葬身之地。“裴多菲俱乐部”对父亲既是一个教训，也是一次严重警告：一个没有考虑成熟的运动，一种超越历史进程的企图，一旦失控，它会变得不可收拾，造成极大混乱；结果国家不仅没有民主化，干脆连国家也没了。

1956 年苏联领导人中也出现了“裴多菲俱乐部”综合征，而且延续了几十年。尤里·安德罗波夫记得“裴多菲俱乐部”，他在 20 年后取得了权力，1956 年他是驻布达佩斯的苏联大使，用不着别人对他说什么，他知道这一切是如何发生的。可是米哈伊尔·戈尔巴乔夫已经完全忘记了“裴多菲俱乐部”。由此造成了什么后果，我都不想再去回忆了。

要黄油，不要大炮

二十大上朱可夫元帅当选为苏共中央主席团候补委员。事情就是这样凑巧：关键部门，即军事、外交、国家安全的领导人全都进入最高的政治领导机构。

父亲觉得这种做法不单是不正确，而且对国家来说很危险，只需想一想不久前同清除贝利亚有关的问题就明白了。出现了太多的诱惑，而政府部门的利益有时会压过社会的利益。父亲认为将不同的职能分开是相宜的：政治领导人做出决定，相关各部部长去贯彻执行。但要打破这种既定结构谈何容易。父亲也只是在改变国家安全机构领导人方面做到了：让谢罗夫将军接替贝利亚的工作。不仅没有让他进入政治领导层，而且国家安全机构的地位本身也从部级降到部长会议下面的一个委员会，表面上有点像宗教事务委员会。

国防部和外交部的问题，父亲直到 1957 年才搞定，当时，中央主席团作出决议，禁止部长兼任中央主席团委员。上帝管上帝的事，皇帝管皇帝的事。

当时朱可夫正春风得意，信心满满。他向党代表大会报告说，1955 年 8 月通过的裁军 64 万人的决定已经提前完成，军费开支减少了 100 亿卢布。

朱可夫甚至还把数字往下压了一点。在后斯大林时期，即从 1953 年 1 月 1 日到 1956 年 1 月 1 日，苏联军队从 5394038 人裁减到 4277822 人，就是说，裁掉 1116216 名军人①。

“要黄油，不要大炮”这一父亲的生活观具有了实际的轮廓。

父亲和朱可夫并没有原则上的分歧。国防部长同意，如今军队的力量不取决于“刺刀”的数量，而是军队的武器、特别是核武器的质量。朱可夫不仅不反对裁军的人数，而且在某些方面还推动父亲这样做。

1956 年 5 月，中央主席团决定再次裁军，1957 年 5 月前补充复员了 120 万人。苏共中央和苏联部长会议决定解散 63 个军和一部分旅。一些军校关闭，375 艘舰只送去保养。单独裁减的还有在德国的 3 万名军人，包括撤销编制的 3 个航空旅。

军方对裁军啧有烦言，但是父亲别无选择，国家无法也无权供养与经济不相称的军事机器。战争威胁已成往事，可以“化剑为犁”了。

中央决定的最后一段写道：“……要为复员军人提供在工农业方面的就业机会。”

像以往各年一样，复员军人的安置工作并没有引起社会的不安，劳动人手到处都缺，可是住房……当时并没有想到专门给裁减下来的军人拨出住宅，士兵都回到父母身边，可是军官需要安排。市和区的行政部门得到指示：要额外为他们提供住房，但是要从自己已经非常有限的资源储备中解决。地方行政部门对这一指示不是有意拖着不办，但他们那里有的是等待分配住房的人——教师、医生、农艺师。对他们而言，这些人比新来的军官要有用得多，这些军官实际上在新的生活中一无所长。何况他们人数并不太多，他们自己能够找到住处。战后，10 年前，复员军人多出好几倍，没有人表现出对他们特别关心，但是他们全都适应了和平的生活。当时就是这样或者说大致这样认为的，至于实际情况如何，说实话，我并不了解。确切地说，知之甚少。

1958 年 3 月我到弗拉基米尔·尼古拉耶维奇·切洛梅的实验设计局 ОКБ－52 工作后，我们巡航导弹控制系统实验室里有一位退役上尉，他原是航空大队的指挥官，如今在机械组工作。可惜他的名字我忘记了。他是个很

---

① 《俄罗斯军事档案》1993 年第 1 期第 272—274、283—288、305—307 页。这是该杂志唯一问世的第 1 期刊物。

招人喜欢的谦逊的人，能够认真完成小组领导米哈伊尔·鲍里索维奇·科尔涅耶夫交给他的一切任务。交给他的工作比较简单。机械组的工作直接对上司负责。当时切洛梅正在他的悬挂装置强制摆动点的帮助下热衷于摆锤的动力平衡实验。换句话说，如果悬挂有摆锤的叶片在一定的频率和力度下开始振动，那么摆锤由于振动会产生一种后续的力量，在它的作用下，摆锤会悬停运动，哪怕是上下翻转，或者左右摇摆。摆锤的这种动作取决于一个叫“玛蒂埃”这一浪漫名字的平衡系统，其实它和这位著名法国歌手米列伊·玛蒂埃没有任何共同之处。为了证明自己的理论，机械师实际制作出了摆锤。它们很听话地悬挂在后上方的位置，一旦摆动起来，便有节奏地开始摇来摇去，正像摆锤所要求的那样。

那位复员的上尉也参与制作这些摆锤。他对生活无怨无悔，虽然工资比部队低，他住在莫斯科郊区列乌托夫距单位不远的一个小屋。至于正儿八经的住房，对于搞火箭的人来说当时只是一种梦想。莫斯科已经在全力建造5层楼的楼房，但还轮不到实验设计局这样的单位。

1959年春天，我们向海军交出了海军历史上第一枚用以武装潜艇的П－5巡航导弹。它不是像美国的“天狮星”地对地导弹那样从地面发射，而是成桶形集装箱式发射。不谈细节，我只是想说，我们领先美国人10—15年。当时对设计人员予以慷慨奖励，有授予列宁奖金的，有授予勋章和奖章的，而“最珍贵的”奖励，是给我们设计局的无房职工（1959年苏共中央和苏联部长会议秘密决定中就是这样写的）分配了相当简易的住房——有人是一间，有人是一套。我们实验室进入房子分配名单的有三位机械师。那位上尉没有分到房子，他只能等待下一枚火箭发射了。当时他已经完全适应了自己的非军人生活，而且对命运使他脱离军队的事毫无怨言。

自然，从部队复员的军官，他们的命运各不相同，有的运气好一些，有的运气差一些，也有的人完全不走运。

父亲在讲话中不止一次提到过复员少校Я. С. 奇日的例子。他是个很主动热情的人，离开军队后，他回到利沃夫州佐洛切夫斯区的家乡，立刻投身农庄的生产，很快就负责一个养猪场的工作。两年后，作为养猪能手的奇日成了全国的名人，荣膺社会主义劳动英雄称号①。然而在多数复员军官看来，

① 《尼·谢·赫鲁晓夫文集》8卷集，国家政治书籍出版社1962年莫斯科版，第4卷第65—66页。

他并不是什么英雄。作为一名少校，一位老资格军官，整天在猪栏里喂猪跟他很不相称，在他们的概念里这跟军官的荣誉根本就扯不到一起。如果当上个工厂的人事科长或房产处的干事，最起码当上个中学军事课教员，那就是另外一回事了。哪怕职务不怎么显要，但也“无愧于”军官的荣誉。

我在美国遇见的农场主不是少校，而是已经退伍了的少将，其中也有养猪场的场主。他们压根儿就不认为他们的职业有什么不体面的地方。1959年，美国的五星上将（相当于我们的元帅）、美国总统艾森豪威尔骄傲地向父亲展示了他在自己家庭农场里培育出的小牛犊。还有芬兰的外交部长维罗莱年闲暇时很愿意在农场的猪栏里干活。

从“西伯利亚牌”到“萨拉托夫牌”

至1956年年中，国防企业转向民品生产的速度加快了，这是父亲继裁军之后又一项“要黄油，不要大炮”的政策。

以他们的工艺水平与设备，能够生产出那些起初定位生产传统生活消费品的“普通工厂”无法生产的东西。数十年来，这些工厂的处境非常不好：他们拿到的机床，按照参数什么能用的东西都生产不出来，使用这些机器的工程师和工人哪儿都不要。所制造出的产品就可想而知了。

如今一切都变了。生产飞机、坦克、甚至导弹的工厂在寻找“外面”订户方面相互展开了竞赛。列宁格勒的基洛夫工厂从制造坦克改为替垦荒地生产大马力的拖拉机。马力小一点的拖拉机由南方机器制造厂生产，该厂原本是苏联第一个生产导弹的工厂。1956年鄂木斯克飞机制造厂生产出了第一批100台“西伯利亚牌”洗衣机，它们不仅对鄂木斯克人来说是第一批，甚至在俄罗斯也是第一批。当初苏联妇女甚至都想不到可以不用洗衣盆洗衣服。洗衣机从头到尾模仿的都是英国的品牌“Gouvermatic”。与其说洗衣机模仿得非常精到，还不如说最主要的是它可以洗衣服了。同一年，列宁格勒斯维尔德洛夫国防工业厂家生产出了自己的“奥卡”洗衣机。

1956年，制造“米格”喷气式歼击机的高尔基飞机制造厂造出了第一批中学生牌儿童自行车，它们很快成了少年男女们的梦想。继“中学生”之后他们又用流水线生产出了成年人用“卡马”自行车。拉脱维亚人和高尔基厂的人展开了竞争，他们生产出了自己的男式自行车“里加-10”和女式自行车“里加－20”，还很时尚地在自行车上装上了变速装置和后视镜，甚至还有车灯。

家电产品商店里一下子就出现了“莫斯科”和“海鸥”两个牌子的吸尘器。用现在的话说，这也算是换代产品了。莫斯科郊区的普希金诺制造出了地板打蜡机。我提醒一句，当时各家各户铺的都是镶木地板，这就要求用专门的地板清洁剂经常进行保洁。地板蜡是10—15年之后才发明的。当时蘸有清洁剂硬刷子在木地板上溅得腿上脚上到处都是。擦一次地板得弯腰一个多小时，因此地板打蜡机甚至比吸尘器还受人欢迎。

冰箱生产扩大了。苏联第一台冰箱“XT3－120”还是战前1940年哈尔科夫生产坦克的拖拉机制造厂出产的，所以又叫“哈拖厂－120”。诚然，作为系列产品没有搞成。战后，从1949年起，冰箱由“吉斯”厂、即莫斯科斯大林汽车厂生产，这个厂以生产五吨载重量的卡车和运输车而著名。两年后，萨拉托夫飞机制造厂开始生产“萨拉托夫牌”冰箱。1956年，作为对笨重的落地式冰箱“萨拉托夫－2”的补充，开始生产轻便式的“严寒”冰箱。它可以放在桌子上，甚至放在立柜中，这对于住房拥挤、每个平方厘米都很金贵的人家来说是非常重要的。1956年萨拉托夫飞机制造厂生产了10万台冰箱。

小轿车的生产也有所进展。1956年继“胜利牌”之后又出产了乘坐舒适的“伏尔加牌”轿车，当时达到堪称“宇航速度”的每小时130公里。当然，这只是试车时的速度，在通常坎坷不平的道路上时速不能超过40—60公里。高尔基汽车制造厂生产的“伏尔加牌”和莫斯科生产的“莫斯科人牌”，当时是全国整个小轿车占有量的全部，如果不算政府高级豪华的轿车“吉斯”和“吉姆”的话。1956年生产了978000辆，和美国相比这个数字很小，但如果把战后头几年作为起点的话，这已经是非常多了。

1956年苏联的时尚也发生转变，开始走上欧洲的轨道，至少在一部分妇女的衣着方面，讲究起了新的时尚——细腰、丰胸、溜肩、肥臀。

新的时尚也波及到家具上。臃肿的“老奶奶式的”沙发和餐柜已经进入历史。取代它们的是多功能的、往往是成套的组合家具，它们是专为新的、面积虽小但独门独户的住宅设计的。这种家具相对而言价格并不高。对于月工资800卢布的中等收入者来说，一张餐桌300卢布，方桌55卢布，床250卢布（1961年1月1日货币改值后，800卢布变成了80卢布，300卢布变成了30卢布，等等）。

五层住宅楼1956年就不再像以前那样沿街建造了，而是在小区内建起必要的配套设施：可容纳880名学生的标准中学、标准的幼儿园、托儿所、百货商店、综合服务企业、大众食堂、有时是餐厅和电影院。这后几个项目往往马上就能同时为几个小区服务。

当然，所列举的这些东西对于大家来说是不够的，多年来购买小轿车和冰箱都得排长队，但万事开头难啊。"要黄油，不要大炮"的宗旨是有成效的，人人都感到发生了变化。

核动力学

二十大闭幕后，父亲便着手准备1956年4月末决定的对西方头号老资本主义国家英国的首次正式访问。形式上代表团团长是政府主席布尔加宁，父亲只不过是最高苏维埃主席团委员，但伦敦方面非常清楚，实际上他们将和谁打交道。

一个月前的1956年3月14日，派遣马林科夫到伦敦去"垦荒"。过去一年来，他好像已经完全习惯了自己新能源部长的职务，他每周仍然不止一次地到别墅里来找父亲，像邻居那样进行交流，一块散步，然后喝茶聊天。散步时马林科夫津津乐道地谈论对他自己和父亲都是新问题的能源生产的各种情况。父亲聚精会神地听他介绍，不时询问一些细节。给人的印象是，他既没有因丢掉总理职务而惋惜，也没有因失去在克里姆林宫的办公室而感到遗憾，他对父亲的态度丝毫没有改变。

马林科夫是率领一个苏联能源专家代表团去英国的。他非常引人注意，英国人很想摸摸底，探听一下，就像伦敦报纸所写的，这位不久前"在克里姆林宫的权力斗争中输给赫鲁晓夫一个回合的"原苏联政府首脑心里到底想些什么。其实，马林科夫既未与父亲搏斗，也未惨败，他从一开始便采取服从的态度，承认父亲的领导地位，这在西方关于苏联领导人相互关系的说法中很难想象。这次父亲祝福马林科夫访英成功就是要向西方表明，莫斯科已经开始进入了不同的时代，如今下台的国家高级领导人不再送到卢比扬卡①，他们甚至以新的身份到国外走走。

---

① 卢比扬卡系克格勃（苏联国家安全委员会）所在地。此处暗指监狱。

马林科夫的出访非常成功。从一开始，代表团乘坐的大型超现代双涡轮喷气式客机图－104就给这次访问带来一种乐观的气氛。1956年世界上仅有一架喷气式客机，即有4台发动机的英国“彗星”飞机。它当时投入了商业飞行，但是很不成功，一架接一架地发生事故。于是停止飞行。在此背景下，图－104在伦敦机场降落就显得特别引人注意。报纸上登出飞机的各种照片，专家们赞叹飞机发动机强大的功能：两台俄罗斯发动机抵得上4台英国发动机的牵引力。头两三天图－104甚至抢了这次访问本身的风头，但是很快，马林科夫和克里姆林宫发生的政治变化又成为报纸的头版新闻。

马林科夫和代表团成员应邀访问了哈威尔原子能研究中心，参观了正在建设的原子能发电站，和我们前年、即1954年投入运转的奥布宁斯克原子能发电站不同，它是真正用在工业上的。

返回莫斯科的头一天晚上，马林科夫就急着找父亲谈他此次出访的印象。两家人在积雪几乎已经清除的别墅小道上长久地散步，然后共进晚餐。马林科夫说个没完：英国人从领导和普通百姓表现得相当友好，父亲和布尔加宁可望受到热情的接待。实际上马林科夫最重要的任务未必不是在检验一下英国人的情绪：如果他们冲他吹口哨，扔臭鸡蛋，那么对赫鲁晓夫和布尔加宁也很难友好。父亲不排除在这样的转变时期根本用不着去进行访问，何必到那里去自取其辱呢。事情过去了。没有人吹口哨，也没有人扔臭鸡蛋，相反，遇到的是人们的微笑乃至鲜花。

后来谈到了原子能电站。就在去年，所有的人，包括政府和学者，都觉得我们在这方面是走在前面的。马林科夫的介绍使父亲甚感惊讶，而且这种惊讶是令人不快的。此前没有人向他报告过英国人在这方面所取得的成就。就在不久前，1956年1月5日，中型机械制造部部长阿夫拉米·扎韦尼亚金、副部长帕维尔·焦尔诺夫将军、库尔恰托夫院士和核弹头总设计师尤利·鲍里索维奇·哈里顿还就原子武器研究的最新情况，向他们作了报告。父亲对几位的工作表示感谢，开始问一些关于和平利用核能的远景问题。库尔恰托夫就核的综合研究介绍了自己的工作，说在这方面他们甚至走到了前头，甚至英国人，他们在西方世界是这个领域里的先驱，还落后好些年。而有关英国人在原子能发电站方面遥遥领先的情况，库尔恰托夫只字未提。

父亲和库尔恰托夫相识时间不长，是在1953年8月，苏联第一枚氢弹爆炸之后。库尔恰托夫给父亲留下了很好的印象：知识渊博，老成持重，从不食言，经得起检验。

在回答父亲关于和平利用核能的前景问题时，库尔恰托夫提议成立一个类似英国哈威尔那样的国际学术研究中心，邀请社会主义国家的科学家前去参加具有前瞻性的核能研究，当然是非军事的。父亲很欣赏库尔恰托夫的想法，要求他写一个报告。库尔恰托夫说干就干，1956 年 1 月 14 日中央主席团根据他写的建议通过了《关于成立东方核能研究所的决定》，并责成在莫斯科召开一次未来方案可能参加者的会议。3 月 26 日，11 个欧洲和亚洲国家签订了关于成立核能联合研究所的协议。此前库尔恰托夫已经把地点找好：伏尔加河畔杜布纳。那里已经有一个核问题研究所和科学院电物理实验室。1956 年 7 月 12 日，报上发表了苏联政府《关于欧洲在原子能领域进行合作的声明》，宣布成立杜布纳核研究中心。

在 1956 年 1 月 5 日第一次谈话中，父亲请扎韦尼亚金（他们从 1920 年就相互认识，当时扎韦尼亚金在尤佐夫县委当书记，而父亲是他的副手）考虑一下利用原子反应堆获取电力的可能性，最主要的是算算能生产多少千瓦的电。两个月后，学者、原子能专家、动力学家报告说：建设原子能发电站是可行的，但是它发的电比热电厂发的电要贵，更不用说跟水电站发的电相比了。父亲只是部分地同意他们的意见；他认为，我们已经建设并且还在建设生产军用钚的原子能反应堆，它们是用水来进行冷却的，然后，由原子能的热带来的水蒸气，经过冷却塔降温，将尚未变冷的水白白地流入河道。全部过程跟热电厂里发生的情况一样，只不过是热电厂的水蒸气由管道输送，而这里的水则直接排放了。如果让反应堆产生的水蒸气投入工作，那么由此产生的电力就等于是白捡来的。

核专家们很快便报告说，这个办法可行，诚然，由于工艺特点的原因，反应堆产生的蒸汽的压力很低，只有十分之一个大气压，但这已足够通过钚反应堆开始产生电能了。为建设真正的发电站，未来必须设计好专门的、考虑到各方面要求的原子能设施。1956 年 3 月 1 日，父亲向中央主席团提出了关于 1956—1960 年原子能发电站的讨论议题。这不是计划，而是计划的设想，与其说是工业建设的计划设想，还不如说是实验性的建设计划设想。他认为，即使不可能跟水力发电站与火力发电站进行竞争，原子能发电站在有些地区还是能够赢利的，因为那些地区需要的煤需要用火车从很远的地方运来，特别是从深矿开采的煤的价格“很贵”，如顿巴斯的煤。第一个原子能发电站打算建在古比雪夫地区（萨马拉），如今我们知道，这个地方叫巴拉科沃原子能发电站。原子能发电站发展的后续计划还需要进一步敲定，三月份拟定出未来的几个区域：乌拉尔地区、莫斯科地区，经过一些犹豫之后，还有列宁格勒地区①。

这个计划涉及工业原子能发电站的问题，作为实验，要求暂时先安排好管道和用于西伯利亚正在建设中的军用反应堆的发电机，进而解决好“未开放城市”及“开放地区”的电力供应问题。

按照马林科夫的意见，英国人搞原子能发电站不是因为生活好了：“他们没有大河，石油从远处，从中东运来，自己的煤价格昂贵，于是他们才搞原子能发电站。我们的河流绰绰有余，我们开始在开采储备的廉价煤，部分发电站改为用燃料油，也是自己的。”马林科夫的理由听起来是可信的，但是尽管如此，父亲还是要求他把所有问题再仔细考虑得周全一些。经济学家和动力学家论证了自己的结论：在现有的技术条件下，“原子能发电站”的成本比较昂贵。

马林科夫关于原子能发电站的意见令我感到非常好奇，当年，一切和原子能有关的事情都笼罩在神话幻想的光环之中，而且，关于原子能无利可图的结论使我感到非常不安。后来，一连几个月，我一有机会就向父亲打听这方面的计划。对于经济学家的结论，虽然我没有什么根据，但我无论如何都不赞同。原来库尔恰托夫院士也不同意他们的看法。他在和父亲的一次例行见面中坚持认为工作应该继续下去。和我不同，他提出了重要的理由：只有这样搞下去才能够研究出新的工艺，而且随着新的知识的积累，一定会降低“原子能”发电站的生产成本的。

1956 年 8 月 1 日，接着是 8 月 31 日，父亲再次将原子能的问题提到中央主席团会议上讨论。他重申了库尔恰托夫院士的理由。决定在现有五年计划中继续进行四、五个原子能发电站的工作，因为此事 3 月 1 日已经决定了。原子能专家们提出把主要电站从古比雪夫州迁往莫斯科，迁到霍夫里诺，将它“移植”到如今人人都知道叫库尔恰托夫研究所的他们研究中心附近，这一建议被否决。库尔恰托夫和在 8 月几次会议上附议他意见的阿纳托利·彼得罗维奇·亚历山大罗夫表示不同意，他们坚持自己的看法，认为这样工作起来更方便一些，而核反应堆对未来原子能发电站而言，原则上跟他们实验室里正在运转的过程没有任何不同。

---

① 《苏共中央主席团 1954—1964 第 1 卷原始会议记录速记稿》，俄罗斯政治百科全书出版社 2003 年莫斯科版，第 108 页。

道理听起来很有说服力，因此，8 月 31 日中央主席团会议通过了一个折中方案："不写乌格里奇电站，关于莫斯科（霍夫里诺）电站——可以考虑。"① 这时，核工业部的人仍在怀疑。最后，令亚历山德罗夫院士感到极大遗憾的是，霍夫里诺原子能发电站的事就这样未能建立起来，而且工业核电站建设也决定干脆往后推，让学者们再工作一段时间。为了积累经验，只同意建造一座试验性的原子能电站，其工业规模为 42 万千瓦的发电量。在原子能专家和动力学家争论的时候，过了一年，扎维尼亚金和马林科夫经过协调，将一切问题全部解决了。直至 1957 年 6 月 15 日才签署政府决定。

而军用"钚"反应堆参与电力生产后的事情发展得就非常顺利。此事由扎维尼亚金一个人负责，用不着跟马林科夫去进行协调。1957 年新年伊始，托木斯克 -7（谢韦尔斯克）以军用反应堆 И-1 为基础便着手安装军用电力反应堆 ЭИ-1，配上低压蒸汽涡轮的和电力 10 万千瓦发电机。1958 年 9 月 7 日，托木斯克的反应堆开始向地方电力系统输电，同时开始生产钚弹头。这第一件事《真理报》和其他中央各报都作了报道，第二件事曾经作为机密专门向父亲作了汇报，注有"绝密·特要件"标记。第一座原子能发电站试验成功后打算要建立 6 座这样的功率 60 万千瓦的发电站。

后来所有的军用钚反应堆都具有双重使命：发电和制造原子爆炸物。最后一个这样的反应堆是 1965 年 7 月 26 日在托木斯克 -7 启动，而上述的第一个装置，随着苏联解体于 1992 年彻底关闭。

与此同时，纯粹为了电力资源的原子能装置的研究还在紧锣密鼓地进行。这种装置也有两个用途：一是让原子能发电站的涡轮机转起来，再是让核潜艇和破冰船上的涡轮机组转动起来。所有这些工作现在都由亚历山大罗夫院士领导。1962 年夏，第一艘苏联核潜艇"列宁共青团号"潜游到北极的冰下，也是在 1962 年，原子能发电站所生产的电力在经济上已经具有竞争能力了。如今"核电"价格已经不再比"热电"贵了，10 戈比一千瓦，而且原子能发电站不会通过"煤"的二氧化硫污染环境，不会使周围地区受酸雨之害。不仅如此，事情还有相反的一面。核电价钱便宜了，昨天还是"白送"的水电站的电却上涨了。1962 年水电站的电每千瓦已经要付 15 个戈比了。伏尔加河以西的原子能发电站变得越来越有利可图。苏联的欧洲地

① 《苏共中央主席团 1953—1964 第 1 卷原始会议记录速记稿》。俄罗斯政治百科全书出版社 2003 年莫斯科版第 151、165 页。

区到处都在开始建造原子能发电站。

1986 年 4 月 26 日，切尔诺贝利核电站的原子能反应堆发生爆炸，这场灾难使核能的声誉受到怀疑。我认为这大可不必。如果不遵守工作章程，而灾难发生的当夜生产操作人员是无视工作章程的，事故便有可能发生。不仅是在原子能发电站，而且在任何地方，无论是火力发电站，还是水力发电站、交通运输，任何一种生产，都会发生问题。我毫不怀疑，核能源的回落只是暂时性的。从电力生产对周边环境长期影响的后果来看，核电站是没有竞争对手的。人类至今尚未发明比它更“清洁的”工艺技术。

图波列夫院士和库尔恰托夫院士

不过，我们还是回到 1956 年 4 月。鉴于马林科夫生动描述的我国图－104 飞机对英国人所产生的影响和他参观莫斯科哈鲁埃尔原子能中心的印象，父亲决定让原子能专家叶戈尔·瓦西里耶维奇·库尔恰托夫和飞机设计师安德烈·亚历山德罗维奇·图波列夫参加前往伦敦的苏联政府代表团，让他们在那里介绍一下我们的成就，超过英国人。

我已经提到过，父亲和图波列夫是 1930 年代初认识的，后来父亲去了乌克兰，他们便各走各的路了。再次打交道已是斯大林去世之后，当时父亲开始关注国防问题，到图波列夫的设计局去，是想听听院士的团队搞出了什么新鲜玩意儿。

父亲决定乘“奥尔忠尼启则号”现代巡洋舰访问英国，该舰前后左右均有螺旋桨式飞机护航，这种阵势比外国同类最优秀的舰船包括英国的军舰，还要超前。从莫斯科到加里宁格勒乘坐的是火车，巡洋舰在当地停候。旅程需要一整天。父亲与图波列夫和库尔恰托夫坐在政府专用包厢的餐桌旁，他并不急于询问关于用喷气式飞机取代螺旋桨式客机的前景如何。当时许多人对喷气式飞机的经济效益表示怀疑。这种飞机当然飞得很快，但是耗油量要大得多。图波列夫当即从上衣口袋里掏出一张对折的笔记本纸，在上面加加减减，乘乘除除，用数字向父亲介绍说，经过计算，考虑到飞机的速度和乘坐舱位，喷气式飞机在每一位乘客身上的耗费，甚至比通常的螺旋桨式飞机还要节省。父亲仔细看了看这些数字，甚至自己还在脑子里反复掂量，同时嘴唇一直在蠕动。他非常喜欢喷气式图－104 飞机，但他可不愿意乱花钱财，而这里一切凑巧都结合在一起了。父亲感兴趣的是用两个涡轮机飞行的安全系数如何，如果一个发动机停止工作会发生什么情况？他觉得4个涡轮机的飞机还是比较可靠的。图波列夫要他相信不会发生事故，但4个发动机对于客机而言当然更可靠一些。他答应考虑。几年后，有了4个涡轮机的图-110，但民航上用不习惯，所以很快就不生产了。

时间不知不觉过去了，窗外天色渐渐黑了下来。父亲请人送来了柠檬茶。图波列夫这时讲起未来的远景：他眼下正在将一架图-95战略轰炸机改造成为世界上最大、航程最远的客机。它能够中途不停地从莫斯科一直飞到符拉迪沃斯托克。父亲表示非常感兴趣，1954年他和布尔加宁乘坐伊尔-14飞机去北京，几乎花了两天两夜，中间降落了许多次。父亲说，他很乐意试坐一下这种新飞机。坐在父亲身边的布尔加宁赞许地露出了笑容。

谈话直至夜深，第二天上午，我们登上了巡洋舰。代表团成员分别住进了军官舱，父亲被安排在“海军上将”的华美客厅，布尔加宁在舰长室。巡洋舰上的军官们只好随便给安排个地方，他们对这次接待的客人未必会有好印象。

我一直在使用“我们”这一代名词，是想表明我正处在一个很有代表性的团队中。我是动力学院4年级的大学生，从未幻想过要去什么英国。当年去国外的只能是外交官，其他重要官员和要去参加国际会议或国家有其他特殊需要的人出国的机会都不多。可以想象：一天晚上，父亲从克里姆林宫回到家中，问我是否愿意跟他们去伦敦，当时我是多么惊喜与兴奋了。

到底发生了什么事情？吃午饭时（中央主席团委员们通常在一块吃饭，同时讨论各种各样的事情）谈起了访问英国的事。米高扬是他们当中在出国问题上的主要决定人，他1930年代就没有少满世界飞。父亲的其他同事，除了莫洛托夫，都没有出过国。米高扬介绍说，西方国家和我们不同，代表团的头头出访都带着妻子，如果我们也这样办，倒可以减轻一些与头头的联络工作。在座各位都同意米高扬的话，他们知道他在说什么，只有布尔加宁一个人阴沉着脸，眼睛直盯着盘子。很长时间以来，他跟妻子的关系不好，但又下不了决心离婚，那些年是不鼓励离婚的。

米高扬觉察到了布尔加宁的情绪，他明白自己说错话了，转过身对父亲说：“不然，你，尼基塔……”话说到这儿断了，弄得大家有些尴尬，正式的代表团团长是一个人，而非正式的却可以带妻子。

“有另外一种方式，罗斯福出访时都带着儿子。”米高扬很快有了主意。

布尔加宁粗声大气地哼了一声。他的儿子列瓦是个飞行员，嗜酒如命，因此他的候选人资格立刻就没了。这时米高扬想起了我。布尔加宁点了点头，露出了微笑。父亲也没有反对。这样我便进了代表团。

我们出访英国的这趟行程，我在《超级大国的崛起》一书中已经写过，父亲在自己的回忆录中也没有落下。因此我就不再重复了。

我只想说，库尔恰托夫在哈鲁埃尔中心关于热核子综合问题的报告获得了极大的成功。只是他预言很快就会建造起热核发电机的说法没有落实。

如果说访英使父亲和图波列夫这两位老友重逢的话，那么父亲和库尔恰托夫则是他们第一次真正成为名副其实的朋友。

跟库尔恰托夫的交往中，父亲对他越来越抱有好感，不光把他当作学者，而且当作能考虑国家大事的人。

我曾不止一次地说过，看来还要再讲一次，父亲很欣赏富有创造性的人。他从他们身上汲取新的思想，同时他也明白，每一个跟他交谈的人都想为自己的利益着想去利用他。这是很自然的，生活本身就是这样。父亲努力促进新生事物的发展，但他同时也明白，和他交谈的人在“推销”自己想法的同时，也在千方百计地诋毁别人，置竞争对手于死地。竞争对手也是以眼还眼，以牙还牙。父亲处于火力交叉点上，每一方都凭借自己在部委和中央各局的人员的支持，都竭力想把父亲拉到自己这边来。自然，他们都需要符合自己利益的决定。父亲不得不作出决断——而往往是在不确定的情况下，答应每一方都能够得到“一座金山”，不过只是在未来。父亲明白，他自己不可能弄清和评价所有的细节。更何况有时候他需要倾听科学界视野更宽阔的人的全面、公正的建议。父亲知道，绝对公正的人是没有的，但他越来越觉得库尔恰托夫是这方面最合适的人选。父亲观察他已经有好几年了，终于在1960年初建议他不要放下基本工作，同时担负起政府首脑的科学顾问的重任①。库尔恰托夫毫不犹豫地同意了。他是个能顾全国家大局的人，已经多年主持苏联的原子能计划，他和父亲同样明白他们是多么相互需要，而最主要的是，国家、国家领导人和国家的科学是多么需要他们的合作。

父亲在自己的回忆录中写道，不是他，而是库尔恰托夫本人自荐担任“科学顾问”的，父亲支持了他，“他知道我正需要这样一个我绝对信任的

① 1960年1月30日库尔恰托夫院士接受了部长会议主席赫鲁晓夫同志的提议，见莫斯科《史料》杂志及《俄联邦总统档案通报》2003年第4期，第68页。

人。他是理想的人选……”①

至于是谁第一个说出的，已经不那么重要了，重要的是他们相互找到了对方，而且彼此都很高兴。他们说好，等库尔恰托夫度假回来，再次相聚，到那时再讨论细节。度假的时候，1960 年 2 月 7 日，原子电荷的总设计师库尔恰托夫跟尤里·鲍里索维奇·哈里托诺夫在莫斯科郊区疗养院的小道上散步时，库尔恰托夫感到身体不适，随即坐到就近的长椅上，而且就再没有站起来。心脏出了毛病。

这时有人说父亲正在为自己物色科学顾问，全莫斯科都在流传。希望得到这个职位的人不少。其中之一就是库尔恰托夫的同事，太阳能冶金专家、科学院通讯院士瓦西里·谢苗诺维奇·叶梅利亚诺夫，他跟父亲见面时曾提出他想作为候选人。父亲没有回答，晚上在家里说起了所发生的事，抱怨道：“我需要的不是一名简单的顾问，而是库尔恰托夫这样高智商的顾问。可惜叶梅利亚诺夫比库尔恰托夫差远了。”

新的“库尔恰托夫”父亲寻找了很久，而且无果而终。1963 年他终于成立了由不同专业的院士组成的科学委员会，隶属于苏联部长会议，换句话说，是一个集体的“库尔恰托夫”。父亲请米哈伊尔·阿列克谢耶维奇·拉夫连季耶夫院士来担任委员会领导人，他是一位具有库尔恰托夫智商的学者。我还会详细讲到拉夫连季耶夫和科学委员会的。

俄罗斯联邦中央局

二十大结束后，父亲便开始建立自己的党组织机构。2 月 27 日，新选出的中央全会成立了俄联邦中央局——一个由 12 人组成的独立机构，它将研究处理俄罗斯的种种问题，类似于俄罗斯中央委员会。父亲是中央局的主席，副主席是一位西伯利亚人，不久前的阿尔泰边疆区书记尼古拉·伊里奇·别利亚耶夫。我几乎不记得他了。他在自己的岗位只待了一年，然后去担任哈萨克斯坦中央第一书记，从那里降职去了斯塔夫罗波尔，后来不知又去了什么地方，57 岁时让他退休了。俄罗斯中央局建立前曾有过很长时间充

① 《赫鲁晓夫回忆录（全译本）》，社会科学文献出版社 2006 年北京版，第 2 卷第 1436—1437 页。

满血腥味的相互倾轧。俄罗斯人已经很想跟其他各加盟共和国平起平坐了，它不仅有自己的最高苏维埃和自己的政府，而且还有自己的中央机构。说战后俄罗斯需要有自己单独的俄罗斯中央，这话是中央书记安德烈·亚历山德罗维奇·日丹诺夫首先提出来的。当时他春风得意，很受斯大林的赏识，被看作是他的继承人。有一次，日丹诺夫甚至和父亲谈起了这个话题，当时父亲还在乌克兰工作，同俄罗斯及其问题甚至连间接关系都没有。父亲记得，他只是和日丹诺夫偶然相遇，但日丹诺夫却莫名其妙地向他敞开了心扉："各加盟共和国都有自己的中央……可是俄联邦实际上却没有通往自己各州直接的出路，闭门造车，自行其事……我想，"日丹诺夫说，"俄联邦应该成立一个联邦局。"①

日丹诺夫想干什么，我不想评说。一位国家的二号人物未必会需要父亲的协助，虽然并不排除他希望拉拢他这个仅次于俄罗斯的最大加盟共和国的领导人站到自己一边组成自己团队的可能。也许他只是想一吐为快。

"我认为这是有好处的，"父亲表示同意，但同时又把话说了回来，"虽然列宁在世时也没有建立单独的俄联邦中央。当时这样做也是对的，因为如果俄联邦有一个选举产生的中央机构，那就有可能会出现和全苏中央相抗衡的问题。俄联邦在人口数量、工业、农业方面太强大了。况且莫斯科会有两个中央委员会……列宁就没有这样做……看来他是不想造成双中心，竭力想要政治领导一体化。所以，对于（独立自主的）俄联邦来说是不需要中央委员会的，最好是设立一个局（隶属苏共中央）。"②

日丹诺夫没有深入讲这个问题，他说他准备去度假，等回来后再跟父亲详谈。日丹诺夫度假一去未归。1948 年 8 月 31 日去世。

莫斯科再出现一个中央委员会的想法把斯大林吓了一跳。国内体现权力的机构不是最高苏维埃和政府，而是中央委员会，至于两个政权并存，哪怕是虚构的，斯大林也绝不容许。

正是由于担心出现两个政权并存，害怕俄罗斯潜移默化地独立出去，1949 年初才搞出了个所谓"列宁格勒案件"的阴谋，结果逮捕和处死了斯大林宠爱的日丹诺夫的继承人和新的潜在的继任者——国家银行行长尼古拉·沃兹涅先斯基和中央书记阿列克谢·库兹涅佐夫，以及和他们一起的其

① 《赫鲁晓夫回忆录（全译本）》，社会科学文献出版社 2006 年北京版，第 2 卷第 954 页。

② 《赫鲁晓夫回忆录（全译本）》，社会科学文献出版社 2006 年北京版，第 2 卷第 954 页。

余数千名“阴谋分子”。当时马林科夫和贝利亚认为日丹诺夫在清除政治竞争对手中死得正是时候，他们指控“列宁格勒人”和“俄罗斯民族主义”在搞分离主义。“分离主义”，这是一个多民族国家所能够想出来的最可怕的罪名，就在莫斯科的旁边，且不是别的什么人，而是自己人，俄罗斯人。向斯大林报告后，机器便转动起来。如今，俄联邦中央局依然建立起来了，然而是在严厉的监督之下，按照规定，为首的必须是苏联中央的领导人。中央局的权力只能处理俄罗斯一些循规蹈矩的事务，仅此而已。

李森科院士

1956年4月10日，我在《真理报》第二版右上角的新闻栏看到两条短讯。第一条说苏联最高苏维埃主席团免去苏联部长会议副主席帕维尔·巴甫洛维奇·洛巴诺夫的职务，另有任用，同时任命弗拉基米尔·弗拉基米罗维奇·马茨凯维奇接替他的职务。这位副主席曾分管农业方面的事务。紧接着下面是另一条消息。现引录如下：“苏联部长会议应特罗菲姆·杰尼索维奇·李森科同志①的请求，免去他列宁苏联农业科学院院长的职务。列宁苏联农业科学院院长由帕维尔·帕夫洛维奇·洛巴诺夫同志担任。”

完了。一字未提另有任用。在1950年代，这样的措词就是完全解除职务的意思。

此类消息没有放在通常的右下角，而是放在最末一版，这意味着赋予这条消息以特定的意义。

1950年代中期我所知道的李森科和遗传学问题，都是中学老师教的，当时一般书里都是说：李森科戳穿了唯心主义的魏斯曼学派和摩尔根学派的资产阶级伪学者的假面目，他们不去解决我国农业最重要的问题，却在“驱赶”什么果蝇。应该说，当时在父亲和我的心目中，“唯心主义与资产阶级”和“遗传学”这个名词是捆在一起的。对于我而言前者就是骂人话。现在我们走的是正确的、米丘林的道路。我还回想起导致严重减产的李森科

① 特·杰·李森科（1898—1976），农学家、生物学家、苏联科学院院士（1939）、生物进化论者，否定遗传学并与之进行斗争，他倡导对土豆和其他作物进行春化处理，从1935年起得到了斯大林的完全支持。1941、1943、1949年分别获得苏联国家奖金，1945年获得苏联社会主义劳动英雄称号，1950年代受到赫鲁晓夫的器重。

土豆春化处理法，我是在一本关于学校少先队育种小组的少儿读物上读到的。我记得当年都在说李森科是米丘林学说的伟大继承者，他仿佛就是生物学中的斯大林。斯大林去世后，没有任何变化，报纸仍然在各种农业问题上大肆介绍李森科的观点：《论土壤营养和农作物产量的提高》和《论混合使用过磷酸钙肥和粪肥，提高秋播小麦产量》等等，不一而足。可是转眼之间，李森科轰然倒台了！这条新闻犹如晴天霹雳。简直就是微型的二十大。父亲一回到家我便上前去问。谈话的细节当然我不记得了，但他的话的大概意思是：李森科和一些不好的事情有牵连（“惩治”一词还不通用），而生物学家们怎么都无法达成共识。要是他们的科学院由一个不属于任何营垒的人来领导就好了。李森科暂时还在自己的研究所工作，看看他能够做些什么。

大概马茨凯维奇所作的代表团访美总结报告在李森科的倒台中起了一定的作用，他谈到一定会出现农业奇迹的植物杂交种子，特别是玉米。哈斯特去年在雅尔塔和父亲见面时也强调了杂交玉米。

李森科派惶惶不安。因为杂交玉米的成功成了有利于他们对手的论据之一。他们决定小心谨慎地对父亲来个试探。

“理论上的争论先放下不说，”父亲回答道，“在美国，杂交种子有了好的收成。这对我们也有好处；至于理论，让科学家们去讨论好了。”

李森科就这样输了第一个回合。如今是一次新的失败，一次更大的失败。李森科退居到了次要地位，但他并没有投降。他在等待时机，还想夺回失去的阵地，在中央和农业部物色拥护者。他为人诡诈虚伪，能够算计。例如他推荐父亲的助手舍甫琴柯当农业科学院的通讯院士，出版他的书籍。我不相信会有什么贿赂，舍甫琴柯不是那样的人，何况没有李森科他也能很容易地出自己的书。但他受到李森科某种很有吸引力的影响，这也是不争的事实。

舍甫琴柯对父亲忠心耿耿，忠于哺育他的大地母亲，同时也是“李森科学说”的主要推手之一，是父亲身边李森科信得过的人。

舍甫琴柯自己是农艺学家，他相信李森科是正确的；至于遗传学嘛，我简直不知道舍甫琴柯了解多少。

除舍甫琴柯外，李森科还“非常相信”瓦西里·伊万诺维奇·波利亚科夫——当时《真理报》的农业部主任，后来的中央书记。他们全力维护“我们的李森科”，一有机会就在父亲耳边吹风，说有人给李森科气受，妨碍他工作等等。我不止一次地想：这到底是怎么回事？

李森科并不是一个头脑简单、只有一种想法的人。他是一位“天生的”农艺学家，对土地具有真情实感，而且关爱有加。他在农艺上推荐的东西暂时还未超出“过磷酸钙与粪肥相混合”或春化处理的范围，而且农民很愿意照着他的说法做。另外一方面，他在坚持争取禁止原子能爆炸及其他一切爆炸，因为按照他的看法，一切有生命的大自然会和放射性成为格格不入的东西。他相信，“土地是有生命的，爆炸会使它失去生的能力，永远处于恐惧之中，一切有生命的东西都会死去。”①

假如李森科仅仅是个农艺师……但是他不光是一位农艺师，他“痴迷”自己的使命，相信自己绝对正确，他在驱除栖身于其智力无法企及的遗传学中的魔鬼，他在维护无法认识的、甚至可以说是生命和大自然的神圣本质，以免其受到“异教徒”的伤害。他还是宗教裁判所的法官，以宗教裁判所的方式对“离经叛道”的真正遗传学家怀有刻骨的仇恨，用宗教裁判所的残酷手段迫害他们。他甚至表面上流露出清心寡欲者那种热切的眼神。李森科自己表现得就像生物学界的圣女贞德一样。

从1956年夏天起，李森科就竭力收回自己失去的阵地，收复失地，他才能在苏联生物学界继续“将魔鬼驱逐出去”。李森科很了解父亲，知道骗不了他，父亲只相信看得见摸得着的东西。这时发生了一件令人欣慰的事。

列宁格勒州苏维埃主席尼古拉·伊万诺维奇·斯米尔诺夫好像在1957年，确切时间我不记得了，从奥地利访问回来。不久《真理报》就发表一篇他署名的文章，介绍他在国外看到的“奇迹”。他本人对土壤颇有研究，因而特别注意奥地利农业方面搞的新东西，具体地说，他提到奥地利人不是将蔬菜秧苗光溜溜的根栽进土壤，而是让秧苗的根部带一些拌有腐殖质和泥炭的泥土。过程很容易进行机械化操作，劳动生产率提高了，最主要的是秧苗不生病了，收成上去了。

父亲认真看了斯米尔诺夫的文章，很感兴趣，他往列宁格勒给作者打电话，问了他一些细节，最后请他给中央写一个报告。根据报告，中央作出了专门的决定，父亲以他特有的热情，开始宣传国外的这一发明。当大伙儿正加紧干的时候，舍甫琴柯找父亲来了。那是个休息日，在别墅里，父亲时常

---

① 《苏联科学院主席团会议记录》1959年1月20日，《俄罗斯科学院档案》第2全宗第3目录第229案卷，第149、151—160页。

请他来看自己新栽培的作物。在露天讨论别的问题的时候，客人好像不经意间抱怨把我们的特里菲姆·杰尼索维奇[①]完全给忘了。魏斯曼学派和摩尔根学派把他弄得抬不起头来。他们自己提不出任何建议，却把满腔的怒火发泄到一位为农业实践做出如此重大贡献的真正学者的身上。本国的人看不见，也不想看见，只承认外国的东西。前不久，李森科去找他，跟他讲了许多有意思的事情。他有一些很好的建议，既有提高收成的，也有提高产奶量的。一个最新的例子是腐殖土栽培土豆，斯米尔诺夫顺手拿过来，如今在大加吹捧。李森科呢，几年前就建议要实地推广这样的蔬菜栽培技术了，方法完全一样。人们只是在笑话他。同样的想法，从国外来的，大家就捧在手上。我们看不起自己的学者。大家紧跟在资产阶级科学的后面，从事一些鸡毛蒜皮的研究，至于如何提高收成，养活老百姓，他们从来不操心。

客人从皮包里取出李森科文章的清样递给了父亲。的确是谈腐殖土栽培土豆问题的，从照片上看，和奥地利的做法一模一样。父亲对有人说什么崇洋媚外的话很不以为然，但他表示必须支持苏联的科学家，指示对李森科要提供一切条件，让他进行创造性活动，让他免受不公正攻击的困扰。

“争论尽可争论，”父亲最后说，“但工作条件应该人人平等，一视同仁。”

从那天起，李森科又重整旗鼓，东山再起。他不断向中央写信，承诺提高小麦的收成，提高牛奶的含脂量，这一切都能很快做到，而且投入相对不高。舍甫琴柯原原本本地向父亲作了报告。李森科又成了会议上的权威发言人。如果李森科许诺的内容哪怕有一丁点得到证实，马上就有人争先恐后地向父亲报告；如果没有，那就最好别打扰赫鲁晓夫。

下一件令李森科派高兴的事是说来就来。事情看上去很小，但它生动地表明，任何小事情，只要准备得当并能巧妙出场，都能产生很好的心理效应。

李森科院士和齐钦院士争论起来：谁的小麦更高产。

齐钦是莫斯科苏联农业展览馆的馆长，他善于钻营的本领比李森科毫不逊色，但他没有李森科沉得住气，当时他在提倡一种多蘖的小麦，说在它的帮助下收成能够成倍地增加。这种小麦之所以叫多蘖小麦，是因为它每棵都不止长一株种苗，而是长出许多，很像“多蘖的”灌木。因此，齐钦认为，

---

① 指李森科。——译者注

大田里播种同样数量的麦种，麦穗的数目可就变多了，因而收成便提高了。有道理，尽管也不那么显而易见。李森科不同意他的意见，说每株植物都需要一定的空间，一株小麦枝叶需要的空间会小一些，要是一束小麦长在一起，需要的空间就得大几倍。结果情况就不一样了。

我不止一次地提到过父亲对育种工作的兴趣。他认识大部分的育种专家——小麦、向日葵、土豆新品种的培育者。他也听说过多蘖小麦的事，而且跟齐钦交流也不止一次两次了。两位院士通过舍甫琴柯，请求父亲评判他们的是非。这里不单是学术上孰前孰后的问题，胜出者就有权在集体农庄和国营农场播种自己的种子。如果成功了，大家都好：对国家好，对发明者也好。一旦选择的种子有误，那就有颗粒无收的风险，由此会引出种种后果。

父亲在休息日将两位院士请到别墅。他们在花园小径上长时间地漫步，然后坐在凉亭里谈呀，谈呀。每个人都引经据典，为自己的立场辩护。父亲还是弄不清楚到底谁对谁错。这时他想出一招，建议进行一场竞赛。离父亲郊外官邸不远处（当时我们住在奥加廖沃，在伊利因斯科耶－乌索沃乡下）的莫斯科河对面有一大片麦田。父亲跟集体农庄主席说好，让他负责给两位争论者各安排一个季节的时间。每人各种植一半，农业技术管理，该怎么做就怎么做，收成最后会表明谁对谁错。就这么定了。翻耕土地，施上肥，播了种。

休息日我们一起乘船，父亲划桨。从乌索沃到伊利因斯科耶要划 40 分钟时间。我们到达后从左边上岸。像往常一样，李森科和齐钦在田里等着我们。不远处的山坡上是莫斯科市委的伊利因斯科耶休养所，前面提到过。“莫斯科人”当然认为自己有义务支持父亲。一句话，视察试验田之行招引来了许多人。

起初，从各方面看，胜出者是齐钦；他那一半土地上生长的作物更茁壮，更油绿。父亲有意逗李森科说：“齐钦的麦子长得要好一些。”李森科一声不响地在作物之间走来走去，先是在自己那一半田里，然后又到竞争对手的田里。他嘴里小声在嘟哝着什么，没有理会父亲的挑逗。当麦子长起来开始吐穗时，他趁父亲例行“检查”试验田的时候，拔起几把齐钦的麦子，对着根部和麦茎看了很久之后说，自己这一边麦田肯定能像他许诺的那样有所收获，而齐钦那边的麦田什么收成都不会有，作物施肥过多，小麦只顾疯长了，不会结籽的。他的预言秋天就证实了。于是李森科在父亲心目中的威信增高了，对魏斯曼派唯心主义学者施压的抱怨声马上也提高了。父亲身边关注农业的政治家坚持强调李森科的成功和资产阶级伪科学的无用。父亲并非无动于衷，他在维护“真正的科学家”。

应该说，在父亲越来越相信李森科的时候，我却恰恰相反，越来越怀疑。詹姆斯·沃森和弗朗西斯·克里克刚刚发现脱氧核糖核酸中的螺旋线，有人在既非生物也非农业的科普杂志上发表文章，阐述了遗传理论的基本原理。基因－染色体逐渐从抽象变为某种可感知、可触摸的东西了。最后，科学家在电子显微镜下甚至能够看到它们。在这之后还怎么否定基因的存在呢？作为一种理论，可以认为它是唯心主义的，但如果它根据的是纯物质的客体呢？

我有好几次想跟父亲谈谈这个话题。但当时他完全相信李森科，对于我从文章中看出来的意见根本听不进去。而且不光是我的意见，库尔恰托夫院士、拉夫连季耶夫院士、谢苗诺夫院士也在试图说服他。全都没用。“农业专家们”团结一致地支持李森科。父亲认为，反对他的人都是些数学家、物理学家、化学家，他们对农业一窍不通。

过了一段时间，我看到生物学家若列斯·梅德韦杰夫的一本书，它描写了李森科的成长和生物科学死亡的整个历史（如今已是众人皆知）。打印出来的那一份至今还放在我的书房的书架上。我读过后头发都竖起来了。我决心无论如何一定要擦亮父亲的眼睛，让他了解真相，免得遭人耻笑。我花了很长时间查找证据。寻找无可辩驳的理由，等待合适的时机。有好几次都开始谈了，我用一句看似无可争辩的话说：“你何必往里掺和？让学者们自己去研究好了，何况已经取得的结果证明遗传实体是存在的，都有人看见了。”

但毫无结果。父亲阴沉着脸，生气地顶了我一句：“你是个工程师，这方面你一窍不通。人家说动了你，你就像鹦鹉学舌一样，重复别人的话。专家是有学问的人，往往说反话。”

他的论据有自己的道理。各种各样的人时不时地托我将他们的投诉和请求转交给父亲。这次没有任何人求我做什么。除父亲外，我跟生物学家实际上没有任何交流，因此我感到格外委屈。我不理解父亲。他一贯支持竞赛的精神。火箭专家、飞机设计师、装配式预制板研制者争斗起来是你死我活的事，但在父亲的眼里，他们正确与否只能看最终的结果。

为了公正起见，父亲不顾李森科的反对，于1962年签署了政府关于在莫斯科郊区的普希诺成立科学院生物科学中心的决议。那里的人员完全不是李森科学派的人，所从事的生物学研究和世界其他地方一样。但是第二年李森科就开始进行报复了。1963 年 1 月他在中央的朋友提出一个学者们称之为七拼八凑的部长会议的决议：《关于生物科学的状况》。父亲在决议上也签字了。决议最后宣布全国都要支持李森科。对他进行批评再次成为毫无意义和充满风险的事情。

父亲如今的立场异常坚定。在他看来非同寻常、借自斯大林词汇库的给遗传学加上的唯心主义、向我们兜售的资产阶级的意识形态的罪名，都是无可辩驳的论据。

我继续坚持自己的意见，更多的时候是一个人，有时和学生物的妹妹拉达①一起，试图让父亲了解真相。最后一次冲突发生在 1964 年夏天。这事我记得很清楚。那是个天气温和的傍晚。我们坐在戈尔基 9 号别墅的凉亭里，面前是莫斯科河。父亲坐在小桌旁，打开公文袋，阅读下午送来的文件。他显得很疲劳。拉达、我和阿朱别伊围坐在一旁（每个人都有自己的事），大家这样坐在一起是常事。突然，父亲放下他面前的公文袋，没有特别冲着谁，说了一句有关李森科的成绩和反科学的魏斯曼－摩尔根唯心主义分子的阴谋诡计的话。我们不明白他说这话是什么意思，但又不能不作回应。先是拉达，接着是我，开始再一次说明遗传学跟其他学科一样，其中没有任何唯心主义的东西。李森科所谓基因谁也没有见过的证据纯属一派胡言。原子也是谁也没有看见过，可原子弹是存在的。这个道理我认为是无可辩驳的。阿朱别伊偶尔插上一句话。

我们的论据不知为什么使父亲勃然大怒。也许是因为他实际上无法反驳我们，但又不肯同意我们的意见。虽然他在家里从不大声嚷嚷，眼下却发火了，他提高嗓门，一再重复自己的老一套说法：说我们被坏人利用了，说我们不了解情况，替别人说话。最后，父亲终于按捺不住自己，声称他不准许在自己家里替别人的想法说话，如果我们再顽固坚持下去，那就不准让他再看见。总之一句话，发生了冲突。本来看完公文是要去散步的，现在大家弄得又生气，又激动，于是便各自回家了。

到底发生了什么事情？原来下班前一些“农业专家”来找父亲。他们照例带来一大堆意见，抱怨“唯心主义者”不让“真正的学者”、特别是李森

---

① 拉达·阿朱别伊是我的妹妹，她是学生物的，是科普刊物《科学与生活》的副主编，她的丈夫阿朱别伊是位新闻记者。

科院士生活和工作。他们没忘记提到我们，说拉达和我在替那些人说话，当然这不是出于恶意，是考虑不周……已经疲劳不堪的父亲默默地听取了他们的意见，心情不佳地回到家中。整个晚上他心里都装着这件事，越想越生气，终于在我们身上发作了。早上，没有人再提昨天的争吵。父亲看来对昨天自己的失态有些不好意思，但是李森科的目的达到了。很长一段时间，我们想跟父亲谈论遗传学的任何愿望都封死了，而 1964 年 10 月后父亲一退休，争论也就失去了实际意义。

父亲退休后我再来同他谈起过李森科的事，我不想再给他添堵。有时候客人们向他提起过这个不宜提的问题，这时父亲的确已经不那么发火了，已经不再大骂“魏斯曼－摩尔根分子”了，他维护李森科，只是把他作为为我国农业做出过许多贡献的实干家而已。

李森科的故事，是父亲生涯中一段不愉快的插曲，是在许多成就和胜利背景下的一个错误。我们所有的人都难免会犯错误。遗憾的是，几十年过去了，胜利失去了光泽，成就也淡忘了，可是关于李森科，人们都还记得。这一点我感到非常难受，但是无可奈何。

要闻日志

1956 年新的变化接踵而至：废除了旧的决定，恢复了仿佛已永远遗忘却的名字，还通过一些昨天无法想象的决定。从剥夺贝利亚的权力并逮捕他开始，这两年来，克格勃新主席谢罗夫将军明显给自己的部门来了个大换班，16000 多人从“机构”中解聘，取代他们的是新的、没有昔日包袱的人。

1 月 10 日，乔治·格什温[①]的歌剧《波吉和贝丝》由美国艾维里·曼剧团在莫斯科上演。仅仅在三年前，1953 年 1 月 10 日，没有人能够想象可以上演这样的节目。如今他们在莫斯科“发现了我们”，而我们也发现了他们。

1956 年 1 月 18 日，1940 年被关闭的列宁格勒清真寺开始了礼拜活动。

1956 年 1 月 26 日，赫尔辛基附近的波尔卡拉·乌德苏联军事基地不复存在。

① 乔治·格什温（1898—1937），美国作曲家。

2月2日，授予鞑靼诗人穆萨·嘉里尔[①]苏联英雄称号。战争期间他被德国人俘虏，死于柏林莫阿比监狱。战后有人发现一个笔记本上有他在狱中写的诗歌，而且送到卢比扬卡档案馆，按照斯大林的法律，嘉里尔算是叛徒。现在他的诗歌已经发表，穆萨·嘉里尔成了英雄。

2月9日，莫斯科圆柱大厅举行纪念费多尔·米哈伊洛维奇·陀思妥耶夫斯基75周年忌辰晚会，《消息报》发表了纪念文章。文章称陀思妥耶夫斯基为“伟大的俄国作家”。我上中学时把他当成反动分子，他的小说不能印刷，甚至中学教科书中都不提，章节目录中只笼统地在介绍不太有名的作家时用小号字排印，意为非必修部分。2月10日，陀思妥耶夫斯基的故居博物馆开馆。关于陀思妥耶夫斯基的“回归”，全莫斯科都在议论纷纷。

1956年3月7日，《真理报》发表了意大利共产党领袖陶里亚蒂的“修正主义”长篇文章《论经议会道路过渡到社会主义的可能性》。继父亲之后，他为在现代条件下政权更迭的纯革命战略作了结论。

3月8日妇女节这天，宣布周六工作日从8个小时缩短为6个小时。同时从1957年起准备过渡到7小时工作制，然后，从1958年起转为每周5日工作制。父亲是这样计划的[②]，但是国家计委和国家劳委会表示反对。他们认为缩短工作时间会危害五年计划。在各种调查报告和其他理由的压力下，父亲妥协了，新举措不得不推迟。结果，每天7小时工作制不是在1956年而是在1960年才定下来，而每周5日工作制干脆拖到父亲退休之后了。1956年他只是很不容易地落实了16岁到18岁的青少年是6小时工作的规定，那是1940年被斯大林“偷去的”[③]。

3月26日，最高苏维埃主席团下达将产假从77天延长至112天的命令。

1956年3月，苏联作家协会的文学政治刊物《我们的同时代人》第1期问世。

1956年3月28日，中央主席团再一次讨论关于建设一座460层的摩天大楼，楼顶竖立一尊巨型列宁纪念碑该怎么办的问题。这座大楼是1922年

---

① 穆萨·嘉里尔（1906—1944），鞑靼诗人苏联英雄（1956年追认），著有歌剧《阿尔滕恰奇》《金发姑娘》和《伊利达尔》（1941）。1942年受伤被俘，在法西斯的监狱中被处死。他的组诗《莫阿比特狱中诗抄》1957年获列宁奖金。

② 《苏共中央主席团1953—1956第1卷原始会议记录速记稿》，俄罗斯政治百科全书出版社2003年莫斯科版第84页。

③ 《苏共中央主席团1953—1956第1卷原始会议记录速记稿》，俄罗斯政治百科全书出版社2003年莫斯科版第84页。

首次苏维埃代表大会决定修建的。10 年后，著名建筑师鲍里斯·米哈伊洛维奇·约凡，克里姆林宫对面政府大厦“滨河街公寓”的设计者完成了苏维埃宫的设计方案，提议将它“安置”在建筑师康斯坦丁·安德烈耶维奇·托恩 1837—1883 年建筑的救世主耶稣的“平庸大教堂”的地点。斯大林很喜欢约凡的设计思想。1931 年大教堂拆掉，挖了基坑，打了地基，这时战争爆发，工程停了下来。1956 年新政权要决定对灌满了莫斯科河水的基坑该如何处理？对于在莫斯科要建摩天大楼的事，父亲持绝对反对的态度，建设费用太高，土地面积我们目前有的是。但是拒绝建设他也做不到，因为要为列宁建立纪念碑，这是列宁的苏维埃代表大会已经决定了的事。所以他才把这个问题“拖了”这么多年。他提议把列宁的纪念碑和苏维埃宫分开来建，宣布进行新的竞标。伏罗希洛夫不同意，呼吁“不要放弃约凡同志的设计方案”。大家商定将来再讨论这个问题①。

1956 年 12 月 28 日解决了问题，苏联部长会议决定将约凡的方案存档，苏维埃宫和列宁纪念碑宣布分别竞标。纪念碑建在大学的对面，在莫斯科河的上方，那里后来修建了一个滑雪跳台；苏维埃宫决定建立在大学后面 3 公里远的名人墓地旁。

随着时间的推移，列宁纪念碑离开了名人墓地和苏维埃宫，迁移到列宁大街和花园环路交叉口广场，而灌满了水的基坑被改建为“莫斯科浴场”。父亲因为费这么大的力量把苏维埃宫的坚实地基“封闭”在地下深感遗憾，他决定将它这样封存起来，以后有机会时再说。当时他说：“让后代人自己决定在此地基上将建立什么。”他们决定了。如今这个地方矗立着建筑师托恩的“平庸方案”的复制品。我不知道别人感觉怎么样，但我很喜欢他的建筑设计。

4 月，达维德·布尔柳克从美国来到莫斯科，革命前他是著名的未来派诗人，爱惹是生非，主张艺术有自我表现的自由，总之，是一名斗士。1920 年他离开故乡敖德萨去了西方。长住美国。他的到来远非人人都高兴。中央认为“雕塑家武切季奇同志担心布尔柳克会对我们的青年创作人员产生不良影响的意见是站不住脚的，”因而便将他的信存档了。②

---

① 《苏共中央主席团 1953—1956 第 1 卷原始会议记录速记稿》，俄罗斯政治百科全书出版社 2003 年莫斯科版，第 116 页。

② 《文化与权力·从斯大林到戈尔巴乔夫·苏共中央机关与文化·1953—1957》文献资料，俄罗斯政治百科全书出版社 2001 年莫斯科版，第 492、501 页。

4月26日，取消了斯大林关于误工要关4个月监禁和无正当理由旷工要关6月监禁的法律。同时还取消了1940年10月19日的“工业农奴制”，此法使各部委有权将工作人员从一个企业往另一个企业随意调配，将他们调往其他城市，不提供住房，也不管你同意与否，而且禁止“奴隶”自行辞职。曾有过这样的情况。

4月29日，彻底取消了1934年基洛夫被刺后采取的、而且1953年8月“被冻结了的”斯大林法令：《关于惩办预谋或实施暗杀行为案件的程序》等决议，这些决议将专门的庭审法官、臭名昭著的“三驾马车”等斯大林无法无天的基础合法化。如今要审判一个人，需要走法律手续，虽然很不完善，但是有个诉讼程序。

5月1日，全国可以在电视上观看莫斯科红场举行的军事检阅和群众游行活动了。

5月9日是胜利日，报上公布了供大家讨论的退休金法草案，规定工资350卢布以下者为100%，然后递减。收入1000卢布和1000卢布以上者，退休金只发50%，但不得超过1200卢布。工龄连续15年以上者，再增加10%(1961年2月货币改革后相当于每月30和120卢布)。该草案经1956年7月最高苏维埃会议批准后生效。

纪念活动泛滥成灾

5月10日，苏共中央和苏联部长会议通过了《关于规范纪念活动的决定》。决定指出，近来纪念活动又有愈演愈烈之势。从庆祝城市建立50周年和各种社团与工厂成立25周年的纪念活动转到了一些纪念10周年和5周年的“纪念日”活动。父亲已经忍耐了一段时间，虽然他对报载的例行纪念活动一忍再忍，最后他实在忍不住了，说今后“再组织纪念活动只能是50周年的大日子，而且工作中一定要有成绩”。获准搞纪念活动不那么容易了。

同时大大压缩了政府招待会的开支，其中包括使馆、外交部、甚至克里姆林宫的招待会。随着世界局势的缓和，外国客人都希望到莫斯科来：国家和政府的首脑、部长和众多头衔不那么显赫的其他来访者都有。斯大林时期很少看到外国人，接待人员尽量用俄罗斯的慷慨款待来欢迎他们。如今宾客源源不断，而接待方式一如既往。父亲在这方面起初并未干预，只是坐在主席团桌旁默默地观察我们的国内外客人像蝗虫似地享用着各种美味佳肴：炖肉、鲟鱼、鱼子酱，将一瓶瓶的美酒和白兰地喝个精光。

如今，不仅苏联领导人接待客人，他们自己也出席使馆的招待会，开始去国外访问，他不禁做了一番比较。国外相当简朴的接待跟我们简直没法相比。

父亲看到某欧洲小国的大使夫人在克里姆林宫招待会上把桌上的糖果点心可劲地往自己事先从家里带来的大包里装，他发火了。

“如果是你们自己花钱办宴席，”他批评克里姆林宫的礼宾官员说，“你们大概不会如此铺张浪费，而国家的钱是不计其数的。参加外国使馆的招待会，肚子是吃不饱的，这是对的，因为去那里的客人不是为了吃喝，而是为了交谈。而我们这里什么都可以放开地吃，往袋子里装；客人们随身带的不是小手提包，而是日常用的大口袋。”

给礼宾官员下了严格的指示：举办各层级的招待会一定要节俭，将花费降到最低。官员们怨声不断，最初还遵守规定，但第一次有所放松后人们又故态复萌了。父亲最后也未能战胜他们。

父亲退休后，一切又回到老路上去。勃列日涅夫喜欢热闹，爱大吃大喝。他花起钱来没数，反正国家口袋里的钱也是没数的。

有学问的小暴君的仆从之死

（插叙五）

1956年，一些仿佛被永远遗忘了的人的名字陆续恢复起来。这个过程在文艺界最为明显，作家、诗人、演员，大家都看在眼里，他们的销声匿迹不可能不被人察觉，即使他们的作品在书架上消失了，他们的名字在演出的海报上不再出现了，而且他们远没有被遗忘。第一骑兵队的歌手与《敖德萨的故事》的作者伊萨克·巴别尔，还有个性张扬的戏剧导演伏谢沃洛德·梅耶霍德①，他们在那疯狂的年代遭到逮捕，被指控为“三人团”，遭到处决。现在给他们恢复了名誉。像他们这样的人在文学和戏剧界何止十几个。1956

① 弗·兹·梅耶霍德（1874—1940），苏联导演，20世纪二三十年代领导过莫斯科梅耶霍德剧院工作，成功导演过许多俄国古典和现代作家的作品。

年出版了一些人几乎被遗忘的作品，他们有伊万·布宁[①]、谢尔盖·叶赛宁[②]、伊利亚·伊利夫[③]与叶甫盖尼·彼得罗夫和爱德华·巴格里茨基、亚历山大·格林[④]、尼古拉·扎博洛茨基[⑤]。《文学的莫斯科》集子里收入了斯大林时期半禁止的玛丽娜·茨维塔耶娃[⑥]的诗作。列宁格勒模范大剧院举办了纪念亚历山大·勃洛克[⑦]的文艺晚会。

人们为正义的胜利而高兴，尽管是死后昭雪的，但并不是所有的人都高兴。1956年5月13日，作家、斯大林时期的原苏联作协主席、亚历山大·法捷耶夫[⑧]受不了报刊上这样的报道，更受不了将来的平反报道，在自己的别墅里自杀了；15年来他一直是斯大林在文学界信得过的人。按照斯大林所规定的制度，法捷耶夫的签字是应该出现在作协会员被捕者名单上的，包括对巴别尔、皮利尼亚克等等许多作家的逮捕名单上。

他也向“当家人”提出授予斯大林奖金金者的名单。诚然，斯大林也不全依靠法捷耶夫的文学鉴赏力和他主持的评奖委员会。有时，已经进行过候选人的多轮讨论，在最后一次会议上，斯大林会夹着两本多年前的破旧杂志，说某某中篇小说或长篇小说很合他的心意，应该获奖。自然，谁都不会想到怀疑这些作品的质量，说到底，这是他设的奖金，谁应该获奖，谁不应该获奖，他说了算。这样一来，初入文坛的作家维克多·涅克拉索夫和尤里·特里丰诺夫出人意料地便获得了斯大林奖金金。这两位作家斯大林没有

---

① 伊·亚·布宁（1870—1953），苏俄作家，著有诗歌《落叶》，小说《乡村》和《旧金山来的绅士》，1920年侨居国外，1933年获诺贝尔文学奖。

② 谢·亚·叶赛宁（1895—1925），苏俄诗人，思想敏锐，长于写田园风光，感情细腻。十月革命后加入意象派，著有组诗《牝马船》和长诗《黑人》、《安娜·斯涅金娜》与《26人颂歌》等。

③ 伊·伊·伊利夫（1897—1937）和叶·彼·彼得罗夫（1903—1942），苏俄作家，著有《十二把椅子》、《金牛犊》等。

④ 亚·斯·格林（1880—1932），苏俄作家，著有幻想中篇小说《红帆》和长篇小说《闪光的世界》等。

⑤ 尼·亚·扎博洛茨基（1903—1958），苏俄诗人，著有长诗《农业的胜利》和抒情作品《丑女》和《老演员》等。

⑥ 玛·伊·茨维塔耶娃（1892—1941），俄女诗人，1922至1939年侨居国外，著有诗集《里程碑》、《手艺》、《离开俄国之后》和组诗《献给捷克的诗》等。

⑦ 亚·亚·勃洛克（1880—1921），俄罗斯诗人，早年热衷于象征主义，著有《美女诗草》，后来其创作倾向转向社会生活，如诗集《城市》，十月革命后他的长诗《十二个》是热情歌颂革命的。

⑧ 亚·亚·法捷耶夫（1901—1956），苏俄作家，苏联无产阶级作家联合会（“拉普”）领导人（1926—1932）和苏联作协领导人（1946—1954）之一，著有长篇《毁灭》和《青年近卫军》等小说，论文集《三十年间》等。

看错，随着岁月的流逝，他们变成了真正的作家。不过他所钦定的多数获奖者后来都默默无闻，销声匿迹了。

有时候也会出错，几年前发表的斯大林喜欢的作品的作者如今也没有幸免于难。这后来的事就要看“当家人”的心情了，有时他也为出现的“差错”感到惊讶，他会让某个被关起来的囚犯出人意料地获得自由，给予斯大林奖金金获得者的地位。有时候斯大林会故作遗憾地将某本书或某本杂志弃置一旁，于是，囚犯永远都不会知道由于“当家人”的一意孤行使他与奖项和自由失之交臂。

在“人民之父”和作家关系方面，法捷耶夫扮演着监督者的角色。他已经习以为常，而且很喜欢这样做。因此，法捷耶夫具有跟“主人”进行推心置腹谈话的特权，当然是在召见他的时候，然后他再一五一十地将“主人”的话传达给信得过的作家听。斯大林对法捷耶夫宠爱有加，对身边任何人都不会原谅的事情，对他却可以原谅，对于他一连几个星期纵酒狂饮也只是睁只眼闭只眼。有一次他甚至想知道法捷耶夫出于对社会主义的责任心能不能将狂饮的时间减少到四五天？法捷耶夫支吾其词，斯大林嘿嘿一笑，马上就转换了话题。斯大林对这样的法捷耶夫很是满意。

法捷耶夫则把斯大林加以神化，被宠信的仆从地位使他的虚荣心得到了满足，这种信任使他在同胞们面前感到高人一头。一来二去，法捷耶夫将“自我”溶化在斯大林身上，没有斯大林他简直无法想象自己会怎么样，他为斯大林鞠躬尽瘁，为斯大林而活着。没什么好说的，斯大林能够使别人热爱自己。许多杰出的作家，从巴比塞①、福伊希特万格②到康斯坦丁·西蒙诺夫③和鲍里斯·帕斯捷尔纳克④对斯大林都佩服得五体投地。他们对斯大林怀着一种……我不打算界定他们的感情，只想援引帕斯捷尔纳克写给“亲爱的萨沙”（法捷耶夫）的信中的几句话，这封信可以称之为对斯大林逝世的赞歌：“这一周我心里有一种如释重负的感觉，我在信中可以跟你讲讲心

① 亨利·巴比塞（1873—1935），法国作家，社会活动家，著有长篇小说《炮火》和《光明》，谴责第一次世界大战。

② 利翁·福伊希特万格（1884—1958），德国作家，著有长篇小说《戈雅》和《愚人的智慧》等，认为法西斯主义体现了残暴与野蛮。

③ 康·米·西蒙诺夫（1915—1979），苏联作家、诗人，著有《日日夜夜》、《生者与死者》等小说。

④ 鲍·列·帕斯捷尔纳克（1890—1960），苏俄作家、诗人，著有《日瓦戈医生》等，1958年获诺贝尔奖后拒绝接受。

里话。这种打破一切局限的宏伟壮举是那样显而易见与无限开阔，是多么令人震惊！灵柩中的人具有何等丰富的思想，他突然头一次用休息的双手推开某些现象的樊篱，占领仿佛体现某种精神和最广泛共性的原则地位，与死亡和音乐的威力比肩而立，与总结自己经验时代的强大力量和谒灵人民的巨大能量相辅而行。

每个人都不由自主地流下了眼泪，眼泪流啊流啊，根本止不住，完全使你融入普遍痛苦的河流，让你泪流满面，痛不欲生，肝肠寸断……”①

最好什么都别说……我读完这封信，感觉到他们失去了什么，丢掉了什么，他们在感情上受到怎样的冲击。如果说帕斯捷尔纳克在斯大林去世后自己还能够思考的话，那么对于法捷耶夫来说，斯大林一死，一切都结束了。没有斯大林和斯大林去世后，法捷耶夫变得完全六神无主，无所适从了。他已经不习惯写作了。最后几年，他清醒的时候完全按照斯大林的指示在创作长篇小说《黑色冶金》，这是一部讲述发明者用新的方法冶金的故事。发明者及其所采用的方法，在生活中都有人物原型。斯大林支持他们。法捷耶夫花了很多时间研究这种发明的技术细节。实际上小说都在描写这些细节。就在 1956 这年出现了灾难性问题：原来这一发明没有任何实际意义，这样一来小说也就没有什么意思了。管理无序造成了技术上的失败。法捷耶夫毫不掩饰的斯大林作风和他这个人领导作协工作的无能，赫鲁晓夫都很不喜欢。作为作家，法捷耶夫的文学鉴赏力也很不对父亲的口味，他在这位作家的作品中既看不到自己很欣赏的对大自然的绘声绘色的描写，作品的语言也不生动。况且赫鲁晓夫作为一国之首，还要跟其他类型的人打交道，关心其他的问题：经济效益、生产率、农业收成、住宅建设速度。在这一背景下，作家，他们相互之间的要求，以及他们彼此间没完没了的争斗，便显得不那么重要和有意义了，而且他们的“领袖”忽然变得不再有用了。有一两次，父亲想找法捷耶夫谈一谈，但他因为喝酒去了，就没有找到。父亲在法捷耶夫的名字上打了个 ×，以后再也没有邀请过他。“……这种退下来的文学元帅的境遇对法捷耶夫来说简直是一种痛苦的折

① 帕斯捷尔纳克给法捷耶夫的这封信写于 1953 年 3 月 14 日，是为纪念《真理报》发表《论斯大林的人道主义》一文而写，该信最初发表在 1997 年的《大陆》杂志№90 上，这里的引文源自瓦·弗·贝科夫的《鲍里斯·帕斯捷尔纳克》一书，青年近卫军出版社 2007 年莫斯科版，第 529 页。

磨。”法捷耶夫的老朋友科·楚科夫斯基[1]在自己的日记里写道。法捷耶夫不明白这一点，他不想理解也无法理解这一点，各种“不愉快的事”不断向他袭来。

1954年，第二次作家代表大会上当选作协第一书记的不是“一直连任的”法捷耶夫，而是诗人阿列克谢·苏尔科夫。翌年，他失去了世界和平理事会副主席的地位，由伊利亚·爱伦堡取而代之。法捷耶夫成了理事会的普通一员。而且，最后在党的二十大上他也未当选中央委员，而成为候补中央委员。法捷耶夫是一个离开权力就不知如何生活的人，他这时就像一条因主人死去而被遗弃的忠实的狗。

法捷耶夫在别墅里因感到绝望不停地喝酒。后来他冷静下来，用他的朋友爱伦堡的话说，“他死前的最后一个月滴酒未沾。”[2] 和所有的酒鬼一样，一旦绝对戒酒，便会陷入深度抑郁状态，再加上“政治上的压力”。精神病医生认为，在这种情况下病人唯一的出路便是自杀；何况法捷耶夫不同于苏联一般酗酒者，他有手枪。在酒后综合征的状态下，他朝自己的心脏开了一枪。人们发现时他只穿一条裤衩，半躺在满是血迹的床上。旁边床头柜上放着斯大林的照片，手枪掉在地板上。

其他人，主要是死者的朋友认为，法捷耶夫自杀的原因不是酒精中毒，而是难以排遣的苦闷。谁知道呢，他们的话也许是对的。摆脱内心的奴隶心态是一种病态的过程，法捷耶夫挺不住了。

在写给国家领导人的信中，法捷耶夫大吐苦水，称他所受到的种种不公正待遇是“沾沾自喜的暴虐行为”，因自己这种愚蠢而拒绝和他交流，和“刚愎自用的暴君，愚蠢”，而且，由于自己的愚蠢而不和他进行交流，这和文明的当家人、暴君斯大林简直不可同日而语。

事情发生后，父亲吩咐为法捷耶夫举行了符合他身份的体面的葬礼，他的遗书则送进了档案馆。

帕斯捷尔纳克也出现了类似的现象。他同样也在怀念他的“主人”，和法捷耶夫的精神状态一样，他也想到了自杀，为此他写了一首心理刻画非常到位的诗：《个人崇拜被玷污了……》

---

① 科·伊·楚科夫斯基（1882—1969），苏联著名作家、文艺学家，这里的引文源自他2003年出版的文集第2卷“1901—1969年的日记”。

② 伊·格·爱伦堡：《人·岁月·生活》，“文本”出版社2005年莫斯科版，第3卷第7册第368页。

天天直面愚蠢和麻木，
无法相信这就是真实，
照片上的群像图
尽是一副副蠢猪的嘴脸。
被妖魔化和庸俗化了的个人崇拜
依然受到青睐，推崇备至，
实在让人忍无可忍，
只能酒后开枪自杀，了此一生。

帕斯捷尔纳克的诗句被当成了克格勃当时有关国内思想动态的材料。这样的材料每天都有人上报给父亲。有报酬和无报酬的情报员，无报酬的在作家中非常之多，他们定期报告谁对什么人说了些什么。20年前斯大林就是从这样的报告里得知奥·曼德尔施塔姆[①]的那首关于“克里姆林宫的高加索山民”的大不敬的诗。诗人为此付出了生命的代价。父亲对有人密告帕斯捷尔纳克写诗一事未作任何反应，不加批示地将克格勃的浅蓝色文件袋原封退回。

关于法捷耶夫自杀的传言在莫斯科不胫而走。“我是在创作之家听说的，”楚科夫斯基在事发后写道，“我马上想到了他生前最爱的一位妻子——玛尔加里达·阿利格尔[②]。我当即去找她，但没有找到，说她在李别进斯基[③]家。

那里是一团混乱，李别进斯基正处于血管梗塞状态，法捷耶夫的第一任妻子瓦列丽亚·格拉西莫娃在阁楼上号啕大哭，阿利格尔坐在旁边一间屋子里呆若木鸡。她的孩子们，包括法捷耶夫的女儿，在莫斯科，在佩列杰尔基诺，他们来不了。”

我也跑去问父亲是怎么回事儿，父亲没有说细节，只是说，这种结局对于嗜酒成性的人来说几乎成了规律，而不是例外；法捷耶夫的自杀是医学现

---

① 奥·埃·曼德尔施塔姆（1891—1938），苏俄诗人、阿克梅派代表，著有诗集《石头》、《忧伤》等。

② 玛·约·阿利格尔（1915—），苏俄女诗人，著有诗集《怀念勇敢的人们》、《列宁山》、长诗《卓娅》等。

③ 尤·尼·李别进斯基（1898—1959），苏俄作家，著有小说《一周间》、三部曲《山和人》、《曙光》、《苏维埃的早晨》等。

象，而不是社会现象。父亲显然不愿意谈论细节。

我在爱伦堡的书中看到，在法捷耶夫的死亡公告里起初想说自杀的原因是酒精中毒，但是作家们表示反对。玛尔加里达·沙吉尼扬[①]这位情绪激动的女作家好像将电话打到了父亲那里，甚至说，在这种情况下她也会开枪自杀[②]。父亲知道她这话只是说说而已，她是不会自杀的，但跟她争论没有什么意义。关于法捷耶夫系酒精中毒的话从报上的公告中删除了。

法捷耶夫，无论是作为一个人还是作为一位作家，都非常可惜；他也是斯大林的牺牲品，但他的结局从公民的、职业的和医学的角度看都是符合规律的。

要闻日志

1956年5月15日，美国小提琴家伊戈尔·斯特恩开始在苏联演出。

1956年6月6日，取消了斯大林1940年10月3日实行的高中和高等学校收取学费的规定。情况令人难以置信：大学生每年要向国家支付300卢布左右的学费，同时，国家根据高校的名气要向大学生每月支付200—250卢布的助学金。斯大林为什么做出这样的决定，我不知道，父亲对此未置一词。大概他自己也不了解。取消学费的事一年前就打算做了，但在中央主席团讨论这个问题那天，父亲不知为什么没有出席，莫洛托夫在会上表示反对，认为这样财政预算要“多花10亿卢布”[③]。成立一个以米高扬为首的委员会。米高扬去找父亲。父亲建议他不要管莫洛托夫的意见。莫洛托夫很不高兴，但他克制住自己，没有跟赫鲁晓夫发生公开争论。

---

① 玛·谢·沙吉尼扬（1888—1982），苏俄女作家，著有长篇小说《中央水电站》、四部曲《乌里扬诺夫一家》等。

② 伊·格·爱伦堡：《人·岁月·生活》，“文本”出版社2005年莫斯科版，第3卷第7册第368页。

③ 《苏共中央主席团1954—1965第1卷原始会议记录速记稿》，俄罗斯政治百科全书出版社2003年莫斯科版，第65页。

环绕欧洲

1956 年 6 月 6 日夜晚，一艘“胜利号”内燃机轮船从敖德萨出发，开始环绕欧洲的水上旅游。船上有 423 名乘客，用 25 天时间，要造访 6 个国家，其中 5 个为资本主义国家：在希腊要参观比雷夫斯的雅典娜；在意大利，要参观那不勒斯、罗马、索伦托，去卡普里岛；在法国要逛勒阿弗尔和巴黎；在荷兰要参观鹿特丹、海牙和阿姆斯特丹；“顺道”再去瑞士的斯德哥尔摩看看。从那里“胜利号”直接航行到列宁格勒，从列宁格勒搭载新一拨客人再返回敖德萨。简直是不可思议：只要花钱，而且数目不小，愿意的话任何人都可以，当然，得有出国护照；可以单纯地出游，不是出公差，而是为了出国玩玩。航行旅游的传闻在莫斯科流行已久，但是很少有人相信。财政部表示反对，他们认为用这样的劳动去赚取外汇是不合理的。我提醒一句，当时石油不进行贸易，一度曾以强化信誉为目的，斯大林规定的交换牌价是：1 美元兑换我们改革前的 4 个卢布。对于这种与实际汇率没有任何共同之处的牌价，吃亏的首先是外交人员和来访的外国人，但是没有人关心他们的利益。现在财政部按照这同一的汇率，不是将他们的美元和法郎兑换成我们的卢布，而是将我们的卢布兑换成英镑和马克。对于财政部门的意见父亲是认真看待的，他要求将来要考虑制定更加切实的外汇兑换政策，眼下只能这样改变了。诚然，外汇兑换限制在一个几乎是象征性的数字，如果我没弄错的话，是 35 个卢布。

表示反对的还有国家安全部门，他们要密切关注数以千计的旅游者，包括在国外的时候，按照他们的意见，这是不可能做到的。谢罗夫将军从父亲那里回来什么也没有得到，“掌握秘密的人”去旅游决不能放行，至于其他人……父亲劝他不要把所有苏联人都看成是潜伏的间谍和投敌分子。何况安全委员会还储备有一定数量的票源。

最后一切都谈妥了，父亲“签署了”决定，挑选一艘比较豪华的游轮，起航的日子也大致定了下来。

几个月时间，渴望出游的人有普通乘客，也有不那普通的乘客，他们踏破各部门的门槛，办理各种证件。半数以上参加旅游的人都是工会选送的先进工作者，包括一大批莫斯科橡胶厂的工人。他们参加很简单，用不着去争取，是提供给他们的名额。而“不那么普通的乘客”有作家、音乐家、普通官员，他们就得作一番努力了；忙前忙后，到处给用得着的人打电话，托人，而这些人再给更重要的人打电话。最后，梦寐以求的票终于到手，最主要的是可以成行了。当然，并非人人都能如愿。

今天看来，围绕第一次出游所发生的种种事情几乎无法想象。1956 年出访欧洲，甚至比 21 世纪初飞往国际太空站的事情还要大，简直就像是登上火星了。这次出游不是去买便宜货，可是用 30 卢布的比价兑换来的钱能买什么呀？只是想去看看当地的生活。

看到的情况令人大吃一惊。原来西方根本不是人人忍饥挨饿，并没有像斯大林时期对我们灌输的那样，人们都在排队领取施舍的菜汤；他们生活得很不错，至少比我们要好。这一发现所产生的社会影响不亚于二十大的秘密报告。对西方的看法来了个 180 度的大转弯，我们与其说是应同情当地受压迫的群众，倒不如说是羡慕他们。

康斯坦丁·帕乌斯托夫斯基[①]也是“胜利号”的乘客之一，他在《文学报》上发表一篇用今天的眼光看来相当平常的旅游随笔。但当时人们是读了又读，成了家庭主妇们茶余饭后的谈话材料。游客们对一切都感到新奇，最主要的是觉得就这样简简单单地可以乘船去逛巴黎了，更不用说去其他“绝对不能去的”地方。

我忍不住将 1956 年和 19 世纪作一个比较，当时是解放者俄皇亚历山大二世当政。如今乘“胜利号”旅游的是作家帕乌斯托夫斯基，而在当时，1862 年，乘坐驿车的则是俄罗斯剧作家亚历山大·奥斯特洛夫斯基[②]：“……这里是多么广袤宽阔，一览无余，可以将自己的和别人的地方作一番比较。当有些人年轻时和格里戈里耶夫[③]及《莫斯科人》杂志的其他年轻人更早的时候盲目地说‘老欧洲比不上我们而洋洋自得时，他们就那么正确吗……’1860 年代初，对西方封闭的大门打开了。成群结队的俄罗斯人乘着

---

① 康·格·帕乌斯托夫斯基（1892—1968），苏俄作家，著有小说《闪烁的云彩》、《金蔷薇》等，文笔细腻，格调清新。

② 亚·尼·奥斯特洛夫斯基（1823—1886），俄国剧作家，长期的法院工作为他戏剧写作提供了丰富的题材，39 年创作了 50 多个剧本，有《自家人好算账》、《贫非罪》、《肥缺》、《大雷雨》等剧本。

③ 阿·亚·格里戈里耶夫（1822—1864），俄文学评论家、诗人，著有关于奥斯特洛夫斯基、屠格涅夫、尼克拉索夫等人的评论文章，观点接近斯拉夫派，其诗的主人公多有沉思和苦难的浪漫主义个性。

自由主义之风纷纷涌向国外。

在尼古拉用栅栏围起来的小城堡里生活了多年的俄罗斯人来到欧洲。他们在那里要寻找什么？发现了什么？……他们看到了当地的婚事习俗，饱览了意大利和瑞士的美丽风光，巴黎的博物馆和剧院，欧洲的舒适生活……生活在尼古拉当政时期并受到这种教育的俄罗斯人已经习惯于什么都不能做、什么都犯禁忌的生活，他们必须掩盖自己的愿望和思想，——可是在这里，他们最初感到不知所措，后来体会到在一群可以自由行动、能够畅所欲言和保持人的尊严的人们中间有一种异样的轻松愉快的感觉。虽然这种感觉和印象非常表面，还很肤浅，但是对这种短暂的接触已经很满足了。”①

其实，新东西只不过是被遗忘了的旧事物。我清楚记得我的这种感受，但我的感受不是来自于旅游，环欧行我没有去过，这笔花费我连做梦都不敢想。如上所述，1956 年父亲带我去过伦敦。一切都让我感到惊讶，特别是那里的橱窗，即使其中摆放的商品并不丰富也令人感到美不胜收，非人间所有。直到现在我还记忆犹新，两相比较，一方面是莫斯科食品店那布满灰尘、甚至脏兮兮的橱窗里摆放的单调乏味的猪肉火腿模型，另一方面是伦敦商店橱窗在玻璃光照下琳琅满目的食品。我既不感到饥饿，也不感到有什么需要，克里姆林宫的副食品供应并不短缺，这些美味食品也许我早就品尝过，但把它们摆放得如此漂亮，我从未见过。

俄罗斯一向是个自我封闭的国家，这里认为每个外国人都是间谍，即便不是间谍，这样的人也不怎么会受待见。每一个出过国的俄罗斯人都会让当局产生怀疑和恼怒。后蒙古时期以降一直是这样，只是时轻时重而已。号称“雷帝”的伊万四世当政时和外国人的关系非常紧张，后来才趋于和缓；彼得一世和他的继任人不光是允许、还要求自己的下属出去游历，向欧洲学习。他们看也看了，学也学了，年轻的将领们以 1814 年的巴黎为榜样，试图将俄国的制度改变成欧洲的制度。对十二月党人起义的镇压不单带来了寒冬的冷意，而且使事情变得雪上加霜，更加严厉起来。要出外旅游必须得到尼古拉一世皇帝的亲自批准，远非人人都能够如愿。例如普希金就没有批准。解放者沙皇亚历山大二世主政时控制又松动一些，随后他的继任者又收紧了，再往后被斯大林的制度所取代，比尼古拉一世时更加严厉。

---

① 弗·雅·拉克申：《亚历山大·尼古拉耶维奇·奥斯特洛夫斯基》，2004 年莫斯科第 3 版，第 523、532 页。

斯大林像伊万雷帝一样明白，他的专制统治的牢固性取决于他对国界封锁得是否严密，他将国境线控制得和在“城堡里”一样。与其说城堡是严防外国间谍，还不如说是在防备本国公民。闭关锁国期间人们不了解周围世界正在发生什么事，掌权者的手脚是放开的，想怎么做都行，同时要人们相信没有人比他的臣民生活得更好。大部分人都相信他的话，即使自己并不感到很幸福的人也相信，他们坚信“外面那些人”生活得更糟。

国门一打开，国家就要和周围世界进行竞争，国家的政治经济制度应该证明和展示出自己的效率。父亲经常说，“能够给人们提供更好生活的制度一定能够胜利。”他不怀疑能够取得胜利，既不怕跟西方搞竞赛，也不怕跟东方搞竞赛。

父亲签署允许外出旅游的决定时，充分意识到他这样做意味着什么吗？我认为，他既意识到了，又没有意识到。他意识到生活在20世纪，再想不闻不问、闭关锁国是不可能了，何况很快，我们很快日子就会过得比任何一个外国都要好。到时候不是我们羡慕他们，而是他们要羡慕我们了。

另一方面，父亲跟他所有的同胞一样，没有、也不可能感受到我们两个世界之间实际的和纯表面的区别，以及这种区别的方方面面。他掌握我们和他们的居民在人均住房面积的数字，知道我们跟他们在肉、奶、黄油及其他许多东西的消费量，他很高兴从某种角度上说我们正在接近他们。但是他没有认真仔细地进行跟踪研究，没有考虑什么叫眼见为实。

在“胜利号”环欧旅游之后，“俄罗斯号”和“格鲁吉亚号”也相继成行了。1956年8月底，来自法国、英国、意大利、瑞士、美国和挪威的游客，乘坐波兰的“巴托雷号”、挪威的“流星号”和芬兰的“玻尔－1号”等三艘轮船到列宁格勒进行回访。他们中意大利人最多，有400人左右。旅游并不限于乘船，欧洲航线一个接一个地开通，由西方未曾见过的图－104喷气式客机承担服务工作。我就不谈乘火车旅行的事了。去欧洲旅行已经不再是官员们的特权。父亲签署了普通人“可以出境”的决定，这已经不是只打开通往欧洲的窗户，而是开启了通往欧洲的大门，而且不打算再关起门来了。

要闻日志

事实是，1956年7月“胜利号”欧洲之行后不久，我们就不再干扰

BBC 的广播。访问英国期间，父亲和布尔加宁答应英国首相艾登迈出这显示善意的一步。如今再不必透过强大的干扰收听断断续续的广播，从一个波段转到另一个波段，希望能找到一个今天干扰轻一点的频率。对“美国之音”和“自由欧洲”的干扰依然如故，不过莫斯科人对他们并不怎么相信，认为美国的电台广播和我们自己的宣传一样，彼此彼此。

1956 年俄联邦有权拥有自己的报纸了。7 月 1 日，成立不久的俄联邦中央局和俄联邦政府的机关报《苏维埃俄罗斯报》第一期问世。1949 年，列宁格勒成立的全俄集市成了着手查办“列宁格勒案件”的借口。斯大林指控列宁格勒人在对抗俄罗斯、莫斯科和苏维埃联邦。于是……人头纷纷落地。如今时代变了。俄联邦开始具有自己的面貌，为此必须要有自己的标志。

斯大林时期，每一个稍有名气的访问我国的外国人都被看得像金子一样贵重（如上所述），如今他们已经多得不得了。莫斯科在世界上非常有名，特别是在二十大和赫鲁晓夫在二十大作的轰动性报告之后。每个人，不管是美国的参议员、法国的企业家，还是英国的记者，他们都非常想见父亲。只要时间允许，父亲尽量不拒绝会见他们；外国人对他的兴趣还没有他对外国人的兴趣大。他不仅和来访者交流自己对世界的看法，而且还从他们那里了解他自己不大熟悉的“他们那里的”世界和社会情况。结果是，父亲的这种态度让“资产阶级的”政治家们感到父亲更乐意和他们交流。跟外国共产党领导人的交流，更多地落在中央“协助这方面工作的”书记米哈伊尔·苏斯洛夫和国际部的领导人鲍里斯·波诺马廖夫的肩上了。

莫洛托夫认为父亲在这方面的“片面行为”是一种思想错误行为，他在一次中央主席团会议上对父亲提出了批评。莫洛托夫认为，父亲越来越多地插手政府首脑的管辖范围，政府首脑跟资本家进行谈判责无旁贷，而父亲作为中央书记，注意力应该更多地放在和各共产党的关系上。

父亲接受了批评。6 月 28 日和 30 日，他和法共的同志进行了交谈，然后，7 月 9、10、11 日，他分别接见了比利时、英国和意大利的共产党代表，同时和伊朗国王巴列维、联合国秘书长哈马舍尔德进行了交谈，他接见了自己的老朋友——美国工程师、莫斯科地铁第一期建筑工程的参与者亨利·摩尔根、美国参议员阿伦·埃兰德尔等其他许多他感兴趣的人。后来，由于莫洛托夫的反对，他把和共产党人打交道的事都“推给了”苏斯洛夫和波诺巴廖夫。当然，不是对所有的人，对于多列士和陶里亚蒂，他们每次到莫斯科来他还是要见面的。他们之间逐渐建立起了相互非常信任的个人关系。

1956年7月11日召开的苏联最高苏维埃会议，代表们将卡累利阿－芬兰苏维埃社会主义共和国改变为自治共和国，将它的地位降了一个等级，自然是“根据它自己的请求”。父亲说，1940年3月斯大林在预感到芬兰会“自愿”和俄罗斯联合时，苏芬战争或冬季战争甫告结束，便立刻将卡累利阿自治共和国提升到卡累利阿－芬兰苏维埃共和国的地位。差不多在一个半世纪前，亚历山大一世经过自1806年到1809年3年疲惫不堪的战争，终于征服了芬兰人。斯大林未能重新实现他的想法。因而卡累利阿－芬兰苏维埃社会主义共和国又回到了它最初的“自治”状态。

1956年7月15日，新的儿童杂志《篝火》第1期问世。

1956年7月31日，为庆祝不久前确定的建设者日，巨大的卢日尼基体育场开始启用。体育场以列宁的名字命名。父亲在政府包厢中满意地观看体操运动员的表演，后来虽对其他体育比赛不太热心，对足球赛仍然兴趣不减。父亲非常喜欢这个体育场，但令他更高兴的是，这个永远都是脏乱差的沼泽地卢日尼基终于面貌一新。

1956年8月27日，赫鲁晓夫在中央主席团会议上发表了《关于大学生参加农业劳动》的讲话。季节性的农村劳动，是个由来已久的问题，不仅我国存在；播种和收割季节人手不够用，其他时间农庄庄员有时候又无事可做。

美国的农场主农忙时雇用临时工——墨西哥人或其他专门趁这个时候来到这个国家的外国人。我国的集体农庄庄员就要靠“外援”帮忙了，包括大学生、中学生的协助。自然，这时候他们不能在学校学习。我每年秋季也去莫斯科郊区的集体农庄帮忙秋收。父亲认为这种实践活动是有害的，大学生就应该学习，而不是去刨土豆，但是他没有办法。苏联没有其他的季节工。

至今他已多次呼吁“要研究派大学生去农村劳动的问题”，如果非派不行的话，那就让“集体农庄向大学生付劳务费”①。

中央主席团决定学生在农村劳动限制在一个月以内的时间。但这一规定施行不久，起初是“作为例外”时间拖长了，后来已经没有任何例外了。

---

①《苏共中央主席团1953—1964第1卷原始会议记录速记稿》，俄罗斯政治百科全书出版社2003年莫斯科版，第164页。

垦荒地的收成

1956 年夏天，父亲对各农业州作了一次礼节性的视察。他从西伯利亚的垦荒地开始。与去年不同的是，当地天公作美，气候非常之好，州委书记都说一定会有个好收成。父亲确信无疑。

7 月 20 日，他向斯维尔德洛夫斯克（叶卡捷琳堡）的农业人员发表了演说。7 月 23 日，他已经到新西伯利亚出席西伯利亚农业工作者会议了。从那里他又去了哈萨克斯坦；7 月 28 日他先到阿拉木图，7 月 30 日又去了垦荒中心——库斯塔奈。

垦荒地的情况让父亲非常高兴，这次天气没有捣乱。哈萨克斯坦有梦寐以求的 10 亿普特的粮食入了粮仓，而且还不止于此。父亲认为，10 亿普特的粮食收成是一个标志，说明垦荒这篇大文章的光明前景与意义。1956 年上缴国家的粮食是 13. 34 亿普特（21. 4 亿吨），相当于 1954 年的 15 倍还多。

除哈萨克斯坦外，西伯利亚的垦荒地还收获了 20 亿 400 万普特（超过 3200 万吨）的粮食。国家的粮仓一个劲儿地向东转移，正在超越乌克兰、伏尔加河中下游流域和黑海地区。

“同志们，这是个很大的胜利，它满足了我们对粮食的基本需求，而且是高质量的粮食，”父亲从西伯利亚、哈萨克斯坦巡视回来后和莫斯科人分享自己高兴心情时说，“如果说还有人有意见，说年底（1955 年）有些城市的白面包供应少了，黑面包增多了（像 1954 和 1955 年粮食歉收时那样），那么今年（1956 年）的小麦收成可以充分供应国家。喜欢白面包的人会感到高兴的。”

感到满意的不光是白面包的爱好者，政府也可以松一口气了①。如上所述，由于歉收，国家储备粮去年——1955 年，下降到了警戒线——3700 万吨。比遭到不幸（战争、歉收、自然灾害）时国家全年需要的口粮减少三分之二。1956 年的收成使我们的国家储备粮回到了可以接受的水平，粮食收成达到 9300 万吨②。

---

① 《赫鲁晓夫文集》（8 卷集），国家政治书籍出版社 1962 年莫斯科版，第 2 卷第 267 页。

② 俄联邦总统档案馆特档卷宗№734 第 3 页。

1956年10月，为了庆祝丰收，向一切有功人员颁发“垦荒奖章”：既有当地居民，也有短期参加收割工作的大学生。父亲自豪地佩戴上自己的“垦荒奖章”，他认为这枚奖章和他在斯大林格勒和库尔斯克战役中获得的勋章同样重要。

那一年，父亲变得大方起来：非黑土地带、俄罗斯、白俄罗斯、波罗的海地区，均免除了必须上缴国家的粮食。国家计委算了一笔账：那些地方播种黑麦与小麦的好处不大，于是父亲决定：他们爱种什么就种什么，只要田里能够长得更好：蔬菜、土豆都可以，但最主要的是养牛与养猪。这样他们划得来，国家也合算。父亲认为，要解决粮食问题，下一个最重要的任务就是扩大肉类、牛奶、黄油的产量；他一再重复说：“人活着不光靠面包。”

作为不辞劳苦的当家人，父亲全国到处跑，什么事都要过问，一心想要建立一个哪怕相对稳定的制度，要求地方领导人尽量降低工作中的一些不确定性。有时他的干预能带来好处，有时候他下车伊始，乱发表讲话，反而带来坏处，但这种不确定性过去两年中有所降低，但愿能继续减少。这期间领导人中的中间环节对赫鲁晓夫已经习惯，他们不再害怕他了：他不是斯大林，不会把他们关进集中营，所以学会了欺骗。他们“端坐”在地区会议上，该鼓掌的时候就鼓掌，会议结束后便各自回到自己的“领地”。我不敢说地区会议没有什么好处：有好处，但和父亲的期望相去甚远。

垦荒地的大丰收，暴露出了新的、但完全可以预料的问题：粮食没有地方储存。不光是大的粮仓，连普通带顶篷的粮仓都来不及修建。也许是哈萨克斯坦的地方官员未能及时修建，他们在等待莫斯科能平静下来，届时他们才能回到正题上来。

粮食在夯实的土地上堆得像小山似的，上面用防水布盖着。很自然，随着天气变寒，大部分收成都糟蹋了。就像1954年垦荒地大丰收那样，道路，确切地说是没有道路，给收成也带来了一定的影响。粮食用敞篷卡车装载，上面没有任何遮盖，行驶中风一吹，粮食洒了一路，特别是汽车走在坑坑洼洼的道路上的时候。原想用来遮盖车厢的防水布供应不上，因为都拿去遮盖临时“粮仓”了。

父亲知道垦荒地发生的事。好事坏事他都了解。

道路问题他们在1954年的中央全会上就讨论过，但是国家急需粮食，而垦荒地的预先配套建设工程推迟了多年。父亲认为，即使我们损失了收成的40%，那么还有60%保留下来，填补今天的粮食缺口，解除国家的粮食危机也足够了。到时候再建粮仓还来得及，道路也会修筑的，居民点也要修建。

1956 年垦荒地的工作实际上已经完成。该开垦的荒地已经开垦，甚至不该开垦的地方也开垦了。哈萨克斯坦两年时间完成了 1800 万公顷的新垦地。西伯利亚开垦了 1500 万公顷。部分重又“开垦”的区域变成了盐碱地，其中不少都在哈萨克斯坦几乎荒无人烟的地带。开垦等于是白白浪费时间，但是以勃列涅夫为首的哈萨克斯坦新领导人不是在考虑土地的情况，而是只想着向中央打报告。莫斯科呢，包括父亲在内，他们一个劲儿地鼓励他们继续“开垦”一切尚未“开垦”的地方。现在就要为此付出代价：土地开始盐碱化，盐碱地上什么东西都不生长，不得不反复地清除盐碱，恢复土地原先的“荒芜状态”。

土地盐碱化不是哈萨克特有的现象，几十年前开发中西部地区的美国农场主也遇到过这种现象。由于翻耕了土地的表层，下面积存的盐碱沿着小孔上升到了表面。治理盐碱化是一场代价高昂且效果不明显的斗争。通常，盐碱都是用水从地表进行冲刷，当然，这得有水，但是每次冲刷后，从地下冒出的盐碱更多。土壤好像是在出汗。“有病的土壤”就是这样，用不着去动它。自然，健康的土壤没有盐碱，所以说才是健康的。

但是，威胁垦荒地这种“风险地区”的不光是盐碱化，同样，在加拿大和阿根廷，科学上称为干旱地区的地方，干旱和有利于庄稼收成的天气经常不可预测地交替出现。这些地区的这一特点就要求必须有特殊的农业技术。我已经介绍过土壤学家马尔采夫和李森科院士针对垦荒地的不同方法了。父亲认为，该是好好研究“风险农业”特点的时候了。1956 年，在切利诺格勒州绍尔坦金地区的 60.8 万公顷——包括已开垦的 4.7 万公顷——的土地上，成立了一个“专门研究干旱和侵蚀地区农业的科研中心”①。这个中心的领导人是一位热爱垦荒事业的人——未来的科学院院士、暂时还只是一名普通农业专家亚历山大·巴拉耶夫。父亲和巴拉耶夫认识不久，对他很是尊重，否则也不会任命他来担任这一职务，但是他们争论起来却互不相让，没完没了。父亲不止一次想撤掉他研究所所长的职务，但是没有撤。他们一次次地妥协，又一次次地争吵。直到父亲自己离开工作岗位。

① A. A. 泽列宁：《赫鲁晓夫的农业政策与农业》，俄罗斯科学院俄罗斯研究所 2001 年莫斯科版，第 98 页。

虽然在国家东部地区建立起科研中心，农业科学领域出现了一些新的著名的大家，垦荒工作还是会出现不少出人意料的情况。只是随着一年年过去，我们在很多方面重复了美国在开发草原高地中的错误，垦荒者也在逐渐适应荒地那非同寻常的性格。

棉花与棉农

不光是1956年垦荒地的丰收让父亲非常开心，乌兹别克斯坦也让父亲十分高兴：他们收获了200万零800吨的棉花，这个数字在当时是从未有过的。就在两年前，这数以百万吨计的棉花还是靠人们的双手采摘的。工人、大学生、中学生、学者，所有的人都动员到棉田里不是干上两周，而是劳动几个月。采摘工作有时一直拖到11月末。父亲真的生气了，自1954年11月他访问塔什干之后，采摘棉花用的联合收割机的事丝毫没有进展，他们可是对父亲下过保证的。如果说前年——1954年父亲是在了解棉花生产的情况，那么今年他已经在积极参与其事了。他将乌兹别克的官员召至莫斯科。这些官员解释说，他们有采摘机，但采摘的棉花“很不干净”，采棉花时连棉花壳也一起摘下来了，弄得棉花里有许多杂质。这些话父亲连听都不愿意听。资本家用机器采棉花没有杂质，可是在我们这里怎么就不行了。为什么？资本家可不傻，不好使的采棉机他们可不用。

在父亲的坚持下，他们从埃及购买了美国采棉机的样机，成立了对这种机器进行专门设计的小组。但是什么像样的东西也没有搞出来。机器设计出来，也投入了生产，机器大摇大摆地开进棉花地里，还搬上了新闻纪录电影的银幕，地方领导人报告说研制工作取得了成功。但和外国采棉机不同的是，我们的机器不知为什么采摘的棉花总是在技术上不到位：采摘不干净，过后地里遗留的棉花斑斑点点，像棉花补丁似的。只得像过去那样，动员成千上万的城里人捡拾地上落下的棉花。

用方形点播法种植的棉花情况要好一些，但是很快也不采用了，因为有了除草剂，用它来对付杂草更有效一些。在除草剂的帮助下收成迅速增长，对笨重的种植机的需求降低了。但是后来的情况表明，除草剂不仅能够除去杂草，而且还会污染周围环境，不过这完全是另外一码事了。

在解决哈萨克斯坦和西伯利亚的“粮荒”之后，便着手解决乌兹别克的

“棉荒”的问题——在饥饿草原和其他荒漠地带引水灌田。水引自阿姆河、锡尔河、瓦赫士河和扎拉夫山河。引水灌溉的结果，乌兹别克、塔吉克、土库曼乃至哈萨克斯坦的荒漠地带和半荒漠地带的棉花生产增长两倍，年景好的时候达到600万—800万吨。与此同时，流入咸海的水越来越少了。对于可能产生的后果，眼下连院士们也没有考虑，水资源似乎无穷无尽，大海也是一望无际，因此才叫做大海。随着岁月的流逝，咸海不可逆转地开始变浅。到20世纪末，很显然，无论棉花还是咸海所需的水都不够用了。人们牺牲了咸海，选择了棉花。

粮食：供人食用还是喂猪？

父亲很高兴粮食供应充足了，但当时的充足只意味着“刚刚够用”，粮食专门供人食用。不仅如此，虽说粮卡早在1947年即已取消，每人每次不能超过两个面包的限购规定仍在实行。诚然，最近两年不怎么坚持了。

与此同时，根据1953年的法律规定，个人每户饲养家畜不用再缴税了，因此家畜的数量迅速增加。过去三年，光是市民个人饲养的牛就增加到110万头，其中奶牛30万头，猪多一些，60万口，绵羊和山羊130万只，禽类（鸡、鸭、鹅）实际上无法统计。

父亲高兴了：人们的日子好过了，不仅如此，许多人不仅不去商店购买食品，而且他们自己还向国家提供奶、油、肉和各种肉制品。

然而，让人高兴不起来的是，随着家畜数量的增长，这些个人饲养的活物都需要喂养。甚至国营农场和集体农庄的饲料都不够用了。饲料问题成了一大难题。经济部门的领导人千方百计地想办法，实在没办法了，就请求国家补充一些储备粮。这种要求帮助的呼声通常不会置之不理的。而个体农户对国家储备粮并不抱什么希望，他们认为寻找廉价饲料才是自己的根本，于是他们从商店买来来自垦荒地的便宜面包和粮食饲养家畜。关于这一点，父亲1954年秋天在给中央主席团的报告里写到过，但是从那个时候起，情况很少发生变化。

“黑面包1公斤大概值1个卢布（1961年价格改革前是10戈比），”父亲在一次演说时当着听众的面计算说，“5公斤面包价值5个卢布左右，如果用它来喂猪，可以得到1公斤的猪肉。而1公斤猪肉在商店里是18卢布，而市场上1公斤能卖50卢布。”①

划算吗？父亲认为当然划算，不过不是对国家、也不是对社会而言。关键在于价格，但粮食价格的定价是有政治考虑的。至今粮食一直是大部分老百姓的基本生活来源。提高粮食价格，受害的是最贫穷的人，何况“斯大林时期是降价，而赫鲁晓夫时期却是提价”。

怎么办呢？

其实，有两个有效的解决办法：要么提高税收，让“个体畜牧业”得不偿失，扼杀它；要么提高粮食的价格。父亲认为这两个办法都不合适。他希望用另外的方法来摆脱困境，可是用什么方法，他自己也不知道。这些年他干脆来个一拖再拖，可这期间国内粮食的消费急剧攀升，有时不得不动用国家的储备粮。

“便宜面包”的问题不仅在中央讨论过，在家里也进行过讨论。阿朱别伊当时已经是《共青团真理报》的主编，每天晚上他把读者愤怒的来信念给父亲听。他们说，粮食出现了市场化的“苗头”，必须采取果断措施，而且要立刻行动。父亲的老朋友弗拉基米尔·梅拉尔希科夫是苏共中央俄联邦局的委员，同时也是中央农村部的部长，他时常来别墅做客，每次来访他都以自己特有的直言不讳的态度坚持要求建立秩序②。

“只要实行税收制度，恢复对个体户的国家征购，一切都会走上轨道。”他唠唠叨叨地说。

1956年5月17—18日，中央召开关于扩大肉类生产的会议。出席会议的各州委书记一致认为：“该是采取措施的时候了，要不了多久，私人会把所有的黑面包买空，生意无法经营下去，商店再进货只能采购土豆了。”父亲坚持不住了，同意采取严厉措施，但并非针对所有的人，只针对那些饲养家畜、生活在“各加盟共和国首都、各州和各边疆中心、自治共和国首府的居民（极北方地区除外）”。他用“民主程序”为自己的妥协进行开脱：1956年6月29日关于粮食和私人牲畜的法律草案在报上公布，供大家讨论。

大家是怎么讨论的，我还记得。8月27日，政府《关于反对将国家粮食

---

① 《赫鲁晓夫文集》（8卷集），国家政治书籍出版社1962年莫斯科版，第2卷第342页。

② 1951年父亲将这个精力充沛又懂得农业的人，直接从苏联农场场长的位置上一下子调到莫斯科市委书记的岗位，他在新的岗位上表现非常出色，1954年梅拉尔希科夫转到中央农业局工作，1956年成为苏共中央分管俄联邦工作的政治局委员，同时分管中央农业局的工作。

和其他副食品储备用于牲畜饲料的斗争措施的决定》开始生效[①]。决定的前言部分羞羞答答地解释说，这些措施不是惩罚市民，只是让他们向集体农庄庄员看齐；庄员每家每户都在纳税，向国家提供各种物资；换句话说，这样做可以恢复公平正义。接着便列出了征收畜产税的标准和必须提供产品的数量：有多少牛奶和肉类上缴给国家。这样“公正”也就有了：再要用购买来的面包喂动物罚500卢布，如果二次再犯罚1000卢布。

父亲勉为其难地认为，出现这样的事只是一种可悲的插曲，是一时性的；人民的丰衣足食不是靠中世纪式的个人份地来保障的，当时人们主要的农具是铁铲和耙子，如今靠的是国营农场和集体农庄，是不比美国逊色的现代化机器设备。他毫不怀疑个体生产的时代已经成为过去；个体业主竞争不过集体农庄便宜的肉价，他们自动便不会再去饲养牲畜了，这样用税收遏制他们的必要性也就不会再有了，由国营农场和集体农庄来解决“充分保障全国居民肉类和肉产品的问题。我们应该鼓足干劲，让农产品的生产更快地超过人民的消费需要”[②]。

父亲非常关心他们生活福利的那些普通人并未谅解，而且也没有忘记这个决定。

玉米向北方发展

缺乏饲料，集体农庄和国营农场的肉类生产等都不可能增长，不仅超不过消费的迅速增长，而且其他任何增长也不可能。这时一切很大程度上还是依靠古老的俄罗斯传统的饲养方法：为了养活牲畜，必须舍弃一部分牲畜。

我年轻时人们爱唱的一首民歌是：

我的心肝宝贝，如同小牛犊，
区别只有一个，
小牛犊喝泔水，
心肝宝贝从不喝。

---

① 见1956年8月28日《消息报》。

② 《赫鲁晓夫文集》（8卷集），国家政治书籍出版社1962年莫斯科版，第2卷第269页。

民歌唱的意思是什么？连国家最高领导人都长期认为，牲畜就应该用自己餐桌上的残渣来喂养，或者用人不能吃的东西来喂养，比如干草与禾秸。

父亲讲过他同斯大林就这个话题进行的谈话。早在战前，他们有一次在乌克兰拨出部分采购的粮食和别的东西作为猪饲料使用。斯大林知道“自作主张”后非常生气，把父亲叫到当时他正在休假的地方索契。谈话进行得很不愉快，甚至非常危险：父亲坚持自己的理由，斯大林不明白，也不想弄明白，开始生气。

“在我们高加索，”斯大林对父亲解释说，“猪都是自己找东西吃。它们是很聪明的动物。人们不仅不喂它们，还在它们脖子上专门戴一个用木头做的三角形脖套，免得它们用嘴去拱围墙，钻进园子里。您却给它们办起餐厅来了！”

父亲当时要求拨给牲畜用的饲料粮始终未能如愿。

问题不光是卡在斯大林那里。大多数俄罗斯人也是跟他一样的想法。需要改变他们的想法，让他们知道，燕麦、干草，更不用说禾秸这种俄罗斯褐色母牛的传统饲料，是解决不了问题的；燕麦的产量微不足道，干草里的营养物质很少，禾秸中几乎没有营养，而这也就是说，要生产足够的肉，必须要大量的燕麦和禾秸，为此就得占用数百万公顷的良田。猪也需要富含卡路里的饲料，光吃糠麸、喝泔水不行。

问题又回到玉米上来了。我一再回到玉米这个话题，大概跟父亲当年让自己的听众感到厌烦一样，我也让读者感到厌烦了。但是没有办法，我的叙述撇不开玉米，就像人类文明历史线绕不开它一样。

父亲又一次，已经多少次了，和农业专家一起讨论饲料的问题。他们再次向他展示了比较图表，说明各种想得到的和想不到的饲料，投放多少公斤能够增长多少肉。父亲的忠实助手舍甫琴科找来了所有能够找到的资料，特别是国外的资料。没有任何新的发现：唯独都指向了玉米。小麦和黑麦的营养不亚于玉米，但产量却比不上玉米。

学者们肯定了前些年的结论：应该用玉米给牲畜做青贮饲料，而且可以在历史形成的俄罗斯帝国境内比基辅——苏梅——哈尔科夫——罗斯托夫边界更靠北的地方播种玉米。这方面的经验当时国外已有，我国也有了。

我已经讲过1950年代初父亲在莫斯科郊区很有成效的玉米试验。当年苏共赤塔州委书记根纳季·伊万诺维奇·沃罗诺夫也喜欢种玉米，虽然他那个地方和长期寒冷地带近在咫尺。1950年他甚至因为玉米的事受到苏共中央组织局的“严厉申斥”①。中央干部局检查了州里的情况，给州领导作出了相当“令人心寒的”结论。

“干部局发现问题就出在玉米上，”沃罗诺夫回忆说，“我们的许多集体农庄和国营农场都播种了用于牲畜饲料的玉米，没有打算收获成熟的粮食(种子是从乌克兰引进的)。而在一些个人经营的土地上，朝鲜人和中国人(他们在当地居民中有不少人) 种的是早熟玉米，收获的也是完全成熟的玉米。

产量虽然很高，但因有悖于初衷，依然受到干部局的批评：我们没有引进草田轮作制。虽然每一个思维健全的人都明白为什么我们没有引进（无论是三叶草还是苜蓿在我们这里都长不好)，因此，这是对我们吹毛求疵。”

一般读者对沃罗诺夫的话可能有点看不懂，但是他的话却非常重要。反对种植玉米的人指望发展草场，因为那不是大洋彼岸喜欢温带气候的玉米，能够保证俄罗斯畜牧业的兴旺发达。三叶草和苜蓿是最好的草种。只不过按照沃罗诺夫的说法，这一切正好完全相反。

在组织局的会议上沃罗诺夫没有为自己辩解，而是试图对听众做一点“科普”说明。中央干部局副局长Г. В 库兹涅佐夫对沃罗诺夫的“科普”说明非常恼火。他认为，“‘赤塔人’陷入了野蛮时代和中世纪。玉米是南方的作物，这一切都是在冒险，赤塔州委不知为什么要把玉米搞到外贝加尔这种气候条件十分严峻的地带。”沃罗诺夫不同意，于是相互争吵起来。父亲站在沃罗诺夫一边。他也是组织局的成员。

“赫鲁晓夫气坏了，”沃罗诺夫写道，“他把检查我们工作的人‘收拾得’够呛，使他们的负责人感到无地自容。‘我看了你们的报告，’赫鲁晓夫说，‘简直看不明白。我看了沃罗诺夫同志的报告才明白，州的党组织干得不错，工业，特别是农业都是对路的。”

“我不知道它是不是田野之王，”沃罗诺夫继续说，“但组织局这次会议后我们对玉米的事更加积极了，因为种植的效果很好：有一个集体农庄或是国营农场，他们非常关心玉米的事，不管什么品种，他们一用，牛奶的产量立刻大幅提升！我要说，不光我们这儿，新西伯利亚州、克拉斯诺雅尔斯克边疆区和西伯利亚和远东各区全都如此。

① 1952年之前中央有两个领导机构——政治局和组织局处理日常事务，苏共19大取消了组织局，而政治局改名为中央主席团了。

我为什么要写这件事？因为谁希望了解的话，他就能够理解玉米的意义，不仅是作为一个粮食品种，而实质上是作为唯一的一种青贮作物。我从事玉米种植，并没有受到来自赫鲁晓夫方面的压力。不想了解实情的人会编排一些笑话，说赫鲁晓夫正在'把玉米往北极推广'。也有说把饲料豆作物往北极推广的，因为赫鲁晓夫也在积极宣传这种作物。至于那些爱说俏皮话的人，不正是他们现在为商店里买不到肉和奶在伤心落泪吗？"①

沃罗诺夫这个人我记得很清楚，他后来成了俄联邦政府的首脑。他和勃列日涅夫或者波利扬斯基、谢列平不同，他没有自诩为父亲的朋友，没有溜须拍马，每逢意见不合便"寻衅找茬儿"，从不藏着掖着。我想，上面所引沃罗诺夫的证言说服不了那些对父亲心怀不满的人，但是"好话连猫听着也都觉得舒服"。

在赤塔州和新西伯利亚州的土地上种植玉米，这是我们自己搞出来的经验。经过仔细查看，在国外，他们也早已不再认为玉米是南方的农作物了。作为牲畜饲料，甚至加拿大也培植出来了，而北美大陆在气候上比欧洲要寒冷得多。地理上并行不悖的状态意义并不大：美国北方边界的地方和克拉斯诺达尔边疆区的纬度是并行的，可是那里寒冷的程度，以明尼苏达州和苏联的沃洛格达州为例，冬天积雪达到三米厚。当然，明尼苏达州的玉米穗和沃罗诺夫在赤塔的玉米穗一样，不会长到成熟，不过也不需要它们长到成熟，它们和禾秆一起粉碎后制成玉米青贮饲料；关于这一点我已经介绍过，一部分青贮饲料收藏在青贮塔里过冬，余下的趁新鲜喂养猪和奶牛。美国人和加拿大人完全拒绝喂食草料和自由放牧。按照他们的计算，这在经济是不适宜的。牲畜的生存率要看气候如何，是否有专门的牧区和房舍，是不是定时定量地保证饲料的供应。这也是很明显的事，要满足像美国这样国家的饮食消费，需要千千万万头带角的牲口和生猪等家畜。任何牧场，都非常缺乏，更何况犊舍。

用做青贮饲料的玉米生长在美国的最北部，这是我亲眼所看到的。2000年秋天我应邀到上纽约的一所大学给学生讲课。这是该州的最北部分，和我妻子居住的罗得岛州相距不远，路况好的话开车需要5个小时。我们这个地区的农业已经荒废了一个半世纪，这里的土壤很贫瘠。早先来到这里的人田

---

① 根·伊·沃罗诺夫：《一点回忆》，载于《各民族友谊》1989年1月第1期，第193—194页。

地早已长满了树木。纽约州的景色已经改变了，树林变成了良田：种上了小麦和甜菜，但更多的是玉米。他们正好用来做青贮饲料。

在大学里讲完课，我问著名的农业系的教授，他们在北方是怎样种植玉米的。和我交谈的人惊讶地望着我说：玉米在这里早就适应了，5月播种，尽管9月末还会有寒潮袭来，有时候还会飘雪花，对于玉米来说，三个月多一点的时间足够了。当然，如果不懒惰的话。

毫不奇怪，在科学的帮助下，父亲开始将玉米的播种工作向北部拓展。起初推广到奥廖尔州，随后又到莫斯科州，甚至一直推广到列宁格勒州和波罗的海地区。在一次讲话中，他为了激发起听众的热情，许诺“今年一定要把玉米种到雅库特，甚至种到楚科奇自治区去。土豆在那里生长吗？生长。我想玉米也能够生长。”① 这话纯粹是一种宣传鼓动，是一般号召。玉米需要多少个无霜日才能达到标准，哪怕半夜将父亲叫醒，他也能答上来。雅库特的无霜日已经明显不够了。但父亲的这些话人们记住了，至今还有人提起，当真认为父亲要把玉米种到北极去了。

玉米往北方推广非常吃力。农民的思想十分保守。第一年在奥廖尔州的50万公顷耕地中只拨出20公顷的土地种植玉米。种上以后便遗忘了。结果跟杂草长在一起，最后自生自灭了。长不好的原因是玉米不适应奥廖尔州“严酷的”条件。如果说这“严酷的条件”是指没有人进行照料，那是没有什么可说的。父亲1950年就在莫斯科郊区的大田里开始推广新品种玉米的种植，当时的情况要好一些。不过他当时硬是逼着他那担任戈尔基-2号国营农场场长的朋友种植了20公顷的玉米。朋友的农场就在父亲的戈尔基-9号别墅的旁边。农场场长不愿意跟父亲发生争吵，也无法争吵。他不相信这事能够成功。

领导播种的仍是那位对父亲忠心耿耿的“桑丘”② ——安德烈·舍甫琴科。父亲晚上下班时往往去这块或那块玉米田里“视察一下”。在他的监督下，拖拉机及时间苗松土，中耕除草。快到7月时，农场场长增强了“对玉米的信心”，而到8月底，当玉米长到快三米高时，农场的农艺师骑在马背上，以玉米丛林为背景，为《星火》杂志拍了一张照片。

我不知道奥廖尔州的情况怎样，但在“戈尔基-2号”，父亲在职和退

---

① 《赫鲁晓夫文集》（8卷集），国家政治书籍出版社1962年莫斯科版，第2卷第28页。

② 西班牙作家塞万提斯（1547—1616）的著名小说《堂吉诃德》中的人物。

休之后，直到20世纪末，都一直在种植玉米。现在是不是还在种植，我不了解情况。

父亲在领取退休金的岁月，很喜欢讲述他如何向民主德国推广玉米的故事，他不是向国营农场，而是向私有农场主推广。在东德，作为一种历史错位现象，基督教民主党保留了下来。西德的基督教民主党人搞得非常红火，而民主德国对他们的党采取了容忍的态度，想以此表明他们的民主精神和对信仰的宽容大度。党的首脑是个农场主，名叫奥托·努什凯。我写过，1953年罢工时，他不知是逃往西方了，还是被劫持了。事态平息后他又回来继续领导他的基督教民主党。

父亲有一次访问德国时和努什凯谈过话，得知他自己的农场里养有成群的奶牛，便劝他一定要试一试青贮饲料。努什凯原先从未和玉米打过交道，所以对父亲的话没有直接回应。父亲死乞白赖地要求他答应种5公顷试试。回到莫斯科，3月份有过一次谈话，当时父亲去民主德国参观莱比锡博览会，他吩咐舍甫琴科准备一些种子上路时带上。舍甫琴科的到来，努什凯一点都不高兴，5公顷的玉米地，他觉得太可惜了，他只拿出半公顷最贫瘠的土地勉强敷衍一下，反正那里什么东西都不长。舍甫琴科亲自在这块土地上播了种子，夏天还不止一次地到努什凯这里看看。德国人没有偷懒的习惯，努什凯那里的玉米跟莫斯科郊区“戈尔基－2号”的玉米一样，夏末时长到了三米高。

秋天，努什凯打电话给舍甫琴科，说希望他下年寄种子时多寄一些，因为他的邻居也想种玉米了。

不久前，已经是21世纪初了，我有机会经常乘火车去合并后的德国。看书看累了，休息时不免感到有些寂寞，这时往火车窗外眺望一下：森林、灌木林、麦田、燕麦地……一望无际，放眼望去，是一马平川的玉米地。和俄罗斯不同，在德国，听父亲劝说的人都记住了。在那里，玉米不是谈笑的话题，而是农场主、努什凯的继承人、他的邻居、邻居的邻居的辛劳致富的基础。青贮饲料使牲畜长得膘肥体壮。德国人用它们的肉制成香肠，向全世界推销，自己也不吃亏。

2006年我有事去荷兰——郁金香之国。我像在德国一样，喜欢到处走动，先是坐火车，然后再乘汽车。郁金香种植园倒不常看到，可是那里的玉米到处可见，每一块空地上长的都是玉米。荷兰人在奶牛的帮助下将玉米加工成自己声名远扬的奶酪。

父亲总爱说："有志者事竟成。我们的玉米会有人相信的，我们也不能不相信，届时俄罗斯人的肉、奶、黄油的消费将会翻番。"

也许有一天人们会相信的。俄罗斯人相信土豆大概也是在叶卡捷琳娜第一次下令强制栽培百年之后。19 世纪中期人们对土豆还持相当怀疑的态度，到了 20 世纪初，无论是穷人还是富人，离开土豆午饭便无法想象了。因此，现在只有耐心地等待，吃着德国人的香肠，听着关于怪人赫鲁晓夫和他的"地里的宝贝"玉米的笑话了。

"不仅仅是为了面包……"

（插叙六）

1956 年 8 月份的《新世界》杂志开始登载弗拉基米尔·德米特里耶维奇·杜金采夫的《不仅仅是为了面包》[①]。小说讲述斯大林时期一位发明者的坎坷命运，官僚主义分子设置的重重障碍，有的让他破了，有的他未能够突破；书中对官僚主义者并未直接点明，但人们很容易猜得出来；这项发明是国家非常需要的。我已经不记得发明的是什么东西了，不知是灭火器还是别的什么东西，这并不重要。重要的是另外的内容：主人公的命运发展的过程中出现了和那个决定这项发明命运者的妻子的爱情故事，后来暗中的事变成明显的了，被蒙骗丈夫的一封假举报信送到了某机构，然后就是审判，集中营。最后是颂扬：斯大林死了，案子平反了。但为时已晚，生活被毁了，健康没有了，发明未能实现。到头来是心肌梗塞和死亡。总之，是一个令人悲伤的故事。

杜金采夫的小说像一颗爆炸的炸弹。我们这里邪恶怎么能够战胜善良呢？

"苏维埃国家里不可能出现这样的事！"有人在大声咆哮。

没错。三年前，文学还是"无冲突论"的天下，这是一种关于好与最好之间相对立的理论，可是现在，您瞧……

"苏维埃国家也有不寻常的事！"旁边有人不无道理地表示异议。

因此马上有人给作家贴上了"抹黑者"的标签。

---

① 俄罗斯作家杜金采夫（1918—），1956 年发表的一部长篇小说。

一部相当平庸的中篇小说引起了轰动，这不是文学上的轰动，是政治上的轰动，就其社会反响而言，甚至和索尔仁尼琴的《古拉格群岛》在遥相呼应。杜金采夫的支持者和反对者展开了你死我活的斗争。反对者居上风，他们既掌管着意识形态机构，也主导着报刊的舆论。但支持者也并未就此罢休，他们指望能得到父亲的支持。但这时突然发生了匈牙利事件，因此父亲不愿意置身于一群反对者之中。他觉得，我们国家这条船摇晃得非常厉害，如不采取措施，可能会倾覆的。

我不认为父亲喜欢这部小说。他很敬仰列夫·托尔斯泰和尼古拉·列斯科夫①，也喜欢其他风格的作品，但杜金采夫作品中的某些地方他觉得写得也很好。有一个星期天，记得已经是秋天了，树上的叶子几乎已经落光，我们和米高扬在别墅附近的小树林中散步时谈起了杜金采夫。与其说我们是在谈他本人和他的作品，还不如说是在谈他的小说所引起的“莫斯科人活跃的思想”。这种活跃引起了父亲的警觉。米高扬同样也喜欢这部小说，他安慰父亲说：“他实际上是听了你的话，想想他是怎样描写那些阻碍革新家伤害发明人的官僚主义者的。”

“没错，你说得很对，”父亲表示同意，“小说写得非常真实，也很尖锐，但我批评的目的是要消除缺点，指出克服的途径，而杜金采夫对这些缺点是在津津乐道，品尝玩味。”

“但你是国家首脑，而他只是个作家呀。”米高扬不同意父亲的话。

“正因为是这样，”父亲表示同意，但马上又反驳说，“他自己并不愿意，却成了我们敌人的传声筒，在国外反动媒体的眼里他变成了英雄，是反对苏维埃国家的斗士。”

接下去父亲谈起了“裴多菲俱乐部”；1956年秋天的匈牙利事件给我国发生的事情打上了自己的烙印。米高扬听着父亲的话，没有再表示反对。我当然未参与长辈们的谈话。

“我们不能对我国生活民主化中发生的事情遮遮掩掩，不问不闻，持中立态度，”父亲继续说，“我们不是观众，而是领导人，因而有责任指导事情的进程。”

---

① H. C. 列斯科夫（1831—1895），俄国作家，小说多以民众生活为题材，反对虚无主义，如长篇小说《走投无路》（1864）与《结仇》（1870—1871），19世纪70—80年代的作品有小说《被诱惑的流浪汉》、《左撇子》、《巧妙的理发师》及《神职人员》等，他是语言大师，又是讲故事的高手。

米高扬点了点头。他们没有再谈杜金采夫的事，而说起了当时一件什么更重要的事情。

几个月后，父亲在苏共中央会见作家们时重又谈起自己对《不仅仅是为了面包》的评价[①]。他重复的是原话，几乎一字不差。大概他早先讲的也是这个精神。

感到有了父亲的支持，中央的思想家们采取了措施。杜金采夫受到压制，螺丝拧得更紧了，诚然，为时不长。很快，新的“暖意”来了，杜金采夫的小说单行本出版了，印了10万册。这样“瞻前顾后、犹豫不决”的现象反映了当年所发生事情的本质。父亲在对国家进行改革，但是要以不损害国家为宗旨。这就必须审时度势，巧妙应对。

肖斯塔科维奇的纪念会

1956年9月25日是德米特里·德米特里耶维奇·肖斯塔科维奇[②]50岁的生日，报上称他是当代最杰出的作曲家。报道旁边刊登的是苏联最高苏维埃主席团关于授予这位作曲家列宁勋章的命令，这是当时最具权威的奖项，而且他远非第一次获奖。斯大林也没有忽视这位作曲家，他有自己和知识分子交往的行事风格；对于肖斯塔科维奇，他有时候加以迫害，有时候又宠爱有加。1956年，斯大林既不喜欢他的先锋派歌剧《马克白斯夫人》，也不喜欢他的传统芭蕾舞《清澈的溪流》，因此他失宠多年；1941年肖斯塔科维奇获得斯大林奖金。1942年因《列宁格勒交响曲》又获得列宁奖金。肖斯塔科维奇第三次成为斯大林奖金获得者是在1946年。1949年他再次失宠，还是因为《马克白斯夫人》，这次是跟作曲家瓦诺·穆拉杰利[③]和其他著名音乐家一起受的连累。

肖斯塔科维奇的音乐不再演奏了，他被列宁勒和莫斯科的音乐学院解聘，但为时不久。作曲家以自己的音乐为关于斯大林的影片《攻克柏林》和《难忘的1919年》洗刷了自己，接着立刻受到嘉奖——1950年的斯大林奖

---

① 赫鲁晓夫在苏共中央召开的作家会议上的讲话，见1957年5月13日的《史料》杂志，《俄联邦总统档案馆通报》2003年第6期，第80—81页。

② 德·德·肖斯塔科维奇（1906—1975），苏联著名作曲家，人民艺术家。

③ 瓦·伊·穆拉杰利（1908—1970），苏联著名作曲家，人民艺术家（1968）。

金和1952年的另一个总数为第五的奖项。

肖斯塔科维奇几经沉浮，失意时他经受了被捕、审讯和拷问的威胁。斯大林的宠爱和随后的失宠，终于将肖斯塔科维奇折磨得心神疲惫，受不起刺激了。斯大林之死使他松了一口气，他的生活“终于安全了”。

1953年12月，肖斯塔科维奇的第九交响曲演出了。音乐评论家后来称它是斯大林寒冬之后的第一部先于爱伦堡的《解冻》的报春作品。

1954年肖斯塔科维奇成为世界斯大林国际和平奖的获得者，而1958年是列宁奖金的获得者。

1961年肖斯塔科维奇加入苏共，成为俄联邦作曲家协会第一书记，而他1948年时的难友瓦·穆拉杰利则当选为莫斯科作曲家协会的领导人。俄罗斯的整个音乐生活从此尽在他们的掌握之中。

1962年12月，莫斯科音乐学院叶夫根尼·姆拉温斯基交响乐团第一次演奏了以诗人叶甫图申科①的诗谱写的反斯大林的交响曲《娘子谷》。肖斯塔科维奇在交响乐中表现了斯大林的和希特勒的镇压的主题，提醒人们“像影子掠过一样，到处都是恐怖，所有楼层中无处不在”。

父亲对肖斯塔科维奇非常尊敬，但他从不自诩为他的朋友，也不随便批评他的作品。他们各谋其事，各司其职，父亲关注国家大事，肖斯塔科维奇当自己的音乐指挥。偶尔在招待会或接见的场合看到了，相互握握手便各自离开了。

最后再指出一点。现在通常认为肖斯塔科维奇并没有入党，他是被强拉进去的，几乎是用威胁的手段。这是时代的印记，是过去的真实反映，加之时沉时浮，变化无常。这是不对的。当时情况不同。党吸收的是工人，可知识分子基本上都是在争取加入：作家、记者、工程师。中央甚至专门发布过指令：可以不加限制地吸收工人入党，对于其他人应该放宽限额。别人递个申请就能够入党，作曲家或学者则要排几年的队。这事现在没有人回忆了，但事实就是事实。

父亲认为党员是一种特权，而不是要尽的义务。他一视同仁地高度评价作为党员的科罗廖夫和非党人士图波列夫，不要求图波列夫一定要入党。对此我可以作证。父亲对于帕通院士要求入党的事非常高兴，但这一决定是帕通本人晚年自己作出的，不是赫鲁晓夫的意思。我不认为在肖斯塔科维奇的问题上父

---

① 叶甫图申科（1933—），俄罗斯诗人，常写些尖锐的政治性的诗歌。

亲会有不同的作法。无论是区委还是市委，没有人敢对肖斯塔科维奇这样大的名家施压。他们可能建议他入党，但强迫他这样做，他们知道，一旦肖斯塔科维奇向父亲发出怨言呢，我简直无法想象。

新的剧院

1956年4月15日，莫斯科艺术剧院举办现代人实验剧团的首场演出，而1956年10月便举行了新的、奥列格·叶夫列莫夫[①]"现代人"青年剧院的第一次聚会。以前剧院总是关闭——梅耶霍尔德[②]剧院、泰罗夫[③]剧院，关闭的剧院不计其数。维克多·罗佐夫[④]的第一个剧本《永生的人》（1956）由叶夫列莫夫的班子搬上了莫斯科艺术剧院的舞台，对社会公演。很快，剧院迁到了马雅可夫斯基广场（凯旋广场）。到"现代人剧场"买票的人从夜间就排起了长队。

继"现代人"之后，莫斯科又出现一家剧院——"克里姆林宫剧院"。它设在政府所在地克里姆林宫内，是在克里姆林宫服务人员的一座豪华俱乐部的基础上建立的。父亲有一次去参加一个什么会议，生气地说："这么个大厅怎么能空着？"当即指示："把它交给莫斯科人使用吧。"

克里姆林宫的工作人员抱怨失去了休闲娱乐的地方，父亲建议他们到新的剧院去，那里每天都会有演出，而俱乐部每周只能勉强活动一次。剧院入口在另外一个方向，他们对父亲解释说，剧院坐落在部长会议的办公楼内，千万不能发生什么意外。父亲和斯大林不同，不担心有人会谋害他，对他们的警告未放在心上。他不排除有这种可能性，国家这么大，什么人都有，但是他经历过战争，不止一次地出生入死，命悬一线，而不是想象中的子虚乌有的死亡威胁；他对潜在的谋害活动持听天由命论的态度，就像对待德国人投下的炸弹那样：生死有命——你躲不过去。要是躲过去了，那就是说，你命该如此。父亲掌权多年，还没有人蓄意谋害过他。

---

① 奥·尼·叶夫列莫夫（1927—），苏联演员、导演、人民艺术家。

② 弗·埃·梅耶霍尔德（1874—1940），苏联著名导演，在艺术表演上敢于大胆探索。

③ 亚·亚·泰罗夫（1885—1950），苏联导演、戏剧革新家，热衷于"综合戏剧"的实践。

④ 维·谢·罗佐夫（1913—2004），苏俄剧作家，作品不回避尖锐的冲突，关注青年人的生活，剧本《永生的人》后拍成电影叫《雁南飞》，我国曾上演过。

不久，克里姆林宫剧院对公众开放了。在这里演出的基本上都是到莫斯科作巡回演出的剧团。古巴危机之后，1962年10月28日晚上，父亲在这里观看了保加利亚索非亚话剧院演出的《维托沙①》一剧，他以此向国人和世界表明：一切正常，不用担心。克里姆林宫剧院存在的时间不长。父亲退休后，剧院又恢复到了克里姆林宫俱乐部的封闭状态。

鸠山一郎和对日和平条约

1956年10月13日，日本首相鸠山一郎飞抵莫斯科。他身患重病，半身瘫痪，乘坐飞机非常困难，但他又不能不来莫斯科。自去年1956年9月德国总理阿登纳解决了和苏联的关系、不仅谈好了战俘返国的问题、而且恢复了经济和商贸联系之后，首相在东京受到了来自各方的压力。

10月14日在克里姆林宫开始谈判。受卧床不起的鸠山一郎的委托，由农产和渔业相进行谈判。他和父亲很快便找到了共同语言。双方就6万日本俘虏返乡一事达成了协议。赫鲁晓夫同意赦免被判战争罪的日本将领的罪行。他们原则上讨论了和平条约的基本条款，包括边界协议在内。根据1952年生效的旧金山和约、同盟国之间达成的《雅尔塔协定》（斯大林出于自己的某些考虑没有签字），全部千岛群岛，包括附近其他领土资源，从苏联堪察加半岛最南端到日本北海道岛北岸的整个千岛群岛岛链归苏联。当时对此没有人提出异议，可是现在对什么是千岛群岛，各方存在着不同的解释。日本人将其分为千岛群岛和两个南面的小岛国后和择捉，日本人认为是苏联非法占领的。他们竭力想将其收回，可是色丹岛不包括附近的小岩礁（俄罗斯的地图上标的是波隆斯基岛和泽廖内岛等）。任何谈判都是一种交易，双方都在讨价还价，尽量多要一点，以便最后能够多得到一些。

苏联领导人对千岛群岛没有南和北之分，他们认为所有岛屿都是自己的，包括色丹和齿舞。经过长期争吵，日本人放弃了对择捉岛和国后岛的要求，父亲则答应和约签订后，不是归还，而是作为一种善意，将苏联的领土择捉和国后两岛交给日本，从而对领土争端问题作一个了断。

父亲认为这笔交易还是划算的，和平条约打开了和日本人的经济联系，

① 保加利亚首都郊外一座山名，是索非亚的风景区。

而这是值得用当时看来意义不大的两个弹丸小岛来交换的。我提醒一句，1956 年人们还没有这样的概念，即属于任何一个国家的领土，哪怕它是荒无人烟的不毛之地，这个国家就拥有周围 400 海里广阔的海上经济区。当年人们只讲究岛屿本身。

鸠山一郎首相对于这样解决问题的办法也非常满意，他不仅使日本的战俘可以回家了，而且，作为礼物，还得到了即便是弹丸之地的两个小岛。

双方分手时彼此都很满意。东京迎接鸠山一郎的是一片掌声。日本议会在没有人反对的情况下批准了该项条约。

但这时美国插手了。杜勒斯威胁日本人说：如果他们签署对苏和约，放弃择捉和国后两岛，那么美国将占领日本的冲绳。结果和平和约没有签订。问题悬而未决。

列宁奖金

1956 年 11 月 6 日，十月革命周年纪念的前夕，为表彰在科学、技术、文化、文学方面所取得的成绩，设立了列宁奖金。其实不是新设立的，而是如中央主席团的决定所写的那样，是恢复的。

因为列宁奖金早在 1925 年就有，后来一连颁发了 10 年，直到 1935 年。1935 年斯大林没有把请他审核的列宁奖金获得者的名单送回来。没有人敢去提醒他。第二年依然如此。

没过多久，情况便明朗了，1939 年 12 月，就在斯大林 60 华诞的前夕，他决定恢复斯大林奖金。正式决定是人民委员会 1940 年 2 月 1 日做出的。列宁奖金并没有取消，人们只是仿佛把它们忘记了。现在才想了起来。1955 年 11 月 5 日米高扬在中央主席团会议上第一次谈到这个话题："斯大林奖金存在，而列宁奖金却没有了。没有人提出问题，不过应该想一想。"伏罗希洛夫支持米高扬的意见[①]。但事情到此为止，没有下文，在 20 世纪到来的前夕，中央主席团委员脑子里想的是另外一些问题。1956 年 3 月赫鲁晓夫主动又谈起列宁奖金来，大家决心要做出一个相应的决定。

---

① 《苏共中央主席团 1954—1964 第 1 卷原始会议记录速记稿》，俄罗斯政治百科全书出版社 2003 年莫斯科版，第 56 页。

记得当时父亲对于斯大林毫不客气、撇开列宁、用自己的名字设立奖金的做法非常生气。当时，人们对于斯大林多次将“自己的”奖金授予他自己特别喜欢的诸如西蒙诺夫、肖斯塔科维奇或谢尔盖·米哈尔科等作家和作曲家的危害性有很多议论。不知为什么，这种现象让很多人都产生反感，也许仅仅是出于忌妒。这股风气也没有逃过父亲的眼睛。1956 年 7 月 5 日，中央主席团在讨论列宁奖金条例时，父亲提议不要每年授予，改为三年一次，而且是一次性的，只授予有划时代成就的人①。大家都表示同意。只是未能界定出怎样事先区分具有划时代意义的作品和不那么具有划时代意义的作品。最初几年没有遇到特别的困难，诚然，大家劝父亲放弃三年一次的循环做法，毕竟有很多人——相当有名望的人，他们迫不及待地希望得到新的荣誉头衔。于是奖项开始年年授予。

结果很快就发现，有时荣获列宁奖金的人创作出了某种无愧于二次获奖的作品。有才能的人通常不满足于已有的成绩：设计师设计出新的机器，画家创作出新的画作，作曲家有了新的歌剧和交响曲。然而父亲重新看了看奖金的条例，马上想起了斯大林奖金。斯大林奖金并没有什么人把它取消，但新的斯大林奖金不再授予了，而二十大之后，尽管父亲呼吁“要自豪地佩戴自己荣获的奖章……”，但人们再佩戴有斯大林头像的奖章时感到有些不好意思了。

1961 年，斯大林奖金改名为国家奖金，开始重新授予，而且不是一次性的，没有限制，也授予列宁奖金获得者。

要闻日志

9 月 1 日，苏联高校全日制大学生入校的一年级学生人数为 222 万零 400 人。

9 月 6 日和 9 月 8 日，美国波士顿交响乐团分别在列宁格勒和莫斯科演出。演出节目中有贝多芬和海顿，以及我们绝对不了解的美国作曲家皮斯通

① 1957 年 5 月 13 日赫鲁晓夫在苏共中央作家会议上的讲话。《史料》杂志，《俄联邦总统档案通报》2003 年多 6 期，第 80 页。

和克列斯通的作品。乐团指挥由蒙什和皮埃尔·蒙特①轮流担任。

继波士顿交响乐团之后，美国歌唱家让·皮尔斯到莫斯科演出。

与此同时，苏联音乐家也到国外演出：有钢琴家埃米尔·吉列利斯、小提琴家达维德·奥伊斯特拉赫、大提琴家姆斯基斯拉夫·罗斯特罗波维奇②等。

9月8日决定将工业地区的最低月工资提高到300—500卢布，同时将免税收入的界线划到月收入250—370卢布。这都是区区小数，但更多的又拿不出来。决定还取消了对收入不多的单身男人的税收。斯大林1941年11月21日实行这一政策的目的是想刺激人口生育率。他认为，育龄期内不结婚的男人、无子女的女人和少子女家庭，他们好像在逃避对社会所负的“生产”责任，为此，他们必须付出代价。我本人作为大学生也从自己的助学金里扣缴“单身税”。

提高工资和取消税收，减少了国家的预算收入。财政部很有意见。父亲理解他们的问题，财政工作者的任务是做到收支平衡，防止支出过多。但又不应忽略对人的关心；要记住，预算是为人服务的，而不是人为预算服务。这就必须要经常保持平衡，准确调整收支的比例。如果货币发行的是没有保障的不值钱的“卢布”，而且超过了摆在商店货架上的消费品，这可不是人们所愿意看到的。“多出来的”货币会将货架上的商品一抢而光，那就像以前不止一次发生过的那样，得实行凭票供应。父亲想方设法，不让过去的事情重现。

1956年9月13日，巴黎国家民间剧院在莫斯科小剧院上演莫里哀的话剧《唐璜》。

《青春》杂志9月号发表了我喜爱的作家阿纳托利·吉洪诺维奇·格拉季林③的第一步中篇小说《维克多·波德古尔斯基纪事》。

9月22日，伦敦交响乐团在莫斯科音乐学院大厅举行首场音乐会。

10月15日在莫斯科、10月18日起在列宁格勒开始举办意大利电影周。

---

① 蒙什（1891—1968），法国指挥家，小提琴家·皮埃尔·蒙特（1875—1964），法国指挥家，曾任俄国芭蕾舞团乐队指挥。

② 埃米尔·吉列利斯（1916—），苏联钢琴家。达维德·奥伊斯特拉赫（1908—1974），著名小提琴家，曾获苏联国家奖金和列宁奖金。姆斯基斯拉夫·罗斯特罗波维奇（1927—），著名苏联大提琴家，1973年旅居国外。

③ 阿·吉·格拉季林（1935—），苏联作家，著有中篇小说《罗伯斯庇尔的福音书》（1970）、长篇小说《预报明天》（1972）、《将军衔》（2007）等，1976年移居法国。

1956年10月27日《真理报》刊出塔斯社消息："纪念毕加索[1]诞辰75周年画展在普希金造型艺术博物馆大厅开幕。出席开幕式的有首都文化艺术界的活动家……"接着一一列举到会者和讲话者。

当时举办毕加索画展是一件非同寻常的大事。早在1936年，斯大林就下令'取下了特列嘉柯夫美术馆和俄罗斯博物馆（即一切博物馆）的形式主义和粗俗的自然主义展品。'[2] 甚至弗鲁别利[3]都被列入不良画家之列，更不用说印象派和立体派画家了。他们的画多年来都堆放在仓库里。战后，1948年，伏罗希洛夫提议，苏斯洛夫同意，在共同与世界主义进行斗争的框架内，关闭了展览西方新艺术的国家博物馆，认为这种艺术"是有害的和没有必要的，是形式主义观点的温床和对西方颓废文化的盲目崇拜。"受到排斥的不仅有当代作品，还有的整个西方艺术，只有个别例外。

1950年，普希金博物馆成了全天开放的斯大林所收礼品的陈列馆。

1953年春，普希金博物馆开始恢复正常展出，当年下半年，多年来外国艺术作品"芬兰造型艺术展"首次在艺术研究院大厅展出，之后是"印度艺术展"。5年后，再没有人关注这些事了，而在当时，人们为了一睹国外的绘画和雕塑作品排起了长龙。为了避免人们拥挤，参观展览的人严格控制，实行分批进入。

然而，真正对西方传统艺术和先锋派艺术敞开大门的是1955年。继1955年5月5日德累斯顿美术馆的艺术珍品展出后，又举办了苏联博物馆收藏的法国15—20世纪艺术品展览。展出的作品有印象派和后印象派的创作，是伏罗希洛夫关闭的博物馆的西方艺术藏品。

1956年，除了毕加索画展，举办的展览还有：3月26日——5月8日拥有513件展品的"英国艺术展"；5月26日——7月25日拥有430幅画的"伦勃朗作品展"；8月18日——10月4日的"法国19世纪绘画展"；10月16日——11月12日的"日本艺术展"；10月24日——11月12日的"从莫尼埃到佩尔梅克"[4]、"19世纪末至20世纪的比利时艺术展"；11月的"弗

---

① 帕·毕加索（1881—1973），法国和西班牙著名画家，世界和平奖（1950）和列宁奖金（1962）获得者。

② 俄罗斯现代政治史国家档案馆第17全宗第3目录第978案卷第1、13页。

③ 米·亚·弗鲁别利（1856—1910），俄国画家，作品在用色结构上明显带有现代派的象征主义情调。

④ 伦勃朗（1606—1669），荷兰画家；莫尼埃（1831—1905），比利时画家、雕塑家；佩尔梅克（1866—1952），比利时画家、雕塑家。

兰克·勃连基文的腐蚀版画展”；12 月的“16—20 世纪的西欧版画展”；12 月 10 日，特列嘉柯夫美术馆多年来第一次在弗鲁别利百年诞辰举办了他的画展。

毕加索画展 11 月 12 日前在莫斯科举办，然后迁往列宁格勒博物馆。画家本人虽一再受到邀请，但他还是没有到苏联来，不过即使他没来，画家那非同一般、令人感到有些生疏的艺术——不只因为他的《和平鸽》——仍然赢得观众一片喝彩。有些人从内心深处表示赞叹，有些人同样从内心里感到愤怒，还有些人表示赞赏只是装装样子，以免让人觉得自己很落伍，另有一些人一脸茫然，很不理解。

作为例子，我援引博物馆留言簿上的两段话。“看过这样的展览，感到自己特别孤陋寡闻，好像自己是从荒无人烟的岛上来的……”一名匿名观众写道。

“这里我能够说什么？/画我看了，/然后疲惫不堪地坐下来，/感到这种画法太毕加索化了，/至今我还难以置信，/这是博物馆，不是疯人院。”下面是签名：“一名观众”。

留言各种各样都有。但最主要的是人们亲眼看到了自己想看的东西，在这之前是不让他们看的。

从 11 月 18 日起，苏联举办了芬兰电影周。

1956 年 11 月 27 日报纸发表了纪念伟大电影导演亚历山大·彼得罗维奇·多夫任科①的悼念文章。

1956 年 12 月 15 日，爱沙尼亚苏维埃社会主义共和国文艺巡演团在莫斯科开始演出。

这种短期巡演的做法还是战前想出来的：各个共和国像作客似的，彼此到对方演出，展现自己的才能，甚至没有什么特别能耐的也要出去显摆一番。我对这种短期巡演有一种双重回忆。演出者在精神文化上跟我们很接近，特别是乌克兰人，我会很愿意去看他们的文艺晚会和戏剧演出，巡演一转眼便结束了。而如果巡演在文化上距离我们很远，而且又艰涩难懂，不知所云，那么观众对它们的反应只能是厌烦，别无其他。晚会和演出给他们提供最好的舞台，演员演得也很卖力气，可就是观众不买账：来看的人寥寥无几。

---

① 亚·彼·多夫任科（1894—1956），苏联电影导演、编剧、苏联电影创始人之一。

爱沙尼亚来巡演那年，我正在大学学习，刚好我是莫斯科动力学院的俱乐部主任，我们有一个非常漂亮的大礼堂。有一次，当期中考查正进行得如火如荼的时候，学校让我们俱乐部承办爱沙尼亚民间合唱团的晚会。我要说的是，他们是用爱沙尼亚语演唱。俱乐部方面负责招揽观众。而且正值学期中间，学习正稳定的时候，把大学生们往这样的晚会上赶，任务可不简单，要是在考试前……礼堂里总共不过十来个人，他们还都是俱乐部活动的积极分子，是同情俱乐部的处境才前来捧场的。部队帮忙救了急，他们是工程兵，在对学校实验大楼进行补充施工。一个电话打给施工队长，半小时后，演出大厅里挤满了人，空气里散发出他们靴子上浓重的松节油气味。演员们该演的都演了，但缺乏特有的热情，剧场反应听从领队的指挥，该有掌声的地方也都鼓了掌。晚会结束后，演员们乘大巴回旅馆，观众们列队回家，去兵营，而我们在俱乐部日志里写道："任务顺利完成，现场观众满员。"巡演期间士兵成了真正的救命稻草。

尽管有这些弄虚作假的愚蠢做法，我认为巡演还是一种不错的活动，虽然都有人指挥，但不管人们怎么说，还是增进了相互的了解。

1956 年 12 月 17 日，法国流行歌手伊夫·蒙丹①来莫斯科演出。他和他的妻子、女演员西蒙娜·西尼奥拉引起了轰动，演出大厅人满为患，喜欢伊夫·蒙丹和漂亮的西尼奥拉的人争先恐后地邀请他们去做客。莫斯科木偶剧院导演谢尔盖·奥布拉兹佐夫②有幸全程陪同客人，大家羡慕极了，莫斯科小剧院的奠基人、作家弗拉基米尔·波利亚科夫甚至为此写了一首长诗。人们又是朗诵，又是引用。至今我还记得其中的两句："他没有说'多谢'而突然说'谢谢第比利斯'。"我来说明一下，他好像记住了"多"（beaucoup）的发音很像"巴库"，后来就把它和第比利斯搞混了。

这股全民热连父亲也未能抵抗得住。12 月 26 日，他和米高扬、布尔加宁一起听了法国歌手在柴科夫斯基音乐大厅的演唱，然后伊夫·蒙丹和他的妻子应邀参加了克里姆林宫的新年招待会，甚至抢了赫鲁晓夫的风头。

公众的关注使伊夫·蒙丹非常开心，演艺人员嘛，但他也绝不是什么都喜欢，而有些东西只是让他感到惊讶，比如女人的内衣：淡紫色的绒布衬裤，厚厚的白亚麻布乳罩。他从莫斯科的商店里购买这些奇怪的东西，回到

---

① 伊夫·蒙丹，真名伊沃·里维（1921—1991），法国演员和流行歌手。

② 谢·奥布拉兹佐夫（1901—1992），演员和导演，1931 年起负责莫斯科中心木偶剧院工作，列宁奖金（1984）和国家奖金（1946）获得者，社会主义劳动英雄（1971）。

巴黎后向人们展示莫斯科的这些带隐私性质的时髦，以此来羞辱自己俄国彻头彻尾的粉丝们。她们对他如此痴迷……而他对她们……

几年后，苏联政府原谅了伊夫·蒙丹，可是他永远失去了“莫斯科公众偶像的头衔”，特别是在妇女们的眼里。拿乳罩开玩笑可不是闹着玩的。

像通常一样，年末要报告新建筑物投入使用的情况。我记得11月24日传出了克拉斯诺亚尔斯克铝业联合公司顺利启动的消息。12月24日建设者们报告说，从古比雪夫州的斯塔夫罗波尔到莫斯科的煤气管道已经铺设完成。

谁“埋葬”谁?

有许多笑话和父亲的名字联系在一起。父亲从来不偷换概念，他对自己身边发生的事情反应敏捷，有时不免会说错话，而有时候他是故意的，结果弄得流言四起，有不少的臆测和投机炒作，甚至还有人进行挑衅。冷战时期，双方都尽量利用一切含糊不清的语意为自己谋利。所以，这就是战争，虽然只是冷战。因而，“北极圈内种玉米”这种按冷战的要求来说并无恶意的玩笑话，一直跟随父亲走过他的余生，甚至到他死后。

另外一句硬加在他头上的话“我们将埋葬你们”，或者另外一种阐释“我们要活埋你们”，成了这场战争中一件真正的心理武器。

玉米的故事说清楚并不难，只需读一读父亲的演说好了。而“埋葬”的说法对于我来说很久以来都是一个谜。我在父亲公开发表的讲话中找不到类似的话语，也就是说，他不止一次地说过要埋葬资本主义、帝国主义、殖民主义，但对于它们，怎么也不适用“我们”和“你们”这样的人称代词。另外一方面，这里面明显另有原因。

说父亲打算埋葬美国人，甚至埋葬整个美国，这话还是在我1959年9月访问美国的时候第一次听到。我陪同着父亲，根据记录，我不可能疏忽任何一次记者招待会和任何一次正式的相互致辞。每次我都站在最后一排，听着他对记者们反复提出的问题的千篇一律的回答和讲话。有一次我溜出去想看看附近的街道。我的离席立刻被人发现了，报纸说我离开可能是表示我不同意父亲讲的话。父亲批评了我的擅自行动。后来我再没有犯过这样的错误。所以，在我们到达美国后的第一次记者招待会上，有人就问他：为什么和什么时候打算埋葬美国？

“无论什么样的美国我都无意去埋葬，现在无意埋葬，今后也不打算要埋葬，”父亲心平气和地、像讲课似地解释说。“你们好好过日子吧。资本主义确实或早或晚，恐怕会更早地去见上帝，而且我们大家会满意地为它安葬。不能让它的尸体腐烂发臭，那会污染地球的空气。美国人将会懂得我们的道理的，他们将会选举共产党人当自己的总统，在建设共产主义的事业中和社会主义阵营团结在一起。要是不愿团结——那是他们的事。那就让他们原地踏步吧，我们可是要前进的，而且分手时会对他们挥挥手说：‘再见。’”

“再见”这个词大家都喜欢听，人们发出了赞许的笑声，甚至还有人鼓掌。记者招待会接着往下开，有人就德国问题、裁军问题，还有其他重要的问题继续提问。

报纸刊登了父亲的回答，非常详细，连“再见”这样的细节都没有漏掉，他认为这样总可以结束“埋葬”的话题了。但事与愿违。下次记者招待会上人们又对他提出同样的问题。他的回答仍然平心静气，跟上次的话一样。毫无用处。下次记者招待会上，等待他的还是同样的问题。他回答了，但已经简短一些，而且有点不耐烦。等第 10 次或第 15 次的时候，在洛杉矶，他发火了。

“同一个问题你们提了多少次了？”父亲生气地说，“我只能够说，要么你们不看自己的报纸，要么你们在挑衅。没有用！我不打算埋葬你们，我们的事情够多了，你们自己去死吧，自己去埋葬自己吧。”

访问结束后，埋葬的话题似乎也随之销声匿迹了。驻莫斯科的外国记者，为珍惜自己的声誉，没有再提诸如此类的问题。在美国，那种说父亲要把数以百万计的美国人挖坑埋掉的骇人听闻的话，冷战期间“专事抹黑的”宣传家们一直在不断地进行炒作。

我的一个美国朋友说，几十年来，一个地方电台每天早晨吵醒你的第一句话，就是一个粗俗沙哑的声音说：“我们要埋葬你们。”应该承认，在冷战时期的宣传武器中，这一招还真特别有效。父亲无意中帮了自己敌人的忙。而且是怎么个忙法！一个绝妙的教训——不经意间的一句错话，在外交上付出多么高的代价。

冷战结束后，西方杜撰出的这一形象在俄罗斯扎下了根。那句“我们要埋葬你们”的话在我们这里传播开来，只是谁也不知道它是从哪儿来的。甚至爱刨根问底的历史学家也查不到父亲什么时候、在什么地点说过这种反常的话。而且，他究竟说了没有？记者们一会儿将“埋葬”这个话随便说成是父亲1959年访问美国时说的，却又指不出具体是哪次讲话，只说是在这次访问之中，一会又绝对“具体地”说父亲是在1960年联合国大会上就非殖民化问题发言时说的。还有人把事情描述得非常荒唐，好像父亲在联合国发表演说时，盛怒之下，脱下皮鞋，猛敲讲台，大叫“我们要埋葬你们”。荒谬绝伦，但这种荒唐的说法至今还有人相信。

终于，这种不确定性使我感到十分厌倦，于是我决心要弄个水落石出。

无论是1959年访问美国，还是1960年在联合国发言都没有讲过。发生了什么事，如果发生了，那也是在1959年之前。如上所述，1959年父亲访问美国时没有人问过他这方面的问题。在联合国的讲话每个字都有记录可查，不仅政府首脑的讲话，任何代表发言都要作记录。当时父亲曾经威胁说，“各民族人民很快会埋葬殖民主义制度的”，但把这句话说成是针对美国人，而且耳提面命，这事是没有的。

我所认识的一位美国苏联通提醒我说，父亲曾经在莫斯科说过类似的话，是在波兰大使馆，但怎么说的，什么时候说的，他不记得了。

答案来得出其不意。2001年美国广播电台记者达尼埃尔·肖尔发表了回忆录《我在调试波段》[①]。事情全都清楚了。我的苏联通朋友说得对。难忘的事情发生在1956年末，11月份，是以哥穆尔卡为首的波兰政府代表团访问莫斯科的时候。

当时苏联和西方的关系极其紧张：他们因“镇压匈牙利起义”的事对我们大泼脏水，我们则因“英、法、以色列侵略埃及”对他们以牙还牙。双方都不惜用最尖刻的语言责骂对方，话说得越刻薄越好。

哥穆尔卡是波兰新任领导人，莫斯科按照最高的规格接待，中央主席团全体委员亲自到机场迎接代表团，并且准备按照波兰方面的意见重新审视斯大林定下的、压低了的西里西亚的煤价，签订有利于波兰的关于按低价向波方提供苏联的铁矿石和粮食的协议。总之，尽可能地安抚他们。哥穆尔卡答应我们要永远保持波苏友好。

分别的时候到了。1956年11月17日，在克里姆林宫金碧辉煌的格奥尔吉耶夫斯基大厅，苏联政府为波兰人举办了告别宴会。满桌子的美味佳肴，其间摆放着一排排的瓶子，有白兰地、伏特加、格鲁吉亚的葡萄酒、高加索

---

① 达尼埃尔·肖尔：《我在调试波段》袖珍书，2001年纽约版，第94页。

的那尔赞矿泉水和波尔若米矿泉水。父亲这次给克里姆林宫的后勤服务人员下令：别舍不得。和波兰的关系值得这样做。

宴会进行得平和顺遂：边吃边喝，有说有笑；父亲向哥穆尔卡介绍了苏联的名人：音乐家、演员和作家。开始像自家人那样直接叫他的名字维斯拉夫。能够直呼其名，对于父亲来说，说明哥穆尔卡不是一般的朋友，而是高度信任的表现，通常即使对于最亲近的同事和助手他也是叫姓氏的，很少叫名字和父称。

到最后相互祝酒的时候了。大家都紧张地等待着父亲会说些什么。匈牙利叛乱平息后，他尚未发表公开讲话，自然，他不能不提匈牙利事件和埃及的战争。大家感兴趣的还有：想看看在场的西方大使对他的话作何反应。他们的行动均由美国大使查尔斯·波伦坐镇指挥。父亲不喜欢波伦，特别是去年西德总理阿登纳访问莫斯科之后。当时他们谈了关系正常化的问题。父亲说，谈判快结束时，这位西德总理把他拉到一旁，很信任地请他尽可能在基本文件上签字，暂时别让波伦知道。“他希望把什么事情都搞砸。”阿登纳几乎贴在父亲的耳边小声说，他比父亲更希望能达成协议，因为协议中除讲了其他事项外，有一条是讲关于德国俘虏返乡的内容。

文件是签署了，可谢罗夫向父亲报告说，波伦事后在非正式的谈话中责怪德国总理“在用词上对苏联过于软弱”。

根据记录，宴会上首先致词的是哥穆尔卡。在他之后才是父亲。父亲照例从人民波兰的成就讲起，指出波兰新领导人的地位有多么牢固。父亲的发言是照本宣科，眼睛就没离开讲稿，他今天控制着自己，没有像以前那样作即兴发挥。父亲关于匈牙利的话听起来态度相当中立，对那里发生的事件只是一带而过，大谈“牢不可破的波苏友谊”。波伦一脸木然。英、法、以色列的大使不时地朝他瞥上一眼。

父亲说：“英、法及其傀儡以色列对埃及的强盗式进攻，是殖民主义者试图夺回已经失去地盘的绝望努力，是想以武力吓唬各独立国家的人民。但眼下已今非昔比，不可能再侵略弱小的国家了。”① 波伦的脑袋轻微地转动一下，然后环顾四周，示威性地向出口走去。英、法、以色列和西方其他国家的大使也尾随着他向出口走去。

被指名道姓地指称为侵略者的国家的大使们当众退席，这自然符合一切

---

① 引自1956年11月18日的苏联《消息报》。

国际惯例，而波伦刚才的举动，是和美国总统艾森豪威尔谴责侵略埃及的声明相互矛盾的。

诚然，父亲并不相信美国总统讲话的真诚，认为他的声明只是一种政治“烟幕”，在其掩护下，英法两国各行其是，从他们那里得不到任何反应。制止埃及战争行动的功劳父亲留给了自己，他认为是自己的强硬立场和他不可小觑的口头威胁发生了作用；他的话是11月5日由苏联大使向英国首相艾登和法国政府首脑居·莫勒转达的：“如果一昼夜之内仍不停止行动，我们就要进行干预，而且不惜采取任何措施，至于说我们拥有能够打到伦敦和巴黎的带核弹头的导弹，这你们自己都知道。”听到这一最后通牒，战争便在24小时内停了下来。

当格奥尔基耶夫斯基大厅里不愉快的挪动位子的时候，父亲的讲稿念完了。他对现场所发生的情况扫了一眼，最后提议为友谊干杯，大家开始碰杯。不过父亲和客人们的情绪因波伦及其团队的退场而大受影响。

第二天，11月18日，哥穆尔卡在波兰使馆举办答谢宴会。根据记录，一切进行得井然有序，但与会者都在紧张地等待最后的祝酒词，时不时地朝站在一旁的波伦和他身边的三个国家的大使——苏伊士运河事件的“英雄”瞥上一眼。

赫鲁晓夫首先讲话，因为在大使馆他是客人。父亲走到麦克风前，在上衣右边的口袋里掏来掏去，掏出一张折着的白色纸片，有半页纸大小。然后又从另一个口袋里掏出一个眼镜盒，从中取出一副镶有金丝边的眼镜，架在鼻梁上，打开那张纸，向大厅里扫了一眼。等着听他讲话的人都停下了手中的汤勺，将它放在盘子里，高脚杯放在餐桌上。可以开始了。

“不存在这样的问题：‘不同国家能不能和平共处?’”父亲平心静气、不动声色地宣读他事先准备好的讲稿。“共处是公认的事实，是目前现实的存在。（我忍不住要说一句，这句话并未引起记者团优秀记者们的注意）我们对资本主义国家的代表们说：如果你们愿意，可以到我们这里来做客；若不愿意，也可以不来。对此我并不特别感到难过。但是我们必须共同相处……我们是列宁主义者，我们坚信我们的社会制度——社会主义——最终会战胜资本主义的。这是人类历史发展的逻辑。

资产阶级世界的代表们谈到匈牙利事件的时候，他们使用不同的词汇：‘苏联侵略’、‘干涉别国内政’等诸如此类的话；”父亲继续说，“但是当谈到殖民主义者侵略埃及的时候，按照他们的看法，就说这不是战争，只是无可非议的‘警察措施’，目的在于给这个国家建立‘秩序’。但现在大家都看见了，他们在那里采取的是什么‘措施’，建立的是什么‘秩序’。他们在埃及采取的是殖民主义者的措施，建立的是殖民主义的秩序……现在已经不是殖民主义者能够将自己的意志强加给各国人民的时候了。”

波伦和他身边伫立的“殖民主义国家的”大使们脸上毫无表情。此时此刻，他们无法示威性地离开大厅，因为父亲没有提到任何一个国家的名字，他们若是离开，那就意味着他们将父亲的话对号入座了，就跟人们常说的“小偷的帽子着火了！”一样。在外交上是不允许这么做的。

“鉴于我们跟资本主义国家生活在同一个地球上，我们每天必须寻找发展和平共处的新的方法，”父亲继续说，“我们想，英、法和以色列的领导人会清醒地估计形势，将自己的军队撤出埃及。必须要求和争取入侵者的军队从埃及撤出去。”①

波伦身子一抖，点了国家的名字，该是退席的时候了……他看了一眼身边的几位大使，挺直身板，迈着坚定的步子，向门口走去。他的“团队”跟在他的身后。

父亲早料到了他的这种反应，但是尽管如此，他还是激怒了父亲。紧接着，第二天，这个波伦在这里仍坚持自己的行事作风，因为父亲在“匈牙利这一章”里并没有提及美国，虽然他是可以提的，理应提一提他们，因为是他们挑唆匈牙利人搞叛乱，答应提供援助甚至进行军事干涉的。

一时间父亲的感情占了上风，他恶狠狠地朝波伦的背影看了一眼说：“我们存在不存在，不取决于你们。如果你们不喜欢我们，那就不要接受我们的邀请，也不要邀请我们参加你们使馆的招待会。不管你们喜欢或者不喜欢，但历史是站在我们一边的。我们要埋葬你们。”②

波伦没有听见父亲的话，这时他已经走到门外。父亲控制住自己的情绪，接着往下说，他谈到了和波兰的友谊，谈到了社会主义阵营的团结。

在父亲之后是哥穆尔卡讲话。但记者们已经不再听他讲了。他们得到的甚至比预期的还要多。波伦和他的盟友们不仅离开了招待宴会（这已成为惯例），而且他们激起父亲随后说出这样一句掷地有声的话。这句名言世界各大通讯社都作了报道，后来又经“抹黑宣传”专家“进行加工”。他们几乎

---

① 引自1956年11月20日星期二的苏联《消息报》。

② 达尼埃尔·肖尔：《我在调试波段》袖珍书，2001年纽约版，第94页。

什么也诌不出来了。父亲自己送给他们一句关于自己的“耸人听闻的话”。专家们只是稍作修订，几乎不为人知，把抽象的“资本主义”偷换成了具体的“美国人”。

所有苏联报纸都发表了经过记者加工的父亲的讲话。讲话中没有“我们要埋葬你们”这句话。无论是父亲，还是编辑组的助手们都认为这句话很不合适，太具有挑衅性，而且有点庸俗化，于是干脆在定稿时把它删除了。请比较一下达尼埃尔·肖尔援引的这段话和《消息报》上援引的《前往做客》的报道中对父亲讲话的叙述。一切都一样，又稍微有点不同：一篇通常讲话的通常校订。如果父亲能够预见到，或者经验丰富的报人能够事先告诉他有人可能从其中的“我们将埋葬你们”这几个字中谋取红利的话，父亲是能够想出某种办法的。例如，在讲稿中将原话保留下来，接着再补充上一句诸如“世界人民会共同埋葬资本主义及其产物——帝国主义的”。不知这样的编辑加工能否帮上忙？无怪乎人们常说：“说出去的话就是泼出去的水。”不过他们也没有想把水收回来，而是做出一副“不宜”的话从未说过的样子。这样的事对于有经验的专业人员是不可原谅的，但是父亲原谅了他们。没有解除任何人的职务，甚至未责备任何人。

父亲并不是绝无仅有的，这样的“失误”实际上在世界任何一位政治家身上都能找到。它们大部分都能够过去，不留痕迹，但如果有经验的专业人员追究的话……

电视采访

还有一件引人注目的事情和达尼埃尔·肖尔的名字联系在一起，那就是1957年5月31日父亲第一次接受电视采访。父亲很乐意接受西方记者的采访。他认为这样他可以将自己的看法传达给西方的读者，我们和他们之间有一道铁幕相隔。但对于报刊记者来说，一种情况是，按照时政记者的道德标准，采访人在发表受访者的回答之前，要把文本送给受访者审阅，借此提供纠正错误的机会。不是改变回答的内容，只是纠正偶然出现的失误，诸如“我们将埋葬你们”一类的疏漏。可眼下是电视……一拍成片子就没法改了。但电视采访的建议对父亲还是很有吸引力的，它可以直接地、不经过任何中介对美国人讲话。肖尔在写给父亲的信中解释说，大多数美国民众在收看他在哥伦比亚广播公司的《面对民众》的栏目，几乎所有的世界领导人都通过栏目跟美国人“谈过话”。父亲最后的疑虑消除了：“我哪点比他们差？”他同意了。

从美国运到莫斯科的机器设备几乎有半吨之多。电视录制场地就设在国家领导人的会议大厅，毗邻父亲在克里姆林宫的办公室。办公室的墙壁上镶有斯大林非常喜欢的深颜色橡木护墙板。斯大林去世后，这里的一切都没有改变，只有靠墙的桌子上新添了一些纪念性礼品、喷气式客机模型、联合收割机、载重卡车和苏联工厂其他产品的袖珍复制品。这些产品模型都是一些总设计师、厂长和州委书记向父亲赠送的。父亲为他们的成就感到非常自豪，认为并不亚于新产品创造者所取得的成就，他珍爱这些送给他的模型，经常展示给西方访问者们欣赏。

当时，安装机器设备占去了几个小时的时间。记者们受到的警告是“不许吸烟”，因为父亲的办公室和这里只有一墙之隔，而父亲是受不了烟雾的。和美国人一起忙碌的还有苏联的电视工作人员。每一台美国电视摄像机旁边还有一台苏联电视摄像机，电视采访也打算在我国播放，因此，父亲同时必须做到万无一失，防止一切可能的篡改和伪造。谁知道美国人在那里都安装了些什么，而有了我们自己采访的拷贝，我们就能够将他们搞定。

电视工作人员非常着急，这是他们第一次在克里姆林宫内拍摄。父亲在办公室里也很着急，他顺着长条地毯，从书桌到门口来回走着。时而在窗口停下来，朝四周被部长会议大楼包围着的小院张望一眼，然后又开始走来走去。父亲不认为来做电视采访的人会要什么特别的阴谋。记者们提前得到通知，说赫鲁晓夫还希望在他们的帮助下“改善同美国的关系”呢。达尼埃尔·肖尔以摄制组的名义向父亲保证：他们的提问是为了同一个目的。

“但世界上什么事情不会发生呀？”父亲脑子里闪过一个念头。他怎么都平静不下来。他等得着急了，走到门口办公室和会议大厅连接的地方，推开房门，站在门洞里，默默地望着记者们。记者们放下手中的电缆，也迷惑不解地看着赫鲁晓夫。这样持续了约半分钟的时间。然后父亲说话了，他逐渐提高了声音：说他可知道这些滑头的记者，他们唯一的乐趣就是“吹毛求疵”，无中生有，胡编乱造……最后这句话几乎是在大声喊叫了；说到激昂处，父亲欲言又止，突然中断了自己的长篇大论，再次扫了一眼大厅里所有的人，往后退一步，关上了房门。赫鲁晓夫的话让在场的人都听傻了，迷惑不解地一声不吭。

我自然不在克里姆林宫。关于发生的这一幕，是父亲的外事助理奥列格·亚历山德罗维奇·特罗扬诺夫斯基告诉我的："你父亲'冷静的头脑'使美国电视工作人员不仅不敢提'恶意的问题'，连向赫鲁晓夫提问时都提心吊胆。"特罗扬诺夫斯基微笑着说。

实际上父亲也正是要这样。他知道，全世界都说他是个"火爆脾气"，一点就着，甚至说他是一位不可预测的政治家。设计好的未来目标，兴许什么时候就会实现，他时不时地还会"制定出计划，一遇到合适的机会，便'爆炸了'"，以此显示自己的形象。可惜有时候他的火爆并不是预先计划好的。父亲的情绪化表现有很多。他处理国内外发生的事情时不光是经过脑子，而且还通过他的内心。

他这种"炮火时刻准备着"的性格这次在多大程度是合适的呢？达尼埃尔·肖尔写道，他们要提的问题事先都准备好了，而是都是"好问题"。他还说，父亲严词拒绝化装，甚至不让为掩盖他的光头在聚光灯下反光而给他施粉。父亲对美国人说，化装是演员的事，而他是政治家。

采访进行得很顺利。肖尔认为，赫鲁晓夫表现"好极了，非常配合，同时又是一个难以捉摸和严厉的对话人"。父亲简短地回答了有关匈牙利的问题和关于对《美国之音》干扰的问题，大部分时间是谈和平改善同美国的关系的问题。

"只有一次我把他逼到了墙角，"肖尔写道，"我问到了和中国人的分歧。"按照肖尔的话说，父亲长时间乏味地试图解释说，在苏联共产党人和中国共产党人之间没有根本的矛盾。我想，父亲当时实际上也是这样认为的，但肖尔不相信他的话。

最后一点。谈到对赫鲁晓夫的电视采访的精彩之处，肖尔认为父亲的回答是"很标准的"，"都是赫鲁晓夫以前讲过的话，采访中没讲出任何轰动的内容。我身处所发生的事情的最'内部'，"肖尔解释道，"错过了最主要的东西——轰动效应，全世界各大报头条新闻的标题会出现赫鲁晓夫本人的名字，一个活力四射、身体健康、一点也不可怕的人的形象出现在美国家庭的电视屏幕上。"

按照肖尔的意见，他和赫鲁晓夫之间建立起了"特殊的关系"。

"在一次招待会上，"肖尔后来说道，"第一书记①把我从人群中拉了出

① 指父亲。

来，让我站在他身边，并且介绍说：‘这是我的朋友肖尔。他在对我的采访中没有更改任何内容，把握得很有分寸，同时又非常坦率。’这时他举起自己的香槟酒和我碰了杯，并且说：‘为了真实！’”①

对父亲的祝酒词的解释，就全凭肖尔的良心了，谈话的风格不是父亲的，但意思的表达是正确的。

亨利·夏皮罗、马尔温·卡尔布，等等

和大多数苏联国务活动家不同，父亲喜欢跟记者打交道，跟自己国内的记者，特别是跟西方记者进行交流，他认为必须和他们建立起良好的乃至友好的关系。记者在自己的报纸上怎样报道你，是充满善意，还是一味抹黑，这就看他们的了。当然，政治决定基本的立场，但取决于采访者的地方也不少。

在记者招待会上，父亲跟西方出版物的代表们直接打交道时，有许多人他都能叫出名字。在没有肯定他所有的“朋友”都到场之前，他不会开始接受采访。

“我没有看到夏皮罗先生。”他说着，环顾站台四周或他身边临时搭建的记者看台。

《合众国际社》记者夏皮罗个子不高，长得圆乎乎的，像只皮球，嘴里老是叼着烟斗，很容易在人高马大的美国人中间被忽略。在父亲的招呼下，他踮起脚，刷子一样的胡子下露出了微笑；一面挥动着手，意思是说，他就在这里。父亲很赞赏夏皮罗对事物评价的客观、严肃态度，而夏皮罗也是一报还一报，他不追求廉价的轰动效应，特别是“不随心所欲地”胡乱报道。

父亲确信夏皮罗在场，就放心了。“彼得一世”在哪儿呢？父亲再次扫视众人一眼。“彼得一世”是因为美国电视记者马尔温·卡尔布的身材很像彼得一世，父亲给他起的绰号。卡尔布没有问题，他在任何人群中都高出一头。父亲又连续叫了自己几个“朋友”的名字才停止点名，转入正题。

父亲根本不知道，他所选择的这种面对面和记者交流的方式，跟美国总统在白宫举行记者招待会时所精心安排的“轻松”行事方式如出一辙。那里

---

① 达尼埃尔·肖尔：《我在调试波段》袖珍书，2001年纽约版，第99—103页。

通常要当面“确认一下”各大通讯社的代表，喊出他们的名字。不同的是，美国总统面前都摆着事先安排好了的“座位”，上面写着谁坐在什么位置，代表什么单位，叫什么名字。父亲不需要别人的提示，全都记在自己的脑子里。而且，他喜欢记者，对他们平易近人，真诚相待，不只是在履行职务。

有时候也会闹出笑话。还是这个达尼埃尔·肖尔，他很乐意讲他前往赫鲁晓夫那儿度假的故事。在一次外交招待会上，肖尔找准机会，当父亲身边围着的人少下来时，他装出一副垂头丧气的样子，走到赫鲁晓夫面前抱怨说，只有父亲才能帮他这个忙。

“‘您遇到什么问题了，肖尔先生？’父亲关心地问[1]。

‘我纽约的领导听说要召开中央全会，不许我离开莫斯科。’肖尔抱怨说。

赫鲁晓夫点点头，表示理解。

‘您打算什么时候去度假？’赫鲁晓夫信任地问道。

‘明天。’我回答说。

‘多长时间？’赫鲁晓夫关心地问。

‘两个礼拜。’我确切地说。

‘您是担心中央全会会在这两个礼拜召开吗？’赫鲁晓夫又问道。

‘就是呀。’我重复道。”

俩人的对话变得非常有趣。

“‘您可以安心去度假。’赫鲁晓夫的肚子贴着我，在我耳边小声地说。

‘您保证全会不会召开？’我为了做到万无一失，又问。

‘如果发生什么意外的事，您不在我们也会召开，您安心去度假吧。’赫鲁晓夫友好地用手指在我腰部捅了一下。”[2] 肖尔讲完了他的故事。

父亲说话算数，在哥伦比亚广播公司驻莫斯科记者达尼埃尔·肖尔度假期间，不仅中央全会没有开，而且首都什么有趣的事情都没有发生。

“诚实的五年计划”

1956 年 12 月 20—24 日，新年前夕，召开了中央全会。会上讨论了

---

① 此处和以下均系肖尔的原话。

② 达尼埃尔·肖尔：《我在调试波段》袖珍书，2001 年纽约版，第 89 页。

1956—1960年的第6个五年计划。按照惯例，五年计划是1955年底由巴伊巴科夫的国家计委和萨布罗夫的经委把数字往一块一凑，提交给国家领导人的。然后中央主席团对文件进行审议。1956年1月15日，报纸公布了经济增长的基本数据。1956年2月，党的二十大听取布尔加宁的报告后，批准了未来的、即从1月1日起已经开始执行的五年计划的方针（指示）。

读了《真理报》公布的下一个五年计划的任务，我为我们的国家充满自豪感。和1955年的4500万吨相比，1960年我国的钢产量将达到6830万吨，煤的开采量是59300万吨，矿物肥生产增长一倍，将达到1960万吨，石油开采增长一倍，从1955年的7100万吨，要达到1960年的13500万吨，电力生产增长一倍，到1960年将生产3200亿千瓦/小时，为小区居民楼生产的电增长5倍，每个项目的情况都将是这样，数字非常具体，给人的印象十分深刻。

1940年代末，我们曾经幻想像在神话中那样，能够开采6000万吨的石油，可如今我们要开采的是13500万吨！很快我们的钢产量就能和美国持平，而且会超过他们，在世界居领先地位。我为自己的祖国由衷地感到自豪，为她取得的成就打心眼里感到佩服。而且不是我一个人，全国都这样，我这不是老生常谈，一时冲动。流行歌曲里唱道："我们的导弹覆盖叶尼塞河/我们的芭蕾舞引领全球"，当时这听起来并不是讽刺，而是准确的时代印记。

父亲和大家一样，也许比大家更为第6个五年计划感到高兴。那年冬天我们早晚外出散步时，父亲就我提出的问题作答，详细地告诉我准备建造什么样的工厂，科学家研制出了什么新的技术。

然而，父亲没有高兴几天。在代表大会前这段时间里，他本人并没有很认真地审阅将要提出的计划，他把希望寄托在巴伊巴科夫和萨布罗夫的那些专业人员身上了。何况中央主席团中负责五年计划的是布尔加宁。那些天和那几个星期父亲的注意力全都集中在"斯大林报告"上，自然，还有中央的总结报告。直到春天，他才开始考虑这份已经提交并由布尔加宁在代表大会讲台上宣读的五年计划的细节，当时最高苏维埃会议需要通过关于五年计划的法规，制定与各部委相关并由各个部长签字的法律文件了。可这时却出了问题，向最高苏维埃会议提交的五年计划尚未准备好。部长们还记得，去年父亲警告过决不允许按照事实不断对计划进行修订，他不急于在分送给他们的厚厚的计划草案最后一页上签上自己的名字。部长们互相向布尔加宁诉苦，得不到他的真实想法，便要求赫鲁晓夫接见。父亲给负责当前计划的萨布罗夫去电话，萨布罗夫答应研究一下，但也只是答应而已。

父亲去年宣布的“诚实的五年计划”怎么都落实不了。萨布罗夫干脆不知道如何“诚实地”做到前后一致，自圆其说，先前对他这个编制计划的老手从未提出过任何类似的要求。尽管如此，萨布罗夫还是让父亲平静下来了。他发誓说，只剩下一些细节需要协调了，他们肯定向下一次最高苏维埃会议呈报五年计划。父亲没有理由不相信他的话，但他越来越担心整个经济的管理效率不高。问题不在于萨布罗夫，也不在强烈反对他的各位部长，更深刻的原因是他曾经反复说过的莫斯科政府的重点线与地区政府的平行线之间、各部的无上权力与共和国一级和其他地方领导人的没有权力之间的不协调，计划是否完成，全都取决于共和国一级和其他地方领导人。本辖区的主人是他们，而不是莫斯科市的部长，也就是说，权力应该交到他们手里。那样事情才能够理顺。

过去两年来，各共和国管辖了11000多家各种各样的企业，基本上都是规模不大的企业。他们的工作好办一些，但国内还没有进行根本的改革。父亲偶尔会谈起他所关心的问题，甚至在家里和客人说话时，也会谈到“部委危机”的话题，但暂时还没有下定决心。

这个问题在克里姆林宫也讨论过，是在代表大会刚刚开过之后，1956年3月1日，中央主席团会议上便提出了“关于各部委的问题”，但只局限于讨论各部委的命运：哪些部委撤销，哪些部委留下，没有涉及经济管理的原则本身。大家同意委托“赫鲁晓夫、布尔加宁好好考虑一下，拿出一个更为具体的建议，送交中央”①。

建议提出来了。一些部委撤销了，一些部委改组了，但是，正如后来卡冈诺维奇在1956年4月26日例行讨论这一问题时所说：

“这个结果并非所愿。”

“一场空。”伏罗希洛夫支持卡冈诺维奇的意见。

“我们有许多事情做得不对。”基里琴科试图弄清楚情况。

父亲和布尔加宁没有参加会议，当时他们正在英国进行国事访问。谢皮洛夫把父亲的立场表达得再清楚不过了：

---

① 《苏共中央主席团1954—1964第1卷原始会议记录速记稿》，俄罗斯政治百科全书出版社2003年莫斯科版，第109—110页。

“让各共和国发挥最大的职能。”

“莫斯科是忍受不了官员们乱嚷嚷的。都委托给专门的委员会……”主持会议的米高扬附议谢皮洛夫的意见。

“委托给委员会就不必了。”萨布罗夫表示有些担心。

“继续再交换一下意见。请布尔加宁同志看看，请他再看一下。意见可以一部分一部分提。”不知为什么不是米高扬、而是苏斯洛夫出来作的结论①。

就这么决定了。

5月份终于决定了全苏的哪些部委撤销，哪些交给加盟共和国管理。1956年5月30日，苏共中央和苏联部长会议通过了《关于改组苏联各部委、将国民经济多个领域企业交由各加盟共和国管理的决定》②。

生产人民生活消费品的工厂归他们管辖。他们有权在自己的辖区内管理交通（战略铁路除外）、卫生保健和贸易。父亲为胜利而兴高采烈。胜利来之不易，然而他并未打算就此止步。为了使经济能够大力发展，应该让生产者手里拥有实际权力，让地区领导握有实权，莫斯科只发挥指导作用。这样，改革的理由父亲已经定了，而如何具体落实，还必须认真考虑。但这是将来的事，现在的问题是要“抢救”五年计划。国家差不多有一年时间没有批准的五年计划了。父亲为此感到忧心忡忡。我也不明白出了什么事，自然就去问父亲。对于我的问题，父亲不怎么愿意回答，后来他干脆朝我直摆手，好像驱赶讨厌的苍蝇似的。我没有太在意父亲态度上的变化，认为这是他太累了的缘故。

秋天到来之前没有再研究五年计划的问题，1956年秋天出事儿了，萨布罗夫来找父亲，带着修改过的关于年度计划实际完成情况的总结报告。父亲提醒他说，他们去年7月已经说好计划不可事后进行修改，为此他们将旧的国家计委一分为二，一个管远景规划，一个管实际运作，其目的就是要经济委员会的领导人能够保证计划的完成，如果有什么变动，那也要提前说明，对工作有利，而不只是为了“总结”。萨布罗夫固执己见。始终他们未能达成一致，彼此都很不满意。自然，事情并未局限于交谈，有关部门的代表全都来到克里姆林宫，部长们一致支持萨布罗夫的意见。卡冈诺维奇和莫洛托

① 《苏共中央主席团1954—1964第1卷原始会议记录速记稿》，俄罗斯政治百科全书出版社2003年莫斯科版，第125页。

② 1956年6月3日《真理报》。

夫站到了他们的一边：计划完不成有损国家在国外的“公众形象”和国内领导的威信。父亲固执己见。

记得有一次傍晚散步的时候，米高扬劝父亲不要固执己见，年终总结的成绩给人印象深刻，而写进1月份计划的内容大家早已忘记，你赫鲁晓夫何必自取其辱，而且让所有的斯大林的领导人丢脸。但父亲不认输，还在坚持自己的看法，他回答说，他讨厌撒谎，如果计划没完成，那就必须老老实实地承认，不能拿虚报的成绩蒙骗人。

1956年12月12日，在中央主席团会议上，他将对计划、对萨布罗夫及其团队、对他们“诚实的”五年计划草案的想法一吐为快：“那些数字是站不住脚的。都是抽象的东西。计划是失败的。”接着，父亲具体指出哪些地方应该削减、补充和变更。萨布罗夫和巴伊巴科夫只是无精打采地听着。中央主席团委员也一声不吭，只有朱可夫发了言，他提议“削减高级官员的工资”，具体什么人要削减，我一直不明白，“清除国家和党的机关中的多余人员，对高校即将毕业的学生和没有任何工作的青年人要采取措施。”①

父亲感到自己受了蒙骗，同时也骗了别人。带着这样的感情，他参加了通常安排在年底的中央“12月全会”。

巴伊巴科夫在会上作了《关于第6个五年计划工作完成的情况和对1956—1960年与1957年数据的进一步落实》的报告。萨布罗夫作了补充报告。父亲在全会上没有发言，总结是布尔加宁做的；他是政府总理，五年计划是他管辖的范围。布尔加宁谈了必须改善对苏联国民经济的管理，要扩大部长的权限，同时让中央从琐碎的事务中摆脱出来。什么新的内容他都没有说，只是重复了他1956年底几乎已经忘掉了的1955年7月讲的那些话，而且观点模糊，让人捉摸不定，显然他有话没有说出来。父亲在家里很生气，不愿回答我的询问。

《真理报》刊登的全会决议认为，1956年在煤炭、钢铁、水泥、木材等方面的计划是失败的。

一切都清楚了，既然报纸上讲的不是成绩，而是“个别的失误和毛病”，那毫无疑问，事情一定是搞得一塌糊涂。全会的决议表明：1957年上半年将提出第6个五年计划。现在已经是1956—1960五年计划的第二年了，计划

① 《苏共中央主席团1954—1964第1卷原始会议记录速记稿》，俄罗斯政治百科全书出版社2003年莫斯科版，第214页。

还不见任何踪影。

一个很有意思的细节。在1956年12月18日召开中央主席团会议前的一次会议上，布尔加宁提议在定于1957年2月初召开的最近一次苏维埃会议上批准五年计划①。在全会进行的过程中，父亲意识到在剩下的一个半月内什么都无法改变，他对萨布罗夫彻底绝望了。结果不是2月份，全会决议里出现了含糊不清的上半年，并要求各部委和各部门在最短期限内消除“全会上显露出来的缺点”。

不久，报纸公布了苏联最高苏维埃主席团关于免去国家经委主任萨布罗夫的职务、由别尔乌辛接任的命令。巴伊巴科夫保住了，虽然他对五年计划和萨布罗夫负有同样的责任。五年计划正好处在远景计划和短期计划的接合点上。然而，计划完不成的罪责，未能达到向代表大会报告年度经济增长的责任，全都算到萨布罗夫的头上。他既是中央主席团委员，又是政府第一副总理，而且在制订计划方面又不是新手——从1941年起他就是国家计委主任。诚然，1942—1949年间担任此职的是沃兹涅先斯基，但萨布罗夫当时也是沃兹涅先斯基的左膀右臂。巴伊巴科夫把五年计划搞砸了，得到了原谅，他以前没有做过计划工作，国家计委的这把交椅他也只是刚刚坐上。况且父亲并没有忘记，任命巴伊巴科夫担任这个职务时就很勉强，父亲并不同意。

结果萨布罗夫成了没有固定职责的部长会议副主席，似乎失业了，但仍然是最高领导机构——中央主席团的委员。自然，萨布罗夫很生父亲的气。他让斯大林感到满意，可这个赫鲁晓夫……萨布罗夫充实了父亲亲密同事的队伍，他们或多或少受到他的排挤，公正也好，不很公正也好，都不重要。

萨布罗夫被解除职务的事，我没有特别的印象，我几乎不了解他。当然，我常常见到他，但他不是像马林科夫、米高扬、布尔加宁、朱可夫那样经常来做客，至少我不记得有这样的事。

而1956年12月28日公布的关于任命伊万·费多罗维奇·捷沃相为驻日本大使的命令，对我来说犹如晴天霹雳。捷沃相是一位传奇式的冶金专家、人民委员、部长、政府副总理，忽然间当了大使……诚然，是去日本当大使。前不久才和日本人谈好互设大使馆的事，那边需要一位特别有名望的人。但不是捷沃相这样的人呀……而且这次父亲对我什么明确的话也没有回

① 《苏共中央主席团1954—1964第1卷原始会议记录速记稿》，俄罗斯政治百科全书出版社2003年莫斯科版，第215页。

答，只是说“给捷沃相换个环境有好处，从事新的工作。派他去东京不是流放，是一项责任重大的使命”我从父亲那里听到的就是这些。我一点都没有听明白，但是我不再问了；根据经验我知道，如果父亲不想说，从他那里是什么都问不出来的。只是后来过了很久我才知道，当全会非正式地讨论将经济权力移交给地方的设想时，意见出现了分歧：州委书记们表示“赞成”，莫斯科的官员们表示“反对”。

无论是巴伊巴科夫、萨布罗夫，还是“斯大林学校”培养出来的其他管理者都不支持地方化。他们全都觉得，只要莫斯科放松监督，国内的一切都会出现滑坡。然而他们的反对意见表达得非常谨慎，一直在观察父亲是什么意见。捷沃相不顾一切地冲在最前面，他们仗义执言，和父亲争吵起来。结果捷沃相未能说服父亲，去了东京。

米高扬在自己的《往事如斯》一书中引用了关于捷沃相降职原因的另一种说法。他回忆说，1939 年捷沃相被指控为德国特务，于是斯大林让莫洛托夫和米高扬调查一下是不是这样。他们一起审讯了捷沃相；米高扬认为指控是“冒牌的”。莫洛托夫呢，用米高扬的话说，一言不发，“脸上像戴着假面具一样。只要他愿意他会这样做的。”

米高扬向斯大林报告说捷沃相是无辜的，莫洛托夫不同意他的意见，嘟囔着说：“这里并不是一切都很清楚”。

“也许是他无法原谅奥尔忠尼启则支持捷沃相这件事，当时莫洛托夫正想逮捕奥尔忠尼启则，”米高扬写道，“莫洛托夫是个深藏不露的人，喜欢记仇。”说明他“爱记仇”的有这样一件事：斯大林去世后，莫洛托夫 1956 年对捷沃相还搞过一次伏击，当时捷沃相是黑色冶金部的部长和部长会议副主席。时任国家监察部部长的莫洛托夫进行了调查，他报告说，捷沃相工地上存放有各种各样的器材设备，没有启用，在等待企业投入运转。后来中央讨论了这个问题，捷沃相被解除了现有的职务，派往日本当大使。

米高扬比我、甚至比父亲更了解 1939 年莫斯科发生的事，他跟莫洛托夫打交道的时间比父亲更长，关系也更密切。只不过莫洛托夫当上国家监察部长是 1956 年的 11 月末，而一个月之后的 1956 年 12 月末，捷沃相就被任命为驻日本大使了。难道在这么短的时间莫洛托夫自己不仅熟悉了新的职位，而且还来得及搞捷沃相的黑材料？不过米高扬看得更清楚。

于是，父亲在全会上搞了个“火力侦察”，发现要进行经济改革，斗争还是很严重的。莫斯科人是支持硬性的国家金字塔模式，塔尖就在首都，这样就建立起了亘古不变的俄罗斯帝国，他们深信自己没有错。父亲呢，他多年在乌克兰工作，处在权力的边缘，他从内心里感到，不把经济决策权交给地方，事情很难有进展。双方都在准备一战，都在寻找论据。然而就在这时，中央主席团中对父亲有这样那样不满的人逐渐多了起来。

朱可夫的第四颗金星

1956年12月1日朱可夫庆祝了他60岁的生日。

这一天，朱可夫成为头一个第四次授予苏联英雄称号的人。中央主席团委员，自然是在寿星老本人不在的情况下，讨论了很久：授予他第四颗英雄金星，道义上是否说得过去？莫洛托夫认为道德上说不过去。父亲反对说："道德上完全说得过去，而且当之无愧。"朱可夫就是朱可夫，不是别的什么人。为了夺取胜利，他做出的贡献比许多英雄加在一起做出的还要多。最后同意授奖。

12月，苏联另一位著名的元帅康斯坦丁·康斯坦丁诺维奇·罗科索夫斯基也满60岁了。他和朱可夫是同一年生人，就军事才能而言，罗科索夫斯基并不亚于朱可夫，有人认为他甚至还超过朱可夫。只不过朱可夫的运气好，战前被任命为总参谋长，而罗科索夫斯基被关进了监狱。后来他们两个人平起平坐了，而1942年罗科索夫斯基甚至脱颖而出，率领自己的顿河方面军插入敌方阵地，完成了对斯大林格勒城下保卢斯军团的包围，当时朱可夫在勒热夫的进攻行动中严重受挫。但斯大林相信朱可夫，不相信罗科索夫斯基。他派朱可夫去攻打柏林，而罗科索夫斯基则从北面发起进攻，保证了朱可夫的胜利。后来几年，朱可夫出任苏联国防部长，而罗科索夫斯基在1956年十月事件后离开了波兰，当时他在那里领导一个军事机构。如今，朱可夫荣获一颗金星，而罗科索夫斯基仅得了一枚列宁勋章，奖项低了一级。

中央主席团委员每逢整数的生日都要在某座闲置的国家别墅里举行家宴。先是大家在园子里散步，然后入席就座。吃饱喝足后是即兴的自娱自乐晚会。能合唱的合唱，会跳舞的跳舞。总之，和大家一样。我记得父亲过生日的情形，后来是米高扬、布尔加宁过生日，如今则是朱可夫。

与以往的生日庆祝会不同，朱可夫邀请了各位元帅和一些将军，当然，他们也都带着家人。因此参加庆祝活动的人很多，也更加热闹。肩章、勋章、英雄金星：一枚，两枚的很少，常胜英雄是三枚。伏罗希洛夫 12 月 22 日刚刚授予朱可夫第四颗金星奖章。

当其他所有应邀前来祝寿的人消遣作乐的时候，萨布罗夫闷闷不乐地坐在桌旁，别人跟他开玩笑，他也懒得搭理。诚然，在以往的这种场合萨布罗夫也没表现出多大兴趣，他的性格属于比较沉闷的那一种。

权力走廊

撤掉萨布罗夫经委主任一职，赫鲁晓夫完全是出于实际的考虑：他干不了，且无计可施，让开地方，给更有能力的人腾出位子。无论是在大自然中，还是在社会管理方面，都是一种绝对自然的过程。这个过程叫做自然淘汰，自然倒是自然了，只是失去了支配。

萨布罗夫从五年计划的工作中退了下来，但仍然是中央主席团这一国家集体领导机构的正式委员，主席团内人人平等：赫鲁晓夫、他萨布罗夫，他的继任者别尔乌辛以及其他中央全会选举出来的国家最高领导成员，莫不如此。

我提醒一句，萨布罗夫自 1941 年初即领导国家计委，尽管他负责的计划工作一败涂地，他却把从五年计划的工作上退下来视为奇耻大辱。为此他不打算原谅赫鲁晓夫。就在前不久，他还是父亲最积极的拥护者，他在开垦荒地、揭露斯大林罪行和其他许多倡议方面，都支持父亲。

解除萨布罗夫职务的决定，尽管是完全正确的，但父亲必须对中央主席团内的政治力量搭配进行一番评估。一个真正的权力掌门人首先需要考虑的是权力本身，然后才考虑事业；为了保住权力，他多半宁可牺牲五年计划，而不是萨布罗夫。父亲把这个顺序颠倒过来了，他首先考虑的是国家的利益，至于其他的事，包括权力本身……在权力方面，父亲表现得很不慎重，不像斯大林那样，先和布哈林、季诺维耶夫结成同盟反对托洛茨基，后来又同“年轻人”结成同盟反对布哈林。所有这些“要弄权术的狡猾手段”，父亲生来就非常讨厌，他不懂这种权谋，也不搞这一套。他在建设共产主义，建设对于善良的普通人来说衣食无忧的美好生活；他认为他周围的人，不管职务高低，都像他自己一样思考和行动。既然如此，如果你能带来好处，那就干吧，等耗尽自己的精力，就退下来吧。

天真吗？比天真犹有过之。

我知道，大多数研究赫鲁晓夫活动的历史学家已经属于另一个历史时代的人，他们不会同意我的看法。我的话有悖于历史的逻辑。一个到达如此高位、又经过斯大林的无耻与叛卖历练的人是不可能保持天真的。这纯属无稽之谈。

其实他不过是以其对公正必胜的天真信仰不见容于那个世界而已。

我久久地思考着父亲现象，无法同自己、同我刚才写的那番话达成一致。

政治上的天真和政治中的逻辑无法共存。这是不可能的，因为这永远都不会发生。实际上是可能的，甚至是非常可能。我只要抛开“政治逻辑”，一切都各得其所。因为这是我，而不是“政治逻辑”，我了解父亲，了解他是怎样一个人，而不是他们按照自己凭空想象的模型“勾勒”出的那个样子。

人的本性和生活环境一样，千差万别，多种多样，一切，甚至似乎最不合逻辑和难以想象的事情都可能存在。这种不合逻辑有时正好有助于战胜善于逻辑思维的竞争对手。战胜，只是因为他们一时弄不清楚是怎么回事，他们不明白失败不是因为针对他们的阴谋诡计太过狡诈，而恰恰是因为没有任何阴谋诡计。我作为当事者亲人的这种判断很难让人相信。这我明白，但谁能够像我这样因自然的血缘关系不仅理解、而且从内心深处感悟父亲行事的动机呢。

回顾我过去的生活，我感觉到了这种血缘关系上的世代联系，我个人的一些行为，只有用“不可原谅的天真”方可解释。在许多情况下，正是由于这种与生活逻辑相矛盾的天真，也可能是单纯的走运，使我遭遇到不可思议的事情能够顺利过关，化险为夷。这样的例子很多，最明显的一个例子是：父亲退休后口授的回忆录由我想办法弄到境外。回顾往事，不寒而栗：好像是站在一根细长的横木上，下面是无底深渊，我要保持平衡，因为我的背后是克格勃，旁边是中央监察委员会，他们的上面是无所不能的政治局。全都在跟我作对。我的一位克格勃朋友甚至警告过我，说我当时与被捕之间只有一根头发丝的距离，如果我当时遵循生活的逻辑，我大概就要倒霉。但我不听他的警告。我不能说我不理解他的警告。有什么不理解的？但是我不听。不听，而且胜利了。天真有时候能够创造奇迹。

我想，父亲尽管一生生活经验丰富，直到最后时刻他还保持着能够救命的天真。否则连他也挺不住。1964 年，他的这种天真使他吃了大亏，他的战友，他亲手提拔上来的人，一下子把他从政治舞台上扔了下去。不过这个放到书的末尾再讲。

我只能用政治上的天真来解释 1955—1956 年最高权力梯队——中央主席团中的人事变动。父亲自己造就了自己的反对派，他们迅速变成了仇敌。

容我提一下最后两年发生的事。钢铁般的人民委员卡冈诺维奇这位整顿战前和战争期间运输秩序的专家（我不愿在专家两个字上加上引号，虽然我很想加上），燃料工业的组织者，同时也是为父亲打开从政道路的人。在 1955 年围绕柴油机 - 蒸汽机与火力发电和水力发电的冲突后，父亲有理由认为卡冈诺维奇是一个顽固的落伍者，不让他再管运输和动力方面的事，实际上他在政府中已不负什么责任了。作为政府第一副总理，卡冈诺维奇被任命为一个不重要的、甚至不能够称其为部而只是分管劳动与工资的委员会的副主席。现在，他不得不整天埋在文件堆里，这是他一辈子都恨之入骨而且一窍不通的工作。父亲给了他一颗加了糖的苦药丸，委托他于 1955 年 11 月 6 日代表中央主席团在大剧院隆重纪念十月革命 29 周年大会上作报告。卡冈诺维奇把这看成是一种施舍，却做出受宠若惊的样子。

卡冈诺维奇对劳动定额一窍不通，但他的火爆性格使他无法保持平静。他在这里也想“抓住要害”，尽管劳动委员会里哪儿能找到要害呢？父亲担心卡冈诺维奇会把事情搞糟，工资框架可是个敏感的东西。一旦搞乱商店支出和商品数额之间的平衡，商店货架上转眼间便会变得空空荡荡。只好给卡冈诺维奇换个工作。找来找去，1956 年 9 月 3 日，卡冈诺维奇被免去了劳委会的职务，安排他担任建材部部长，以接替不久前去世的巴维尔·尤金的职位。他的部长会议第一副主席的头衔仍然保留，还有那个权力很大的苏共中央主席团委员的身份。

从历史逻辑和政治合理性的立场出发，卡冈诺维奇在中央主席团内是支持父亲的，起初他的支持不遗余力，对于一个真正握有权力的人来说，他会因用力过度将任何柴油机车都拉坏。但是父亲真诚地相信，事业的利益高于个人的抱负。他已经感到卡冈诺维奇是个累赘，卡冈诺维奇最后留在中央主席团的日子已经屈指可数，但父亲暂时还没有采取什么行动。卡冈诺维奇生性胆小，斯大林当时曾不止一次地惩治过他，他表面上未表现出任何的不满，他现在寻找一切机会公开表示对父亲的不二之心。诚然，在二十大前夕，当围绕斯大林罪行的报告展开博弈时，他一反生来“胆小”的特性，对父亲发起猛攻，但是他很快便退却了，隐身在自己的小圈子里。他没有继续再反对赫鲁晓夫，但只是在他还没有感觉出父亲的风光不再、气数已尽之前。时候一到他会毫不犹豫地加入反对派的阵营。他决不会原谅赫鲁晓夫，什么都没有忘记。

莫洛托夫也置身于父亲仇敌的营垒。和卡冈诺维奇不同，他毫不掩饰自己和赫鲁晓夫的分歧。在除掉贝利亚之前，父亲和莫洛托夫相互支持，共同的危险总能让人团结起来。当贝利亚除掉后，他们道路上的分歧一步步开始显现。莫洛托夫生性保守，不希望有任何改变，也许可以稍稍有点变革，但基本上仍遵循原有的方针路线。父亲则相反，他渴望进行根本的变革，从内心里反对斯大林留给他们的丑恶东西。父亲和莫洛托夫不是同路人。莫洛托夫和父亲曾就垦荒的问题吵到声音嘶哑，他从来就反对开垦荒地，然而他服从党的纪律，只要中央主席团表决时多数“赞成”就行。

他在下面这个问题上和父亲的想法一致，即德意志民主共和国这个欧洲中心的政治和军事前沿阵地，在任何情况下都不能拱手交给西方。然而，作为实用主义者，父亲坚持和奥地利签订取消该国原同盟国占领区和驻军的和平条约，莫洛托夫则表示坚决反对。他指责父亲前后不一：我们在民主德国保留阵地，可在奥地利却拱手交出自己的阵地。父亲耐心地解释说，奥地利不是德国，我们在那里监管的只有一小片土地，说这就是社会主义的奥地利有点不严肃。奥地利是个中立国家，它和德国不同，由于国家太小，它真的能够而且希望成为中立国，可以给欧洲其他国家做个很好的榜样。签订和平条约，我们在政治上只会得分。但父亲未能说服莫洛托夫。他们的交谈变成了争吵，有时嗓门还提得很高。然而，当中央主席团通过表决，同意和奥地利签订和约，莫洛托夫则表示服从党的纪律。党的十一大就曾严厉谴责过任何异见和派别活动的表现。莫洛托夫不会反对党代表大会的决定。

莫洛托夫在奥地利问题上的过激态度还未缓过来，又遇到了如何对待铁托的问题。他打心眼里认为铁托是个变节分子和叛徒。斯大林是这样说的，而斯大林是不会错的。当父亲打算与铁托和解，特别是 1955 年 5 月要亲自到南斯拉夫拜访他时，莫洛托夫大发脾气。事情几乎闹到要跟父亲公开决裂的地步。但中央主席团表决赞成和南斯拉夫的关系正常化，暂时只是在国家关系的层面上，这显然是对莫洛托夫做了让步，所以他也就妥协同意了。党的纪律就是党的纪律。

1955 年 1 月，布尔加宁取代马林科夫担任政府首脑，莫洛托夫反应平静，他们两人都是父亲的朋友，两人都不是政治家，是所谓的……行政管理人才。此外，他认为赫鲁晓夫本人不是他提拔起来的，应该领导部长会议。然而中央主席团表决的结果不一样，所以他便附议了多数人的意见。如今，决定通过了，让莫洛托夫非常生气的是，在这次共同的境外旅行中，仅为代表团成员的布尔加宁竟然当上了代表团团长、政府总理。莫洛托夫认为这种安排是根本错误的，对外国人会产生不良的印象。

父亲和布尔加宁去铁托那里做客没有带上外交部长。布尔加宁妥协了，至少表面上认同了自己实质上起的是个陪衬作用。在讨论激烈的时候，布尔加宁很自然地让父亲享有一把手的地位。

1955 年 7 月，第二次世界大战中苏联、美国、英国和法国四个战胜国的领导人在日内瓦会晤。参加会晤的甚至不是三个人，而是四个人：布尔加宁和父亲，跟他们一起去的还有外交部长莫洛托夫和朱可夫。在日内瓦，莫洛托夫私下一有机会就提醒父亲，说每次“不作记录的发言”都是对代表团团长权力的干预，而这种现象几乎每天都在发生。莫洛托夫也已经批评布尔加宁天真幼稚了。

问题还不在于对记者提问的千篇一律的回答或主导了谈判桌上的对话，有一次，父亲竟公然否定了本国政府首脑和苏联代表团团长的话。当时艾森豪威尔总统正热衷于“天空开放计划”，让美国的侦察机飞越苏联和华沙条约国的领空，同样，也让苏联的飞机飞越西欧各国和美国的领空。这样，按照艾森豪威尔的看法，无论哪一方可能的备战行动都不可能不发现。艾森豪威尔援引了 1941 年 12 月 7 日日本对美国海军军事基地珍珠港发动突然袭击的例子。布尔加宁没有听出美国总统话中的陷阱，答应考虑。艾森豪威尔深深松了一口气，苏联代表团团长终于上钩了。但事与愿违。坐在布尔加宁左边的父亲有不同的意见：在领土上空的侦察飞行可以预防突然袭击，但也能有助于这种突袭。因为苏联和美国的力量远不是相等的，但美国人眼下还不知道他们比我们强大多少。他们相信我们实际上更强大，因而害怕我们。他们特别想弄清楚双方实际力量的对比：派间谍和侦察机于事无补，因为间谍被抓，飞机也打下来了。现在他们想得到我们的同意，能够合法获得关于我们国防力量的信息。只要他们飞越我们的后方，他们便会明白苏联有多么弱小。而这是非常危险的。从侦察部门的情报和大使的报告中父亲和布尔加宁都知道，美国战略空军司令库尔蒂斯·列迈曾多次向美国的总统提出建议，起初是向杜鲁门总统提，后来是向艾森豪威尔总统提：粉碎苏联，趁现在还不算晚，她的力量还不强。上面已经提到这些对苏联攻击的战略设想。美国历届总统否定了将军们的备忘录，但是，如果他们确信我们力量薄弱，那他们便有可能同意。在我们的领空中飞行可能不是想要预防，而是蓄意发动战争。无论如何不能冒这个险。

父亲认为，他不能不参与交谈。他表示很抱歉，他不得不和代表团团长唱反调，他坚决表示苏联不能接受“开放天空”的设想。“我们的天空将对间谍封闭，”赫鲁晓夫说。

回到住处后，莫洛托夫批评父亲，说他的举动不符合外交礼仪。父亲反驳说，事关国家安全，顾不上什么外交礼仪了。父亲从莫斯科给艾森豪威尔口授了一封回信，解释我们为什么不同意飞越苏联领空的原因。署名自然是政府首脑布尔加宁了。

日内瓦的矛盾冲突暂时还没有引起多大反响。一般认为，分歧、讨论，甚至争吵，对于集体领导来说是很自然的事。只是什么叫做集体领导，还没有人能给个说法。在民主体制下，有执政党，也有在野党。双方都有为本党掌舵的领袖。其余所有的人要么听从他的指挥，要么将他换掉，如果他们对自己的领袖不满意的话。后斯大林时期宣称的苏联的集体领导否定了以某人为代表的领袖制，认为那是个人崇拜。但没有首领和领袖就没有领导，这样的政权叫做无政府主义状态。

我曾经提到，父亲的领袖地位是在贝利亚被捕之后确立起来的。如今，他在和莫洛托夫的争论中只是加强了自己的地位。

无论是垦荒，还是围绕国事访问礼仪上出现的细小冲突，均暂时尚未暴露出主席团内潜在的划线问题。关于斯大林和他所犯的罪行问题，这才是父亲跟莫洛托夫发生正面冲突的要害。

莫洛托夫爱斯大林胜过对世上任何人的爱，甚至超过对遭受斯大林迫害入狱多年的妻子波林娜·莫洛托娃的爱，超过对自己唯一的女儿斯维特兰娜的爱。他的这种爱始终如一，坚持不渝。他成了斯大林的影子，而且对自己的“影子”角色颇感自豪。斯大林活着的时候莫洛托夫起的是副手兼贴身秘书的作用。无论是在政治局会议上，还是在战时的军事会议和没完没了的斯大林谈话中，斯大林总是向他口授自己的决定。莫洛托夫则随时都带着笔记本和铅笔。他信不过钢笔，因为墨水在口袋里会漏墨水，或者留下墨污。

斯大林晚年疏远了莫洛托夫，不再邀请他到别墅里做客了，公开宣称他是美国间谍。莫洛托夫相信自己的末日快到了，但他对斯大林的热爱依然如故。

父亲在二十大对斯大林罪行的揭露，莫洛托夫真诚地认为其中的一部分是错误，但主要罪行他根本不承认；他大概是中央主席团中唯一一个把这当成他个人委屈的人，认为那是强加在他所爱的人身上的“冤案”。莫洛托夫没有跟赞同“秘密报告”的集体决定相抗衡，但从这个时候起，他对父亲简直是恨之入骨。对父亲的一言一行，不管父亲说什么，他都无法忍受。莫洛托夫的公开不满，在 1956 年 5 月讨论访英总结时爆发出来。

父亲在英国像在日内瓦一样，曾经两次打断代表团团长布尔加宁的话，抢在他前面发言。第一次是在朴茨茅斯海军专科学校，午餐时，大家开始议论核战争中潜艇的作用问题。布尔加宁感到自己在这方面不太有把握，他推一下赫鲁晓夫说：“你来讲。”父亲当下就答应了。父亲第二次也是最后一次插入谈话，那是在国会正在会见工党议员，他们递给布尔加宁一份东欧人民民主国家斯大林时期被捕人员的名单，上面是一些他们搞社会民主运动的同志，希望能够释放他们。布尔加宁表示同意，将名单装进衣袋，他的表现就像这事发生在自己的国家里一样。父亲不禁一愣：我们刚刚才说过不再干涉我们盟国的内部事务，现在你可倒好，斯大林下令将他们抓起来，如今你布尔加宁就保证释放他们。而如果波兰人和保加利亚人有不同意见呢，他们在自己国内有自己的各种关系。这时父亲插进来说，工党议员找错了门，如果他们愿意，请他们去找他们感兴趣的独立自主国家的政府，父亲强调说，就是独立自主国家的政府，面对面地跟他们直接谈好了。布尔加宁只得很难为情地将名单退了回去。在我看来，父亲在这两种情况下都做得有理有据。可是莫洛托夫有不同看法，他想出了一大套的说辞。父亲据理力争，他们你一言，我一句，互不相让，相互之间的好感不仅没有增加，反而消失了。莫斯科流言四起。现在父亲真的生莫洛托夫的气了。背后他多次用斯大林给他起的“石头屁股”绰号叫他。有人自然加油添醋地将这话告诉莫洛托夫了。莫洛托夫对父亲的敌意日甚一日。很快他们便反目成仇了。趁南斯拉夫总统访问苏联的机会，1956 年 6 月父亲让莫洛托夫离开了外交部。

事情不仅仅是因为铁托，也不完全是因为铁托。在和西方关系的问题上，父亲和莫洛托夫不停地发生冲突，这使他感到非常之累，他很想跟他好好谈一谈，但莫洛托夫顽固坚持“斯大林的立场”，毫不妥协。如今父亲要物色一个在外交岗位上能够代替莫洛托夫的人；莫洛托夫这个人太让人反感了，不要说同铁托谈妥，压根儿两人就没法进行交谈。父亲推荐谢皮洛夫担任外交部长。他对谢皮洛夫寄予厚望，认为他在搞好同美国、欧洲的关系，打开通往美洲、亚洲和近东道路方面是自己的志同道合者和同盟者。父亲坚决要把苏联推向世界舞台。我们闭关锁国的时间够长的了，必须不是口头上，而是在实际上向世界表明：我们是世界大国。从表面上看，这次调动只是王车易位，各得其所；莫洛托夫，凭他的威信和经验，出任部长会议第一副主席和中央主席团委员，无损于自己的权威。实际上，莫洛托夫也非常明白这一点，父亲让他往后靠了，而且永远往后靠了。莫洛托夫凭在中央的工作很了解谢皮洛夫。他总是在看风使舵，自然不能指望他拿什么主意，但他却能千方百计地不让莫洛托夫插手国际事务。中央主席团投了"赞成票"，莫洛托夫只好服从党的纪律。

结果弄得莫洛托夫好像不在职了。可以想象，谢皮洛夫根本不让他参与外交事务。莫洛托夫不知道自己该做些什么，1956 年 7 月中旬，他想去顿巴斯看看。1920 年他在顿涅茨克省（当时叫特罗茨克市）当过党委书记，一年后成了全乌克兰的领导人。莫洛托夫最后一次访问顿巴斯是 1933 年 5 月，当时他已经是政府主席了。现在，有了空闲时间，老人们常有的思乡情感吸引他到年轻时待过的地方来一次旧地重游。

访问的原因，是他在煤炭领域的工作曾经有过疏漏。莫洛托夫给中央主席团写信，说明自己要去访问的理由。没有主席团的正式同意，主席团成员别说去顿巴斯，连度假都不能去。后斯大林时期的领导人未给这样的出行设置障碍，父亲本人就去过很多地方；他认为"了解生活"对国家最高领导成员有好处。

但并不是这一次。一般地说，父亲对于有人（除他个人外）插手他在乌克兰的事会产生醋意的。何况眼下是莫洛托夫。煤炭方面他懂得什么？矿井、顿巴斯，他了解多少？在他们几乎相互敌对的情况下，莫洛托夫想去顿巴斯访问，父亲认为这是在挑战。很可能他是想摸一摸党的地方领导的情况，但我对这一点不怎么相信。教条主义者莫洛托夫不会去反对我前面提到的党的十一大有关禁止任何派别活动的决定。任何在跟州委书记谈话时批评中央的言论，在斯大林看来都是在破坏党的纪律，应该受到严厉的惩罚，更不用说是由于莫洛托夫了都。莫洛托夫是不允许自己这样做的。在自己圈子内讨论，甚至指责赫鲁晓夫的所作所为，严重时甚至提议撤销职务，然后提出事先准备好的决议，提请中央全会正式批准，这是一回事。把内部的争吵公开出去，用托洛茨基的方式"煽动基层群众"，挑起哪怕是非正式的争论，这完全是另外一回事。不可能，莫洛托夫连想都不会想。

父亲也未必认为可能有什么反对自己的阴谋，更不用说跟莫洛托夫访问顿巴斯联系在一起了。他反对是出于嫉妒。在中央主席团会议上，父亲自己提出要去顿巴斯看看，然后遍访乌克兰其他矿区，从业务的角度，评估一下莫洛托夫在信里提到的和没有提到的问题。

主席团委员同意了父亲的要求，1955 年 8 月 3 日作出决定："赫鲁晓夫同志（而不是莫洛托夫同志）8 月 13 日前往顿巴斯"①。

作为补偿，建议莫洛托夫可以选择去巴库，或者去乌克兰的克里沃伊罗格、尼克波尔和扎波罗热。莫洛托夫简直气坏了，但他还是在去克里米亚的途中，去他喜欢的自己在穆哈拉特卡的别墅看看，8 月 9 日到 14 日再去克里沃伊罗格、尼克波尔和扎波罗热。当地对他的接待有些冷淡。乌克兰共和国的领导人对他根本不感兴趣，他们正在准备迎接赫鲁晓夫的到来。自然，这一切都不会增加莫洛托夫对父亲的好感。而且，1956 年 8 月还谈什么好感呢?

8 月 13 日，根据中央主席团的决定，父亲动身去了巴库。当天，他同乌共中央第一书记基里琴科察看了距顿巴斯首府不远的斯大林诺（顿涅茨克）"支线深井" 巷道建设的巷道钢筋混凝土加固的情况，然后又去了马凯耶夫卡——他青少年时期待过的城市，下到副 13 号矿井，察看了矿下的掘进设备。8 月 14 日，他再次下到矿井，这次是到以切柳斯金人命名的 1 号矿井，然后和当地领导人开会，同矿长、厂长、学者、工程师讨论了矿工的问题。

8 月 15 日，父亲去邻近的伏罗希洛夫格勒（卢甘斯克）州的红草地镇。当地正在利用最新技术来铺设新巴甫洛夫矿井。察看完矿井，又开了一个会。父亲对矿井建设非常满意，但是对矿工们的生活条件感到非常难过：拥挤，单调，生活很不方便。他责备基里琴科，他可是答应过采取措施的，但马上又抱怨起莫斯科来：国家计委和一些部都拖着不解决，要么就干脆缩减资金。找他们交涉、谈判，甚至找中央主席团的委员进行游说，旷日持久，一拖就是几个礼拜和几个月。父亲非常了解基里琴科，他自己就曾吃尽莫斯科官僚主义的苦头。

8 月 16 日父亲回到斯大林诺，召开了有莫斯科和乌克兰部长们参加的会

---

① 《苏共中央主席团 1954—1964 第 1 卷原始会议记录速记稿》，俄罗斯政治百科全书出版社 2003 年莫斯科版，第 151 页。

议，会后再次去煤矿机械化研究所和学者们进行交谈。

8月17日他在斯大林诺群众大会上发表讲话，全市老百姓和附近小区的居民实际上都汇集到了中心广场，他们与其说是要聆听苏共中央第一书记的讲话，还不如说是想看看自己这位大名鼎鼎的同乡。

8月18日父亲已经在第聂伯罗彼得罗夫斯克研究乌克兰黑色冶金事业的状况了。父亲一路西行，去一个不像那么顿涅茨克有名、但也非常重要的利沃夫斯科－伏伦斯基产煤区。

8月20日他跟新伏伦斯克的矿工们进行交流，21日就在当地下到了矿井，在会上和利沃夫州切尔沃诺格勒市群众大会上发表讲话，傍晚又视察了附近集体农庄的田野。一天的时间安排得满满当当。

8月22日父亲返回莫斯科。回来后分发给集体领导每个成员一份详细的、充满技术细节的纪要。1956年8月24日中央主席团听取了赫鲁晓夫关于这次访问的总结报告："煤的形势不好。工作紊乱。从国家计委和国家经委开始就一团糟。1956年由于劳动生产率下降，每吨煤的成本提高了6个多卢布。"

布尔加宁、萨布罗夫、别尔乌辛、卡冈诺维奇、马林科夫同意赫鲁晓夫的意见："国家计委的工作一团糟。"正在度假的莫洛托夫没有出席会议。

父亲接下去谈到了一些细节，但这些细节非常重要；他把我们的技术水平跟西方的最新成就作了比较："自动传送带短，英国人的长得多，这就意味着他们的生产率高。瑞典矿井升降梯的效率更高。"不错，我们的"钢筋混凝土矿坑支架不错"。

"主要问题是住宅缺乏，"父亲有些难过地说，"全都偷光了。"主席团决定："赞同所做的工作。结论是正确的。将赫鲁晓夫的访问纪要分发下去。"①

父亲此行，虽然跟莫洛托夫有些矛盾，但他还是满意的。他不仅在中央主席团，在家里也讲述他是如何下到矿井的，如今矿井看起来比战后强多了，有专门的粉煤机，丁字镐已被人遗忘，当然，还有钢筋水泥制作的坑下支架，防止坑道坍塌，根本没法和旧时的木头支架相比。父亲在家里没有提到莫洛托夫，在中央主席团讲的时候也没有提到。

---

① 《苏共中央主席团1954—1964第1卷原始会议记录速记稿》，俄罗斯政治百科全书出版社2003年莫斯科版，第160—161页。

在年底前召开的中央主席团会议上，他们还不止一次地讨论了煤炭领域的工作，确切地说，是检查纪要里提到的任务完成得如何。

莫洛托夫9月末度假归来，1956年11月21日，父亲安排晃悠了几乎半年、没有固定工作的莫洛托夫担任国家监察部的部长。父亲认为这个职务恰好符合他的性格。此外，受了很大委屈的莫洛托夫和卡冈诺诺维奇、萨布罗夫一样，仍然担任部长会议副主席和中央主席团正式委员。

后来，反对派人士就把莫洛托夫当做对抗赫鲁晓夫的不可或缺的人物了。莫洛托夫是否适合当国家领导人，我不去评说。我看是不适合，他给斯大林当“秘书”的时间太长了。然而，他倒完全可以成为反对派的一面旗帜。莫洛托夫在国内受到尊敬。

关于马林科夫我已经讲得够多了。他一如既往地向父亲显示“真诚的”友谊。我们两家人仍然在一起散步。但这都是没到时候。我想，马林科夫在一定意义上确实是很真诚的。然而，一旦父亲身边有了强有力的竞争者，马林科夫无疑会立刻站到竞争者那一边去。

布尔加宁和马林科夫一样，承认父亲的领袖地位。他并未因充当二流角色感到委屈，他和父亲从1930年代起就一起共事：父亲当莫斯科市委书记时，他当市领导——莫斯科市苏维埃主席。然而，莫洛托夫长期扮演“次要角色”的事实是有自己的后果的，如果说从前布尔加宁甘愿让人取笑，还跟着父亲一起乐，那么现在，从某个时候起，他对这一点越来越感到不耐烦了。布尔加宁还没有成熟到公开反对父亲的程度，但是他正在成熟。他能否成熟，一旦国家领导人之间发生冲突布尔加宁站在哪一边，全取决于父亲。然而父亲没有发现布尔加宁身上发生的变化。他仍然对布尔加宁以朋友相待。可是布尔加宁已不再把父亲当朋友了。

最高苏维埃主席伏罗希洛夫早已习惯于担任名义上的“总统”和中央主席团委员。若不是二十大出了斯大林问题，他会依靠父亲的。但为斯大林他不能也不想原谅赫鲁晓夫。伏罗希洛夫的一生都和斯大林联系在一起。国内战争时期他们共同建立了第一骑兵军，一起同白军打仗，而且不光是同白军，还同自己队伍中自视过高、爱出风头的将帅托洛茨基、图哈切夫斯基进行斗争。现在的情况是，图哈切夫斯基不是被镇压了的敌人，而是无辜的牺牲品。这仅仅是个开始。谁能担保明天不会为托洛茨基本人恢复名誉呢？伏罗希洛夫眼下还不会背叛父亲，但是他内心里准备着一有机会就背叛。

伊朗的国王，英国的伊丽莎白和比利时的伊丽莎白

随着伏罗希洛夫的智力而不是体力的迅速老化，时不时地发生各种事件。我要称之为喜剧性事件，如果这种喜剧性在大政治中没有给国家带来很不愉快的后果的话。

1955 年 12 月 23 日，星期六，伏罗希洛夫接受伊朗大使阿布杜尔·侯赛因·安萨利递交的国书。一切都按照礼仪进行。递交国书的仪式本身并不复杂，各项细节都安排好了，看来不会出现任何差错。按照程序，大使要来个简短的致词；正如《消息报》报道的苏联最高苏维埃的文告所说，“国王陛下即将访问苏联的消息令苏联社会各界感到由衷的高兴，这将使我们两国的友谊与相互理解得到空前的加强，有益于和平事业。”①

关于访问的谈判已经进行了很久，国王迟迟未作答复，现在终于通过新任命的大使表示自己同意访问。父亲认为，伊朗国王这次访问意义非同小可，它说明伊朗开始恢复被斯大林战后实际上破坏了的对我国的信任，当时斯大林有意“吞掉”一度被苏军占领的伊朗的阿塞拜疆。他们可以面对面地进行交谈，他将劝说国王：过去的事已经都过去了，现在没有任何理由再担心苏联了。

伏罗希洛夫按照准备好的稿子致答词，说苏联领导和他个人欢迎大使关于国王访问苏联的声明，并许诺苏方对尊贵的客人将给予热情友好的接待。正式致词结束后，双方举起香槟酒相互碰杯，然后伏罗希洛夫和伊朗大使坐到大厅一角的白色圆桌旁。事先都安排好了，这种非正式的简短交谈进行5—10 分钟。

伏罗希洛夫首先感谢大使，询问了他的健康状况，这时，他忽然想起国王即将访问苏联的事，要么只是想起了“国王”这个词，顿时变得活跃起来。

“贵国怎么受得了这个国王？”他突然问大使，“我们早就把自己的沙皇尼古拉推翻了，你们也到时候了……”

目瞪口呆的外交官含混不清地嘟囔了一句什么便匆匆告辞。

---

① 1955 年 12 月 24 日《消息报》。

主席团有消息说，这事使人想起约瑟夫·帅克讲的关于老皇帝弗朗茨-约西夫的故事①，但是没有外传。他们是想给自己的领导人打掩护。官员们对领导人的奇闻逸事很快也就习惯了。

伊朗大使的感受就要糟糕多了。他怎么都无法判断，应该如何看待强大邻国的首脑对自己国家国王的态度，于是如实地向德黑兰写了报告。不久，父亲的桌子上摆放着克格勃破译的伊朗大使给国王的报告副本。

父亲感到这件事让人非常伤脑筋……所有恢复伊朗国王信任的努力全泡汤了。在苏联国家首脑说了这样的话后，国王完全可以拒绝访问。而且完全有道理。烦恼而生气的父亲要求伏罗希洛夫不是在私下，而是到中央主席团会议上把事情解释清楚。

伏罗希洛夫感到非常委屈，他看着面前的伊朗密码电报，对同事们说，他"不可能说出这样的蠢话，因为我根本就没有这种想法。不是我自夸，同仁中我在和气待人和举止有礼方面是非常自律的……我怎么能讲出这种不能讲的话呢?"②（伏罗希洛夫的话我是从保存的速记记录中援引的）

目击者中有人怀疑是译员业务不熟，大使可能没有完全听明白，结果就闹出了这起骇人听闻的笑话。但是从外交部提供的材料看，伊朗大使革命前毕业于彼得堡大学，实际上他无须译员。

被逼得无法否认的伏罗希洛夫承认了自己的错误，他痛心疾首地说："我真是昏了头……"父亲大发脾气："你呀，克里姆，不经意中你会宣布战争的……"

1956年6月25日，父亲和伏罗希洛夫到伏努科沃机场迎接穆罕默德·巴列维国王和索列娅王后。访问获得少有的成功。父亲非常满意，后来他跟伏罗希洛夫开玩笑说，问他怎么想起在伊朗搞革命来了。伏罗希洛夫只是苦笑一下，但父亲当众嘲笑他的这件事——哪怕只是在自己人的面前，他是铭记在心了。

伏罗希洛夫表面上对父亲的态度特别友好，可以说，让人感到简直有点肉麻。而父亲呢，也常拿伏罗希洛夫开玩笑，他认为这完全不是出于恶意。

举个例子，这是我亲眼看到的。有一次，父亲度假时认为可以把在这个地区度假的重要人物召集到一起；他们中有社会主义国家和兄弟共产党的领

---

① 指捷克作家哈谢克（1883—1923）的小说《好兵帅克》中讲述的故事。

② 《莫洛托夫、马林科夫、卡冈诺维奇1957年文件汇编》，莫斯科国际"民主"全宗1998年，第284页。

导人，还有各位将军、部长，自然请他们都带上家属。招待会从上午开始，在巴桑德拉镇山间一座空置的沙皇宫殿里举行。大家散步游玩，说说笑笑，打飞碟，当然，也进行交谈。正是为了进行交谈才组织这次会面的。下午三时众人入席。考虑到去年的炎热天气，这次父亲建议不要上酒精饮料。伏罗希洛夫大声表示反对。父亲小声对餐厅工作人员说了句什么，于是伏罗希洛夫面前出现一瓶他喜欢的“首都牌”葡萄酒。他自己给自己斟了第一杯，别的客人因为没有烈性饮料，就只能喝葡萄汁。伏罗希洛夫站起身，开始他擅长的对女士们的祝酒词。这些年他走到那里都要讲，而且讲起来没完，辞藻华丽，有点过分庄重。最后，他提议为了各位的健康，举起杯子，一饮而尽。父亲抿了一口自己的果汁，斜眼看了一眼伏罗希洛夫。伏罗希洛夫喝下满满的一杯，中间呛了一下，满脸通红，然后莫名其妙地向四下看了看。除了父亲，谁都不知道发生了什么事。伏罗希洛夫看见酒瓶高兴得像孩子似的。原来按照父亲的要求，酒瓶里装的是凉开水。

最后伏罗希洛夫打了个喷嚏，迷惑不解地说：“是凉水？”父亲哈哈大笑，在座者除伏罗希洛夫而外都支持他。伏罗希洛夫咬牙切齿地说：“这样能够毒死人的。”然后阴沉着脸，坐下下来。父亲开始安慰他，说这只是跟你开个无伤大雅的玩笑，但伏罗希洛夫听都不愿意听。他的坏情绪一整天都没有缓过来。事情当然不大，但父亲最好不要跟中央主席团委员开这种玩笑。

1956年11月又发生了一起令人啼笑皆非的事情。伏罗希洛夫把英国女王和比利时女王搞混了。众所周知，国家和政府首脑逢年过节按礼节是要相互祝贺的，当然，只要国家之间没有发生不愉快的事，否则相互示好就有点不合时宜。我们干预匈牙利事件之后，英国入侵埃及之后，十月革命胜利39周年的纪念日，英国女王肯定不会表示祝贺。所以，当有人向伏罗希洛夫报告说收到一封有女王伊丽莎白签名的电报时，他不禁大为感动。伏罗希洛夫是个很重感情的人，在发生那么多事情之后女王还认为可以向他祝贺节日，能不令人感动吗！

一封同样很热情的感谢电发往伦敦。然而，英国外交部将电报退了回来，正式解释说：“我国女王从未向伏罗希洛夫发送过任何贺电。”经查：原来确实收到过伊丽莎白女王的贺电，但那不是英国女王，而是比利时女王。比利时与英国不同，和苏联没有发生争吵，他们的女王很喜欢俄罗斯的音乐，曾经不止一次非正式地来到莫斯科，去过音乐厅和大剧院。不仅如此，她在可能的时候故意和“北大西洋公约的”团结精神相疏离，常常出席世界和平大会，发表赞成核裁军甚至一切裁军的倡议。自然，每逢国家节日，比利时女王伊丽莎白一定会向苏联最高苏维埃主席团发贺电。这次她也没有改变这一传统，尽管发生了匈牙利事件、苏伊士事件。正由于她是女王，所以才未曾在意这些政治纷争。为什么伏罗希洛夫会认为贺电是英国女王发来的呢？我不清楚。当1956年11月22日中央主席团分析“把伏罗希洛夫收到的比利时女王的贺电错当成英国女王发来的因而对她进行回复时，全部责任都推到机关工作人员身上了，只是说伏罗希洛夫本人‘不该太轻信他人’，结果出了这样马虎从事的低级错误。”①

预先的结论

于是，一道简单的算术题：二十大选出的11位中央主席团委员中，四个人——莫洛托夫、卡冈诺维奇、萨布罗夫、马林科夫——明白，他们留在国家最高领导层的日子即将结束，他们不能继续留任并同时担任远非第一级的部领导职务。他们没什么可失去的。他们要么收复失去的阵地，要么……

四个人——米高扬、苏斯洛夫、基里琴科，还有别尔乌辛，每个人都以自己的方式支持父亲。暂时支持。如果再加上父亲，就成了五个人。五比四。

两个人——布尔加宁和伏罗希洛夫摇摆不定。只要稍微一推，他们便会加入尚未形成的反对派。

很简单的算术题：二加四等于六。结果是六比五，已经对父亲不利了。

朱可夫、勃列日涅夫、毛希丁诺夫、谢皮洛夫、福尔采娃、什维尔尼克，他们是中央主席团候补委员，父亲的后备军，充其量只是后备人员。中央主席团会议表决时他们没有表决权。

这就是年终时的结论，但父亲没有研究过“会计学”。他的全部心思都集中在经济管理机构的改革上了。如何让经济运转起来，他已经有了一个大致的轮廓。但这已经是下一年的任务了。

---

① 《苏共中央主席团1954—1964 第1卷原始会议记录速记稿》，俄罗斯政治百科全书出版社2003年莫斯科版，第210页。